SAINT FRANÇOIS XAVIER

Correspondance
1535-1552
Lettres et documents

Traduction intégrale, présentation, notes et index
de Hugues Didier

Publié avec le concours du Centre national des lettres

COLLECTION CHRISTUS N° 64
Textes

DESCLÉE DE BROUWER
BELLARMIN

325387

© Desclée de Brouwer, 1987
76 *bis*, rue des Saints-Pères, 75007 Paris
ISBN 2-220-02657-4 DDB
ISBN 2-89007-509-5 BELLARMIN
ISSN 0985-6455

*Au Père André Masse,
ancien directeur de la collection Christus
assassiné au Liban, le 24 septembre 1987*

INTRODUCTION

Saint François Xavier est un des plus grands noms du christianisme au XVIe siècle, à l'égal des principaux réformateurs de
l'Eglise sur le sol européen, fidèles à Rome ou dissidents. Mais son
champ d'action se trouve en Asie : quittant son compagnon d'études et d'apostolat, saint Ignace de Loyola désormais fixé dans la
capitale de la chrétienté, il part porter le Christ aux Indiens, aux
Indonésiens et aux Japonais. Les précédentes éditions françaises
de ses écrits présentaient d'assez grandes lacunes par rapport aux
originaux publiés à Rome en 1944 et 1945 par les Pères Georg
Schurhammer et Joseph Wicki [1]. De plus, elles voilaient, sous une
vaine élégance, la rudesse de ces lettres et documents, enfin traduits
ici dans leur intégralité. On ne lira pas de belles épîtres mais des
textes rapidement écrits, des instructions, des rapports destinés plus
à des hommes d'action qu'à des gens d'étude.

La solitude, l'incompréhension, la souffrance et l'angoisse,
éprouvées par Xavier au cours de ses navigations et de ses labeurs,
ont rempli de vivacité, d'humeur, de passion et de pensées abrup-
tes ces 137 textes (où il est possible de distinguer 108 lettres et 29
documents [2]). Le traducteur n'a pas cherché à améliorer une écriture parfois assez barbare, voire désagréable. L'homme qui a écrit
ou dicté tous ces mots, possède tout ce qu'il faut pour dérouter nos
contemporains, car son style n'est pas bon et ses évidences contredisent les nôtres. Du reste, quatre siècles denses d'événements pro-
fanes et religieux nous séparent de lui. Son monde n'est pas celui
où nous vivons. Ses propos dépaysent dans le temps comme dans
l'espace. Xavier ignore où la caravelle ou la jonque va le conduire :
de même, celui qui le lira ne sait pas où il va arriver, porté par des

---

1. *Epistolae Sancti Francisci Xaverii* dans les *Monumenta Historica
Societatis Jesu*, publiés à Rome par l'Institut Historique de la Compagnie de
Jésus.
2. *Epistolae Sancti Francisci Xaverii*, t. I, introduction, p. 20.

phrases embrouillées et par des propos à la fois abrupts et mal assurés.

Les traversées maritimes semblent sans fin et les naufrages abondent, au XVIᵉ siècle. Xavier a probablement essuyé moins de tempêtes que ses écrits. Qui peut calculer la dimension ou le nombre des textes disparus ? Face aux 137 parvenus à bon port, on en compte 89 autres dont l'existence est certaine mais que nous n'avons pas. Que dire de ceux qui n'ont laissé aucune trace ? En outre, sur ces 137 lettres et documents traduits ici, 95 ne dépendent pas d'originaux, mais de copies, contemporaines ou non. Ne restent que 33 originaux et demi, dont 8 seulement sont dus à la plume de Xavier lui-même. Tout le reste a été dicté [3]. Au mieux, a-t-il complété les mots de son secrétaire ou scribe par un petit paragraphe. Le seul qui soit de lui n'est souvent que sa signature. Mais les dévots l'ont découpé : mutilation sans gravité... Espérons que la mer n'a guère englouti que des doubles de lettres parvenues par une autre voie. Comme il s'est méfié de l'eau, il a veillé à faire copier ses propos et à les confier à différents navires. On lira ici quelques textes jumeaux, sauvés des ondes l'un et l'autre.

L'assez uniforme maladresse du style interdit de discerner ce que ces textes doivent à Xavier lui-même ou aux corrections ou formulations de ses collaborateurs. Que ses phrases aient été proprement dictées ou seulement inspirées, celui qui a signé les a reconnues siennes. Il semble aussi présent dans les 91 textes portugais que dans les 33 textes espagnols ou dans ceux qui mêlent les deux langues [4]. Il a pratiquement adopté le portugais, comme tous les Européens résidant au XVIᵉ siècle en Asie. En outre, l'espagnol est alors d'usage courant chez les Portugais eux-mêmes : le bilinguisme péninsulaire disparaîtra longtemps après, une fois le Portugal séparé de l'Espagne en 1640. Au temps de Xavier, l'espagnol n'a d'ailleurs pas encore accompli l'évolution phonétique profonde qui va le singulariser parmi les langues romanes : plusieurs de ses consonnes vont devenir dissemblables de celles du portugais ou du français. De plus, la proximité des vocabulaires portugais et espagnol facilite le passage de l'une à l'autre langue. Les originaux des textes reproduits ici renferment de nombreux implants espagnols en portugais et portugais en espagnol : impossible de les faire apparaître dans la traduction française, pas davantage que les quelques

---

3. De l'écriture de Xavier : nᵒˢ 4, 5, 7, 8, 9, 11, 51, 97.
4. En espagnol : nᵒˢ 1, 4-13, 15-17, 19-20, 47-48, 52, 54-55, 59, 63, 70, 73, 76, 90-92, 95, 97-98, 110 (33 textes). En portugais : nᵒˢ 14, 18, 21-45, 49-51, 56-58, 61-62, 64-66, 68-69, 74-75, 77-78, 80-89, 94, 96, 99-108, 111-112, 114-122, 124-137 (91 textes). Dans les deux langues : nᵒˢ 93 et 113.

locutions latines semées çà ou là. En outre, on ne saurait restituer la saveur première des textes dont les originaux ont été perdus et que nous ne connaissons que par des traductions[5]. Xavier se sert très peu du latin, jamais du français qu'il a longtemps parlé à Paris, jamais du basque non plus qui est sa langue maternelle[6]. Il a appris plusieurs langues asiatiques dont il s'est servi pour dicter ou rédiger des documents : nous n'en conservons aucun. Il ne reste de ce savoir que des termes assez nombreux, arabes, tamouls, malais ou japonais, conservés en italiques dans la traduction et expliqués.

Ce panachage linguistique, assez peu perceptible dans des textes traduits en français, contribue au naufrage du style. Où sommes-nous ? Parfois, ni en Castille ni au Portugal, ni en Europe ni en Asie... La langue est démâtée par la mousson. Personne ne se sent à l'aise : ni Xavier lorsqu'il écrit ou dicte, car sa langue maternelle, le basque, possède une structure très différente de celle du portugais ou de l'espagnol, ni son entourage normalement lusophone, car si loin de Coïmbre et de Lisbonne, loin du beau langage développé par la Cour ou par les humanistes, le portugais se trouve en voie de « créolisation ». A ces hommes saisis par une frénésie d'action missionnaire, l'élégance de la parole semble vaine : l'essentiel est de communiquer. L'*Apôtre des Indes* recommande de s'exprimer non pas comme des courtisans, mais comme les domestiques et les esclaves des marchands ou des colons[7]. Voici pourquoi les textes kérygmatiques ou catéchétiques dus à son initiative, paraîtront pauvres ou infantiles quant à l'expression. Toute langue coloniale *(créole, petit-nègre, pidgin)* unifie sur une base minimale le lexique et la syntaxe des uns et des autres, des Européens et des Asiatiques ou Africains qui l'utilisent. Son indigence en mots ou en procédés grammaticaux la fait paraître facile et claire ; mais en réalité, elle la rend obscure et confuse. Une grande partie des textes présentés ici repose sur une pratique orale franchement dégradée de la langue portugaise. On y navigue entre les fautes, les incorrections, les faux sens, les mots trop forts et les pléonasmes. Même le très savant P. Georg Schurhammer n'est point parvenu à tout comprendre. Indiquée ici dans son adaptation anglaise, plus universelle que l'original allemand, son œuvre monumentale *(Saint Francis Xavier, his Life, his Time)* reproduit

---

5. Traductions latines : nos 46, 53, 60, 72, 79, 123. Traduction italienne : n° 71. Traduction espagnole : n° 109.
6. Ce sera toujours sa langue : n° 20, § 2, p. 103.
7. N° 92, § 3, p. 351.

presque toujours les originaux publiés antérieurement à Rome, mais elle omet les paragraphes ou les phrases incompréhensibles. Cette traduction-ci ne résout pas toutes les énigmes créées par la mauvaise qualité du portugais ou de l'espagnol employés. Elle ne fait pas grâce des très fréquentes ruptures de construction présentes dans les originaux ni des innombrables répétitions de mots et du suremploi du terme indéfini *chose*. Quel autre moyen pour en manifester la rudesse et l'inélégance ?

Maladresses, boursouflures, hyperboles complètent ce style assez surprenant. Faut-il dire que l'âge baroque n'est plus très loin ou que la Navarre touche la Gascogne ? Ainsi qu'on le verra, Xavier n'a que de *grands amis*. Envers ceux qui l'aident ou devraient l'aider dans son œuvre missionnaire, il ne dit éprouver ni de la sympathie ni de l'amitié mais de l'*amour*. Certaines métaphores, très agricoles, servent à exprimer la grande tâche qu'il vient accomplir en Asie : évangéliser, c'est *faire du fruit dans les âmes*, voire *bêcher dans les âmes*. D'autres sont financières : entendre la Parole de Dieu, c'est *profiter* ou *faire du profit*. Répétitive et redondante, diffuse et confuse, sa prose veut émouvoir ; l'évocation des voyages projetés ou accomplis doit susciter des *transports* chez ceux à qui elle s'adresse. Les textes rédigés à l'intention de Rome, et donc pour l'ensemble de la Chrétienté, se veulent particulièrement exemplaires ou bouleversants. D'où cette recommandation : « Ce que vous écrirez au P. Ignace, que ce soit écrit de façon très édifiante [8]. » Mais quand il s'adresse à Jean III, roi du Portugal, Xavier ne mâche pas ses mots et sait décrire avec franchise ou brutalité des situations qui ne sont assurément pas édifiantes. Selon le sujet traité ou l'interlocuteur, il est objectif ou subjectif. Le prix du poivre et l'état du commerce peuvent aussi bien apparaître au détour d'une phrase que l'évocation de ses consolations spirituelles. Celles-ci ont un aspect très sensible, dont il ne se prive pas de parler [9]. Ses affections n'ont pas à se cacher, ainsi lorsqu'il appelle une bienfaitrice de la Compagnie de Jésus, à Goa, *notre Maman* [10]. Pas davantage son mépris ou son ironie, quand il évoque les très rares lumières d'un homme qui s'est fait nommer vicaire de l'église de *Notre Dame de la Lumière* [11]. Quant à l'intrépidité, elle ne se perd jamais. Il n'a pas peur des tempêtes... Il a peur du manque de foi de ceux qui ont peur pour

8. N° 117, § 10, p. 445.
9. N° 90, § 31-32, p. 337.
10. N° 88, p. 319.
11. N° 92, § 2, p. 351.

lui [12]. Saint François Xavier fut bien, comme on l'a dit, « un jusqu'au-boutiste et c'est jusqu'au bout du monde que son héroïsme va le conduire [13] ».

En définitive, sa maladresse linguistique et stylistique a servi l'expression de son tempérament passionné. Si les textes sont lacunaires en raison des naufrages, l'homme y est bien *entier*. Où mettre d'ailleurs la frontière entre son ardent caractère, sa *nature* si l'on veut, et sa sainteté, la vision du monde et les actions qu'engendre sa foi, sa *surnature* ? Il va toujours plus loin parce que *l'urgence du salut* le hante. On ne peut manquer de voir ce thème central. S'il n'avait pas cru à l'imminence de l'enfer pour les païens, Xavier serait peut-être resté en Europe. L'Asie est, d'après lui, menacée de damnation, parce qu'aussi longtemps qu'elle n'a pas été évangélisée, elle demeure étrangère aux grâces divines véhiculées par les sacrements. La bipartition de l'humanité lui semble profonde, abyssale même, comme si le Jugement Dernier advenait jour après jour. Il ne conçoit pas que les idolâtres et autres infidèles, morts sans le baptême, puissent connaître un autre sort, après la tombe, que l'éternelle perdition. C'est exactement ce que dit une prière composée pour la conversion de ceux qu'il nomme les *gentils*, à la façon des premières générations chrétiennes : « Les enfers en sont emplis [14]. » Il se représente la *gentilité* des Indiens, des Japonais ou des Chinois à travers ce que les moins indulgents Pères de l'Eglise ont dit de celle des Grecs et des Latins. Pas de *préparation évangélique* dans ces nations : saint Clément d'Alexandrie a été oublié et le P. Matthieu Ricci est encore loin.

Pour Xavier en effet, les dieux du paganisme sont des démons parvenus à se faire adorer par les hommes [15]. Nulle beauté en ces idoles : « Les dieux des Gentils, avec leurs figures de bêtes et d'animaux du diable [16]. » Voilà pourquoi le genre de vie asiatique demeure semi-animal à ses yeux, aussi longtemps que l'Evangile n'est pas annoncé [17]. L'*urgence du salut* n'est pas seulement un péril d'enfer : ici et maintenant, ce sont les hommes privés de leur propre humanité. Très abîmés, ils ne reflètent plus guère l'image divine, que Satan contrarie ou cherche à effacer. De toutes ses forces, Xavier aspire à ce que « leur Créateur et Rédempteur ne soit pas perpétuellement offensé par les créatures créées à son image

---

12. N° 78, § 2, p. 270.
13. Revue *Missi*, n° 4-5, 1984, p. 12.
14. N° 67, p. 239.
15. N° 20, § 11, p. 110.
16. N° 66, § 17, p. 236.
17. N° 70, § 1, p. 245.

et à sa ressemblance [18] ». Seul le baptême peut restituer l'homo-
logie humano-divine. Ce lieu commun théologique et catéchétique
revêt une importance extrême sous sa plume : baptiser, baptiser,
baptiser. « Souvent, écrit-il de Cochin le 15 janvier 1544, il
m'arrive d'avoir les bras fatigués de baptiser [19]. » Nombreux
auraient été les petits enfants qui ne seraient point allés au Ciel,
si François Henriques ne s'était pas trouvé à la mission [20]. C'est
que, précise la même lettre, « peu sont ceux qui quittent l'Inde
pour le Paradis, aussi bien Blancs que Noirs, hormis ceux qui meurent en état d'innocence [20] ». Nul doute que d'immenses foules
s'assemblent sur le lieu du châtiment éternel : trois classes d'hommes et de femmes, précise un texte catéchétique : les Maures, les
Juifs et les Gentils [21].

Du point de vue de *l'opinion publique* des peuples à évangéliser, l'idée de damnation constitue un scandale absolu. Si les païens
déjà morts peuvent encore accéder au salut, pourquoi ceux qui sont
encore vivants prendraient-ils la peine de se convertir ? Et si les
défunts ne le peuvent plus, comment les nouveaux ou futurs
convertis pourront-ils être réunis à leurs parents et à leurs ancêtres ? Xavier conçoit clairement que l'Evangile qu'il annonce
déchire la trame des générations, et rompt l'unité naturelle des
lignages humains. Ce qui bouleverse tout particulièrement les Japonais [22]. Que faire ? Il considère que la clarté et la netteté sur le
point le plus délicat de l'initiation chrétienne, les « fins dernières »,
constituent, pour sa stratégie missionnaire, la moins mauvaise solution possible. Mais il lui en coûte de dire : « Il n'y a point de
remède pour ceux qui vont en enfer. » Il sait qu'en parlant ainsi,
non seulement il blesse la piété filiale des néophytes, mais encore
il risque de faire paraître la doctrine chrétienne plus barbare et plus
inhumaine que celle des bonzes selon lesquels il n'est rien de défi-
nitif ni dans la mort ni dans les châtiments d'outre-tombe [23]. Pas
de miséricorde, pas de véritable pitié chez le Dieu des chrétiens
envers les pauvres humains, énoncent les bouddhistes contre
l'homme venu d'Occident [24]. D'après les religions de l'Extrême-
Orient, les enfers sont des labyrinthes où l'âme d'un trépassé peut
certes errer indéfiniment, mais aussi trouver soudain la porte de

18. N° 11, § 7, p. 69.
19. N° 20, § 8, p. 107.
20. N° 68, § 3, p. 241.
21. N° 58, § 7, p. 195.
22. N° 96, § 23, p. 371.
23. N° 97, § 7, p. 383.
24. N° 96, § 21, p. 370.

sortie, avec ou sans aide. Rien de tel dans l'enfer unique et défi-
nitif qu'il se doit d'évoquer : « Ils n'ont pas assez de patience pour
s'entendre dire qu'il y a un enfer [25]. » Pas d'intercession possible
en dehors du peuple baptisé. Xavier se sent très peiné de ne rien
pouvoir faire en faveur de « Pirate », le capitaine chinois qui l'a
conduit au Japon : « Il a été bon envers nous » ; mais « nous ne
pouvons pas être bon envers lui..., car son âme doit se trouver en
enfer [26] ». Le grand abysse...

Le paganisme n'est pas seulement le lieu où s'efface la ressemblance humano-divine, où les hommes, réduits à une semi-
animalité, cheminent vers leur perdition. C'est aussi pour Xavier
le royaume de l'ignorance. Ainsi, à propos des brahmanes habitant le sud de l'Inde, il écrit : « Nous n'avons pas peur de nous
trouver au milieu des clercs de ces contrées, car celui qui ne connaît
ni Dieu ni Jésus-Christ, que peut-il savoir [27] ? » Ce qui ne les rend
pas innocents pour autant : « Les Gentils de ce pays sont tous très
ignorants, mais, pour faire le mal, ils en savent long [28]. » Les
invectives des prophètes bibliques contre les faux dieux résonnent
avec force en Inde comme au Mexique, au XVIᵉ siècle. Il n'y a rien
de bon, absolument rien, dans ce qui semble à un François Xavier,
comme à un Bernardin de Sahagún ou à un Joseph de Acosta [29],
n'être que de l'idolâtrie. L'Eglise doit faire table rase du passé.
Faut-il s'étonner de ce qu'il se flatte d'avoir organisé de très jeunes néophytes indiens en brigades de choc, avec mission de faire
leurs besoins sur les statues et autres emblèmes religieux, jusque-
là vénérés par leurs parents [30] ? A Cochin, comme plus tard au
Japon à propos des défunts et de leur impossible salut, il accepte
ou recherche la rupture entre les générations. Que la trame soit
rompue dans la douleur ou par le scandale.

Que concevoir d'autre si c'est l'empire de Satan ? Le voyageur
venu d'Occident juge s'être audacieusement introduit dans l'anti-
chambre de l'enfer. Ainsi, sur le navire qui le transporte de
Malacca au Japon, il a même l'impression de se trouver entre les
mains du diable, car le capitaine « Pirate » passe une bonne partie de son temps à consulter ses idoles. Mais rien ne saurait le faire
trembler, car sa confiance en Dieu est totale [31]. Du reste, il trouve

---

25. Nº 96, § 22, p. 370.
26. Nº 94, § 8, p. 358.
27. Nº 85, § 9, p. 312.
28. Nº 20, § 11, p. 109.
29. Le Franciscain Sahagún (1500-1590) et le Jésuite de Acosta (1539-1599)
ont écrit sans indulgence sur le Mexique et sa religion.
30. Nº 20, § 5, p. 105.
31. Nº 90, § 2 et 7, p. 324-325.

atroce ce qu'aujourd'hui nous appellerions « dépaysant » ou
« exotique ». Certains pays lui semblent sataniques, de par leur terrible étrangeté. Par exemple, l'archipel des Moluques : il y trouve
un incroyable bouc hermaphrodite dont les mamelles lui donnent
du lait, des empoisonneurs professionnels qu'il prétend ne pas
redouter, un cannibalisme florissant, un polythéisme cruel, et surtout la confusion effrayante des quatre éléments, eau, terre, feu
et air, remués ou intervertis en nuées, en fumées, en marées, en
tremblements de terre et en éruptions volcaniques. Ce sont là-bas
des phénomènes si habituels que les Moluquois ne s'étonnent plus
d'être recouverts de cendre : « Ils ressemblent plus à des démons
qu'à des humains [32]. » Assurément pas des paradis perdus, ces îles
lointaines ! Faute de pouvoir déjà bénéficier de la rédemption et
de la grâce baptismale, l'archipel du bout du monde joue providentiellement un rôle de figuration : il représente la perdition. En
effet, « faute d'hommes pour prêcher dans ces îles sur les supplices de l'enfer, Dieu permet que les enfers s'y ouvrent, pour la
confusion de ces infidèles et de leurs abominables péchés [33] ». Le
désordre des éléments répond en écho à celui qui habite les cœurs
des hommes. Le mensonge et la contre-nature règnent là où personne n'a encore annoncé l'Evangile. Xavier découvre avec un
dégoût infini que les bonzes japonais ne possèdent aucune idée du
péché en général ni de celui de la chair en particulier. Sans honte
ni scrupule, ils manifestent leurs penchants homosexuels pour les
jeunes garçons [34]. Leurs doctrines ne valent pas mieux que leurs
mœurs. Ils blasphèment en pensant. Au cours de colloques très ani-
més, il apprend que ses interlocuteurs bouddhistes nient tout ordre
de la nature ou du monde, refusent tout principe originel ou toute
création [35]. Ils lui disent même que tout leur paraît si mauvais que
personne ne pourrait se sentir honoré d'en être proclamé l'auteur.
Aucun être tout-puissant et miséricordieux n'a pu, sans rougir de
honte, créer le Ciel et la terre... Désolant : mais l'intrépide Navarrais ne se laisse pas décourager.

Il a compris que les Japonais pouvaient opposer une résistance
intellectuelle au message évangélique plus forte et plus argumen-
tée que d'autres nations. Les lettres écrites de l'Inde, ou sur l'Inde,
insistent sur le fait que la mission ne requiert pas des hommes pourvus d'une intelligence spéculative ou de connaissances approfon-

32. N° 59, § 5, p. 202.
33. N° 55, § 12, p. 180.
34. N° 96, § 27, p. 372.
35. N° 96, § 19, p. 369.

dies[36]. A l'inverse, celles qui traitent du Japon et de la Chine demandent des apôtres surdoués[37]. Pourquoi cette différence ? Les Portugais vivant en Asie au XVIe siècle ne considèrent pas les pays des Moussons comme une unité géographique ou culturelle. A leur avis, il y a d'une part *les Indes*, peuplées de gens noirs ou bruns, et d'autre part la Chine et le Japon dont les habitants sont « blancs ». Le concept de « race jaune » est une invention postérieure à cette époque. Qu'ils parlent de l'Asie ou de l'Amérique, les textes portugais ou espagnols de la découverte ne tiennent guère compte de la variété des visages dans l'espèce humaine. Seule la teinte de la peau, plus ou moins claire ou foncée, fonde alors la « race », mot nouveau et encore rare dans les langues romanes à la Renaissance[38]. Cette différence de couleur entre ces deux parties de l'Asie fonde une hiérarchie, une inégalité. L'Inde et l'Indonésie constituent une humanité déchue, incapable de s'organiser en Etats forts et indépendants, puisque les musulmans d'abord, les Portugais eux-mêmes à leur suite, s'y taillent des empires ou des colonies. Au contraire, ni les uns ni les autres ne se croient assez habiles ou assez forts pour conquérir le Pays du Soleil Levant et l'Empire du Milieu, des nations supérieures à leurs yeux. Xavier a adopté une idée commune de son temps : les Chinois et les Japonais sont *blancs et intelligents*[39]. Comme les musulmans, leurs devanciers et rivaux dans l'espace sud-asiatique, les Portugais méprisent les hindous. Pas plus qu'eux, il ne peut concevoir que ces derniers représentent une des plus grandes civilisations. Aux fidèles du Christ comme aux adeptes de l'Islam, l'art indien semble hideux. Xavier n'a vu ni Vénus ni Apollon dans les temples de ces païens. Pas de sens esthétique, pas d'intelligence non plus : « Les arguments qu'on doit utiliser auprès de ces gens stupides ne doivent pas être aussi subtils que ceux qu'on trouve écrits chez les docteurs experts en scolastique[40]. » L'homme venu d'Occident n'a pas résisté à la tentation de s'estimer bien plus instruit et bien plus intelligent que les connaisseurs des Védas. Leur attitude courtoise le conforte d'ailleurs dans ce sentiment : « Ces brahmanes considèrent que j'en sais plus, quant à moi, qu'eux tous réunis[40]. »

Tandis qu'au sud l'épiderme brun ou noir va de pair avec l'igno-

---

36. N° 47, § 2, p. 151.
37. N° 109, § 6, p. 421.
38. J. Corominas, *Breve diccionario etimológico de la lengua castellana*, Madrid, 1980, p. 494, art. « raza ».
39. N° 96, § 50, p. 379.
40. N° 20, § 11, p. 110.

rance et le manque de curiosité, la peau blanche au nord-est de l'Asie semble représenter l'éveil de l'esprit. A l'inverse des Indiens, les Japonais veulent tout savoir et tout comprendre[41]. Cela enthousiasme Xavier, qui compare et qui juge. Comme les anciens Grecs et Latins, les habitants de l'Extrême-Orient lui paraissent « sages et instruits[42] ». Sa bonne opinion de l'espace culturel sino-japonais se fonde sur des observations assez simples et aussi accessibles à l'observateur du XVIe siècle qu'à nous. Les terribles luttes entre l'Islam et l'hindouisme, et plus encore le système des castes, fragmentent le monde indien, alors que la Chine et le Japon constituent des nations apparemment homogènes. Les écritures phonologiques d'inspiration sanskrite ou arabo-persane durcissent et manifestent l'incroyable multiplicité des langues sud-asiatiques, alors que les idéogrammes chinois permettent de communiquer à des hommes parlant des langues semblables sur le Continent, ou complètement différentes telles que le chinois et le japonais : l'immense avantage d'une écriture non-phonologique, alliée à l'imprimerie. Là-bas les lecteurs ne se lassent jamais et le livre abonde. Xavier préfère donc le Japon et la Chine au reste de l'Asie[43]. L'évidente inégalité des nations, il l'a mesurée en pays malais, quand à Malacca il fait la connaissance d'Anjirô, jeune Japonais dont l'intelligence l'éblouit. Il constate que les hommes sont plus ou moins haut placés ou plus ou moins dégradés dans l'échelle des vertus ou dans celle des aptitudes intellectuelles. Il en prend acte paisiblement, inaccessible au sentiment de confuse culpabilité que la perception du même fait engendre chez beaucoup de nos contemporains. Il n'aurait pas compris qu'on l'obligeât à admettre que toutes les civilisations se valent. Personne ne lui donnera tort d'avoir clairement vu l'hétérogénéité culturelle des nations asiatiques. Néanmoins, il ne parvient pas à connaître certains grands faits historiques et géographiques. Ses lettres du Japon retracent la première approche européenne du bouddhisme, pour lequel les langues d'Occident ne créeront que plus tard un terme spécifique. Son origine lui reste inconnue. Il ne sait pas que la Loi du Bouddha est venue de l'Inde au Japon en passant par la Chine. Il interprète le mot qui, en japonais, désigne sa patrie originelle — *Tenjiku* —, comme le nom d'une contrée située plus loin encore que le Japon par rapport à Malacca ou à Goa, alors que précisément, au moment où il écrit cette lettre, il se trouve en *Tenjiku*[44]...

41. N° 96, § 13, p. 365, et n° 110, § 6, p. 425.
42. N° 109, § 6, p. 421.
43. N° 72, § 4 et n° 97, § 20, p. 386.
44. N° 70, § 8, p. 248.

Plus de quatre siècles d'exploration culturelle nous séparent de Xavier, qui jette sur bien des pays, et tout particulièrement sur le Japon, un regard vierge de toute idée préconçue ou de toute lecture préalable. Il voyage avant que ne naisse la science orientaliste. Ainsi, que peut-il saisir du langage employé par les livres saints bouddhiques ? D'après lui, si Śâkyamuni et Amitâbha ont chacun vécu « mille ans », il faut bien comprendre « mille années ». Or c'est impossible, « si bien qu'ils n'ont point été des hommes, mais de pures inventions du démon [45] ». L'insupportable étrangeté des bonzes lui fait toujours penser à l'*Ange du bizarre*. Tout comme les brahmanes de Cochin, ceux-ci malmènent, sans s'en douter, le concept chrétien et occidental de religion qui habite en Xavier. A lui pas davantage qu'à nous, il n'est facile d'admettre qu'il existe sur terre plusieurs fonctionnements bien différents du *sacré*. Pour les chrétiens du XVIᵉ siècle comme pour ceux du XXᵉ, tout doit, dans la foi du Christ, être dit à l'extérieur, divulgué, proclamé, confessé ou professé. Depuis l'époque très ancienne où la Grande Eglise rejeta et combattit la gnose, il est clair qu'il ne peut pas exister, dans le christianisme, des enseignements secrets réservés aux sages. Tous les disciples du Christ adhèrent au même *credo* : le même pour les saints comme pour les pécheurs, pour les intelligents comme pour les idiots. Sous réserve de la diversité des charismes et des ministères, il n'y a dans le christianisme qu'une seule foi, un seul baptême, une seule société, celle des hommes et des femmes qui, devant tous, proclament le mystère de Jésus mort et ressuscité. Il s'agit donc d'un pur *exotérisme*. A l'inverse, l'Inde et l'Extrême-Orient ne possèdent pas de *symboles de la foi* que tout le monde doive professer à la façon des religions abrahamiques ; ils ont développé d'immenses *ésotérismes*, pleins de secrets et de profondeurs à jamais cachés à ceux qui ne peuvent devenir ni sages ni purs. Ces nébuleuses que sont l'hindouisme et le bouddhisme, unissent des hommes soumis à des obligations rituelles et morales diverses, car elles servent à séparer ceux qui savent de ceux qui ne savent pas. Les croyances y sont tout aussi diverses, à la mesure du savoir ou de l'ignorance. En outre, depuis qu'ils ont reçu le message bouddhique, la Chine et le Japon admettent le « panachage » des religions, pratique aberrante, délictueuse et marginale dans la chrétienté ou en Islam [46].

Par le récit qu'il fait de sa difficile amitié avec un brahmane,

45. Nº 96, § 30, p. 373.
46. H. Didier, « Le biconfessionnalisme en Espagne, esquisse d'un itinéraire historique », Revue *Islamochristiana*, Rome, 1981, p. 79-126.

Xavier nous révèle, malgré lui, combien sont variables les formes religieuses dans le genre humain. Seul Dieu a pu l'aider à jeter des ponts sur des abîmes plus larges et plus profonds que l'océan. Le sage indien lui dit un jour très confidentiellement qu'il croit à l'unicité de Dieu, quoique le culte extérieur de son temple n'en laisse rien paraître : « Ce brahmane m'a dit ces secrets, en raison de l'amitié qu'il éprouvait pour moi. Voici un de ces secrets : ne jamais dire qu'il n'y a qu'un seul Dieu, Créateur du Ciel et de la terre. » Ce texte donne la mesure de l'incompréhension qui trouble leur amitié : le brahmane explique sa doctrine à l'étranger, à la condition que celui-ci ne la répète pas. L'étranger exige au contraire du brahmane la promesse de divulguer la doctrine qu'il va lui enseigner. Ainsi, l'Européen interprète comme une forme d'hypocrisie ce qui, chez l'Indien, est sincère : la seule loyauté possible envers l'ami et envers le secret confié. Xavier repousse la demande du brahmane : devenir un « chrétien caché [47] ». Le christianisme est exotérique ou il n'est pas. Mais aucun texte n'exprime ce dilemme en ces termes abrupts et abstraits, car ils viennent d'un homme incapable de mesurer tous les enjeux de l'action missionnaire, faute d'information préalable, de livres et de documents. Xavier ne sait rien de l'Asie à son départ de Lisbonne : il navigue en aveugle. Ne lui reprochons pas d'avoir projeté sur l'Inde et l'Extrême-Orient l'idée qu'il se fait du paganisme gréco-latin. Il ne peut pas faire autrement. C'est la raison pour laquelle cette traduction garde le terme vieilli de *gentils* pour désigner les hindouistes et les bouddhistes. Il figure dans l'original et offre l'avantage d'en relier le langage à ce que les premières générations chrétiennes et les Pères de l'Eglise ont dit de leurs compatriotes païens.

L'Eglise n'a rien à cacher ni rien à taire, de sorte que la *mission* appartient à son essence même. Tout baptisé peut et doit proclamer l'entière Bonne Nouvelle en présence de n'importe qui. Dans sa nature *exotérique*, la religion chrétienne n'a pas le moins varié entre le XVIe siècle et nous. En revanche, que de changements dans son statut politico-social et culturel ! Xavier est parti d'Europe trop tôt (1541) pour comprendre que la dissolution de la chrétienté est irrémédiable. Il ne dispose ni de radio ni de journal pour suivre l'actualité... Naviguer vers l'Inde et vers l'Extrême-Orient, avec quels risques et quelle lenteur ! c'est sortir du *temps* qui s'accomplit et même se précipite en Occident. Par la force des choses, tout missionnaire emporte alors avec soi une image figée de l'Europe.

---

47. N° 20, § 12, p. 111.

Cela explique naturellement que la conception de la religion chrétienne présentée par ces textes et documents coïncide avec celle qu'on trouve dans presque tous ceux relatifs à l'évangélisation de l'Amérique et de l'Asie au XVIᵉ siècle. De plus, ni auprès des foyers de crise et de renouveau que sont la Réforme et l'Humanisme ni dans les lointains coloniaux, l'idée de *religion chrétienne* ou de *christianisme* ne peut être déjà la nôtre. Ces deux termes, qui sont certes attestés dans les langues européennes, ne sont guère utilisés. L'usage, encore conforme à la *Somme Théologique* de saint Thomas d'Aquin [48], leur préfère l'expression *Loi de Jésus-Christ*. C'est elle qui apparaît dans cette traduction. D'ailleurs, tel que nous l'employons aujourd'hui, le terme de *religion* se rapporte à une histoire culturelle et spirituelle propre à l'Occident, à des faits spécifiques, les uns anciens et les autres récents. Dans toutes les langues européennes, à l'exception du grec, c'est un emprunt au latin. Il évoque ou devrait évoquer l'expérience romaine du sacré, l'assomption de celle-ci dans le catholicisme, le régime de chrétienté et sa dissolution, la sécularisation induite par l'Humanisme, la Réforme puis le mouvement des Lumières. Dario Sabbatucci n'a donc pas tort d'écrire que « le concept de religion est proprement occidental et n'a pas d'équivalent dans les autres cultures [49] ».

En raison de ce qui s'est passé pendant les quatre derniers siècles, ce divorce est consommé. Du temps de Xavier, il commence ou bien il est à peine perceptible. Le christianisme n'est pas alors aussi unique ou solitaire qu'aujourd'hui, dans sa nature culturelle et sociale. De *religions*, point. Mais puisque tel est le mot employé ici, des *Lois* (écrit avec une majuscule, de la même façon que l'on distingue un *état* de l'*Etat*). La *Loi de Jésus-Christ* s'oppose à l'ancienne *Loi de Moïse* et à la redoutable *Loi de Mahomet*. Xavier et ses contemporains disent aussi *secte de Mahomet*, ce qui est plus hostile et moins respectueux. Ses adeptes ne peuvent pas alors porter d'autre nom que celui de *Maures*, le seul employé ici. Car pour les Européens de la Renaissance, espagnols ou non, la religion ou plutôt la Loi de ceux-ci ne paraît pas encore une réalité lointaine ou exotique. Aucune langue occidentale ne parle alors d'*Islam* ni de *musulmans*, termes qui, introduits beaucoup plus tard, au XVIIIᵉ siècle [50], manifestent un changement très profond dans la façon de concevoir toute religion. L'analogie entre *Loi de Jésus-Christ* et *Loi*

48. Thomas d'Aquin, *Somme théologique*, Prima Secundae, q. 106, art. 1.

49. D. Sabbatucci, art. « religion », *Encyclopaedia Universalis*, corpus, t. 15 (1985), p. 237.

50. En français « musulman » 1680. « Islam » 1697 ; en espagnol « musulmán » 1765. *Grand Robert* 1985, V, p. 753 et VI p. 659. J. Corominas, *Breve diccionario etimológico...*, p. 409.

de Mahomet est presque aussi complète que leur inimitié ; elles commandent maintes entreprises missionnaires du XVIᵉ siècle et notamment celle de Xavier. Adversaire aussi intime que dangereux, l'Islam règne alors sur les rivages méditerranéens et dans la plaine hongroise aussi bien qu'au bout du monde, dans l'archipel indonésien. A la vue de la croix de pierre érigée par les Portugais à Melinde, en Afrique orientale, le Navarrais s'extasie : « Dieu sait quelle consolation nous avons éprouvée en la voyant ainsi, seule et si triomphante au milieu de tous ces Maures [51]. » On aura compris que son souhait le plus cher est « que soit détruite ici la secte mauvaise de Mahomet [52] ». Lorsque les Portugais ont exploré les rivages tant africains qu'asiatiques de l'océan Indien, partout ils ont trouvé des musulmans. Inquiétante découverte pour des hommes qui avaient reconstitué leur propre patrie en luttant pendant plusieurs siècles contre les Maures. Dans leurs positions est-africaines et sud-asiatiques, le commerce et la navigation lusitaniens du XVIᵉ siècle sont conquis de haute lutte sur des marins et des marchands musulmans. Pour les Portugais et pour Xavier, l'Islam comme religion et comme société est trop proche, trop connu et trop redoutable pour n'être pas honorable. Son argent, ses canons, sa discipline rituelle et dogmatique impressionnent. La *secte de Mahomet* n'est pas atteinte par le mépris qu'on adresse aux *gentils*, c'est-à-dire à l'hindouisme et à ses adeptes. C'est à ces derniers également que va la mission chrétienne, car il n'existe aucun espoir de convertir des musulmans. Xavier n'attend rien de ses entretiens avec un Maure de Melinde, en Afrique orientale : « Après que nous eûmes discuté un long moment, il resta sur son opinion et moi sur la mienne [53]. »

Les deux religions chassent sur les mêmes terrains, en Asie comme dans le bassin méditerranéen ou les Balkans. Pour les Européens du XVIᵉ siècle, l'ubiquité de l'Islam semble un cauchemar. Elle est apparentée à celle, infiniment plus discrète, d'Israël. Lorsque les Portugais débarquent en Inde, ils y trouvent des groupes israélites. Plus tard, Matthieu Ricci va découvrir que le judaïsme existe même en Chine [54]. La conscience que le christianisme a de lui-même, porte pour toujours la trace de l'affrontement entre l'Eglise et la Synagogue : dans leur berceau et dans tout le monde méditerranéen, cette dernière fut la concurrente de sa sœur

51. Nᵒ 15, § 6, p. 83.
52. Nᵒ 54, § 9, p. 178.
53. Nᵒ 15, § 8, p. 83.
54. *Jewish Encyclopaedia*, vol. IV, p. 33-39, art. « China » ; J. Dehergne et D. Leslie, *Juifs de Chine*, Paris, 1980.

cadette ; longtemps elle fut missionnaire, elle aussi, avant de se replier sur une définition ethnique, comme le montre Marcel Simon [55]. Or le judaïsme propose aux hommes une Loi donnée par Dieu ; il est en même temps foi et religion, communauté nationale et civilisation, cadre de vie profane aussi bien que sacrée. L'Islam, apparu plus tard, à l'époque où le prosélytisme juif n'était plus loin de sa phase dernière, est tout cela en même temps, lui aussi. Les textes chrétiens du Moyen Age espagnol redisent en latin ce qu'en substance les textes byzantins et syriaques avaient déjà dit de la nouvelle religion : une copie simplifiée de la *Loi de Moïse*, une forme excessivement judaïsante d'arianisme. Les mosquées n'enseignent rien que les juifs n'aient, d'une autre manière, enseigné après avoir refusé le Christ [56]. Personne n'a encore démontré que cette vision traditionnelle repose sur une erreur. Le mot par lequel l'Islam se définit comme religion, *dîn*, puisé d'ailleurs dans l'hébreu [57] comme d'autres termes nobles ou abstraits de l'arabe, signifie législation reposant sur l'autorité divine autant que foi, cadre de vie et cadre rituel, communauté croyante et cité. Pour l'homme ou pour le peuple qui entre dans la communauté musulmane, comme jadis pour les prosélytes admis dans la Synagogue, tout est important, tout doit être pris, rien ne peut être laissé de côté. Si l'expression n'avait été accaparée par la pédagogie, on dirait qu'il s'agit d'une *méthode globale* : tout est englobé dans cette méthode unique pour accomplir la volonté divine. Par sa propre force, la foi sécrète l'espace social et culturel où elle s'énonce. C'est beau, mais pour une conscience moderne sécularisée, c'est parfois terrifiant. Que le Seigneur des mondes dicte aux hommes leur manière de se vêtir et de se nourrir, leur emploi du temps et leurs gestes, leur identité culturelle ou nationale et jusqu'à des règles de grammaire... Bien que la première génération chrétienne et, chez elle, saint Paul aient admis l'autonomie des instances légales, étatiques et culturelles par rapport au message chrétien et à la communauté croyante, l'Eglise aussi est devenue une société englobante, par un jeu combiné de facteurs historiques, tels que l'héritage romain, la rivalité avec la Synagogue et le péril islamique. C'est cela, le régime de *chrétienté* auquel Xavier se réfère très naturellement.

---

55. M. Simon, *Verus Israel*, Paris, 1983, p. 133-135 et p. 326.
56. A. Ducellier, *Le Miroir de l'Islam*, Paris, 1971, p. 29-35.
57. Hébreu *dîn*, « jugement », « droit », « cause » et arabe *dîn*, « religion », « croyance », « confession » et encore « Jugement dernier » (*Coran*, sourate I, 4). D. Reig, *Dictionnaire arabe-français*, Paris, 1983, art. n° 1 903 ; N. Ph. Sander et I. Trenel, *Dictionnaire hébreu-français*, Genève, 1982, p. 122.

Pris entre le modèle occidental et la nécessité de faire face à la mission musulmane qui pénètre dans le sud de l'Inde aussi bien que dans l'archipel indonésien, il pratique, lui aussi, une *méthode globale*. Il ne conçoit pas qu'on prêche l'Evangile chez les païens, sans créer aussitôt des sociétés spécifiquement chrétiennes, des chrétientés asiatiques semblables à celles d'Europe et, si possible, meilleures. Il attache le plus grand prix à l'homogénéisation socioculturelle des communautés néophytes. Ceux que, par lui, l'Eglise appelle, doivent changer aussi bien sur le plan spécifiquement « religieux » que sur le plan « profane ». Les convertis ne doivent pas rester dispersés parmi leurs compatriotes hindous. Ils doivent les quitter et se réunir à part ou ailleurs, pour faire peuple ou nation. Comme jadis Moïse conduisit les Enfants d'Israël hors d'Egypte, Xavier les déracine. Cette nation nouvelle doit être ségrégée et très étroitement surveillée par ceux qui en ont la charge. Certains documents conservés sont d'une grande richesse de détails. Ainsi, un châtiment spécifique est prévu pour la femme coupable d'avoir bu du vin de palme [58]. Dans cette société, il est d'ailleurs hors de question de séparer la sphère de la vie publique d'une sphère de la vie privée : transparence absolue ! Une sorte de police veille au bon ordre social, moral, religieux et rituel, puisqu'il est prévu que les enfants surveillent, réprimandent et instruisent leurs parents ou leurs aînés, plus proches du paganisme qu'eux [59]. La présence aux rassemblements où les villageois doivent répéter les formules du catéchisme et aussi des prières jusqu'à en perdre souffle, ne semble pas facultative, selon ces textes [60]. Il faut remarquer qu'il ne s'agit pas d'assemblées proprement liturgiques ni de messe, en l'absence de prêtres. Avec leurs réunions obligatoires, leurs brigades de jeunes volontaires et leurs responsables locaux, ces nouvelles sociétés nous paraissent *révolutionnaires*, en ce sens qu'elles se fondent sur le discrédit des parents et de la génération antérieure. Mais beaucoup plus qu'à la défunte « révolution culturelle chinoise » de 1966, il faut penser, moins anachroniquement, au rôle social de la mosquée, à l'autorégulation d'une communauté islamique, aujourd'hui comme hier souvent appuyée sur des groupes de zélotes adolescents. Cette autorégulation ou *hisba* a rendu superflue, en Orient, une Inquisition à l'occidentale [61].

---

58. N° 22, § 2, p. 115.
59. N° 20, § 5, p. 105.
60. N° 20, § 3-4, p. 103-104.
61. Dans le sens large, la *ḥisba* est la « commanderie du bien » ou *amr bilma'rûf*, coercition en vue de la vertu : *Encyclopédie de l'Islam*, t. III, Leyde, 1975, p. 503-505, art. « ḥisba ».

L'idolâtrie des Indiens et des Malais semblant être une barbarie sans avenir, aux Maures d'Asie comme aux Portugais, la *Loi de Jésus-Christ* et la *Loi de Mahomet* sont rivales si bien qu'aux yeux de Xavier la mission chrétienne ne peut sérieusement concurrencer la mission musulmane qu'à la condition de l'imiter. A vrai dire, il n'a guère l'espoir de faire aussi bien qu'elle. Il estime qu'il faut aller là où les adeptes de l'Islam n'ont pas pu encore pénétrer, ainsi Ceylan ou les Moluques [62]. A fortiori, le Japon. Mais il sait aussi que le plus grand obstacle dressé contre l'évangélisation n'est pas le fidèle du Coran, mais l'Européen vivant en Asie, le marin-commerçant-colon portugais. Celui-ci ne tient pas compte de l'appartenance religieuse de ses clients ou partenaires. Il traite de la même façon l'Indien baptisé et l'Indien resté hindou : avec mépris et brutalité. Xavier considère même le mercantilisme lusitanien comme une forme de paganisme [63]. Sa grande règle, appliquée à Goa ou à Malacca jusque dans la transmission des charges royales, tient en quatre mots : « Je vole, tu voles [64]. » Goans et Malaccais ruinent par leurs actes la foi du Christ. « Il apparaît nettement, écrit Xavier à son collaborateur François Mansilhas en 1544, que c'est à cause de ces gens-là que nous n'avançons pas [65]. » Par conséquent, les néophytes indiens ne doivent, en aucun cas, sortir de la communauté hindoue pour entrer dans la société coloniale. Ils n'ont pas à copier les Portugais qu'ils pourraient rencontrer. Ils doivent constituer *à part* des chrétientés nouvelles, et en l'espace de quelques années, alors que l'Europe a pris plusieurs générations ou plusieurs siècles pour en faire autant. Il s'agit presque d'*utopies sociales* qui préfigurent le système des *Réductions* établi plus tard dans l'Amérique espagnole.

Dans plusieurs régions du Nouveau Monde, et pas seulement au Paraguay, les souverains de la Maison d'Autriche concéderont à des ordres religieux, notamment aux Jésuites, l'administration des communautés néo-chrétiennes, des nations entières parfois, maintenues ainsi en marge du système colonial et de son inévitable corruption. Précurseur à sa façon, Xavier veut obtenir pour lui et pour ses collaborateurs une sorte de délégation de pouvoir et de juridiction sur les convertis de la côte du Malabar. Dans le domaine portugais comme dans le domaine espagnol, évangélisation et colonisation paraissent incompatibles aux esprits les plus lucides. Cer-

62. N° 11, § 4, p. 67-68.
63. N° 57, p. 186.
64. N° 49, § 7, p. 160.
65. N° 41, § 1, p. 137.

taines lettres adressées au roi Jean III du Portugal sont pathétiques : leur auteur se désole de tout le mal et de toutes les souffrances infligés par les Portugais « à ceux qui se sont convertis à notre sainte Foi [66] ». Il faut arrêter ça ! Ce que les rois espagnols ont pu faire en Amérique, sauver la vie et la foi nouvelle de peuples indiens en interdisant aux colons un certain nombre de territoires, aucun souverain portugais n'aurait pu l'obtenir. Goa et Malacca sont si loin de Lisbonne... De plus, l'administration royale paraît faible, face aux associations de marins et de commerçants. La franchise et l'audace amères que Xavier a mises dans le courrier envoyé à Jean III ou à Simon Rodrigues, sont à la mesure de cette impuissance ou de cette indifférence. Pourtant, la couronne portugaise aurait dû faire quelque chose pour protéger les convertis. Devant Dieu, elle le doit en vertu du *Patronat*, au nom duquel le Saint Siège lui a confié la juridiction temporelle et spirituelle sur les territoires à découvrir et pour lequel Xavier a quitté Rome au début de 1540. Le Portugal possède les îles de l'Atlantique, les côtes africaines et asiatiques en échange de l'obligation de pourvoir en missionnaires les peuples visités ou soumis. Le pape Martin V avait en 1419 nommé Henri le Navigateur Grand Maître de l'Ordre du Christ, titre attaché à la couronne à partir de 1460. C'est en tant que chef de cet ordre militaire et religieux, le seul à hériter légitimement de celui du Temple, abattu par Philippe le Bel et abandonné à son sort par Clément V en 1310-1314, que le roi découvre et christianise, conquiert et colonise, commerce et exploite, voire réduit des hommes en esclavage. Comme on l'a déjà souligné [67], cette institution chrétienne paraît copiée sur une institution islamique : la guerre sainte ou *jihâd*, laquelle n'exclut pas des efforts pacifiques pour étendre l'Islam et encourage le voyage et le commerce entre deux batailles, quand elle ne pousse pas à confondre les bonnes affaires avec celles de Dieu.

De tels procédés perdent l'Evangile. Xavier a dû voir que les Portugais sont des disciples calamiteux des musulmans en Asie, que les communautés chrétiennes du Malabar n'ont guère d'avenir dans le voisinage des uns et des autres. C'est, nous semble-t-il, une des raisons pour lesquelles il se tourne vers le Japon et vers la Chine. Là-bas, dans ces nations restées souveraines et culturellement

---

66. N° 77, § 1, p. 267.
67. Justification du Patronat par l'exemple musulman dans : *Encyclopédie Catholicisme*, t. IX, Paris, 1982, p. 311, art. « Mission ». Voir également : *Grande Enciclopêdia portuguesa e brasileira*, t. VIII, p. 97, art. « Cristo » (Ordem de Cristo), et *Encyclopédie de l'Islam*, t. II, Leyde, 1965, p. 551-553, art. « Djihad ».

homogènes, pas question de créer des chrétientés-castes ou des chrétientés-ghettos : il a l'espoir d'évangéliser l'ensemble de la société en s'adressant d'abord à sa tête, féodalité ou cour. Mais c'est alors qu'éclate la contradiction qui le crucifie à la fin de sa vie : dans les Indes, il ne peut rien faire de durable à cause des Portugais ; hors des Indes, il ne peut rien entreprendre sans eux. Seule l'aide matérielle de leurs commerçants et de leurs marins permet de les fuir... Au XVIe siècle, il n'existe pas des lignes de navigation régulière et aucun navire ne vogue ni n'admet de passager à bord, s'il ne transporte des marchandises. Le Navarrais le sait bien. La Compagnie de Jésus ne peut ni vivre ni se déplacer en marge du monde mercantile lusitanien. Il n'est pas possible d'imaginer que les musulmans ou les bouddhistes vont faire vivre les Jésuites par des aumônes. C'est pourquoi il faut tout de même faire plaisir aux Portugais. Quand il s'adresse à des laïcs dans des lettres sur le Japon, Xavier donne de précieux renseignements commerciaux. Il se tient informé des cours du poivre, dont sera plein le bateau qui va amener des Pères au Japon. Il calcule que la vente de la cargaison assurera pendant longtemps la subsistance de la mission [68]. Aurait-il pu agir autrement ? Bien que parfois il semble irréaliste, ainsi quand il s'attend à la conversion rapide de peuples entiers, il sait aussi être terre-à-terre, le cas échéant. Il n'oublie pas les problèmes d'intendance : avant toute chose, que la maison de Goa paie toutes ses dettes [69]. Il juge vain de prêcher à des marchands si on ne connaît pas l'économie. Il fait un devoir aux Pères d'apprendre par où et comment transitent les denrées précieuses et la monnaie. Qu'ils sachent aussi l'état de la Bourse et le cours des épices, puisqu'ils doivent confesser aussi les Portugais [70]. Comment pourrait-il se désintéresser du salut des marins et des commerçants ? C'est pour le bien de leurs âmes qu'il écrit à Jean III pour lui demander d'introduire l'Inquisition à Goa [71]. Il y a parmi eux beaucoup de « nouveaux chrétiens », c'est-à-dire de juifs plus ou moins mal convertis, ou les descendants de ceux-ci. Ils se cachent encore moins qu'à Lisbonne pour « judaïser ». C'est scandaleux. Comme le montrent ses projets de règlement interne pour les néophytes indiens ainsi que sa brève collaboration avec l'Inquisition de Lisbonne, juste avant son départ d'Europe [72], Xavier attache un très grand prix à l'homogénéisation culturelle,

68. N° 93, § 9, p. 354.
69. N° 114, § 4, p. 435.
70. N° 80, § 32, p. 289.
71. N° 57, § 2, p. 186.
72. N° 8a, § 3, p. 59-60.

sociale et rituelle des communautés chrétiennes : qu'en Asie au moins, les Portugais ne pratiquent que le catholicisme, ainsi qu'ils y sont obligés par leur baptême ou par celui de leurs pères. Il pousse sa méfiance envers les « nouveaux chrétiens » jusqu'à leur interdire inconditionnellement l'accès de la Compagnie, ce que n'a jamais voulu faire saint Ignace[73]. Certains historiens estiment au cinquième de la population portugaise du XVIe siècle la partie pratiquant plus ou moins un biconfessionnalisme judéo-catholique, malgré l'Inquisition, introduite en 1497 sur l'exemple de l'Espagne voisine[74].

Hommes de guerre ou de paix, courageux navigateurs ou trafiquants malhonnêtes, « vieux chrétiens » ou « judaïsants », les Portugais portent le Christ en Asie en transportant son apôtre. La plus grande gloire de Dieu lui interdit de négliger ceux qu'il aurait voulu fuir plus souvent. Il table sur leur génie du commerce pour avancer. Il développe pour les capitaines-capitalistes, établis à Malacca, le projet d'établir un comptoir en Chine, une sorte de légation portugaise à la fois économique et politique, seul moyen d'en ouvrir les frontières jusque-là closes et d'y introduire l'Evangile[75]. Personne n'est sensible à ses arguments : l'entreprise est trop risquée. Xavier part seul, pour mourir seul aux portes de la Chine, sur l'îlot de Sancian. Jusqu'à cette heure, il n'a guère manqué d'appuis, d'amis, de compagnie. Ni à terre ni sur l'eau, il n'a été seul. Il n'aurait d'ailleurs rien pu entreprendre, s'il n'avait pas possédé un charisme, plus qu'un charme ! lui permettant de faire naître l'amitié et de la conserver. Il ne s'est point trouvé à la tête d'une armée de Jésuites investissant l'Asie. Car la Compagnie de Jésus est alors insignifiante par son nombre. De plus, il recommande de se montrer sévère dans l'admission des candidats au jeune Ordre. Qu'on n'hésite pas à renvoyer ceux qui sont trop éloignés de la perfection[76]. La mission doit donc faire une large place aux coadjuteurs laïcs de la Compagnie[77] et surtout à des laïcs non liés juridiquement à l'Ordre pour l'accomplissement de tâches para-administratives[78] et même apostoliques[79]. Tous les documents

---

73. N° 117, § 12, p. 446.

74. J. Lúcío de Azevedo, *História dos Cristãos Novos portugueses*, Lisbonne, 1975, p. 57-66. L. Poliakov, *Histoire de l'antisémitisme* (De Mahomet aux Marranes), Paris, 1961, p. 235-245.

75. N° 129, § 6, p. 479.

76. N° 115, § 2, p. 439, et n° 135, § 4, p. 492.

77. N° 115, § 10, p. 437.

78. N° 114, § 5, p. 435.

79. N° 63, § 5, p. 224-225.

catéchétiques s'adressent à un encadrement non clérical, non sacerdotal, des populations néophytes. Cette légèreté institutionnelle ou ce volontariat présupposent chez Xavier un immense pouvoir de séduction.

Quoiqu'il comprenne les calculs animant le monde mercantile des Portugais d'Asie, et qu'il sache souvent raisonner froidement, c'est un homme sentimental, affectif, affectueux. S'il était possible d'exprimer par une formule l'aspect le plus saillant de sa sainteté, on le nommerait *le saint de l'amitié*. Cela se voit à tant de phrases : « Sachez de façon sûre, mon Frère Maître Simon, que je vous ai imprimé en mon âme [80]. » Ou encore : « Je désire beaucoup vous voir, bien qu'en esprit je vous voie continuellement [81]. » Un des plus beaux textes sur l'amitié spirituelle qui unit les membres de la Société de Jésus, se trouve à la fin d'une lettre envoyée de Cochin à Rome en 1548 : « Si un jour j'en venais à oublier la Société du Nom de Jésus, que ma main droite tombe dans l'oubli, car je connais de tant de façons la grandeur de ce que je dois à la Compagnie [82]. » Cette même amitié, ardente dans le Christ, lui fait évoquer romantiquement un rêve inaccompli : il dit en 1552 au P. Ignace qu'il projette de se rendre à Jérusalem depuis la Chine [83]. Elle semble même avoir été le « lieu commun » de la contemplation et de l'action, de l'oraison et de cette interminable pérégrination qui l'a conduit de sa Navarre natale jusqu'aux abords de Canton.

Aussi forte que soit sa personnalité, jamais il ne prie, ne décide ni n'agit dans l'isolement. Son monde intérieur est tissé de communications, de médiations, d'échanges, de circulations et d'intercessions. Chaque lettre renvoie à des réseaux d'amis morts ou vivants. Toute action est chez lui « pistonnée » par des saints qui prient et par des protecteurs terrestres qui interviennent pour lui. Ces réseaux sont ramifiés à un point incroyable pour nous. Xavier veut toujours « déranger » ou « mettre en mouvement », pour ne pas dire : « émouvoir », le plus grand nombre de personnes possible. C'est ainsi qu'il écrit : « Faites en sorte que nous puissions montrer à l'Ambassadeur (des lettres) écrites par Estrada, où celui-ci parle de lui [84]. » Ou encore : « Le Seigneur gouverneur écrit au Roi à propos de ce collège, afin que son Altesse écrive à Rome à

---

80. N° 103, § 2, p. 403.
81. N° 25, § 1, p. 119.
82. N° 59, § 22, p. 210.
83. N° 110, § 12, p. 427.
84. N° 7, § 1, p. 54.

sa Sainteté [85]. » Une démarche politique ou administrative est mise en rapport avec une prière d'intercession, la sienne ou celle d'Ignace de Loyola : « Si de mon côté j'avais cru qu'il était besoin de vous prier de ne pas l'oublier dans vos dévots sacrifices, je vous le recommanderais comme ma propre âme, car je lui suis tellement obligé [85]. » Sa ligne de conduite : ne jamais sortir du réseau des intercessions et même chercher à y faire entrer toujours plus de monde. S'il est impossible d'échanger les grâces et la prière des défunts morts sans sacrement, hors de l'Eglise, il reste tous ceux qui portent la marque de l'Agneau. Pour rester « dans le circuit », rien n'importe autant que de maintenir l'amitié et la communication avec Celui qui en est la tête et le centre. D'ailleurs, Xavier se montre peu original mais très logique en donnant une grande importance au binôme confession-communion.

Ne jamais sortir du « circuit » et y placer toujours plus de monde, dans l'action comme dans la contemplation. En quels termes évoquer cette réalité spirituelle ? Bien que, depuis les origines, elle soit justifiée par la vision du côté ouvert sur la Croix [86], l'image corporelle du *Sacré Cœur* a l'inconvénient d'évoquer le siècle suivant et Marguerite Marie Alacoque. Pourtant, elle conviendrait : c'est bien le sang versé par le Rédempteur qui anime ces réseaux plus ou moins parallèles d'amitiés, d'actions concertées et de prières échangées. Mais la méthode mise en œuvre dans l'organisation de chrétientés nouvelles et les chaînes des collaborations, des amitiés et des intercessions évoquent plus exactement la métaphore complémentaire : non pas le centre, mais la périphérie animée par ce centre, non pas le *Sacré Cœur*, mais la *Sacrée Circulation du Sang de Jésus*. Le XVIe siècle ne concevait pas une pareille image, car William Harvey ne découvrira la circulation du sang qu'en 1628. Pourtant, elle se justifie par un texte qu'a sûrement connu Xavier et dont il s'est nourri : la « Contemplation pour obtenir l'amour » des *Exercices Spirituels* : tout y est « communication mutuelle », car « Dieu habite dans les créatures, dans les éléments par le don de l'être... tous les biens et tous les dons descendent d'en haut [87] ». De plus, dans le parcours du retraitant, tout est lieu à visites, étapes, médiations et demandes de médiation, échange et circulation. Parce qu'ils tendent à incorporer au Christ, les Exercices sont à leur manière un *système circulatoire*, ce qui justifierait la métaphore, futuriste pour l'époque, évoquée

---

85. N° 16, § 3, p. 90.
86. Jean 19, 31-35.
87. *Exercices Spirituels*, nos 230 à 237.

plus haut. La vie et la mission de Xavier semblent un double, sur une échelle géographique démesurée, de la pérégrination accomplie par celui qui suit la méthode d'Ignace de Loyola. Comme les prières du retraitant, ses lettres sont des demandes ou des propositions de médiation, et les mots de l'un, comme ceux de l'autre, retracent des chemins parcourus.

Xavier avait fait les Exercices sous la direction de leur auteur, en septembre 1534, peu de temps après le vœu de Montmartre. On a déjà relevé toutes les traces laissées par eux dans ces lettres et documents [88]. Il est convaincu qu'alors et par la suite l'Esprit Saint lui parle par le P. Ignace [89]. La circulation des grâces divines semble telle qu'il n'est pas possible de tracer une frontière entre la spiritualité de l'un et celle de l'autre. D'instinct, la piété populaire l'a senti, en établissant une sorte de gémellité entre eux : Ignace à Rome, au centre du monde, Xavier au lointain des mers, se complétant comme le point et le cercle. On ne trouvera rien, dans ces lettres et documents, qui puisse contredire ou nuancer cette intuition pieuse. En effet, il n'existe pas, pour nous, de *Journal spirituel* laissé par Xavier, bien qu'il en ait peut-être tenu un : il recommande cette pratique à d'autres [90]. En l'absence de textes différents de ceux qu'on lira ici, nous ne pourrons jamais connaître sa vie d'union à Dieu autant que celles de plusieurs autres Jésuites de la première génération. Cette obscurité ne retranche rien à sa grandeur ; elle se confond avec le mystère de l'échec apparent de sa vie, de sa mort humble et solitaire aux portes closes de la Chine, une participation à l'anéantissement du Verbe divin au plus dur de la terre.

Hugues Didier

---

88. G. Schurhammer, *Francis Xavier, his Life, his Time*, Rome, 1973, t. I, p. 216-224.
89. G. Schurhammer, *Francis Xavier...*, Rome, 1982, t. IV, p. 521.
90. N° 116, § 8, p. 441.

CHRONOLOGIE

Le grand ouvrage écrit en allemand par le P. Georg Schurhammer et traduit en anglais par le P. Joseph Costelloe, *Francis Xavier, his Life, his Time,* quatre volumes publiés à Rome par l'Institut Historique de la Compagnie de Jésus (1973-1982), est une mine de renseignements inégalée pour qui veut connaître la vie et l'époque de saint François Xavier. Cette édition des lettres et documents s'y réfère constamment au moyen des sigles S.I., S.II, S.III et S.IV. D'autre part, les textes originaux (*Epistolae Xaverii,* dans la collection des *Monumenta Historica Societatis Jesu*) sont indiqués par les sigles EX.I et EX.II. Fondée sur l'œuvre du P. Schurhammer, la chronologie que voici fait apparaître les grandes étapes d'une existence hors du commun. On remarquera certaines lacunes : aucune correspondance n'a survécu de périodes parfois longues.

1506-1515 : Enfance de François Xavier (S.I, 11-45).

1506 (7 avril), naissance de François Xavier, troisième fils de Jean de Jassu, au château de Xavier en Navarre.
1512 : l'Espagne annexe presque toute la Navarre.
1515-1525 : adolescence de François Xavier et période de troubles politiques auxquels est mêlée sa famille (S.I, 47-74).

1521 : combattant les Français pour l'Espagne, Iñigo de Loyola est cruellement blessé, ce qui marque le début du long processus de conversion le conduisant d'abord à créer les *Exercices Spirituels,* ensuite à s'adjoindre des Compagnons.
1523-1524 : les Espagnols contrôlent bien la Navarre et la famille de Xavier renonce à les combattre.

1525-1536 : François Xavier étudiant à Paris (S.I, 77-147).

1530 : il devient régent au Collège de Beauvais.

1533-1535 : il devient disciple d'Iñigo de Loyola, également étudiant à Paris (S.I, 189-224).

1534 (15 août) : les Compagnons prononcent le *Vœu de Montmartre* (S.I, 212-213).

1534 (septembre) : François Xavier fait les *Exercices Spirituels* (S.I., 216-224).

1534 (octobre) : *Affaire des Placards* attestant les progrès de la Réforme protestante à Paris.

1535 (printemps) : pour des raisons de santé, Iñigo quitte Paris.

1535 (25 mars) : lettre de François Xavier à son frère (n° 1).

1535-1536 : tout en faisant des études théologiques, il participe aux activités apostoliques des Compagnons (S.I, 247-269).

1536 (novembre-décembre) : en vue d'un pèlerinage en Terre Sainte, les Compagnons (dont Xavier) quittent Paris pour Venise via l'Alsace et la Suisse.

1537 : *Echec du pèlerinage en Terre Sainte.*

(Janvier-mars) : séjour à Venise (S.I, 297-310).
(16 mars) : départ de Venise pour un pèlerinage à Rome.
(3 avril) : audience du Pape Paul III aux Compagnons.
(Mai) : retour à Venise.
(10 juin) : François Xavier ordonné prêtre avec d'autres Compagnons dont Iñigo-Ignace.
(Juillet-septembre) : tension entre Venise et les Ottomans rendant irréalisable leur projet de pèlerinage.
(Novembre) : les Compagnons établis à Rome.

1538 : *Travaux apostoliques en Italie.*

(Mars-avril) : à Padoue.
(Juillet-septembre) : les Compagnons revenus auprès du Pape.
(Novembre) : nouvelle détérioration des relations entre chrétiens et Turcs.
Décembre 1538-février 1539 : apostolats à Rome.

1539 : *Délibérations des Compagnons.*

(Mars) : premières réunions.
15 mars 1539 : vœux de Xavier, nᵒˢ 2 à 4 (S.I, 455-458).
(Mai-juin) : série des grandes réunions délibératives des Compagnons.
Fin 1539-début 1540 : Xavier « premier secrétaire » de la Compagnie.

1540 : François Xavier quitte l'Europe.

14 mars 1540 : envoi en mission (S.I, 547-556).
(Mars-avril) : Bologne = n° 5, Modène et Parme, en compagnie de l'ambassadeur portugais, Pierre Mascarenhas.
(Juin) : traversée de l'Espagne.
(Fin juin) : arrivée à Lisbonne et audience du Roi.
Lettres de Lisbonne de juillet à novembre = nos 6 à 10 ; apostolat à la Cour et auprès de l'Inquisition.
Attente du départ pour l'Inde : septembre 1540-mars 1541.

1541 : La circumnavigation de l'Afrique (S.II, 16-35).

18 mars 1541 : les dernières lettres de Lisbonne = nos 11 et 12 (S.I, 713-729).
7 avril 1541 : embarquement à bord du *Santiago.*
(Avril-juin) : vers le golfe de Guinée.
(Juin-juillet) : errances à travers l'Atlantique.
(Fin août) : arrivée dans l'île de Mozambique, sur le rivage indien de l'Afrique.

1542 : De Mozambique à Goa.

1er janvier 1542 : première lettre d'Europe et réponse immédiate = n° 13.
(Mars) : de Mozambique à Melinde (S.II, 105-108).
(Avril) : séjour dans l'île de Socotora et traversée.
6 mai 1542 : arrivée à Goa (S.II, 148-153).
(Mai) : premières visites de Xavier à Goa.
(Mai-septembre) : premiers apostolats indiens = n° 14 (S.II, 201-267).
(Septembre) : fin de la mousson, la mer navigable.
Courrier des 20-21 septembre = nos 15 à 18. Xavier quitte Goa.

Octobre 1542-septembre 1543 : Apostolats sur la Côte de la Pêcherie (extrémité sud de l'Inde, confins du Tamilnad et du Kérala : S.II, 283-359).

28 octobre 1542 : première et dernière lettre de ce premier séjour en ce pays = n° 19.
Visite des villages (S.II, 321-345).
(Octobre-novembre) : contacts avec des hindous.
(Novembre) : retour à Goa.
(Décembre) : profession solennelle de François Xavier entre les mains de l'évêque de Goa (S.II, 385-386).

1544 : Retour sur la Côte de la Pêcherie et organisation des communautés chrétiennes.

15 janvier 1544 : escale à Cochin et lettre = n° 20.
23 février-18 décembre : errance de village en village et correspondance avec François Mansilhas = n°s 21 à 45 sans interruption (S.II, 425-476).
Décembre 1544 : Xavier rencontre le gouverneur portugais à Cambay.

1545 : Vers Meliapur et Malacca.

(Janvier) : Visite à Cranganore puis à Cochin.
20-27 janvier, à Cochin, lettres pour l'Europe = n°s 46 à 49 (S.II, 534-544).
(Février-avril) : voyage de Cochin à Negapatam avec escale à Ceylan : 7 avril 1545 = n° 50.
(Avril-août) : quatre mois passés à Meliapur-Saint-Thomas (S.II, 557-605). Lettre du 8 mai 1545 = n° 51.

Septembre-décembre 1545 : Séjour à Malacca, grand établissement portugais d'Extrême-Orient (S.III, 3-51).

Courrier pour l'Inde et pour l'Europe, 10 novembre = n°s 52 et 53, et 16 décembre = n° 54.

Janvier 1546-juin 1547 : Apostolats dans l'archipel des Moluques.

1546, de janvier à juin : à Amboine (S.III, 52-151).
Lettres des 10-16 mai = n°s 55 à 57.
(Juin-septembre) : à Ternate (Maluco), texte catéchétique = n° 58 (S.III, 142-207).
(Septembre-décembre) : avec les chrétiens de l'Ile du Maure. Aucun texte (S.III, 160-188).
1547, de janvier à avril : François Xavier de retour à Ternate (Maluco). Aucun texte (S.III, 189-207).

Juillet-décembre 1547 : Séjour à Malacca (S.III, 211-282).

Aucun texte. Période d'apostolats.
Mi-décembre 1547-janvier 1548 : traversée mouvementée de Malacca à Cochin.

1548 : Retour en Inde.

13 janvier, arrivée à Cochin ; 20 janvier, courrier pour l'Europe = n°s 59 à 63.

(Février) : séjour sur la Côte de la Pêcherie, lettre de Manappâd = n° 64 (S.III, 380-383).
(Mars) : retour à Goa.
(Fin mars) : voyage à Bassein.
(Avril) : retour à Goa = n° 65.
(Juin-septembre) : à Goa, Xavier prépare son futur voyage au Japon (S.III, 472-479). Documents pour l'Inde = n°s 66 et 67 (juin, août ?).
(Octobre) : voyage sur la Côte de la Pêcherie avec escale à Cochin = n°s 68 et 69 (S.III, 521-525).
(Novembre) : retour à Goa.
(Fin décembre) : départ pour Cochin.

Janvier-juin 1549 : Les adieux à l'Inde.

(Janvier-février) : séjour à Cochin. 12 janvier-2 février ; courrier pour l'Europe = n°s 70 à 79 (S.III, 566-611).
(Mars-avril) : séjour à Goa et instructions pour l'Inde = n°s 80 et 81 (S.III, 612-631).
31 mai-24 juin : séjour à Malacca (S.IV, 4-25). Lettres pour l'Inde et pour l'Europe, 20-23 juin 1549 = n°s 82 à 89.
24 juin-15 août : traversée Malacca-Japon sur la jonque de « Pirate » (S.IV, 26-51).

Août-décembre 1549 : La découverte du Japon.

(Août-octobre) : séjour à Kagoshima (S.IV, 52-104).
(Octobre) : premiers contacts avec les bonzes.
(5 novembre) : courrier pour Malacca = n°s 90 à 94.
(Novembre-décembre) : étude de la langue japonaise et premiers essais de traduction (S.IV, 105-109).

1550 : Séjours japonais et premiers apostolats (S.IV, 109-213).

(Janvier-juin) : séjour à Ichiku (S.IV, 109-117).
(Juillet) : séjour à Hirado (S.IV, 117-124).
(Août) : de nouveau à Kagoshima (S.IV, 124-134).
(Septembre-octobre) : séjour à Hirado (S. IV, 135-147).
(Novembre-décembre) : séjour à Yamaguchi (S.IV, 139-164).
Aucune lettre, aucun écrit conservé de 1550.

1551 : L'affrontement avec le bouddhisme (S.IV, 213-236).

(Janvier-février) : encore à Yamaguchi.
(Avril) : audience solennelle à la Cour de Yamaguchi.

(Juillet-août) : conflit aigu avec les bonzes.
(Août-novembre) : à la Cour de Bongo (S.IV, 237-298).
(Fin novembre) : Xavier quitte le Japon. Le courrier écrit avant son départ s'est perdu.
Dans le détroit de Singapour, 24 décembre = n° 95.
27-30 décembre : séjour à Malacca (S.IV, 320-341).

Janvier-avril 1552 : *Dernier séjour en Inde.*

24 janvier : arrivée à Cochin en provenance de Malacca.
(Début février) : séjour à Cochin (S.IV, 419-475) et correspondance pour Goa et pour l'Europe, 29-31 janvier = n°s 96 à 99, 4 février = n° 100.
(Mi-février-mi-avril) : séjour à Goa pour une ultime réorganisation de la Compagnie, et dernières recommandations, 29 février-14 avril = n°s 101 à 118 (S.IV, 476-566).
(17 avril) : départ de Goa.

17 avril-3 décembre 1552 : *Vers les portes de la Chine* (S.IV, 567-619).

Escale et courrier à Cochin, 24 avril = n°s 119-120.
(Fin mai 1552) : arrivée à Malacca.
Courrier pour l'Inde et pour l'Europe, 25 juin-16 juillet = n°s 121 à 124.
17 juillet 1552 : départ de Malacca pour la Chine.
Courrier pour l'Inde, détroit de Singapour, 21-22 juillet = n°s 125 à 129.
23 juillet-fin août : traversée Singapour-Sancian, près de Canton (S.IV, 617-619).
(Septembre-novembre) : séjour à Sancian, dans l'attente que les portes de la Chine s'ouvrent (S.IV, 620-653).
Courrier pour Malacca et Goa, 22 octobre-13 novembre = n°s 130 à 137.

3 décembre 1552 : *Mort de saint François Xavier* (S.IV, 643).

Note de l'éditeur : le traducteur a souvent respecté l'usage que fait saint François Xavier des capitales. Le lecteur trouvera donc les mots Chrétien, Maure, Gentils, Loi, Roi, etc., écrits la plupart du temps avec une majuscule initiale.

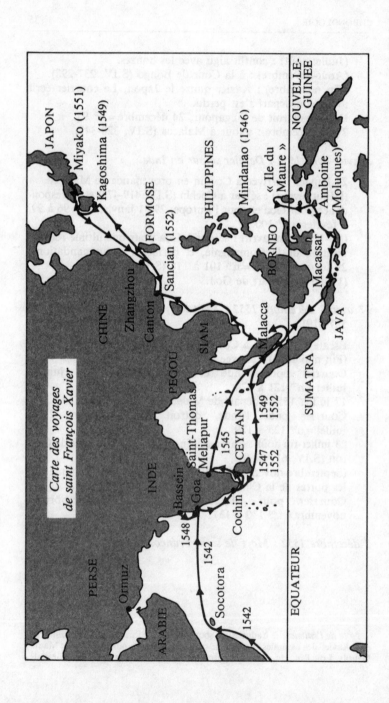

Carte des voyages
de saint François Xavier

1

A JEAN DE AZPILCUETA, A OBANOS (NAVARRE)
(EX.I, 8-12 ; S.I, 245-246)

*Voici la plus ancienne lettre que nous ayons conservée de saint
François Xavier. Tous ceux qui la reliront après s'être plongés dans
celles qu'il enverra plus tard des rivages lointains de l'Asie seront
étonnés du changement psychologique survenu chez lui : autant il
sera là-bas libre, intrépide, impérieux, autant il est ici gauche,
timide, embarrassé. C'est qu'il écrit à un frère aîné, Jean d'Azpilcueta, en qui il semble voir un suzerain, conformément aux normes encore féodales de la noblesse navarraise. En outre, ce qu'il
se doit de dire n'est guère agréable ni pour lui ni pour son correspondant. On a rapporté à ce dernier des calomnies contre Xavier
et contre Ignace : il faut les écarter. L'opinion des royaumes
d'Espagne n'était alors pas encore assez informée pour savoir faire
la différence entre les hérésies déjà répandues au bord de la Seine,
les Illuminés hispaniques et le nouvel idéal des Compagnons.
L'insistance mise par l'auteur de cette lettre pour dire que, grâce
à Ignace, dont il annonce et prépare la venue, il ne fréquente plus
de Chrétiens à la doctrine suspecte, ne leur parle même plus du
tout, répond évidemment à une nécessité vitale : écarter jusqu'au
moindre soupçon d'hérésie. Enfin, il est toujours gênant d'avoir
à tendre la main et à demander de l'argent, comme il le fait ici...*

Paris, le 25 mars 1535

+

Seigneur,

1. Par bien des voies et pour bien des motifs, j'ai écrit ces jours
passés à Votre Grâce. La principale chose qui m'a poussé à lui
écrire tant de fois est la grande dette que j'ai à son égard, car non
seulement je suis le cadet de Votre Grâce, et Votre Grâce mon Seigneur, mais encore j'ai reçu d'elle tant de faveurs.

2. Afin que Votre Grâce ne me juge point ingrat et sans reconnaissance pour les faveurs si grandes qu'elle m'a faites, je ne

manquerai pas de lui écrire aussi souvent que je trouverai un messager. Si, en raison de la longueur du chemin, elle ne recevait pas mes lettres aussi souvent que je lui en écris, je prie Votre Grâce d'en imputer la faute aux nombreuses traverses qui séparent Paris et Obanos ; car moi qui ne reçois pas aussi souvent de lettre, de la part de Votre Grâce, qu'elle m'en écrit en réponse à toutes celles que je lui écris, j'en attribue la faute au long chemin où disparaissent bien des lettres de Votre Grâce, et bien des miennes.

3. Il n'y a donc de sa part pas le moindre manque d'amour, bien au contraire, beaucoup, car Votre Grâce n'éprouve pas moins mes misères et mes souffrances d'études en sa demeure, où elle possède très largement tout ce dont elle a besoin, que moi-même à Paris, où le nécessaire me fait sans cesse défaut ; et cela pour la seule raison que Votre Grâce n'est pas informée de mes peines ; et je les endure toutes avec l'espoir très ferme que, dès que Votre Grâce les connaîtrait à fond, mes misères prendraient fin de par sa grande libéralité.

4. Seigneur, ces jours derniers, le Révérend Père Frère Véard [1] s'est trouvé en cette université ; il m'a laissé entendre que Votre Grâce avait émis certaines plaintes à mon égard, plaintes qu'il m'a exposées longuement ; s'il en est ainsi qu'il me l'a laissé entendre, et si Votre Grâce en éprouve un tel chagrin, c'est un signe et une preuve bien grands de l'amour et de l'affection qu'elle me porte.

5. Et ce qui me chagrinait le plus à cet égard, Seigneur, c'était de penser à la grande peine que Votre Grâce a ressentie en recevant des informations de gens méchants et d'hommes de vile espèce ; ceux-là, je désire beaucoup les connaître en pleine lumière, afin de leur donner le salaire qu'ils méritent. Et puisqu'ici tous prétendent m'être de grands amis, il m'est difficile de savoir qui c'est ; et Dieu sait la peine que j'éprouve en devant attendre de leur payer ce qu'ils méritent : mais je me console en pensant que ce qui est retardé n'est point ôté [2].

6. Afin que Votre Grâce sache clairement quelle faveur notre Seigneur m'a accordée en me faisant connaître le Seigneur Maître Iñigo, je lui donne par cette lettre ma foi que jamais je ne pourrai rendre à celui-ci tout ce que je lui dois, car non seulement il m'a aidé bien des fois grâce à ses deniers et grâce à ses amis, alors

---

1. Religieux que Georg Schurhammer n'est point parvenu à identifier avec certitude (S.I, 243-245).

2. Acrimonie qui, compte tenu de l'évolution spirituelle de Xavier au contact d'Iñigo, n'est justifiable que si la diffamation évoquée touche au point très sensible de l'orthodoxie catholique.

que je me trouvais dans le besoin, mais encore il a été la cause pour laquelle je me suis écarté des mauvaises compagnies, que je ne savais pas reconnaître en raison de mon inexpérience. Maintenant que toutes ces hérésies sont passées à travers Paris, je voudrais n'avoir pour rien au monde été en compagnie de ceux-ci ; ne serait-ce que de cela, je ne sais quand j'en pourrai payer la dette envers le Seigneur Maître Iñigo : celui-ci fut en effet la cause pour laquelle je n'ai plus eu de conversation ni de relation avec ces personnes qui, extérieurement, semblaient bonnes, mais qui, intérieurement, étaient pleines d'hérésies, comme cela est apparu dans leurs œuvres. Je prie donc Votre Grâce de lui faire le même accueil que celui qu'elle me ferait en personne, car je me sens si obligé envers lui pour ses bienfaits. Que Votre Grâce soit certaine que s'il était bien comme on le lui a dit, il n'irait point chez Votre Grâce se mettre entre ses mains ; en effet, un malfaiteur ne vient pas se placer sous le pouvoir de celui qu'il a offensé ; c'est à cela que Votre Grâce peut très clairement connaître la fausseté de tout ce qu'on lui a dit sur le Seigneur Maître Iñigo.

7. Je supplie très instamment Votre Grâce de ne pas négliger de s'ouvrir au Seigneur Iñigo et de converser avec lui, ainsi que de croire ce qu'il lui dira, en sorte que Votre Grâce croie que, par ses conseils et sa conversation, elle s'en trouvera fort bien, car c'est tout à fait une personne de Dieu, de vie irréprochable. Je demande encore une fois à Votre Grâce de ne pas manquer de le faire ; que Votre Grâce fasse autant confiance à tout ce que lui dira le Seigneur Maître Iñigo de ma part, afin de me faire cette grâce, que si c'était moi-même. Par lui, Votre Grâce pourra s'informer de mes besoins et de mes peines mieux que par quiconque, car il est au courant de mes misères et de mes malheurs bien mieux que personne au monde.

8. Si Votre Grâce veut me faire la grâce de soulager ma grande pauvreté, elle pourra donner au Seigneur Iñigo, porteur de la présente lettre, ce que Votre Grâce ordonnera. Il doit en effet aller à Almazán et porte certaines lettres d'un étudiant qui est un grand ami [3], qui étudie en cette université et qui est originaire d'Almazán ; ce dernier est fort bien pourvu et jouit d'appuis sûrs en sorte qu'il a écrit à son père que, si Iñigo lui donnait certaines sommes d'argent pour certains étudiants, il veuille bien les lui envoyer conjointement avec les siennes et dans la même monnaie. Puisqu'il s'offre ainsi une voie très sûre, je prie Votre Grâce de bien vouloir se souvenir de moi.

---

3. Jacques Laínez (1512-1565), natif d'Almazán, futur général de la Compagnie (1558-1565) (S.I, 203-205, et passim).

9. Depuis ici je ne sais quoi faire savoir de plus à Votre Grâce, si ce n'est que notre cher neveu s'est enfui de cette université[4] ; je suis parti à sa recherche jusqu'à Notre Dame de Cléry, qui est à trente-quatre lieues de Paris. Je supplie Votre Grâce de me faire savoir s'il est arrivé en Navarre, car je redoute beaucoup à son propos qu'il ne soit jamais un homme de bien. Quant aux affaires d'ici et au point où elles en sont, au sujet de ces hérésies, le Seigneur Maître Iñigo, porteur de cette lettre, dira à Votre Grâce tout ce que j'aurais pu écrire dans celle-ci.

Je termine donc en baisant les mains de Votre Grâce et la Dame mille fois ; que notre Seigneur augmente de bien des années les vies de Vos Grâces, selon les désirs des cœurs très nobles de Vos Grâces.

Très fidèle serviteur de Votre Grâce et son frère cadet.

Français[5] de Xavier

2

LE VŒU D'OBEISSANCE DES COMPAGNONS
(EX.I, 17-18 ; S.I, 457)

Conformément au vœu de Montmartre (15 août 1534 ; cf. S.I., 212-215), les Compagnons d'Ignace de Loyola s'étaient éloignés de Paris, et dispersés en Europe, pour se donner rendez-vous à Venise. De là, ils devaient partir en pèlerinage à Jérusalem, et même y demeurer. La guerre survenue entre les Vénitiens et les Ottomans ruina ce projet, bien providentiellement sans doute, car Rome ne pouvait être qu'un lieu plus propice que la Ville sainte à la naissance d'un nouvel Ordre religieux. Ce contretemps politique les obligea à suivre l'alternative déjà ouverte par le vœu de Montmartre au cas où le dessein hiérosolymite n'aboutirait pas : offrir leurs services au Souverain Pontife. Vers le milieu du Carême 1539, ils se réunirent pour délibérer sur l'avenir de leur groupe. Ils décidèrent de rester ensemble, mais sans se soumettre à la spiritualité ou aux constitutions d'un Ordre déjà existant. La déclaration que voici reflète non pas un désir personnel, mais un discernement collectif de la volonté divine.

---

4. Schurhammer n'est point parvenu à identifier ce neveu avec certitude : peut-être Charles de Motilloa (EX.I, 11 et S.I, 246).

5. *Francés de Xavier* ; la forme *Francisco*, François, n'était guère encore en usage chez les Navarrais (EX.I, 12).

Rome, le 15 avril 1539

Je soussigné, N., en présence du Dieu tout-puissant, de la Bienheureuse Vierge Marie et de toute la Cour céleste, déclare qu'après avoir adressé ma prière à Dieu et avoir mûrement pensé la chose, j'ai librement pris la décision et j'ai jugé comme plus conforme à la louange de Dieu et à la perpétuation de la Société qu'il y ait un vœu d'obéissance ; et je me suis délibérément offert moi-même, quoique sans vœu ni aucune obligation, à entrer dans cette Société au cas où, avec l'aide de Dieu, elle serait confirmée par le Pape. Pour la commémoration de cette délibération (que je reconnais avoir tenue grâce au don de Dieu), je m'approche à présent, malgré ma très grande indignité, de la très sainte Communion, avec cette même délibération.

Mardi 15 avril 1539.

+ Cáceres [1]

Jean Codure [2]   Laínez [4]
Salmerón [3]   Bobadilla [5]
                    Paschase Broët [6]
Pierre Favre [7]   François
                    Ignace
Simon Rodrigues [8]   Claude Le Jay [9]

3

DETERMINATION DE LA COMPAGNIE DE JESUS
(EX.I, 22-23 ; S.I, 550-551)

En juin 1539, les premiers Compagnons avaient terminé leurs premières délibérations sur les Constitutions à venir du nouvel

---

1. Jacques (Diego) Cáceres, ami de saint Ignace à Paris ; il se séparera des Compagnons en 1541 pour se mettre au service du roi de France François Ier, quoique Espagnol.
2. Jean Codure, Provençal, lié au groupe depuis 1536 (1509-1541).
3. Alphonse Salmerón, Espagnol de Tolède (1515-1585).
4. Jacques Laínez, Espagnol d'Almazán (1512-1565), préposé général de la Compagnie à partir de 1558.
5. Nicolas Alphonse de Bobadilla, Espagnol de la région de Palencia (1508-1590).
6. Paschase Broët, Picard (1500-1562).
7. Pierre Favre, Savoyard et un certain temps camarade de chambre d'Ignace et de François Xavier (1506-1546).
8. Simon Rodrigues de Azevedo, Portugais, premier provincial du Portugal, souvent correspondant des lettres envoyées par François Xavier (1510-1579).
9. Claude Le Jay (1500 (?)-1552), Savoyard comme Pierre Favre.

Ordre (S.I, 453-465). Le 3 septembre de la même année, le pape Paul III avait approuvé de vive voix le projet et son orientation (S.I, 466-467). Au moment de recevoir cet appui décisif, les amis d'Ignace s'étaient déjà dispersés en Italie. En outre, ils savaient qu'ils seraient encore plus éloignés les uns des autres dans les années à venir. Il leur fallut donc admettre que les décisions relatives aux Constitutions en gestation ne pourraient désormais être prises que par une majorité de membres vivant en Italie ou susceptibles de s'assembler à Rome. Il faut avoir à l'esprit l'inconfort et surtout la lenteur des moyens de transport, à l'époque. Telle est la raison d'être de ce document, contresigné par François Xavier et plusieurs autres Compagnons, que Jean Codure rédigea en latin.

Rome, le 4 mars 1540

Jésus Marie

Étant donné qu'il advient que nous soyons séparés dans des régions du monde diverses aussi bien qu'éloignées [1], par la disposition du Dieu très bon et très grand, comme nous le croyons par piété, et selon l'ordre du Souverain Pontife, chef de toute l'Église, nous avons considéré qu'en raison de notre réunion en un seul corps, bien des choses peuvent arriver qui touchent au bien de la Compagnie entière, comme de faire des Constitutions et n'importe quelles autres choses. A nous tous qui sommes en ce moment réunis à Rome, il nous a paru bon, et nous en avons décidé de la sorte, et en signe de vérité, nous soussignons nos noms de nos propres mains, que toutes ces choses devraient être remises au jugement et à l'avis de la majorité de ceux de notre corps qui, résidant en Italie, pourraient être convoqués ou dont les votes pourraient être sollicités par ceux qui se trouveront à Rome. Ayant vu la majorité des votes de ceux qui, comme nous l'avons dit, se trouveront alors en Italie, ils pourront décider comme si toute la Compagnie était présente. Ainsi en a-t-il semblé bon à tous dans le Seigneur. Le quatre mars 1540.

Iñigo	Jean Codure
Simon Rodrigues	Alphonse Salmerón
Claude Le Jay	François

---

1. Simon Rodrigues et Nicolas Alphonse Bobadilla étaient déjà désignés pour les Indes ; Jean Codure et Alphonse Salmerón pour l'Irlande.

4

DECLARATION, VOTE ET VŒUX DE FRANÇOIS
(EX.I, 25-27 ; S.I, 554-555)

Les voies de Dieu sont impénétrables : Nicolas Alphonse Boba-
dilla avait été désigné pour la mission de l'Inde et devait incessam-
ment quitter Rome avec l'ambassadeur de Portugal Pierre Masca-
renhas. Mais le médecin interdit le voyage au Compagnon pris de
fièvres à son retour de Naples. François Xavier va donc le rempla-
cer. Mais avant de partir pour cet immense périple, dont il ne
reviendra pas, ce dernier doit explicitement s'en remettre à la
volonté et aux décisions de ceux qui restent à Rome ou en Italie,
élire le Supérieur de ce qui n'est pas encore un Ordre religieux cons-
titué ainsi que prononcer les trois vœux de pauvreté, de chasteté
et d'obéissance.

Rome, le 15 mars 1540

Jhus

1. Moi, François, je dis ceci : si Sa Sainteté approuve notre
manière de vivre [1], je suis disposé à accepter tout ce que la Compagnie ordonnera à propos de toutes nos Constitutions, de nos
règles et de notre manière de vivre, lors de l'assemblée à Rome de
ceux que la Compagnie aura pu aisément convoquer et appeler ;
étant donné que Sa Sainteté envoie beaucoup d'entre nous en de
diverses contrées situées hors de l'Italie, et que tous ne pourront
pas se joindre à cette assemblée, je promets, par cette déclaration,
d'accepter tout ce qu'ordonneront ceux qui pourront s'assembler,
qu'ils soient deux, ou trois, ou ceux qui viendront ; ainsi, par la
présente lettre signée de ma main, je donne ma promesse d'accepter
tout ce que, eux, ils feront. Ecrite à Rome en l'année de 1540, le
15 mars.

François

2. De même, moi, François, je dis affirmer que, n'ayant en
aucune façon subi l'influence de personne, je juge que celui qui
doit être élu supérieur de notre Compagnie, et à qui nous devons

---

1. La bulle de Paul III, *Regimini militantis Ecclesiae,* approuvant la naissante Compagnie est de l'année suivante (27 septembre 1541).

tous obéir, me semble devoir être, pour parler selon ma conscience, notre ancien supérieur, notre véritable père Don Ignace [2]. C'est lui qui nous a tous assemblés, et non sans peine ; et non sans peine, il saura nous conserver, nous gouverner et nous faire croître de mieux en mieux, car c'est lui qui est le plus au courant de chacun d'entre nous ; et après sa mort, pour parler ainsi d'après ce que je ressens en mon âme, comme si je devais mourir à l'instant, ce que je dis, c'est que ce soit le Père Maître Pierre Favre. Et sur ce sujet, Dieu m'est témoin que je ne dis rien d'autre que ce que je ressens ; et parce que c'est la vérité, je fais la signature de ma propre main.

Ecrite à Rome en l'année 1540, le 15 mars.

François

3. De même, après que la Compagnie se soit assemblée et ait élu le supérieur, moi François, je promets dès maintenant et pour alors, obéissance, pauvreté et chasteté perpétuelles. Ainsi Laínez, mon père très cher dans le Christ, je vous prie, pour le service de Dieu notre Seigneur, de représenter ma volonté, en mon absence, avec les trois vœux de religion, auprès du supérieur que vous élirez, car de maintenant jusqu'au jour où cela se fera, je promets de les observer. Parce que c'est la vérité, je fais le présent seing, signé de ma propre main [3].

Ecrite à Rome en l'année 1540, le 15 mars.

François

5

A IGNACE DE LOYOLA ET A PIERRE CODAZZO
(EX.I, 29-31 ; S.I, 562-563)

Interrompant le voyage qui devait les conduire de Rome à Lisbonne, l'ambassadeur portugais Pierre Mascarenhas, sa suite et François Xavier séjournent à Bologne pour fêter Pâques. Le futur apôtre des Indes a ici le réalisme de ne pas prévoir son retour auprès de ses amis. Il promet ici d'être fidèle aux consignes

---

2. Saint Ignace sera élu Préposé général le 19 avril 1541.
3. Le jour même où il signait ces documents, Xavier partait de Rome avec l'ambassadeur portugais Pierre Mascarenhas (EX.I, 27).

données par Iñigo sur la façon de rédiger et d'expédier sa corres-
pondance. Et comme plus tard en Asie, il exhorte, avant de quit-
ter l'Italie, les Chrétiens à se confesser et à communier.

Bologne, le 31 mars 1540

+

Jhus

La grâce et l'amour du Christ notre Seigneur soient toujours en notre aide et en notre faveur.

1. Le jour de Pâques, j'ai reçu des lettres de vous ainsi qu'une liasse destinées au Seigneur Ambassadeur, et aussi, grâce à elles, toute la joie et toute la consolation que sait notre Seigneur. Puisque c'est seulement par des lettres que nous nous reverrons en cette vie, et dans l'autre face à face avec beaucoup d'embrassades, il faut qu'en ce peu de temps qui nous reste de cette vie-ci, nous nous voyions beaucoup par lettres. C'est pourquoi je procéderai comme vous me l'avez ordonné par lettre, de vous écrire souvent, en observant l'ordre des épîtres annexes [1].

2. J'ai beaucoup parlé au Seigneur Cardinal d'Ivrea [2], et avec plaisir, à propos de l'ordre que vous m'aviez envoyé par écrit. Il m'a reçu avec beaucoup d'humanité, s'offrant instamment à nous favoriser dans toute la mesure de ses possibilités. Quand il prit congé de moi, ce bon vieillard se mit à m'embrasser, et moi à lui baiser les mains ; et au beau milieu du discours que je lui tenais, je me mis à genoux et je lui baisai les mains au nom de toute la Compagnie. D'après ce qu'il me répondit, je le crois très bien disposé envers notre manière d'agir.

3. Le Seigneur Ambassadeur me fait tant de faveurs que je n'en aurais jamais fini de les écrire. Et je ne sais comment j'aurais pu les supporter, si je ne pensais pas et si je ne tenais pas pour assuré qu'il faudra les payer, parmi les Indiens, de rien de moins que de la vie. A Notre-Dame-de-Lorette, le dimanche des Rameaux, je l'ai confessé et je lui ai donné la communion, lui ainsi que bien des gens de sa maison, et j'ai dit la messe dans la chapelle de Notre-Dame [3] ; le bon Ambassadeur fit en sorte qu'en même temps que

---

1. Ou *hijuela*, « fille » : il s'agit d'annexes contenant des nouvelles qui doivent être tenues secrètes ou réservées à un petit nombre, notamment les *mauvaises nouvelles*, celles relatives par exemple aux scandales, aux fautes graves commises par tel ou tel, aux départs volontaires ou forcés de la Compagnie, à l'hostilité des Princes ou des gouverneurs, etc.

2. Boniface Ferreri, cardinal en 1517, mort en 1543.

3. La *Casa Santa* dans laquelle une tradition, remontant seulement au xvᵉ siècle, veut voir la maison de la Vierge à Nazareth miraculeusement transportée par les anges en Italie l'an 1294.

lui, tous les gens de sa maison vinssent communier dans la chapelle. Ensuite, le jour de Pâques, je l'ai entendu en confession et je lui ai donné la communion une autre fois, lui et d'autres dévotes personnes de sa maison. Le chapelain du Seigneur Ambassadeur se recommande beaucoup aux prières de tous, car il m'a promis d'aller avec nous dans les Indes.

4. Vous ferez mes recommandations à Madame Faustine Ancolina [4] et dites-lui que j'ai dit une messe pour son Vincent qui m'est cher, que j'en dirai demain une autre pour elle. Qu'elle soit sûre que je ne l'oublierai jamais, même quand je serai dans les Indes. Et de ma part, Messire Pierre, mon très cher frère, rappelez-lui qu'elle m'a fait la promesse de se confesser et de communier ; et qu'elle me fasse savoir si elle l'a fait, et combien de fois. Si elle veut faire plaisir à ce Vincent, cher à elle comme à moi, dites-lui de pardonner à ceux qui ont tué son fils, parce qu'au ciel Vincent prie beaucoup pour eux.

5. Ici, à Bologne, je suis plus occupé à entendre des confessions que je ne l'étais à Saint-Louis [5]. Recommandez-moi bien à tous, car en vérité, ce n'est pas parce que je les oublie que je m'abstiens de les mentionner [6].

Ecrite à Rome en l'année 1540, le 15 mars.

François

5a

SIMON RODRIGUES A IGNACE DE LOYOLA
(EX.I, 35-36 ; S.I, 618-619)

Embarqué à Cività Vecchia pour Lisbonne, Simon Rodrigues est vite parvenu à bon port, pendant que l'Ambassadeur Pierre Mascarenhas et François Xavier prenaient le long chemin de terre ; Bologne, Modène, Parme, Lyon, Bayonne, Loyola, Vitoria, Valladolid, Ciudad Rodrigo et enfin la Beira Baixa portugaise, soit trois mois, de mars à juin 1540. Dans une longue lettre commen-

---

4. Faustine de Jancolini, veuve d'Ubaldi de' Ubaldis, noble romaine et grande amie de la naissante Compagnie de Jésus, à qui elle légua sa demeure sise Piazza Colonna.

5. L'église Saint-Louis-des-Français, en construction à l'époque.

6. La phrase finale n'a aucune signification claire ; le P. Schurhammer lui en trouve une en supprimant une négation (S.I, 563) ; nous faisons de même.

cée avant l'arrivée des voyageurs terrestres, Simon Rodrigues décrit
l'obstacle imprévu qui se dresse sur le chemin des Indes : l'affec-
tion et l'estime des Lisbonnins pour ces prêtres d'un nouveau
genre : leur désir est qu'ils restent ! On ne lira ici que la partie de
cette lettre, écrite une fois Xavier parvenu au bout de l'Europe.

Lisbonne, fin juin 1540

(...)

6. Maître François est arrivé en bonne santé, par la grâce de Dieu
notre Seigneur. Nous avons conversé tous les deux pendant un long
moment avec le Roi et même avec la Reine pour leur exposer de
façon développée nos choses, et leur parler aussi de choses spirituelles. La Reine fit appeler sa fille pour que nous la voyions, tandis que nous nous réjouissions du fruit abondant qu'on faisait,
d'après l'information déjà claire qu'en avaient les gens de Lisbonne
peu de jours après notre arrivée. Il est certain, après ce que j'ai
écrit dans les lignes précédentes, que le fruit est si grand, le Seigneur en soit béni, qu'il passe ce qu'on pourrait en dire. Il y a un
tel afflux de monde à la confession, et je ne m'en étonne pas, car
les gens de ce pays sont si enclins au service de Dieu et si dévots
qu'en baisant nos habits, ils croient baiser les reliques des saints.

7. Le Roi nous a chargés et nous a ordonné, nous en suppliant
avant toute chose, de confesser chaque vendredi la jeunesse de sa
cour, ce qui représente plus de cent et quelques jeunes gentilshommes, sans compter d'autres, les autres jours, parmi les plus en vue
de son royaume.

8. Nous avons déjà introduit ici les confessions et les communions fréquentes. Ils se plaignent tous de ce que nous devions partir
pour les Indes, quelques-uns pour eux-mêmes, d'autres pour le bien
commun, car ils pensent que nous pourrions faire davantage de
fruit ici. Néanmoins, elle reste ferme, la raison de notre venue, que
nous avons apportée de là-bas et qui est d'être envoyés par Sa Sainteté pour porter le Nom du Seigneur auprès des Rois et le prêcher
à ceux qui ne le connaissent pas.

9. Le prédicateur du Roi nous a déjà parlé en vue de nous dis-
suader de partir, pour que nous restions ici, et dit que Son Altesse
enverrait une lettre au Pape pour le supplier de bien vouloir y
consentir. Nous n'avons pas voulu nous y résoudre, parce qu'il restait du temps pour tout. Son Altesse désire beaucoup voir ici toute
la Compagnie.

10. Tout le monde voudrait nous avoir à la maison et nous donner le nécessaire ; c'en est à un tel degré qu'il y a motif d'en louer

Dieu. Une personne a dit ici au Roi de nous faire évêques et de nous envoyer aux Indes. Le Roi a répondu que nous n'en voudrions pas. Ce dont nous nous réjouissons beaucoup, car, de la sorte, son avis coïncide avec nos résolutions de ne pas vouloir d'évêchés ni de rien en ce monde, sinon des injures, des affronts et des persécutions pour le service de Dieu notre Seigneur, qu'Il soit toujours en notre faveur et en notre aide. Amen.

6

A IGNACE DE LOYOLA ET A NICOLAS BOBADILLA
(EX.I, 38-44 ; S.I, 619-621)

La lettre adressée par François Xavier peu de temps après son arrivée à Lisbonne a l'avantage d'être assez décousue et donc de laisser bien apparaître sa vivacité de caractère. Elle retrace d'abord son long voyage à travers l'Europe occidentale, ou, plus exactement, n'en retient que l'épisode jugé par lui significatif et propre à édifier. A son arrivée à Lisbonne, il trouve Simon Rodrigues bien malade, ce qui ne les empêche pas d'aller voir ensemble le roi Jean III quelques jours plus tard. Infatigables l'un et l'autre... Le monarque portugais apparaît ici sous son meilleur jour, impatient de promouvoir la réforme catholique sur ses terres. Cette réforme se fonde nécessairement sur la pratique renouvelée des sacrements, pénitence et eucharistie.

Lisbonne, le 23 juillet 1540

Jhus

La grâce et l'amour du Christ notre Seigneur soient toujours en notre aide et en notre faveur. Amen.

1. Nombreux et continuels furent les bienfaits que le Christ notre Seigneur nous fit en allant de Rome au Portugal ; nous avons beaucoup traîné en chemin avant d'arriver à Lisbonne, plus de trois mois. Sur un si long chemin, et au milieu de tant de peines, c'est une chose pour laquelle nous devons rendre au Christ notre Seigneur bien des louanges et bien des grâces, que le Seigneur Ambassadeur ait toujours voyagé en excellente santé, lui ainsi que toute sa maison, du plus grand au plus petit. Car, outre son aide ordinaire, le Seigneur a étendu tout spécialement la main pour nous

délivrer de tout danger, et aussi tout spécialement le Seigneur Ambassadeur, en sorte qu'il gouverne sa maison selon un ordre tel qu'elle paraisse être davantage une maison de religieux que de laïcs, car on s'y confessait et communiait souventes fois. Et les domestiques, qui l'imitaient et qui prenaient exemple sur lui, faisaient la même chose, au point que, tandis que nous cheminions, si nous ne pouvions pas trouver de la place dans les auberges où nous arrivions, il nous fallait nous écarter du chemin pour confesser les domestiques, et d'ordinaire descendre de cheval pour confesser.

2. Pendant le parcours en Italie, notre Seigneur a voulu se manifester miraculeusement en un de ses serviteurs, en celui qui avait été à Rome pour se faire moine. Tandis qu'il franchissait une bien grosse rivière contre l'avis de tous, la force du courant fut si grande qu'elle l'emporta au vu de tous, lui et son cheval, sur une distance plus grande que celle qu'il y a entre le logis où nous vous avons laissés à Rome, et Saint-Louis [1]. Mais Dieu notre Seigneur a bien voulu entendre les dévotes prières de son serviteur l'Ambassadeur, qui, efficacement, à l'aide des siens, et non sans larmes, priait instamment le Seigneur de le délivrer. C'est ainsi que notre Seigneur a voulu le délivrer, plus par un miracle que par des moyens humains. Cet homme était un de ses écuyers et il aurait préféré se trouver au monastère pendant tout le temps où il dérivait dans l'eau, en sorte qu'il regrettait d'avoir différé si longtemps ce qu'il avait tant désiré faire. Quand je lui ai parlé, il m'a dit que, pendant tout le temps où il dérivait sur l'eau, pour sa perte et sans espoir de se sauver, rien ne le peinait autant que d'avoir vécu si longtemps sans se préparer à mourir. En outre il me disait que la pensée insistante lui venait à l'esprit de n'avoir pas accompli ni mis en œuvre ce que Dieu notre Seigneur avait commencé en lui, à propos de sa façon de vivre, en sorte que c'était lui qui rendait courage à tous. Il en resta si frappé qu'il semblait venir de l'autre monde ; il parlait avec tant de persuasion des peines de l'autre monde, comme s'il en avait eu l'expérience, pour dire que celui qui pendant sa vie ne se prépare pas à mourir, ne possède pas le courage de se souvenir de Dieu à l'heure de la mort. L'excellent homme parlait de ce qu'il était parvenu à savoir par expérience, et non pas d'après des lectures ni par ouï-dire, mais bien parce qu'il était passé par ça. J'éprouve une grande compassion envers nombre de nos amis et connaissances, car je crains qu'ils ne diffèrent tant leurs bonnes pensées et leurs bons désirs de servir Dieu notre

---

1. C'est-à-dire la distance séparant la demeure d'Antoine Frangipani (Via Delfini 16) de Saint-Louis des Français.

Seigneur qu'ils n'en aient plus ni le temps ni l'occasion quand ils voudront les mettre à exécution.

3. Le jour de mon arrivée à Lisbonne, j'ai trouvé Maître Simon qui attendait pour le jour même la fièvre quarte ; mais à cause de ma venue, il éprouva un si grand plaisir, et moi avec lui, que nos deux plaisirs assemblés eurent comme effet de bouter hors la fièvre quarte, si bien que ni ce jour-là ni ensuite il n'en a été repris, et cela, depuis un mois. Il se trouve en très bonne santé et il fait beaucoup de fruit. Depuis ici, je vous fais savoir qu'il y a beaucoup de personnes dévotes envers nous, et si nombreuses que nous avons beaucoup de travail, quoique nous ne puissions pas les satisfaire, car ce sont des personnes de qualité et nous n'avons pas de temps.

4. Il y a ici beaucoup d'excellentes personnes qui vivent avec le désir de servir notre Seigneur, s'il y avait des gens pour les aider en leur donnant quelques Exercices spirituels, de sorte qu'ils puissent enfin mettre en œuvre le bien qu'ils remettent à plus tard, jour après jour. En effet, sitôt que les hommes commencent à faire tout le bien qu'ils connaissent, ils se rendent compte, à condition d'y vouloir bien regarder, qu'ils ont beaucoup tardé à le mettre en œuvre. Cette connaissance entière en aide beaucoup à s'éveiller et fait en sorte qu'ils ne trouvent pas la paix là où elle n'est pas, tout particulièrement ceux qui, contre toute raison, essaient d'entraîner notre Seigneur là où ils le désirent, car ils ne veulent pas aller là où notre Seigneur les appelle. Ils se laissent conduire par leurs affections désordonnées davantage que par les bons désirs qui les habitent [2]. Il faut avoir d'eux pitié plutôt qu'envie, quand on les voit cheminer sur une côte si escarpée et sur un chemin si difficile et si périlleux, et aboutir à une fin si pénible comme tout salaire de tant de peines.

5. Après que se furent écoulés trois ou quatre jours après notre arrivée en cette ville, le Roi nous fit venir et nous reçut avec affabilité. Il se trouvait seul avec la Reine dans une pièce où nous sommes restés avec eux plus d'une heure ; ils nous demandèrent bien des précisions sur notre manière d'agir et sur la façon dont nous nous sommes connus et assemblés, quels furent nos premiers désirs et nos persécutions à Rome. Ils se réjouirent beaucoup d'apprendre comment la vérité s'est manifestée, que nous ayons si bien tenu bon, car la vérité, à propos de ce qu'on nous imputait, finit par être reconnue. Son Altesse désire beaucoup voir la sentence qui a

---

2. C'est dans la droite ligne des Exercices spirituels de saint Ignace, et plus précisément du Préambule de l'élection (§ 169).

été rendue en notre faveur. Tout le monde est ici très édifié de ce
que nous ayons tenu bon jusqu'à ce que fût rendue la sentence ;
et l'on est si édifié qu'on est d'avis que, si la chose ne s'était point
faite comme elle l'a été, nous n'en aurions jamais retiré aucun
fruit ; et selon l'opinion des gens d'ici, nous ne pouvions pas mieux
faire que de pousser la chose jusqu'à la sentence rendue, jusqu'à
ce que la vérité apparût. Le Roi et la Reine se réjouirent beaucoup
en notre compagnie de ce que nos ennuis fussent terminés ; au
terme de toutes nos conversations, Son Altesse fit appeler sa fille
l'Infante et son fils le Prince pour que nous les vissions ; elle nous
fit aussi le compte des enfants que notre Seigneur lui avait donnés, de ceux qui sont morts comme de ceux qui vivent.

6. Ainsi, le Roi comme la Reine nous ont témoigné beaucoup
d'amour. Son Altesse nous recommanda beaucoup, ce même jour
où nous lui avons parlé, de confesser les jeunes gentilshommes de
sa cour ; le Roi a en effet édicté dans sa cour que tous les gentilshommes se confesseraient tous les huit jours ; il nous recommanda
de veiller attentivement sur eux, car, nous a dit Son Altesse, s'ils
connaissent et servent Dieu lorsqu'ils sont jeunes, ils jouiront d'une
bonne réputation quand ils seront vieux. S'ils sont tels qu'ils doivent être , les autres gens, de basse condition, prendront exemple
sur eux, et ainsi les laïcs de son royaume se réformeront ; elle juge
en effet certain qu'une fois les nobles réformés, une grande partie de son royaume sera réformée. C'est là un grand motif de
s'émerveiller et de rendre grâces à notre Seigneur que de voir
combien le Roi est zélé de la gloire de Dieu notre Seigneur, à quel
point il a de l'affection pour toutes les choses pieuses et bonnes.
Nous tous de la Compagnie, nous lui devons beaucoup, en raison
de sa bienveillance envers nous qui sommes aussi bien ici que là-
bas. L'Ambassadeur m'a dit qu'il a parlé au Roi après que nous
lui ayons parlé, que le Roi son Seigneur lui a dit qu'il se réjouirait beaucoup de nous avoir ici, nous tous qui sommes de la
Compagnie, même s'il devait lui en coûter une partie de sa fortune.

7. Beaucoup de personnes qui sont ici de nos connaissances
essaient d'empêcher notre départ pour les Indes, car il leur semble qu'ils nous ferions plus de fruit ici par des confessions, des
conversations privées, des Exercices spirituels, si nous administrions
les sacrements et si nous exhortions à se confesser et à communier
fréquemment, si nous prêchions, plutôt qu'en allant aux Indes. Le
confesseur du Roi et son prédicateur font le nécessaire pour que
nous ne partions pas, mais plutôt pour que nous restions ici, car
ils disent que nous ferions ainsi davantage de fruit. Mais il est mer-
veilleux qu'ils disent que nous allons faire tant de fruit dans les

Indes : c'est d'ailleurs ce que disent des personnes qui ont séjourné là-bas pendant de nombreuses années, puisqu'ils en considèrent les gens très aptes à recevoir la foi du Christ notre Seigneur. Ils disent que si nous gardons là-bas la manière d'agir, si contraire à l'avarice, que nous avons ici, ils ne doutent point qu'en peu d'années nous ne convertissions deux ou trois royaumes d'idolâtres à la foi du Christ notre Seigneur, quand ils verront et qu'ils reconnaîtront que nous ne cherchons rien d'autre que le salut des âmes. Grande est l'espérance que nous donnent ici ceux qui ont séjourné beaucoup d'années dans les Indes, sur le fruit que nous allons obtenir là-bas au service de Dieu notre Seigneur.

8. Nous tâchons beaucoup ici de trouver des clercs qui voudraient aller avec nous dans les Indes, seulement pour le service de Dieu et le salut des âmes. Il nous paraît en ce moment qu'en rien nous ne pourrions mieux servir ici le Seigneur si ce n'est en cherchant quelque compagnie : car, si nous sommes une douzaine de clercs tous unis par une même volonté et par un même désir, il faudrait s'attendre à rien de moins que de faire beaucoup de fruit ; quelques-uns sont déjà ici en train de se faire connaître. Un clerc, une de nos connaissances de Paris [3], nous a promis de venir avec nous, de mourir et de vivre avec nous, et de partir avec les mêmes désirs que ceux avec lesquels nous nous en allons. Nous croyons que celui-ci doit être très digne de confiance, car il a déjà donné beaucoup de bonnes preuves de lui-même. Il y en a un autre, sous-diacre qui d'ici peu sera clerc, qui s'offre lui-même avec beaucoup de bonne volonté [4]. En outre, il y a un médecin, une vieille connaissance de nous à Paris [5], qui a promis de venir avec nous et de n'exercer la médecine que selon ce qui lui semblera propre à aider au salut des âmes et à les attirer vers la connaissance de leur Créateur et Seigneur, et non pas par intérêt temporel. Nous nous efforçons toujours et nous veillons beaucoup à nous adjoindre des personnes éloignées de toute cupidité ; et nous ne nous contentons pas de ce qu'elles soient éloignées de la cupidité, mais encore nous faisons en sorte que nul ne puisse nous suspecter de partir plus pour chercher le temporel que le spirituel.

9. Le Roi a parlé à un évêque qui nous aime beaucoup et à un de ses confesseurs avec le dessein que nous prêchions : mais nous avons différé l'affaire de quelques jours afin de commencer par les choses humbles, de façon à ne pas manifester la volonté de vouloir prêcher, bien que tous ceux qui nous connaissent ne désirent

---

3 et 4. Non identifiables.
5. Le Dr Lopo Serrão.

rien d'autre. Son Altesse nous fit un jour appeler ; et après avoir évoqué bien des choses, il nous dit que ça lui ferait bien plaisir que nous prêchions. C'est ainsi que nous nous sommes offerts de très bon gré à le faire, autant pour lui obéir que par l'espérance que nous avons dans le Christ notre Seigneur de le voir nous favoriser en sorte que nous puissions faire quelque fruit dans les âmes. Nous commencerons ce dimanche en huit, et il ne serait pas étonnant que nous fassions quelque fruit, car grande est l'affection qu'ont pour nous les gens de cette ville. Ce pour quoi nous prions instamment notre Seigneur, c'est qu'il fasse grandir la foi de ceux qui ont mis en nous quelque espérance ou quelque bonne opinion. En raison de l'opinion qu'ils ont de nous, nous sommes très certains que Dieu notre Seigneur, ne nous regardant pas, mais considérant la foi de ceux qui désirent nous écouter, nous donnera savoir et grâce, afin que nous puissions et les consoler et leur dire ce qui est nécessaire ou utile au salut de leurs âmes.

Au nom de tous ceux qui sont vôtres et très chers dans le Seigneur.

François

7

A IGNACE DE LOYOLA ET A PIERRE CODAZZO
(EX.I, 47-49 ; S.I, 620-621)

Complément de la précédente cette lettre dit tout le poids de l'approbation pontificale tant attendue par la naissante Compagnie de Jésus, ainsi que l'importance donnée par elle à l'apostolat des Exercices spirituels et aux collèges.

Lisbonne, le 26 juillet 1540

+

La grâce et l'amour du Christ notre Seigneur soient toujours en notre aide et en notre faveur.

1. Après vous avoir très longuement écrit, à propos de toutes les affaires d'ici, certaines choses, que nous avions oublié d'écrire, se sont présentées à nous, entre autres celles-ci. Si le bref qui touche toute la Compagnie est édicté, vous en enverrez la copie, car le Roi et ceux qui ont pour nous de l'affection seront heureux de le

voir [1], ainsi que la sentence rendue par le gouverneur en notre faveur [2]. Par désir de les voir, le Roi nous a demandé les Exercices ; si vous envoyez une copie du texte corrigé, si cela vous semble bon, Son Altesse aussi se réjouira de les voir, tant elle est bien disposée envers la Compagnie entière [3] ; il semble que nous devons lui rendre tous ces services, en raison du grand amour qu'il a pour nous.

Nous avons reçu deux lettres de vous, toutes deux très brèves, l'une écrite le 8 juin, l'autre le premier jour de mai ; le Seigneur Ambassadeur aura grand plaisir de recevoir une lettre de vous ; sachez qu'il garde soigneusement les quelques-unes que vous lui avez écrites et qu'il a reçues pendant son voyage, sur le chemin de Rome au Portugal. Si vous ne pouvez pas écrire, faites en sorte que nous puissions montrer à l'Ambassadeur les lettres écrites par Estrada, où celui-ci parle de lui.

2. Nous allons à présent donner les Exercices à deux licenciés en théologie, l'un qui est prédicateur très renommé, l'autre précepteur du frère du Roi, l'Infant Don Henri. A l'égard d'autres personnes de qualité, nous nous faisons désirer, car nous croyons que plus ils désireront les faire, plus ils tireront profit en les faisant. C'est une chose dont il faut louer Dieu notre Seigneur, que de voir que beaucoup se confessent et communient.

3. Voyez ce qui vous semble à propos de François de Estrada, s'il doit ou non venir à l'université de Coïmbre, parce qu'ici, ni pour lui ni pour d'autres, ce qui est nécessaire aux études ne fera pas défaut. Les gens d'ici semblent très enclins à toutes les choses pieuses et bonnes, au point que nous n'hésitons pas à croire qu'on aura tôt fait de fonder ici un collège à l'université. Dans quelque temps, nous ne manquerons pas de parler au Roi d'une maison d'étudiants, et, à ce propos, il faudrait que nous sachions vos intentions quant à la manière de procéder, à celui qui en aura le gouvernement, à l'ordre à suivre pour qu'ils grandissent en esprit davantage qu'en science, de sorte que, quand nous parlerons au Roi, nous l'informions du mode de vie auquel doivent se soumettre ceux qui étudieront dans nos collèges. Sur tout cela, écrivez-nous longuement.

Nous ne voyons pas de difficulté pour que l'on construise ici une maison pour le collège et pour nos autres œuvres ; les gens d'ici

---

1. Il s'agit de l'approbation pontificale : la bulle *Regimini militantis Ecclesiae* sera du 27 septembre 1540.
2. Voir lettre précédente (sentence du 18 novembre 1538).
3. Les Exercices n'existent alors que sous forme manuscrite. La première édition est de 1548, huit ans plus tard.

se feront un plaisir de nous construire des maisons, s'il y a des personnes pour y habiter.

4. Notre ami l'Evêque nous a dit que le Roi n'est pas du tout décidé à nous envoyer aux Indes, parce qu'il lui semble qu'ici, nous ne servirons pas moins notre Seigneur que là-bas. Deux Evêques l'en ont cependant prié, car ils sont d'avis que nous ne devrions rester ici en aucune façon, que nous devrions plutôt partir pour les Indes, où, selon eux, nous devrions convertir des rois.

Quant à nous, nous œuvrons toujours à chercher de la compagnie, et je crois qu'elle ne va pas nous manquer, à voir le nombre de ceux qui, peu à peu, se font connaître. Si nous restons, nous qui viendrons nous fonderons des maisons, mais pour rester ici on trouvera plus de monde que pour partir ; si nous nous en allons, et si Dieu notre Seigneur nous donne quelques années à vivre, nous ferons, avec l'aide de Dieu, des maisons chez les Indiens et chez les Nègres.

5. Si le bref qui concerne toute la Compagnie n'est pas édicté, faites cependant en sorte qu'on nous donne la permission d'édifier des maisons de notre profession chez les infidèles. Ainsi donc, si nous restons ici aussi bien que si nous partons pour les Indes pour l'amour et pour le service de Dieu notre Seigneur, décrivez-nous la manière et l'ordre à suivre que nous devons observer pour former compagnie, et cela très longuement, car vous connaissez notre manque d'habileté. Si vous ne nous aidez pas, faute de savoir négocier, le plus grand service de Dieu ne pourra pas croître.

Au nom de tous ceux-ci qui sont vôtres.

François

Post-scriptum de la main du Docteur Serrão :

Je suis un docteur médecin nommé M. Lopo Serrão ; j'ai fait à Paris les Exercices avec Maître Pierre Favre ; vu que j'en ai peu tiré de profit, je ferai, avec les frères, élection pour aller aux Indes, si Dieu l'approuve. Pour l'amour de notre Seigneur, priez Dieu en ma faveur, pour qu'il fasse de moi un bon médecin dans le spirituel et dans le temporel pour autant que ce me sera une aide dans le spirituel.

Serrão, docteur

ANNEXE AUX LETTRES 6 ET 7
(EX.I, 52-53 ; S.I, 607)

Ne croyons pas que toutes les lettres écrites par Xavier nous soient parvenues. L'écho de celles qui furent détruites ou perdues nous est parfois rendu par le registre de Jean Alphonse Polanco, le secrétaire d'Ignace. Les fragments reproduits ici ont l'avantage de nous éclairer sur la soif de martyre éprouvée par le futur Apôtre des Indes, ainsi que sur les espoirs mis par lui dans l'amitié et dans l'intercession du roi portugais, Jean III.

Quant à sa manière de vivre, il écrit que le Roi a ordonné de le pourvoir de tout le nécessaire. Mais, comme ils désirent ne vivre que d'aumônes demandées de porte en porte, ils ont fait cela pendant quelques jours. Cependant, voyant qu'ils y perdaient beaucoup de temps et que les occupations spirituelles en étaient diminuées d'autant, que le Roi avait insisté pour qu'ils prissent le nécessaire, comme ils ne le prenaient toujours pas, il insista à nouveau. C'est ainsi que s'étant rendu compte que le profit spirituel diminuait, ils acceptèrent ce nécessaire, car c'était aussi une aumône, si bien qu'ils consacrèrent à confesser le temps jusqu'alors consacré à mendier. Les confessions sont en effet si nombreuses que tous n'y suffiraient pas s'ils se trouvaient là. Ils se réservèrent toutefois deux jours par semaine pour mendier et ce qu'ils recevaient, ils le distribuaient dans un hôpital où, selon l'avis du confesseur du Roi, on pouvait donner.

Les choses de la Compagnie ont beaucoup plu au Roi, mais il voudrait qu'on prenne une rente ; et l'affaire des collèges lui agrée spécialement.

Maître François se plaint de ce qu'il n'y a pas de persécution, mais il se console en pensant qu'il les aura dans l'Inde car vivre longtemps privé d'elles, ce n'est pas militer fidèlement.

Maître Simon expose plus clairement ce qui arrive, en disant ce qui suit :

Le Roi s'est proposé d'écrire à propos du bref et pour recommander les choses de toute la Compagnie. Il écrit à son ambassadeur pour qu'en tout il favorise et fasse avancer nos choses comme si c'étaient les siennes, et si besoin était, pour que le Roi de France ou l'Empereur écrivent au Pape au sujet du bref, etc., par l'entremise de ce Roi, des moyens de réussir apparaissent.

Il écrit que des dispositions favorables existent pour établir un collège, et il demande Estrada.

8

A MARTIN D'AZPILCUETA, A COIMBRE
(EX.I, 57-59 ; S.I, 673-675)

Cette lettre, faite d'hommages et de formules de politesse, tire sa valeur de la personnalité de son destinataire : le Doctor Navarro, Martin d'Azpilcueta, *un Navarrais comme Xavier, son cousin de surcroît, un brillant canoniste de renom international, professeur à Salamanque puis à Coïmbre, après s'être formé à Cahors...*

Lisbonne, le 28 septembre 1540

+
Jhus

Mon Révérend Seigneur,

1. J'ai reçu deux lettres de Votre Grâce depuis que je me trouve dans cette ville, et toutes deux pleines d'amour et de pieuse affection envers moi. Que le Christ notre Seigneur pour l'amour duquel Votre Grâce s'est donné la peine de m'écrire, la rétribue d'autant d'amour et d'autant de charité, car moi, à supposer que je puisse le vouloir, je ne peux tenir mon obligation envers elle, ni répondre à la très bonne volonté qu'elle manifeste à mon endroit. Je reconnais ma faiblesse, et cela par la clémence de Dieu, combien je suis inutile à quoi que ce soit ; depuis que j'ai acquis quelque connaissance de moi-même, ou plutôt quelque ombre de celle-ci, je m'efforce de mettre toute ma confiance en Dieu, car je vois qu'à personne je ne puis attribuer une pareille grâce et cela me console beaucoup de savoir que Dieu est puissant à procurer à la sainte âme de Votre Grâce, et à ses semblables, une récompense très ample, pour moi.

2. Pour faire part de mes choses, notamment de ma manière de vivre, j'aurai grand plaisir à ce que l'occasion se présente de nous voir, parce que personne ici ne pourrait informer Votre Grâce mieux que moi. Plaise à Dieu notre Seigneur que, parmi les nombreuses grâces reçues de sa divine Majesté, il m'accorde celle-ci, que nous nous voyions en cette vie, avant que mon compagnon et moi, nous ne partions pour les Indes. C'est alors que je pourrais rendre parfaitement compte de ce que Votre Grâce me demande en m'écrivant ; car, par crainte d'être prolixe, on ne peut pas le faire commodément par lettre. Quant à ce que Votre Grâce dit dans sa lettre, à savoir que, selon la coutume des hommes, on raconte bien des choses sur notre institut de vie, c'est de peu d'importance,

illustre Docteur, que d'être jugé par les hommes, et notamment par ceux qui jugent de la chose avant de l'avoir comprise.

3. Le porteur de la présente lettre est Blaise Gomes, qui désire être grand serviteur de Votre Grâce et son disciple. Il est mon grand ami, comme je le suis de lui. Quant à moi, je supplie Votre Grâce d'agréer la si bonne volonté qu'il a à son endroit, en désirant la servir et être son disciple, car si mes prières auprès d'elle peuvent quelque chose, elles peuvent beaucoup grâce à sa bienveillance. Sans compter qu'en le recevant à son service, Votre Grâce servira notre Seigneur et qu'elle m'accordera une grâce très signalée en le prenant en charge en matière d'études. C'est en effet une personne qui désire employer sa jeunesse aux belles lettres. Que Votre Grâce considère l'obligation où elle se trouve dès lors que Dieu notre Seigneur lui a donné un si vaste talent dans le savoir, et non pas seulement pour lui, mais encore pour beaucoup d'autres en lui. Que notre Seigneur garde toujours Votre Grâce. Amen.

Vôtre dans le Christ, jusqu'à ce qu'il ait cessé de vivre.

François de Xavier

8a

LETTRE DE SIMON RODRIGUES
A IGNACE DE LOYOLA ET A PIERRE CODAZZO
(EX.I, 60-65 ; S.I, 655-660)

La lettre du compagnon portugais de Xavier a le mérite de nous faire connaître l'ambiance qui régnait à Lisbonne en 1540 : cité marchande reliée aussi bien aux mondes lointains récemment découverts ou colonisés qu'à l'Italie ; cité empoisonnée par le problème des Cristãos novos, *ou juifs devenus catholiques plus ou moins de mauvais gré : l'Inquisition est là qui veille. Enfin, rien ne paraît encore moins certain que le départ pour l'Inde.*

+

La grâce et la paix de notre Seigneur Jésus Christ soient avec vous tous.

1. Nous sommes très étonnés, mon Frère Maître François et moi, de ne pas avoir eu de vos nouvelles depuis déjà si longtemps. Nous ne savons si nous devons attribuer cela à certaines nouvelles qui nous jettent dans l'angoisse, nouvelles répandues à propos des pres-

sions exercées au sujet de Lope Hurtado, et selon lesquelles Iñigo était son confesseur. Je n'en dis pas plus, parce que chez vous, vous devez en savoir davantage, mais écrivez-nous la vérité pour le service de notre Seigneur [1].

2. Au moyen d'un courrier du roi du Portugal, nous vous avons longuement écrit sur tout ce à quoi je me réfère, car je n'ai que peu de temps pour écrire et n'ai appris la nouvelle de ce courrier que depuis une heure, ou un peu plus, par un pénitent de Maître François qui habite chez Lucas Giraldes [2], lequel possède une banque ici pour commercer avec Rome. Le courrier qui emporte la présente lettre, ou un autre, doit arriver incessamment. Depuis cette maison, il peut souvent nous faire parvenir des nouvelles, car on nous connaît chez lui. Si la cour ne se trouve pas à Lisbonne, qu'on adresse les lettres à tel ou tel dont on trouvera indication chez Pierre Carvalho et chez Frère Jean Soares, prédicateur du Roi, car ce sont des personnes connues. La banque de Rome, par laquelle vous pouvez nous écrire et où ces lettres sont adressées, s'appelle : « *il banco di Cavalcanti e Giraldi* ». Pour l'amour de Dieu, envoyez-nous le dossier pour les Indes [3].

3. Pour ce qui est de notre séjour, Dieu en soit loué, il se passe bien et nous sommes en bonne santé ; et nous avons tant de choses où employer notre pauvre talent, que nous ne parvenons pas à tenir, malgré des personnes de qualité, au nombre desquelles Bobadilla serait très apprécié ; nous confessons une grande partie des seigneurs et des dames nobles de ce royaume où Dieu nous a conduits. J'ai donné les Exercices à un duc, important seigneur du pays, et il en a retiré beaucoup de fruit. Il nous y en reste un autre, Iñigo López, et fortement attaché, que je confesse souvent ; j'ai également donné les Exercices à une importante comtesse, de qui il nous a semblé qu'elle les ferait avec fruit, ce qu'elle fit assurément, et aussi au fils d'un comte. Maître François les a donnés à un prédicateur et à un chevalier qui ont fait beaucoup de fruit, ce dont il faut louer Dieu, c'est de voir combien les gens d'ici sont amoureux de Dieu notre Seigneur. Quant à un autre duc, et quant à celui qui est plus qu'un duc, ils discourent avec nous de leurs choses dans des conversations en forme de confession. Ainsi, les frères du Roi et, de même, quelqu'un qui est Grand Inquisiteur et

---

1. Intendant de Marguerite d'Autriche, et ancien pénitent d'Iñigo, Lope Hurtado est accusé par le mari de cette dernière, Octave Farnèse, d'avoir exercé une néfaste influence sur son épouse et de l'avoir incitée à se refuser à la consommation de leur mariage (S.I, 655).
2. Giraldes ou Giraldi, banquier italien puissant à Lisbonne.
3. G.B. Cavalcanti, riche marchand florentin, associé du précédent à Rome.

nous a donné la charge de l'Inquisition pour les [4] confesser et les aider dans les choses de la foi ; un de ces derniers jours, j'en ai habillé une douzaine avec des san-bénitos. On en a brûlé deux que nous avons accompagnés sur l'ordre de l'Infant et Grand Inquisiteur et avec lesquels nous sommes restés jusqu'au moment de la mort. D'autres ont été condamnés à la prison perpétuelle, si bien qu'entre la prison de la Sainte Inquisition et la charge des gentils-hommes, qui doivent être plus de cent, nous ne pouvons porter assistance à beaucoup de personnes de qualité.

4. Deux Juifs d'Afrique viennent d'arriver ici pour se faire chrétiens, et le Roi nous en a confié la charge, et nous nous occupons d'eux. L'un de ceux-ci est docte et très savant en hébreu et en chaldéen.

5. Emmanuel [5] est venu s'entretenir avec nous ici, et le Roi nous a ordonné de le prendre, et nous le prenons. Il veut partir avec nous pour les Indes. Ses habits ne sont pas différents de ceux d'un clerc ; à présent, on lui en fait d'autres comme les nôtres. Il est très estimé ici pour des miracles qu'il a faits autrefois.

6. Messire Paul [6] se trouve en bonne santé, et très affligé par son caractère difficile. Nous sommes à présent décidés à prêcher quand le Roi s'en ira dans une autre ville, à la fin de ce mois d'octobre.

7. Quant aux Indes, Maître François et moi, nous faisons diligence pour que notre départ ne soit pas empêché. Mais le Roi n'en veut pas, d'après ce que nous comprenons, parce qu'il dit que nous sommes très nécessaires à sa cour ; nous le fîmes parler mais nous ne pûmes encore rien savoir. Que Dieu notre Seigneur arrange tout pour son plus grand service, car il sait que notre volonté et que notre désir se trouvent là où nous pourrons louer son Nom. Envoyez-nous votre avis sur cette affaire. Car cela, le Roi le fait parce qu'il est très affectionné envers nous, de même que la Reine et les frères du Roi. Mais nous ne cherchons que la faveur de ce souverain Seigneur qui, tant de fois, nous a montré que sa volonté était que nous le servions comme il le veut, et non pas comme nous le voulons. On nous dit que nous ferons grand fruit outre-mer ; c'est pourquoi nous sommes décidés à partir et nous ne voudrions pas qu'on nous en empêche. De tous les frères et de toutes nos choses, écrivez-nous en abondance.

---

4. Sous-entendu, les condamnés de l'Inquisition.

5. Emmanuel de Santa Clara, canoniste, qui va être congédié par la Compagnie.

6. Messire Paul, s.j., va partir avec Xavier pour les Indes.

8. Je suis ici très importuné par un livre que Maître Paschase [7] a vu à Sienne, qui s'appelle *Fra Cherubino* ou *Serafino*, qui expose des façons de vivre pour les gens mariés. Nous vous demandons de l'avoir et de nous l'envoyer, pour le service du Seigneur [8] ; il est en italien et le jeune homme que Maître Paschase connaît, le possédait. C'est un parent de Frère Bernard Occhino et la sœur d'Occhino pourra vous le dire, car si je m'en souviens bien, c'est un frère ou un parent. Maître Paschase a eu ce livre et il doit s'en souvenir, car ce jeune homme l'avait donné à Maître Paschase pour qu'il en traduise le commencement en latin. Encore une fois, je vous demande pour l'amour de Dieu de faire diligence pour qu'on l'ait ici, parce qu'un évêque m'en a instamment chargé, ainsi que d'autres seigneurs avec lesquels on accomplira un grand service de Dieu notre Seigneur.

9. Ecrivez-nous aussi au sujet du bref, sur Favre et sur Laínez en Irlande, et dites-nous si Ange [9] est mort. Ecrivez à ceux de Paris pour qu'ils nous écrivent, et dites-nous aussi où nous devons envoyer nos lettres.

10. Maître François se trouve à présent à quinze lieues d'ici, en visite chez Don Pierre [10], car nous avons quitté cette ville de Lisbonne en compagnie de la cour ; il viendra d'ici cinq ou six jours. Nous nous interrogeons encore sur ce que disent les autres lettres [11]. Le Roi subvient à nos besoins très noblement, notamment en livres, lesquels restent en notre possession, mais nous ne les regardons guère parce que nous n'en avons pas le temps.

11. J'écris si vite que je ne sais ni ce que j'écris ni ce que je vais écrire, car je ne voudrais pas que le courrier s'en aille sans la lettre. C'est pourquoi j'y mets fin en priant Dieu notre Seigneur de vous garder tous en son service, sans oublier notre frère Iñigo López et François Zapata, ainsi que tous et toutes les autres à qui vous direz de notre part tout ce qui vous semblera bon.

12. Maître François est épouvanté par les chaleurs du pays. Outre celles qui ont été demandées par écrit, il a dit cinquante

---

7. Paschase Broët, s.j., Picard (1500-1562) (S.I, 261-262).

8. Ouvrage de spiritualité conjugale dû à la plume d'un Franciscain, publié à Florence en 1477.

9. Ange Paradisi, Italien de Brescia, qui ne restera pas dans la Compagnie.

10. Il s'agit de Pierre Mascarenhas, l'ambassadeur portugais.

11. Lettre perdue.

messes pour le Très Révérend Guidiccioni [12]. Que Dieu notre Seigneur vous garde. Frères, priez Dieu pour nous.

Au nom de l'un et l'autre, votre frère dans le Christ.

Simon Rodrigues

Au moment où je fermais cette lettre-ci, on m'en donna deux du 25 juillet, que je n'ai pas eu le temps de lire, parce que le courrier allait partir.

9

A PIERRE CODAZZO ET A IGNACE DE LOYOLA

On le sent bien : le départ pour les lointains de l'Asie se rapproche. Cependant, Xavier n'oublie ni les affaires de Rome, ni celles du Portugal. Le lecteur moderne pourra se sentir étranger à cet appel aux médiations royales ou ecclésiastiques, double profane d'une piété très enracinée dans le recours à une pluralité de médiateurs, et très familiarisée à l'idée qu'on doive rééduquer *des prisonniers coupables du seul délit d'avoir tort.*

Lisbonne, le 22 octobre 1540

+

La grâce et l'amour du Christ notre Seigneur soient toujours en notre aide et en notre faveur.

1. En raison de la grande hâte du courrier, il nous faut écrire avec brièveté. Ici, nous vous faisons savoir que nous nous trouvons en très bonne santé et que nous grandissons en nombre peu à peu, car nous sommes déjà six, tous des connaissances de Paris, sauf Don Pierre et Emmanuel de Santa Clara. Qu'il plaise à notre Seigneur de nous donner la grâce nécessaire pour augmenter son Nom parmi les gens qui ne le connaissent pas.

2. Dieu notre Seigneur nous a fait la grâce de le servir ici, au moyen des suffrages de vous là-bas, parce que le fruit obtenu ici dépasse notre pouvoir, notre savoir et notre compréhension ; les confessions sont si nombreuses, et avec des personnes de qualité, de surcroît, que le temps nous manque pour nous acquitter de nos

---

12. Barthélemy Guidiccioni, cardinal qui s'opposa un temps à la naissante Compagnie (S.I, 470-471).

devoirs envers tous. L'Infant Don Henri, grand Inquisiteur du royaume et frère du Roi, nous a chargés à de nombreuses reprises de veiller sur les prisonniers de l'Inquisition. C'est ainsi que nous leur rendons visite tous les jours, que nous les aidons à connaître la grâce que notre Seigneur leur a faite en les maintenant en détention et que, chaque jour, nous leur faisons à eux tous assemblés une causerie ; assez nombreux sont déjà ceux qui ont tiré grand profit des Exercices de la première Semaine. Beaucoup d'entre eux nous disent que Dieu notre Seigneur leur a fait une grande grâce en les amenant à la connaissance de beaucoup de choses nécessaires au salut de leurs âmes.

3. Ces derniers jours, nous vous avons envoyé des lettres du Roi pour le Pape et pour son ambassadeur, pour recommander nos choses comme si c'étaient les siennes propres. Pour obtenir des lettres de recommandation des gens de cette cour, nous n'avons plus besoin d'intercesseurs. Et si ça n'avait été en raison de la mort de l'Infant Don Edouard, Son Altesse aurait une autre fois écrit à Sa Sainteté et au Cardinal Santiquattro [1] et à toutes les autres personnes qui, là-bas, par son intercession peuvent vous accorder leurs faveurs. Mais le Roi est actuellement si retiré que personne ne lui parle d'affaires ; il a été très éprouvé par la mort de son frère l'Infant. Une fois passés quelques jours, nous ferons en sorte qu'il écrive à toutes ces personnes que vous nous indiquerez.

4. Un étudiant de Paris a décidé de rester avec nous. Il se nomme Maître Gonzalve de Medeiros, et il n'est pas clerc. Pour le service de Dieu notre Seigneur, envoyez-nous une dispense pour qu'à l'occasion de trois fêtes il puisse recevoir tous les ordres, en sorte qu'il soit clerc avant que nous ne partions pour les Indes. Et aussi, permission pour les six clercs de pouvoir prier avec le nouveau bréviaire, et cela pour que nous puissions donner cette permission à six de ceux qui doivent partir avec nous pour les Indes. Pour l'amour de notre Seigneur envoyez-nous dans les plus brefs délais la cédule de dispense pour les Indes, car le moment se rapproche. Nous espérons en Dieu notre Seigneur que nous allons faire beaucoup de fruit.

5. Faites-nous savoir ce que nous pouvons faire ici pour ceux qui sont partis et pour ceux qui vont partir étudier à Paris, ainsi que la réponse aux lettres que nous vous avons écrites pour ce qui concerne Estrada, ou pour ce qui touche à la fondation d'une maison d'étudiants à l'université de Coïmbre, car ici, nous jouissons de beaucoup d'appuis et d'autorité pour accomplir des œuvres pies.

---

1. Antoine Pucci, « *Quattuor Coronatorum* », évêque de Pistoie et cardinal.

Faites-nous savoir votre avis sur tout, en sorte que nous négociions selon ce qui vous semble et conformément à ce qui vous paraîtra être plus avantageux à la louange de Dieu.

Ceci servira de lettre et celle de Maître Simon d'annexe[2], en raison de la grande hâte du courrier.

Au nom de l'un et de l'autre, votre frère[3].

Maître Simon

10

A MARTIN D'AZPILCUETA, A COIMBRE
(EX.I, 71-72 ; S.I, 677)

Encore une lettre à son parent canoniste à Coïmbre (cf. lettre 8). Et toujours autant d'effusions et de formules de politesse... Xavier lui rappelle cependant avec clarté certains devoirs.

Lisbonne, le 4 novembre 1540

+

Très noble et très révérend Seigneur,

1. A la suite de la lettre de Votre Grâce, écrite le 25 octobre, mon âme a éprouvé un tel plaisir et une telle consolation que rien ne pouvait me donner plus de satisfaction, hormis sa vue, depuis si longtemps de moi désirée, quand j'ai appris les peines que se donne Votre Grâce, et ses occupations qui sont si saintes, par des œuvres pies et par l'enseignement de ceux qui n'ont qu'un seul désir, servir par là le Christ notre Seigneur. Je n'éprouve pas à l'égard de Votre Grâce la compassion que j'aurais si je croyais qu'elle n'emploie pas comme un fidèle serviteur le très vaste talent que le Christ notre Seigneur lui a donné, puisque Votre Grâce tient pour certain que la récompense de la peine sera plus grande que la fatigue endurée pour l'atteindre, dès lors que sur beaucoup de choses il sera établi puisqu'il a été fidèle en peu de choses[1]. Si Votre Grâce éprouve de la peine maintenant à faire un cours de plus que d'habitude, cela doit lui donner des forces et lui permettre

---

2. Selon les consignes d'Ignace, quelque peu malmenées par le manque de temps, c'est une lettre complémentaire ou *hijuela*, « fille ».

3. Ce n'est plus l'écriture de François Xavier, mais celle de Simon Rodrigues son compagnon.

1. Mat. 25, 21.

d'accueillir de bon gré de semblables peines, dès lors qu'elle reconnaîtra qu'une fois elle a négligé de faire des efforts pour employer son vaste talent dans le savoir. Nous qui nous réjouissons de son bien, nous avons le plaisir de voir qu'elle paie ses dettes passées, sans s'en remettre à ses héritiers ; beaucoup endurent en effet des tourments dans l'autre monde pour s'en être trop remis à leurs exécuteurs testamentaires ; car il est terrible de tomber dans les mains du Dieu vivant [2], notamment pour lui rendre des comptes [3].

2. Plaise à Dieu notre Seigneur, à qui il a plu de donner si libéralement tant de savoir à Votre Grâce pour le partager avec les autres, qu'elle soit libérale dans le partage avec ceux qui ne désirent apprendre que pour servir le Créateur et Seigneur de toutes choses. Qu'ayant en face d'elle la gloire de Dieu et l'augmentation de celle-ci, elle reçoive des forces du Seigneur et c'est ce qui adviendra, Illustre Docteur, pour que, dans l'autre vie, nous soyons des associés dans les consolations, de même qu'en cette vie nous aurons été compagnons dans les souffrances [4].

Je vais écrire au Seigneur prieur de Roncevaux comme me l'ordonne Votre Grâce, par le Seigneur François de Motilloa [5], quand il partira pour la Navarre, dans vingt jours peut-être. Pour tout le reste, je m'en remets au moment où nous nous verrons, qui se produira quand j'y penserai le moins, parce que l'amour que Votre Grâce me manifeste par ses lettres est si grand qu'il m'oblige, quant à moi, à lui obéir. En vérité, je tais mon lien d'amour envers Votre Grâce ; le Seigneur, lui, sait, lui qui seul sonde les cœurs de l'un et de l'autre, combien Votre Grâce m'est proche. Que Votre Grâce, Illustre Docteur, se porte bien et qu'elle m'aime comme elle en a l'habitude.

Son humble serviteur dans le Seigneur.

François de Xavier

11

A IGNACE DE LOYOLA
ET A JEAN CODURE, A ROME
(EX.I, 78-83 ; S.I, 716-719)

Peu de temps avant son départ d'Europe à bord du Santiago le 7 avril 1541 (S.I, 724-729 et S.II, 5-11), saint François Xavier a

---

2. Heb. 10, 31.
3. Luc 16, 2.
4. 2 Cor. 1, 7.
5. Cousin par alliance de Xavier.

obtenu une dernière audience du roi Jean III. Deux maisons vont être établies au Portugal. Le nouveau vice-roi des Indes, avec lequel Xavier part, a bonne réputation. L'élite portugaise a été atteinte par le mouvement de réforme catholique : elle se confesse et elle communie souvent. Mais comment procéder, que faire avec les Infidèles ?

Lisbonne, le 18 mars 1541

Jhu

La grâce et l'amour du Christ notre Seigneur soient toujours en notre aide et en notre faveur.

1. Nous avons reçu vos lettres, que nous avions tellement désirées et qui ont tant réjoui nos âmes, comme il se devait, puisque nous apprenons la bonne santé de la Compagnie entière, de même que les occupations si saintes et si pieuses auxquelles vous vous adonnez tous. A savoir : établir des maisons aussi bien spirituelles que matérielles pour les hommes présents et pour les hommes à venir, possédant des moyens nécessaires pour travailler dans la vigne du Seigneur en sorte qu'ils puissent poursuivre ce qui a déjà été si bien commencé, au service de Dieu notre Seigneur. Qu'il plaise à Dieu de nous donner, à nous qui sommes absents seulement par nos corps, mais présents par nos cœurs aujourd'hui plus que jamais, sa sainte grâce, afin que nous vous imitions, puisqu'ainsi vous nous montrez la voie à suivre pour servir le Christ notre Seigneur.

2. Pour ce qui est d'ici, je vous fais savoir que le Roi, ayant approuvé notre manière de procéder, en raison de l'expérience qu'il possède du fruit spirituel que nous faisons et de l'espoir qu'il a de voir celui-ci croître à l'avenir, est en train de décider de faire un collège et une maison pour les nôtres, c'est-à-dire pour la Compagnie de Jésus. Trois restent ici pour leur fondation, Maître Simon, Maître Gonzalve et un autre prêtre savant en droit canon [1], ainsi que beaucoup d'autres qui, jour après jour, révèlent qu'ils sont prêts à entrer dans la Compagnie. Le Roi a pris très à cœur, et très sincèrement, la fondation de ces maisons. Chaque fois que nous lui avons rendu visite, c'est toujours lui qui nous en a parlé, sans que jamais nous lui en ayons au préalable parlé, ni personnellement, ni par l'entremise d'un tiers ; mais c'est sa pure et simple volonté qui l'a conduit à désirer ces fondations. Cet été, à l'uni-

---

1. Gonzalve Medeiros et Emmanuel de Santa Clara.

versité de Coïmbre, il fera construire le collège, et la maison, je pense qu'elle sera dans la ville d'Evora. Je crois aussi qu'il écrira à Sa Sainteté pour lui demander d'envoyer un ou plusieurs de la Compagnie, pour ces commencements, afin d'aider Maître Simon. Parce qu'il a beaucoup d'affection pour notre Compagnie, et qu'il désire autant sa croissance que l'un d'entre nous, et tout cela seulement pour l'amour et pour la gloire de Dieu notre Seigneur, le Roi nous a obligés, devant Dieu, à être ses serviteurs perpétuels ; il nous paraît en effet que si, en retour d'une si grande bonne volonté, accompagnée d'œuvres si bien achevées, nous ne reconnaissions pas notre obligation envers ceux qui se signalent ainsi dans le service de Dieu notre Seigneur, nous commettrions une très grave faute du point de vue du respect qui est dû à Dieu [2]. C'est pourquoi, dans nos prières et dans nos indignes sacrifices, nous reconnaissons cette si grande obligation et nous croirions tomber dans le grave péché d'ingratitude si nous oubliions Son Altesse le restant de nos jours.

Messire Paul, et un autre qui est Portugais [3], et moi, nous partons cette semaine pour les Indes. Etant donné les dispositions heureuses qu'il y a en ces pays pour la conversion des âmes, d'après ce que nous disent tous ceux qui ont séjourné là-bas, pendant beaucoup d'années, nous espérons en Dieu notre Seigneur que nous allons y faire beaucoup de fruit.

3. Le Roi nous y envoie comblés de ses faveurs, après nous avoir vivement recommandés au Vice-Roi qui se rend aux Indes cette année ; c'est d'ailleurs à bord de son navire que nous partons et il nous montre beaucoup d'amour, au point que jusqu'à notre embarquement, il ne veut laisser à aucun autre qu'à lui-même le soin de nos personnes ; il a pris la charge de nous pourvoir des choses nécessaires à la traversée, au point de nous inviter à sa table. Je vous écris ces détails pour que vous sachiez que, grâce à ses faveurs, nous allons pouvoir faire beaucoup de fruit parmi ces rois Gentils, en raison même de la grande réputation dont jouit ce Vice-Roi en ces contrées [4].

4. Ce Vice-Roi qui part cette année pour les Indes, y a déjà séjourné plusieurs années. C'est un homme de grand bien ; telle est la renommée dont il jouit ici, en cette cour, et, là-bas, aux Indes, il est aimé de tous. Il m'a dit l'autre jour que dans l'Inde, dans une île où il n'y a que des Gentils sans mélange ni de Juifs

2. *Acatamiento*, respect d'adoration, terme cher à saint Ignace de Loyola.
3. François Mansilhas, qui, plus tard, quittera la Compagnie.
4. Texte extrêmement abrégé et obscur, sens hypothétique.

ni de Maures, nous allions faire beaucoup de fruit et que lui, il ne voyait pas de difficulté à ce que le roi s'en fasse chrétien, en même temps que tous les habitants de son royaume[5].

5. Je crois que Dieu notre Seigneur, voyant la grande foi de certaines personnes qui possèdent quelque bonne opinion de nous, voyant aussi le besoin qu'ont, de nos petits et humbles services, des gens qui ignorent Dieu et qui adorent les démons, — nous ne pouvons pas douter, si toute notre espérance est mise en Dieu, que nous allons servir le Christ notre Seigneur et aider nos prochains en les amenant à la véritable connaissance de la foi[6].

6. Pour l'amour et pour le service de Dieu notre Seigneur, nous vous prions d'écrire pour le mois de mars prochain, moment où partiront les navires du Portugal pour l'Inde, et écrivez-nous très amplement des choses qui là-bas vous paraîtront bonnes à propos de la manière de faire que nous devons suivre parmi les Infidèles. En effet, bien que l'expérience nous montrera en partie comment nous devons faire, nous espérons cependant en Dieu notre Seigneur que Sa divine Majesté se plaira à nous faire connaître par votre intermédiaire la manière dont nous devons le servir, ainsi qu'il en a été fait jusqu'à présent. Au reste, nous craignons ce qui, d'ordinaire, arrive à beaucoup, à savoir que Dieu notre Seigneur leur refuse habituellement bien des choses, en raison de négligences ou parce qu'ils ne veulent pas demander ou prendre exemple sur autrui ; mais il les accorderait si, après avoir humilié nos intelligences, nous demandions aide et conseils sur ce que nous devons faire, et principalement à ces personnes au moyen desquelles Sa divine Majesté s'est plu à nous faire sentir ce en quoi elle souhaite se servir de nous. Nous vous prions, Pères, et nous vous supplions encore et encore dans le Seigneur, en raison de notre amitié très étroite dans le Christ, de nous décrire les avis et les moyens propres à servir Dieu notre Seigneur, selon ce qui vous semblera que nous devions faire, car nous désirons tant que ce soit par vous que la volonté de Dieu se manifeste. Outre la commémoration habituelle, nous vous supplions d'en avoir une autre plus particulière dans vos prières, puisque la longue navigation et les rapports nouveaux avec les Gentils, étant donné notre peu de savoir, exigent des faveurs divines encore et encore plus grandes que d'habitude.

7. Nous vous écrirons plus longuement des Indes, par les premiers navires qui en reviendront, en sorte de vous donner complète information sur les affaires de là-bas. Quand j'ai pris congé de lui,

---

5. L'île de Ceylan (Sri-Lanka).
6. Phrase à la construction boiteuse.

le Roi m'a dit de lui écrire très longuement, pour l'amour de notre Seigneur, sur les conditions qui existent là-bas pour la conversion de ces pauvres âmes. C'est qu'il souffre beaucoup de la misère où elles sont plongées et il désire vivement que leur Créateur et Rédempteur ne soit pas perpétuellement offensé par les créatures créées à son image et à sa ressemblance, et rachetées à un tel prix. Le zèle de Son Altesse pour l'honneur du Christ notre Seigneur est si grand qu'il y a de quoi louer Dieu et lui rendre des grâces infinies, quand on voit un Roi qui sent si bien et si pieusement les choses de Dieu. C'est au point que, si je n'étais pas témoin de tout comme je le suis, je ne pourrais pas croire tout ce que j'ai vu en lui. Qu'il plaise à Dieu notre Seigneur de prolonger les jours de sa vie de nombreuses années, car il les emploie si bien et il est si utile et si nécessaire à son peuple.

8. Depuis ici je vous fais savoir que cette cour est très réformée, et à un tel degré qu'elle participe plus de la nature d'un Ordre religieux que de celle d'une cour. Il y a tant de gens à ne pas manquer une seule fois de se confesser tous les huit jours et à communier, qu'il y a de quoi rendre grâces à Dieu et le louer. Nous sommes si occupés à confesser que, si nous étions deux fois plus nombreux que nous ne le sommes, nous aurions encore trop de pénitents, bien qu'en y consacrant toute la journée et même une partie de la nuit, et cela rien que pour les courtisans, sans que d'autres gens n'entrent en ligne de compte. Ceux qui venaient à Almeirim [7] pour négocier à la cour, étaient stupéfaits de voir les gens qui communiaient tous les dimanches et jours de fête ; et eux, après avoir vu le bon exemple donné par les hommes de la cour, faisaient de même. De sorte que, si nous étions nombreux, il n'y aurait pas de négociateur qui ne chercherait pas à négocier avec Dieu avant de le faire avec le Roi. En raison des nombreuses confessions, nous n'avons pas eu le temps de prêcher ; comme nous avons jugé que c'était davantage servir notre Seigneur de nous occuper à confesser, plutôt qu'à prêcher, car il y a beaucoup de prédicateurs en cette cour, nous avons cessé de prêcher.

9. Il n'y a plus rien d'autre à vous faire savoir depuis ici sinon que nous sommes sur le point de nous embarquer. Arrêtons cette lettre pour prier le Christ notre Seigneur de nous donner la grâce de nous voir et de nous rassembler dans l'autre vie corporellement, car, en celle-ci, je ne sais si nous nous y verrons encore, tant à cause de la grande distance qui sépare Rome et l'Inde, qu'en rai-

---

7. Almeirim, localité située à 80 km de Lisbonne, résidence d'hiver pour la cour portugaise.

son de l'abondante moisson qu'il y a là-bas, sans qu'il faille en chercher ailleurs. Celui qui arrivera le premier dans l'autre vie et ne trouvera pas son frère que le Seigneur aime, qu'il prie le Christ notre Seigneur de nous rassembler tous là, dans sa gloire.

Au nom de tous les vôtres, qui sont aimés dans le Seigneur.

François de Xavier

12

A CLAUDE LE JAY ET A JACQUES LAINEZ
(EX.I, 85-89 ; S.I, 719-722)

Avant de partir, saint François Xavier veut s'acquitter des dettes contractées par lui ou par la Compagnie envers ceux qui la protègent ou la favorisent, tels que le Roi Jean III, Pierre Mascarenhas, ou apaiser par des messes ceux qui pourraient lui nuire, ainsi le Cardinal Guidiccioni.

Lisbonne, le 18 mars 1541

+

1. J'écris à Pierre Codazzo ce qu'il doit faire chez vous, en relation avec ce qu'a décidé le Roi en fait d'aumônes pour la construction de la maison. Je ne vois pas, pour cet été, chez les gens, de bonnes dispositions, à cause de la grande guerre qui, d'après ce que je vois, est en préparation pour se défendre contre les Maures qui, d'après les nouvelles qui parviennent ici, arrivent en force[1].

2. Il sera d'un grand profit que quelques cardinaux amis du Roi écrivent au Roi à ce sujet, pour lui dire que l'aumône qui serait donnée pour la construction de cette maison serait très bien employée. Je crois que le cardinal Carpi[2] est un ami du Roi, parce qu'il est aussi un grand ami de Don Pierre[3]. Ses lettres seraient d'un grand profit, conjointement à celles de Santiquattro[4] et même d'autres cardinaux dont vous estimerez qu'ils sont

---

1. Comprenons bien : il n'est pas question que des Musulmans puissent attaquer le Portugal alors au faîte de sa puissance. Il est seulement question des préparatifs de harcèlement de deux forteresses portugaises implantées sur la côte marocaine (Cabo de Gué et Mazagão).
2. Rodolphe Pio, cardinal.
3. Pierre Mascarenhas.
4. Antoine Pucci, cardinal.

des amis de Son Altesse. S'ils se dérobaient pour écrire au Roi, que du moins ils écrivent à Don Pierre en sorte que, sur ce sujet, il parle au Roi et se charge d'accomplir cette bonne œuvre. Si l'ambassadeur qui se trouve en poste est très dévot de la Compagnie, il serait d'un grand profit qu'il écrive au Roi pour l'informer du besoin que nous éprouvons de ses faveurs.

3. N'oubliez pas d'écrire à Don Pierre Mascarenhas, car il ressent tant de plaisir et tant de consolation en lisant vos lettres que c'est une chose qu'il ne saurait pas vous dire par écrit. Je vous certifie qu'il vous aime beaucoup dans le Seigneur. Il conserve soigneusement vos lettres, qu'il lit souvent, et non sans beaucoup de consolation et de joie en son âme. Ayant vu combien il est vôtre, je suis par lui obligé d'être entièrement à lui pour le restant de mes jours.

Sauf meilleur avis, il nous apparaît qu'il serait d'un grand profit que vous écriviez au Roi afin de le remercier pour le collège et pour la maison qu'il veut construire pour la Compagnie, parce qu'ici les gens tiennent toujours leur parole, et je sais que le Roi se réjouirait de votre lettre, en raison de ce que Don Pierre lui a dit de vous. Vous pourrez dire dans cette lettre que nous vous avons écrit à propos du collège et de la maison qu'il voudrait faire construire au nom de notre Compagnie, car cela pourrait être d'un grand profit pour qu'il se presse davantage de les faire construire, et je sais que votre lettre sera lue ici par beaucoup de monde.

4. A propos de François Mansilhas, je vous apprends qu'il n'a encore reçu aucun ordre. Il y a un évêque là-bas dans l'Inde ; nous avons en Dieu l'espoir qu'on pourra par conséquent l'ordonner là-bas. L'excellent homme manifeste plus un grand zèle, de la bonté, une grande simplicité, que beaucoup de science. Si Don Paul ne partage pas avec lui le grand savoir qu'il possède, il ne sera pas très utile, si Dieu nous vient en aide. Nous pourrons voir là-bas, dans les Indes, s'il convient de l'ordonner. Si par hasard on ne l'y ordonnait pas, il désire beaucoup que vous lui envoyiez une dispense afin que, en dehors des délais, en trois jours de fête, il puisse être ordonné au titre de la pauvreté volontaire et d'une très grande simplicité. Que sa grande bonté et que sa sainte simplicité suppléent à ce qu'il ne peut pas atteindre dans la science. S'il avait en effet autant conversé avec Bobadilla qu'avec Cáceres [5], il eût peut-être appris davantage d'une conversation que de l'autre, et ainsi nous ne serions pas embarrassés comme nous le sommes actuellement,

---

5. Jacques Cáceres ; on voit ici l'estime de François Xavier pour Nicolas Bobadilla.

car le premier lui aurait dévoilé l'Ecriture en lui vomissant sa science. Lui et Messire Paul désireraient beaucoup obtenir cette grâce de Sa Sainteté, à savoir que, chaque fois qu'ils diront la messe, ils puissent faire sortir une âme du Purgatoire.

5. Les messes dites en notre nom pour le cardinal Guidiccioni s'élèvent à deux cent cinquante, depuis notre départ de Rome à maintenant. S'il plaît à Dieu, nous terminerons aux Indes celles qui nous restent à dire. Pour ma part, je pense ceci : trouvant beaucoup de consolation à célébrer pour le Très Révérend Monseigneur, je me sens dans l'obligation de célébrer à son intention tous les jours qui me restent à vivre.

6. Maintenant que notre règle est approuvée, nous désirons beaucoup savoir si ces personnes à qui nous devons beaucoup d'amour en raison de la très bonne volonté par eux manifestée envers nos choses en désirant qu'elles se fassent, sont entrées ou vont entrer dans la Compagnie. Je crains assez qu'il n'y en ait certains à désirer trouver la paix de leurs âmes en n'y entrant pas et, cependant, ils ne la trouveront peut-être pas aussi longtemps qu'ils n'y seront pas entrés. Je ne dis pas seulement cela pour François Zapata [6], parce que je ne veux pas exclure le seigneur Licencié, qui, je le crains, ne vivra pas consolé, aussi longtemps qu'il fréquentera les palais. Quant au seigneur Docteur Iñigo López, je considère comme certain que, s'il ne vient plus du tout parmi nous, il ne connaîtra plus le bonheur de guérir, parce qu'il ne viendra plus au secours de l'estomac du Père Iñigo et de la cachexie [7] de Bobadilla. De Jacques Zapata et de ses semblables, je ne sais que dire sinon que le monde les abandonnera parce qu'il ne peut pas en tirer profit et qu'ils auront par la suite à trouver des gens qui voudront bien d'eux.

7. Je ne sais ce que c'est : depuis que le Roi a ordonné à certains d'entre nous de rester et à d'autres de partir, je ne peux cesser de penser à notre très cher frère Antoine d'Araoz, car il me paraît qu'il devrait venir nous voir dans les Indes avec une demi-douzaine de clercs. S'il vient avec quelque compagnie, même s'ils n'ont pas beaucoup de science, mais beaucoup de courage pour terminer leur vie au service de notre Seigneur, s'ils manquent totalement de cupidité, ils feront, me semble-t-il, beaucoup de fruit en venant. Même si cette année, vous n'en envoyez aucun, je veux dire ce mois de mars prochain, mais dans deux ans, lorsque vous aurez

6. Il sera jésuite, puis franciscain.
7. Traduction hypothétique du terme médical arabe « merachya » = *marâqqiyya* (S.I, 721).

eu notre réponse des Indes, nous ne croyons cependant pas que ce serait un grand dommage, à condition que dans deux ans vous en envoyiez un certain nombre. Regardez bien ce qui bon vous semble à ce sujet, car je vous fais savoir que je crois bien que l'on va faire beaucoup de fruit aux Indes, à en juger sur tout ce que nous disent ceux qui ont séjourné là-bas de nombreuses années. Nous vous écrirons plus longuement des Indes, quand nous en aurons eu l'expérience. Les faveurs du Vice-Roi vont nous être d'une grande aide, étant donné qu'il jouit d'une grande renommée là-bas, auprès de tous ces rois qui ont des traités de paix avec le Roi du Portugal.

8. S'il vous semble que certaines grâces spirituelles pourraient nous aider à davantage servir notre Seigneur, veillez, si bon vous semble, à nous les envoyer de là-bas ; faites en sorte qu'au moins ceux de notre Compagnie qui partiraient aux Indes puissent recevoir les ordres en dehors des délais, et sans patrimoine ni bénéfice, selon le vœu de pauvreté volontaire, et le pouvoir de lever un empêchement. Quand vous nous écrirez aux Indes, écrivez-nous sur tous nommément, puisque cela ne pourra être fait qu'une fois par an, et très longuement, pour que nous ayons de quoi lire pendant huit jours ; et nous ferons de même.

Au nom de tous, vos très chers frères dans le Christ.

François de Xavier

13

AUX COMPAGNONS VIVANT A ROME
(EX.I, 91-93 ; S.II, 95-96)

Le 7 avril 1541, saint François Xavier voit s'éloigner à la poupe du Santiago *la fine silhouette de la Tour de Belém, sentinelle de la Mer de Paille et gardienne de Lisbonne. Avant d'atteindre la première halte obligée sur la route des Indes, l'île de Mozambique vers la fin d'août ou le début de septembre, cinq mois se sont écoulés, entre les dangers de l'Océan trop paisible ou trop agité, et ceux nés du confinement de quatre à cinq cents personnes sur un espace minuscule (S.II, 3-50). Dans cette lettre, il passe bien vite sur l'année écoulée. Pour l'écrire sur l'île malsaine située tout près des côtes du pays africain qui, par la suite, a pris son nom, il a dû attendre le passage d'un navire venu d'Asie et partant pour l'Europe. Elle ne nous apprend rien, sinon que cet homme est indomptable !*

Mozambique, le 1er janvier 1542

+

Jhus

La grâce et l'amour du Christ notre Seigneur soient toujours en notre aide et en notre faveur.

1. A mon départ, je vous ai écrit sur tout ce qui se passait là-bas, à Lisbonne d'où nous sommes partis le sept avril de l'an 1541. J'ai eu le mal de mer pendant deux mois, et nous avons beaucoup souffert durant quarante jours le long de la côte de Guinée, aussi bien en raison des calmes plats que faute d'être aidés par les vents. Dieu notre Seigneur a bien voulu nous accorder la grande grâce de nous conduire jusqu'à une île, dans laquelle nous nous trouvons jusqu'à présent.

2. Je suis sûr que vous allez vous réjouir dans le Seigneur en apprenant que Dieu notre Seigneur a bien voulu se servir de nous pour servir ses serviteurs, puisque, sitôt arrivés, nous avons pris la charge des pauvres malades qui étaient arrivés à bord de la flotte. C'est ainsi que, pour ma part, je me suis consacré à les confesser, leur donner la communion et les aider à bien mourir, en utilisant les indulgences plénières que Sa Sainteté m'a concédées pour ces contrées-ci. Presque tous sont morts avec l'immense satisfaction de voir qu'à l'heure de leur mort j'avais pouvoir de les absoudre de façon plénière. Messire Paul et Messire Mansilhas s'occupaient des affaires temporelles. Nous avons tous été logés chez les pauvres et, dans la mesure de nos petites et faibles forces, nous nous sommes consacrés au temporel aussi bien qu'au spirituel. Dieu connaît bien le fruit que nous obtenons, car c'est lui qui fait tout.

3. C'est pour nous une consolation, et non des moindres, que le Seigneur Gouverneur [1] et tous les nobles venus à bord de cette flotte aient parfaitement compris que nos désirs sont tout à fait étrangers à ceux d'obtenir des faveurs humaines, que nous n'agissons qu'à cause de Dieu. Car nos peines ont été d'une telle qualité que je ne m'y risquerais pas encore un seul jour, pour rien au monde. Nous rendons infiniment grâces au Seigneur de nous l'avoir fait connaître et de nous avoir donné la force d'accomplir cela. Le Seigneur Gouverneur m'a dit qu'il avait grande espérance

---

1. Martin Alphonse de Sousa, 1500-1571, gouverneur des Indes portugaises de 1541 à 1545.

en Dieu notre Seigneur que beaucoup vont devenir chrétiens là où il va nous envoyer. Pour l'amour de notre Seigneur, nous vous prions tous de vous souvenir spécialement, dans vos oraisons et dans vos sacrifices, de prier Dieu pour nous, car vous connaissez et vous savez de quel vil métal nous sommes.

4. Une des choses qui nous donne bien de la consolation, et une très grande espérance que Dieu notre Seigneur va nous favoriser, c'est l'entière connaissance que nous avons de nous-mêmes. Nous voyons bien en effet que tout ce qui serait nécessaire à la tâche d'annoncer la foi de Jésus-Christ nous fait défaut. Etant donné que ce que nous faisons, c'est seulement dans le but de servir Dieu notre Seigneur, l'espoir et la confiance grandissent en nous que Dieu nous donnera toujours, en abondance, et en son temps tout ce qui sera nécessaire à son service et à sa gloire.

S'il se trouvait chez vous des personnes très désireuses de servir Dieu notre Seigneur, il en découlerait beaucoup de fruit si vous en envoyiez quelques-uns au Portugal, car du Portugal, à bord de la flotte qui en vient chaque année, ils viendront dans l'Inde.

5. Durant ma traversée, j'ai prêché tous les dimanches, et ici, à Mozambique, aussi souvent que je l'ai pu. La bonne volonté et l'affection que nous témoigne le Seigneur Gouverneur, et l'amour qu'il éprouve pour nous sont si grands que toutes les faveurs nécessaires au service de Dieu notre Seigneur nous sont très assurées.

6. J'aurais beaucoup désiré vous écrire plus longuement, mais à présent la maladie m'en empêche. On m'a saigné aujourd'hui pour la septième fois et je me trouve dans un état médiocre, Dieu soit loué !

François

14
ABREGE DE CATECHISME
(EX.I, 106-116 ; S.II, 218-222)

Après avoir fait escale à Malindi (Melinde), port arabo-portugais de la côte kényane, situé un peu au nord de Mombasa, puis dans l'île de Socotora, alors encore peuplée de Chrétiens orientaux, saint François Xavier est arrivé à Goa, la métropole lusitanienne de l'Asie, le 6 mai 1542 (S.II, 104-148). Il s'est tout de suite mis au travail : d'interminables visites (S.II, 154-176) et la rédaction de ce catéchisme abrégé pour lequel il s'est contenté de plagier et de

corriger le très célèbre Jean de Barros (1496-1570) auteur des Déca-
das da Asia, *texte fondamental de l'histoire portugaise de l'Inde,
et aussi d'une* Gramática da língua portuguesa com os mandamen-
tos da Santa Madre Igreja *publiée à Lisbonne en 1539, à la fois
manuel de langue et manuel de religion à l'usage de la nombreuse
progéniture métisse des navigateurs lusitaniens aux quatre coins de
l'Asie. Signalées ici par des astérisques, les interpolations (**) de
Xavier ne manquent pas d'intérêt.*

Goa, mois de mai 1542

**1. Seigneur Dieu, ayez miséricorde de nous. Jésus-Christ, Fils
de Dieu, ayez miséricorde de nous. Esprit Saint, ayez miséricorde
de nous.**

2. Je crois en Dieu, le Père tout-puissant, Créateur du ciel et de
la terre. Je crois en Jésus-Christ son Fils, l'unique, Notre Seigneur.
Je crois qu'il a été conçu de l'Esprit Saint, et est né de la Vierge
Marie. Je crois qu'il a souffert sous le pouvoir de Ponce Pilate,
a été crucifié, est mort et a été enterré. Je crois qu'il est descendu
aux enfers, le troisième jour est ressurgi des morts. Je crois qu'il
est monté aux cieux et qu'il se trouve assis à la droite de Dieu le
Père tout-puissant. Je crois qu'il viendra des cieux pour juger les
vivants et les morts. Je crois en l'Esprit Saint. Je crois en la sainte
Eglise catholique. Je crois en un rassemblement [1] des saints et en
la rémission des péchés. Je crois en la résurrection de la chair. Je
crois en la vie éternelle. Amen.

**3. Dieu véritable, je confesse avec ma volonté et avec mon
cœur, comme un bon et loyal chrétien, la Très Sainte Trinité, Père,
Fils, Esprit Saint, trois personnes, un seul Dieu. Je crois fermement
et sans douter tout ce que croit la sainte mère Eglise de Rome. C'est
pourquoi je promets, comme fidèle chrétien, de vivre et de mourir dans la sainte foi catholique de mon Seigneur Jésus-Christ. Et,
quand à l'heure de ma mort, je ne pourrai plus parler, je confesse
à présent, pour quand je mourrai, et de tout mon cœur, mon Seigneur Jésus-Christ.**

4. Notre Père, qui es aux cieux ; que ton nom soit sanctifié ; que
ton règne vienne à nous ; que ta volonté soit faite dans le ciel
comme sur la terre. Donne-nous aujourd'hui le pain de chaque jour
et pardonne-nous nos dettes comme nous, nous les pardonnons à
nos débiteurs, et ne nous mène pas en tentation, mais délivre-nous
de **tout** mal.

---

1. On a voulu garder le sens concret du mot *ajuntamento* dans « communion des saints ».

5. Que Dieu te garde, Marie, pleine de grâce, le Seigneur est avec toi ; bénie es-tu entre les femmes et béni, le fruit de ton ventre, Jésus. Sainte Marie, mère de Dieu, prie pour nous, pécheurs, **maintenant et à l'heure de ma mort**. Amen.

6. Les commandements de la Loi **du Seigneur Dieu** sont au nombre de dix. Le premier, c'est aimer Dieu plus que toutes les choses. Le second, c'est ne pas jurer par le nom de Dieu en vain. Le troisième, c'est observer les dimanches et fêtes. Le quatrième, c'est honorer ton papa et ta maman, et tu vivras beaucoup d'années. Le cinquième, tu ne tueras pas. Le sixième, tu ne forniqueras pas. Le septième, c'est : tu ne voleras pas. Le huitième, c'est : tu ne porteras pas de faux témoignage. Le neuvième, c'est : tu ne désireras pas les femmes des autres. Le dixième, tu ne convoiteras pas les choses des autres.

7. Dieu a dit : ceux qui observeront ces dix commandements iront au Paradis. Dieu a dit : ceux qui n'observeront pas ces dix commandements iront en Enfer.

8. Je vous prie, mon Seigneur Jésus-Christ, de me donner aujourd'hui en ce jour [2], en tout temps de ma vie, d'observer ces dix commandements.

9. Ma Dame sainte Marie, je vous prie de bien vouloir en mon nom prier votre Fils béni, Jésus-Christ, de me donner sa grâce en ce jour d'aujourd'hui et tout le temps de ma vie, afin que j'observe ces dix commandements.

10. Mon Seigneur Jésus-Christ, je vous prie de me pardonner mes péchés que j'ai faits en ce jour d'aujourd'hui et tout le temps de ma vie, en n'observant pas ces dix commandements.

11. Ma Dame sainte Marie, Reine des Anges, je vous prie de m'obtenir de votre Fils béni, Jésus-Christ, le pardon des péchés que j'ai faits en ce jour d'aujourd'hui et tout le temps de ma vie, en n'observant pas ces dix commandements.

12. Les commandements de l'Eglise sont au nombre de cinq. Le premier, c'est d'écouter la messe en entier les dimanches et les fêtes d'observance. Le second, c'est que **le chrétien** se confesse une fois pendant le Carême ou avant, s'il s'attend à rencontrer quelque danger mortel. Le troisième, c'est : recevoir la communion par obligation le jour de Pâques, ou avant, ou après, selon la coutume du diocèse. Le quatrième, c'est : jeûner quand l'ordonne la **sainte** Eglise, **c'est-à-dire les vigiles, Quatre Temps et Carême**. Le cinquième, c'est : payer les dîmes et les prémices.

13. Que Dieu te garde, Reine, Mère de miséricorde, douceur de

---

2. *Hoje neste dia* est en effet un pléonasme.

la vie, notre espérance, que Dieu te garde ! Vers toi nous crions,
nous les enfants d'Eve exilés. Vers toi nous soupirons, gémissant
et pleurant en cette vallée de larmes. Eh bien, ô notre avocate,
tourne vers nous tes yeux miséricordieux. Et après cet exil, montre-
nous Jésus, fruit béni de ton ventre. O clémente, ô compatissante,
ô douce Marie, toujours Vierge. **Prie pour nous, afin que nous
méritions les promesses de Jésus-Christ. Amen Jésus.**

**14. Moi, pécheur très fautif, je me confesse au Seigneur Dieu
et à la sainte Marie, à saint Michel, l'ange, à saint Jean Baptiste,
à saint Pierre, à saint Paul, à saint Thomas [3] et à tous les saints
et saintes de la cour céleste. Et à vous, Père, je dis ma faute, que
j'ai péché grandement en pensée, en parole et en action : je me
confesse du grand bien que j'aurais pu faire et que je n'ai point
fait, et du grand mal que j'aurais pu écarter et que je n'ai pas
écarté. De tout je me repens et je dis à Dieu ma faute, ma grande
faute, Seigneur, ma faute. Je demande et je prie ma Dame sainte
Marie, et tous les saints et saintes qui voudraient intercéder pour
moi auprès de mon Seigneur Jésus-Christ pour qu'il veuille bien
me pardonner mes péchés présents, confessés et oubliés et me
donne dorénavant sa grâce, qu'il m'empêche de pécher et qu'il me
conduise à jouir de la gloire du paradis [4].**

15. Les péchés mortels sont au nombre de sept. Le premier est
la superbe. Le second, c'est la cupidité. Le troisième, c'est la
luxure. Le quatrième, c'est la colère. Le cinquième, c'est la gourmandise. Le sixième, c'est l'envie. Le septième, c'est la paresse.

16. Les vertus morales opposées aux péchés mortels sont au
nombre de sept. La première est l'humilité **contre la superbe**.
La seconde est la libéralité **contre la cupidité**. La troisième est
la chasteté **contre la luxure**. La quatrième est la patience
contre la colère. La cinquième est la tempérance **contre la
gourmandise**. La sixième est la charité **contre l'envie**. La
septième est la diligence **contre la paresse**.

17. Les vertus théologales sont au nombre de trois. La première : foi. La seconde : espérance. La troisième : charité.

18. Les vertus cardinales sont au nombre de quatre. La première : prudence. La seconde : force. La troisième : tempérance.
La quatrième : justice.

19. Les œuvres de miséricorde corporelle sont au nombre de
sept. La première, c'est : visiter les malades. La seconde, donner

---

3. Saint Thomas, l'apôtre légendaire des Indes.
4. Jean de Barros avait donné un *Confiteor* latin de modèle liturgique. Xavier
le donne en portugais, en brodant...

à manger à celui qui a faim. La troisième donne *(sic)* à boire à celui qui a soif. La quatrième, c'est : racheter les captifs. La cinquième, c'est : vêtir ceux qui sont nus. La sixième, c'est : donner un toit aux pèlerins. La septième, c'est : enterrer les défunts.

20. Les œuvres de miséricorde spirituelle sont au nombre de sept. La première c'est : enseigner aux simples, ignorants du catéchisme. La seconde, donner un bon conseil à qui en a besoin. La troisième, c'est : châtier celui qui a besoin d'un châtiment. La quatrième, c'est : consoler ceux qui sont tristes et désolés. La cinquième, c'est : pardonner à celui qui a commis une faute. La sixième, c'est : subir les outrages avec patience. La septième, c'est : prier Dieu pour les vivants, afin qu'il les préserve des péchés mortels, et pour les morts, afin qu'il les retire des peines du Purgatoire et les emmène au Paradis.

21. Les sens corporels sont au nombre de cinq. Le premier, c'est : voir. Le second, c'est : entendre. Le troisième, c'est : sentir. Le quatrième, c'est : goûter. Le cinquième, c'est : toucher.

22. Les puissances de l'âme sont au nombre de trois. La première : mémoire. La seconde : intelligence. La troisième : volonté.

23. Les ennemis de l'âme sont au nombre de trois. Le premier, c'est : le monde. Le second, c'est : la chair. Le troisième, c'est : le diable.

24. Prière à l'Hostie.

Je t'adore, mon Seigneur Jésus-Christ, je te bénis, car par ta sainte croix tu as racheté et le monde et moi. Amen[5].

25. Prière au Calice.

Je t'adore, sang de mon Seigneur Jésus-Christ, qui as été versé sur la croix pour sauver et les pécheurs et moi. Amen[5].

**26. O mon Dieu puissant et Père compatissant, Créateur de toutes les choses du monde, je crois en vous, mon Dieu et Seigneur, car vous êtes tout entier mon bien. Je crois fermement et sans pouvoir en douter que je serai sauvé par les mérites infinis de la mort et de la passion de votre Fils, Jésus-Christ, mon Seigneur, même si les péchés que j'ai commis, quand j'étais petit, sont très grands, ainsi que tous les autres que j'ai faits jusqu'à cette heure présente, parce que votre miséricorde est plus grande que la malice de mes péchés. C'est vous, Seigneur, qui m'avez créé, et non pas mon père ou ma mère, et c'est vous qui m'avez donné une âme et un corps et tout ce que je possède. C'est vous, mon Dieu, qui m'avez fait à votre ressemblance, et non pas les idoles qui sont les dieux des

---

5. Xavier abrège par rapport à Barros.

Gentils et qui ont des têtes de bêtes et d'animaux du diable. Je renie toutes les idoles, les sorciers et les devins, car ce sont des captifs et des amis du diable.

O Gentils, quel aveuglement de péché est donc le vôtre, qui est si grand, puisque vous considérez comme Dieu des bêtes et des démons, et vous les adorez sous leurs figures.

O Chrétiens, rendons grâces et louanges au Dieu trine et un, qui nous a fait connaître la foi et la Loi véritables de son Fils Jésus-Christ.**

27. O Dame sainte Marie, espérance des Chrétiens, Reine des anges et de tous les saints et saintes qui se trouvent avec Dieu dans les cieux, à vous ô Dame, et à tous les saints, je me recommande, maintenant et à l'heure de ma mort, en sorte que vous me préserviez du monde, de la chair et du diable, qui sont mes ennemis désireux d'emporter mon âme aux enfers.

**28. O seigneur saint Michel, défendez-moi du diable à l'heure de ma mort, quand je me trouverai en train de rendre compte à Dieu de ma vie passée.

Pesez, Seigneur, mes péchés avec les mérites de la mort et de la passion de mon seigneur Jésus-Christ, et non pas selon mes pauvres mérites. Ainsi serai-je délivré du pouvoir de l'Ennemi et j'irai pour toujours jouir sans fin des fins.**

29. La bénédiction de la table. Bénissez. R/Le Seigneur. Que le Seigneur, trine et un, nous bénisse, nous et ce que nous allons prendre. Bénissons le Seigneur. R/Nous rendons grâces à Dieu. V/A Dieu, la louange. Aux vivants, la paix. Aux défunts, le repos [6].

Que Dieu nous rassemble au Paradis. Amen.

15

AUX COMPAGNONS VIVANT A ROME
(EX.I, 119-128 ; S.II, 271-273)

Dans cette lettre qui est la première envoyée de Goa à Rome, saint François Xavier raconte son voyage, son hivernage dans l'île de Mozambique, sa rencontre avec les Musulmans de Melinde (Malindi), alors tributaires des Chrétiens du Portugal ; il se désole de l'ignorance de ceux, de rite oriental, qui peuplaient alors l'île plus qu'à demi désertique de Socotora. Enfin, son arrivée à Goa,

---

6. Xavier transforme quelque peu les formules latines proposées par Barros.

le 6 mai 1542, soit plus d'une année après son départ de Lisbonne. Il s'émerveille de trouver à l'autre bout du monde une ville entièrement chrétienne. Il s'y met tout de suite au travail : prédication, catéchisme, confessions. Il annonce enfin sa décision de repartir de Goa, pour la destination du Cap de Comorin, où l'attendent des Chrétiens particulièrement démunis tant du point de vue matériel que spirituel.

Goa, le 20 septembre 1542

+

La grâce et la paix de Notre Seigneur Jésus-Christ soient toujours avec nous. Amen.

1. Quand nous sommes partis de Lisbonne, Messire Paul, François de Mansilhas et moi, je vous ai écrit très longuement à propos de notre voyage en Inde. J'en fais de même à présent, vous faisant part de notre voyage et de notre arrivée dans l'Inde. Quand j'avais pris congé de vous, vous m'aviez en effet ordonné de prendre soin de vous écrire très longuement à propos de notre arrivée en ces contrées de l'Inde, chaque fois que ce serait possible.

2. Je vous fais savoir que nous sommes partis de Lisbonne pour l'Inde le 7 avril de l'an 1541, et que nous sommes arrivés dans l'Inde le 6 mai de l'an 1542, de sorte que nous avons mis une année et plus, du Portugal à l'Inde, là où, communément, on n'a pas l'habitude de mettre plus de six mois. Sur le navire, à bord duquel nous avons tout le temps navigué, nous avons toujours été en bonne santé [1] ; nous voyagions tous à bord du navire où voyageait aussi le Seigneur Gouverneur et nous jouissions de bien des faveurs de sa part. Pendant le temps où nous avons navigué, les confessions n'ont pas manqué sur le navire, aussi bien chez ceux qui étaient malades que chez ceux qui étaient en bonne santé. Les dimanches, je prêchais. Loué soit notre Seigneur qui a bien voulu me faire cette si grande grâce : quoique naviguant à travers le domaine des poissons, j'ai trouvé à qui manifester sa parole et à qui administrer le sacrement de la confession, qui n'est pas moins nécessaire sur la mer que sur la terre.

3. Avant de pouvoir parvenir à ces contrées-ci de l'Inde, nous sommes arrivés dans une île qui s'appelle Mozambique et où nous avons hiverné avec cinq très grands navires et beaucoup de gens ; nous sommes restés six mois dans cette île où le Roi du Portugal

---

1. Ce n'est pas exact, car Xavier a souffert de la longue traversée, par exemple S.II, 11-13.

possède une forteresse. Il y a dans cette île un village de Portugais et un autre de Maures protégés [2]. Beaucoup de gens sont tombés malades pendant le temps où nous y sommes restés, quelque quatre-vingts hommes sont morts. Nous avons toujours logé à l'hôpital avec les malades, afin de prendre soin d'eux. Messire Paul et Mansilhas se consacraient aux soins corporels et moi, je ne cessais de confesser et de donner la communion, sans pouvoir ni de loin tous les satisfaire. Je prêchais en général les dimanches : j'avais un vaste auditoire, parce que le Seigneur Gouverneur y était présent. On me sollicitait souvent pour que j'aille confesser en dehors de l'hôpital et je ne pouvais pas me dispenser d'y aller lorsque quelqu'un était bien malade, ou quand quelque autre nécessité s'en présentait. Si bien que les occupations spirituelles ne m'ont pas fait défaut pendant tout le temps où nous nous sommes trouvés à Mozambique. Le Seigneur Gouverneur et tous les nobles nous témoignaient beaucoup d'amour et beaucoup de bienveillance, ainsi que tous les gens de guerre. Par la grâce de Dieu, c'est pour l'édification de tous ceux-ci que nous avons séjourné sur cette île pendant la durée de six mois.

4. De Mozambique jusqu'en Inde, il y a neuf cents lieues. Quand le Seigneur Gouverneur est parti de cette île pour parvenir en ces contrées de l'Inde, il y avait alors beaucoup de malades. Le Seigneur Gouverneur pria certains d'entre nous de bien vouloir rester à Mozambique pour veiller sur les malades qui restaient en ce pays, car ceux-ci n'étaient pas en état d'embarquer. C'est ainsi que Messire Paul et Mansilhas y sont restés, conformément à l'avis du Seigneur Gouverneur ; quant à moi, il m'ordonna de partir avec Sa Seigneurie, étant donné qu'il se sentait mal disposé, pour que je puisse le confesser en cas de besoin. C'est ainsi que Messire Paul et que Mansilhas sont restés à Mozambique, et que moi, je suis venu avec le Gouverneur. A présent, je les attends tous les jours à bord des navires qui doivent venir de Mozambique au cours de ce mois de septembre.

5. Il y a quatre mois que nous sommes arrivés en Inde, à Goa

---

2. L'expression castillane *moro de paz* désigne, dans les royaumes hispaniques nés de la *Reconquista* ou agrandis par elle entre le XIe et le XVe siècle, le Musulman autorisé à demeurer en terre chrétienne contre l'acceptation d'un statut spécial assorti de limitations plus ou moins humiliantes, notamment l'acquittement d'un impôt spécial : c'est l'exacte copie, au profit des Chrétiens, cette fois, du statut de ḍimma octroyé aux Juifs et aux Chrétiens vaincus et soumis par la Cité musulmane (cf. Antoine Fattal, *Le statut légal des non-musulmans en pays d'Islam*, Beyrouth 1958). Les Portugais étendirent ce statut aux « Musulmans protégés » de leurs possessions africaines et asiatiques.

qui est une ville entièrement peuplée de Chrétiens, ce qui est bien agréable à voir. Il y a un monastère qui compte beaucoup de moines, de l'Ordre de saint François, et une cathédrale très belle, pourvue de nombreux chanoines, ainsi que beaucoup d'autres églises. C'est une chose dont il faut rendre grâces abondantes à Dieu notre Seigneur, que de voir le nom du Christ fleurir de la sorte sur des terres si éloignées et au milieu de tant d'Infidèles.

6. De Mozambique à Goa, nous avons mis plus de deux mois. Nous sommes passés par une ville de Maures qui vivent sous protectorat [2] ; cette ville s'appelle Milinde et l'on y trouve presque toujours des marchands portugais. Les Chrétiens qui meurent là-bas sont enterrés dans de grands tombeaux sur lesquels on met des croix. A côté de cette ville, les Portugais ont érigé une grande croix de pierre, dorée, très belle [3]. Dieu seul sait quelle consolation nous avons éprouvée en la voyant ainsi, seule et si triomphante au milieu de tous ces Maures.

7. Le roi de cette ville de Milinde vint rendre visite au Seigneur Gouverneur, à bord du galion où il se trouvait, pour lui faire montre de sa grande amitié. Je m'en fus enterrer un homme qui était mort à bord de notre galion : les Maures furent édifiés quand ils virent la façon dont nous autres, Chrétiens, nous enterrons les défunts.

8. Un Maure de cette ville de Milinde, et parmi les plus en vue, me demanda de lui dire si les églises où nous avons l'habitude de prier sont de nous bien fréquentées, et si nous sommes fervents dans nos prières, car, me disait-il, la dévotion se perdait fort parmi eux, et il voulait savoir s'il en était de même chez les Chrétiens. Il y a en effet dix-sept mosquées dans cette ville, mais les gens n'en fréquentaient plus que trois et il n'y avait que très peu de gens à y aller. En sorte qu'il se sentait très troublé de ne pas connaître la raison pour laquelle la dévotion se perdait : il me disait qu'un si grand mal ne pouvait procéder que de quelque grand péché. Après que nous en eûmes discuté un long moment, il resta sur son opinion et moi, sur la mienne : il ne fut donc pas satisfait de ce que je lui avais dit, à savoir que Dieu notre Seigneur ne trouvait pas sa complaisance chez les Infidèles, et encore moins dans leurs prières. Telle était la raison pour laquelle Dieu voulait que la prière se perdît chez eux, parce qu'elle n'était pas à son service. Un Maure très savant de la secte de Mahomet, qui était *qassîs* [4] c'est-à-dire

---

3. C'est le *padrão*, colonne ou croix de pierre plantée par les Portugais au long des rivages découverts par eux.

4. Le mot arabe employé par Xavier, *qassîs*, sert encore aujourd'hui en Orient à désigner les prêtres chrétiens. Mais il n'a pas ce sens limitatif et les Portugais l'utilisaient pour tous les servants de l'Islam confondus, *imâm*-s ou *faqîh*-s.

maître, habitait cette ville. Il disait que si d'ici deux ans Mahomet ne venait pas les visiter, il n'y avait plus lieu de croire ni en lui ni dans sa secte[5]. C'est le propre des Infidèles et des grands pécheurs que de vivre sans confiance : c'est une grâce que notre Seigneur leur fait sans qu'ils la reconnaissent.

9. Poursuivant notre route vers l'Inde après cette ville de Milinde, nous abordâmes une grande île de vingt-cinq ou trente lieues, qui s'appelle Socotora, terre aride et pauvre. On n'y récolte ni blé, ni riz, ni mil, ni raisin, ni fruit : elle est sèche et stérile. Il s'y trouve beaucoup de dattes, et le pain de ce pays est fait de dattes. Il y a beaucoup de troupeaux et les gens se nourrissent de lait, de dattes et de viande.

10. C'est un pays de lourdes chaleurs. Les habitants de l'île sont chrétiens, selon leur opinion à eux : ils se considèrent comme tels. Ils s'enorgueillissent fort d'être chrétiens de nom, et ils le montrent. Ce sont des gens très ignorants ; ils ne savent ni lire ni écrire, ne possèdent ni livre ni écriture. Ils sont des gens très ignorants. Ils se glorifient beaucoup de dire qu'ils sont chrétiens. Ils possèdent des églises, des croix et des lampes. Chaque village a son *qassîs* : c'est comme un clerc chez nous. Ces *qassîs* ne savent ni lire ni écrire, ne possèdent ni livre ni écritures. Ces *qassîs* connaissent beaucoup de prières par cœur : ils se rendent à l'église à minuit et le matin, à l'heure des vêpres et l'après-midi, à l'heure des complies, quatre fois par jour. Ils ne possèdent pas de cloche : ils appellent les gens à l'aide de bouts de bois, comme nous le faisons pendant la Semaine Sainte. Les *qassîs* ne comprennent pas eux-mêmes les prières qu'ils récitent, car elles ne sont pas dans leur langue ; je crois qu'elles sont en chaldéen[6]. J'ai transcrit trois ou quatre des prières qu'ils disent. Je suis allé deux fois dans cette île. Ce sont des dévots de saint Thomas ; ils disent qu'ils sont des Chrétiens convertis par saint Thomas en ces contrées. Dans les prières qu'ils récitent, ces *qassîs* disent plusieurs fois *alleluia, alleluia* et ils prononcent presque comme nous cet *alleluia*. Ces *qassîs* ne baptisent pas et ne savent pas ce que c'est que baptiser. Quand je suis allé dans leurs villages, j'ai baptisé beaucoup d'enfants : leurs pères et mères se réjouissaient beaucoup de me voir les baptiser. Avec beaucoup d'amour et de bonne volonté, ils me faisaient des dons pré-

---

5. Xavier ne sait rien de la différence entre sunnisme et chiisme. Il fait allusion ici à la doctrine chiite de l'*Imâm caché*, sans le savoir, et confond ce dernier avec le Prophète Muhammad. Cf. H. Laoust, *Les schismes dans l'Islam*, Paris 1965, p. 31-36.

6. Ces Chrétiens ne sont donc pas d'obédience abyssine mais d'obédience iraquienne.

levés sur leur indigence pour me donner ce qu'ils avaient, et moi,
je me contentais de la bonne volonté avec laquelle ils voulaient me
donner de leurs dattes. Ils me supplièrent de rester avec eux et de
baptiser tous, petits et grands. Je demandai au Seigneur Gouverneur de me le permettre, car je voulais rester là, puisque j'y trouvais une moisson ainsi préparée. Mais comme il y a des Turcs qui
abordent cette île, que les Portugais n'y habitent point, le Seigneur
Gouverneur n'a pas voulu que je reste dans cette île de Socotora,
car il craignait de me laisser en danger d'être emmené captif par
les Turcs et il me dit qu'il m'enverrait vers d'autres Chrétiens qui
ont autant ou davantage besoin d'enseignement que ceux de Socotora, que là-bas j'accomplirais un plus grand service de Dieu notre
Seigneur.

Je me suis trouvé à des vêpres que récitait un *qassîs* : il a pris
une heure pour les dire. Il n'a jamais rien fait d'autre que d'encen-
ser et de prier : tout le temps, il encensait. Ces *qassîs* sont mariés.
Ils sont grands jeûneurs : quand ils jeûnent, ils ne mangent ni poisson, ni lait, ni viande ; ils se laisseraient plutôt mourir. Il y a beaucoup de poisson sur cette île mais ils se nourrissent de dattes et
d'herbes. Ils jeûnent deux Carêmes et chacun est d'un mois. Si ceux
qui ne sont pas *qassîs* mangent de la viande, ils n'entrent pas dans
les églises. Quant aux femmes, elles ne vont pas à l'église pendant
ces Carêmes.

11. Il y avait dans ce village une Mauresque qui avait deux jeunes enfants. J'ai voulu, moi, les baptiser, croyant qu'ils n'étaient
pas des enfants de Maures. Ils se mirent à fuir devant moi vers leur
mère, et lui dirent que j'avais voulu les baptiser. Elle vint à moi
en pleurant, me priant de ne pas les baptiser, car elle était très
maure, n'aurait pas voulu être chrétienne et voulait encore moins
que ses enfants le fussent. Les Chrétiens me dirent de ne point les
baptiser, pour rien au monde, même si leur mère l'avait voulu, car
eux, ils n'auraient pas plaisir à ce que les Maures aient le mérite
d'être chrétiens, et qu'ils ne consentiraient pas à ce qu'ils le devins-
sent. Ce sont des gens très hostiles aux Maures.

12. Nous sommes arrivés en cette ville de Goa le 6 mai 1542.
Nous étions partis de Mozambique à la fin de février. Les cinq
navires partirent à la mi-mars ; le plus important d'entre eux nau-
fragea, mais les gens en furent presque tous sauvés. C'est qu'il nau-
fragea près de la côte. C'était un navire très riche ; il transportait
beaucoup de marchandises ; c'était un navire de sept-cents tonneaux et plus. Ici à Goa, je me suis logé à l'hôpital. Je confessais
les malades qui s'y trouvaient et je leur donnais la communion ;
il y en avait tant à venir se confesser que si je m'étais divisé en dix

morceaux, en chacun d'eux et partout j'aurais dû confesser. Après en avoir fini avec les malades, je confessais le matin les bien portants qui venaient me trouver ; l'après-midi, j'allais à la prison confesser les prisonniers, en leur donnant l'ordre à suivre, et d'abord l'explication de la manière de faire et de l'ordre à observer pour faire une confession générale. Après avoir confessé les prisonniers, j'ai pris une chapelle de Notre Dame qui était près de l'hôpital et je me suis mis à y enseigner aux enfants les prières, le Credo et les commandements ; ceux qui venaient à cet enseignement chrétien étaient souvent plus de trois cents. Le seigneur Évêque a ordonné de faire de même dans toutes les autres églises et on continue à le faire à présent : le service de Dieu qui est de la sorte accompli est plus grand que beaucoup ne le pensent.

13. C'est entouré de l'amour et de la bienveillance des gens de cette ville que j'ai habité ici tout le temps que j'y suis resté. Les dimanches et les jours de fête, je prêchais dans cette chapelle de Notre Dame, après le repas, sur un article de foi. Tant de gens venaient qu'ils n'y tenaient pas dedans. Après la prédication, j'enseignais le Pater Noster, l'Ave Maria, le Credo et les commandements de la Loi. Les dimanches, je sortais de la ville pour dire la messe aux malades atteints du mal de saint Lazare : j'ai confessé tous ceux qui se trouvaient en cette maison et je leur ai donné la communion. Je leur ai prêché une fois : ils en sont restés mes grands amis très dévots.

14. Le Seigneur Gouverneur m'envoie à présent dans un pays dont tout le monde dit que je vais y faire beaucoup de Chrétiens. J'y emmène avec moi trois natifs de ce pays, dont deux sont sous-diacres. Ils savent très bien la langue portugaise et mieux encore leur langue maternelle ; quant à l'autre, il n'a que les ordres mineurs. Je crois que nous allons accomplir un grand service de Dieu notre Seigneur. Dès que Messire Paul et François Mansilhas seront arrivés de Mozambique, le Seigneur Gouverneur m'a dit qu'il les enverrait tout de suite là où je vais, à deux cents lieues de Goa. Le pays où je vais s'appelle le Cap de Comorin [7]. S'il plaît à Dieu, et à la condition qu'il ne regarde pas mes péchés infinis, c'est avec la faveur et l'aide de vos dévotes prières que Dieu notre Seigneur me donnera sa très sainte grâce de le servir beaucoup là-bas, en ces contrées.

15. Les peines endurées pendant une si longue navigation, le soin de nombreuses maladies spirituelles (alors qu'on ne peut suffire aux

---

7. Il s'agit de la côte de l'extrémité sud-ouest de la Péninsule indienne, l'Etat actuel du Kérala : S.II, 329-331.

siennes), la vie dans un pays si sujet au péché d'idolâtrie, et si pénible à habiter à cause des grandes chaleurs qu'il y a — toutes ces
peines, si nous les prenions pour celui au nom duquel nous
devrions les prendre, sont de grands rafraîchissements et la matière
pour de nombreuses et grandes consolations. Je crois que ceux qui
ont pris goût à la croix du Christ notre Seigneur se reposent quand
ils viennent au milieu de ces peines et qu'ils meurent quand ils les
fuient ou qu'ils se trouvent en dehors d'elles. Quelle mort est une
longue vie, si on délaisse le Christ après l'avoir connu, pour suivre ses propres opinions ou ses propres affections ! Il n'y a pas de
peine égale à celle-ci. Au contraire, quel repos que de vivre en mou-
rant chaque jour, parce qu'on va contre notre volonté propre en
cherchant non les choses à nous mais celles qui sont à Jésus-Christ.
Pour l'amour et pour le service de Dieu notre Seigneur, je vous prie
de m'écrire très longuement, Frères très chers, sur tous ceux de la
Compagnie, car en cette vie je n'ai plus l'espoir de vous voir face
à face, ou plutôt, à tout le moins en énigmes, c'est-à-dire par des
lettres [8]. Ne me refusez pas cette grâce, pour la raison que je ne
la mériterais pas. Souvenez-vous que c'est Dieu qui vous a rendus
méritants, afin que moi, je puisse espérer et obtenir par vous beaucoup de mérite et de bonheur éternel [9].

   Quant à la manière dont je dois me conduire avec ces Gentils
et ces Maures chez qui je pars maintenant, écrivez-moi longuement
pour le service de Dieu notre Seigneur, car j'espère que c'est par
votre entremise que le Seigneur me fera comprendre la manière
avec laquelle je dois m'y prendre pour les convertir à notre sainte
Foi. Les fautes que j'aurais commises entre temps, si je n'ai pas
de réponse à mes lettres, j'espère en notre Seigneur que les vôtres
me les feront connaître et que dans l'avenir je m'amenderai. Entre-
temps, par les mérites de notre sainte mère l'Église, en qui j'ai mis
mon espérance et dont vous êtes les membres vivants, j'ai confiance
dans le Christ notre Seigneur qu'il m'écoutera et qu'il m'accordera
la grâce de se servir de cet inutile instrument que je suis pour plan-
ter sa foi chez les Gentils. Si, en effet, Sa divine Majesté se sert
de moi, ce serait un grand sujet de confusion pour ceux qui sont
valeureux et un réconfort pour ceux qui sont pusillanimes. Voyant
que moi qui ne suis que poussière et cendre, et des plus viles, je
suis toutefois bon pour être témoin oculaire du besoin où l'on est
ici d'ouvriers, je serai donc l'esclave perpétuel de tous ceux qui

---

8. Paraphrase de 1 Cor. 13, 12.
9. Contrairement à d'autres traductions, on rend au mot castillan *refrige-
rio* le sens de « repos éternel » possédé par le latin *refrigerium*.

voudraient venir en ces contrées pour travailler dans l'immense vigne du Seigneur.

Là-dessus, je termine en priant Dieu notre Seigneur de nous rassembler par son infinie miséricorde en sa sainte gloire puisque c'est pour elle que nous avons été créés, ainsi que d'augmenter ici en cette vie nos forces afin qu'en tout et que pour tout nous le servions comme il nous l'ordonne et qu'en cette vie nous accomplissions sa sainte volonté.

Votre frère inutile dans le Christ

François de Xavier

16

A IGNACE DE LOYOLA, A ROME
(EX.I, 132-137 ; S.II, 273-276)

A Goa comme au Portugal, rien n'est possible à la naissante Compagnie de Jésus en dehors d'une association étroite avec le pouvoir royal : cette lettre ne cesse guère de parler de ce que veut le Seigneur Gouverneur. Sa volonté, en accord foncier avec les vœux de saint François Xavier, va dans le sens de la Réforme catholique du XVIe siècle : au moyen d'un Collège, le fameux collège de Saint-Paul (São Paulo Velho), *assurer sur ce coin d'Asie l'éducation de la jeunesse, la formation du clergé, la pratique sacramentelle et les Exercices Spirituels.*

Goa, le 20 septembre 1542

La Grâce et la paix de notre Seigneur Jésus-Christ soient toujours avec nous. Amen.

1. En cette ville de Goa, Dieu a incité certaines personnes à le servir par la fondation d'un collège, ce qui est plus nécessaire en ces contrées que n'importe quoi d'autre, et chaque jour sa construction avance. C'est une chose dont il faut bien rendre grâces au Seigneur, que le fait qu'il ordonne à ses serviteurs d'élever de tels édifices matériels pour l'édification de beaucoup de temples spirituels, l'enseignement et la conversion de bien des Infidèles. Deux de ceux qui ont reçu la charge d'édifier le collège sont des hommes très honorables et très connus. Le Seigneur Gouverneur accorde toutes ses faveurs à la fondation de ce collège ; il apparaît à Sa Seigneurie que c'est un très grand service de Dieu que

d'édifier cette maison si nécessaire dans ces contrées, qui, grâce à son appui, sera agrandie et, dans de brefs délais, achevée. L'église qu'on construit à l'intérieur du collège est très belle. Les fondations en sont déjà terminées et les murs déjà élevés ; on la recouvre à présent. Cet été, on y dira la messe. L'église est presque deux fois plus grande que l'église du collège de la Sorbonne [1]. La maison a déjà une rente, grâce à laquelle elle peut faire vivre plus de cent étudiants. Elle va recevoir chaque jour des donations, car elle plaît beaucoup à tout le monde.

Nous qui sommes ici, nous avons la certitude en Dieu notre Seigneur que c'est de ce collège que, d'ici peu d'années, vont sortir les hommes qui doivent faire grandir en ces contrées la foi de Jésus-Christ et dilater les limites de notre sainte mère l'Église.

2. Je crois que d'ici six ans, il dépassera les trois cents étudiants, parmi lesquels il s'en trouvera de différentes langues, nations et peuples. J'espère en Dieu notre Seigneur que de cette maison sortiront des hommes qui d'ici peu d'années multiplieront le nombre des Chrétiens.

Si Dieu notre Seigneur lui donne la paix avec les Infidèles, car nous vivons ici presque toujours en état de guerre, le Seigneur Gouverneur fera construire les édifices matériels de ce collège d'ici peu, car c'est, lui semble-t-il, la chose la plus pieuse et la plus sainte de toute l'Inde. De tels édifices, en effet, fondés dans le Christ, causent bien des victoires sur les Infidèles, contre qui Sa Seigneurie a d'ailleurs obtenu naguère beaucoup de grandes victoires, et à présent, pour l'avenir, il en espère en Dieu de bien plus grandes. C'est pourquoi il nous ordonne, pour l'amour et pour le service de Dieu notre Seigneur, dans vos prières et dans celles de toute la Compagnie, d'avoir mémoire spéciale de Martin Alphonse de Sousa, de le recommander à Dieu notre Seigneur, afin qu'il lui donne la grâce de bien gouverner cette vaste Inde et qu'il lui accorde de traverser les biens temporels sans perdre les biens éternels.

3. Si, de mon côté, j'avais cru qu'il était besoin de vous prier de ne pas l'oublier dans vos dévots sacrifices, je vous le recommanderais comme ma propre âme, car je lui suis tellement obligé. Ce sont sa vertu et aussi le fait de m'être si cher qui m'obligent à être à lui ; toutes ces obligations, les siennes comme les miennes, par la grâce de Dieu, sont pour le Christ. Si je l'oubliais pendant quelque temps, ce que notre Seigneur ne veuille jamais permettre, il me semble que Dieu notre Seigneur devrait me châtier de cette seule

---

1. Il s'agit de la chapelle édifiée en 1322 et remplacée en 1635 par celle que nous pouvons encore voir.

négligence, du seul fait de l'avoir offensé par un si fort péché d'ingratitude.

Le Seigneur Gouverneur écrit au Roi à propos de ce collège, afin que Son Altesse écrive à Rome à Sa Sainteté, en la priant de bien vouloir envoyer dans ce pays-ci quelques hommes de notre Compagnie, afin qu'ils soient les édifices spirituels de ce saint collège. Celui-ci est appelé par certains ici « la Conversion de saint Paul », et par d'autres « Sainte Foi ». Ce dernier nom me semble mieux convenir, car c'est la Foi qui va être prêchée et plantée.

4. Le Seigneur Gouverneur m'a dit qu'il vous écrirait très longuement à propos de ce collège et de sa fondation. Il a été fondé pour qu'y soient enseignés les natifs de ce pays dans la foi, et en sorte que parmi ceux-ci il y en ait de différentes nations ou peuples ; pour qu'ensuite, une fois bien instruits de la foi, ils soient renvoyés dans leurs patries de manière à y porter du fruit en cela même dont ils auront été instruits. Le Seigneur Gouverneur est en accord si total avec notre Compagnie et notre façon de procéder que je n'en aurais jamais fini si je voulais le décrire. Puisque c'est par vous que Dieu notre Seigneur nous a tous appelés à être d'une seule Compagnie, il accomplit, lui semble-t-il, son devoir envers Dieu et envers sa conscience en vous montrant la nécessité de faire venir quelques hommes de notre Compagnie pour enseigner dans ce collège. C'est à vous que revient la charge de pourvoir de fondements spirituels ce collège, et c'est à Sa Seigneurie qu'il incombe d'en achever et d'en agrandir les édifices matériels.

Le Seigneur Gouverneur dit que ce serait une chose très sainte et très appréciée, cause de très grande dévotion en ces contrées-ci, si ceux qui doivent venir ici apportaient pour le grand autel du collège une grâce et un privilège de Sa Sainteté, telle que tous ceux qui célébreraient la messe sur ledit autel pour un défunt puissent retirer une âme du Purgatoire, de la même façon que s'ils la disaient sur les autels privilégiés de Rome. Le Seigneur Gouverneur désire beaucoup que la cupidité de ceux qui viendront la dire ne soit pour rien dans une chose si sainte, et que la concession s'en fasse donc de la manière suivante : que tous ceux qui diraient la messe sur cet autel le fassent gratis et pour l'amour de Dieu, et sans aucun espoir de récompense temporelle, et qu'autrement, ils ne puissent bénéficier du privilège ; celui qui fait dire cette messe, qu'il s'y confesse et qu'il y communie ; il est bien raisonnable que celui qui fait retirer une âme du Purgatoire retire d'abord la sienne de l'Enfer. Quant à ceux qui diront la messe sur cet autel gratis, etc., que Sa Sainteté leur accorde quelque récompense spirituelle ou indulgence plénière, ou quelque autre que Sa Sainteté déciderait :

cela pour que les prêtres, par amour de la récompense spirituelle, aient plaisir à dire la messe gratis et par amour de Dieu, et sans aucun espoir de récompense temporelle. Sa Seigneurie, de cette façon-là, dit désirer beaucoup cette grâce pour ce collège, parce que, de cette façon-là, elle serait cause de beaucoup de dévotion et jouirait de beaucoup d'estime, comme il se doit. Par cette grâce spirituelle et par d'autres qu'il fait demander, vous pouvez juger quelle ardeur et quel zèle sont les siens, car il sent parfaitement les choses très saintes et très pieuses et cherche ainsi à les réaliser.

5. Je suis certain que ceux de notre Compagnie qui viendront, et il y en aura un ou quelques-uns en qui vous avez tout à fait confiance, puisqu'ils auront la charge d'un collège tel que celui-ci, endureront beaucoup de peines, car celles de ce pays sont fort grandes : il affaiblit en effet ceux qui n'y sont point nés. Sachez ceci : aussi bien la mer que la terre les éprouvera pour ce qu'ils sont. Voici un pays qui n'est fait que pour les hommes de forte complexion et pas très âgés ; il l'est plus pour les jeunes que pour les vieux, bien qu'il convienne aussi aux vieux inactifs. C'est avec beaucoup de charité et d'amour de la part des gens de ce pays que seront accueillis les hommes de notre Compagnie qui viendront. Ils seront très sollicités pour de nombreuses confessions, des Exercices Spirituels et des prédications. Sachez qu'ils vont trouver une abondante moisson. Il y a déjà plus de soixante jeunes gens natifs du pays qui sont à la charge d'un Révérend Père. Ceux-ci vivront au collège cet été. Il y en a beaucoup, et presque tous, qui savent lire et réciter l'office, et beaucoup savent écrire. Ils sont désormais prêts à ce qu'on leur enseigne le latin. Je vous en fais part afin que, de Rome, vous envoyiez quelqu'un pour s'occuper ici seulement à enseigner le latin, et il sera très occupé.

6. Parmi ceux qui viendront, le Seigneur Gouverneur désire qu'il y en ait un qui vienne comme prédicateur pour s'occuper avec les clercs aux Exercices Spirituels, ou pour enseigner quelque leçon de l'Écriture Sainte ou de la doctrine des sacrements, car les clercs qui viennent dans l'Inde ne sont pas tous savants. En même temps, en mettant en pratique ce qu'il leur expliquerait ou leur enseignerait, ce prédicateur les inciterait et les enflammerait à l'amour de Dieu et au salut du prochain, puisque ces clercs verraient qu'il met à exécution ce qu'il leur enseigne ; ce sont en effet les œuvres plus que les mots qui émeuvent. Quant aux autres, il souhaite qu'ils s'occupent à confesser, à administrer les sacrements et à converser avec les Gentils de cette île [2], car ils en convertiraient beaucoup et

---

2. L'île de Ceylan (Sri-Lanka).

feraient un fruit infini chez ces âmes abandonnées à l'idolâtrie. Beaucoup d'entre elles, en effet, tombent dans une pareille infidélité, faute de connaître leur Créateur et Seigneur, parce qu'elles ne connaissent pas de personne qui les aide à sortir d'une si grande ignorance. Le Seigneur Gouverneur espère que de Rome viendront trois clercs et un maître de latin ; il a, me semble-t-il, écrit en ce sens au Roi pour que Son Altesse écrive à Sa Sainteté pour lui demander quatre hommes de notre Compagnie, et aussi à propos de nos indulgences pour lesquelles je vous écris dans l'autre lettre [3], afin que le Roi mande à Rome qu'on les fasse expédier. Si ceux de notre Compagnie qui vont venir les apportent, soyez sûr qu'ils auront acquis ainsi la bienveillance de tous les Portugais qui se trouvent dans l'Inde, et aussi beaucoup d'autorité et de crédit auprès d'eux tous, car c'est une pièce essentielle pour imprimer en leurs âmes toutes choses spirituelles. De toutes les nations que j'ai vues, je crois que c'est la portugaise qui l'emporte quant à l'estime des grâces et des indulgences de Rome. La concession de ces grâces entraînera que bien plus s'approcheront des sacrements ; pour cette raison, comme aussi par le fait que les Portugais sont très obéissants, Sa Sainteté leur concédera les indulgences qu'ils espèrent. Toutes les grâces apportées de chez vous par ceux de la Compagnie, ils doivent les apporter très bien authentifiées par des bulles de Sa Sainteté, afin qu'elles aient plus d'autorité et pour qu'elles augmentent la dévotion.

7. Le Seigneur Gouverneur, d'après ce que je crois, vous écrit. Bien qu'il ne vous connaisse pas directement, il est grand dévot et de vous et de toute la Compagnie. N'oubliez pas de lui écrire et de lui envoyer deux rosaires en grains, un pour sa femme et l'autre pour lui, munis de toutes les grâces et indulgences que Sa Sainteté lui concédera : il va beaucoup les estimer, aussi bien en raison des grâces et des indulgences qu'il obtiendra que parce que c'est vous qui les lui envoyez. En outre le Seigneur Gouverneur vous demande, en raison de la très grande confiance qu'il met en vous, d'obtenir cette grâce et ce privilège : que toutes les fois que lui, sa femme, ses fils et ses filles se confesseront, Sa Sainteté leur concède ces indulgences qu'ils gagneraient s'ils rendaient visite en personne aux sept églises de Rome. Le Seigneur Gouverneur y verra une grande charité de votre part et il croira, à mon propos, que je possède quelque crédit auprès de vous, si, parce que je vous ai écrit de sa part, vous obtenez de Sa Sainteté ces grâces et les autres. Sur quoi je termine en priant le Christ notre Seigneur, puisque par son

---

3. Voir lettre suivante n° 17.

infinie miséricorde il nous a réunis en cette vie, de nous emporter dans sa très sainte gloire après la mort.

Votre fils dans le Christ.

François de Xavier

17

A IGNACE DE LOYOLA, A ROME
(EX.I, 139-143 ; S.II, 276-278)

Comme on le voit dans cette lettre, saint François Xavier n'a pas attendu longtemps après son arrivée en Asie pour concevoir ou pour promouvoir les spécificités d'une Eglise enracinée aux Indes. L'Asie n'est pas l'Europe. C'est en tant que « Nonce Apostolique » qu'il propose ces réformes dont le caractère novateur saute aux yeux : d'abord, donner toute sa place au « patriotisme » chrétien local, axé sur le souvenir du glorieux Apôtre du Christ, saint Thomas. Modifier les dates et les règles du Carême, car, climatiquement, l'Asie des moussons n'a que faire d'une année liturgique marquée par les quatre saisons que nous connaissons en Europe ou au bord de la Méditerranée. Enfin, donner une organisation bien spéciale à l'immense diocèse de Goa, alors étendu à tous les rivages de l'Océan Indien.

Goa, le 20 septembre 1542

+

La grâce et la paix de notre Seigneur Jésus Christ soient toujours avec vous. Amen.

1. Le Seigneur Gouverneur m'a prié de vous écrire pour vous faire part de quelques nécessités spirituelles qu'il y a ici, car nous tous — tant nous qui sommes aux Indes que vous qui êtes à Rome —, nous lui devons tellement, et c'est un seigneur très zélé pour le service de Dieu et c'est beaucoup d'amour et de bienveillance qu'il a pour nous. Comme il est très bien disposé envers toutes nos œuvres pieuses et que ces demandes étaient très conformes à la parfaite piété et à la parfaite vertu, il m'a obligé à vous écrire pour vous faire part de certaines choses.

2. La première, c'est qu'il vous demande pour le service de notre Seigneur Jésus Christ, étant donné que les gens de ce pays sont très dévots du glorieux Apôtre saint Thomas — c'est en effet le patron de l'Inde tout entière — que, pour l'accroissement de cette dévotion chez tous ses dévots, Sa Sainteté accorde une indulgence

plénière à sa fête [1] ainsi qu'à son octave pour tous ceux qui se confesseraient et qui communieraient en ce jour et en son octave ; que ceux qui ne se confesseraient pas et ne communieraient pas ne gagnent pas d'indulgence. Le Seigneur Gouverneur y est poussé par le désir de voir les gens se confesser et communier. Il y a de quoi rendre grâces à notre Seigneur que de voir combien il connaît bien le fruit de ces sacrements. Il demande encore ceci, car pendant le Carême, c'est ici l'été : tous les gens prennent la mer à bord de la flotte — car ici les Portugais sont maîtres des mers, et les Infidèles de la terre — ; tous les gens vont donc à la guerre pendant le Carême et c'est alors que les marchands naviguent. Ils ne se confessent pas ni ne communient parce qu'ils ne se trouvent pas à terre. Pour cette raison, le Seigneur Gouverneur désire que Sa Sainteté concède cette grâce, afin que tous les gens s'approchent davantage des sacrements. Cette concession sera en quelque sorte un autre Carême.

3. Le Seigneur Gouverneur vous demande aussi, pour l'amour et pour le service de Dieu notre Seigneur, d'obtenir cette grâce de Sa Sainteté pour les hôpitaux de ce pays : que tous les malades et tous ceux qui servent les malades dans les hôpitaux, chaque fois qu'ils se confesseraient ou communieraient, gagnent une indulgence plénière et que ceux qui meurent dans les hôpitaux soient absous de leur faute et de leur peine. Tout cela, le Seigneur Gouverneur l'entreprend pour attirer les gens vers les sacrements et pousser ceux qui sont en bonne santé à servir avec amour les malades et à s'occuper d'œuvres pieuses, et tous, à servir et à connaître Dieu, ainsi qu'à donner le bon exemple aux Infidèles parmi lesquels nous habitons et nous vivons.

4. De plus, le Seigneur Gouverneur est très dévot de Notre Dame et il se trouve la plupart du temps avec une grande cour à Goa, ville située sur une île qui mesure trois lieues. Il y a, sur cette île, quelques très dévotes chapelles de Notre Dame, bien ornées et de bel édifice, pourvues de clercs qui les desservent, ainsi que de tout le nécessaire. Il ne leur manque que des grâces spirituelles et, à sa date, chacune célèbre sa fête en grande pompe. Pour accroître la dévotion en ces demeures et pour que, pendant leurs fêtes, Notre Dame soit véritablement honorée par de vivants temples spirituels, le Seigneur Gouverneur demande que tous ceux qui se confessent et qui communient ces jours-là gagnent une indulgence plénière en visitant ces chapelles ; que ceux qui ne se confessent pas et ne communient pas n'en gagnent pas. De ces grâces l'Inde a plus besoin que n'importe quel autre pays de Chrétiens ; il y a, en effet,

---

1. C'est-à-dire le 21 décembre.

peu de confesseurs et beaucoup de Chrétiens, tant portugais que natifs du pays. Beaucoup de Gentils se convertissent chaque jour et il n'est pas possible à tous de se confesser pendant le Carême ; ce que le Seigneur Gouverneur désire obtenir dans ce domaine, c'est que tout le monde se confesse et communie. C'est pourquoi il demande ces grâces de Sa Sainteté, pour attirer les gens vers les sacrements et faire en sorte que tous connaissent les véritables trésors que le Christ notre Seigneur nous a laissés dans cette vie afin de parvenir à l'autre.

5. De plus, vous saurez que, dans ce pays, dans la plupart des villages où vivent des Chrétiens, se trouve une compagnie d'hommes très honorables qui ont la charge de protéger tous les gens nécessiteux, aussi bien les natifs chrétiens que ceux qui viennent de se convertir. Cette compagnie d'hommes portugais s'appelle la Miséricorde. C'est une chose admirable que de voir le service qu'elle rend à Dieu notre Seigneur en aidant tous les nécessiteux. Pour que grandisse la dévotion de ces gens de bien, le Seigneur Gouverneur demande à Sa Sainteté de concéder une indulgence plénière et, après la mort, l'absolution de leurs fautes et de leurs peines, à tous les confrères de la sainte Miséricorde, s'ils se confessent et s'ils communient chaque année. Tout cela, par désir de voir pratiquer avec plus de ferveur les œuvres de miséricorde, quand on aura vu que Sa Sainteté les favorise ainsi ; et puisque la plupart d'entre eux sont mariés, que leurs femmes aient part à cette même grâce.

6. De plus, vous saurez que les Portugais sont maîtres, en ces contrées de l'Inde, de la mer et de nombreux villages situés tout près de la mer. Le Roi du Portugal y possède des places fortes et, dans ces places fortes, il y a des villages de Chrétiens, habités par des Portugais mariés. La distance qu'il y a entre les uns et les autres est très grande, puisque de cette ville de Goa jusqu'à Maluco [2], où le Roi possède une place forte, il y a mille lieues ; d'ici à Malacca, où il y a beaucoup de Chrétiens, il y en a cinq cents ; d'ici à Ormuz, qui est une très grande ville où il y a beaucoup de Portugais, il y en a quatre cents ; d'ici à Diu, il y en a trois cents ; d'ici à Mozambique, neuf cents ; d'ici à Sofala, mille deux cents. L'Evêque a mis des vicaires dans toutes ces localités ; en raison de la distance qu'il y a entre ces localités, l'Evêque ne peut pas les visiter. Comme le Seigneur Gouverneur voit la nécessité où nous sommes tous de participer au sacrement de la confirmation, à cause de l'intense commerce, des nombreuses captivités et des fréquentes guerres que nous avons avec les Infidèles, il demande à Sa

---

2. Dans la langue de Xavier, *Maluco* est synonyme tantôt de la seule île de Ternate, tantôt de tout l'archipel des Moluques (Maluku en indonésien).

Sainteté de donner à l'Evêque la dispense pour qu'il puisse s'en remettre à ses vicaires pour le sacrement de la confirmation dans ces lieux lointains et dans tous ceux, quels qu'ils soient, qu'il ne peut pas visiter, du fait de la si grande distance qu'il y a entre les uns et les autres et du fait qu'il est le seul évêque dans ces contrées de l'Inde, en vue d'obtenir plus de fermeté, de persévérance et de croissance de notre sainte foi.

7. De plus. A propos de ce pays, je vous fais savoir que lorsque là-bas, c'est l'été, ici c'est l'hiver ; et quand à Rome, c'est l'hiver, ici c'est l'été : tout le contraire de ce qui arrive chez vous. L'été y est excessivement pénible, en raison des grandes chaleurs : elles sont si grandes que le poisson pourrit aussitôt qu'on l'a tué. Ici, c'est en été que les gens naviguent d'un endroit à l'autre ; en hiver, la mer est si désespérante et si sauvage que personne ne navigue. Au moment du Carême, tous les gens de guerre s'en vont sur leurs flottes en mer et les marchands se déplacent d'un endroit à l'autre car ils ne sont pas maîtres de la terre, mais de la mer seulement, si bien qu'en raison des grandes chaleurs et parce que les gens naviguent à ce moment, on ne fait pas le Carême, ni on ne jeûne, ni on ne s'abstient de manger de la viande. Le Seigneur Gouverneur m'a dit de vous écrire pour vous faire part de tout cela et pour vous prier, pour l'amour et pour le service de Dieu notre Seigneur, qu'on change, si faire se pouvait, le temps de Carême pour un autre temps pendant lequel les gens ne naviguent point et pendant lequel les marchands ne font pas du commerce par mer : ce serait en juin et en juillet, car pendant ces deux mois l'hiver bat son plein, et alors, il n'y a pas de grande chaleur et les gens ne naviguent pas ; à cette époque très tempérée, beaucoup jeûneraient et ne mangeraient pas de viande, les gens se confesseraient et communieraient, et on se souviendrait davantage du Carême qu'on ne le fait. Puisque c'est là le service de Dieu notre Seigneur, et il est grand, le Seigneur Gouverneur vous prie instamment de ne pas manquer de faire tout ce qui pourra être accompli dans ce domaine, faute de quelqu'un pour obtenir cette grâce. Sa Seigneurie dit que, pour prix de toutes ces peines, vous gagnerez la bienveillance de tous les gens d'ici et que vous aurez votre part à ce grand service de Dieu, en raison de la si grande occasion de mériter que vous devez donner aux gens d'ici[3].

Votre fils dans le Christ.

François de Xavier

---

3. Rappelons que la mousson (dont Xavier ne paraît pas saisir le mécanisme ni connaître le nom) apporte à l'Asie du Sud-Est les pluies entre mai et novembre.

8. Quand je suis parti de Lisbonne pour venir en Inde, je vous ai écrit à propos d'un collège de notre Compagnie, que le Roi voulait établir à l'université de Coïmbre. Son Altesse m'avait ordonné de vous écrire afin que vous envoyiez quelqu'un de la Compagnie, Son Altesse s'offrant à apporter toute son aide et tout son appui à l'édification de ce collège. Le besoin qu'il a de fournir à tant de pays d'Infidèles des hommes qui les instruisent dans la foi de Jésus-Christ, montre combien le Roi a raison de faire ce collège de notre Compagnie. Pour l'amour de notre Seigneur, je vous prie de me faire savoir ce qui a été fait à ce propos.

18

PERMISSION DE RECITER LE NOUVEAU BREVIAIRE
(EX.I, 144 ; S.II, 278-279)

C'est avec prudence que saint François Xavier introduit sur cette lointaine terre chrétienne de l'Asie les nouveautés de la Réforme catholique déjà commencée en Europe. En tant que Nonce Apostolique, il possède le pouvoir d'accorder à six prêtres la permission de réciter le nouveau bréviaire, permission qu'il accorde ici à Augustin Salas, fils d'un des premiers Portugais établis à Goa. C'est la rareté qui fait le prix.

Goa, le 21 septembre 1542

Moi, Maître François, j'accorde à vous, P. Augustin, de pouvoir réciter l'office du nouveau bréviaire, puisque j'ai licence de donner à six personnes la faculté de réciter le nouvel office. Parce que c'est la vérité, j'appose ici ma propre signature.

Maître François

19

A IGNACE DE LOYOLA, A ROME
(EX.I, 146-151 ; S.II, 300-302)

Loin des fastes de Goa, Xavier est parti s'installer à Tûttukkudi, importante localité située sur la Côte des Pêcheurs de perles, à l'extrémité sud de la Péninsule du Dekkan. Là vivent, sous protectorat portugais, des Indiens très pauvres, néophytes chrétiens exposés à la double hostilité de leurs voisins demeurés hindouis-

tes et des Mulsulmans. A Tûttukkudi comme partout, saint Fran-
çois Xavier travaille infatigablement à répandre la doctrine et à
promouvoir la pratique sacramentelle : il y baptise les petits enfants
et il catéchise les gamins. Qu'il est oublieux des débats intellectuels
de la Sorbonne, humble dans ses tâches apostoliques ! Mais aussi,
quel manque d'attention et d'indulgence, ou d'humilité, envers
cette civilisation indienne qu'il côtoie sans même vraiment s'en ren-
dre compte, et dont les dieux ne peuvent être que des démons.

Tûttukkudi, le 28 octobre 1542

La grâce et la paix de notre Seigneur Jésus-Christ soient toujours
avec nous. Amen.

1. Je vous ai écrit de la ville de Goa très longuement à propos
de toute notre pérégrination, depuis notre départ de Lisbonne,
jusqu'à notre arrivée dans l'Inde ; je vous ai écrit aussi que j'étais
sur le point de partir pour Tûttukkudi en compagnie de quelques
Pères [1] de cette région, lesquels ont été emmenés dès l'enfance en
la ville de Goa et y ont été instruits des choses ecclésiastiques, si
bien qu'ils sont diacres à présent.

2. Nous avons passé par des villages de Chrétiens ; il doit y avoir
huit ans qu'ils se sont faits chrétiens. Il n'y a pas de Portugais à
habiter dans ces villages, car c'est un pays extrêmement stérile et
fort pauvre. Parce qu'il n'y a personne pour les instruire de notre
foi, les Chrétiens de ces villages n'en savent rien de plus que de dire
qu'ils sont chrétiens ; ils n'ont personne pour leur dire la messe,
et encore moins pour leur enseigner le Credo, le Pater Noster, l'Ave
Maria ou les Commandements. A mon arrivée dans ces villages,
j'ai baptisé tous les enfants qui n'étaient pas baptisés, de sorte que
j'en ai baptisé une grande multitude de tout petits qui ne savaient
pas encore distinguer leur droite de leur gauche [2]. A mon arrivée
dans ces villages, les enfants ne me laissaient ni réciter mon office,
ni manger, ni dormir, aussi longtemps que je ne leur avais pas
enseigné quelques prières. C'est alors que j'ai commencé à connaître que le Royaume des cieux est à eux [3]. Comme je ne pouvais
repousser une si sainte demande, à moins de le faire de manière
impie, je commençais par la confession du Père, du Fils et du Saint
Esprit, puis par le Credo, le Pater Noster, l'Ave Maria, et c'est

---

1. Xavier emploie souvent le terme de « Père » pour désigner n'importe quel
clerc, même diacres ou sous-diacres.
2. Jonas 4, 11.
3. Mat. 19, 14.

ainsi que je les instruisais. J'ai remarqué chez eux de grandes intelligences. S'il y avait des gens pour les instruire dans la sainte foi, je tiens pour très assuré qu'ils seraient de bons chrétiens.

3. Au cours de ce voyage, je suis arrivé dans un village de Gentils, où il n'y avait aucun Chrétien, et qui n'ont pas voulu le devenir quand leurs voisins se sont convertis à la foi, car ils dirent qu'ils étaient les vassaux d'un seigneur Gentil, lequel ne voulait pas qu'ils fussent chrétiens. Dans ce village se trouvait une femme en proie aux douleurs de l'enfantement depuis trois jours, et beaucoup désespéraient de sa vie. Comme les invocations des Gentils déplaisaient à Dieu, parce que tous les dieux des Nations sont des démons [4], leurs demandes n'étaient ni entendues ni vues dans le regard du Seigneur [5]. Avec un de ces Pères qui voyageaient avec moi, je m'en fus à la maison où se trouvait cette malheureuse femme qui souffrait des douleurs de l'enfantement. En entrant dans la maison, je me mis à invoquer sans crainte le grand Nom du Christ, sans aucunement penser que j'étais sur une terre étrangère [6], mais jugeant plutôt qu'au Seigneur appartiennent la terre et sa plénitude, le globe terrestre et tous ceux qui y habitent [7]. Après que j'eus commencé par le Credo, le Père qui était mon compagnon l'expliqua dans leur langue et voici que, par la clémence de Dieu, cette femme en vint à croire aux articles de la foi. Je lui demandai si elle voulait être chrétienne. Elle me répondit que de toute sa volonté elle voulait l'être. Je récitai alors les Evangiles dans cette maison, lesquels jamais en cette maison n'avaient été dits ; ensuite, je la baptisai. Que dire de plus ? Après le baptême, cette femme accoucha aussitôt, elle qui avec confiance avait espéré dans le Christ Jésus et qui avait cru en lui. Je baptisai ensuite son mari, leurs fils et leurs filles, ainsi que le petit enfant né en ce jour, avec toute la maisonnée. Le bruit de ce que Dieu notre Seigneur avait accompli dans cette maison emplit tout le village.

Une fois cela terminé, j'allai chez les notables du village et je leur demandai, de la part de Dieu, de croire en son Fils Jésus-Christ, en qui seul se trouve le salut [8]. Ils me répondirent qu'ils n'ose-

4. Ps. 95, 5. Ce n'est pas une invention ou une interpolation d'un Xavier particulièrement mal disposé envers les *Gentils* de l'Asie. Car c'est bien ce que dit la *Vulgate* : « *quoniam omnes dii gentium daemonia* ». Mais il y avait un jeu de mots en hébreu que la TOB rend de façon bénigne : « Toutes les divinités des peuples sont vanités. »

5. Ps. 101, 1.

6. Ps. 136, 4.

7. Ps. 23, 1.

8. Actes, 4, 12.

raient pas se faire chrétiens sans la permission du seigneur du village. J'allai alors chez un serviteur du seigneur du village, serviteur qui était venu percevoir certaines rentes de son seigneur. Après que je lui eus parlé, il me dit qu'être chrétien était une bonne chose, et que lui, il leur donnait la permission de se faire chrétiens. Ce malheureux leur donna un bon conseil, mais il ne voulut pas en faire usage pour lui-même. Alors, les principaux notables du village reçurent le baptême avec toutes leurs maisonnées ; et après que les notables se soient faits chrétiens, j'ai baptisé les gens du village, tant les grands que les petits. Une fois cela fini, je me mis en chemin pour Tûttukkudi. Quand nous y sommes arrivés, les Pères et moi-même, nous avons été reçus par les gens de ce lieu avec beaucoup d'amour et de charité. Nous espérons en Dieu notre Seigneur que nous allons y faire beaucoup de fruit.

4. Le Seigneur Gouverneur a beaucoup d'amour envers ces Chrétiens qui se sont récemment convertis dans ces contrées. Il les a beaucoup aidés au moment où les Maures les persécutaient et les maltraitaient. Ces Chrétiens sont tous liés à la mer et ne vivent que des ressources de la mer : ce sont des pêcheurs. Les Maures leur avaient pris leurs bateaux avec lesquels ils assuraient leur subsistance. Quand il apprit cela, le Seigneur Gouverneur alla en personne avec sa flotte à la poursuite des Maures ; il les atteignit et en tua une grande quantité ; il les mit tous hors de combat. Il leur prit tous leurs bateaux sans leur en laisser aucun, ainsi que ceux que ces derniers avaient pris aux Chrétiens de cette contrée. Il rendit à tous les Chrétiens leurs bateaux et donna aux pauvres qui n'en avaient pas, ni de quoi pouvoir en acheter, ceux qu'il avait pris aux Maures. Si bien qu'il remporta là une grande et très mémorable victoire. De même que notre Seigneur lui est venu en aide, il a su la reconnaître, puisqu'il a été si généreux envers les Chrétiens. On ne se souvient plus à présent des Maures et il n'y en a plus parmi eux qui ose relever la tête. Le Seigneur [9] en a tué tous les notables et tous ceux qui, parmi eux, étaient capables de quelque chose. Les Chrétiens de ce pays considèrent le Seigneur Gouverneur comme leur père et le Seigneur Gouverneur les considère comme des fils engendrés dans le Christ [10]. Dieu notre Seigneur sait combien le Seigneur Gouverneur m'a recommandé ces nouveaux rejetons du

---

9. Est-ce le Seigneur Gouverneur portugais de Goa ou bien le Seigneur Dieu Tout-puissant qui a causé l'extermination des chefs musulmans de la Côte malabar, nous n'en savons rien, ou ce sont les deux choses à la fois, car les traducteurs de cette lettre ont lu de ces deux façons cette phrase ambiguë.

10. 1 Cor. 4, 15.

Christ[11]. Le Seigneur Gouverneur est à présent sur le point d'accomplir une chose très mémorable pour le service de Dieu notre Seigneur : réunir tous ces Chrétiens qui sont loin les uns des autres et les installer sur une île, et leur donner un roi qui prenne soin d'eux en faisant régner sur eux la justice, ainsi que quelqu'un pour prendre soin de leurs âmes.

Si Sa Sainteté savait combien le Seigneur Gouverneur la sert ici, elle le remercierait des services qu'il rend ici. Faites donc en sorte que Sa Sainteté lui écrive pour le remercier des services qu'il lui rend ici, non pas pour lui recommander les Chrétiens d'ici, car il les prend en charge, mais pour lui exprimer les remerciements qui lui sont dus pour ses services ; il veille en effet tellement sur ses brebis et il est si vigilant pour les protéger, de peur que les Infidèles, ces loups rapaces, ne les dévorent. N'oubliez pas de lui écrire, car je suis sûr qu'il prendra grand plaisir de vos lettres. En même temps, recommandez-le, aussi bien vous que tous ceux de la Compagnie, à Dieu, afin qu'il lui donne sa très sainte grâce, en sorte de persévérer dans le bien, car notre salut ne consiste pas seulement à commencer dans le bien, mais aussi à y persévérer jusqu'à la fin. Quant à moi, confiant dans l'infinie miséricorde de Dieu notre Seigneur, grâce à la grande assistance de vos sacrifices et de vos prières et de ceux de toute la Compagnie, j'espère que, si nous ne nous voyons plus en cette vie, ce sera dans l'autre, avec plus de plaisir et de repos que nous n'en avons dans ce monde-ci.

Votre Fils dans le Christ.

François de Xavier

20

AUX COMPAGNONS VIVANT A ROME
(EX.I, 160-177 ; S.II, 406-410)

Cette longue lettre présente le grand intérêt de nous présenter plusieurs aspects du choc spirituel et culturel que fut la rencontre du monde indien et de la Chrétienté occidentale. En arrivant sur la Côte du Dekkan, saint François Xavier fut frappé par l'ignorance religieuse de ceux qu'un baptême sans doute hâtif avait rendus Chrétiens : au Cap Comorin, les atavismes et les traditions hin-

---

11. Ps. 143, 12 ; approximativement : « *Quorum filii sicut novellae plantationes...* »

doues résistent bien chez les néophytes. Comment parvenir à les couper complètement et de leurs concitoyens hindous et de leur passé ? Telle est bien la question que se pose l'Apôtre de l'Asie. La solution par lui trouvée peut paraître « médiévale » ou au contraire d'une inquiétante « modernité » selon l'idée que chacun se fait de la marche de l'histoire humaine. Sur lequel de ces deux versants doit-on placer une institution aussi importante que l'Inquisition ? Et ce que Xavier organise ? Il fait encadrer la population par un réseau dense de militants, de responsables et même d'agents de renseignement, fait surveiller les parents par leurs enfants, entreprend de casser la transmission des usages et des croyances en tablant sur la jeune génération contre l'ancienne. Ne sommes-nous pas en terrain connu, celui de la guerre subversive ? S'il veut faire du passé table rase, c'est évidemment parce qu'il en a une bien mauvaise opinion. Selon lui, il n'y a rien de bon à tirer de la religion païenne qu'il définit comme étant un mélange de satanisme, d'ignorance et de crédulité. Les Brahmanes ne valent rien. Rien ici ne préfigure ce qui sera plus tard l'attitude de la Compagnie de Jésus envers les civilisations asiatiques, Robert de Nobili ou Matthieu Ricci. La sincérité de Xavier et la chaleur avec laquelle il évoque à la fin son amitié pour ses Frères ne manquent pas de racheter son antipathie envers l'Inde, sa caste sacerdotale et sa culture.

Cochin, le 15 janvier 1544

+

Ihus

La grâce et l'amour du Christ notre Seigneur soient toujours en notre aide et en notre faveur. Amen.

1. Voici deux ans et neuf mois que je suis parti du Portugal et depuis, de mon côté, je vous ai écrit trois fois, en comptant cette lettre-ci ; je n'ai reçu de vous que quelques-unes depuis que je me trouve ici, en Inde ; elles ont été écrites le 13 janvier de l'année 1542 et Dieu notre Seigneur sait la consolation que j'en ai reçue. Il doit y avoir deux mois qu'on me les a remises ; si elles sont arrivées si tard en Inde, c'est parce que le navire qui les transportait a hiverné à Mozambique.

2. Messire Paul, François de Mansilhas et moi, nous sommes en bonne santé. Messire Paul se trouve à Goa, au collège de Sainte Foi, où il a la charge des étudiants de cette maison. François de Mansilhas et moi, nous sommes parmi les Chrétiens du Cap Comorin. Voici plus d'un an que je suis chez ces Chrétiens, à propos desquels je dois vous dire qu'ils sont nombreux et qu'il se fait chaque

jour beaucoup de nouveaux Chrétiens. Sitôt arrivé sur cette côte où ils habitent, j'ai tâché de savoir d'eux quelle connaissance ils ont du Christ notre Seigneur ; à propos des articles de foi, je leur ai demandé ce qu'ils croient, ou ce qu'ils ont de plus maintenant qu'ils sont chrétiens que lorsqu'ils étaient païens et je n'ai pas trouvé d'autre réponse sur leurs lèvres que ceci, à savoir qu'ils sont chrétiens et que, ne comprenant pas notre langue, ils ne connaissent ni notre Loi, ni ce qu'il faut croire. Comme ils ne me comprenaient pas, et que moi non plus, je ne les comprenais pas, parce que leur langue maternelle est le malabar [1] et la mienne le biscaïen [2], j'assemblai ceux d'entre eux qui sont les plus instruits et je cherchai des personnes comprenant notre langue [3] et la leur. Après nous être à grand peine réunis de longs jours durant, nous avons traduit les prières, tout d'abord la façon de faire le signe de croix en confessant que les trois Personnes sont un seul Dieu ; ensuite, le Credo, les commandements, le Pater Noster, l'Ave Maria, le Salve Regina et la confession générale, de latin en malabar. Après les avoir traduites dans leur langue et les avoir apprises par cœur, je m'en suis allé par tout le village [4] une cloche à la main, pour assembler tous les enfants et tous les hommes que je pouvais réunir. Une fois assemblés, je les ai instruits deux fois par jour. Je leur ai enseigné les prières pendant la durée d'un mois, leur ayant donné cet ordre que les enfants enseigneraient à leurs pères et mères, et à tous ceux de leur maison et de leur voisinage ce qu'ils ont appris à l'école.

3. Le dimanche, j'assemblais tous les habitants du village, hommes aussi bien que femmes, grands et petits, pour réciter les prières dans leur langue ; ils y ont montré beaucoup de plaisir et ils y sont venus avec beaucoup d'allégresse. Après avoir commencé par confesser un seul Dieu, trine et un, ils ont récité le Credo à pleine voix dans leur langue et au fur et à mesure que je le leur ai récité tous m'ont donné les réponses. Une fois le Credo terminé, je le reprenais tout seul ; disant chaque article séparément et m'arrêtant à chacun des douze, je les admonestais en leur expliquant que le nom de « Chrétiens » ne signifie rien d'autre que de croire fermement et sans doute aucun ces douze articles ; puisqu'ils ont proclamé qu'ils sont chrétiens, je leur demandais s'ils croient fermement en chacun de ces douze articles. De la sorte, tous ensem-

1. C'est-à-dire le tamoul, langue dravidienne du sud de l'Inde.
2. C'est-à-dire le basque, que Xavier a parlé mais n'a jamais écrit.
3. C'est-à-dire le portugais, alors langue commune des Européens en Asie.
4. Tûttukkudi.

ble à pleine voix, hommes et femmes, grands et petits me répondaient à chaque article que oui, les bras posés l'un sur l'autre sur la poitrine, à la façon d'une croix ; je leur ai fait de la sorte réciter le Credo plus souvent que n'importe quelle autre prière, puisque c'est seulement en croyant à ces douze articles qu'on peut s'appeler chrétien. Après le Credo, la première chose que je leur enseigne est les commandements, en leur disant que la Loi des Chrétiens en contient seulement dix et qu'on peut dire de quelqu'un qu'il est un bon chrétien s'il les observe comme Dieu l'ordonne, et qu'au contraire il est un mauvais chrétien s'il ne les observe pas. Les Chrétiens aussi bien que les Gentils sont très frappés de voir combien sainte et conforme à toute raison naturelle est la Loi de Jésus-Christ. Une fois terminés le Credo et les commandements, je dis le Pater Noster et l'Ave Maria et à mesure que je les récite tous me répondent. Nous récitons douze Notre Père et douze Ave Maria en l'honneur des douze articles de foi et, une fois terminés, nous disons dix autres Notre Père avec dix Ave Maria, en l'honneur des dix commandements, le tout en observant l'ordre qui suit. Nous disons d'abord le premier article de la foi et quand nous avons fini de le dire, je dis en leur langue, et eux avec moi : « Jésus-Christ, Fils de Dieu, donnez-nous la grâce de croire fermement, et sans doute aucun, le premier article de la foi » ; et pour qu'il nous donne cette grâce, nous récitons un Pater Noster. Une fois terminé le Pater Noster, nous disons tous ensemble : « Marie, mère de Jésus-Christ, obtenez-nous la grâce de votre Fils Jésus-Christ pour que nous croyions fermement, et sans doute aucun, le premier article de la foi » ; pour qu'elle nous obtienne cette grâce, nous lui disons l'Ave Maria. Nous suivons le même ordre dans tous les onze autres articles.

4. Une fois terminés le Credo et les douze Pater Noster et Ave Maria comme je l'ai dit, nous récitons les commandements selon l'ordre suivant : d'abord, je dis le premier commandement et tous le disent comme moi ; et après qu'ils ont fini de le dire, nous disons tous ensemble : « Jésus-Christ, Fils de Dieu, donnez-nous la grâce de vous aimer par-dessus toutes les choses. » Une fois cette grâce demandée, nous disons tous le Pater Noster ; et une fois terminé celui-ci, nous disons : « Sainte Marie, Mère de Jésus-Christ, obtenez-nous de votre Fils la grâce de pouvoir observer le premier commandement. » Une fois cette grâce demandée à Notre Dame, nous disons tous l'Ave Maria. Nous suivons ce même ordre pour tous les neuf autres commandements. Si bien qu'en honneur des douze articles de la foi nous récitons douze Pater Noster avec douze Ave Maria, en priant Dieu notre Seigneur de nous donner

la grâce de les observer. Telles sont les demandes que je leur enseigne à faire par nos prières, en leur expliquant que s'ils obtiennent ces grâces de Dieu notre Seigneur, il leur donnera tout le reste avec plus de prodigalité qu'ils ne sauraient le demander. Je fais réciter à tous la confession générale, et spécialement à tous ceux qui vont être baptisés, et ensuite le Credo. Quand après les avoir interrogés sur chaque article pour leur demander s'ils croient fermement et qu'ils me répondent que oui, et que je leur ai dit ce qu'est la Loi de Jésus-Christ qu'ils doivent observer pour être sauvés, je les baptise. Nous récitons le Salve Regina quand nous voulons terminer nos prières.

5. J'espère en Dieu notre Seigneur que les enfants deviendront de meilleures gens que leurs parents, car ils montrent beaucoup d'amour et de bonne volonté envers notre Loi, ainsi que pour apprendre les prières et les enseigner. Ils éprouvent une grande horreur pour les idolâtries des Gentils, au point que, souvent, ils se battent avec les Gentils et qu'ils réprimandent leurs pères et mères quand ils les voient adorer les idoles ; ils les dénoncent en venant me le dire et quand ils m'informent de telle ou telle idolâtrie qui se fait en dehors du village, je rassemble tous les jeunes du village et je m'en vais avec eux à l'endroit où on a fait des idoles. Alors, le diable reçoit de ces enfants venus avec moi plus d'outrages qu'il n'a reçu d'honneurs de la part de leurs pères, mères et personnes apparentées au moment où ils dressent et adorent ces idoles. Ces enfants se saisissent en effet des idoles et les mettent en miettes aussi menues que cendre ; ensuite, ils crachent dessus, les foulent aux pieds et font ensuite dessus d'autres choses ; quoiqu'il ne semble pas bien de les appeler par leur nom, c'est tout à l'honneur de ces enfants de les faire sur celui qui a la si grande audace de se faire adorer par leurs parents. J'ai vécu dans une localité importante et peuplée de Chrétiens pour traduire les prières de notre langue dans la leur et pour les enseigner pendant quatre mois.

6. Durant cette période, ils ont été très nombreux à venir me chercher pour que j'aille chez eux réciter des prières sur les malades et sur les autres qui sont venus me chercher avec leurs maladies. Ils ne me laissaient pas un instant de repos ou sans avoir d'occupation, en dehors de la récitation des Evangiles, de l'enseignement des enfants, de leur baptême et des traductions, sans compter la sépulture de ceux qui meurent. C'était au point que, pour répondre à la dévotion de ceux qui me faisaient venir ou qui venaient me chercher, j'avais trop d'occupations. Mais, pour qu'ils ne perdissent point la confiance qu'ils ont envers notre religion et notre Loi chrétiennes, il ne m'était pas possible de refuser une si

pieuse demande. Comme la chose s'accroissait démesurément et que je ne pouvais tous les satisfaire, j'ai donné l'ordre aux enfants qui savaient les prières d'aller chez les malades et de réunir tous ceux de la maisonnée et du voisinage, et de leur dire tous le Credo bien des fois, en disant au malade de croire et qu'il serait guéri ; et ensuite les autres prières. De la sorte, j'ai satisfait tout le monde et j'ai fait réciter dans les maisons et sur les places le Credo, les commandements et les autres prières. Ainsi, Dieu notre Seigneur leur accorde de grandes grâces en même temps que la santé spiri-tuelle et corporelle aux malades, de par la foi de la maisonnée, du voisinage ou par la leur propre. Dieu s'est servi d'une grande misé-ricorde envers ceux qui souffraient, car c'est par les maladies elles-mêmes qu'il les a appelés et qu'ils les a amenés à la foi presque de force.

7. Après avoir laissé dans ce village quelqu'un qui poursuive ce qui a été commencé, je suis en train de visiter les autres villages pour faire la même chose ; c'est pourquoi jamais les pieuses et sain-tes occupations ne me font défaut en ce pays. Je n'en aurais jamais fini si je voulais décrire le fruit qu'on recueille en baptisant les enfants qui naissent et en enseignant ceux qui en ont l'âge requis. Dans les localités que je traverse, je laisse par écrit les prières et, à ceux qui savent écrire, je donne ordre de les écrire et de les apprendre par cœur et de les réciter tous les jours ; j'ordonne aussi à tous de se réunir le dimanche pour les réciter. Dans ce but, je laisse dans les villages quelqu'un qui en aura la charge.

8. C'est un grand nombre de nouveaux Chrétiens qu'on se prive de faire en ce pays, faute d'avoir des personnes pour se consacrer à de si pieuses et si saintes choses. Bien souvent, l'idée me prend d'aller aux lieux où, chez vous, on étudie, pour y crier comme un homme qui a perdu le jugement, et surtout à l'université de Paris ; je dirais à la Sorbonne à ceux qui ont plus de science que de volonté pour se préparer à en tirer du fruit : « Que d'âmes sont empêchées d'aller à la gloire et vont en enfer par la négligence de ceux-là ! » Si tout comme ils étudient la science, ils étudiaient aussi le compte que Dieu notre Seigneur en demandera, de cette science et du talent qu'il leur a donné, beaucoup d'entre eux seraient émus ; ils recourraient aux moyens et aux exercices spirituels capa-bles de leur faire connaître et sentir en leurs âmes la volonté divine. Se conformant davantage à celle-ci qu'à leurs affects personnels, ils diraient : « Seigneur, me voici ; que voulez-vous que je fasse ? Envoyez-moi où vous voulez, et, si cela convient, même chez les Indiens. » Comme ils vivraient beaucoup plus consolés ! Ils auraient une plus grande espérance en la miséricorde divine à

l'heure de la mort, quand ils seraient soumis au jugement particulier auquel personne ne peut échapper, car ils pourraient alléguer
pour eux-mêmes : « Seigneur, vous m'avez donné cinq talents ; en
voici quinze autres que j'ai gagnés [5]. » Je crains que beaucoup de
ceux qui étudient dans les Universités n'étudient davantage pour
obtenir par la science des dignités, des bénéfices, des évêchés, plutôt
qu'avec le désir de se conformer aux besoins requis par les dignités et par les états ecclésiastiques. Ceux qui étudient ont coutume
de dire : « Je désire avoir la science pour obtenir grâce à elle quelque bénéfice ou dignité ecclésiastique, et ensuite, au moyen de cette
dignité, servir Dieu. » C'est ainsi que suivant leurs affections désordonnées, ils font leur élection en craignant que Dieu ne veuille pas
ce que eux, ils veulent, car leurs affections désordonnées ne leur
permettent pas de faire cette élection selon la volonté de Dieu notre
Seigneur. Je me suis senti presque poussé à écrire à l'université de
Paris, du moins à notre maître de Cornibus et au docteur Le
Picart [6], pour leur dire que des milliers et des milliers de Gentils
se feraient chrétiens s'il y avait des ouvriers, pour prendre soin de
chercher et d'aider les personnes qui s'attachent non pas à leurs
propres biens mais à ceux de Jésus-Christ [7]. Le nombre de ceux
qui, en ce pays où je me déplace, se convertissent à la foi du Christ
est tel que souvent il m'arrive d'avoir les bras fatigués de baptiser
et de ne plus pouvoir parler davantage pour réciter le Credo et les
commandements en leur langue, ainsi que les autres prières, outre
une exhortation que je sais dans leur langue, dans laquelle je leur
explique ce que veut dire être chrétien, ce qu'est le paradis, ce
qu'est l'enfer et où je leur dis quels sont ceux qui vont d'un côté
et quels sont ceux qui vont de l'autre. Plus que toute autre prière,
je leur dis souvent le Credo et les commandements ; il y a des jours
où je baptise tout un village ; et sur cette côte que je parcours, il
y en a trente de Chrétiens.

Le Gouverneur de cette Inde est grand ami de ceux qui se font
chrétiens. Il a fait don de quatre mille pièces d'or chaque année,
qu'on doit dépenser seulement pour les donner à ces personnes qui,
avec une grande diligence, enseignent la doctrine chrétienne dans
les villages qui se sont convertis récemment à la foi. Il est grand
ami aussi de tous ceux de notre Compagnie ; il souhaite fort que

5. Matthieu 25, 20.
6. Pierre de Cornibus, bourguignon, et François Le Picart, parisien, tous
deux professeurs à la Sorbonne et maîtres de Xavier, de Favre et de Bobadilla.
7. Philippiens 2, 21.

certains de notre Compagnie viennent en ce pays et il a écrit en ce sens, me semble-t-il, au Roi.

9. L'an passé, j'ai écrit à propos d'un collège qu'on fonde dans la ville de Goa et où il y a déjà beaucoup d'étudiants de diverses langues, tous nés de parents infidèles. A l'intérieur du collège où il y a déjà beaucoup de bâtiments construits, il y a parmi eux beaucoup qui apprennent le latin et d'autres à lire et à écrire. Messire Paul vit avec les étudiants de ce collège ; il leur dit la messe chaque jour et il les confesse ; il ne cesse pas un instant de leur donner de la doctrine spirituelle ; il a aussi la charge de toutes les choses corporelles nécessaires à ces étudiants. Ce collège est très vaste et on peut y faire tenir cinq cents étudiants ; il possède des rentes suffisantes pour les faire vivre. Nombreuses sont les aumônes qui sont données à ce collège, sans compter que le Gouverneur l'aide généreusement. C'est chose dont tous les Chrétiens doivent rendre grâces à Dieu notre Seigneur que la sainte fondation de cette maison qui est nommée Collège de la Sainte Foi. J'espère en la miséricorde de Dieu notre Seigneur que, d'ici peu d'années, le nombre des Chrétiens sera de beaucoup multiplié et que les frontières de l'Eglise s'élargiront au moyen de ceux qui étudient dans ce saint collège.

10. Dans ce pays, il y a parmi les Gentils une engeance qu'on appelle les Brahmanes. Ce sont eux qui animent toute la Gentilité. Ils ont la charge des maisons où se trouvent les idoles ; c'est la plus perverse gent du monde. C'est à eux que s'applique le psaume qui dit : « Des gens qui ne sont pas saints, de l'homme inique et trompeur, protège-moi [8]. » Voici des gens qui ne disent jamais la vérité et qui ont perpétuellement à l'esprit de trouver comment mentir avec subtilité et comment tromper les pauvres simples et les ignorants. C'est ainsi qu'ils leur disent que les idoles demandent qu'on leur apporte certaines choses en offrande et ces choses ne sont rien d'autre que celles que les Brahmanes inventent et qu'ils veulent pour nourrir leurs femmes, leurs enfants et leur maisonnée. Ils font croire aux simples d'esprit que les idoles mangent et il y a beaucoup de gens qui, avant de déjeuner ou de souper, offrent une petite pièce à l'idole. Deux fois par jour, avec grand accompagnement de timbales, ils mangent, tout en faisant croire à ces malheureux que ce sont les idoles qui mangent. Lorsque le nécessaire vient à manquer aux Brahmanes, ceux-ci disent aux gens du peuple que les idoles sont très en colère contre eux, parce qu'ils ne fournissent pas les choses qu'elles leur font demander par l'intermédiaire

---

8. Psaume 42, 1.

des Brahmanes ; s'ils ne les apportent pas, qu'ils prennent bien garde aux idoles, qui vont les tuer ou leur envoyer des maladies, ou des démons à domicile. Alors, ces pauvres gens simples d'esprit, croyant qu'il va en être ainsi, font ce que veulent les Brahmanes, par crainte que les idoles ne leur fassent du mal.

11. Ces Brahmanes sont des gens peu instruits. Ce qui leur fait défaut en matière de vertu, ils le possèdent sans mesure sous forme d'iniquité et de méchanceté. Les Brahmanes de cette côte que je parcours voient avec grand déplaisir que je ne fais jamais rien d'autre que de dévoiler leurs méchancetés ; quand nous nous trouvons seuls, eux-mêmes me dévoilent la vérité ; et me disent comment ils trompent le peuple. Ils m'avouent en secret qu'ils n'ont pas d'autre patrimoine que ces idoles de pierre dont ils vivent en disant des mensonges [9].

Ces Brahmanes considèrent que j'en sais plus, moi, qu'eux tous réunis. Ils m'envoient des délégations et ils sont très chagrinés de ce que je ne veuille point accepter les présents qu'ils m'envoient. Ils font tout cela pour que je ne dévoile pas leurs secrets en disant qu'eux, ils savent bien qu'il n'y a qu'un seul Dieu et qu'ils prieront Dieu pour moi. Pour récompense de tout cela, je leur dis, de moi à eux, ce qui me semble et je dévoile leurs tromperies et leurs sornettes aux pauvres simples qui sont leurs dévots seulement par crainte, et cela jusqu'à m'en fatiguer. Beaucoup perdent leur dévotion envers le démon en raison de ce que je leur dis et se font chrétiens. S'il n'y avait pas les Brahmanes, tous les Gentils se convertiraient à notre foi. Les maisons où se trouvent les idoles et les Brahmanes s'appellent des pagodes.

Les Gentils de ce pays sont tous très ignorants ; mais, pour faire le mal, ils en savent long. Depuis que je suis dans ce pays, je n'ai fait chrétien qu'un seul Brahmane : c'est un très bon garçon. Il s'est choisi comme métier d'enseigner aux enfants la doctrine chrétienne.

Sur ma route, lorsque je vais rendre visite aux villages chrétiens, je passe par de nombreuses pagodes. Je suis une fois passé par une d'elles où il y avait plus de deux cents Brahmanes qui sont venus me voir. Parmi les nombreux sujets examinés, je leur ai posé une question et c'était la suivante : qu'ils me disent ce que leurs dieux et leurs idoles qu'ils adorent leur ordonnent de faire pour aller à la gloire. Il y eut alors une grande dispute entre eux pour savoir qui me répondrait ; ils dirent à l'un des plus anciens de me répon-

---

9. Interprétation malveillante de la distinction, assez commune dans toute l'humanité, entre religion ésotérique et religion exotérique.

dre. Ce vieillard, qui avait plus de quatre-vingts ans, me dit de lui dire d'abord ce que le Dieu des Chrétiens ordonnait de faire. Moi, comprenant sa vilenie, je ne voulus rien en dire avant que lui, il n'en ait d'abord parlé. Il lui fut alors bien forcé de révéler son ignorance. Il me répondit que leurs dieux ordonnent de faire deux choses pour aller là où ils se trouvent : la première est de ne pas tuer les vaches qu'eux, ils adorent ; la seconde, c'est de donner des aumônes et celles-ci aux Brahmanes qui sont au service des pagodes. Après avoir entendu cette réponse, et navré de voir les démons se rendre maîtres ainsi de nos prochains, démons qui se font adorer par eux à la place de Dieu, je me suis levé et j'ai dit aux Brahmanes de rester assis. J'ai alors récité à pleine voix et dans leur langue le Credo et les commandements de la Loi, en m'arrêtant sur chacun d'eux. Les commandements achevés, je leur ai fait une exhortation dans leur langue pour leur expliquer ce qu'est le paradis et ce qu'est l'enfer, et leur dire qui sont ceux qui vont dans un endroit et qui sont ceux qui vont dans l'autre. Une fois terminée cette causerie, les Brahmanes se sont tous levés et m'ont cordialement embrassé ; ils m'ont dit que vraiment le Dieu des Chrétiens est un vrai Dieu, car ses commandements sont si conformes à toute raison naturelle.

Ils m'ont demandé si notre âme meurt en même temps que le corps, comme celle des bêtes brutes. Dieu notre Seigneur m'a alors inspiré ces arguments conformes à leur intelligence, tels que je leur ai fait clairement comprendre l'immortalité des âmes, ce dont ils montrèrent beaucoup de joie et de plaisir. Les arguments qu'on doit utiliser auprès de ces gens stupides ne doivent pas être aussi subtils que ceux qu'on trouve écrits chez les docteurs experts en scolastique. Ils m'ont demandé : quand un homme meurt, par où sort son âme ? Et quand un homme dort et qu'il rêve qu'il est dans un pays avec ses amis et ses connaissances (ce qui m'arrive à moi souvent, de me trouver avec vous, très chers), est-ce que son âme s'en va là-bas et cesse d'informer son corps ? Ils m'ont aussi demandé si Dieu est blanc ou noir en raison de la diversité des couleurs qu'on trouve chez les hommes. Comme tous ceux de ce pays sont noirs et que leur couleur leur plaît, ils disent que Dieu est noir et c'est pourquoi la plupart de leurs idoles sont noires. Il les enduisent souvent d'huile et elles sentent si mauvais que c'est épouvantable. Elles sont si laides que rien que de les voir on en a peur. A toutes leurs questions par eux posées, je leur fis des réponses qu'ils ont trouvées satisfaisantes. Mais quand j'en venais devant eux à la conclusion qu'ils devaient se faire chrétiens, puisqu'ils connaissaient la vérité, ils répondaient ce que répondent d'ordinaire beaucoup d'entre nous : « Qu'est-ce que le monde va dire de nous, si nous faisons un pareil changement d'état dans notre façon de vivre ? » Sans compter d'autres tentations, en pensant que le nécessaire viendrait à leur manquer.

12. Je n'ai trouvé qu'un seul Brahmane, dans un village de la Côte, à savoir quelque chose, car on me disait qu'il avait étudié dans des écoles renommées. J'ai voulu avoir une entrevue avec lui et j'ai trouvé le moyen de nous voir. Il me dit en grand secret que la première chose que font ceux qui enseignent dans cette école, c'est de faire jurer, à ceux qui viennent s'y instruire, de ne jamais dire certains secrets qu'ils enseignent. Mais à moi et en grand secret, ce Brahmane m'a dit ces secrets, en raison de l'amitié qu'il éprouvait envers moi. Voici un de ces secrets : ne jamais dire qu'il n'y a qu'un seul Dieu, Créateur du ciel et de la terre, et qui est aux cieux ; et que lui, il devait adorer ce Dieu, et non pas les idoles, qui sont des démons. Ils possèdent certaines Ecritures qui contiennent les commandements. La langue qu'on enseigne dans ces écoles est chez eux comme le latin chez nous [10]. Il me dit très bien les commandements, chacun d'eux avec une bonne explication. Chose à peine croyable, ceux qui sont savants observent le dimanche. Et, le dimanche, ils ne récitent qu'une seule oraison, et de nombreuses fois : « *Om śri Narâyana Namah* », ce qui veut dire : « Je t'adore, ô Dieu, avec ta grâce et avec ton aide, pour toujours [11]. » Et ils récitent cette prière très discrètement et à voix basse, afin de respecter le serment qu'ils font. Il m'a dit que la loi naturelle leur défendait d'avoir plusieurs femmes ; ils croient aussi, conformément à leurs Ecritures, qu'un temps viendra où tous devront vivre sous une même Loi. Ce Brahmane m'a dit en outre qu'on enseigne beaucoup d'incantations dans ces écoles.

Il me pria de lui dire les choses les plus importantes que les Chrétiens ont dans leur Loi : il me promettait de ne les révéler à personne. Moi, je lui ai dit que je ne les lui dirais point, à moins qu'il ne me promît d'abord de ne pas garder secrètes les choses les plus importantes que j'allais lui dire de la Loi des Chrétiens ; il me promit donc de les rendre publiques [12]. Alors, je lui ai dit et je lui ai

10. C'est-à-dire le sanskrit.

11. C'est-à-dire « *Om*, salut ô saint *Narâyana* » ; *Om* étant une syllabe sacrée primordiale au sens indéfinissable et *Narâyana* un des noms de *Vishnu*, dieu solaire à l'époque védique, puis dieu syncrétique symbole de la Loi et antithèse de Çiva.

12. Comme on le voit ici, l'incompréhension est réciproque. Si Xavier ne peut pas concevoir que l'hindouisme ne soit pas une religion homogène et unifiée, soit une réalité plurale et présente des aspects savants et des aspects populaires parfois mal coordonnés, soit à la fois exotérique et ésotérique, le Brahmane ne conçoit pas que le christianisme catholique ne contienne pas quelque doctrine secrète réservée à un petit nombre.

expliqué avec un grand plaisir ces si importantes paroles de notre Loi : « Celui qui croira et qui sera baptisé sera sauvé [13]. » Il écrivit ces mots dans sa langue, avec leur explication, car je lui ai dit tout le Credo ; dans mon explication, j'ai mis les commandements, en raison de la conformité qu'il y a entre ceux-ci et le Credo. Il me dit qu'une nuit, il avait rêvé avec bien du plaisir et de la joie qu'il allait devenir chrétien, qu'il serait mon compagnon et qu'il allait me suivre. Il me demanda de le faire chrétien caché, et de plus, sous certaines conditions qui ne sont ni justes ni licites ; c'est pourquoi je ne les ai pas acceptées. J'espère en Dieu qu'il le deviendra sans aucune de ces conditions. Je lui ai dit qu'il devait enseigner aux gens simples à n'adorer qu'un seul Dieu, Créateur du ciel et de la terre et qui est aux cieux. Mais lui, il n'a pas voulu faire cela, en raison du serment qu'il avait fait et par crainte d'être tué par le démon.

13. Je ne vois rien de plus à vous écrire à propos de ce pays, si ce n'est que les consolations communiquées par Dieu notre Seigneur à ceux qui s'en vont parmi ces Gentils pour les convertir à la foi du Christ sont si grandes que, s'il existe quelque contentement en cette vie, on peut dire que c'est celui-ci. Il m'arrive très souvent d'entendre quelqu'un qui vit parmi ces Chrétiens dire : « O Seigneur, ne me donnez pas toutes ces consolations en cette vie ! Ou si vous me les donnez par votre infinie et miséricordieuse bonté, emportez-moi donc dans votre sainte gloire ! Car c'est trop de peine que de vivre sans vous voir, une fois que vous vous êtes ainsi communiqué intérieurement à vos créatures. » Oh ! si ceux qui cherchent la science consacraient autant d'effort à en tirer profit qu'ils consacrent de jours et de nuits laborieuses à l'apprendre ! Oh ! si ce contentement que recherche un étudiant dans la compréhension de ce qu'il étudie, il le cherchait en faisant sentir à ses prochains ce qui leur est nécessaire pour connaître et pour sentir Dieu, comme ils se trouveraient plus consolés et mieux préparés à rendre compte de leur âme, le jour où le Christ lui demandera : « Rends compte de la manière dont tu as géré mon bien [14]. »

14. Les récréations que j'ai dans ce pays, c'est de me souvenir bien souvent de vous, mes Frères très chers, et du temps où, par la grande miséricorde de Dieu notre Seigneur, je vous ai connus et où j'ai vécu avec vous. Car je sais en moi-même et je sens en l'intérieur de mon âme, combien, par ma faute, j'ai laissé perdre de ce temps passé avec vous en ne profitant pas des nombreuses

13. Marc 16, 16.
14. Luc 16, 2.

connaissances que Dieu vous a communiquées de lui-même. Par vos prières et par le souvenir continuel que vous avez de me recommander à lui, Dieu m'accorde une si grande grâce que je sais qu'en votre absence corporelle, mais par votre faveur et votre aide, Dieu me fait sentir l'infinie multitude de mes péchés et qu'il me donne la force d'aller chez les infidèles. J'en rends d'abondantes grâces à Dieu notre Seigneur, ainsi qu'à vous, mes très chers Frères. Parmi les nombreuses grâces que Dieu notre Seigneur m'a accordées en cette vie et qu'il me donne tous les jours, il en est une qui est d'avoir vu de mon vivant ce que j'ai tant désiré, à savoir la confirmation de notre règle et de notre genre de vie. Grâces soient rendues à Dieu notre Seigneur pour toujours, car il a jugé bon de manifester publiquement ce qu'il avait fait sentir en secret à son serviteur Ignace, notre Père.

(L'an passé, je vous ai écrit le nombre des messes que, dans ces pays des Indes, Messire Paul et moi, nous avons dites pour le Révérend Cardinal Guidiccioni[15]. J'ignore le nombre de celles que nous avons dites ici depuis un an. Croyez bien que toutes nos messes sont pour lui. Pour notre consolation, faites-nous savoir combien Sa Révérendissime Seigneurie se signale dans le service de Dieu : vous augmenterez également chez Messire Paul et chez moi le zèle, en sorte que nous devenions ses chapelains perpétuels. Ne manquez pas de nous écrire sur le fruit qu'il cueille dans l'Eglise.)

Je termine en priant Dieu notre Seigneur de nous réunir à nouveau dans sa sainte Gloire, puisque dans sa miséricorde il nous a réunis puis, pour son service, éloignés les uns des autres.

15. Et pour obtenir cette grâce et ce bienfait, prenons pour intercesseurs et pour avocats toutes ces saintes âmes de ce pays où je me trouve, âmes que Dieu notre Seigneur a emportées dans sa sainte gloire après que je les eus baptisées et de ma main et avant qu'elles ne perdent l'état d'innocence : je crois que leur nombre dépasse mille. A toutes ces saintes âmes, je demande qu'elles nous obtiennent de Dieu notre Seigneur cette grâce, à savoir que pendant tout le temps où nous serons dans cet exil, nous sentions audedans de nos âmes sa très sainte volonté et que nous l'accomplissions à la perfection.

Votre frère très cher dans le Christ.

François

---

15. On aura compris que tel est ici le traitement imposé par la charité chrétienne à un ennemi de la Compagnie de Jésus : le cardinal Guidiccioni s'opposait à la création de tout nouvel Ordre religieux dans l'Église.

21

A FRANÇOIS MANSILHAS, A MANAPPAD
(EX.I, 189-190 ; S.II, 427-428)

Cette lettre est la première d'une série de vingt-quatre envoyées les unes après les autres à François Mansilhas, entre le 23 février 1544 et le 18 décembre de la même année (EX.I, 178-247 ; S.II, 425-475). Leur intérêt est de nous faire connaître la vie de la mission installée sur la Côte sud du Dekkan, ainsi que le remarquable esprit d'organisation de saint François Xavier. Rien n'échappe à son regard, des plus difficiles questions de vie spirituelle aux plus terre-à-terre difficultés d'argent, comme ici.

Punnaikâyal, le 23 février 1544

La grâce et l'amour du Christ Notre Seigneur soient toujours en notre faveur et à notre aide.

Très cher Frère,

1. Je désire instamment avoir de vos nouvelles et je vous supplie pour l'amour de Jésus-Christ de me communiquer longuement de vos nouvelles, de vous et de vos compagnons. Quand j'arriverai à Manappâd, je vous en entretiendrai. Souvenez-vous de ces choses que je vous ai communiquées par écrit et priez Dieu de vous donner bien de la patience pour vous occuper de ces gens-là ; imaginez-vous que vous vous trouvez au purgatoire en train d'expier vos péchés et voyez que Dieu vous accorde une grande grâce en vous faisant expier vos péchés en cette vie.

2. Vous direz à Jean de Artiaga que le Capitaine [1] m'a écrit qu'il lui donnerait dix *pardaus* [2] pour moi, et que j'écris à ce Capitaine pour lui dire que ni vous, ni Jean de Artiaga, ni moi, nous n'avons besoin d'argent jusqu'à ce qu'il revienne de la pêche [3]. Dites à Jean de Artiaga de les rendre au Capitaine et j'écris au Capitaine en ce sens pour qu'il les garde. Si cependant le Capitaine les donne en paiement d'un *alvará* [4] que le Seigneur Gouverneur lui a accordé, il pourra au moyen d'eux acheter un *tupâssi* [5]. Mais si le Capitaine ne les donne pas en paiement d'un *alvará*, dites-lui de les lui rendre immédiatement.

---

1. Cosme de Paiva, gouverneur de la Côte de la Pêcherie.
2. *Pardau de prata* (d'argent), monnaie portugaise valant à l'époque de Xavier 300 *reis*.
3. De la pêche aux perles, naturellement.
4. Lettre patente ou privilège assorti d'une pension au Portugal.
5. En graphie portugaise, *topaz*, c'est-à-dire interprète (en langue tamoule).

Que Notre Seigneur vous donne sa grâce pour le servir, en aussi grande quantité que je la désire pour moi-même.

Je n'écris pas à Jean de Artiaga, car cette lettre lui est autant destinée qu'à vous.

François

22

A FRANÇOIS MANSILHAS, A PUNNAIKAYAL
(EX.I, 191-192 ; S.II, 428)

Pendant que les hommes de la Côte sont en mer pour la pêche, les femmes restées seules avec les enfants en profitent pour se soûler au vin de palme. Il faut interdire cet abus, tout comme la moindre faiblesse envers les idoles.

Manappâd, le 14 mars 1544

Très cher Frère dans le Christ,

1. Je me suis grandement réjoui de vos lettres. Je vous prie instamment de vous conduire envers ces gens comme se conduit un bon père de famille envers de mauvais fils. Ne vous découragez pas à cause des nombreux méfaits que vous voyez ; en effet, Dieu envers qui ils commettent tant d'offenses, ne les tue pas, alors qu'il pourrait les tuer, ne les laisse pas non plus démunis de tout ce qui est nécessaire à leur subsistance, alors qu'il pourrait les priver des choses dont ils se nourrissent.

2. Ne vous découragez pas, car vous produisez plus de fruit que vous ne pensez et si vous ne faites pas tout ce que vous voulez, contentez-vous de ce que vous faites, parce que ce n'est pas votre faute.

Je vous envoie là-bas un *meirinho*[1] qui sera en poste jusqu'à ma venue. Je lui donne un *fanão*[2] d'amende pour chaque femme qui boit de l'*urâk*[3] et qu'en outre elle soit gardée prisonnière pendant trois jours. C'est ce que vous ferez proclamer dans tout le village et vous direz aux *pattankatti*-s[4] que si jamais j'apprends

---

1. Officier de justice ou de police au Portugal.
2. Toute petite monnaie d'or alors en usage sur la Côte indienne.
3. Vin de palme.
4. Sorte de maire de village ou de seigneur (mot tamoul).

qu'on boit encore de l'*urâk* à Punnaikâyal, ils devront me payer une forte somme pour ça.

3. Dites à Matthieu [5] de se conduire en bon fils et dites-lui aussi que je lui ferai plus de bien que ne lui en feront ses parents. Jusqu'à ma venue, vous essaierez de faire changer les *pattankatti*-s d'habitudes, sinon je devrai en effet tous les envoyer en prison à Cochin et ils ne reviendront plus à Punnaikâyal, parce que ce sont eux la cause de tous les méfaits commis ici.

4. Vous mettrez beaucoup de diligence à baptiser tous les enfants qui naissent et vous les instruirez de la façon que je vous ai dite ; le dimanche, vous apprendrez à tous les prières que vous accompagnerez de quelque petit sermon. Interdisez les *pagodes* [6] ; qu'ils n'en fassent point. Vous me garderez la lettre que m'a envoyée Alvaro Fogaça jusqu'à ma venue. Que Dieu Notre Seigneur vous donne une consolation en cette vie et dans l'autre aussi grande que celle que je désirerais pour moi-même.

Votre Frère très cher dans le Christ.

François

23

A FRANÇOIS MANSILHAS, A PUNNAIKAYAL
(EX.I, 193-194 ; S.II, 429)

Non seulement il faut savoir châtier comme le recommandait la précédente lettre, mais il faut aussi toujours avoir en vue de se faire aimer par le peuple aussi bien que par les notables.

Manappâd, le 20 mars 1544

Très cher Frère dans le Christ,

1. J'ai été très consolé de ce que vous m'écriviez combien vous avez été consolé. Et puisque Dieu se souvient tant de vous, souvenez-vous de lui, sans vous lasser de faire et de continuer à faire ce que vous avez commencé. Rendez toujours grâces à Dieu de vous avoir choisi pour une tâche aussi grande que celle qui vous a été confiée : je ne veux pas vous faire plus de recommandations

---

5. Il s'agit d'un enfant indien pauvre qui se mit spontanément au service des hommes de Xavier.

6. En français comme en portugais, ce mot peut avoir, comme ici, le sens d'idole extrême-orientale, aussi bien qu'il peut désigner le temple qui la contient.

que celles que je vous ai données par ce mémoire. Souvenez-vous
de moi, puisque vous ne m'oubliez jamais.

Dites à Matthieu d'être un bon fils et que moi, je serai pour lui
un bon père. Veillez bien sur lui et dites-lui de répéter à voix haute
le dimanche ce que vous lui direz, pour que tous l'entendent, et que
même ceux qui se trouvent à Manappâd l'entendent ! Donnez-moi
des nouvelles des Chrétiens de Tûttukkudi, et dites-moi si les Portugais qui séjourneraient là-bas leur font quelque tort, et s'il y a
des nouvelles du Gouverneur, s'il vient inspecter Cochin.

2. Ici, c'est une très grande chose pour le service de Dieu qui
est en train de se manifester. Priez le Seigneur Dieu pour qu'elle
devienne effective, quelle que soit la manière avec laquelle la
lumière viendra. Je vous prie de vous comporter avec beaucoup
d'amour envers ces gens, je veux dire : envers les notables, et
ensuite envers le peuple entier. Si le peuple vous aime et se trouve
bien de votre présence, vous accomplirez un grand service pour
Dieu. Sachez relever ses faiblesses avec beaucoup de patience et
croyez que si présentement les gens ne sont pas bons, dans quelque temps, ils le seront.

3. Et si vous ne menez pas à bien avec eux tout ce que vous voulez, contentez-vous de ce que vous pouvez, car c'est ainsi que je
fais. Que le Seigneur soit toujours avec vous et qu'il nous donne
la grâce pour le servir toujours.

Votre Frère dans le Christ.

François

24

A FRANÇOIS MANSILHAS, A PUNNAIKAYAL
(EX.I, 195-196 ; S.II, 434)

*Déjà évoqué dans la précédente lettre, le thème des ravages exer-
cés par les Portugais sur les Indiens néophytes ou baptisés. Comme
on le voit ici, saint François Xavier sait toujours entrer dans les
détails, notamment dans ceux de l'expression de la foi chrétienne
en langue tamoule.*

Manappâd, le 27 mars 1544

Très cher Frère,

1. Je me réjouis beaucoup d'avoir de vos nouvelles et, grâce à
votre lettre, d'y voir le fruit que vous produisez ; que Dieu vous
donne la force de toujours persévérer du bien vers le mieux.

2. Je ne peux pas m'empêcher de déplorer en mon âme, comme c'est raison, les sévices que les Gentils aussi bien que les Portugais font subir à ces Chrétiens. J'ai déjà tellement l'habitude de voir ces sévices infligés à ces Chrétiens et de ne pas pouvoir les aider, que c'est un chagrin que je porte toujours en moi. J'ai déjà écrit au vicaire de Quilon et à celui de Cochin au sujet de ces femmes esclaves enlevées par les Portugais à Punnaikâyal, pour qu'ils sachent que ceux qui ont participé au rapt encourent des excommunications majeures. J'ai fait diligence pour cette affaire, aussitôt après avoir reçu la *ola*[1] des *pattankatti*-s.

3. Vous donnerez à Matthieu tout ce dont il a besoin pour s'habiller et soyez aimable envers lui, en sorte qu'il ne vous abandonne pas, car c'est un homme de condition libre. Traitez-le avec beaucoup d'amour, car c'est ainsi que je me conduisais avec lui quand il se trouvait avec moi, pour qu'il ne m'abandonne pas.

4. Dans le Credo, lorsque vous dites *ennakku vênhum*, au lieu de *vênhum*, vous direz *vichuam*, parce que *vênhum* veut dire « je veux », et *vichuam* veut dire « je crois » ; il vaut mieux dire « je crois en Dieu » que « je veux en Dieu ». Vous ne direz pas *vampinale* parce que ça veut dire « par force » et le Christ a souffert librement et non par force.

5. Quand ils seront revenus de la pêche[2], vous rendrez visite aux malades et vous aurez à vos côtés de jeunes enfants à qui vous ferez réciter les prières, comme cela se trouve dans le mémoire que je vous ai remis. En dernier lieu, vous réciterez un Evangile. Comportez-vous toujours avec beaucoup d'amour envers ces gens et faites en sorte d'être aimé par eux. Je me réjouis beaucoup d'apprendre qu'on ne boit plus d'*urâk* et qu'on ne fait plus de pagode, et que tous les dimanches on va aux prières. Si, au moment où ces gens sont devenus chrétiens, il s'était trouvé des personnes pour les instruire, ils seraient à présent de meilleurs Chrétiens qu'ils ne le sont.

Que Notre Seigneur vous donne autant de consolation en cette vie, et de gloire dans l'autre, que j'en désire pour moi-même.

Votre très cher Frère dans le Christ.

François

---

1. Lettre écrite sur une feuille de palmier.
2. De la pêche aux perles.

25

A FRANÇOIS MANSILHAS, A PUNNAIKAYAL
(EX.I, 197-198 ; S.II, 435)

Dans la mission, tout vaut par les détails et par l'exécution ; il n'y a donc pas place pour les irrésolus.

Manappâd, le 8 avril 1544

Très cher Frère,

1. Je me suis beaucoup réjoui de ce que vous soyez parti visiter les villages des Chrétiens que je vous ai indiqués et je me réjouis encore du grand fruit que vous produisez, d'après ce que tout le monde dit. J'attends un message du Gouverneur pour aujourd'hui ou demain ; et s'il arrive comme je l'espère, je n'hésiterai pas à vous rejoindre et je me mettrai en route pour l'endroit où vous vous trouvez, parce que je désire beaucoup vous voir, bien qu'en esprit, je vous voie continuellement.

2. Jean de Artiaga s'en va, congédié par moi, et plein de tentations qu'il ne sait pas reconnaître ; il ne prend d'ailleurs pas le chemin qu'il faut pour les reconnaître. Il dit qu'il part à Kombukireiyûr pour instruire ces gens et se trouver en votre compagnie. Je crois peu en ses résolutions, parce que, comme vous le savez bien, il est très changeant. S'il s'en va là où vous vous trouvez, ne perdez guère de temps avec lui.

3. J'ai déjà écrit au Capitaine pour qu'il vous fournisse le nécessaire et j'ai également dit à Emmanuel da Cruz de vous prêter de l'argent chaque fois que vous en aurez besoin et il m'a promis de le faire bien volontiers.

Veillez beaucoup sur votre santé, car c'est avec elle que vous servez tant le Seigneur Dieu.

Vous direz de ma part à Matthieu de bien vous servir ; si vous êtes content de lui, il a en moi un père et une mère. S'il ne vous obéit pas bien, dites-lui que je ne veux ni le voir ni entendre parler de lui. Donnez-lui tout ce dont il a besoin pour se vêtir.

4. Dans les villages où vous passerez, vous ferez assembler les hommes un certain jour en un endroit, et les femmes un autre jour en un autre endroit ; vous leur ferez réciter des prières dans toutes les maisons ; vous baptiserez ceux qui ne sont pas baptisés, les petits comme les grands, en escomptant ceci : si l'eau ne va pas au moulin, le meunier doit aller là où il y a l'eau[1].

---

1. Sous une forme gauche et grammaticalement incorrecte, saint François Xavier se souvient du proverbe portugais : « Ja que a agua não vai ao moinho, vaio moinho à agua. »

Que Notre Seigneur vous garde et vous aide toujours.
Votre très cher Frère dans le Christ.

François

26

A FRANÇOIS MANSILHAS, A PUNNAIKAYAL
(EX.I, 199-200 ; S.II, 436)

*C'est encore par les détails et dans l'ordre que le Règne du Christ
arrive chaque jour.*

Levâdhi, le 23 avril 1544

Très cher Frère dans le Christ,

1. J'ai un grand désir de vous voir. Plaise à Dieu que ce soit
bientôt, quoique, chaque jour, je n'oublie pas de vous voir en
esprit, ce que vous faites aussi, en sorte que nous sommes continuellement ensemble. Pour l'amour de Dieu, donnez-moi de vos
nouvelles, de vous et de tous les Chrétiens, dites-moi comment vous
allez et écrivez-moi très en détail.

J'attends le *pilla*[1] de Travancore cette semaine sans faute,
parce que c'est ce qu'il m'a dit par écrit ; j'espère en Dieu qu'on
va accomplir quelque service de Dieu. Je vous ferai connaître tout
ce qui va arriver, afin que vous en rendiez grâces au Seigneur Dieu.

J'ai déjà écrit aux *pattankatti*-s à propos de l'église de brancha-
ges. Il semble que ce serait bien que les femmes aillent à l'église
les samedis matins, comme elles le font à Manappâd, et les hommes, les dimanches ; vous ferez à ce propos ce qui vous semblera
bon. Quand vous aurez besoin d'écrire au Capitaine, que ce soit
à un moment où il puisse prendre soin de vous.

2. Quant à Jean de Artiaga, faites-moi savoir où il se trouve,
et s'il sert Dieu, car je crains beaucoup qu'il ne persévère pas à le
servir. Comme vous le savez, il est très changeant. Le Père[2] et
moi, nous sommes en bonne santé. Vous direz à Matthieu d'être
un bon fils et de parler fort, et de bien répéter ce que vous lui direz.
Quand je me trouverai là-bas, je lui donnerai quelque chose dont
il se réjouira beaucoup. Ecrivez-moi si les enfants viennent aux

1. Homme de la caste des *Sudra*-s représentant le roi de Travancore.
2. François Coelho.

prières et combien sont ceux qui les connaissent. Sur tout ça, vous m'écrirez longuement par la première personne qui viendra.

Que notre Seigneur soit avec vous comme je désire qu'il soit avec moi.

Votre Frère très cher dans le Christ.

                                                                    François

27

A FRANÇOIS MANSILHAS, A PUNNAIKAYAL
(EX.I, 201-202 ; S.II, 436)

Entre la fièvre et le soleil.

                                        Narei Kimher(?), le 1ᵉʳ mai 1544

Très cher Frère dans le Christ,

1. Aujourd'hui, premier mai, j'ai reçu de vous une lettre dont j'ai reçu tant de consolation que je n'en aurais jamais fini de vous décrire combien elle m'a consolé. Je vous apprends par ailleurs que j'ai eu une fièvre continue pendant quatre ou cinq jours, que j'ai été deux fois saigné et qu'à présent je me trouve mieux. J'espère en Dieu que je vais aller vous voir à Punnaikâyal la semaine prochaine. J'espère que c'est aujourd'hui que va arriver le *pilla* de Travancore, ou demain. Quand il sera là, nous parlerons de ce que j'ai subi ici ; plaise à Dieu que soit accompli quelque service par lequel Dieu soit servi.

2. Le P. François Coelho vous envoie deux ombrelles. Et puisque nous nous verrons bientôt, je n'en dis pas plus, si ce n'est que Dieu notre Seigneur nous donne sa sainte grâce pour que nous le servions.

Votre Frère très cher dans le Christ.

                                                                    François

28

A FRANÇOIS MANSILHAS, A PUNNAIKAYAL
(EX.I, 203-204 ; S.II, 437-438)

Le pilla *du roi de Travancore est enfin arrivé ; mais saint François Xavier doit changer d'interprète.*

Tûttukkudi, le 14 mai 1544

Très cher Frère dans le Christ,

1. Dieu sait combien j'aurais plus de plaisir à être avec vous pendant quelques jours, plutôt que de rester quelques jours de plus à Tûttukkudi. Mais il est nécessaire que je reste ici pendant quelques jours pour calmer ces gens ; puisque c'est un si grand service de Notre Seigneur, je suis consolé de me trouver là où il y aura un plus grand service du Seigneur Dieu.

2. Je vous prie donc de ne pas vous mettre en colère pour quoi que ce soit avec ces gens si difficiles ; quand vous vous verrez pris par tant d'occupations et que vous ne pourrez pas toutes les garder, consolez-vous en faisant ce que vous pouvez ; et rendez bien grâces au Seigneur de vous trouver à un endroit où, quand bien même vous voudriez rester inactif, les nombreuses occupations qui s'offrent à vous ne vous le permettraient pas et toutes sont pour le service du Seigneur Dieu.

3. Je vous envoie là-bas Pierre[1] et dès qu'Antoine[2] sera en bonne santé, si c'est d'ici à six ou à huit jours, vous me l'enverrez. J'ai écrit une *ola* à Emmanuel da Cruz pour le prier instamment de vite construire l'église. Vous m'enverrez mon petit coffre par le premier *tôni*[3] qui viendra. Dès que seront terminées les affaires d'ici, j'irai vous voir, parce que je désire être avec vous pendant quelques jours, encore plus que vous ne le pensez. Si vous avez besoin de quelque chose, écrivez-moi par l'intermédiaire de ceux qui viendront. Avec ces gens, faites toujours tout votre possible pour les conduire avec beaucoup de patience. Quand ils ne voudront pas de bons procédés, utilisez les œuvres de miséricorde, laquelle dit : Châtie celui qui a besoin d'un châtiment.

Que Notre Seigneur vous soit en aide, comme je le désire pour moi-même.

Votre Frère très cher dans le Christ.

François

---

1. Pierre Fernandes, Chrétien *parava* auxilliaire de Xavier.
2. On ne sait quel Antoine (Antoine de Miranda, chrétien originaire de Manappâd, domestique de Xavier ?).
3. Petit navire pour le cabotage, muni d'une voile et de rames.

29

A FRANÇOIS MANSILHAS, A PUNNAIKAYAL
(EX.I, 205 ; S.II, 438)

Virapândyanpattanam, le 11 juin 1544

Très cher Frère dans le Christ,

Je vous fais savoir qu'avec l'aide du Seigneur Dieu, je me sens très bien. Qu'il plaise à celui qui me donne la santé de me donner la grâce de le servir au moyen d'elle. Vous me donnerez des nouvelles de vous et des Chrétiens sans arrêt, et hâtez-vous de construire une église ; quand elle sera terminée, vous me le ferez savoir. Ces lettres que j'envoie au Capitaine, vous les ferez acheminer par une personne très sûre. Je vous recommande beaucoup l'instruction des enfants ; vous baptiserez avec beaucoup de diligence les enfants qui naissent. Puisque les adultes ne veulent aller au paradis ni par de bons ni par de mauvais procédés, qu'au moins puissent y aller les petits enfants qui meurent après avoir été baptisés. Vous me recommanderez beaucoup à Emmanuel da Cruz. Je dis à Matthieu d'être un bon fils, un homme bon. Vous vous conduirez toujours avec amour envers ces gens, aussi bien qu'envers les *adhigâri*-s [1].

Votre très cher Frère dans le Christ.

François

30

A FRANÇOIS MANSILHAS, A PUNNAIKAYAL
(EX.I, 207-208 ; S.II, 439-440)

Des hordes indisciplinées de pirates venus du nord ravagent les villages chrétiens.

Manappâd, le 16 juin 1544

Très cher Frère dans le Christ,

1. Je suis arrivé samedi après-midi à Manappâd. A Kombuki-reiyur, on m'a donné beaucoup de mauvaises nouvelles des Chré-

---

1. Chefs de village et autres notables.

tiens du Cap Comorin, à savoir que les *Vadagars*[1] les avaient emmenés en captivité et que des Chrétiens, pour leur échapper, s'étaient enfuis sur des rocs qui se trouvent en pleine mer. Là-bas, ils meurent de faim et de soif. Je pars cette nuit leur porter secours avec vingt *tôni*-s de Manappâd. Priez Dieu pour eux et pour nous ; vous ferez en sorte que les enfants prient spécialement Dieu pour nous.

2. A Kombukireiyur, on m'a promis de construire une église et Emmanuel de Lima[2] m'a promis de donner cent *fanões*[3] pour subvenir aux frais. Vous irez à Kombukireiyur et vous donnerez l'ordre d'y faire une église ; vous pouvez y aller mercredi ou jeudi. Et la semaine suivante, si Dieu le veut, vous irez visiter les Chrétiens qui se trouvent entre Punnaikâyal et Alantalai pour baptiser ceux qui ne sont pas baptisés et vous leur rendrez visite maison par maison ; vous baptiserez avec beaucoup de diligence les petits enfants qui naissent. Vous regarderez bien si ceux qui instruisent les enfants et si ceux qui convoquent les assemblées font bien leur métier.

3. Vous recommanderez à Emmanuel da Cruz, qui se trouve à Kombukireiyur, de bien inspecter ces deux villages de Chrétiens *karaiya*, en sorte d'y réconcilier les ennemis et de veiller à ce qu'on n'y fasse pas de pagode et qu'on n'y boive pas d'*urâk*, et aussi, à ce que les hommes se réunissent l'après-midi et les femmes le matin pour réciter les prières.

Si François Coelho va là-bas, dites-lui de vite venir, car c'est moi qui le dis.

Que Dieu vous garde.

J'ai déjà payé à ce Maure qui porte cette lettre de moi ce que je lui ai promis pour qu'il aille jusqu'à Kareapatam.

Votre très cher Frère dans le Christ.

François

---

1. Mot de la langue *kanara* servant à désigner les habitants du royaume de Vijayanagar, situé au nord du fleuve Tâmbraparnî (actuellement le Tamilnâd de la République indienne, ainsi que d'autres territoires adjacents, à cette époque).
2. Malgré son nom portugais, un Chrétien *parava*.
3. Un *fanão* est une monnaie portugaise.

31

A FRANÇOIS MANSILHAS, A PUNNAIKAYAL
(EX.I, 209-210 ; S.II, 441)

La suite du désastre subi par les habitants chrétiens de la Côte du fait des razzias des Vadagars.

Manappâd, le 30 juin 1544

Très cher Frère dans le Christ,

1. Mardi, je suis arrivé à Manappâd. Dieu Notre Seigneur sait les souffrances que j'ai endurées pendant ce voyage. J'étais parti avec vingt *tôni*-s afin de venir au secours des Chrétiens qui se sont enfuis devant les *Vadagar*-s pour se réfugier dans les rocs du Cap Comorin, et qui mouraient de faim et de soif. Les vents ont été si contraires que ni à la rame ni par halage nous n'avons pu parvenir jusqu'au Cap. Quand les vents se seront calmés, je retournerai une autre fois et je ferai ce que je pourrai pour les aider. Cela donne la plus grande pitié du monde que de voir ces pauvres Chrétiens en proie à tant de souffrances. Chaque jour, beaucoup d'entre eux parviennent à Manappâd après avoir été dépouillés et si pauvres qu'ils n'ont ni de quoi manger, ni de quoi se vêtir. J'écris aux *pattankatti*-s de Kombukireiyûr, de Punnaikâyal et de Tûttukkudi, d'envoyer des aumônes pour ces malheureux Chrétiens, à condition de ne pas les prélever sur des pauvres. Quant aux propriétaires de *champanas* [1], qu'ils donnent de leur propre gré, mais qu'on ne force personne. Vous ne permettrez pas qu'on prenne quoi que ce soit sur les pauvres, et j'écris d'ailleurs en ce sens aux *pattankatti*-s. Je n'attends d'eux aucune vertu. Ne permettez pas que ce soit par la force qu'on obtienne des aumônes de quelque pauvre que ce soit, ni d'aucun riche : l'espérance se trouve en effet plus en Dieu que chez les *pattankatti*-s.

2. Je vous prie instamment de m'écrire longuement : si l'église de Kombukireiyûr se fait, si Emmanuel de Lima a donné les cent fanões, ce qui vous est arrivé lors de la dernière visite que vous avez faite, si on instruit les enfants dans ces villages, parce que moi, j'ai déjà payé tout le monde et je ne sais pas ce qu'on fait en mon absence. Sur tous ces sujets, écrivez-moi très longuement, car je désire avoir des nouvelles de vous et de ce village. Je me suis trouvé en mer pendant huit jours, et vous savez bien ce que c'est que d'être sur des *tôni*-s avec des vents aussi forts que ceux-ci.

---

1. Petit navire.

Que Notre Seigneur vous garde continuellement.
Votre très cher Frère dans le Christ.

François

32

A FRANÇOIS MANSILHAS, A PUNNAIKAYAL
(EX.I, 211-212 ; S.II, 443-444)

Les Vadagar-s *sont-ils bien repartis ? Il est temps de porter
secours à leurs malheureuses victimes parmi les Chrétiens de la
Côte.*

Manappâd, 1er août 1544

Très cher Frère dans le Christ,

1. Que Notre Seigneur vous garde continuellement et qu'il vous
donne bien des forces pour le servir. Je me suis bien réjoui en lisant
une de vos lettres qu'on m'a apportée, en voyant avec quelle diligence vous avez agi pour veiller sur ces gens et pour éviter que les
Vadagar-s ne les attaquent par surprise.

2. Je suis allé par la terre jusqu'au Cap[1] pour rendre visite à
ces malheureux Chrétiens qui s'étaient enfuis après avoir été
dépouillés par les *Vadagar*-s. Rien au monde ne ferait plus pitié
que de les voir : les uns n'avaient pas de quoi manger, d'autres
étaient si vieux qu'ils ne pouvaient plus marcher, d'autres étaient
morts, d'autres encore étaient des maris dont les femmes avaient
accouché en chemin, et bien d'autres choses à faire pitié ; si vous
les aviez vues comme moi je les ai vues, vous en éprouveriez encore
plus de pitié. J'ai fait venir tous ces malheureux à Manappâd et
il y a maintenant dans ce village bien des gens dans le besoin. Priez
le Seigneur Dieu pour qu'il pousse les cœurs des riches à prendre
ces malheureux en pitié.

3. J'espère me rendre à Punnaikâyal mercredi. Veillez bien sur
ces gens, aussi longtemps que les *Vadagar*-s ne sont pas repartis
dans leur pays[2]. Vous direz à Antoine Fernandes le Gras[3] et à ces
pattankatti-s de Palayakâyal que je leur ai donné l'ordre de ne pas
repeupler Palayakâyal, sinon ils me paieront cela très cher. Vous

---

1. Le cap Comorin.
2. La région de Madura.
3. Un Chrétien *parava*.

me recommanderez beaucoup à Emmanuel da Cruz, ainsi qu'à Matthieu.

Que Notre Seigneur soit avec vous et qu'il nous donne sa grâce de le servir.

Votre Frère dans le Christ.

François

33

A FRANÇOIS MANSILHAS, A PUNNAIKAYAL
(EX.I, 213-215 ; S.II, 444-445)

Encore la sécurité des communautés chrétiennes établies sur la Côte.

Manappâd, le 3 août 1544

Très cher Frère dans le Christ,

1. Que Dieu soit toujours avec vous. Quoique par votre lettre je me sois beaucoup réjoui de voir la consolation que vous avez éprouvée lors de la visite que vous avez faite, j'ai été navré et je serai navré des difficultés que vous rencontrez, jusqu'à ce que le Seigneur vous en délivre. Quant à nous, elles ne nous font pas défaut, et Dieu en soit loué.

2. J'ai envoyé là-bas le Père [1] dans tous les villages, pour que les gens mettent les bateaux à la mer et qu'ils s'embarquent à temps. Il me paraît sûr, en effet, qu'ils [2] vont venir brigander et emmener ces Chrétiens en captivité, tant nous sommes certains qu'ils vont venir sur la plage. J'ai ces nouvelles par un important *kanakkar* [3] qui est l'ami de ces Chrétiens. J'ai envoyé là-bas un homme à ce *kanakkar* qui est le favori du roi Unnikê Tiruvadi [4], avec cette lettre destinée au Roi [5]. J'ai écrit, parce que c'est un ami du Seigneur Gouverneur [6], en sorte qu'il empêche les *Vadagar*-s de nous faire du mal ; le Gouverneur sera en effet très

---

1. François Coelho.
2. Les *Vadagar*-s.
3. Scribe percepteur du fisc.
4. Roi de la région comprise entre le cap Comorin et le fleuve Tâmbraparni, à la pointe sud de l'Inde.
5. Le Roi du Portugal.
6. Le Vice-roi des Indes portugaises.

mécontent du mal qui va arriver à ces Chrétiens. Le *kanakkar*, parce qu'il est mon ami, est venu me voir et me porter de l'aide, par amitié et parce qu'ils sont de grands amis de ces Chrétiens de la Côte et qu'ils ont beaucoup de parents chrétiens. Je lui ai écrit pour qu'il me donne son avis sur ce qui va arriver là et qu'il me fasse savoir le moment où ils arriveront sur le rivage, afin que nous ayons le temps de nous réfugier en mer.

3. J'ai déjà écrit au Capitaine pour qu'il prenne la précaution d'envoyer un *catur* [7] pour la protection de ces gens et pour celle des vôtres. Vous ferez en sorte que ces gens aient bien plus de surveillance sur la terre ferme, car ces *Vadagar*-s surviennent la nuit à cheval et ils nous surprennent à un moment tel que nous n'avons pas le temps de nous embarquer. Veillez bien sur ces gens, car ils sont si négligents que pour ne pas dépenser deux *fanões*, ils s'abstiennent de faire monter la garde. Vous ferez en sorte qu'on mette tout de suite les bateaux à la mer et qu'on y place tous leurs biens ; vous ferez en sorte que les femmes et les enfants disent les prières, maintenant plus que jamais, car, hormis Dieu, nous n'avons personne pour nous aider.

4. Envoyez-moi le papier qui est resté dans la boîte, car je n'en ai plus pour vous écrire ; vous me l'enverrez tout de suite par un *kuli* [8] ; vous me donnerez des nouvelles, s'ils ont mis les bateaux à la mer et s'ils y ont placé leurs biens, et la diligence qu'ils ont mise à cela. Vous direz de ma part à Antoine Fernandes le Gras de bien veiller sur ce peuple, s'il veut être mon ami. Ces gens [9] ne font pas prisonniers les pauvres et les miséreux, mais ceux qui peuvent payer une rançon. Vous ferez surtout en sorte que la nuit il y ait une bonne garde ; comme sur la terre ferme, ils ont des espions, j'ai grand peur que la nuit, avec ce clair de lune, ils ne viennent sur le rivage et n'enlèvent les Chrétiens. C'est pourquoi vous ferez bien surveiller la nuit.

Que Notre Seigneur vous garde toujours.

Votre Frère très cher dans le Christ.

François

---

7. Petite embarcation étroite et légère.
8. Mot hindi passé en portugais sous la graphie *cule* et, plus tard, en anglais sous celle de *coolee*, pour désigner tout laboureur ou tout ouvrier journalier.
9. Les *Vadagar*-s.

34

A FRANÇOIS MANSILHAS, A PUNNAIKAYAL
(EX.I, 216-217 ; S.II, 445-446)

Pour éloigner de nouvelles calamités des villages chrétiens, il convient de chercher un arrangement avec le roi capable d'arrêter les Vadagar-s.

Manappâd, le 19 août 1544

Très cher Frère dans le Christ,

1. Je vous ai écrit ce matin pour que vous rendiez courage à ces gens au milieu de ces tribulations, et pour que vous me fassiez la charité de me donner des nouvelles sûres de Tûttukkudi. Je crains que quelque malheur ne survienne à ces pauvres Chrétiens par la faute de la cavalerie de Tûttukkudi. Ces gens ont si peur que je ne saurais pas vous le dire : il ne m'a jamais paru bon d'abandonner ces gens et pas davantage que vous partiez avec Jean de Artiaga, à moins que le pays ne soit hors de portée des incursions des *Vadagar*-s. Je vous prie instamment de me communiquer des nouvelles sûres dès que vous en aurez.

2. Unnikê Tiruvadi envoie un Brahmane accompagné d'un *tupâssi*[1] du Capitaine pour conclure la paix avec ces gens-là. Je ne sais pas ce qu'ils feront. Ils sont ici à Manappâd et ils vont immédiatement partir par mer. Je vous prie de m'écrire en détail des nouvelles de là-bas, des Portugais de Tûttukkudi, dès que vous en aurez, afin de me délivrer du grand souci que j'en ai, si des Portugais ont été blessés ou tués, ou de même, des Chrétiens[2]. A propos de votre voyage, nous verrons ensemble, ou bien je vous écrirai une fois passée la furie des *Vadagar*-s.

Que le Seigneur soit toujours avec vous. Amen.

On vient de me remettre une *ola* de Karîm[3], dans laquelle votre très cher Frère m'apprend que les Chrétiens qui s'étaient enfuis dans la brousse ont été enlevés par les *Vadagar*-s, qui ont blessé un Chrétien et un Gentil. Nous avons de toutes parts de mauvaises nouvelles : que le Seigneur Dieu soit loué pour toujours.

Votre Frère très cher dans le Christ.

François

---

1. Interprète tamoul.
2. Il s'agit des Indiens baptisés.
3. On ne voit pas très bien qui peut être cet homme de confiance porteur d'un nom si spécifiquement arabo-islamique (*Karîm*, en graphie portugaise *Guarim*) cf. S.II, 446.

35

A FRANÇOIS MANSILHAS, A PUNNAIKAYAL
(EX.I, 217-218 ; S.II, 446-447)

La situation est grave mais l'espoir est toujours grand ouvert en Dieu.

Manappâd, le 20 août 1544

Très cher Frère,

1. Que Dieu soit toujours avec vous. Amen. En raison de la parole du Seigneur, qui a dit : « Celui qui n'est pas avec moi, est contre moi [1] », vous pouvez voir combien d'amis nous avons en cette contrée pour nous aider à rendre chrétiens ces gens. Ne perdons pas confiance, car Dieu donnera finalement à chacun son salaire ; et s'il le veut, il peut aussi bien se servir d'une poignée d'hommes que de beaucoup. J'ai davantage pitié de ceux qui sont contre Dieu qu'envie de les châtier, puisque finalement Dieu châtie avec force ses ennemis, comme nous pouvons le voir par le nombre de ceux qui se trouvent en enfer.

2. Ce Brahmane s'en va chez vous [2] avec un message des *Vadagar*-s pour le roi Vettumperumâl [3]. Pour l'amour de Dieu, faites-lui tout de suite donner un bateau pour aller à Tûttukkudi. Donnez-moi des nouvelles de Tûttukkudi et du Capitaine, des Portugais et des Chrétiens, car je me fais beaucoup de souci. Vous me recommanderez beaucoup à Jean de Artiaga et à Emmanuel da Cruz. Vous direz à Matthieu de ne pas se décourager, car il ne travaille pas en vain et je ferai mieux pour lui qu'il ne le croit.

Que Notre Seigneur soit toujours avec vous. Amen.

Pour l'amour de Dieu, trouvez tout de suite un moyen de transport à ce Brahmane et dites au Capitaine de le faire traiter avec honneur.

Votre très cher Frère dans le Christ.

François

---

1. Matthieu 12, 30.
2. A Punnaikâyal.
3. *Betermemal* en graphie portugaise, roi de Kayattâr et suzerain de Tûttukkudi.

36

A FRANÇOIS MANSILHAS, A TUTTUKKUDI
(EX.I, 220-222 ; S.II, 447-449)

Avec la diminution du danger créé par les terribles Vadagar-s, *la réorganisation de l'apostolat s'impose.*

Punnaikâyal, le 29 août 1544

Très cher Frère dans le Christ,
Dieu vous vienne toujours en aide. Amen.

1. Je me suis beaucoup réjoui des lettres que vous m'avez envoyées. Vous me direz quand le pays sera à l'abri des *Vadagar*-s ; alors, sans que le peuple soit scandalisé par votre remplacement par François Coelho, vous pourrez accomplir ce grand service de Dieu qui est de baptiser les gens de Patim des Karaiyas ; vous pourrez faire de même pour les Karaiyas de Vêdâlai ainsi que pour le *muladiyar*[1], parce que le Capitaine de Negapatam a beaucoup d'influence auprès du roi de Jaffna à qui appartiennent les îles de Manâr ; il aura la charge d'intervenir en leur faveur auprès du roi. Dès que le pays sera à l'abri des *Vadagar*-s, vous m'enverrez le *patamar*[2], en sorte qu'aussitôt je vous envoie François Coelho avec de l'argent, des *ola*-s et des instructions pour ce que vous aurez à faire à Manâr.

2. Je vous recommande beaucoup auprès de notre Frère Jean de Artiaga et vous m'écrirez à propos de tous ses besoins pour que j'y pourvoie comme il faut. Je suis seul ici parmi ces gens, et sans *tupâssi* ; Antoine est malade à Manappâd ; Rodrigue et Antoine[3] sont mes *tupâssi*-s. Vous pouvez voir à cela quelle est la vie que je mène et quelle sorte de prêches je peux faire : les gens ne me comprennent pas et moi, je ne les comprends pas. C'est assez pour que vous imaginiez les causeries que je leur adresse. Je baptise les enfants qui naissent et les autres que je trouve à baptiser ; je n'ai pas besoin pour ça de *tupâssi* ; les pauvres me font comprendre leurs besoins sans *tupâssi* et, dès que je les vois, je les comprends sans *tupâssi* ; pour les choses plus importantes je n'ai pas besoin non plus de *tupâssi*. Les *Vadagar*-s qui se trouvaient dans la région ont déjà rejoint Kalakkâd. Le pays est à présent délivré des

---

1. Chef de village.
2. Messager.
3. On ne sait pas très bien qui sont ces proches ; peut-être le dernier est-il Antoine « le parava ».

Vadagar-s. Les gens du pays commettent les exactions qu'ils peuvent faire, jusqu'à ce que Unnikê Tiruvadi vienne mettre de l'ordre.
Que Notre Seigneur soit toujours avec vous. Amen.
Je pars ce soir pour Talai, où les gens sont très pauvres.
Votre très cher Frère dans le Christ.

François

37

A FRANÇOIS MANSILHAS, A PUNNAIKAYAL
(EX.I, 222-223 ; S.II, 449-450)

Retour imminent des Vadagar-*s et revanche du roi Vettum Perumâl.*

Alantalai (Talai), le 5 septembre 1544

Très cher Frère dans le Christ,

1. Dieu Notre Seigneur vous soit continuellement en aide. Amen. J'ai beaucoup de souci à propos des Chrétiens de Tûttukkudi, car ils n'ont pas de protection et n'ont personne pour veiller sur eux. Pour l'amour de Notre Seigneur, faites-moi savoir tout de suite ce qui se passe. Si vous venez, et c'est un service de Dieu que vous veniez, venez avec beaucoup de *tôni*-s de Kombukireiyûr et de Punnaikâyal afin de transporter ces gens depuis ces îles jusqu'à Kombukireiyûr, Punnaikâyal et Tiruchendûr ; vous partirez aussitôt, dans les heures qui suivent, avec tous les *tôni*-s qui se trouvent à Punnaikâyal, et vous ordonnerez aux gens de Kombukireiyûr de partir tout de suite avec vous.

2. Ne permettez pas que ces pauvres gens meurent de faim et de soif à cause de Vettumperumâl et de ses chevaux. Le Capitaine aurait mieux fait de veiller sur les Chrétiens plutôt que sur Vettumperumâl et ses chevaux. J'envoie une *ola* aux *pattankatti*-s de Punaikâyal et de Kombukireiyur pour leur ordonner de se tenir tout de suite prêts avec les *tôni*-s afin de transporter les Chrétiens de Tûttukkudi qui sont en train de mourir de faim et de soif sur ces îles.

3. S'il vous paraît que votre présence est nécessaire là-bas, et nécessaire de donner vous-même les ordres à ces gens, vous remettrez la *ola* aux *pattankatti*-s et vous irez porter secours à ces gens. S'il vous semble que ce n'est pas nécessaire, vous n'y irez point. Je m'en remets pour tout à ce qui bon vous semblera. Si par hasard

il se faisait que vous n'y alliez pas, assurez-vous que les *tôni*-s transportent de l'eau et des provisions. Que Notre Seigneur soit toujours avec vous.

Vous me direz comment se portent Emmanuel da Cruz et Matthieu, car ils étaient dans la désolation quand je les ai quittés.

Votre très cher Frère dans le Christ.

François

38

A FRANÇOIS MANSILHAS, A PUNNAIKAYAL
(EX.I, 224-225 ; S.II, 450-451)

Rien ne s'arrange pour les Chrétiens du pays. Même les Portugais ne sont pas épargnés.

Alantalai, le 5 septembre 1544

Très cher Frère dans le Christ,

1. On m'a donné de tristes nouvelles du Capitaine dont on a brûlé le navire et les maisons ; il s'est réfugié dans les îles. Pour l'amour de Dieu, partez tout de suite avec tous ces gens de Punnaikâyal, en emportant toute l'eau que pourront transporter ces *tôni*-s. J'écris en termes très durs aux *pattankatti*-s pour qu'ils aillent au plus tôt voir le Capitaine et pour qu'ils prennent l'eau dans beaucoup de *tôni*-s pour le transport de ces gens.

2. Si vous pensez que le Capitaine aurait plaisir à me rencontrer, j'y irai et vous, vous resterez à Punnaikâyal. Mais comme il m'a envoyé une lettre dans laquelle il me disait qu'il ne pouvait pas sans se sentir très scandalisé me décrire le mal que je lui ai fait, et Dieu sait, ainsi que tout le monde, qu'il ne peut m'écrire sans se sentir scandalisé, je ne vois pas comment il se réjouirait de me voir. C'est pour cette raison et pour d'autres que je m'abstiens d'aller là où il se trouve.

3. J'écris aux *pattankatti*-s de Kombukireiyûr et à ceux de Vêmbâr d'aller immédiatement avec leurs *tôni*-s là où le Capitaine se trouve en y amenant de l'eau et des provisions. Pour l'amour de Dieu, faites bien diligence, car vous voyez bien que le Capitaine est en proie à de grandes difficultés, ainsi que tous ces Chrétiens ; pour l'amour de Dieu, faites bien diligence.

Que Notre Seigneur soit toujours avec vous. Amen.

Votre très cher Frère dans le Christ.

François

39

A FRANÇOIS MANSILHAS, A PUNNAIKAYAL
(EX.I, 226-229 ; S.II, 451-452)

Bien que la situation ne s'améliore pas et qu'il faille attendre un répit de la seule intervention divine, et non plus de défenseurs humains défaillants, saint François Xavier n'oublie pas dans la tourmente les tâches apostoliques.

Tiruchendûr, le 7 septembre 1544

Très cher Frère dans le Christ,

1. Que Dieu nous donne sa très sainte grâce, car en ce pays-ci nous n'avons pas d'autre aide que la sienne. Je me suis trouvé à Tiruchendûr dans le but d'aller à Vîrapândyanpatanam visiter les Chrétiens, comme je l'ai fait à Alantalai, à Pudukudi et à Tiruchendûr : c'est qu'ils avaient grand besoin d'être visités. Au moment où j'allais partir, on m'a donné la nouvelle que le pays est en train de se soulever parce que les Portugais ont enlevé un beau-frère de Vettumperumâl et qu'ils voulaient enlever les Chrétiens du Cap Comorin.

2. Le P. François Coelho m'a écrit de partir immédiatement et sans attendre là où se trouvent les Chrétiens du Cap Comorin, car si je n'y allais point, il allait leur arriver un grand malheur ; de plus, il m'a écrit qu'un prince, un neveu de Unnikê Tiruvadi, allait arriver sur le dos de ces malheureux et qu'il allait leur advenir bien des maux si je n'y allais pas.

3. De plus, il m'a écrit que Unnikê Tiruvadi m'adressait une *ola* avec trois ou quatre domestiques à lui, qui, étant fatigués, resteraient à Manappâd. Il me priait, par ses *ola*-s, d'aller là-bas le voir, car il désire beaucoup m'entretenir de choses qui sont très importantes à ses yeux. Il me semble qu'il éprouve un grand besoin d'obtenir les faveurs du Seigneur Gouverneur, car les *pilla*-s [1] prospèrent et ont beaucoup d'argent. Il me semble qu'il redoute que les *pilla*-s ne donnent tant d'argent au Seigneur Gouverneur que ce dernier en vienne à les appuyer.

4. De plus, Unnikê Tiruvadi m'écrit que les Chrétiens se trouvent en sécurité sur ses terres et qu'il leur fera bon accueil. Je pars ce soir même pour Manappâd et de là je poursuivrai mon chemin

---

1. Les *pilla*-s, plus ou moins collecteurs d'impôt, sont restés fidèles à un roi Pândya et voient en Unnikê Tiruvadi un usurpateur. Forts de leur argent, ils peuvent s'acheter l'appui des Portugais.

par amour des Chrétiens de Tûttukkudi et de Vêmbâr, en sorte qu'ils soient en sécurité sur les terres du Grand Roi ; j'irai voir Unnikê Tiruvadi pour passer avec lui un accord assurant leur sécurité sur ses terres.

5. Vous vous arrangerez pour que ces Chrétiens de Tûttukkudi, qui sont en train de mourir sur ces îles, viennent à Kombukireiyûr et à Punnaikâyal. Vous m'écrirez très en détail les affaires relatives à tous ces Chrétiens et surtout au Capitaine et aux Portugais, me disant dans quel état ils se trouvent. Si vous avez le temps de rendre visite aux Chrétiens de Kombukireiyûr et aux Karaya-s, ainsi qu'au village de Thomas da Mota, et à celui qui se trouve près de Kâyalpatanam, j'en serais très heureux, car je sais qu'ils ont grand besoin d'être visités. Je serais très heureux de partir visiter ces villages.

6. Pour l'instruction des enfants, vous emprunterez cent *fanões* sur ceux qui sont en possession de votre ami Emmanuel da Cruz. Vous les dépenserez pour payer ceux qui enseignent aux enfants et vous vous informerez auprès d'eux de ce que je leur paie d'habitude ; en faisant cela, vous accomplirez un grand service de Dieu. L'homme qui s'en va là-bas est à mon avis un homme de bien, désireux de servir Dieu [2]. Faites-lui une agréable compagnie, jusqu'à ce que je revienne de l'endroit où se trouve Unnikê Tiruvadi ; s'il vous semble qu'il va servir Dieu, vous le laisserez là. Vous m'écrirez tout de suite par l'intermédiaire de l'homme à la barque [3] et très longuement sur les affaires de votre endroit, car je me fais beaucoup de souci, aussi bien des Portugais que des Chrétiens. Que Notre Seigneur nous donne davantage de repos dans l'autre vie que nous n'en avons en celle-ci.

Votre très cher Frère dans le Christ.

François

40

A FRANÇOIS MANSILHAS, A PUNNAIKAYAL
(EX.I, 230-231 ; S.II, 453)

Conclure la paix et arrêter les pillages.

Manappâd, le 10 septembre 1544

Très cher Frère dans le Christ,

Je me suis tellement réjoui de votre lettre que je n'en aurais jamais fini si je voulais vous décrire cette joie ; je me faisais en effet un grand souci pour le Capitaine et pour tous les autres gens.

---

2. Probablement un dénommé Paul Vaz.

3. Bel exemple des incertitudes du texte xaviérien : on lit ici *barbeiro*, barbier ; mais le P. Georg Schurhammer est d'avis de lire *barqueiro*, batelier (S.II, 452).

Que Notre Seigneur soit toujours avec eux, de même que je désire qu'il soit toujours avec moi. Mardi[1], j'ai envoyé le P. François Coelho parlementer avec le prince qui se trouve à Alantalai, à deux lieues de Manappâd. Le prince, qui est un neveu de Unnikê Tiruvadi, lui a fait très bon accueil. Il m'a paru qu'il était forcé d'envoyer quelqu'un en visite pour établir la paix en ce pays, car il était presque à demi soulevé. Il a dit que Vettumperumâl se rendait par mer jusqu'à l'endroit où se trouve le roi, et à la hâte, afin de combattre Unnikê Tiruvadi. Je lui ai aussi demandé d'envoyer l'ordre aux *adhigari*-s[2] de ne plus prélever de riz ni de ravitaillement. Mardi après-midi, j'ai reçu votre lettre et j'ai aussitôt envoyé un homme porteur d'une lettre là où se trouve le prince, au P. François Coelho, afin qu'il m'envoie des *ola*-s ordonnant aux *adhigari*-s de ce pays de laisser arriver le ravitaillement à Punnaikâyal et de bien traiter les Chrétiens. En quelque sorte, je voudrais que la Côte se trouve en paix, avant de rejoindre Unnikê Tiruvadi et de revenir de chez lui avec l'appui nécessaire pour tenir tête à ces *adhigari*-s.

Demain, je vais écrire au Capitaine ; maintenant, je ne le peux pas en raison de la grande hâte où se trouve cet homme. J'attends pour ce soir François Coelho. Demain matin, je vous écrirai plus longuement. Vous me recommanderez beaucoup à Paul Vaz et vous direz à Matthieu que j'envoie une lettre à Emmanuel da Cruz pour qu'il lui donne cent *fanões*, que celui-là m'a demandés pour son père et pour une sœur pauvre qu'il a. Quand le P. François Coelho sera arrivé, je vous écrirai très longuement.

Que Notre Seigneur nous réunisse dans son royaume.

Votre très cher Frère dans le Christ.

François

41

A FRANÇOIS MANSILHAS, A PUNNAIKAYAL
(EX.I, 234-235 ; S.II, 454-455)

Saint François Xavier est « coincé » entre l'inévitable solidarité envers les Portugais et les intérêts véritables des Chrétiens indiens qui, pour vivre, ont besoin de la paix avec leurs voisins païens. Il

---

1. C'est-à-dire la veille, cette lettre étant datée d'un mercredi.
2. Encore des collecteurs d'impôts qui rançonnent des populations affamées.

manifeste ici sa lassitude, ainsi que, pour la première fois pendant
cette période, le désir d'aller implanter la mission sous un autre ciel
que celui du Cap Comorin.

Manappâd, le 11 septembre 1544

Très cher Frère dans le Christ,

1. Je n'en aurais jamais fini si je voulais vous écrire le désir que j'ai de me rendre sur la Côte. Je vous l'assure et c'est la vérité, que si je trouvais aujourd'hui un bateau pour m'embarquer, je m'en irais tout de suite. Trois hommes du roi, des Gentils, viennent de me rendre visite pour se plaindre de ce qu'un Portugais avait fait prisonnier à Kâyalpatanam un domestique de ce prince d'Unnikê Tiruvadi et qu'il l'avait emmené captif à Punnaikâyal, pour le transporter ensuite de là à Tûttukkudi. Comme vous savez de quoi il s'agit, vous allez écrire au Capitaine à ce sujet ; et si le Portugais se trouve là, quel qu'il puisse être, qu'on libère immédiatement le captif. Si ce Gentil lui devait quelque chose, que cet homme s'en aille auprès du prince pour demander justice ; et que le pays ne se révolte pas plus qu'il ne le fait déjà. C'est à cause de ces gens que nous n'avançons pas. Autrement, me semble-t-il, je m'abstiendrai de me rendre auprès du roi, tant ces gens sont fâchés de ce qu'on les déshonore et de ce qu'on les fasse prisonniers dans leur propre pays, chose jamais faite au temps des *pilla*-s. Je ne vois pas ce que nous pouvons faire, si ce n'est de ne plus perdre notre temps en étant au milieu de gens qui ne respectent rien et tout cela, faute d'avoir un châtiment à redouter. Si ceux qui ont pillé ce *padavu* [1] avaient été châtiés, les Portugais ne feraient pas ce qu'ils font à présent. Il ne faudrait pas s'étonner si ce prince fait du mal aux Chrétiens [2], puisqu'on lui a enlevé un domestique.

2. Vous écrirez au Capitaine pour lui dire combien j'éprouve de chagrin en raison de l'emprisonnement du domestique de ce prince. Je ne veux plus écrire, depuis que ces gens disent qu'on va leur faire du mal et qu'il n'y a personne pour parler à ceux-là et pour les tenir en bride. Si l'homme capturé par ce Portugais se trouve à Tûttukkudi, allez immédiatement pour l'amour de Dieu à l'endroit où se trouve le Capitaine ; vous le ferez délivrer, et que le Portugais vienne ici pour demander qu'on lui rende justice.

3. De même qu'il semblerait mal qu'un Gentil aille là où se trouvent les Portugais pour faire prisonnier un Portugais à un moment

---

1. Petite embarcation servant à la fois au commerce et à la guerre.
2. Aux Chrétiens indiens.

où le Capitaine est présent, de même il leur semble mal qu'un Portugais fasse prisonnier un homme dans leur pays à eux et qu'il l'emmène auprès du Capitaine, alors qu'ils ont chez eux une justice et qu'ils se trouvent en paix. Si vous ne pouvez pas y aller, vous enverrez Paul Vaz auprès du Capitaine avec une lettre de vous.

4. Je vous assure que le chagrin que j'ai éprouvé est si grand que je ne saurais vous le décrire. Que Notre Seigneur nous donne la patience de supporter de tels outrages. Vous m'écrirez tout de suite pour me dire ce qu'il advient de ce domestique de ce prince, si c'est vrai qu'un Portugais l'a enlevé, et pourquoi. S'il l'emmène à Tûttukkudi et pourquoi, si c'est vrai. Je suis décidé à ne pas aller auprès de Unnikê Tiruvadi. Vous pouvez bien imaginer ce que ces gens peuvent penser du fait de capturer des domestiques dans leur propre pays, et ce qu'ils disent de nous.

5. Pour ne pas avoir à entendre ces choses, et aussi pour aller là où je le désire, au Pays du Prêtre [3] où l'on peut accomplir tant de service de Dieu Notre Seigneur sans avoir de persécuteur, je suis tout prêt à prendre un *tôni* à Manappâd et de là, me rendre en Inde [4] sans plus tarder. Que notre Seigneur vous donne son aide et sa grâce. Amen.

Votre très cher Frère dans le Christ.

François

42

A FRANÇOIS MANSILHAS, A PUNNAIKAYAL
(EX.I, 236-238 ; S.II, 455-456)

Les exactions commises par des Portugais sont d'autant plus nuisibles à la mission qu'il ne faut pas décourager les bonnes volontés chez les chefs tamouls.

Manappâd, le 12 septembre 1544

1. Ce prince, qui se trouve à Alantalai et qui est le neveu d'Unnikê Tiruvadi, est tellement amical envers nous que, dès qu'il a appris les sévices que les *adhigari*-s faisaient subir aux Chrétiens,

---

3. Au Pays du Prêtre Jean, c'est-à-dire en Ethiopie (Appellation courante à l'époque, historiquement aberrante, car le mythe du Prêtre Jean se réfère originellement aux Chrétientés nestoriennes d'Asie centrale).

4. C'est-à-dire à Goa, ou sur la côte occidentale du Dekkan.

il a tout de suite envoyé un de ses serviteurs avec une *ola* leur ordonnant de laisser venir tout le ravitaillement de la terre ferme ; que les *adhigari*-s traitent bien les Chrétiens et qu'on lui donne à lui comme à moi les noms des *adhigari*-s pour que je puisse dire vraiment ce qui se passe ici après être allé voir.

2. Vous ferez en sorte que les *pattankatti*-s traitent honorablement ce serviteur du prince, car il en va du bien des Chrétiens, et le récompensent de sa peine, car c'est justice. Il serait mieux de dépenser à de semblables choses l'argent qu'on gaspille en danseuses [1], car c'est raison et tout le peuple les ressent. Vous aussi, vous lui donnerez quelque chose, pour qu'il mette de la bonne volonté à parler aux *adhigari*-s, en sorte que ceux-ci ne commettent plus de méfaits et traitent bien le peuple.

3. Faites-moi savoir si c'est bien vrai qu'un Portugais a fait prisonnier un domestique de ce prince, s'il l'a emmené à Tûttukkudi, et pourquoi ; je vous ai écrit hier longuement à ce propos. Si c'est vrai, il me semble qu'il sera préférable de ne pas bouger, plutôt que d'aller voir le roi, car ces gens voient l'affaire sous un jour très mauvais et sont très fâchés qu'on ait fait prisonnier un homme du prince. Celui-ci a traité avec beaucoup d'honneur le P. François Coelho et lui a donné son accord pour tout ce qui peut profiter à ces Chrétiens ; pour l'honorer davantage, il nomme quatre hommes de Manappâd *pattankatti*-s, sans rien demander en argent au peuple contrairement à ce qui se faisait d'habitude au temps des *pilla*-s ; dans d'autres villages, il a nommé trois *pattankatti*-s, gratuitement. Pour honorer le Père, qui était allé le voir, il a choisi bien des gens de ces villages.

4. Pour l'amour de Dieu, écrivez au Capitaine de ma part, pour lui dire que je le prie instamment de m'accorder la grâce pendant tout ce mois-ci de septembre de ne pas ordonner ni de permettre qu'on inflige des sévices aux Gentils du pays du Grand Roi [2]. Car ce sont tous, et à un fort degré, nos amis pour les affaires qui se rapportent aux Chrétiens, et il n'est pas besoin de les prier de ne pas leur faire de mal. Si je devais aller voir ce roi, je finirais par passer tout ce mois à aller et à venir et par partir pour Cochin, et je ne voudrais pas que, pendant ce temps, il y ait le moindre motif pour se plaindre de nous auprès du roi.

5. Vous m'écrirez de votre propre main. Pourquoi m'avez-vous écrit que si nous ne nous voyions pas, vous ne pourriez plus écrire ?

---

1. Ces danseuses seraient ici celles qui participent aux fêtes et aux danses sacrées des temples hindouistes.
2. Le sud de Tinnevelli, entre le Cap Comorin et la rivière Tâbraparnî.

Si en effet c'est une affaire de grande importance et intéressant le service de Dieu à laquelle je puisse porter remède, ou bien quelque chose se rapportant au Capitaine et aux Portugais aussi bien qu'aux Chrétiens [3], en aucun cas je n'irai là-bas auprès d'Unnikê Tiruvadi et à Cochin, à moins de voir d'abord si je peux porter remède à ces maux.

Que Notre Seigneur soit toujours en notre aide et en notre faveur.

Votre très cher Frère dans le Christ.

François

43

A FRANÇOIS MANSILHAS, A PUNNAIKAYAL
(EX.I, 239 ; S.II, 456)

Toujours le problème du ravitaillement, sans oublier la catéchèse.

Tûttukkudi, le 20 septembre 1544

Très cher Frère dans le Christ,

Antoine est encore malade et ne peut pas me rendre de services ; vous m'enverrez donc tout de suite à Manappâd Antoine le Parava [1], car j'en ai besoin pour qu'il me fasse à manger. Vous m'écrirez tout de suite parce que je me fais beaucoup de soucis pour tous ces gens. Dès que je serai arrivé chez Unnikê Tiruvadi, j'essaierai d'obtenir ses *ola*-s et je vous les enverrai aussitôt, afin que tous les *adhigari*-s de ces villages-ci laissent venir le ravitaillement et traitent bien les Chrétiens. Priez Dieu pour moi.

Vous direz aux enfants de se souvenir de moi dans leurs prières qu'ils adressent à Dieu.

J'écris à Emmanuel da Cruz une *ola* et, pour qu'il vous donne cent *fanões* pour l'instruction des enfants, je vous envoie aussi la *ola*.

Que Notre Seigneur soit en votre aide et en votre faveur. Amen.

Votre très cher Frère dans le Christ.

François

---

3. Les Chrétiens indiens.
1. Le premier Antoine n'est pas identifiable (S.II, 448), quoique ce soit un interprète ; le second serait Antonio Coutinho, Chrétien indien, également (S.II, 456).

44

A FRANÇOIS MANSILHAS, A PUNNAIKAYAL
(EX.I, 240-243 ; S.II, 461-462)

Ce ne sont pas des beaux jours qui s'annoncent pour la mission.
Saint François Xavier ne cache pas son désarroi, malgré la totale
remise de sa vie entre les mains de Dieu.

Manappâd, le 10 novembre 1544

Très cher Frère dans le Christ,

1. J'étais à peine arrivé à Manappâd et j'étais sur le point d'en repartir pour aller chez Alexis de Souza [1], que deux *nâyar*-s [2] sont arrivés avec une lettre d'un Portugais qui m'écrit qu'il se trouve à Ovari ; ils avaient aussi une lettre de l'intendant du Trésor [3] pour moi ainsi que certains documents en raison desquels il me fallait m'entretenir avec Unnikê Tiruvadi. Alexis de Souza est parti à Quilon et l'on dit qu'il est fort mécontent des *pilla*-s. Je ne sais pas si c'est vrai. Je m'en vais en direction du Cap Comorin par la terre, pour rendre visite aux villages des Chrétiens et pour baptiser les nouveau-nés qu'il faut baptiser.

2. Lundi, ou quand bon vous semblera, j'aurais plaisir à ce que vous visitiez les Chrétiens de Tûttukkudi. Comme dans ces paillotes il n'y a pas de place pour se réunir, réunissez-les au-dehors, dans les champs et c'est là que vous les instruirez. Vous direz de ma part à Nicolas Barbosa [4] de ne pas appeler à la pêche au *chanco* [5] les gens qui vivent à Tûttukkudi dans les maisons de ceux qui en ont été chassés. Ma volonté est en effet que ces gens si désobéissants, ou pour mieux dire, ces Chrétiens renégats, ne puissent pas bénéficier des fruits de notre mer. Si les gens de Punnaikâyal veulent s'en aller pêcher le *chanco* aux îles de Tûttukkudi, qu'ils y aillent ; et dites-lui de bien prendre garde de mal faire les choses, car celles qui l'ont déjà été sont de trop.

3. Je me recommande beaucoup à vos prières et à celles de ces enfants. Fort d'un tel appui, je n'ai pas peur des peurs que veulent me donner ces Chrétiens, qui me disent de ne pas voyager par la terre étant donné que tous ceux qui veulent du mal à ces Chré-

---

1. Un inspecteur du trésor, proche du Gouverneur de Goa.
2. Membre d'une caste de nobles et de militaires.
3. Alexis de Souza lui-même.
4. Inconnu : S.II, 461.
5. L'objet de la pêche est un coquillage *(Turbinella pyrum)*, *chanco* en portugais, *chank* en anglais.

tiens m'en veulent beaucoup. Je suis si fatigué de vivre que je considère qu'il serait mieux pour moi de mourir en répandant notre Loi
et notre foi, que de continuer à voir toutes les offenses que je vois
faire sans pouvoir y porter remède. Je ne regrette rien autant que
de ne pas avoir mieux tenu en bride ceux qui, comme vous le savez
bien, offensent Dieu si cruellement.

Que notre Seigneur vienne toujours à votre aide et en votre
faveur.

Je pars tout de suite pour Pudukare et le P. François Coelho s'en
va rendre visite aux Chrétiens qui vivent à Virapândyanpatanam.

Votre Frère très cher dans le Christ.

François

45

A FRANÇOIS MANSILHAS, A PUNNAIKAYAL
(EX.I, 244-247 ; S.II, 473-474)

*Cette lettre est la dernière de cette série adressée à François Man-
silhas. Encore des recommandations détaillées, et l'espoir que la
jeune Église de la Côte malabar puisse s'organiser de manière
harmonieuse.*

Cochin, le 18 décembre 1544

Très cher Frère dans le Christ,

1. Je suis arrivé à Cochin le 16 décembre. Avant d'y arriver, j'ai
baptisé tous les Makkuvan-s, pêcheurs qui vivent dans le royaume
de Travancore ; et Dieu sait combien il m'aurait plu de retourner
tout de suite pour finir de baptiser ceux qui restent sans l'être, si
le Seigneur Vicaire général[1] n'avait été d'avis que le plus grand
service de Dieu était que j'aille là où se trouve le Seigneur gouverneur[2] pour concerter avec lui la punition du roi de Jaffna. Je partirai pour Cambaya d'ici deux ou trois jours sur un *catur*[3] très
bien équipé ; j'espère revenir bien vite avec tous les ordres nécessaires, conformément au service du Seigneur Dieu.

2. Le Seigneur Evêque ne viendra pas à Cochin cette année. Le

---

1. Michel Vaz Coutinho, docteur en droit canon, laïc et non pas prêtre, et
cependant vicaire général : EX.I, 244, note 4.
2. De Goa.
3. Voilier muni de rames.

Vicaire général part cette année au Portugal et j'espère en Dieu qu'il en reviendra bien vite. Jacques[4] se trouve à Saint-Paul ; il désirait beaucoup venir. Le P. Maître Jacques et Messire Paul, ainsi que tout le collège, vont bien. J'ai reçu des nouvelles du Portugal grâce aux nombreuses lettres qui m'en sont parvenues. La permission de vous ordonner prêtre sans que vous ayez ni patrimoine ni bénéfice est arrivée ; et il me semble que vous n'aviez pas besoin de cette permission, car le Seigneur évêque vous aurait ordonné sans cette permission, puisqu'il a déjà ordonné prêtres les PP. Emmanuel et Gaspard qui se trouvent à Cochin et qui vont y faire du fruit. Deux compagnons des Nôtres viennent à bord de vaisseaux qui ne sont pas encore arrivés ; à mon avis, ils ont passé l'hiver à Mozambique ou ils sont revenus au Portugal. L'un est portugais et l'autre est italien[5]. Le Roi[6] nous écrit le plus grand bien de ces deux Portugais qui sont des Nôtres[7]. Plaise à Dieu de les amener ici sains et saufs ; je ne connais ni l'un ni l'autre et ce ne sont aucuns de ceux que nous avons quittés. Il y a plus de soixante étudiants de notre Compagnie à l'université de Coïmbre ; voici de quoi rendre bien grâces à Dieu Notre Seigneur que tout le bien qu'on m'écrit sur eux. Ils sont presque tous portugais, ce dont je me réjouis beaucoup. J'ai d'excellentes nouvelles des Compagnons d'Italie. Comme j'espère que nous allons nous voir d'ici un mois, je vous montrerai toutes les lettres et je ne vous en dis pas davantage.

3. Pour l'amour de Dieu, aussitôt que vous aurez fini de lire cette lettre, tenez-vous prêt, je vous en prie instamment, à aller rendre visite aux Chrétiens de la Côte de Travancore ; vous installerez dans chaque village une école pour y instruire les enfants, ainsi qu'un maître pour les enseigner. Vous pourrez disposer de l'argent qui vous sera nécessaire pour le maître et pour l'éducation des enfants jusqu'à concurrence de cent cinquante *fanões*. Dans tous les villages de cette Côte, vous verserez un salaire à tous ceux qui enseigneront aux enfants jusqu'au moment de la grande pêche[8] ; pour vos dépenses, vous demanderez de l'argent au Capitaine.

4. A Manappâd, vous prendrez un *tôni* pour Kadiapattanam, mais avant d'arriver à Kadiapattanam, vous irez à Manakkudi, qui

---

4. Jacques Fernandes, candidat à la Compagnie, parti de Lisbonne avec Xavier.
5. Pierre Lopes, portugais, et Antoine Criminali, italien.
6. Du Portugal.
7. S'agit-il toujours des mêmes ?
8. La grande pêche a lieu en mars ; la petite pêche, celle des *chancos*, en septembre.

est un village de Makkuvan-s ; ceux-ci ne sont pas baptisés. Ce village est à une bonne lieue du Cap Comorin et vous le baptiserez, puisqu'ils l'ont demandé bien des fois et que je n'ai pas pu y aller. Antoine Fernandes, qui est un Chrétien malabar, s'en ira à votre recherche avec un *catur* et se joindra à vous jusqu'au moment où l'on aura fini de baptiser ceux qui restent. C'est un homme de bien, zélé pour l'honneur de Dieu, qui connaît ces gens et qui sait comment nous devons procéder avec eux. Vous ferez ce qu'il vous dira, sans le contredire sur quoi que ce soit, parce que c'est ce que j'ai fait et que je m'en suis toujours bien trouvé. Je vous prie donc instamment de faire de même.

5. Vous emmenerez avec vous Matthieu ainsi que le *meirinho* [9] qui m'accompagnait à Vîrapândyanpattanam, et vos domestiques et un *kanakkapilei* [10] auprès de vous, de manière à laisser par écrit les prières dans chaque village et que les grands comme les petits les apprennent ; que dans chaque village il y ait un maître qui enseigne le catéchisme. Si c'est nécessaire, vous vous servirez du *kanakkapilei* pour écrire quelques *ola*-s et aussi pour lire celles que vous aurez écrites. Vous paierez ce *kanakkapilei* avec l'argent du Roi [11] que le Capitaine vous aura remis à cet effet. Vous recommanderez au P. Jean de Lisano [12] la charge que vous aviez reçue de baptiser et d'enseigner. Je ne vous écris pas plus longuement, en raison de la hâte de François Mendes [13].

Que Notre Seigneur vous vienne toujours en aide, comme je le désire pour moi-même.

Votre très cher Frère dans le Christ.

François

46

A JEAN III, ROI DU PORTUGAL
(EX.I, 248-254 ; S.II, 504-506)

Nous ne possédons pas l'original de cette lettre qui ne nous est parvenue qu'à travers une élégante traduction latine du P. Pierre Poussines (Possinus). L'hésitation du traducteur entre le « tu »

9. Officier de justice portugais.
10. A la fois écrivain public et conteur.
11. Du Portugal.
12. Prêtre séculier espagnol.
13. Peut-être un navigateur portugais.

latin et le « tua Majestas » reproduit vraisemblablement le va-et-vient du texte premier entre une façon plus « courtisane » et plus respectueuse de s'adresser à un roi et une autre qui l'est moins, de même qu'ici Xavier hésite entre l'attitude du courtisan et celle du directeur de conscience bien décidé à parler clairement, à dire toute la vérité, même celle qui est désagréable pour son royal correspondant, pour lequel il évoque les obligations inhérentes au Patronat portugais sur l'outre-mer et sur les missions. Il entend aussi lui faire peur en évoquant le jugement divin qui sanctionnera dans l'au-delà le règne de Jean III et aussi lui dicter certaines décisions jugées nécessaires à la plus grande gloire de Dieu, ainsi la réorganisation du diocèse de Goa, qui est trop étendu, et surtout un réexamen complet des buts assignés à la présence portugaise en Asie, la fin d'un certain colonialisme mercantile qui fait de la christianisation le cadet de ses soucis.

Cochin, le 20 janvier 1545

Seigneur,

1. Mû par le désir de voir votre Majesté agir ainsi, je la prie de méditer ceci en elle-même : de préférence à tous les Princes chrétiens, Dieu notre Seigneur lui a concédé l'empire de ces Indes afin de voir avec quelle fidélité elle accomplirait la mission dont il l'a chargée, et avec quels sentiments de reconnaissance elle répondrait aux bienfaits reçus de lui. En effet, il n'a pas eu en vue l'enrichissement du fisc royal de Votre Majesté par les précieux fruits rapportés de ces terres lointaines et par l'importation de trésors exotiques ; il a plutôt eu en vue d'offrir un vaste champ libre à l'exercice de sa piété et de sa vertu, l'occasion pour elle de se distinguer par des actions héroïques et par un zèle ardent en envoyant au labeur apostolique des missionnaires actifs qui, au nom de Votre Majesté, conduisent à la connaissance du Créateur et Rédempteur du monde les Infidèles vivant en ces contrées.

2. C'est donc à bon droit et selon toute raison que Votre Majesté recommande à ceux qu'elle envoie en ces contrées d'œuvrer beaucoup pour la propagation de notre sainte foi et pour faire croître notre religion, puisqu'elle sait bien que Dieu lui demandera des comptes à propos du salut de tant de nations païennes qui auraient été disposées à suivre un chemin meilleur, s'il s'était trouvé quelqu'un pour le leur indiquer. Mais, par manque de maître, ils sont dans d'épaisses ténèbres et dans la fange d'innombrables péchés, si bien qu'ils offensent leur Créateur et qu'ils précipitent misérablement leurs propres âmes dans l'éternelle perdition.

3. Michel Vaz, qui a été ici coadjuteur de l'Evêque mais à présent part auprès de Votre Majesté, pourra lui rapporter tout ce qu'il a vu et lui parler d'expérience sur la prédisposition qu'ont ces peuples pour la Foi, et lui dire les autres circonstances favorables qui s'offrent ici pour y faire avancer la cause chrétienne. Cet homme a laissé derrière lui de tels regrets chez les Chrétiens de ces contrées qu'il faut qu'il revienne immédiatement, dès l'année prochaine, les consoler et les protéger. Sans compter que c'est ce que Votre Majesté peut elle-même discerner en conformité avec ses propres intérêts. Et cela d'autant plus que, de la sorte, elle s'en remet à un serviteur très parfait et très zélé pour remplir le devoir à elle imposé, de chercher en ces contrées la gloire de Dieu. En effet, elle peut se décharger de cette tâche sur un intendant très fidèle et très expérimenté ; elle peut être sûre qu'en raison de l'excellence de ses vertus qui lui ont mérité la vénération de tout ce peuple, il ne laissera passer aucune occasion de défendre ou d'étendre la religion.

4. Encore une fois, au nom du service de Dieu et dans l'intérêt de l'Église, par considération envers des personnes très vertueuses et très estimées résidant aux Indes, ainsi qu'envers ces Chrétiens récemment convertis à notre sainte foi, et enfin par égard pour moi, si du moins Votre Majesté daigne me gratifier en cette vie d'un tel chef, je la supplie et je la conjure instamment d'ordonner à Michel Vaz de revenir avec nous, lui qui vient seulement de partir d'ici. Ma demande n'a pas d'autre raison que le service de Dieu, l'accroissement de notre sainte Foi et l'allégement de la conscience de Votre Majesté. Dieu notre Seigneur m'est témoin que je dis la vérité. Je sais en effet combien cet homme est regretté, combien on a besoin de lui en ces contrées-ci. C'est pourquoi, afin d'accomplir mon devoir, afin de décharger ma conscience aussi, je le dis et je le proclame à Votre Majesté : il est absolument nécessaire de renvoyer ici Michel Vaz, si elle désire promouvoir et étendre notre sainte foi catholique dans ces contrées de l'Inde, si elle souhaite que ceux qui ont déjà été agrégés à l'Eglise ne s'en écartent point ni ne reviennent à leurs superstitions ancestrales, car ils sont victimes d'injustices et de mauvais traitements effroyables de la part des serviteurs de Votre Majesté. Lui seul a un cœur assez fort et une âme assez constante pour faire obstacle à ceux qui persécutent les Chrétiens.

5. Quoique l'Evêque soit un prélat d'une vertu consommée, et il l'est assurément, il est cependant affaibli par son âge avancé et affligé de beaucoup de maladies, ce que Votre Majesté n'ignore pas. C'est pourquoi les forces corporelles lui font défaut pour supporter les durs labeurs qu'en ces contrées exige l'accomplissement

diligent de sa charge. Il est vrai qu'à mesure que ses forces d'âme abondent et s'accroissent chaque jour, Dieu l'a en effet jugé digne d'une si grande grâce : tandis que cet homme s'affaiblit dans sa chair, il se fortifie dans l'esprit. C'est ainsi qu'à l'ordinaire Dieu notre Seigneur récompense ceux qui ont persévéré durant de nombreuses années dans son service, après avoir employé leur vie entière, et tout l'âge qu'ils ont atteint, à endurer les plus grandes peines à cause de lui jusqu'au point de remporter une victoire presque complète sur leur corps en rébellion contre l'esprit. A de tels hommes, Dieu accorde le fruit de leurs constants efforts dans leur dernier âge, afin de donner cet exemple de persévérance à ceux qui vivent sous leur conduite ; ainsi, pour parler de la sorte, ils se sentent rajeunir grâce à la rénovation de leurs forces spirituelles au moment précis où la nature leur fait défaut, accablée par les infirmités de l'âge et de la décrépitude. Ainsi, dans la proportion où la vie employée à la vertu tend graduellement à faire défaut, le corps terrestre se transforme en esprit céleste. A présent donc, l'Evêque a besoin d'une aide pour supporter les labeurs de sa charge.

6. Seigneur Roi, j'en supplie Votre Majesté et je l'en conjure pour le service de Dieu : et je lui adresse ces lignes mû par une droite intention et par une très sincère vérité, afin qu'avec la même équanimité et qu'avec la même faveur bienveillante, elle accepte ce que je lui suggère. Ce qui m'y pousse n'est rien d'autre assurément que le souci de l'honneur et du service divins, outre le désir véritable de soulager sa royale conscience. Je la prie donc et je lui demande instamment de recommander les affaires du service divin, par des lettres à ses serviteurs, et de plus de sanctionner par un châtiment justifié cette recommandation, en punissant même ceux qui ont failli à leur mission en cette contrée-ci. De fait il existe ce danger, à savoir qu'une fois convoquée par Dieu notre Seigneur devant son tribunal (et cela doit arriver quand on s'y attend le moins ; et il n'y a ni espoir ni moyen de l'éviter) Votre Majesté n'ait à s'entendre dire de la part de Dieu courroucé, oserai-je le dire : « Pourquoi n'as-tu pas fait attention à ceux qui, s'appuyant sur ton autorité en étant tes sujets, se sont opposés à moi dans l'Inde ? Alors que tu les as sévèrement punis, s'ils ont été surpris à être négligents dans le soin de tes revenus et dans le calcul de ton fisc... » J'ignore, Seigneur, de quelle importance sera pour excuser alors Votre Majesté la réponse qu'elle fera : « En vérité, chaque fois que j'écrivais là-bas, chaque année, c'était pour recommander les choses du service divin. » Il serait immédiatement répondu : « Et pourtant tu as permis à ceux qui accueillaient de si saintes ordonnances d'agir impu-

nément, alors que, pendant ce temps, tu faisais appliquer des peines méritées à ceux dont tu avais découvert qu'ils avaient été peu fidèles ou peu empressés dans l'administration de tes affaires. »

7. M'exprimant, Seigneur, au nom de Votre Majesté qu'enflamme le zèle de la gloire divine, et prenant en considération le soin qu'elle a toujours mis de se soumettre aux exigences de sa charge personnelle devant Dieu ainsi que de décharger sa conscience, je l'en conjure et je l'en adjure : envoyez ici un agent apte et idoine, muni de l'autorité nécessaire, dont la charge unique serait de veiller au salut d'innombrables âmes qui se trouvent en danger en ces contrées ; dans l'exercice de sa charge, cet homme recevrait de vous son autorité et il ne dépendrait point des ordres ni de la juridiction de ceux que vous avez nommés pour s'occuper en particulier du fisc et des affaires de votre royaume. Ainsi on évitera à l'avenir les préjudices et les scandales, qui ont été jusqu'à présent nombreux et graves pour la cause chrétienne.

8. Que Votre Majesté fasse un compte bien exact et bien complet de tous les fruits et de tous les biens temporels qu'elle recueille aux Indes par le bienfait de Dieu. Déduisez-en ce que vous y dépensez pour le service de Dieu et pour la religion. Et pesez ainsi chaque chose avec sagesse et faites une juste répartition entre vos comptes royaux et ceux de Dieu et du royaume des Cieux, d'après ce que votre âme reconnaissante et pieuse jugera équitable et bon. Craignez donc que pour tous les biens qu'il vous a prodigués le Créateur de toutes les choses ne paraisse avoir été remercié par vous de façon limitée et parcimonieuse. Que Votre Majesté ne tergiverse pas plus longtemps à ce sujet et qu'elle ne tarde pas davantage. En effet, quel que soit son empressement, sa diligence sera bien tardive. C'est une charité sincère et brûlante de mon cœur envers Votre Majesté qui m'oblige à écrire ceci ; il me semble en tout cas que j'entends des voix de plainte s'élever des Indes vers le Ciel pour accuser Votre Majesté d'avoir agi envers elles avec avarice, à savoir que sur les très opulents revenus que vous en retirez pour enrichir votre trésor, vous n'en concédez à peine qu'une toute petite partie en faveur des besoins spirituels très pressants de celles-ci.

9. J'estime qu'il ne déplaira pas à Votre Majesté de savoir où en est et en quel état se trouve l'affaire du salut des âmes dans ce peuple des Indes qui lui appartient. A Jaffna et sur la côte de Quilon, plus de cent mille hommes vont facilement, et avant la fin de l'année, être agrégés à l'Église du Christ. Je ne parle pas de Ceylan dont le roi a été comblé de vos faveurs, mais pas au point, hélas, de ne pas vouloir exclure si durement Jésus-Christ de la moindre partie de ses États.

10. Je demande à Votre Majesté d'envoyer ici un grand nombre de ceux de notre Compagnie, qui soient en nombre suffisant non seulement pour s'occuper à baptiser et à instruire dans la doctrine chrétienne les si nombreuses personnes qui en ces contrées sont amenées à embrasser la Foi du Christ, mais encore qu'ils soient assez nombreux pour être envoyés à Malacca et dans les régions jouxtant cette ville, où la plupart des gens connaissent le nom du Christ.

Le P. Maître Jacques et Messire Paul [1] se trouvent au collège de Sainte Foi. Puisque ceux-ci écrivent en abondance à Votre Majesté à propos de cette sainte maison, je n'en dirai rien de plus ici, si ce n'est que je demande comme une faveur suprême que Votre Majesté daigne écrire à Cosme Anes, qui en a commencé et qui en poursuit la construction, de ne pas renoncer à aller jusqu'à son achèvement. Qu'il ne se fatigue point en ce travail, parce que Dieu en premier lieu, Votre Majesté ensuite, le récompenseront comme il le mérite pour cette œuvre remarquable.

11. François Mansilhas et moi, nous nous trouvons au Cap Comorin avec les Chrétiens qu'a convertis Michel Vaz, coadjuteur de l'Evêque de l'Inde. J'ai à présent avec moi trois prêtres qui sont indigènes de ce pays.

Le collège de Cranganor qui est l'œuvre du P. Frère Vincent [2] est en grand accroissement ; et si Votre Majesté continue à le favoriser comme elle l'a fait jusqu'ici, il ira de mieux en mieux. C'est un motif de rendre à Dieu d'abondantes grâces que le fruit immense que donne ce collège pour le service du Christ notre Seigneur. Si notre espoir est fondé, il en sortira d'ici peu d'années des hommes de religion qui susciteront dans tout le Malabar une honte salutaire de son état misérable, aussi grande que soit l'oppression qu'y exercent actuellement les vices et les erreurs ; ils illumineront grâce à la lumière du Christ notre Seigneur ces esprits aveuglés et ils manifesteront son nom, grâce au labeur et grâce au ministère du P. Frère Vincent. Au nom de Dieu, je prie et je supplie Votre Majesté de bien vouloir le combler de ses faveurs, en lui manifestant sa royale bienveillance et en lui accordant l'aumône que je lui demande.

12. Puisque j'ai l'espoir de connaître le jour de mon trépas en ces contrées-ci de l'Inde et que jamais en cette vie je ne reverrai Votre Majesté, aidez-moi, je vous en prie, Seigneur, par vos

1. Ces deux hommes apparaissent une fois de plus comme la clé de voûte à Goa.
2. Pieux ami de la Compagnie, fonctionnaire du Trésor.

prières, afin que dans l'autre vie nous puissions nous voir dans un repos plus grand que celui qui existe à présent ; priez Dieu notre Seigneur pour moi, en lui demandant ce que moi, en retour, je demande pour Votre Majesté : qu'il vous accorde en cette vie la grâce de sentir et de faire ce qu'au moment de votre mort, vous souhaiteriez avoir fait.

Le serviteur de Votre Majesté.

François

47

A IGNACE DE LOYOLA, A ROME
(EX.I, 257-260 ; S.II, 537-538)

Cette lettre vise principalement à renforcer par des privilèges spécifiques le naissant collège de Goa, autant qu'à faire affluer aux Indes les vocations les plus ardentes de la Compagnie de Jésus. Mais que Xavier est loin de ses frères d'Europe !

Cochin, le 27 janvier 1545

+

Jhus

La grâce et l'amour de Dieu notre Seigneur soient toujours en notre aide et en notre faveur. Amen.

1. Afin de satisfaire les dévots du collège de Sainte Foi et principalement le Gouverneur qui est un grand dévot de ce collège, envoyez-moi si c'est possible, pour l'amour et pour le service de Dieu notre Seigneur, cette faveur qu'on a déjà sollicitée de Sa Sainteté, à savoir que le grand autel de ce saint collège soit muni de privilèges, c'est-à-dire que tous ceux qui y diront une messe pour un défunt fassent sortir une âme du purgatoire, selon les mêmes termes que ceux que j'ai employés, il y a maintenant deux ans, quand je vous ai écrit de la part du Gouverneur[1], ainsi que d'autres grâces et d'autres indulgences dont je vous parlais de sa part dans ma lettre.

2. Les personnes qui ne possèdent pas le talent nécessaire pour confesser, prêcher ou remplir des fonctions annexes de la Compagnie, ceux-là, après avoir terminé leurs Exercices et après avoir

---

1. Martin Alphonse de Souza.

servi à des tâches humbles [2] pendant quelques mois, rendraient de grands services dans ces contrées-ci, à condition qu'ils aient des forces corporelles en même temps que des spirituelles. En effet, dans ces contrées d'infidèles, la science n'est pas nécessaire ; il suffit d'enseigner les prières et de visiter les villages pour y baptiser les enfants ; beaucoup d'entre eux, en effet, meurent sans avoir été baptisés parce qu'il n'y a personne pour les baptiser et que nous ne pouvons pas aller partout. C'est pourquoi, ceux qui sont inaptes pour la Compagnie mais dont vous voyez qu'ils sont capables d'aller de village en village pour baptiser et pour enseigner les prières, il faut que vous les envoyiez ici, car ils y serviront beaucoup Dieu notre Seigneur.

Je dis bien : qu'ils soient propres à supporter bien des peines corporelles, car ces contrées-ci sont très pénibles à cause des grandes chaleurs et en raison du manque d'eau bonne à boire en bien des endroits. Les aliments corporels sont peu abondants et il n'y en a pas d'autres que ceux-ci : riz, poisson et poules. Il n'y a ni pain ni vin ni ces autres choses qu'on trouve en abondance dans les pays où vous êtes. Ils devront être jeunes et bien portants, et non pas malades ou âgés, afin de pouvoir supporter les fatigues continuelles qu'il y a à baptiser, à enseigner, à aller de village en village pour y baptiser les enfants qui naissent et pour soutenir les Chrétiens en butte aux persécutions et aux avanies des infidèles.

Et aussi : Dieu notre Seigneur accordera à ceux qui vont venir ici la grâce de se trouver en danger de mort. Ce qui ne peut pas être évité, à moins qu'on ne pervertisse l'ordre de la charité. Et s'ils s'y soumettent, ils devront accepter ces dangers en se rappelant qu'ils sont nés pour mourir pour leur Rédempteur et Seigneur. C'est pour cette raison qu'il leur faudra s'appuyer sur des forces spirituelles. Comme j'en manque et que je vais en des pays où j'en ai grand besoin, je vous demande, pour l'amour et pour le service de Dieu notre Seigneur, d'avoir particulièrement mémoire de moi et de me recommander à tous ceux de la Compagnie. Car si Dieu m'a gardé des dangers, c'est, je le crois et je n'en doute point, grâce à vos prières et grâce à ceux de la Compagnie. Je vous donne cette information sur ce pays pour tous ceux que vous y enverrez.

Quant à ceux que vous verrez pourvus de forces corporelles suffisantes pour supporter les peines que je viens de dire, mais pas davantage, ne manquez pas de les envoyer ici, parce qu'il y a aussi des régions des Indes où ce danger de mort n'existe point et où ils pourront servir Dieu grandement. J'ai déjà dit que pour aller chez

---

2. C'est-à-dire les *expériments* prévus par les Constitutions en germe.

les infidèles, ils n'ont pas besoin de connaissances ; et lorsque ces hommes auront déjà séjourné depuis quelques années par ici, Dieu leur donnera des forces pour la suite.

Quant à ceux qui auront du talent ou pour confesser ou pour donner les Exercices, à supposer qu'ils ne possèdent point un corps apte à endurer plus de fatigues, il vous faut aussi les envoyer ici, car ces derniers résideront à Goa ou à Cochin, où ils accompliront un grand service de Dieu. Il y a en effet dans ces villes de tout et en abondance comme au Portugal, parce qu'elles sont peuplées de Portugais. En cas de maladie corporelle, ils y seront soignés, car il y a beaucoup de médecins et de médicaments, ce qu'on ne trouve pas là où nous sommes, François Mansilhas et moi. Si on donnait les Exercices en chacune de ces villes, on accomplirait un grand service de Dieu.

3. Voici quatre ans que je suis parti du Portugal. Je n'ai reçu pendant tout ce temps que quelques lettres de vous et, du Portugal, deux de Maître Simon[3]. Je désire avoir chaque année des nouvelles de vous et, en détail, de tous ceux de la Compagnie. Je sais bien que vous m'écrivez chaque année, mais je crains que, de même que je ne reçois pas vos lettres, vous ne receviez pas les miennes. Deux membres de la Compagnie devaient arriver cette année dans l'Inde : le navire au bord duquel ils voyageaient n'est pas arrivé. Je ne sais s'il est retourné au Portugal ou s'il a hiverné à Mozambique, île située dans ces parages des Indes[4], où d'ordinaire bien des navires venant du Portugal hivernent.

4. Je désire recevoir des nouvelles du Docteur Iñigo López : voyage-t-il à dos de mule ? Si à présent encore il voyage à cheval comme lorsque je l'ai quitté, c'est que son mal et que sa faiblesse sont fort grands, puisque malgré tant de médecins et de médicament, il ne parvient ni à guérir ni à marcher à pied[5].

Il ne reste plus rien à vous apprendre sur ces contrées-ci si ce n'est qu'il faut que vous y envoyiez tous ceux que vous pourrez, tant il y manque d'ouvriers. Je m'arrête pour prier Dieu notre Seigneur, afin que, si nous ne devons plus nous voir en cette vie, nous nous voyions dans l'autre, avec plus de repos que nous n'en avons en celle-ci.

Votre fils minime.

Maître François

---

3. Rodrigues.
4. Pour Xavier et ses contemporains, tous les rivages de l'Océan Indien sont les Indes.
5. C'est une plaisanterie !

48

AUX COMPAGNONS VIVANT A ROME
(EX.I, 272-278 ; S.II, 534-536)

Cette lettre adressée aux frères restés en Europe contient un rappel des œuvres et des méthodes choisies par saint François Xavier pour christianiser les Indiens. Un certain « triomphalisme » est perceptible ici, en contraste total avec le pessimisme lucide d'autres lettres (par ex., n° 41, à F. Mansilhas, ou n° 46, à Jean III du Portugal). C'est qu'il s'agit d'édifier spirituellement et de dynamiser des vocations missionnaires...

Cochin, le 27 janvier 1545

+

Jhus

La grâce et l'amour de notre Seigneur soient toujours en notre aide et en notre faveur.

1. Dieu notre Seigneur sait combien mon âme trouverait plus de réconfort en vous voyant plutôt qu'en écrivant ces lettres, si incertaines du fait de la grande distance qu'il y a entre Rome et ces contrées-ci. Mais puisque Dieu notre Seigneur nous a séparés en nous mettant en des pays si éloignés les uns des autres, alors que nous sommes si unis en un seul amour et en un seul esprit, je ne crois pas me tromper en disant que la distance corporelle n'est cause d'aucun manque d'amour ni d'aucune négligence chez ceux qui s'aiment dans le Seigneur, même si nous ne conversons pas familièrement comme nous en avions l'habitude. Le vif souvenir des connaissances passées, lorsqu'elles sont fondées sur le Christ, possède ce pouvoir de remplacer presque les effets des connaissances directes. Cette présence de tous ceux de la Compagnie, que j'éprouve continuellement en mon âme, est davantage votre fait que le mien, car ce sont vos sacrifices et vos prières, continuels et agréés de Dieu, que vous faites tout le temps pour moi, malheureux pécheur que je suis, qui sont la cause d'un tel souvenir en moi. De sorte que c'est vous, mes très chers frères dans le Christ, qui imprimez en mon âme la mémoire continuelle de vous. Et si celle que vous provoquez ainsi, en moi-même, est grande, celle que vous avez vous-mêmes de moi est plus grande, je le reconnais. Que Dieu notre Seigneur veuille vous donner en mon nom la récompense que vous méritez de cela ; car moi, je n'ai pas d'autre moyen de vous récompenser que de simplement avouer mon impuissance à payer

en retour vos charités et je garde imprimée en mon âme la conscience de la grande obligation que j'ai envers tous ceux de la Compagnie.

2. Comme nouvelles de ces contrées de l'Inde, apprenez de moi que Dieu notre Seigneur a poussé bien des gens à devenir chrétiens dans un royaume que je parcours. Au point que, en un seul mois, j'en ai baptisé plus de dix mille. Pour ce faire, j'ai suivi la méthode suivante : à mon arrivée dans un village peuplé de Gentils qui m'avaient fait appeler pour que je les fisse chrétiens, je faisais s'assembler en un lieu tous les hommes et tous les jeunes garçons du village ; commençant par la confession du Père, du Fils et du Saint Esprit, je leur faisais faire trois fois le signe de croix et invoquer les trois Personnes en confessant un seul Dieu. Cela terminé, je leur disais la confession générale, puis le Credo, les commandements, le Notre Père, l'Ave Maria et le Salve Regina. Il y a déjà deux ans que j'ai traduit toutes ces prières en leur langue et je les sais par cœur ; ayant mis un surplis, je récitais à voix haute ces prières selon l'ordre que j'ai indiqué. Ainsi, au fur et à mesure que je les récite, tous me répondent, grands et petits, selon l'ordre avec lequel je les récite. Une fois ces prières terminées, je leur fais dans leur langue une causerie sur les articles de foi et sur les commandements de la Loi divine. Je fais en sorte, après, que tous demandent publiquement pardon à Dieu notre Seigneur pour leur vie passée, et cela à voix haute, en présence des autres infidèles, qui ne veulent pas devenir chrétiens, afin de causer la confusion des méchants et la consolation des bons. Tous ces Gentils sont frappés de stupeur en entendant dire la Loi de Dieu et ils se sentent confondus de voir qu'ils vivent sans savoir et sans connaître qu'il y a un Dieu. Ces Gentils montrent beaucoup de satisfaction en entendant notre Loi et ils me témoignent des égards, quoiqu'ils ne veuillent pas consentir à la vérité en la reconnaissant. Une fois fini le sermon que je leur fais, je leur demande à tous, grands et petits, s'ils croient véritablement à chaque article de foi : ils me répondent tous que oui. Je dis donc à haute voix chaque article et à chacun d'eux, je leur demande s'ils y croient. Eux, après avoir mis les bras en croix sur la poitrine, ils me répondent que oui. Alors, je les baptise, en donnant à chacun son nom par écrit. Ensuite, les hommes rentrent chez eux et en font venir leurs femmes ainsi que le reste de leurs familles, que je baptise selon la même méthode que celle avec laquelle j'ai baptisé les hommes. Une fois terminé le baptême des gens, je fais démolir les maisons où ils gardaient leurs idoles et, après qu'ils sont devenus chrétiens, je leur fais briser les images des idoles en tout petits morceaux. Je n'en aurais jamais

fini si je vous écrivais la grande consolation qu'éprouve mon âme en voyant détruire les idoles des mains de ceux qui ont été idolâtres. Je laisse dans chaque village les prières par écrit et dans leur langue, après avoir donné l'ordre de les enseigner chaque jour, une fois le matin et une autre fois à l'heure des vêpres. Quand j'ai achevé de faire ça dans un village, je m'en vais dans un autre village, si bien qu'en allant de village en village, je fais beaucoup de Chrétiens ; ce dont je tire beaucoup de consolations, bien plus grandes que je ne pourrais vous le dire par lettre ou vous l'expliquer en votre présence.

3. En un autre pays [1] situé à cinquante lieues de celui que je parcours, les habitants m'ont fait dire qu'ils voulaient être chrétiens et ils m'ont prié d'aller les baptiser. Je n'ai pas pu y aller, parce que j'étais occupé à des choses qui intéressent grandement le service du Seigneur. J'ai prié un clerc d'aller les baptiser. Mais après qu'il y fut allé et qu'il les eut baptisés, le roi de ce pays [2] exerça de grands ravages et de grandes cruautés à l'encontre de nombre d'entre eux parce qu'ils s'étaient faits chrétiens. Grâces soient rendues à Dieu notre Seigneur de ce que, de nos jours, les martyrs ne fassent pas défaut. Puisque par la piété le Ciel se peuple si lentement, Dieu notre Seigneur permet, grâce à sa vaste Providence, que le nombre des élus grandisse sans cesse au moyen des actes de cruauté qu'on commet sur la terre.

Le Gouverneur de l'Inde, à propos duquel je vous ai bien des fois écrit pour vous dire combien il est notre ami et celui de toute la Compagnie, a été à un tel point affecté par la mort de ces Chrétiens que, dès que je lui en eus parlé, il a pris la décision d'assembler en mer une grande flotte pour aller capturer et anéantir ce roi ; au point qu'il m'a fallu apaiser sa sainte colère. Le roi qui a fait tuer ces Chrétiens a un frère qui est le véritable héritier du royaume ; mais par peur d'être tué par le roi son frère, il réside en dehors de celui-ci. Ce frère du roi dit que si le Gouverneur le met en possession de son royaume, lui-même se fera chrétien ainsi que ses nobles et le reste des habitants du royaume. C'est pourquoi le Gouverneur a donné ordre aux capitaines de lui remettre son royaume, si ce frère du roi se fait chrétien avec ses gens. Quant au roi qui a fait tuer les Chrétiens, qu'ils le tuent ou qu'ils en fassent ce que moi, je leur dirai au nom du Gouverneur. J'ai espoir, en Dieu notre Seigneur et en son infinie miséricorde, ainsi que dans les très dévotes prières de ceux qu'il fit martyriser, que celui-ci vien-

---

1. Pati, sur l'île de Manar.
2. Chekarâsa Sêkaran, roi de Jaffna.

dra à la connaissance de son erreur, après avoir appelé sur lui la miséricorde divine et fait une salutaire pénitence.

4. Dans un royaume de ces contrées-ci, que nous parcourons François de Mansilhas et moi, à quarante lieues d'ici, le prince de ce royaume a décidé de se faire chrétien ; et lorsque le roi l'a appris, il l'a fait tuer. Ceux qui se sont trouvés présents disent qu'ils ont vu dans le ciel s'élever une croix couleur de feu et qu'à l'endroit où on l'a tué la terre s'est ouverte en forme de croix ; ils disent aussi que bien des infidèles qui ont vu ces signes se sentent très désireux de devenir chrétiens. Un frère de ce prince, à peine eut-il vu ces signes, qu'il a fait venir des Pères [3] pour le faire chrétien et que ces derniers l'ont baptisé. J'ai parlé à ce prince chrétien, qui va demander secours au Gouverneur pour se défendre contre le roi qui a fait tuer son frère. Il me paraît que d'ici peu de jours [4] ce royaume sera converti à notre sainte foi, parce que ses habitants sont très émus à cause de ces signes qu'ils ont vus à la mort du prince, et aussi parce que l'héritier du royaume est le prince qui s'est fait chrétien.

5. Dans un autre pays, très éloigné, situé à près de cinq cents lieues de celui où je me trouve, trois grands seigneurs ainsi que beaucoup d'autres personnes se sont faits chrétiens, il y a environ huit mois. Ces seigneurs ont envoyé des messagers jusqu'aux forteresses du roi du Portugal pour demander des personnes religieuses pour qu'ils leur enseignent et pour qu'ils leur apprennent la Loi de Dieu : jusqu'alors ils n'avaient guère vécu, en effet, que comme des animaux et, dorénavant, ils voulaient vivre comme des hommes qui connaissent et qui servent Dieu. Aussi les capitaines des forteresses royales leur ont procuré des clercs pour accomplir ce saint ministère. D'après toutes les choses que je vous écris, vous pouvez connaître combien ce pays est disposé à donner beaucoup de fruit. Priez donc le Seigneur de la moisson pour qu'il envoie des ouvriers dans sa vigne [5]. J'ai confiance en Dieu notre Seigneur de faire cette année plus de cent mille, tant sont grandes les dispositions qu'on trouve en ces contrées-ci.

Messire Paul est à Goa, au collège de Sainte Foi. Il est le confesseur des étudiants ; il s'occupe aussi bien des maladies spirituelles que des corporelles, veillant continuellement sur eux. Le Roi du Portugal fait tant de choses pour faire grandir cette sainte maison que c'est une chose dont rendre grâces au Seigneur.

---

3. Des Pères franciscains.
4. Exemple d'exagération « marseillaise » dans la bouche ou sous la plume de Xavier.
5. Matthieu 9, 38.

Ceux qui vont venir en ces contrées-ci pour le seul amour et pour le seul service de Dieu notre Seigneur afin d'accroître le nombre des fidèles et afin d'étendre les limites de notre sainte Mère l'Église, étant donné qu'il s'y trouve de telles dispositions, trouveront toute la faveur et toute l'aide nécessaire auprès des Portugais de ce pays[6], au-delà de toute mesure ; ils seront reçus par eux avec beaucoup de charité et beaucoup d'amour, car la Nation portugaise est tellement amie de la Loi divine et désire tant voir ces contrées d'infidèles converties à la foi du Christ notre Rédempteur. Aussi, même si c'était pour la seule raison de répondre à la charité et à l'amour que ceux-ci éprouvent à l'endroit de notre Compagnie, vous devriez quand même envoyer en ces contrées-ci quelques-uns de notre Compagnie. A plus forte raison quand il se trouve par ici de telles dispositions pour faire des Chrétiens. Sur quoi, je m'arrête, pour prier Dieu notre Seigneur de nous faire connaître et de nous faire sentir sa très sainte volonté, et quand nous l'aurons sentie, de nous donner bien des forces et bien des grâces pour l'accomplir en cette vie avec charité.

Votre fils minime dans le Christ.

François

49

A SIMON RODRIGUES, A LISBONNE
(EX.I, 279-282 ; S.II, 539-540)

Cette lettre est un complément des précédentes, le chemin de Rome passant par Lisbonne. Mais on y retrouve ce qui était absent des propos tenus à l'intention des membres de la Compagnie : un jugement sévère sur la présence portugaise en Asie.

Cochin, le 27 janvier 1545

La grâce et l'amour du Christ notre Seigneur soient toujours en notre aide et en notre faveur. Amen.

1. Les lettres que j'écris pour Rome, je les envoie ouvertes pour que vous les lisiez et pour que vous ayez des nouvelles d'ici, en

---

6. Ce qu'il dit ici, le 27 janvier, à l'usage des éventuels candidats à la mission, est en contradiction complète avec ce qu'il disait le 20 janvier au roi Jean III (lettre n° 46), où l'œuvre coloniale est sévèrement jugée.

sorte que vous preniez bien soin d'envoyer beaucoup de gens chaque année : il y a en effet de la place en ces contrées-ci pour servir Dieu notre Seigneur, aussi nombreux que puissent être ceux qui
viendront. Je ne vous conseille point de venir ici, si vous n'êtes pas
en excellente santé, car ce pays est très pénible et requiert des corps
sains et pleins de force. Si vos forces corporelles sont aussi grandes que vos forces spirituelles, je vous prierai instamment de venir.
Je vous dis cela, bien que le Père Ignace soit mieux à même de vous
conseiller et de vous gouverner, car il est notre père à qui nous
devons obéissance : nous ne devons pas bouger sans son conseil
ou sans son ordre.

2. A propos de Jacques Fernandes, je vous apprends que je l'ai
vu à Goa, il y a environ un mois, très en paix, en bonne santé et
très consolé, au collège de Sainte Foi, en compagnie de Maître Jacques et de Messire Paul. Il accomplit là un grand service de Dieu
notre Seigneur ; il est très content de se trouver dans ce collège.
Il m'a dit de vous écrire longuement. N'oubliez pas de lui écrire,
car il vous aime et vous affectionne tellement : il sera en effet très
consolé par vos lettres, où vous pourrez signifier qu'il vous semble bien qu'il se trouve au collège, comme c'est le cas actuellement.

3. François de Mansilhas et moi, nous nous recommandons à
vos dévotes prières et à celles de tous ceux de la Compagnie, car
en nous trouvant ici, nous accomplissons l'œuvre de vous tous.
Recommandez-nous, en général et en particulier, dans vos dévots
sacrifices et dans vos prières, car ici nous avons grand besoin, pour
vivre, de votre aide spirituelle et de celle de tous ceux qui sont vos
dévots.

4. Pour l'amour de Dieu notre Seigneur, je vous prie instamment de m'écrire ou de demander à quelqu'un de la Compagnie
de m'écrire longuement, en général et en particulier, à propos de
tous les Frères du Portugal ou de Rome, car nous n'éprouvons pas
de plus grande consolation que celle de lire vos lettres quand arrivent les navires du Royaume.

Vous lirez à Pierre Carvalho, notre grand ami, la lettre que
j'écris aux Compagnons de Rome et vous lui direz de ma part que
puisque je le compte parmi les Frères de Rome et du Portugal, je
ne lui écris pas plus à lui qu'à eux. Vous direz la même chose à
tous les Frères qui se trouvent avec vous ; car cette lettre, bien
qu'elle soit unique, équivaudra à beaucoup de lettres quand beaucoup l'auront lue.

Quant à l'autre lettre, que j'écris au Père Ignace, vous seul vous
la lirez, ainsi que ceux à qui vous aurez jugé bon de la laisser lire.
Après les avoir lues toutes deux, vous les fermerez et vous les ferez
parvenir à Rome par une voie sûre.

Que notre Seigneur soit toujours à notre aide et qu'il nous accorde la grâce de sentir sa très sainte volonté et des forces pour accomplir et pour réaliser ce que nous voudrions avoir fait à l'heure de notre mort.

5. Les grâces et les indulgences que j'ai fait demander à Rome, en raison de l'insistance avec laquelle le Gouverneur me recommanda, je vous prie et je vous recommande instamment, pour le service de Dieu, de les rappeler au Roi, pour qu'il les fasse demander à Sa Sainteté : ce pays en a grand besoin et j'ai déjà écrit à ce propos au Roi, en sorte qu'il les fasse envoyer pour la consolation du peuple fidèle d'ici.

Quant à la grâce que, les années passées et cette année même, j'ai fait demander au Père Ignace pour le saint collège de la Sainte Foi, afin de satisfaire les dévotes personnes qui l'ont fondé et pour accroître la dévotion de cette maison, c'est qu'il obtienne ceci de Sa Sainteté : que le grand autel de Sainte Foi possède ce privilège, à savoir que tous les prêtres qui y célébreront la messe retirent une âme du purgatoire, de la même façon que sur les autels privilégiés de Rome. Cette grâce et cette indulgence, selon les termes avec lesquels je les ai fait demander, conformément aux ordres du Gouverneur, fera grandir beaucoup la dévotion de cette sainte maison.

6. Envoyez bien des gens dans l'Inde, car ils y dilateront beaucoup les frontières de notre sainte Mère l'Eglise ; pour preuve, la grande expérience que j'ai du défaut, en ces contrées-ci, d'hommes zélés pour la foi du Christ notre Rédempteur et Seigneur. C'est pourquoi je vous recommande cela si instamment. Dieu sait en vérité combien je désirerais vous voir pour ma grande consolation : vous le devez à votre vertu et aux dons que Dieu vous a donnés, car c'est à ce point que vous me faites désirer de vous voir. Si mes désirs pouvaient s'accomplir pour un service plus grand ou pour un service égal de Dieu[1], que vous veniez ici, Dieu sait le plaisir et le contentement que j'éprouverais en vous voyant et en vous servant.

7. Ne permettez pas qu'aucun de vos amis ne vienne en Inde muni de charges ou d'offices royaux, car on peut dire d'eux : « Ils seront effacés du Livre des vivants et ils ne seront pas comptés parmi les justes[2]. » Même si vous avez une grande confiance en leur vertu, n'ayez point l'espoir qu'ils fassent ce qu'ils devront faire, à moins qu'ils ne soient confirmés en grâce comme le furent

---

1. Réminiscence des *Exercices Spirituels*, n° 167, troisième « degré d'humilité ».
2. Psaume 68, 29.

les Apôtres. Les affaires d'ici se trouvent à un point tel de faire ce qu'on ne doit pas faire, que je n'y vois pas de remède : tous en effet avancent sur le chemin de « je vole — tu voles ». Je suis effrayé de voir que tous ceux qui arrivent de là-bas trouvent tant de modes, de temps et de participes à ce misérable verbe « je vole — tu voles ». Ceux qui arrivent munis de ces charges sont si cupides que jamais ils ne lâchent rien de ce qu'ils prennent. Vous pouvez donc déduire de cela combien, parmi ceux qui arrivent munis de charges, il en est qui sont en mauvaise posture pour passer de cette vie à l'autre.

8. Michel Vaz, Vicaire général pour ces contrées-ci de l'Inde et homme très zélé pour le service de Dieu, s'en va. Vous le verrez et, sur sa sainte conversation et sur le zèle qu'il a de l'honneur du Christ, vous pourrez apprécier la valeur de la personne. Il vous informera très longuement des choses d'ici. J'écris au Roi à son sujet. Pour soulager ma conscience et celle de Son Altesse, il faudrait que celle-ci lui ordonne de revenir très vite, en raison du grand besoin qu'on a de lui dans l'Inde : c'est en effet un homme qui défend les brebis de ces contrées-ci contre des loups qui jamais ne sont rassasiés. J'estime que Michel Vaz est un homme qui ne se lasse jamais d'aboyer contre ceux qui massacrent et qui persécutent ceux qui se sont récemment convertis. Si Son Altesse envoyait un autre homme que lui, avant qu'il n'ait acquis l'expérience de ces choses, je ne sais comment elle pourrait avoir raison : Michel Vaz possède en effet celle des douze années qu'il a passées ici et il est très aimé par les bons, et très détesté par les méchants. Parlez donc au Roi pour qu'il le renvoie dans l'Inde.

Votre très cher et très sincère frère dans le Christ.

François

50

A FRANÇOIS MANSILHAS,
SUR LA COTE DE LA PECHERIE
(EX.I, 284-288 ; S.II, 553-554)

Avec François Mansilhas, nous retrouvons la routine assez triste de la mission de la Côte sud-indienne (Voir lettres n° 21 à n° 45). Mais saint François Xavier tourne déjà ses regards vers Malacca et vers le monde malais de l'Insulinde.

Negapatam, le 7 avril 1545

1. Très cher Père [1] et Frère mien. Dieu sait combien j'aurais plus de joie à vous voir qu'à vous écrire, pour vous apprendre la méthode que vous devez suivre sur cette Côte dans le service de Dieu notre Seigneur, en veillant sur ces Chrétiens. Je vous dis cela parce que je ne sais pas encore ce qu'il va advenir de moi.

2. Que Dieu notre Seigneur nous fasse sentir à temps sa très sainte volonté. Il veut de nous que nous soyons toujours prêts à l'accomplir chaque fois qu'il nous la manifestera et qu'il nous la fera sentir à l'intérieur de nos âmes ; pour être bien en cette vie, nous devons être des pèlerins afin d'aller partout, là où nous pouvons servir Dieu notre Seigneur.

3. Je possède des informations certaines selon lesquelles dans la région de Malacca, les gens manifestent de grandes dispositions pour servir Dieu, mais que, faute d'hommes pour y travailler, beaucoup manquent de devenir chrétiens et notre sainte Foi ne s'y accroît pas. J'ignore ce qu'à ce propos il en est à Jaffna et c'est pourquoi je ne suis pas encore décidé à partir pour Malacca ou à rester. J'ai tout le mois de mai pour me décider à partir. Si c'est le cas, que Dieu notre Seigneur daigne se servir de moi et veuille que je parte pour les îles de Macassar [2] où des gens se sont récemment faits chrétiens et dont le roi a fait demander des Pères à Malacca. Je ne sais rien de ces Pères partis là-bas y enseigner notre sainte Foi et notre sainte Loi ; au cas où je me déciderais, pendant le mois de mai, à aller là-bas, j'enverrai à Goa un *patamar* [3] au Seigneur Gouverneur pour lui faire savoir que je m'en vais dans ces contrées, en sorte qu'il donne ordre au capitaine de Malacca de m'apporter aide et faveur, car pour servir Dieu notre Seigneur, on en a besoin. Au cas où je partirais pour les îles de Macassar, je vous écrirai.

4. Je vous prie instamment de ne pas vous lasser de travailler auprès de ces gens, de prêcher tout le temps dans tous les villages, de baptiser avec beaucoup de diligence les petits enfants qui naissent et de faire apprendre les prières dans tous les villages. Vous recevrez de la part de Jean da Cruz [4] deux mille *fanões* qu'il a collectés pendant la dernière pêche aux perles, pour l'éducation des

---

1. Entre-temps, François Mansilhas a été ordonné prêtre.
2. On croyait alors que Célèbes (aujourd'hui *Sulawesi* en indonésien) formait non une île unique, mais un archipel, celui de *Macassar*, nom que portent encore maintenant une ville et une péninsule de Célèbes.
3. Courrier terrestre.
4. Indien de Calicut baptisé et anobli à Lisbonne.

enfants ; quant aux *fanões* que vous avez confiés au P. Jean de Lisano, vous les recouvrerez aussi. C'est avec une grande diligence que vous ferez apprendre les prières sur toute cette Côte ; vous ne vous établirez pas dans un village, mais vous irez continuellement de village en village pour rendre visite à ces Chrétiens comme je le faisais lorsque je me trouvais là-bas, car de la sorte vous servirez Dieu davantage.

5. Tenez compte aussi à Manappâd des dépenses qu'on a faites pour cette église, car j'ai confié à Jacques Rebelo la garde des deux mille *fanões* donnés par Unnikê Tiruvadi pour construire des églises sur ses terres. Le P. François Coelho sait ce qu'on a dépensé : vous dépenserez ce qui reste des deux mille *fanões* pour l'éducation des enfants. Vous rendrez visite aux Chrétiens qui se sont convertis sur la Côte de Travancore, en répartissant le mieux qu'il vous semblera ces Pères malabars dans toutes ces contrées ; vous veillerez à ce qu'ils vivent droitement et chastement, en travaillant pour le service de Dieu et en donnant bon exemple d'eux-mêmes [5].

6. Vous donnerez au P. Jean de Lisano cent *fanões* qu'il m'a prêtés alors que vous vous trouviez à Punnaikâyal, pour les affaires des Chrétiens ; vous verserez ces *fanões* à l'éducation des enfants. Vous ne dépenserez les *fanões* destinés à l'éducation des enfants à rien d'autre, si ce n'est la rétribution des maîtres qui enseignent diligemment les prières aux enfants.

7. Il y a deux choses que je vous recommande instamment : la première, c'est d'aller continuellement de village en village en pérégrination, pour baptiser les enfants qui naissent et pour faire enseigner avec diligence les prières. La seconde, c'est de veiller beaucoup sur ces Pères malabars, qu'ils ne portent point préjudice à eux-mêmes ou aux autres. Si vous voyez qu'ils se conduisent mal, vous les réprimanderez et vous les punirez, car c'est un grand péché que de ne pas punir celui qui le mérite, et principalement ceux qui, par leur manière de vivre, scandalisent bien des gens.

8. Aidez Cosme de Paiva à soulager sa conscience du poids des nombreux vols qu'il a commis sur cette Côte, et des méfaits et des morts d'hommes survenus à Tûttukkudi par la faute de sa grande cupidité. De plus, vous posant en ami de son honneur, conseillez-lui de rendre l'argent qu'il a pris à ceux qui ont tué les Portugais, car c'est une bien laide chose que de vendre pour de l'argent le sang des Portugais ; et je ne lui écris point, parce que je n'espère aucun

---

5. On n'avait guère confiance en la capacité des Indiens ordonnés prêtres de vivre chastement.

amendement de sa part. C'est pourquoi, dites-lui en mon nom que je l'avertis que je me dois d'écrire au Roi pour lui révéler ses méfaits et au Seigneur Gouverneur pour qu'il le punisse, et à l'Infant Don Henri pour que, par le biais de l'Inquisition, il fasse punir ceux qui persécutent les convertis à notre sainte Loi et à notre sainte Foi ; c'est pourquoi, qu'il s'amende.

9. Si Jean d'Artiaga s'en va chez vous, ne permettez pas qu'il reste plus longtemps sur la Côte. Dites à Cosme de Paiva de ne pas lui verser d'argent, parce qu'il n'est pas fait pour rester dans ce pays. Vous ferez bon accueil à Vasco Fernandes, porteur de cette lettre, car j'ai espoir en Dieu notre Seigneur qu'il va appartenir à notre Compagnie ; c'est un homme excellent, mû par un grand désir de servir Dieu et c'est une raison pour que nous lui soyons favorables. Au sujet de vous-même, de ces Chrétiens et de Cosme de Paiva vous m'écrirez longuement, me disant si ce dernier s'amende et s'il restitue ce qu'il a pris aux Chrétiens.

Que notre Seigneur soit toujours à votre aide, comme je le désire pour moi-même.

Votre frère dans le Christ.

François

51

A MAITRE JACQUES ET A MESSIRE PAUL, A GOA
(EX.I, 291-294 ; S.II, 593-595)

Un mois s'est écoulé entre la précédente lettre et celle-ci : la décision de partir de l'Inde proprement dite pour le monde malais et ce que nous nommons maintenant l'Indonésie est arrêtée. Rien n'empêchera saint François Xavier d'aller à Malacca ; s'il n'y a pas de navire portugais en partance, il s'embarquera sur un vaisseau musulman ou païen.

Saint-Thomas de Mailapur [1], le 8 mai 1545

Très chers et très aimants Frères dans le Christ Jésus. La grâce

---

1. Mailapur (Meliapur) est aujourd'hui un faubourg de la ville de Madras. Mailapur est aussi appelé « Saint-Thomas » ici et dans d'autres textes, car saint Thomas, disciple incrédule aux premiers moments de la Résurrection de Jésus, et apôtre des Indes selon la tradition nestorienne ou chrétienne orientale (reprise d'ailleurs par les Latins), est censé y être enterré (S.II, 561-579).

et l'amour du Christ notre Seigneur soient toujours en notre faveur et pour notre aide. Amen.

1. On n'a pas pris Jaffna et le roi qui devait se faire chrétien n'en a pas pris possession. On n'a pas pu le faire parce qu'un navire du Roi[2] venant de Pégou[3] a échoué sur la côte et que le roi de Jaffna s'est emparé de sa cargaison[4] : aussi longtemps qu'on n'aura pas récupéré ce que le roi de Jaffna a pris, on ne fera pas ce que le Seigneur Gouverneur avait ordonné. Plaise à Dieu qu'il le fasse, si c'est son service.

Je suis resté à Negapatam pendant quelques jours et les vents ne m'ont point permis de retourner au Cap Comorin. Antoine a été forcé de venir avec moi à Saint-Thomas. Dans cette sainte maison[5], je pris pour occupation de prier Dieu notre Seigneur de me faire sentir en mon âme sa très sainte volonté et de me donner la ferme résolution de l'accomplir, et en outre la ferme espérance qu'il me permette de mener à bien ce qu'il m'a permis de désirer[6]. En raison de son habituelle miséricorde, Dieu a voulu se souvenir de moi, en me prodiguant une consolation intérieure pour me faire sentir et reconnaître que c'est sa volonté que j'aille en ce pays de Malacca, où des gens se sont récemment faits chrétiens, afin de leur donner l'intelligence et l'enseignement de notre sainte et véritable Foi, au moyen de la traduction des articles et des commandements de notre sainte Loi et de notre sainte Foi en leur langue, accompagnée de quelques explications. Etant donné que c'est volontairement qu'ils sont venus se faire chrétiens, il est juste, très chers Frères, que nous les favorisions particulièrement. Pour qu'ils sachent demander à Dieu l'accroissement de leur foi et la grâce d'observer sa Loi, je traduirai en leur langue le Notre Père et l'Ave Maria, ainsi que d'autres prières telles que la confession générale, afin que quotidiennement ils puissent confesser à Dieu leurs péchés. Celle-ci leur servira de remplacement à la confession sacramentelle jusqu'au moment où Dieu donnera des prêtres capables de comprendre leur langue.

2. Le P. François Mansilhas ainsi que d'autres Pères, qui sont malabars, restent auprès des Chrétiens du Cap Comorin, et là où ils se trouvent on n'a pas besoin de moi. Les Pères qui ont hiverné

---

2. Le Roi du Portugal.
3. Pégou, c'est-à-dire la Birmanie.
4. Genre de pillage parfaitement normal selon les normes de l'époque et le droit en usage en Inde.
5. C'est-à-dire le sanctuaire censé renfermer la tombe de l'Apôtre des Indes.
6. Philippiens, 1, 6 ; 2, 13.

à Mozambique en compagnie d'autres Pères que j'attends cette année, s'en iront chez des princes de Ceylan, quand ces derniers seront revenus en leur pays. J'espère en Dieu notre Seigneur qu'au cours de ce voyage il m'accordera beaucoup de grâces, puisque c'est déjà avec une si grande satisfaction de mon âme et tant de consolation spirituelle qu'il m'a fait sentir sa très sainte volonté que je parte en ce pays de Malacca, qui récemment s'est fait chrétien. Je suis tellement décidé à accomplir ce que Dieu m'a fait sentir en mon âme que, si je ne le faisais pas, il me semblerait que j'irais contre la volonté de Dieu et que ni en cette vie, ni dans l'autre, il ne me ferait plus grâce. Si les navires portugais ne partent pas cette année pour Malacca, je m'en irai sur un navire de Maures ou de Gentils. J'ai tellement foi en Dieu notre Seigneur, très chers Frères, que seulement pour l'amour de Dieu je fais ce voyage, et que même si aucun bateau ne partait de cette côte et que je dusse partir en *catamaran*[7], c'est en toute confiance que je partirais, car j'ai mis toute mon espérance en Dieu. Pour l'amour et pour le service de Dieu notre Seigneur, je vous prie, très chers Frères dans le Christ, de vous souvenir continuellement de moi, qui suis pécheur, dans vos sacrifices et dans vos prières continuelles, et de me recommander à Dieu. J'espère partir à la fin du mois d'août pour Malacca, parce que les navires qui partiront attendent présentement la mousson. J'écris au Seigneur Gouverneur pour qu'il me fasse parvenir un édit destiné au capitaine de Malacca, lui prescrivant de me fournir un moyen de naviguer et tout ce qui est nécessaire pour aller dans les îles de Macassar. Pour l'amour de notre Seigneur, prenez le soin d'envoyer un message à Sa Seigneurie et de l'acheminer par ce *patamar*. Vous me ferez aussi parvenir par ce *patamar* un petit bréviaire romain. Vous me recommanderez beaucoup à notre grand et fidèle ami Cosme Anes. Je ne lui écris pas, car cette lettre vous est destinée à tous trois.

3. Si des étrangers appartenant à notre Compagnie viennent ici sans savoir parler le portugais, il est nécessaire qu'ils apprennent à le parler, parce qu'autrement il n'y aura point de *tupâssi* pour les comprendre. De Malacca, je vous écrirai très longuement pour vous rendre compte de ceux qui sont déjà devenus chrétiens et de la disposition qu'y ont là-bas les gens de le devenir, en sorte que, de l'endroit où vous êtes, vous fournissiez des personnes capables de faire croître notre sainte Foi. Cette maison s'appelle en effet

---

7. De *kattumaram*, radeau de Coromandel, constitué par des troncs d'arbres liés ensemble, alors que nos modernes catamarans ne sont que des embarcations à voile faites de deux coques accouplées.

« Sainte Foi » et il est assuré que par ses œuvres elle mérite ce nom. Par l'intermédiaire des *patamar*-s qui partiront en juillet, je vous écrirai plus longuement. Que notre Seigneur nous réunisse dans sa sainte gloire, parce que je ne sais pas si nous nous reverrons en cette vie.

Votre Frère minime.

François

52

AUX COMPAGNONS VIVANT EN EUROPE
(EX.I, 298-301 ; S.III, 44-45)

Saint François Xavier est parvenu à bon port, à l'extrémité sud de la péninsule malaise. Il manifeste ici sa satisfaction et l'espoir qu'il éprouve de bientôt pouvoir se transporter aux Célèbes (les « Iles de Macassar »).

Malacca, le 10 novembre 1545

Jhus

Très chers Frères dans le Christ.

La grâce et l'amour du Christ notre Seigneur soient toujours en notre aide et en notre faveur. Amen.

1. Depuis l'Inde, je vous ai écrit longuement au sujet de moi-même avant de partir pour les Iles de Macassar où deux rois se sont faits chrétiens. Voici un mois et demi que je suis arrivé à Malacca où je suis en train d'attendre la mousson nécessaire pour aller aux Iles de Macassar. Si Dieu le veut, je partirai d'ici un mois et demi. Les gens qui reviennent de ces contrées-là disent que c'est un pays qui offre des dispositions pour que beaucoup s'y fassent chrétiens, étant donné qu'ils ne possèdent point de maison d'idoles ni de personnel les incitant à rester dans la gentilité[1]. Ils adorent le soleil quand ils le voient et il n'y a pas d'autre religion païenne chez eux. Ce sont aussi des gens en guerre permanente les uns contre les autres.

Depuis mon arrivée à Malacca, qui est une grande ville adon-

---

1. Ce n'est pas vrai : il y avait aux Célèbes un corps sacerdotal, les *bissu*-s ; S.III, 44, note 375.

née au commerce maritime, les occupations pieuses ne me font pas défaut. Chaque dimanche, je prêche à la *Sé*[2] et je ne suis pas aussi satisfait de mes prédications que ceux qui ont la patience de m'écouter. J'enseigne chaque jour pendant une heure ou plus les prières aux enfants. J'habite à l'hôpital, j'y confesse les pauvres malades, je leur dis la messe et je leur donne la communion. Je suis tellement sollicité pour les confessions qu'il ne m'est pas possible de satisfaire tout le monde. La plus grande occupation que j'ai est de traduire les prières du latin en une langue qu'on puisse comprendre aux Iles de Macassar. C'est une chose très pénible que de ne pas en savoir la langue.

Quand je suis parti de l'Inde, je suis parti d'un village de Saint-Thomas, où, d'après ce qu'en disent les Gentils du pays, se trouve le corps de l'apôtre saint Thomas. A Saint-Thomas, il y a plus de cent Portugais qui sont établis. Il y a une fort dévote église et tous sont d'avis que s'y trouve le corps du glorieux Apôtre.

Alors que j'étais à Saint-Thomas en train d'attendre le moment de partir pour Malacca, j'ai trouvé un marchand qui avait un navire avec des marchandises. Je lui parlai des choses de Dieu et Dieu lui fit sentir qu'il y avait d'autres marchandises avec lesquelles il n'avait jamais fait de commerce, si bien qu'il abandonna son navire et ses marchandises et que nous partîmes ensemble pour les îles de Macassar, car il avait décidé de vivre sa vie dans la pauvreté, au service de Dieu notre Seigneur. C'est un homme de trente-cinq ans. Il a été toute sa vie dans le monde un soldat et, à présent, le voici soldat du Christ. Il se nomme Jean de Eiró.

2. Plus tard, à Malacca, on m'a donné de nombreuses lettres de Rome et du Portugal que j'ai reçues et que je reçois avec tant de consolation chaque fois que je les lis, et je les lis si souvent qu'il me semble que je suis transporté chez vous ou que vous, très chers, vous l'êtes là où je suis, sinon corporellement, du moins en esprit.

6. Les Pères qui sont arrivés de chez vous cette année avec Jean de Castro, m'ont écrit de Goa à Malacca. Je leur écris maintenant pour leur dire d'aller au Cap Comorin, en sorte que deux d'entre eux s'en aillent tenir compagnie à notre très cher Frère François Mansilhas qui est resté là-bas avec trois prêtres natifs du pays pour enseigner la doctrine aux Chrétiens du Cap Comorin. Quant au troisième, qu'il reste à Sainte Foi pour enseigner la grammaire latine.

7. Etant donné que le navire est très pressé de prendre le large,

---

2. Terme commun dans les pays de civilisation portugaise pour désigner une cathédrale ou une pro-cathédrale.

je n'écris point une seconde fois ce que j'ai déjà écrit depuis l'Inde. Je vous écrirai très longuement l'année prochaine à propos de la Gentilité des Iles de Macassar. Et surtout, très chers Frères, pour l'amour de Dieu, je vous prie de nous envoyer chaque année beaucoup de notre Compagnie, car ils font grandement défaut ici ; pour vaquer d'ailleurs parmi les Gentils, la science n'est pas nécessaire ; mais que ceux qui viennent aient été bien éprouvés. Je m'arrête d'écrire pour prier notre Seigneur de nous faire sentir à l'intérieur de nos âmes sa très sainte volonté et qu'il nous donne des forces pour l'accomplir et pour la mettre en œuvre.

Votre Frère minime et votre serviteur.

François

53

INSTRUCTION POUR LES CATECHISTES DE LA COMPAGNIE
(EX. II, 304-307)

Parvenu à travers une traduction latine du P. Pierre Poussines, ce texte catéchétique pourrait passer pour une répétition ennuyeuse de vérités connues par tous les fils de l'Eglise, si n'y apparaissait pas l'esprit méthodique ou le génie pédagogique des Exercices Spirituels.

Malacca, le 10 novembre 1545

Aux Catéchistes de la Compagnie de Jésus aux Indes.

1. Je vais vous proposer ici, très chers Frères, une voie et une méthode éprouvées par l'expérience et couronnées de succès, pour enseigner des éléments de doctrine chrétienne à ces peuples ignorants et j'ai l'espoir que, si vous les suivez, il se fera que vous en retiriez des fruits non négligeables pour la gloire de Dieu et de notre Seigneur Jésus-Christ et pour le salut des âmes.

2. Une fois assemblée la population, venue pour l'explication du catéchisme, une fois fait le signe de la croix, la tête découverte et les mains levées au ciel, que le catéchiste donne ordre à deux enfants spécialement préparés de répéter d'une voix claire et intelligible dans un grand espace la prière dominicale. Il prononce d'abord les mots un à un et les enfants les répètent aussitôt.

3. Après quoi, que le catéchiste dise à toute l'assemblée : Maintenant, mes Frères, faisons profession de notre Foi et exercice des

trois actes principaux des trois plus excellentes vertus, qui sont appelées « théologales », à savoir la Foi, l'Espérance et la Charité.

4. Qu'il commence alors par la Foi en interrogeant de la sorte ceux qui sont présents : Croyez-vous tous en un seul vrai Dieu, tout-puissant, éternel, immense et infiniment sage ? Que tous répondent : oui, Père, par la grâce de Dieu, nous croyons. Que le catéchiste ajoute : Maintenant, dites tous aussi avec moi : Seigneur Jésus-Christ, Fils du Dieu vivant, donnez-nous la grâce de croire très fermement cet article de notre sainte Foi. Pour y parvenir, ajoutons un Notre Père, que tous vont réciter à voix basse et en entier. Là-dessus, que le maître élève à nouveau la voix en disant : Faites ceci et répétez avec moi : Sainte Vierge Marie, Mère de Dieu, obtenez-nous de Dieu la grâce de croire très fermement cet article de foi, notre sainte Foi, et pour que nous l'obtenions d'elle par nos prières, récitons tous maintenant à voix basse la salutation angélique. Une fois que tous l'ont récitée en secret, que le maître reprenne la parole : Croyez-vous, mes Frères, que ce Dieu véritable est un, est unique, est un seul Dieu dans son essence et trine en ses personnes, Dieu le Père, Dieu le Fils, et Dieu le Saint Esprit ? Que tous répondent : Oui, Père, par la grâce de Dieu, nous croyons cela. Ensuite, que tous récitent les deux prières de la façon ci-dessus mentionnée, avec un Pater et un Ave, en se tenant debout, chacun en secret et à sa place. Alors, que leur soit faite cette autre interrogation : Croyez-vous, mes Frères, que ce même Dieu est le créateur de toute chose, notre sauveur et notre glorificateur ? Que tous disent alors : Oui, Père, par la grâce de Dieu, nous croyons cela. A ce moment-là, qu'on fasse deux demandes de la même façon que ci-dessus, avec un Pater et un Ave. Que soient exposés de la sorte les articles restants, les uns après les autres, et particulièrement ceux qui se rapportent à l'humanité du Christ notre Seigneur, en posant les questions de cette façon : Croyez-vous, mes Frères, que la seconde Personne de la Très sainte Trinité, le Fils de Dieu, son fils unique, a été conçu du Saint Esprit, s'est incarné dans les entrailles de la très pure Vierge Marie, et est né de la même Notre Dame toujours vierge ? Ils répondront : Oui, Père, nous croyons cela par la grâce de Dieu. On fera alors deux demandes, après y avoir ajouté un Pater et un Ave, de la façon décrite ci-dessus. Le catéchiste ajoutera : Croyez-vous, mes Frères, que ce même Fils de Dieu fait homme a été crucifié, est mort, a été enterré, est descendu aux enfers et en a délivré les âmes des saints Patriarches qui s'y trouvaient en attendant son saint avènement ? Qu'ils disent : Oui, par la grâce de Dieu, nous croyons, et qu'ils ajoutent aussitôt les demandes habituelles. Alors le maître

dira : Croyez-vous que le même, Notre Seigneur, est ressuscité le troisième jour, ensuite est monté au ciel et là, siège à la droite du Père tout-puissant, d'où il viendra juger les vivants et les morts, en examinant et en récompensant selon leurs mérites les bonnes actions, ou en punissant les mauvaises qu'ils ont faites en cette vie ? Ils répondront : Oui, nous le croyons parfaitement, par la grâce de Dieu. Qu'on ajoute alors les demandes habituelles avec un Pater et un Ave. Sur ce, le catéchiste dira : Croyez-vous que l'enfer existe, c'est-à-dire un bûcher éternel, où ceux qui seront morts exclus de la grâce divine seront sans fin torturés ; qu'il existe aussi un paradis et une gloire éternelle dont jouiront les hommes bons qui ont achevé leur vie dans la grâce de Dieu : qu'il existe enfin un purgatoire où les âmes satisferont pendant un certain temps à la justice divine en subissant les peines encourues pour leurs péchés, étant donné que tout en ayant fini de commettre des fautes en cette vie, ils n'ont cependant pas fini d'en subir les peines qu'ils ont méritées à cause d'elles ?

Qu'il ajoute : Croyez-vous aux sept sacrements, à la doctrine entière des saints Evangiles et à tout ce qu'en outre croit et professe la sainte Eglise romaine ? Ils diront : Toutes ces choses, nous les croyons par la grâce de Dieu. Qu'ils fassent ensuite deux demandes avec le même nombre de Pater et d'Ave. Alors le maître dira : Offrons au Saint Esprit ces Pater et ces Ave répétés sept fois, en sorte qu'il daigne enrichir nos âmes de ses sept dons, et particulièrement de ceux qui peuvent nous aider à croire bien fermement tout ce que nous enseigne la sainte Foi catholique.

5. Que le maître dise après cela : Jusqu'à présent, mes Frères, nous n'avons fait que profession de notre sainte Foi. Il nous reste à nous exercer ensuite aux actes des deux autres vertus, l'Espérance et la Charité, dont nous avons parlé au début. Faites donc et dites avec moi : Jésus-Christ, mon Dieu et mon Seigneur, fort de votre divine miséricorde, j'espère que par vos mérites, et mû et aidé par votre grâce, coopérant avec des œuvres chrétiennes, observant vos commandements, je parviendrai un jour à la gloire et à la félicité pour lesquelles vous m'avez créé. Je vous aime, mon Dieu, plus que tout et de tout mon cœur. Je regrette de vous avoir offensé, étant donné que vous êtes celui que vous êtes, très digne de toute louange, de toute vénération et de toute obéissance, en raison de l'amour suprême que je vous dois et parce que j'ai envers vous une estime plus grande que tout ce qu'on voudra ; je prends donc la résolution très ferme de ne jamais faire ce qui pourrait offenser votre divine volonté ni ce qui me pousserait vers le danger de déchoir de votre sainte grâce. Amen.

6. Que les catéchistes des écoles fassent toujours cette sorte de prélude. Après quoi, que le catéchiste explique plus en détail quelque dogme de notre sainte Foi, d'un sacrement ou d'une vertu, ou de la prière ou d'une de ces choses qu'un Chrétien a avantage à connaître. Que par une conversation soutenue mais facile, adaptée aux capacités des ignorants, il explique ce qu'il enseigne et ce qu'il a enseigné, qu'il le confirme par la narration d'un exemple en accord avec le sujet traité. Ensuite qu'il dise la formule de la confession générale et que les enfants répètent ses paroles. Qu'il leur enjoigne de s'efforcer pendant ce temps de faire sortir du fond de leurs âmes un acte de véritable contrition ou de douleur ressentie à propos des péchés de par un amour sincère de Dieu offensé. Qu'il ordonne à la fin à tous de réciter trois Ave Maria : le premier en faveur de ceux qui sont présents, les deux autres pour d'autres selon le choix.

54

AUX COMPAGNONS VIVANT A GOA
(EX.I, 308-310 ; S.III, 47-48)

Sur la foi d'informations nouvelles, saint François Xavier a modifié ses plans ; il ne part plus pour les Célèbes mais pour Amboine, autre partie de l'archipel indonésien. Avant de s'éloigner encore plus de l'Inde, il envoie des recommandations à ses Frères de Goa.

Malacca, le 16 décembre 1545

Très chers Pères et Frères miens,

La grâce et l'amour du Christ notre Seigneur soient toujours en notre aide et en notre faveur. Amen.

1. Par l'intermédiaire du P. Commandeur [1], je vous ai longuement écrit que j'étais sur le point de partir pour le pays de Macassar. Comme les nouvelles reçues de là-bas ne sont pas aussi bonnes que nous le pensions, je n'y suis point parti ; mais je vais à Amboine où il y a beaucoup de Chrétiens et de notables dispositions chez ses habitants pour se convertir. Je vous écrirai depuis là-bas au sujet des dispositions présentées par ce pays et du fruit qu'on peut y faire. Compte tenu de l'expérience que j'ai du Cap

---

1. Sans doute un prêtre séculier commandeur d'un Ordre militaire.

Comorin et de Goa et de celle que j'aurai, s'il plaît à Dieu, d'Amboine et des contrées des Moluques, je vous écrirai sur ce qui se présentera de plus approprié pour servir davantage Dieu et pour accroître la très sainte foi du Christ notre Seigneur.

2. Par cette lettre, je vous demande, très chers Pères et Frères Jean de Beira et Antoine Criminali, de vous tenir prêts, dès que vous l'aurez vue, à partir pour le Cap Comorin où vous accomplirez un plus grand service de Dieu qu'en restant à Goa. Là, vous trouverez le P. François Mansilhas qui connaît le pays et qui sait comment vous devrez vous y comporter. Si le P. François Mansilhas se trouve à Goa, vous irez tous trois ensemble. Je vous prie, pour l'amour de Dieu, de ne pas faire le contraire et, pour quelque motif que ce soit, de ne pas vous abstenir d'aller au Cap Comorin. Le P. Nicolas Lancilotto restera à Saint-Paul pour y enseigner la grammaire latine, puisqu'il en a reçu l'ordre en venant du Portugal. Comme j'ai l'assurance de vos Charités que vous ne ferez pas le contraire de ce que je vous écris, je n'en dis pas plus.

3. Pour l'amour de Jésus-Christ, je vous prie, Messire Paul, de veiller beaucoup sur cette maison et surtout, je vous recommande d'être obéissant envers ceux qui ont la charge de gouverner cette maison. En faisant cela, vous me ferez un immense plaisir ; en effet, si moi je me trouvais là-bas, je ne ferais rien de contraire à la volonté de ceux qui ont la charge de cette sainte maison, mais je leur obéirais en tout ce qu'ils ordonneraient. Et puis j'ai en Dieu l'espoir qu'il vous a fait sentir à l'intérieur de votre âme qu'en rien vous ne pourrez autant le servir qu'en niant votre volonté propre par amour pour Lui.

4. Vous me donnerez des nouvelles de tous les Pères, nos Frères, et du P. François de Mansilhas, par le bateau qui partira pour Maluco. Et faites en sorte de m'écrire très longuement, car j'aurai grand plaisir à lire vos lettres. Je vous prie, très chers Frères, de prier toujours Dieu pour moi dans vos pieuses oraisons et dans vos saints sacrifices, car je vais voyager dans des pays où j'ai grand besoin de vos prières.

5. Simon Botelho part vers vous ; c'est un ami de cette sainte maison. Il vous donnera tout particulièrement de mes nouvelles. Je suis son grand ami, car lui, c'est un homme de grand bien et un ami de Dieu et de la vérité. Je vous prie de garder son amitié. Il s'est très bien comporté envers moi en me faisant donner tout ce qui était nécessaire à mon embarquement, avec beaucoup d'amour et de charité. Que notre Seigneur le récompense, car moi je lui suis très obligé.

Que Dieu notre Seigneur, très chers Frères dans le Christ, nous assemble dans sa sainte gloire, car en cette vie nous sommes si éloignés les uns des autres.

Votre Frère minime dans le Christ.

François

55

AUX COMPAGNONS VIVANT EN EUROPE
(EX.I, 318-335 ; S.III, 131-140)

Près de cinq mois séparent cette lettre de la précédente. Accompagnée d'une annexe ou hijuela *(« fille »), celle-ci fourmille de renseignements de tout ordre. Selon un schéma qui n'est point particulier à l'esprit de saint François Xavier, puisque c'est celui qui a présidé aux grandes entreprises portugaises en Afrique et en Asie, il est essentiel de* prendre l'Islam par le revers *: Célèbes et Moluques forment la frange orientale de ce monde indonésien en voie d'islamisation entre le XIIIᵉ et le XVIᵉ siècles. C'est là que les missionnaires chrétiens ont le plus de chance de pouvoir encore couper l'herbe sous les pieds de ceux de l'Islam. Les « Maures » de ces Indes très lointaines surprennent Xavier qui les a d'abord conçus à travers ceux de l'Espagne, c'est-à-dire plus convaincus et plus cultivés. Enfin, comme tant d'autres voyageurs venus d'Europe, il ne désespère pas de trouver en Extrême-Orient une grande nation chrétienne, reflet déformé de faits historiques réels (les missions nestoriennes puis franciscaines de Mongolie et de Chine) et de leur amplification mythique médiévale (« le royaume du Prêtre Jean »).*

Amboine, le 10 mai 1546

Très chers Frères dans le Christ,

La grâce et l'amour du Christ notre Seigneur soit toujours en notre aide et en notre faveur. Amen.

1. L'an 1545, je vous ai écrit longuement pour vous apprendre qu'en un pays appelé Macassar, deux rois s'étaient faits chrétiens, en compagnie de bien d'autres gens. En raison des grandes dispositions qui existaient dans ce pays pour y accroître notre sainte Foi (d'après les informations qu'on m'en avait données), j'avais quitté le Cap Comorin pour Macassar par la mer, car on ne peut pas y aller par la terre. Du Cap Comorin aux îles de Macassar, il y a plus de neuf cents lieues. Avant de quitter le Cap Comorin, j'ai donné l'ordre de subvenir aux besoins spirituels des Chrétiens de ce pays

en leur laissant cinq Pères : les trois natifs du pays et François Mansilhas ainsi qu'un autre Père espagnol[1]. Cinq Frères de l'Ordre de saint François, ainsi que d'autres clercs, sont restés auprès des Chrétiens de l'île de Ceylan, qui se trouve près du Cap Comorin. Voyant que je n'étais pas nécessaire et qu'on n'avait pas besoin de moi ni parmi les Chrétiens du Cap Comorin ni parmi ceux de Ceylan, voyant aussi qu'il ne se trouve point de Chrétiens nouvellement convertis dans l'Inde en dehors des forteresses du Roi[2] et que ceux qui vivent dans les forteresses du Roi sont avec des vicaires qui ont la charge de les instruire et de les baptiser, je pris la décision de partir pour Macassar.

En me rendant au port où j'allais m'embarquer pour partir en voyage, j'ai trouvé un marchand avec son navire. Cet homme me pria de le confesser : ce qu'avec beaucoup de sagesse humaine il ne serait jamais parvenu à décider, il le choisit en se vainquant lui-même avec une grande violence et en choisissant le chemin du ciel. De par sa miséricorde, Dieu a voulu lui faire sentir tant de choses à l'intérieur de son âme qu'un jour il s'est confessé et que, le lendemain, il a pris la résolution, sur le lieu même où on tua l'apôtre saint Thomas, de vendre son bateau et tout ce qu'il avait, pour tout donner aux pauvres, sans rien garder pour soi, en dispensateur généreux. Et c'est ainsi que nous nous sommes embarqués pour Macassar.

2. Au milieu du voyage, nous arrivâmes dans une ville appelée Malacca, où le Roi possède une forteresse. Le capitaine de cette forteresse m'apprit qu'il avait envoyé un clerc, homme fort pieux, avec un grand nombre de Portugais, sur un galion bien pourvu de tout le nécessaire pour venir en aide à ceux qui se sont faits chrétiens. Jusqu'à ce que nous ayons de leurs nouvelles, il était d'avis que je ne devais pas partir pour cette île. C'est pourquoi je suis resté à Malacca trois mois et demi, en attendant des nouvelles des îles Macassar.

Pendant ce temps, les occupations spirituelles ne m'ont pas manqué : prêcher le dimanche et les jours de fête, confesser beaucoup de personnes, les malades de l'hôpital où je logeais, aussi bien que les autres en bonne santé. Pendant tout ce temps, j'ai enseigné aux enfants et aux Chrétiens nouvellement convertis la doctrine chrétienne. Avec l'aide de Dieu notre Seigneur, j'ai fait souvent la paix entre les soldats et les habitants de la ville. La nuit, j'allais par les rues de la ville avec une clochette pour recommander aux prières

---

1. Jean de Lisano.
2. Le roi du Portugal.

les âmes du purgatoire, accompagné d'un grand nombre d'enfants, pris parmi ceux auxquels j'enseignais la doctrine chrétienne.

3. Passés ces trois mois et demi, les vents grâce auxquels les bateaux peuvent venir de Macassar cessèrent de souffler. N'ayant aucune nouvelle du Père [3], je pris la décision de partir pour une autre forteresse du Roi nommée Maluco [4], qui est la dernière de toutes [5]. Près de cette forteresse, à soixante lieues d'elle, il y a deux îles : l'une a trente lieues de pourtour, est fort peuplée et se nomme Amboine. Le Roi a concédé cette île à un homme de bien, qui est bon chrétien et qui doit venir y vivre d'ici un an et demi avec sa femme et sa maisonnée [6]. J'ai trouvé dans cette île sept villages habités par des Chrétiens. J'ai baptisé les enfants que j'avais trouvés sans baptême ; beaucoup d'entre eux sont morts une fois baptisés et donc il semble que Dieu notre Seigneur les a gardés jusqu'à ce qu'ils soient mis sur le chemin du salut. Après avoir visité tous ces villages, huit navires portugais sont arrivés dans cette île. Pendant les trois mois de leur présence ici, mes occupations furent très nombreuses : prêcher, confesser, visiter les malades pour les aider à bien mourir, ce qui est fort difficile avec des personnes qui n'ont pas vécu de manière très conforme avec la Loi de Dieu. Car ceux-ci ont moins confiance, quand ils meurent, en la miséricorde divine que lorsqu'ils vivaient pleins de confiance en elle, tout en passant leur existence dans de continuels péchés et sans vouloir en perdre l'habitude. Avec l'aide de Dieu, je me suis fait beaucoup d'amis parmi les soldats, qui ne vivent jamais en paix sur cette île d'Amboine. Ils sont partis en mai pour l'Inde ; mon compagnon Jean de Eiró et moi, nous partons pour Maluco, qui se trouve à soixante lieues d'ici.

4. Sur l'autre côte des Moluques [7], se trouve un pays nommé Ile du Maure [8], située à soixante lieues de Maluco. Là-bas, il y a déjà

---

3. Vincent Viegas.

4. Le même nom *(Maluco)* sert dans le texte à désigner la ville et forteresse portugaise de Ternate, située sur une petite île peu éloignée de celle, bien grande, de Halmahera, et l'ensemble de l'archipel des Moluques *(Maluco* en portugais, *Maluku* aujourd'hui en indonésien), dont font partie et Ternate et Halmahera.

5. C'est le point le plus oriental de l'empire maritime portugais.

6. Jourdan de Freitas, Portugais qui reçoit en fief de son roi Jean III cette île indonésienne.

7. Le texte dit : *Maluco*, mais ce n'est ni le vaste archipel des Moluques ni la petite île où il y a la ville de Maluco = Ternate, mais celle de Halmahera, la plus vaste de l'archipel.

8. En espagnol ou en portugais, on pense irrésistiblement au sens d'*ilha do Mouro, isla del Moro* = île du Musulman mais cette île s'appelle *Morotai* en indonésien.

bien des années, beaucoup d'habitants se sont faits chrétiens ; mais en raison de la mort des clercs qui les avaient baptisés, ils sont restés sans protection et sans enseignement. Le pays du Maure est en effet très dangereux ; ses habitants sont pleins de traîtrise et mettent souvent du poison dans la boisson et dans la nourriture. C'est la raison pour laquelle les personnes qui auraient pu veiller sur ces Chrétiens ont cessé de se rendre dans ce pays du Maure. Moi, en raison du besoin qu'ont ces Chrétiens de l'île du Maure d'enseignement spirituel et de quelqu'un qui les baptise pour le salut de leurs âmes, en raison aussi de la nécessité où je me trouve de perdre ma vie temporelle pour aller au secours de la vie spirituelle de mon prochain, je pris la décision de partir pour l'île du Maure pour y secourir les Chrétiens dans les choses spirituelles, après m'être offert à tous les dangers de mort, après avoir mis toute mon espérance et toute ma confiance en Dieu notre Seigneur, car j'étais mû par le désir de me conformer dans toute la mesure de mes petites et pauvres forces à la parole du Christ, notre Rédempteur et Sauveur, qui a dit : « Celui qui veut sauver son âme, la perdra ; celui qui a perdu son âme à cause de moi, la trouvera [9]. » Il est facile de comprendre ce latin ainsi que cette sentence du Seigneur en son sens général. Mais quand on s'apprête à l'appliquer aux circonstances particulières et à perdre sa vie pour Dieu pour la retrouver en lui, en s'exposant à des cas dangereux où, selon toute probabilité, on s'attend à perdre sa vie au moyen de ce qu'on aura voulu décider, alors celle-ci devient si obscure que même le latin, pourtant fort clair, en vient à s'obscurcir aussi. Et dans un pareil cas, seul parvient à comprendre, me semble-t-il, aussi savant soit-il, celui à qui Dieu notre Seigneur veut bien donner des explications, de par son infinie miséricorde, pour ces circonstances particulières. Alors, on connaît la condition de notre chair et on sait combien elle est faible et infirme. Beaucoup de mes amis et des personnes qui me sont dévouées, ont insisté pour que je n'aille pas dans un pays si dangereux. Voyant qu'ils ne pouvaient pas me convaincre de ne pas y aller, ils m'ont donné bien des choses contre l'empoisonnement. Après les avoir bien remerciés de leur amour et de leur bienveillance, je me suis abstenu de prendre les contrepoisons qu'ils m'ont donnés avec tant d'amour et tant de larmes, pour ne pas me charger d'une peur que je n'avais pas, car j'avais mis toute mon espérance en Dieu et je ne voulais rien en perdre ; je leur ai plutôt demandé de se souvenir continuellement de moi dans leurs prières, ce qui est le plus sûr des contrepoisons qu'on puisse trouver.

9. Matthieu, 16, 25.

5. Je me suis vu, au cours du voyage du Cap Comorin à Malacca et aux Moluques, en proie à de nombreux dangers, aussi bien parmi les tempêtes de la mer qu'au milieu des ennemis. C'est ainsi que je me suis trouvé à bord d'un bateau de quatre cents tonneaux ; nous avons navigué avec un vent fort plus d'une lieue, avec la quille qui touchait continuellement le fond : pendant tout ce temps, si nous avions heurté un rocher, le bateau se serait disloqué ; ou, si nous avions trouvé moins d'eau d'un côté que de l'autre, nous serions restés à sec. J'ai vu alors beaucoup de larmes à bord. Dieu notre Seigneur a voulu nous éprouver et nous faire connaître ce que nous sommes quand nous plaçons notre espérance dans nos propres forces ou quand nous mettons notre confiance dans des choses créées ; il nous apprend aussi que lorsque nous sortons de ces fausses espérances et que nous nous en méfions, en sorte de n'espérer que dans le Créateur de toute chose, celui-ci a le pouvoir de nous rendre forts si c'est pour son amour que les dangers sont affrontés. Ainsi, ceux qui s'y trouvent plongés et les acceptent pour le seul amour de Dieu, croient sans hésitation que tout ce qui est créé est soumis à l'obéissance du Créateur et ils connaissent avec clarté que dans de pareils moments, les consolations sont plus grandes que les effrois de la mort, si, en effet, c'est là qu'il faut finir ses jours. Et une fois finies les peines et une fois passés les dangers, l'homme ne sait plus ni raconter ni décrire ce qui s'est passé au moment où il s'y trouvait ; le souvenir de ce qui s'est passé reste imprimé pour dire de ne jamais se lasser de servir un Seigneur si bon, aussi bien présentement qu'à l'avenir, et d'espérer dans le Seigneur, dont les miséricordes sont sans fin, qu'il lui donnera des forces pour le servir.

6. Pendant mon séjour à Malacca, c'est-à-dire à la moitié du voyage de l'Inde à Maluco, on m'a transmis des nouvelles touchant l'arrivée de trois de nos compagnons à Goa, l'an 1545. Eux-mêmes m'ont écrit et m'ont envoyé les lettres qu'ils apportaient de Rome ; Dieu notre Seigneur sait quelle consolation j'ai éprouvée en recevant d'aussi bonnes nouvelles de notre Compagnie. L'un d'eux était venu pour enseigner la grammaire latine au collège de Sainte Foi et les deux autres pour aller dans les contrées où, selon mon avis, ils pourraient accomplir un plus grand service de Dieu notre Seigneur. Je leur ai écrit pour que l'un d'eux reste à Sainte Foi, celui venu enseigner la grammaire latine, et que les deux autres partent au Cap Comorin tenir compagnie à François Mansilhas. A présent, en cette année 1546, je leur écris de venir à Maluco, l'an prochain, car ces contrées-ci offrent de meilleures dispositions pour le service de Dieu que l'endroit où ils se trouvent à présent.

7. Ces contrées des Moluques sont entièrement faites d'îles, puisqu'on n'y a encore découvert aucune terre ferme. Ces îles sont si nombreuses qu'on ne peut pas les compter ; elles sont presque toutes habitées. Faute de quelqu'un pour exiger d'eux qu'ils se fassent chrétiens, ils ne le deviennent point. S'il y avait à Maluco une maison de la Compagnie, le nombre des gens qui se feraient chrétiens serait très élevé. J'ai pris la résolution de fonder une maison dans cette extrémité du monde qu'est Maluco en raison du grand service de Dieu qu'on peut y accomplir.

8. Les Gentils sont aux Moluques plus nombreux que les Maures. Gentils et Maures s'entendent mal. Les Maures veulent en effet que les Gentils se fassent Maures ou bien qu'ils deviennent leurs esclaves. Et les Gentils ne veulent être ni des Maures, ni moins encore leurs esclaves. S'il se trouvait ici quelqu'un pour leur prêcher la vérité, tous deviendraient chrétiens, car les Gentils préfèrent être chrétiens plutôt que maures. C'est depuis soixante-dix ans que des gens qui étaient tous des Gentils se sont faits maures. Deux ou trois *qassîs* [10] venus de la Mecque, qui est une maison où se trouve, d'après ce que disent les Maures, le corps de Mahomet [11], convertirent un grand nombre de Gentils à la secte de Mahomet. Ce que ces Maures-ci ont de meilleur, c'est qu'ils ne savent rien de leur perverse secte. C'est par manque de quelqu'un pour leur prêcher la vérité que ces Maures ne se font pas chrétiens.

9. Si je vous fais un rapport si détaillé, c'est pour que vous vous fassiez un souci très particulier et pour que vous ayez un souvenir très spécial de cette si grande perdition des âmes : combien se perdent, faute d'un secours spirituel ! Les hommes qui n'auraient ni la science ni le talent nécessaires pour être de la Compagnie, n'auraient que faire et du savoir et du talent en ces contrées-ci, à condition qu'ils aient la volonté de venir vivre et mourir parmi ces gens. S'il en venait chaque année une douzaine, il faudrait peu de temps pour que soit détruite ici la secte mauvaise de Mahomet et tous se feraient chrétiens. Ainsi, Dieu notre Seigneur ne serait pas aussi offensé qu'à présent, puisqu'il ne s'y trouve personne pour combattre les vices et les péchés de l'infidélité.

10. Pour l'amour du Christ notre Seigneur, de sa très sainte Mère et de tous les saints qui se trouvent dans la gloire du Paradis, je vous prie, très chers Frères et Pères à moi, de vous souvenir spé-

---

10. Terme arabe qui signifie « prêtre », improprement employé ici comme en portugais avec le sens d'*imâm* (sunnite).

11. Xavier confond la Mecque et Médine, la Ka'ba et la tombe du Prophète des Musulmans.

cialement de moi afin de me recommander continuellement à Dieu, car je vis dans une telle nécessité de sa faveur et de son aide ! En raison de la grande nécessité où je me trouve de votre appui spirituel constant, en raison aussi des multiples expériences que j'en ai eues, je sais que c'est par votre invocation que Dieu notre Seigneur m'a aidé et m'a favorisé lors de nombreuses épreuves du corps et de l'esprit. Afin de ne jamais vous oublier, pour vous avoir continuellement et spécialement en mémoire, et pour ma grande consolation, apprenez de moi, très chers Frères, que j'ai découpé vos noms, écrits de vos propres mains, sur les lettres que vous m'avez écrites, et que je les ai joints au vœu de profession que j'ai fait, et que je les porte sur moi continuellement en raison des consolations que j'en reçois. C'est à Dieu que j'en rends d'abord grâces, mais ensuite à vous, Frères et Pères très doux, puisque Dieu vous a rendus capables de me consoler tellement quand je porte vos noms sur moi. Et puisque nous nous verrons bien vite dans l'autre vie de manière plus paisible qu'en celle-ci, je n'en dis pas plus.

Votre Frère et votre Fils minime.

François

11. Les gens de ces îles [12] sont très barbares et pleins de traîtrise. Ils sont plutôt bruns que noirs et ce sont des gens extrêmement déplaisants. Il y a, dans ces parages, des îles où les gens se mangent les uns les autres ; c'est ce qui arrive quand les uns sont en guerre contre les autres et qu'ils sont tués au combat et non pas dans d'autres circonstances. Lorsqu'ils meurent à la suite d'une maladie, on sert à manger leurs mains et leurs talons au cours d'un grand banquet. Ces gens sont si barbares qu'il y a des îles où un voisin (quand il veut donner une grande fête) demande à son voisin de lui avancer son père, pour le manger, s'il est très vieux ; ceci, contre la promesse qu'il lui donnera son propre père quand ce dernier sera vieux, le jour où il voudra offrir un banquet [13]. D'ici un mois, j'espère bien aller dans une île où les gens se mangent les uns les autres quand ils s'entretuent à la guerre, île où également les gens s'avancent mutuellement les pères quand ils sont vieux, pour

12. Lettre annexe, écrite sur une autre feuille.

13. Il semblerait que Xavier exagère sans le savoir la barbarie cannibale des habitants de cette île. Il tient son opinion des Portugais, eux-mêmes informés comme presque partout ailleurs dans l'Océan Indien ou l'Asie du sud par les Musulmans, leurs précurseurs et leurs ennemis et rivaux. L'Islam est très fort pour traiter en barbares tous les Polythéistes. Il n'y a qu'à voir la réputation odieuse faite par lui aux Arabes d'avant l'Hégire, traités de sauvages et d'ignorants (*jâhiliya* = paganisme et ignorance).

donner des banquets. Les gens de cette île veulent être chrétiens et c'est la raison pour laquelle je m'en vais là-bas. Il y a parmi eux d'abominables péchés de luxure, tels que vous ne pourriez les croire et que je n'ose pas les dire par écrit.

12. Ces îles sont tempérées et couvertes de grandes et épaisses forêts. Il y pleut souvent. Ces îles des Moluques sont si montagneuses et il est si difficile de s'y déplacer qu'en temps de guerre, pour se défendre, les gens montent sur les hauteurs qui sont leurs forteresses. Il n'y a point de chevaux et l'on ne pourrait pas s'y déplacer à cheval. La terre y tremble souvent et la mer aussi, au point que sur les bateaux qui naviguent lorsque la mer tremble, les gens qui sont à bord ont l'impression qu'ils heurtent des rochers. C'est une chose effrayante que de voir trembler la terre et plus encore la mer. Un grand nombre de ces îles crachent du feu hors d'elles-mêmes en produisant un bruit si fort qu'il n'est point de tir d'artillerie, pour grand qu'il soit, qui fasse autant de bruit ; aux endroits par où sort ce feu, son élan est si grand qu'il entraîne avec soi des rochers très gros. Faute d'hommes pour prêcher dans ces îles sur les supplices de l'enfer, Dieu permet que les enfers s'y ouvrent, pour la confusion de ces infidèles et de leurs abominables péchés.

13. Chacune de ces îles possède une langue propre et il y a même une île où chaque village possède une langue différente. La langue malaise, celle qu'on parle à Malacca, est très répandue en ces contrées. Pendant mon séjour à Malacca, c'est dans cette langue malaise que, non sans peine, j'ai traduit le Credo, assorti d'une explication de ses articles, la confession générale, le Pater Noster, l'Ave Maria, le Salve Regina et les commandements de la Loi, afin qu'ils me comprennent quand je leur parle de choses importantes. Ces gens sont très démunis, parce qu'ils n'ont pas d'écriture et parce que très peu sont ceux qui savent écrire ; la langue dont ils se servent pour écrire est la langue malaise et les lettres qu'ils utilisent sont les lettres arabes, que les *qassîs* maures leur apprirent à écrire et qu'ils leur apprennent actuellement. Avant de se faire maures, ils ne savaient pas écrire.

14. Sur cette île d'Amboine, j'ai vu quelque chose que je n'avais jamais vu de ma vie : c'est un bouc qui a continuellement du lait et qui engendre fréquemment. Il ne possède qu'une seule mamelle, près de ses génitoires mâles, et il produit chaque jour plus d'une écuelle de lait. Les chevreaux boivent son lait. Comme c'est une chose inouïe, un gentilhomme portugais l'emporte en Inde pour l'envoyer au Portugal. J'ai moi-même, et de mes propres mains, trait une fois son lait, parce que je ne croyais pas que ce fût vrai et il me semblait que c'était impossible.

15. J'ai rencontré à Malacca un commerçant portugais qui revenait d'une contrée au commerce fort actif, appelée *Chine*[14]. Ce commerçant m'a dit qu'un Chinois très honorable, qui venait de la cour du roi, lui avait posé beaucoup de questions, notamment si les Chrétiens mangeaient de la viande de porc. Le marchand portugais lui répondit que oui, et lui demanda pourquoi il lui demandait ça. Le Chinois lui répondit qu'en son pays il est bien des gens, dans certaines montagnes, qui sont séparés des autres gens, ne mangent pas de viande de porc et observent des fêtes en grand nombre. Je ne sais de quels gens il peut s'agir, ou si ce sont des Chrétiens qui observent ensemble l'ancienne et la nouvelle Loi, comme le font ceux du Prêtre Jean[15] ou si ce sont des tribus du peuple juif, dont on ne sait rien[16]. En effet, d'après ce que tout le monde dit, ce ne sont pas des Maures.

16. Chaque année, de nombreux navires portugais partent de Malaca pour les ports de Chine. J'ai donné commission à beaucoup de ces Portugais de s'informer sur ces gens ; je leur ai conseillé de bien s'informer sur les cérémonies et sur les coutumes qu'on observe chez eux, pour savoir par ce moyen si ce sont des Chrétiens ou des Juifs. Nombreux sont ceux qui disent que l'apôtre saint Thomas est allé jusqu'en Chine et qu'il y a fait beaucoup de Chrétiens ; que l'Eglise de Grèce[17], avant que les Portugais ne se fissent les maîtres de l'Inde, y envoyait des évêques pour instruire et pour baptiser les Chrétiens que saint Thomas et ses disciples avaient convertis dans ces contrées. A l'époque de l'arrivée des Portugais en Inde, un de ces évêques[18] a dit que lorsqu'il était arrivé de son pays[19] dans l'Inde, il avait appris de la bouche des évêques qu'il y a trouvés que saint Thomas était allé en Chine et

---

14. Les Portugais ont abordé les côtes méridionales de la Chine (Guangdong, région de Canton) dans les années 1514-1516 et, plus au nord-est, le Fujian en 1540-1542.

15. Xavier prend les Chrétiens d'Ethiopie (appellation erronée mais courante de « pays du Prêtre Jean ») pour des Judéo-chrétiens ou des Chrétiens fidèles à la Loi mosaïque. Religieusement, ils ne sont que Coptes...

16. Il faut sans doute moins penser aux communautés juives existant réellement en Chine (Gansu) que du mythe si couru au XVIe siècle des Dix Tribus perdues d'Israël, notamment pour expliquer l'origine des Indiens du Nouveau Monde.

17. Xavier confond l'Eglise nestorienne de Mésopotamie (de langue sémitique) avec l'Eglise byzantine qui (vis-à-vis des Eglises de Syrie, de Mésopotamie et d'Egypte, jacobite, monophysite, nestorienne, etc.) est « romaine » à sa façon.

18. Mar Jacob, ami de Xavier dans le sud de l'Inde.

19. Il venait d'Iraq, résidence de l'Eglise mère dont celle des « Syromalabars » est la fille.

qu'il y avait fait des Chrétiens. Si j'apprends quelque chose de sûr, je vous l'écrirai pour le courrier de l'an prochain ; ce que je vous écrirai, c'est ce que j'aurai vu et appris par ma propre expérience de ces contrées [20].

56

AUX COMPAGNONS VIVANT EN INDE
(EX.I, 339-344 ; S.III, 136-138)

Cette lettre, qui porte la même date que la précédente, n'ira pas jusqu'en Europe mais s'arrêtera en chemin. L'Inde seule peut, en attendant mieux, fournir les hommes nécessaires à la nouvelle mission des Moluques.

Amboine, le 10 mai 1546

La grâce et l'amour de Dieu notre Seigneur soient toujours en notre aide et en notre faveur. Amen.

1. L'an 1545, je vous ai écrit de Malacca par deux voies ; P. Jean de Beira et vous, P. Antoine Criminali, je vous demandais, par la présente lettre, dès que vous l'auriez vue, de partir pour le Cap Comorin, y enseigner la doctrine et y aider ces pauvres Chrétiens, ainsi que tenir compagnie au P. François de Mansilhas, que j'avais laissé avec les Chrétiens du Cap Comorin et aussi avec le P. Jean de Lisano et trois autres Pères originaires du pays ; c'est pour votre plus grand mérite que je vous avais donné cet ordre en vertu de la sainte obéissance.

C'est au début de janvier que je suis parti de Malacca pour les Moluques et je suis arrivé en cette île d'Amboine le 14 février. A mon arrivée, j'ai aussitôt visité deux villages de Chrétiens qui se trouvent dans cette île, pour baptiser beaucoup de petits enfants qui n'étaient pas encore baptisés. Après que j'eus finis de les baptiser, la flotte de Ferdinand de Sousa arriva jusqu'à l'île en même temps que les Castillans qui sont venus de Nouvelle Espagne [1] aux

---

20. Comme tous les Européens voyageant en Asie, Xavier est hanté par le souvenir de la Chine antérieure à l'arrivée des Mings au pouvoir (1368), c'est-à-dire sous administration mongole et ouverte au christianisme. Comme tant d'autres, il envisage comme plausible l'hypothèse que la Chine soit ou chrétienne ou partagée entre les trois religions abrahamiques, à l'instar du monde méditerranéen.

1. Mexique.

Moluques, à bord de huit navires. J'ai eu tant d'occupations spirituelles avec cette flotte, à confesser continuellement, prêcher le dimanche, les réconcilier, visiter les malades pour les confesser et les aider à bien mourir, que le temps nécessaire pour m'acquitter de mes devoirs envers tous m'a fait défaut. Assurément, les occupations, elles, ne m'ont pas fait défaut, aussi bien pendant le carême qu'après. Je vois bien la disposition de ce pays envers notre foi. J'ai l'espoir en Dieu que lorsque le Seigneur de cette île viendra s'y établir, à savoir Jourdan de Freitas, actuellement capitaine des Moluques, excellent homme, plein de zèle pour l'accroissement de notre sainte foi, toute cette île deviendra chrétienne. Il doit venir s'y établir à partir de novembre 1546 et plus probablement au cours de l'année 1547. Cette île d'Amboine mesure vingt-cinq à trente lieues de circonférence ; elle est très peuplée et il s'y trouve sept villages de Chrétiens. Il y a aussi un autre pays situé à cent trente lieues d'Amboine, appelé Côte du Maure. Il s'y trouve beaucoup de Chrétiens, qui, d'après ce qu'on me dit, ignorent complètement la doctrine. Je pars là-bas dès que je le peux.

2. Je vous donne ce compte rendu pour que vous sachiez combien vos personnes nous font ici défaut. Bien que je sache que vous êtes très nécessaires là où vous êtes, je vous prie instamment, vous et le Père François Mansilhas, ainsi que vous Jean de Beira, pour l'amour du Christ notre Seigneur, de venir ici. Afin que vous ayez plus de mérite en venant, c'est en vertu de la sainte obéissance que je vous ordonne de venir. Si le cas se produit qu'un d'entre vous soit mort, vous ferez qu'un autre Père aille avec le P. Antoine Criminali, si bien qu'un de vous trois devra rester avec les Chrétiens du Cap Comorin et avec les Pères originaires du pays. Si cette année quelques Pères de notre Compagnie débarquent, je les prie instamment, pour l'amour de Dieu notre Seigneur, d'aller tous au Cap Comorin pour y enseigner la doctrine et pour y aider ces Chrétiens. Vous m'adresserez aux Moluques les nouvelles venues cette année du Portugal, et très en détail, et vous me ferez parvenir ces lettres par les Pères qui vont venir aux Moluques.

Pour que ceux qui vont venir cette année du Royaume [2] aient davantage de mérite, c'est en vertu de la sainte obéissance qu'ils s'en iront au Cap Comorin.

3. Il m'apparaît que ces lettres de moi ne pourront pas vous être remises au plus tôt avant la fin du mois de février 1547. La même année, au début du mois d'avril, un navire du Roi part de Goa pour les Moluques et c'est à son bord que vous viendrez. Dès que

---

2. Portugal.

vous aurez vu ces lettres de moi, vous quitterez le Cap Comorin pour Goa et vous vous tiendrez prêts à partir pour les Moluques, ainsi que je vous l'ai dit. Les gens des Moluques ont l'espoir que sur ce même navire, le roi des Moluques va venir, lui qui avait été emmené prisonnier [3]. Les Portugais des Moluques espèrent aussi la venue d'un nouveau capitaine pour s'emparer de la forteresse de Maluco. Si le roi de là-bas devient chrétien, j'ai bon espoir en Dieu notre Seigneur que bien des gens vont devenir chrétiens dans ce pays des Moluques. Même s'il ne devient pas chrétien, soyez certains qu'avec votre venue ici un grand service de Dieu notre Seigneur pourra être accompli en ce pays.

Vous deux qui allez venir ici, vous apporterez chacun tous les objets nécessaires pour dire la messe ; que les calices soient en cuivre, car c'est un métal plus fiable que l'argent, eu égard au fait que nous nous trouvons parmi des gens impies. Comme je suis sûr de vous comme d'autres personnes de la Compagnie et certain que vous accomplirez ce que je vous prie de faire pour l'amour de Dieu notre Seigneur et que c'est pour votre plus grand mérite que je vous l'ordonne au nom de l'obéissance, je n'en dis pas plus, sinon que j'ai le grand plaisir de vous attendre et plaise à Dieu que ce soit pour son plus grand service et pour la consolation de nos âmes.

4. Messire Paul, mon Frère, ce que je vous ai déjà demandé bien des fois pour l'amour de Dieu notre Seigneur, en votre présence aussi bien que par lettres, encore une fois je vous le redemande, et de toutes mes forces : tâchez d'obéir en toute chose à ceux qui ont la charge de gouverner ce saint collège. Si je m'y trouvais à votre place, je n'œuvrerais à rien autant qu'à faire la volonté de ceux qui régissent cette sainte maison. Croyez-moi, Messire Paul, mon Frère, s'il y a une chose tout à fait sûre pour atteindre une réussite continuelle, c'est de désirer toujours être commandé, sans jamais contredire celui qui vous commande. Inversement, il n'est rien d'aussi dangereux pour un homme que d'accomplir sa propre volonté, contre ce qu'on lui ordonne. Même si vous touchez au but, mais en faisant le contraire de ce qu'on vous ordonne, eh bien croyez-moi, Messire Paul mon Frère, votre erreur est plus grande que votre réussite.

En toute chose obéissez donc à Maître Jacques et faites sa volonté, ce qui sera en effet toujours conforme à la volonté de Dieu notre Seigneur. Ainsi, en agissant de la sorte, et je vous en prie instamment, vous pouvez être certain de m'accorder une grande faveur.

---

3. Le roi Hairun déporté par les Portugais en Inde en 1545.

5. Les moines castillans de l'Ordre de saint Augustin, qui vont à Goa, vous donneront de mes nouvelles. Je vous prie instamment de les aider dans toute la mesure du possible, en leur témoignant beaucoup d'amour et de charité, car ce sont des personnes si saintes et si religieuses qu'elles méritent le meilleur accueil. Aussitôt après, vous enverrez cette lettre à nos Frères qui se trouvent au Cap Comorin, pour qu'ils viennent à Goa et de là, au mois d'avril, partent pour les Moluques à bord d'un navire du Roi.

6. Je vous prie instamment, pour le service de Dieu notre Seigneur, de vous efforcer à emmener avec vous des personnes de bonnes mœurs qui puissent vous aider à enseigner la doctrine chrétienne dans les villages de ces îles. Qu'au moins l'un d'entre vous s'emploie à attirer à lui un compagnon. Si ce n'est pas un prêtre ordonné, que ce soit un laïc qui se sente ou qui s'estime bafoué par le monde, par le démon ou par la chair et que, par ces derniers, il ait perdu son honneur devant Dieu et devant ses saints, désirant donc se venger d'eux.

Que notre Seigneur nous rassemble dans son saint royaume par son infinie miséricorde, car ce sera avec plus de plaisir et de repos qu'ici, en cette vie.

Votre Frère minime.

François

57

A JEAN III, ROI DU PORTUGAL
(EX.I, 346-348 ; S.III, 138-140)

Malgré sa relative brièveté, cette lettre adressée au roi du Portugal présente beaucoup d'intérêt. Avant de recommander à sa bienveillance des sujets méritants, saint François Xavier se préoccupe du salut des âmes portugaises ou présumées telles, dispersées en Asie. Contre le crypto-paganisme des fils métis, il demande des prédicateurs. Contre le crypto-judaïsme et le crypto-islam des Nouveaux Chrétiens, *plus libres et moins surveillés sur ces rivages lointains que sur le sol lusitanien, il demande l'extension de l'Inquisition aux Indes, institution qui lui paraît fort utile et avec laquelle il avait collaboré avant son départ de Lisbonne (voir lettre 9).*

Amboine, le 16 mai 1546

+

Seigneur,

1. Par une autre voie, j'ai écrit à Votre Altesse pour lui dire quel grand besoin de prédicateurs se faisait sentir en Inde ; en raison de leur manque, en effet, notre sainte foi est en train de se perdre parmi nos Portugais. Cela, je le dis en raison de la grande expérience que j'ai acquise en allant de forteresse en forteresse. Le commerce que nous avons avec les infidèles est si intense, et notre dévotion si peu de chose, que l'on a bien plus vite fait de négocier des profits matériels que des mystères du Christ notre Rédempteur et Seigneur. Les épouses des Portugais mariés, qui sont natives du pays, et leurs filles et leurs fils métis, se contentent de se déclarer Portugais de souche ; mais ils ne le sont pas quant à la Loi religieuse. La raison en est le manque de prédicateurs ici pour leur enseigner la Loi du Christ.

2. Le second besoin dans lequel se trouve l'Inde, pour que ceux qui y vivent soient de bons Chrétiens, c'est que Votre Altesse y envoie la Sainte Inquisition. Il en est beaucoup, en effet, qui vivent selon la Loi mosaïque ou d'après la secte des Maures[1], sans éprouver aucune crainte de Dieu et sans aucune pudeur. C'est parce que ceux-ci sont nombreux et disséminés dans toutes les forteresses, que la Sainte Inquisition et un grand nombre de prédicateurs sont nécessaires. Que Votre Altesse pourvoie donc ses loyaux et fidèles sujets de l'Inde de choses si nécessaires.

3. En compagnie de Ferdinand de Sousa, grand capitaine d'une flotte venue de l'Inde aux Moluques pour porter secours à la forteresse, en raison de la venue des Castillans de la Nouvelle Espagne, trois capitaines sont arrivés, loyaux et fidèles sujets de Votre Altesse. L'un d'eux a été tué par les Maures de Gilolo d'un coup de bombarde, son nom est Jean Galvão. Deux autres, qui s'appellent Emmanuel de Mesquita et Lionel de Lima, ont bien servi Votre Altesse en aidant à faire lever le siège auquel était soumise la forteresse qu'a Votre Altesse à Maluco : ils ont pris sur leurs propres

---

1. Comme l'Espagne voisine, le Portugal a connu la mesure de proscription du Judaïsme et de l'Islam, les adeptes de ces deux religions étant « libres » d'émigrer s'ils tenaient à elles, ou de devenir catholiques s'ils voulaient rester au pays. Ce qui causa la naissance d'une nouvelle « race d'hommes », extérieurement catholiques et intérieurement juifs ou musulmans, les Chrétiens Nouveaux. L'Inquisition eut pour but premier, dans la Péninsule, de mettre un terme à ces formes mixtes de religion. Par la navigation, les Chrétiens Nouveaux du Portugal s'étaient répandus jusqu'en Asie et c'est pour eux, non pas pour les Asiatiques néophytes du christianisme, que Xavier réclame l'Inquisition.

biens et sur ceux de leurs amis pour donner à manger à de pauvres *lascarins*[2] et pour faire bon accueil aux Castillans venus de
la Nouvelle Espagne, en leur donnant de quoi se vêtir et de quoi
manger, les traitant en prochains plutôt qu'en ennemis. Comme
ces capitaines de Votre Altesse sont des gentilshommes plutôt que
des *chatins*[3] ou des marchands, ils ne sauront pas, pour alléger
leurs dépenses, tirer profit du clou de girofle que Dieu fait pousser en ce pays. C'est de Dieu d'abord qu'ils attendent la récompense de leurs services et ensuite de Votre Altesse, car ils l'ont si
bien servie au cours de ce pénible voyage jusqu'aux Moluques,
entrepris au grand péril de leurs âmes et de leurs vies. Que Votre
Altesse se souvienne d'Emmanuel de Mesquita qui est sur un navire
plein de Castillans et de Portugais qu'il nourrit de sa propre
bourse ; c'est lui aussi qui finance la *fusta*[4] sur laquelle il navigue, ainsi que son équipage qu'il nourrit. Lionel de Lima supporte
aussi bien des dépenses. Que Votre Altesse se souvienne d'eux et
leur fasse grâce, car ils le méritent. Que Dieu notre Seigneur fasse
croître l'état et la vie de Votre Altesse pendant de nombreuses
années, pour le grand service de Dieu et pour l'accroissement de
notre sainte foi.

Serviteur inutile de Votre Altesse.

François

58

EXPLICATION DU SYMBOLE DE LA FOI
(EX.I, 355-369)

Rien de neuf à attendre, croirait-on, d'un texte qui veut être un
simple condensé du dogme catholique. Erreur : saint François
Xavier y a laissé sa marque personnelle, ainsi que son attention
envers les réalités sociales d'une Asie mise en contact avec l'uni-
vers marchand des Portugais.

Ternate, août-septembre 1546

Réjouissez-vous, Chrétiens, d'entendre dire et de savoir que Dieu
a, en créant, fait toutes les choses pour le service des hommes.

2. Soldats auxiliaires.
3. Mercanti des Indes.
4. Navire à rames.

1. En premier lieu, il créa les cieux et la terre, les anges, le soleil, la lune, les étoiles, le jour ainsi que la nuit, les herbes, les fruits, les oiseaux, les bêtes qui vivent sur la terre, la mer et les rivières, les poissons qui vivent dans les eaux. Après qu'il eut fini de créer toutes les choses, il créa en dernier l'homme à son image et à sa ressemblance. Le premier homme que Dieu créa fut Adam et la première femme, Eve. Après avoir créé Adam et Eve au Paradis terrestre, les avoir bénis et mariés, Dieu leur ordonna de faire des enfants et de peupler la terre de gens. C'est d'Adam et d'Eve que nous tous, les gens du monde, nous venons.

Et puisque Dieu ne donna pas à Adam plus d'une femme, il est clair que c'est en s'opposant à Dieu que les Maures et les Gentils, ainsi que les mauvais Chrétiens ont plusieurs femmes ; il est également vrai que ceux qui sont en état de concubinage s'opposent à Dieu par leur vie, car c'est d'abord Dieu qui maria Adam et Eve en leur donnant l'ordre de croître et de se multiplier en faisant des enfants de bénédiction. De même, ceux qui font leurs adorations dans des pagodes à la façon des infidèles et ceux qui croient aux sortilèges, aux sorts et aux devins, pèchent gravement contre Dieu, car ils adorent le diable et croient en lui, et le prennent pour leur Seigneur, en délaissant le Dieu qui les créa et qui leur donna une âme, une vie, un corps et tout ce qu'ils ont. Ces misérables perdent par leurs idolâtries les Cieux, qui sont le lieu des âmes, et la gloire du Paradis pour laquelle ils ont été créés. Au contraire, les Chrétiens véritables et loyaux envers leur Dieu et Seigneur croient en un seul Dieu véritable, Créateur des Cieux et de la terre, et l'adorent de par leur volonté et leur cœur. Ce qu'ils montrent bien quand ils se rendent dans les églises et y voient des images, qui sont des souvenirs des saints qui se trouvent avec Dieu dans la gloire du Paradis ; ils mettent les genoux à terre, quand ils se trouvent dans les églises et élèvent les mains vers les Cieux, vers où se trouve le Seigneur Dieu, car c'est là tout leur bien et toute leur consolation, en professant ce que dit saint Pierre : Je crois en Dieu, le Père tout-puissant, Créateur du Ciel et de la Terre.

2. En premier lieu, Dieu créa les anges dans les Cieux avant de créer les hommes sur la terre. Saint Michel, le premier et le chef de tous, ainsi que la plupart des anges, adorèrent aussitôt leur Dieu, rendant grâces à celui qui les avait créés et le louant. Au contraire, Lucifer et avec lui beaucoup d'anges ne voulurent pas adorer leur Créateur et dirent avec orgueil : « Montons et soyons semblables à Dieu qui se trouve au plus haut des Cieux. » En raison du péché d'orgueil, Dieu précipita des Cieux, jusqu'en Enfer, Lucifer et les anges qui étaient avec lui.

Par envie d'Adam et d'Eve, premiers humains que Dieu avait créés dans la grâce, Lucifer tenta ceux-ci par le péché d'orgueil au Paradis terrestre, leur donnant l'avis qu'ils seraient comme Dieu s'ils mangeaient du fruit que leur Créateur leur avait interdit. Mus par le désir d'être comme Dieu, Adam et Eve donnèrent leur consentement à la tentation, mangèrent aussitôt du fruit défendu, perdant ainsi la grâce dans laquelle ils avaient été créés. C'est à cause de leurs péchés que le Seigneur Dieu les jeta hors du Paradis terrestre et qu'eux, ils durent vivre en dehors de celui-ci dans les peines, pendant neuf cents ans, pour faire pénitence du péché qu'ils avaient commis. Leur péché était si grand que ni Adam ni ses enfants ne pouvaient le compenser ni regagner la gloire du Paradis qu'ils avaient perdu par leur orgueil, celui de vouloir être comme Dieu ; si bien que les portes des Cieux se fermèrent sans que ni Adam ni ses enfants ne puissent y entrer, en raison du péché qu'ils avaient commis.

O Chrétiens, que va-t-il nous advenir, malheureux que nous sommes, étant donné que, pour un péché d'orgueil, les démons furent précipités des Cieux en Enfer et, pour un autre péché d'orgueil, Adam et Eve furent chassés du Paradis terrestre : pauvres pécheurs que nous sommes, allons-nous monter aux Cieux chargés de tant de péchés, alors que notre perte est si évidente ?

3. Saint Michel, notre ami véritable, et les anges demeurés dans les Cieux, pris de pitié et de compassion pour nous autres pécheurs, et les anges tous ensemble, demandèrent au Seigneur Dieu miséricorde pour les maux qui nous étaient advenus à la suite du péché d'Adam et d'Eve. Les anges disaient dans les Cieux : « O Dieu bon et Seigneur compatissant, et Père de tous les gens : maintenant, Seigneur, voici venu le moment du salut des gens ! Ouvrez, Seigneur, à vos enfants les portes des Cieux, car cette Vierge est née de sainte Anne et de Joachim sans le péché d'Adam ; elle est sainte plus que toutes les femmes et son nom est Marie ! Sa vertu et sa sainteté sont sans égales. Si bien que vous, Seigneur, en une si excellente Vierge, vous allez pouvoir former à partir de son sang virginal un corps humain, de la même façon, Seigneur, que par votre sainte volonté vous avez formé le corps d'Adam. Comme vous êtes infiniment puissant, vous allez pouvoir créer en ce corps, en même temps, une âme infiniment plus sainte que toutes celles que vous avez créées. Alors, à l'instant même, la seconde Personne, Dieu le Fils, descend des Cieux où il est, pour s'incarner dans le ventre de la Vierge Marie. Et c'est de cette si excellente Vierge que va naître Jésus-Christ, Votre Fils, le Sauveur du monde entier. C'est de la sorte, Seigneur, que les Ecritures et que les promesses que vous

avez faites aux Prophètes et aux Patriarches, vos amis, qui se trouvent dans les limbes à attendre votre Fils, Jésus-Christ, leur Seigneur et leur Rédempteur, vont s'accomplir. »

Le Dieu haut, souverain et puissant, mû par la pitié et par la compassion, parce qu'il voyait notre grande misère, envoya le saint ange Gabriel depuis les Cieux à la ville de Nazareth, où se trouvait la Vierge Marie, muni d'une mission d'ambassade et chargé de dire : « Que Dieu te sauve, Marie, pleine de grâce. Le Seigneur est avec toi et tu es bénie entre toutes les femmes. L'Esprit Saint viendra sur toi et la force du Dieu très haut t'illuminera. Celui qui va naître de toi sera appelé Jésus-Christ, Fils de Dieu. » La sainte Vierge Marie répondit au saint ange Gabriel : « Voici l'esclave du Seigneur. Que soit faite en moi sa sainte volonté. » A l'instant même où la sainte Vierge Marie obéit au message d'ambassade que saint Gabriel lui avait apporté de la part de Dieu le Père, Dieu forma, dans le ventre de cette Vierge, un corps humain à partir de son sang virginal et, en même temps, il créa une âme dans le même corps. La seconde Personne, Dieu le Fils, à cet instant même, s'incarna dans le ventre de la Vierge Marie, en unissant son âme et son corps très saints ! Depuis ce jour où le Fils de Dieu s'incarna jusqu'à celui où il naquit, neuf mois s'écoulèrent. Une fois ce temps terminé, Jésus-Christ, Sauveur du monde entier, parce qu'il est Dieu et homme véritable, naquit de la Vierge Marie.

Ce que saint André professa en disant ceci : Je crois en Jésus-Christ, Fils de Dieu, notre seul Seigneur.

Et aussitôt après lui, saint Jean dit : Je crois que Jésus-Christ fut conçu de l'Esprit Saint et qu'il naquit de la Vierge Marie.

4. C'est à Bethléem, près de Jérusalem, que le Christ notre Seigneur et notre Rédempteur naquit ! Alors, les anges et la Vierge sa mère, ainsi que son époux, les trois Rois et beaucoup d'autres l'adorèrent en tant que Seigneur. Mais Hérode, méchant qu'il était, alors roi de Jérusalem, mû par le désir de régner, décida de le tuer. Averti par l'ange de s'enfuir de Bethléem en Egypte et d'emmener Jésus-Christ et sa mère, parce qu'Hérode désirait tuer Jésus-Christ. Saint Joseph s'en alla en Egypte avec Jésus-Christ et sa mère, où il resta jusqu'à ce que Hérode mourut d'une mauvaise mort. Ce dernier fut en effet si cruel qu'à Bethléem et dans les villages avoisinants, il tua tous les enfants qu'il trouva âgés de moins de deux ans en pensant qu'il tuerait Jésus-Christ au nombre d'eux. Une fois Hérode décédé, Jésus-Christ, la Vierge Marie sa mère et saint Joseph revinrent en leur pays, dans la ville de Nazareth, selon l'ordre de l'ange.

Alors qu'il avait douze ans, il monta de Nazareth au temple de

Jérusalem, où se trouvaient les docteurs de la Loi et il leur expliqua les Ecritures des Prophètes et des Patriarches qui parlaient de la venue du Fils de Dieu et tous furent stupéfaits en voyant sa sagesse. Etant retourné à Nazareth, il y resta presque jusqu'à l'âge de trente ans. De là il se rendit au bord de la rivière Jourdain, là où saint Jean Baptiste se trouvait, occupé à baptiser bien des gens. C'est dans cette rivière que saint Jean Baptiste baptisa Jésus-Christ. De là, Jésus s'en alla dans la montagne où il ne mangea point durant quarante jours et quarante nuits. Sur la montagne, le démon qui ne savait pas que Jésus-Christ était fils de Dieu, le tenta par les trois péchés de gourmandise, de convoitise et de vaine gloire. Dans toutes ces tentations, le Christ vainquit le démon. Il descendit victorieux de la montagne et, en Galilée, il convertissait beaucoup de gens et ordonnait aux démons de sortir des corps des gens. Les démons obéissaient à l'ordre de Jésus-Christ et ils sortaient des corps des hommes où ils se trouvaient. Les gens qui voyaient cela en étaient stupéfaits et disaient : « Quel est donc celui-ci à qui les démons obéissent ? » C'était ainsi que la renommée de Jésus-Christ grandissait beaucoup parmi les gens, parce qu'ils voyaient que les démons lui obéissaient. Les hommes qui écoutaient les saintes prédications et qui voyaient le grand pouvoir qu'il exerçait sur les démons, se mirent aussitôt à croire en Jésus-Christ et lui amenaient les malades, quelle que fût leur maladie. Il les guérissait tous tout de suite, dès qu'il les avait touchés de ses saintes mains. Ensuite, Jésus-Christ appela les douze apôtres et les soixante-douze disciples ; il les emmena avec lui à travers les pays qu'il parcourait, tout en enseignant les mystères du Royaume des Cieux. Le Christ prêchait aux gens et faisait des miracles qui prouvaient que ce qu'il prêchait était la vérité, en présence des apôtres et des disciples. Le Christ rendait la vue aux aveugles, la parole aux muets, l'ouïe aux sourds, la vie aux morts et guérissait les boiteux et les manchots. Les apôtres et les disciples, qui voyaient cela, croyaient chaque fois davantage en Jésus-Christ. Le Christ leur donna tant de sagesse et tant de vertu qu'ils prêchaient aux gens, quoiqu'ils fussent pécheurs et qu'ils ne sussent aucune autre science que celle que le Fils de Dieu leur avait enseignée. C'est par le nom et par la vertu de Jésus-Christ que les apôtres accomplissaient des miracles, guérissaient bien des maladies et jetaient les démons hors des corps des hommes, ce qui était le signe que ce qu'ils prêchaient à propos de la venue du Fils de Dieu était la vérité. La renommée de Jésus-Christ et de ses disciples parmi les gens était si grande que les notables juifs décidèrent de le tuer, à cause de l'envie qu'ils éprouvaient envers lui et envers ses œuvres, car ils voyaient que tous suivaient et louaient la doctrine de Jésus-Christ. Comme les Pharisiens comprirent qu'ils perdaient l'honneur et le crédit dont ils jouissaient auparavant auprès des Juifs, avant que Jésus-Christ ne se manifestât au monde, les Pharisiens, poussés par l'envie, s'en allèrent chez Pilate qui était juge en ce temps-là ; par des prières, par des menaces et par des subornations (qui, elles, viennent à bout de tout), les Pharisiens dirent à Pilate qu'il n'était point l'ami de César s'il laissait plus longtemps Jésus-Christ prêcher et faire des miracles, car il serait fait roi des Juifs contre César puisque le peuple l'aimait. Quoique Pilate sût que les Pharisiens l'accusaient en raison de l'envie qu'ils éprouvaient envers Jésus-Christ, envers les œuvres et les miracles qu'il accomplissait et envers l'amour que le peuple lui portait, et que les Juifs portaient contre lui de faux témoignages, il donna son consentement à l'arrestation de Jésus-Christ par les Juifs, qui, eux, ne surent jamais qu'il était Fils de Dieu mais pensaient qu'il était un homme comme Isaïe, Elie et Jérémie ou saint Jean-Baptiste ou quelques autres saints hommes des temps passés.

Après avoir arrêté Jésus-Christ, les Pharisiens lui infligèrent beaucoup d'opprobres, en l'emmenant d'une maison à l'autre, en l'outrageant et en le raillant. En raison de la forte haine qu'ils éprouvaient pour lui, les Pharisiens l'amenèrent chez Pilate où ils l'accusèrent par de faux témoignages. Parce qu'il voulait faire la volonté des Juifs, Pilate fit flageller cruellement Jésus-Christ qui, des pieds à la tête et dans tout son saint corps, fut blessé ; et c'est ainsi qu'il fut cruellement flagellé. Pilate livra Jésus-Christ aux Juifs pour qu'ils le crucifient. Avant de le crucifier, ils mirent au Christ une couronne d'épines sur la tête et un roseau dans la main droite. Pour outrager Jésus-Christ, les Pharisiens se mettaient à genoux devant lui en disant : « Que Dieu te sauve, Roi des Juifs. » Ils lui crachaient au visage tout en lui donnant maints soufflets et le blessaient à la tête au moyen du roseau qu'il portait. Finalement, c'est sur le Mont Calvaire, près de Jérusalem, que les Juifs crucifièrent Jésus-Christ ! C'est ainsi que Jésus-Christ mourut sur une croix pour sauver les pécheurs. En sorte que la très sainte âme de Jésus-Christ se sépara véritablement de son corps précieux quand il expira sur la croix, tandis que sa divinité restait toujours unie à l'âme très sainte de Jésus-Christ et que la même divinité restait auprès du corps très précieux de Jésus-Christ sur la croix et dans le sépulcre. A la mort de Jésus-Christ, le soleil s'obscurcit et cessa de donner de la lumière ; la terre entière trembla et les pierres se fendirent en s'entrechoquant les unes contre les autres ; les sépulcres des morts s'ouvrirent et bien des corps de saints hommes ressuscitèrent ; ils se rendirent à la ville de Jérusalem où ils se montrèrent à beaucoup. Ceux qui virent ces signes à la mort de Jésus-Christ dirent que vraiment Jésus-Christ était Fils de Dieu. Et c'est pourquoi le saint apôtre Jacques le dit en ces termes :

Je crois que Jésus-Christ a souffert sous le pouvoir de Ponce Pilate, qu'il fut crucifié, mort et enseveli.

5. Jésus-Christ était Dieu, car il était la seconde Personne de la très sainte Trinité, Fils éternel, mais aussi il était homme véritable, car il était fils de la Vierge Marie ; et il a une âme rationnelle et un corps humain. C'est en tant qu'homme véritable qu'il mourut sur la croix quand il fut crucifié, puisque la mort n'est pas autre chose qu'un éloignement de l'âme qui abandonne le corps où elle vit. La très sainte âme de Jésus-Christ fut éloignée du corps quand il expira sur la croix. A ce moment-là, finissant d'expirer, la très sainte âme de Jésus-Christ, bien qu'unie à la divinité de Dieu le Fils, ce qu'elle avait toujours été dès l'instant où le Seigneur Dieu l'avait créée, descendit aux Limbes, qui est un lieu qui se trouve sous la terre, et où se trouvent les saints Pères, Prophètes et Patriarches et bien d'autres justes en train d'attendre le Fils de Dieu qui devait les retirer des Limbes et les emmener au Paradis. De tout temps et depuis Adam et Eve, il y a eu des hommes bons qui, parce qu'ils étaient les amis de Dieu et qu'ils disaient la vérité, blâmaient les méchants pour leurs vices et leurs péchés, car ceux-ci offensaient leur Dieu et Créateur. Les méchants, qui sont les esclaves et les captifs du démon, persécutaient les hommes bons et les amis de Dieu ; ils les arrêtaient, les exilaient et leur faisaient beaucoup de mal. En sorte que, quand les bons mouraient, leurs âmes allaient dans les Limbes. Parce qu'ils sont en dessous du sol, les Limbes s'appelaient « enfer », et non pas parce qu'il y aurait eu la peine du feu ou des supplices. Plus bas que les Limbes se trouve un lieu qui s'appelle Purgatoire. C'est dans ce Purgatoire que vont les âmes de ces personnes qui, à leur mort, sont en état de grâce et n'ont pas de péché mortel. Mais en raison des péchés passés qu'elles ont commis pendant leur vie et dont elles n'ont pas entièrement fait pénitence pendant leur vie avant leur mort, elles vont dans ce Purgatoire où il y a de grands supplices en sorte qu'elles puissent expier les mauvaises actions et les péchés qu'elles ont faits pendant leur vie. Une fois accomplie la pénitence de leurs péchés, elles sortent du Purgatoire et vont aussitôt au Paradis. Le dernier lieu qui se trouve sous la terre s'appelle l'enfer infernal ; il y a de si grands supplices de feu et de misères que si les hommes y pensaient une seule heure chaque jour, ils ne commettraient plus autant de péchés qu'ils en font, et ils ne prendraient pas plaisir à faire la

volonté du diable comme ils le font s'ils connaissaient les peines de l'Enfer. Là se trouvent Lucifer et tous les démons qui furent précipités du Ciel ainsi que tous les gens qui sont morts en état de péché mortel. Ceux qui vont dans cet Enfer-là ne possèdent aucun moyen de remédier à leur salut : c'est pour toujours des toujours et sans fin des fins qu'ils devront y être ! O Frères, qu'est-ce donc que cela, que nous ayons si peu peur d'aller en Enfer ! Comme chaque jour nous commettons de plus grands péchés, c'est le signe que nous avons peu de foi, étant donné que nous vivons comme des hommes qui ne croient pas qu'il y a un Enfer infernal. L'Eglise et les Saints qui se trouvent dans le Ciel avec Dieu ne prient jamais en faveur des morts qui se trouvent en Enfer, puisque ceux-ci ne possèdent aucun moyen pour aller au Paradis. Mais l'Eglise et les Saints prient pour les morts qui se trouvent au Purgatoire et pour les vivants pour qu'ils n'aillent pas en Enfer.

Jésus-Christ mourut un vendredi et son âme très sainte, toujours unie à la divinité, descendit dans les Limbes et en retira toutes les âmes qui s'y trouvaient, en train d'attendre le Fils de Dieu, Jésus-Christ. Ensuite, le troisième jour, c'est-à-dire le dimanche, il ressuscita d'entre les morts, au moment où son âme très sainte revenait prendre le même corps que celui qu'il avait laissé quand il était mort sur la croix. Après avoir ressuscité avec un corps glorieux, Jésus-Christ apparut à la sainte Vierge Marie, sa mère, aux apôtres et aux disciples, et à ses amis, qui étaient tristes à cause de sa mort. Par sa glorieuse résurrection, il consola les malheureux qui étaient désolés et pardonna aux pécheurs leurs péchés. Beaucoup crurent en Jésus-Christ après l'avoir vu ressusciter d'entre les morts, et pourtant, ils ne voulaient pas y croire avant qu'il ne mourût et qu'il ne ressuscitât. Que cela soit la vérité, c'est ce que saint Thomas a affirmé en disant : Je crois que Jésus-Christ est descendu aux enfers et que, le troisième jour, il est ressuscité des morts.

6. Après sa résurrection, Jésus-Christ resta quarante jours dans ce monde pour prêcher aux gens ce qu'ils devaient croire et faire pour aller au Paradis. En ce temps-là, il démontra que sa sainte résurrection était véritable, à ceux qui, au moment de sa mort, avaient douté et pensé qu'il ne ressusciterait pas. Pendant ces quarante jours, il apparut aux apôtres et aux disciples, ainsi qu'à d'autres de ses amis qui avaient douté de sa résurrection quand ils l'avaient vu mourir sur le Mont Calvaire, sur la Croix. Pendant ces quarante jours, ceux qui n'avaient pas cru lors de la mort et de la passion de Jésus-Christ que le troisième jour il ressusciterait, finirent par croire et par ne plus pouvoir douter plus longtemps que Jésus-Christ était véritablement le Fils de Dieu, le Sauveur du

monde, puisqu'il était ressuscité de la mort à la vie. Au bout de ces quarante jours, Jésus-Christ s'en alla au Mont des Oliviers, d'où il allait monter jusqu'au plus haut des Cieux ; la sainte Vierge Marie sa Mère, ses apôtres et bien d'autres l'y accompagnaient. Et de ce Mont des Oliviers, Jésus monta au plus haut des Cieux en son corps et en son âme ; il emmena avec lui dans la gloire du Paradis toutes les âmes des Pères saints qu'il avait retirées des Limbes. Les portes des Cieux s'ouvrirent quand Jésus-Christ monta au plus haut des Cieux et les anges du Paradis vinrent accompagner Jésus-Christ, afin de le porter avec une grande gloire jusque là où se trouvait Dieu le Père, là d'où il était descendu jusque dans le ventre de la glorieuse Vierge pour y prendre chair humaine et pour payer nos dettes. C'est ainsi que Jésus-Christ, Fils de Dieu, à cause de nos péchés s'est fait homme, est né, est mort, est ressuscité, est monté aux Cieux, où, à la droite de Dieu le Père, il s'assit. Comme c'est la vérité, saint Jacques le Mineur est celui qui dit : Je crois que Jésus-Christ est monté aux Cieux et qu'il est assis à la droite de Dieu le Père tout-puissant.

7. Comme ce monde a eu un commencement, il doit avoir une fin, si bien qu'il doit finir. De même que Jésus-Christ est monté aux Cieux, de même quand le monde devra finir, il descendra des Cieux et donnera à chacun ce qu'il mérite. Il est sûr et c'est la vérité que tous ceux qui auront cru en Jésus-Christ et qui auront gardé ses saints commandements seront jugés en sorte d'aller à la gloire du Paradis, alors que ceux qui n'auront pas voulu croire, ainsi les Maures, les Juifs et les Gentils, iront en Enfer, et il n'y aura aucune rédemption pour eux. Les mauvais Chrétiens qui n'auront pas voulu observer les dix commandements seront ainsi jugés par Jésus-Christ qu'ils s'en iront en Enfer. A la fin du monde, tous ceux qui seront vivants mourront, car tout homme naît soumis à sa condition, à savoir qu'il doit mourir. Puisque Jésus-Christ notre Rédempteur est mort pour les péchés et qu'il est ressuscité, nous devons tous mourir et ressusciter ; et aussi, parce que les corps des hommes bons qui seront vivants lors de la fin du monde, ne sont pas assez saints ni glorieux pour pouvoir monter aux Cieux. Il est donc nécessaire qu'ils meurent. Lors de leur résurrection, ils prendront les mêmes corps mais ils ne seront pas comme auparavant sujets aux passions. Si bien que lorsque Jésus-Christ descendra du Ciel, au jour du Jugement, afin de juger les bons et les méchants, tous ressusciteront, en commençant par le premier jusqu'au dernier qui soit mort. Puisque telle est la vérité, c'est ce que dit saint Philippe : Je crois que Jésus-Christ viendra du Ciel pour juger les vivants et les morts.

8. Lorsque nous, les Chrétiens, nous faisons une bénédiction, nous professons la vérité à propos de la très sainte Trinité, à savoir qu'elle est trois Personnes, un seul Dieu, trine et un. Dieu le Père n'est ni fait ni créé ni engendré ; le Fils est engendré par Dieu le Père et n'est ni fait ni créé ; l'Esprit saint procède du Père et du Fils et n'est ni créé ni engendré.

Lorsque nous faisons le signe de croix, nous montrons comment les Personnes procèdent en Dieu. En mettant la main droite sur la tête, nous disons : « Au nom du Père », comme signe que Dieu le Père n'est ni fait ni engendré ; ensuite, nous mettons la main sur la poitrine en disant : « Et du Fils », comme signe que le Fils est engendré par le Père et non pas fait ni créé ; et ensuite, nous mettons la main sur l'épaule gauche en disant : « Et de l'Esprit », nous posons ensuite la main sur l'épaule droite en disant : « Saint », comme signe que l'Esprit Saint procède du Fils et du Père.

Tout bon Chrétien est obligé de croire fermement, et sans le moindre doute, en l'Esprit Saint et en ses saintes inspirations qui nous empêchent de faire le mal et qui poussent nos cœurs à observer les dix Commandements du Seigneur Dieu ainsi que ceux de la sainte Mère Eglise universelle, et à accomplir les œuvres de miséricorde corporelle et spirituelle. Comme tout cela est vérité, l'apôtre saint Barthélemy est celui qui dit : Je crois dans le Saint Esprit.

9. Nous tous les fidèles Chrétiens, nous sommes obligés de croire, et sans le moindre doute, ce qu'à propos de Jésus-Christ ont cru les apôtres et les disciples, les martyrs et tous les saints, en croyant à propos de Jésus-Christ tout ce qu'il est nécessaire de croire pour notre salut, au sujet de sa divinité et de son humanité, puisque Jésus-Christ fut Dieu et homme véritable. Et aussi, de façon générale, nous sommes obligés de croire fermement, et sans le moindre doute, à tout ce que croient ceux qui régissent et qui gouvernent l'Eglise universelle de Jésus-Christ, puisqu'ils sont inspirés et régis par l'Esprit Saint pour tout ce qu'ils doivent faire à propos du gouvernement de l'Eglise universelle et pour les choses de notre sainte Foi, dans lesquelles ils ne peuvent pas faire erreur, puisqu'ils sont régis par l'Esprit Saint. De même pour les Ecritures de notre Loi et au sujet de Jésus-Christ, sans compter les autres choses auxquelles nous sommes obligés de croire : à savoir les saints Canons et les saints Conciles qui sont ordonnés par l'Eglise et faits par le Pape, par les Cardinaux, Patriarches, Archevêques, Evêques et Supérieurs de l'Eglise. Quand nous croyons à toutes ces choses et sans douter, nous croyons tout ce que croient ceux qui régissent l'Eglise universelle de Jésus-Christ et ce que nous recommande l'apôtre et évangéliste saint Matthieu, quand il dit : Je crois à la sainte Eglise catholique.

10 [1]. De même, nous, les Chrétiens véritables, nous croyons que les œuvres bonnes et que les mérites de Jésus-Christ se communiquent et profitent à tous les Chrétiens qui se trouvent en état de grâce. De la même façon que dans un corps naturel les œuvres d'un membre profitent à tout le corps, de même dans le corps spirituel qui est l'Eglise. De même que les aliments descendent de la tête dans les membres et se communiquent à eux, de même de Jésus-Christ, notre Seigneur et Fils unique de Dieu, qui est la tête de tous les fidèles véritables, les aliments véritables se communiquent à eux au moyen des sept Sacrements de l'Eglise. A savoir : par le baptême, par la confirmation (que nous appelons chrême), par le très saint Sacrement de l'autel, par le sacrement de Pénitence, par l'Extrême onction, par le sacrement de l'ordre et par le mariage. En effet, une grâce est concédée à quiconque reçoit de manière due chacun de ces sacrements. Cette grâce lui a été méritée par le Christ notre Seigneur, Fils unique de Dieu, par les très saintes œuvres qu'il accomplit en ce monde en endurant des peines et en subissant des outrages et une mort sur une croix, afin de délivrer les pécheurs de la captivité du démon et les ramener à la connaissance véritable de leur Dieu, par la communication de ses propres mérites. Et ce ne sont pas seulement les mérites du Fils de Dieu qui se communiquent comme de la tête aux autres membres, mais encore ceux des autres saints sont communiqués à tous les fidèles qui se trouvent en état de grâce, de même que les biens d'un membre du corps se communiquent aux autres membres du même corps.

Les Chrétiens professent et croient en outre : que Dieu Notre Seigneur a le pouvoir de pardonner les péchés par lesquels les pécheurs s'éloignent de lui et perdent la grâce qu'il leur avait auparavant communiquée ; et que ce pouvoir a été donné et communiqué par lui aux prêtres de l'Eglise catholique. C'est de par cette communication qu'ils possèdent désormais le pouvoir d'absoudre les péchés de ceux qu'ils jugent dignes d'être absous devant Dieu. Il est par conséquent nécessaire à ces derniers de se disposer à faire ce à quoi ils sont obligés pour le salut de leurs âmes, de sorte que le prêtre les juge (conformément à ce que Dieu ordonne) dignes d'être absous. Une fois accomplie cette diligence et ayant été absous par le prêtre, ceux-ci font retour à la grâce de Dieu et leurs péchés leur sont pardonnés. C'est ce que dit saint Matthias : « Je crois à la communion des saints et à la rémission des péchés. »

11. C'est en effet une chose juste que de croire à la bonté de

---

1. Attribution douteuse des § 10 à 12.

Notre Seigneur et à son infinie miséricorde et de croire qu'il ne laissera pas sans récompense ceux qui le servent pendant cette vie, et pas davantage sans châtiment ceux qui l'offensent et qui violent ses préceptes. Nous croyons à la résurrection de la chair, ce qui veut dire : nous devons tous ressusciter dans notre corps, en étant les mêmes que ceux que nous sommes à présent, après être passés par la mort temporelle par laquelle nous sommes tous obligés de passer pour que Notre Seigneur, conformément à sa justice, donne alors et pour toujours leur récompense aux corps qui, dans ce monde-ci, et pour l'amour de lui, ont enduré des souffrances et des persécutions, qui ont été affligés parce qu'ils n'ont pas donné leur consentement à des péchés. Puisque, avec les âmes, ils ont pris part aux souffrances, qu'ils aient part aussi à la gloire et au repos. Au contraire, les corps des méchants ressuscitent pour être éternellement châtiés dans les enfers, parce qu'ils ont offensé le Seigneur Dieu éternel, eux qui pendant cette vie-ci, ont préféré faire leur volonté propre et suivre leurs instincts plutôt que d'observer la Loi de Dieu notre Seigneur. La Résurrection s'accomplira donc le jour du Jugement dernier, lorsque tous ceux qui sont nés en cette vie se lèveront avec leurs corps et avec leurs âmes, les méchants pour être précipités dans l'Enfer en raison de leurs péchés et les bons pour être dans la gloire du Paradis avec Dieu Notre Seigneur. C'est ce que dit saint Thaddée : « Je crois à la résurrection de la chair. »

12. Comme notre âme est semblable au Dieu tout-puissant et éternel, en tant qu'elle est spirituelle, et de par les puissances que Dieu lui-même lui a données, à savoir : volonté, entendement et mémoire, et comme le désir des hommes est de durer toujours, il convient que l'aspiration d'une créature aussi excellente que l'homme s'accomplisse. C'est pourquoi, nous tous, Chrétiens, nous croyons qu'elle s'accomplira. Par conséquent, nous croyons à la vie éternelle dont nous professons qu'elle n'aura jamais de fin, ni avant ni après la résurrection de la chair, d'où il découle que l'âme qui ne meurt jamais reviendra prendre son corps : elle vivra ensemble avec lui, de même qu'à présent ils sont unis, mais d'une bien meilleure façon, éternellement et avec Dieu. C'est dans les Cieux qu'elle jouira conjointement aux anges de la présence de leur Créateur et Seigneur, ainsi que de tous les biens célestes. Ceux-ci sont si grands qu'on aura beau, dans cette vie-ci, y penser et les imaginer, on ne pourra pas les saisir ni en comprendre la grandeur. C'est là que se trouvent les Saints qui s'y reposent sans souffrir de la moindre contradiction. Là, il ne leur manque pas la moindre chose qu'ils ne puissent désirer ; il ne s'y trouve et on ne peut y trouver

ni on ne peut y désirer le moindre mal. Il n'y a jamais manqué ni il n'y manquera jamais aucun bien, ce dont jouiront les Bienheureux éternellement. C'est ce que dit saint Matthias : « Je crois en la vie éternelle. »

59

AUX COMPAGNONS VIVANT A ROME
(EX.I, 375-396 ; S.III, 335-337)

Un an et demi s'est écoulé entre la lettre précédente et celle-ci : retour à Malacca, en avril-juin 1547 (S.III, 200), six mois passés à Malacca (juillet-décembre 1547 ; S.III, 211), et départ de Malacca pour l'Inde à la mi-décembre 1547. Le bilan de la mission aux Moluques est assez encourageant : l'Islam y est encore trop récent pour être solide. De même, l'œuvre apostolique auprès des Portugais et de ceux qui sont liés à eux par le sang ou par la servitude, à Malacca. Plus prometteur encore est ce que saint François Xavier apprend du Japon et sa rencontre pour ainsi dire miraculeuse avec Anjirô (S.III, 269-272), le premier pilier de la future Eglise nipponne. La variété, l'immensité et l'éloignement des pays à évangéliser sont ce qui frappe le plus dans cette lettre, hormis son ton très affectif, le témoignage impérissable qu'il donne de son amour pour ses Frères de la Compagnie.

Cochin, le 20 janvier 1548

La grâce et l'amour du Christ notre Seigneur soient toujours en notre aide et en notre faveur. Amen.

1. Très chers Pères et Frères dans le Christ Jésus. Au cours de l'année 1546, je vous ai longuement écrit au sujet des îles d'Amboine qui sont à soixante lieues de la ville de Maluco [1]. Cette ville de Maluco est peuplée de Portugais et le Roi du Portugal y a une forteresse ; les Portugais sont maîtres de toutes les îles qui produisent le clou de girofle et il n'y a pas d'autres îles pour produire le clou de girofle, en dehors de celles des Moluques. Je suis resté pendant trois mois dans les îles d'Amboine où j'ai trouvé sept villages de Chrétiens. Pendant tout le temps où je m'y suis trouvé, j'ai été occupé à baptiser beaucoup d'enfants restés sans baptême,

---

1. Maluco = Ternate.

faute de prêtres, car le seul prêtre qui en avait eu la charge était mort il y a très longtemps.

2. Lorsque j'eus fini de rendre visite à ces villages et d'y baptiser les enfants sans baptême, sept navires de Portugais abordèrent ces îles d'Amboine, et avec eux quelques Castillans venus des Indes de l'Empereur[2] pour découvrir de nouvelles terres. Tous ces gens restèrent à Amboine pendant trois mois. Tout ce temps-là, j'ai eu beaucoup d'occupations spirituelles : prêcher les dimanches et les fêtes, confesser continuellement, rétablir des amitiés et visiter les malades. Ces occupations étaient telles que, bien que je fusse au milieu de gens qui ne sont pas saints et en état de guerre, je n'espérais point trouver tant de fruits de la paix. Si j'avais pu me trouver à sept endroits différents à la fois, j'aurais trouvé des occupations spirituelles en chacun d'eux. Dieu soit loué à jamais, puisqu'il communique ainsi sa paix même aux personnes qui font presque profession de ne vouloir la paix ni avec Dieu ni encore moins avec leurs prochains.

Une fois écoulés ces trois mois, ces sept navires partirent pour les Indes du Roi du Portugal et moi, pour la ville de Maluco où j'ai séjourné trois mois. Pendant ce temps, j'ai été occupé en cette ville à prêcher les dimanches et tous les jours de fête, continuellement. Chaque jour, j'enseignais aux enfants et aux Chrétiens récemment convertis à notre foi la doctrine chrétienne. Tous les dimanches et jours de fête, après avoir déjeuné, je donnais aux enfants et aux Chrétiens récemment convertis un enseignement sur notre foi, sur le Credo et, chaque jour de fête, sur un article de foi. Si bien que tous les jours d'observance, je faisais deux prédications, l'une à la messe et aux Portugais, l'autre aux nouveaux convertis, après le déjeuner.

3. C'est un motif pour rendre grâces à notre Seigneur que de voir le fruit que Dieu a fait en inscrivant dans les cœurs de ses créatures des cantiques de louange à sa gloire chez des gens nouvellement convertis. C'était à ce point, aux Moluques, que sur les places, les enfants et dans les maisons, jour et nuit, les petites filles et les femmes, et dans les champs, les laboureurs, et en mer, les pêcheurs, chantent de saints cantiques à la place des chansons vaines, ainsi le Credo, le Pater Noster, l'Ave Maria, les Commandements, les œuvres de miséricorde, la Confession générale, et bien d'autres textes dans leur propre langue en sorte que tous comprennent, aussi bien les nouveaux convertis à notre foi que ceux qui ne le sont pas. Dieu Notre Seigneur a bien voulu qu'en peu de temps, je trouve

---

2. C'est-à-dire l'Amérique, domaine de l'Espagne et de Charles Quint.

grande faveur aux yeux de tous, aussi bien chez les Portugais de cette ville que chez les gens du pays, tant Chrétiens qu'infidèles.

4. Une fois écoulés les trois mois, je suis parti de cette ville de Maluco vers des îles qui se trouvent à soixante lieues de Maluco, qui s'appellent les îles du Maure, parce qu'il s'y trouve de nombreux villages de Chrétiens et qu'il y a longtemps qu'ils n'ont pas été visités, autant pour la raison d'être très éloignés de l'Inde que du fait que les naturels du pays aient tué un Père qui y était allé. Dans ces îles, j'ai baptisé beaucoup d'enfants tout petits que j'ai trouvés sans baptême ; j'ai séjourné pendant trois mois et au cours de cette période j'ai rendu visite à tous les villages des Chrétiens. Ces gens m'ont beaucoup consolé de même qu'ils l'ont été avec moi.

En raison des fréquentes guerres que ces gens se font les uns aux autres, ces îles sont fort dangereuses. Ce sont des gens barbares qui ne possèdent point d'écriture et qui ne savent ni lire ni écrire. Ce sont des gens qui donnent du poison à ceux qu'ils n'aiment pas et qui, par ce moyen, tuent beaucoup. C'est un pays très escarpé : tout n'y est que montagne et il est très pénible de les parcourir. On n'y trouve pas d'aliments corporels. On n'y sait pas ce que sont le blé ou le vin de la vigne. Il n'y a ni viande ni aucune sorte de bétail. Mais on y trouve des porcs, heureusement : des porcs sauvages et en grand nombre. Bien des villages manquent d'eau propre à la boisson. Il y a abondance de riz et beaucoup d'arbres appelés sagoutiers [3] qui produisent du pain et du vin ainsi que d'autres arbres dont l'écorce sert à faire des habits que tout le monde porte [4]. Je vous donne ces renseignements sur tout cela pour que vous sachiez combien ces îles sont fertiles en consolations spirituelles. En effet, tous ces périls et toutes ces peines volontairement endurés par le seul amour et pour le seul service de Dieu Notre Seigneur sont autant d'abondants trésors de vastes consolations spirituelles, si bien que ces îles sont toutes disposées et toutes préparées pour qu'en peu d'années un homme puisse y perdre la vue des yeux corporels grâce à l'abondance des larmes de consolation. Je n'ai pas souvenance d'avoir jamais eu autant de consolations spirituelles, ni d'aussi continuelles, que dans ces îles, ni d'avoir si peu ressenti les peines corporelles. Ainsi celle de me déplacer continuellement sur des îles qui sont entourées d'ennemis et qui sont peuplées d'amis qui ne sont pas très sûrs, et dans des pays où tous les

---

3. Les ressources du sagoutier contredisent justement ce que Xavier semble dire sur la « stérilité » des Moluques.

4. Il ne s'agit que d'une sorte de pagne.

remèdes font défaut pour les maladies corporelles, ainsi que presque toutes les aides des causes secondes utiles à la conservation de la vie. Il serait préférable d'appeler ces îles « îles de l'espoir en Dieu » plutôt qu'« îles du Maure ».

5. On trouve, sur ces îles, un peuple qu'on appelle *Tabaru*. Ce sont des Gentils qui mettent tout leur bonheur à tuer les gens qu'ils peuvent tuer. On dit même qu'ils tuent souvent leurs femmes et leurs enfants quand ils ne trouvent personne d'autre à tuer. Et ils tuent beaucoup de Chrétiens.

L'une de ces îles tremble presque continuellement. La cause en est que, sur cette île, il y a une montagne qui projette tout le temps du feu hors de ses entrailles ainsi que beaucoup de cendre. Les gens du pays disent que le grand feu qui est par-dessous, brûle les montagnes de pierre qui se trouvent sous terre. Ce qui semble vrai, car il se produit souvent que des pierres, toutes de feu et aussi grosses que de grands arbres, en sortent. Quand il fait grand vent, ces vents font jaillir de cette montagne tant de cendre vers le bas que les hommes et que les femmes qui travaillent dans les champs en reviennent tout couverts de cendre ; on ne voit d'eux rien d'autre que les yeux, le nez et la bouche et ils ressemblent plus à des démons qu'à des humains. C'est ce que m'ont dit les naturels du pays, parce que je ne l'ai pas vu. Quand je m'y suis trouvé, il n'y a pas eu ces tempêtes de vent. Par ailleurs, ils m'ont dit que lorsque ces vents sont dominants, cette abondante cendre transportée par ces vents aveugle et tue beaucoup de porcs sauvages ; une fois les vents finis, on les trouve morts.

6. Les gens du pays m'ont également dit que, lorsqu'il fait ce temps-là, ils trouvent beaucoup de poissons morts au bord de la mer et que la cause en est la cendre abondante que les vents apportent de cette montagne. Les poissons qui boivent cette eau mêlée de cette cendre meurent. Quand ces gens m'ont demandé ce que c'était, je leur ai dit que c'est un enfer où vont tous ceux qui ont adoré les idoles. Il y eut un si fort tremblement de terre le jour de la saint Michel, alors que je me trouvais dans une église en train de dire la messe, et la terre trembla tant, que j'ai eu peur que l'autel ne s'effondre. Peut-être saint Michel a-t-il, de par la force divine, puni les démons de ces contrées et leur a-t-il donné l'ordre d'aller en Enfer.

7. Après avoir rendu visite à tous les villages de Chrétiens situés sur ces îles, je suis encore retourné à Maluco où j'ai séjourné pendant trois autres mois. J'y fus occupé à prêcher deux fois tous les dimanches et jours de fête, une fois le matin aux Portugais et une autre fois après le déjeuner aux Chrétiens du pays, à confesser

continuellement le matin, l'après-midi et à midi, à enseigner à tout le monde la doctrine chrétienne. Une fois achevé l'enseignement de la doctrine chrétienne, j'ai prêché les dimanches et jours de fête les articles de la foi, en suivant cet ordre : chaque jour de fête, j'ai expliqué un article de foi tout en réprimandant beaucoup leurs idolâtries passées. Au cours de ces trois autres mois où je me suis trouvé à Maluco pour la seconde fois, j'ai prêché les mercredis et les vendredis aux femmes des Portugais seulement, qui sont naturelles du pays ; je leur ai prêché sur les articles de foi, sur les commandements et sur les Sacrements de la confession et de la communion, parce que c'était alors le Carême. C'est ainsi que pour Pâques, beaucoup d'entre elles ont communié, alors qu'elles ne communiaient pas auparavant.

Avec l'aide de Dieu Notre Seigneur, pendant ces six mois que j'ai passés à Maluco, beaucoup de fruit a été fait aussi bien auprès des Portugais et de leurs femmes, fils et filles, qu'auprès des Chrétiens du pays.

8. Une fois fini le Carême, au milieu des nombreuses marques d'amour que m'ont témoignées aussi bien les Chrétiens que les infidèles, je suis parti de Maluco pour Malacca. Ce ne sont pas les occupations qui m'ont manqué sur la mer. Ainsi, sur des îles où j'ai rencontré quatre vaisseaux, j'ai séjourné à terre quelque quinze ou vingt jours ; je leur y ai prêché trois fois, j'ai confessé beaucoup de monde et j'ai opéré beaucoup de réconciliations. Lorsque je suis parti de Maluco, je suis monté à bord vers minuit pour éviter les pleurs et les lamentations de mes dévots amis ou amies. Cela ne m'a cependant pas suffi pour les éviter, parce que je ne suis pas parvenu à échapper à leurs regards. C'est pourquoi cette nuit et cette séparation d'avec mes fils et mes filles spirituels m'ont aidé à ressentir quelle privation allait leur causer mon absence, pour le salut de leurs âmes.

9. Avant de partir de Maluco, j'ai laissé des ordres pour qu'on continue à enseigner tous les jours la doctrine chrétienne dans une église, et qu'une explication très détaillée que j'avais faite des articles de la foi, continue et soit apprise par ceux qui viennent de se convertir à notre foi. Un Père prêtre, mon dévot et mon ami, est resté et leur enseignera tous les jours en mon absence pendant deux heures ; il prêchera un jour par semaine aux femmes des Portugais à propos des articles de foi, des sacrements de confession et de communion.

De plus, tout le temps où je me suis trouvé à Maluco, j'ai donné l'ordre que tous les soirs on parcoure les places pour recommander les âmes du Purgatoire ainsi que tous ceux qui vivent en état de péché mortel. Cela a causé beaucoup de dévotion et de persévérance chez les bons, et de crainte et d'épouvante chez les méchants. Aussi les habitants de la ville ont-ils choisi un homme, qui, revêtu des habits de la Miséricorde[5], s'en ira sur les places toutes les nuits avec une lanterne à la main et une cloche à l'autre ; de temps en temps, il s'arrêtera pour recommander à pleine voix les âmes des fidèles chrétiens qui se trouvent au Purgatoire et, en second lieu et selon le même ordre, les âmes de tous ceux qui persévèrent dans des péchés mortels et ne veulent pas en sortir. Ce sont eux dont on peut dire : « Qu'ils soient ôtés du livre des vivants et qu'ils ne soient pas inscrits avec les justes[6]. »

10. Le roi des Moluques[7] est maure et vassal du Roi du Portugal ; il s'honore beaucoup de l'être ; quand il en parle, il l'appelle : « Le Roi du Portugal mon Seigneur. » Ce roi parle très bien le portugais. Les principales îles des Moluques sont peuplées de Maures. Les Moluques ne sont pas une terre ferme et elles ne sont que des îles. Si le roi se refuse à être chrétien, c'est parce qu'il ne veut pas se priver des vices de la chair et non pas parce qu'il serait un dévot de Mahomet. D'un Maure il n'a rien d'autre que d'avoir été circoncis quand il était petit et d'avoir été marié cent fois quand il est devenu grand. Il possède en effet cent femmes principales et beaucoup d'autres qui le sont moins. Les Maures de ces contrées ne maîtrisent pas la doctrine de la secte de Mahomet ; ils manquent de *faqîh*-s[8] et ceux qui le sont savent très peu de chose et sont presque tous des étrangers.

11. Ce roi m'a montré beaucoup de marques d'amitié, tellement que les notables maures de son royaume lui en faisaient grief. Il désirait que je devienne son ami et me faisait espérer qu'il se ferait chrétien dans quelque temps. Il voulait que je l'aime malgré ce défaut d'être maure, car, me disait-il, Chrétiens et Maures nous avions un Dieu commun et un jour nous serions tous unis. Il était très content quand je lui rendais visite, mais je n'ai jamais pu venir à bout de sa résistance à devenir chrétien. Il m'a promis de rendre chrétien un de ses fils, parmi les nombreux qu'il possède, à la condition qu'une fois devenu chrétien, ce dernier soit roi des îles du Maure. Si Dieu notre Seigneur le veut, le Gouverneur de l'Inde va envoyer tous les certificats qu'il lui a fait demander pour que son fils une fois devenu chrétien soit roi des îles du Maure[9].

5. C'est-à-dire en habit de pénitent membre de la Confrérie de la Miséricorde.
6. Psaume 68, 29.
7. Hairun.
8. Docteurs de la Loi islamique.
9. Le marché politico-religieux passé entre Hairun et le Portugal ne fonctionna pas.

12. En 1546, avant de quitter les Moluques, j'ai écrit d'Amboine à ceux de la Compagnie qui sont arrivés du Portugal pour dire à quelques-uns d'entre eux de venir en ces contrées pendant l'année 1547 à bord des navires quittant l'Inde pour Malacca, et c'est ce qu'ils ont fait. C'est ainsi que trois membres de la Compagnie, deux prêtres, Jean de Beira et le P. Ribeiro et un Frère laïque, Nicolas, sont partis de l'Inde vers Malacca ; et c'est à Malacca que je les ai trouvés en venant des Moluques à Malacca. Ils m'ont été la cause de bien des consolations au cours du mois où nous avons été ensemble, car j'ai vu que c'étaient des serviteurs de Dieu et des personnes qui allaient beaucoup servir Dieu Notre Seigneur dans ces contrées des Moluques. Eux, ils sont partis de Malacca pour les Moluques au mois d'août 1547 : c'est une traversée de deux mois. Pendant le temps où je me suis trouvé à Malacca, je leur ai fourni une ample information sur le pays des Moluques, sur la manière dont il fallait s'y conduire d'après l'expérience que j'en possédais. Ils sont si loin de l'Inde que nous ne pouvons pas recevoir de nouvelles d'eux plus d'une fois par an. Je leur ai bien recommandé d'écrire chaque année à Rome pour rendre compte de façon détaillée de tout le service qu'ils accomplissent en ces contrées pour Dieu notre Seigneur ainsi que des dispositions qu'il y a là-bas. Il a été convenu qu'ils le feraient.

13. Je suis resté quatre mois à Malacca à attendre le moment d'embarquer et de partir pour l'Inde. Au cours de ces quatre mois, j'ai eu beaucoup d'occupations, spirituelles toutes. J'ai prêché deux fois tous les dimanches et jours de fête aux Portugais le matin à la messe et après le déjeuner aux Chrétiens du pays, pour expliquer à chaque fête aux nouveaux Chrétiens un article de la foi. Il y a eu tant de gens à s'y presser qu'il a fallu aller dans la plus grande église de la ville. J'ai été très occupé par des confessions continuelles, tellement que, faute de pouvoir satisfaire tout le monde, beaucoup se sont mis mal avec moi. Comme c'étaient des inimitiés fondées sur la haine des péchés, je n'en ai pas été scandalisé ; bien au contraire elles m'ont édifié, car j'ai vu les pieux desseins de ces gens. Nombreux ont été ceux qui ont communié les dimanches et les jours de fête.

Chaque jour après le déjeuner, j'enseignais la doctrine chrétienne. Bien des gens se sont pressés à cet enseignement. Sont venus les fils et les filles des Portugais, ainsi que les femmes et les hommes du pays récemment convertis à notre foi. La raison pour laquelle ils venaient en nombre est, me semble-t-il, que je leur ai toujours expliqué une partie du Credo. A cette époque j'ai été aussi très occupé à rétablir bien des amitiés rompues, car les Portugais de l'Inde sont très querelleurs. Après avoir fini d'enseigner la doctrine chrétienne, j'ai enseigné aux enfants et aux Chrétiens du pays une Explication que j'avais composée de chaque article de la foi en un langage que tous puissent comprendre, en m'adaptant aux capacités de ce que peuvent comprendre les naturels de ce pays qui sont nouvellement convertis à notre sainte foi. Je leur ai appris cette explication en guise de prière, aussi bien à Malacca qu'aux Moluques, afin de créer chez eux des assises fermes pour croire bien et véritablement en Jésus-Christ et pour cesser de croire aux vaines idoles. Cette Explication est susceptible d'être enseignée en une année, si on l'enseigne chaque jour un peu, à raison de vingt mots par jour qu'on peut très bien apprendre par cœur. Après avoir peu à peu appris l'histoire de l'avènement de Jésus-Christ et après avoir répété bien des fois ces explications du Credo, celles-ci restent davantage inscrites dans leur mémoire. C'est ainsi qu'ils en viennent à la connaissance de la vérité et à la haine des vaines fictions que les Gentils des temps passé et présent ont écrites à propos de leurs idoles et de leurs sortilèges.

14. J'ai laissé dans cette ville un prêtre, non sans lui avoir fait bien des recommandations, afin qu'il enseigne chaque jour cette doctrine de la même façon que j'enseignais. C'est ce qu'il m'a promis de faire. J'espère en Dieu Notre Seigneur qu'il va poursuivre la chose.

A mon départ, j'ai été très sollicité par les notables de Malacca qui m'ont demandé que deux membres de la Compagnie aillent làbas leur prêcher à eux, à leurs femmes et aux Chrétiens du pays et enseigner la doctrine chrétienne à leurs fils et à leurs filles, ainsi qu'à tous leurs esclaves hommes et femmes, de la manière dont je le faisais. Ils m'ont tant importuné, et j'y vois un très grand service de Dieu notre Seigneur et une dette que nous avons tous envers eux, en raison du grand amour qu'ils portent à notre Compagnie, qu'il me semble que je dois faire tout mon possible pour que deux membres de notre Compagnie y aillent ce mois d'avril 1548, car c'est le moment où les navires de l'Inde partent pour Malacca et pour les Moluques.

15. Alors que je me trouvais en cette ville de Malacca, des marchands portugais, des hommes tout à fait dignes d'être crus, m'ont fourni d'amples informations sur des grandes îles récemment découvertes, qui s'appellent « Iles de Japon ». A leur avis, on y ferait beaucoup de fruit et on y accroîtrait beaucoup notre sainte Foi, bien plus qu'en aucune autre partie de l'Inde, parce que ce sont des gens extraordinairement désireux d'apprendre, ce que ne possèdent pas ces Gentils de l'Inde.

Un Japonais était venu avec ces marchands portugais. Il s'appelle Anjirô. Il était venu à ma recherche, car les Portugais qui étaient partis là-bas de Malacca lui avaient parlé de moi. Cet Anjirô est venu avec le désir de se confesser à moi, car il avait fait part aux Portugais de certains péchés qu'il avait commis pendant sa jeunesse et leur avait demandé le remède nécessaire pour que Dieu Notre Seigneur lui pardonne de si graves péchés. Les Portugais lui donnèrent comme conseil de venir avec eux à Malacca pour avoir une entrevue avec moi. C'est ce qu'il fit en venant à Malacca avec eux ; mais quand il arriva à Malacca, j'en étais déjà parti pour les Moluques, si bien qu'il se réembarqua pour revenir dans son pays du Japon, lorsqu'il apprit que j'étais parti pour les Moluques. Alors qu'ils se trouvaient déjà en vue des îles du Japon, une si grande tempête de vents frappa leur navire qu'ils furent sur le point de se perdre. Celui-ci reprit alors le chemin de Malacca et c'est là qu'il m'a trouvé, ce dont il s'est fort réjoui avec moi. Il est venu me trouver mû par de grands désirs de connaître les choses de notre Loi. Il sait assez bien parler portugais, si bien qu'il comprenait tout ce que je lui ai dit et moi tout ce dont il m'a parlé.

16. Si tous les Japonais sont aussi curieux de savoir que l'est Anjirô, ce sont, me semble-t-il, les gens les plus curieux d'esprit de tous les pays qu'on a découverts. Ainsi, cet Anjirô mettait par écrit les articles de la foi quand il venait à l'enseignement de la doctrine chrétienne. Il est souvent allé à l'église pour prier ; il m'a posé beaucoup de questions ; c'est un homme très désireux d'apprendre, ce qui est signe d'un homme qui sait tirer profit et capable de parvenir en peu de temps à la connaissance de la vérité. Huit jours après l'arrivée d'Anjirô à Malacca, je suis parti pour l'Inde et j'aurais eu grand plaisir à ce que ce Japonais fît le voyage avec moi. Mais comme il s'était fait des connaissances parmi d'autres Portugais qui partaient aussi pour l'Inde, il ne lui parut pas bien de fausser compagnie à des compagnons qui lui avaient témoigné beaucoup d'honneur et d'amitié. Je l'attends à Cochin dans les dix jours qui viennent.

17. J'ai demandé à Anjirô si, au cas où j'irais dans son pays avec lui, les gens du Japon se feraient chrétiens. Il m'a répondu que les gens de son pays ne se feraient pas chrétiens tout de suite. Il m'a dit qu'ils me poseraient d'abord beaucoup de questions, qu'ils verraient ce que je leur répondrais et ce que moi, j'en comprendrais et surtout si je vis conformément à ce que je dis. Si je faisais bien ces deux choses, parler bien et répondre de façon satisfaisante à leurs questions, ainsi que vivre en sorte qu'ils ne trouvent pas matière à reproche, il ne faudrait que la moitié d'une année après

avoir eu cette expérience de moi pour que le roi, les gens nobles et toutes les autres personnes capables de discernement se fassent chrétiens. Il m'a dit en effet que ce sont des gens qui ne sont gouvernés que par la raison.

18. A un marchand portugais qui est un ami mien et qui a passé un grand moment au Japon, au pays d'Anjirô, j'ai demandé de me fournir par écrit des informations sur ce pays et sur ses gens, sur ce qu'il avait vu et entendu auprès de personnes qui lui semblaient dire la vérité. Il m'a donné ces informations par écrit et si détaillées, que je vous les envoie avec cette lettre de moi. Tous les marchands portugais qui reviennent du Japon me disent que si j'y allais, j'y accomplirais un grand service de Dieu Notre Seigneur, plus grand qu'auprès des Gentils de l'Inde, car ce sont des gens très doués de raison. D'après ce qu'à présent j'éprouve à l'intérieur dans mon âme, il m'apparaît que moi ou que quelqu'un de la Compagnie, nous irons au Japon avant deux ans, même si c'est un voyage très dangereux, en raison des grandes tempêtes et aussi des pirates chinois qui parcourent cette mer pour brigander, et où périssent bien des vaisseaux.

19. Priez donc Dieu Notre Seigneur, très chers Pères et Frères, pour ceux qui s'en iront là-bas, puisque c'est un voyage où périssent bien des navigateurs. En attendant ce moment, Anjirô apprendra davantage la langue portugaise ; il verra l'Inde et les Portugais qui s'y trouvent, ainsi que notre art et notre manière de vivre. Pendant ce temps, nous le catéchiserons et nous traduirons toute la doctrine chrétienne dans la langue du Japon, avec une Explication des articles de la Foi qui traite amplement de l'histoire de l'avènement de Jésus-Christ Notre Seigneur : Anjirô sait fort bien écrire avec l'écriture du Japon.

20. Voici huit jours que je suis arrivé en Inde et jusqu'à présent, je ne me suis pas encore entretenu avec les Pères de la Compagnie ; c'est pourquoi je n'écris rien ici sur eux ni sur le fruit qu'ils produisent en ces contrées depuis qu'ils y sont arrivés. Ils vont vous écrire, me semble-t-il, longuement.

Au cours du voyage de Malacca en Inde, nous avons couru de grands dangers causés par de fortes tempêtes, trois jours et trois nuits, plus fortes que celles où je me sois jamais vu en mer. Nombreux furent ceux qui en étaient à déplorer leur mort bien qu'encore en vie, et à jurer solennellement de ne plus jamais naviguer, si Dieu Notre Seigneur les en délivrait. Nous avons jeté à la mer tout ce que nous avons pu jeter pour sauver nos vies.

21. Tandis que je me trouvais au plus fort de la tempête, je me suis recommandé à Dieu Notre Seigneur, en commençant par pren-

dre d'abord pour protecteurs sur la terre tous les membres de la bénie Compagnie de Jésus, ainsi que tous ceux qui sont ses dévots. Pourvu de tant de faveurs et de tant d'aides, je me suis totalement remis aux très dévotes prières de l'Epouse de Jésus-Christ qui est la très sainte Mère Eglise qui, tout en se trouvant sur terre, est constamment écoutée dans le Ciel. Je n'ai pas omis de prendre pour protecteurs tous les Saints se trouvant dans la gloire du Paradis, à commencer par ceux qui, pendant cette vie, ont appartenu à la sainte Compagnie de Jésus, en prenant d'abord pour protectrice l'âme bienheureuse du P. Favre, puis toutes les autres qui, pendant cette vie, ont appartenu à la Compagnie. Je n'en aurais jamais fini si je voulais décrire les consolations que je reçois quand je me recommande à Dieu Notre Seigneur par les membres de la Compagnie, aussi bien par ceux qui vivent encore que par ceux qui règnent déjà dans le Ciel. Comme j'étais en un péril total, je me remis entre les mains de tous les Anges, en procédant selon l'ordre des neuf hiérarchies de ceux-ci, et en même temps, entre celles de tous les Patriarches, Prophètes, Apôtres, Evangélistes, Martyrs, Confesseurs, Vierges, ainsi que tous les saints du Ciel. Pour être plus assuré d'obtenir le pardon de mes péchés infinis, j'ai pris pour protectrice la glorieuse Vierge Notre Dame, puisque, là où elle se trouve dans le Ciel, Dieu Notre Seigneur lui accorde tout ce qu'elle lui demande. Finalement, après avoir mis toute mon espérance dans les infinis mérites de la mort et de la passion de Jésus-Christ notre Rédempteur et Seigneur, et fort de toutes ces faveurs et de toutes ces aides, je me suis senti si consolé pendant cette tempête, et peut-être davantage qu'après, une fois délivré de celle-ci. Qu'un très grand pécheur trouve des larmes de plaisir et de consolation dans de telles tribulations, c'est pour moi, lorsque je me le rappelle, un grand sujet de confusion. C'est pourquoi j'ai prié Dieu Notre Seigneur au cours de cette tempête pour que, s'il m'en délivrait, ce ne soit que pour en essuyer d'autres aussi fortes ou plus fortes encore, qui soient pour son plus grand service.

Souvent Dieu Notre Seigneur m'a fait sentir au-dedans de mon âme à combien de dangers corporels et à combien de peines spirituelles il m'a fait échapper grâce aux dévots et continuels sacrifices et aux prières de tous ceux qui militent dans la bénie Compagnie de Jésus ainsi que de ceux qui se trouvent maintenant dans la gloire pleins de triomphe et qui, pendant cette vie, ont milité dans cette Compagnie et lui ont appartenu. Je vous rends compte de tout ce que je vous dois, très chers Pères et Frères dans le Christ, afin que vous m'aidiez tous à payer ce que, tout seul, je ne puis payer ni à Dieu, ni à vous.

22. Quand je me mets à parler de cette sainte Compagnie de Jésus, je ne sais pas comment m'arracher à une si agréable communication et je ne sais pas comment m'arrêter d'écrire. Mais je me vois dans l'obligation de finir, quoique je n'en sente pas le désir et quoique je ne trouve point cette fin : mais les navires ont hâte de lever l'ancre. Je ne sais pas sur quoi m'arrêter d'écrire, si ce n'est en disant devant tous les membres de la Compagnie : Si un jour j'en venais à oublier la Société du Nom de Jésus, que ma main droite tombe dans l'oubli [10], car je connais de tant de façons la grandeur de ce que je dois aux membres de la Compagnie. C'est par vos mérites que Dieu m'a accordé la très grande grâce de me donner connaissance de la dette que j'ai envers la sainte Compagnie, en proportion de la pauvre capacité qui est la mienne. Je ne dis pas que c'est la connaissance de cette immense dette, car il n'y a point en moi assez de vertu ni assez de talent pour connaître justement une dette si énorme. Mais pour éviter de quelque façon le péché d'ingratitude, j'en ai, par la miséricorde de Dieu Notre Seigneur, quelque connaissance, bien qu'elle soit limitée. C'est ainsi que je termine, en priant Dieu Notre Seigneur, puisqu'il nous a réunis dans sa sainte Compagnie en cette vie-ci, remplie de peines, de par sa sainte miséricorde, de nous réunir dans sa glorieuse compagnie du Ciel. Dans cette vie, nous sommes en effet si éloignés les uns des autres, pour l'amour de lui.

23. Afin que vous sachiez combien nous sommes corporellement éloignés les uns des autres, sachez ceci : quand, en vertu de la sainte obéissance, vous nous envoyez de Rome une lettre à nous qui nous trouvons aux Moluques ou qui allons partir pour le Japon, vous ne pouvez pas avoir de réponse à ce que vous nous envoyez en moins de trois ans et neuf mois. Pour que vous sachiez qu'il en est bien ainsi, je vous en donne la raison : quand, de Rome, vous nous écrivez en Inde, avant que nous ne recevions en Inde vos lettres, huit mois se sont écoulés. Et après que nous ayons reçu vos lettres et avant que les navires ne quittent l'Inde pour les Moluques, huit mois s'écoulent à attendre le moment favorable. Puis le navire qui va de l'Inde aux Moluques, pour y aller et pour en revenir, met vingt et un mois, et cela s'il fait très beau temps. Et avant que la réponse pour Rome ne parte de l'Inde, huit mois s'écoulent encore, à la condition qu'on navigue par très beau temps, car s'il se produit quelque changement subit de vent, le voyage prend plus d'une année.

Serviteur minime des serviteurs de la Société du Nom de Jésus.

François

---

10. Paraphrase émouvante mais malhabile du Psaume 137, 5.

60

AU P. IGNACE DE LOYOLA, A ROME
(EX.I, 397-400 ; S.III, 337-338)

Rien de très neuf dans cette lettre complémentaire de la précé-
dente, sinon une insistance toujours plus grande à demander des
prédicateurs pour l'Asie. En outre, saint François Xavier revient
ici sur son projet de transformer l'année liturgique dans les Pays
des Moussons (voir lettre 17, du 15 avril 1539).

Cochin, le 20 janvier 1548

La grâce et la charité du Christ Notre Seigneur soient toujours
avec vous.

1. Dieu m'est témoin, très cher Père, de la force avec laquelle
je souhaite vous voir encore en cette vie-ci, pour pouvoir converser avec vous de nombreuses choses qui requièrent votre aide et vos
remèdes, puisqu'en effet aucune distance n'est un obstacle à
l'obéissance. Je vois qu'un grand nombre de ceux de la Compagnie se trouvent en ces contrées [1] mais je vois en revanche que
nous fait grandement défaut un médecin pour nos âmes. Au nom
du Seigneur Jésus, je vous en prie et je vous en adjure, Père très
bon : jetez un regard sur nous, vos fils, qui nous trouvons dans
les Indes, et daignez leur envoyer un homme éminent de vertu et
de sainteté qui par son zèle et par son élan secoue ma torpeur. J'ai
le grand espoir que puisque vous percevez vous-même, et de façon
divine, nos dispositions d'âme, vous allez vous mettre diligemment
à l'œuvre pour stimuler plus ardemment à la recherche de la perfection notre vertu déjà bien languissante.

2. Il n'est rien que ce pays attende plus de la Compagnie que
des prédicateurs. Au nombre de ceux que Maître Simon a envoyés
en ces contrées-ci, il n'y a point, pour autant que je le sache, de
prédicateur. Mais les Portugais eux-mêmes, ceux qui vivent dans
les Indes, en raison du grand amour et de la grande bienveillance
qu'ils éprouvent envers nous, désirent suprêmement avoir des prédicateurs de notre Compagnie. Je vous prie donc, pour Dieu et
pour son service, vous souvenant de leur si pieuse et si juste
demande, d'envoyer en ces contrées-ci des Pères qui soient aptes
à cette charge et qui enseignent le bon chemin vers le salut à ceux
qui se fourvoient. De plus, que les membres de la Compagnie que

---

1. Ils ne sont alors que dix-sept dans toutes les Indes du Portugal.

vous enverrez visiter les villages des Gentils à cause de l'Evangile
soient d'une vertu suffisamment éprouvée pour pouvoir aller sans
danger spirituel, aussi bien seuls qu'en groupe, partout où la cause
chrétienne les appellera, aussi bien aux Moluques qu'en Chine et
au Japon. De par la description que je vous envoie de la Chine et
du Japon et de leurs habitants, jointe à cette lettre, vous compren-
drez facilement quelle est la sorte d'hommes qui convient à cette
entreprise.

3. Les indulgences du Souverain Pontife, le privilège pour le
grand autel de notre collège, de même que la permission pour les
prêtres de remplacer l'évêque pour donner le sacrement de confirmation aux gens éloignés, et autres grâces à propos desquelles j'ai
écrit les précédentes années, nous les attendons avec une immense
impatience. Au sujet du Carême, l'expérience m'a enseigné qu'il
ne faut rien changer. Les Portugais sont en effet si dispersés dans
toute l'Inde que si l'on considère la commodité générale, il n'est
pas besoin de rien changer. Car l'hiver n'arrive pas au même
moment dans toutes les villes et dans toutes les forteresses des Portugais. Ainsi donc, eu égard au bien commun, je juge préférable
de ne rien décider de nouveau en la matière, quoique je voie bien
qu'il ne manque pas de personnes pour juger le contraire.

4. Je n'ai pas encore tout à fait tranché si j'irai moi-même, avec
un ou deux membres de notre Compagnie, au Japon d'ici un an
et demi. Mais ce qui est sûr, c'est que j'irai ou que j'en enverrai
d'autres. Dans l'état actuel, mon âme est encline à ce que j'y aille.
Je prie Dieu de me prescrire en toute clarté ce qui agrée davantage
à son cœur. Parmi les trois compagnons qui sont partis aux Moluques, il m'a paru bon de choisir celui qui commandera aux autres
et c'est ainsi que j'ai choisi Jean de Beira à qui les autres devront
obéir comme à vous-même. Cet ordre leur a beaucoup plu. Je
pense faire la même chose pour le Cap Comorin et pour les autres
endroits où se trouvent plusieurs membres de notre Compagnie.
Je vous prie, vous et vos dévots, de bien vouloir par vos prières
demander des secours célestes pour nous qui nous trouvons en plein
milieu de ces gens barbares. Pour que vous le fassiez avec plus de
ferveur, je prie le Dieu immortel de vous montrer surnaturellement
combien j'ai besoin de vos faveurs et de votre aide.

François

61

A JEAN III, ROI DU PORTUGAL
(EX.I, 404-410 ; S.III, 338, 345-346)

Comme bien d'autres lettres envoyées au Roi du Portugal, celle-ci laisse encore se manifester les contradictions entre l'œuvre missionnaire et l'entreprise coloniale accomplies l'une et l'autre au nom du Patronat. Saint François Xavier ne se trouverait pas en Asie si les Portugais ne l'avaient précédé, et il a toujours besoin d'eux. Mais, avec eux, il ne peut parvenir à son but.

Cochin, le 20 janvier 1548

+

Seigneur,

1. Votre Altesse sera informée très en détail à propos des choses spirituelles et du service de Dieu Notre Seigneur en ces contrées de Malacca et des Moluques, au moyen des lettres que j'envoie aux membres de la Compagnie, car elles sont pareilles à des réponses adressées à Votre Altesse, étant donné que Votre Altesse est le principal et véritable protecteur de toute la Compagnie de Jésus, aussi bien pour son amour que pour ses œuvres. Poussés par la piété, sur le point de s'embarquer, les Pères de la Piété[1] entretiendront Votre Altesse des choses spirituelles de la Chrétienté de l'Inde.

2. Personne servante de Dieu et qui a l'expérience de ce qui se passe à Ceylan, le P. Frère Jean de Vila de Conde écrit à Votre Altesse toute la vérité, pour obéir à Dieu et à sa conscience et pour décharger celle de Votre Altesse, aussi bien par des lettres que par des notes qu'il m'a montrées. Que Votre Altesse se tienne donc prête à décharger sa conscience. Quant aux Frères de la Compagnie, ils écrivent, me semble-t-il, à Votre Altesse pour lui donner aussi un compte très détaillé des Chrétiens du Cap Comorin, ainsi que des autres parties de l'Inde.

3. Je me suis souvent demandé en moi-même s'il ne serait pas bon d'écrire à Votre Altesse ce qu'à l'intérieur de mon âme je sens être bien pour l'accroissement de notre sainte Foi. D'un côté, cela me semblait être le service de Dieu ; de l'autre, ce que j'écrirais ne devrait pas être porté à la lumière. Mais, en m'abstenant de l'écrire, j'aurais, me semble-t-il, chargé ma conscience, puisque Dieu Notre Seigneur m'avait fait comprendre la chose dans un but, et je n'en trouvais pas d'autre que celui-ci : c'était pour que je l'écrive à

---

1. Des Pères Récollets.

Votre Altesse. Si je lui écris tout ce que je ressens de pénible en mon âme, c'est qu'on ne doit pas faire ce que je lui décris et qu'il ne faudrait pas que, par malheur, Votre Altesse se trouve accusée par mes lettres devant Dieu, à l'heure de sa mort, et que ne soit pas alors recevable l'excuse que Votre Altesse ne savait rien de tout cela.

4. Votre Altesse peut croire que cela m'a donné bien du chagrin, car je n'ai point d'autre désir que d'œuvrer et de mourir en ces contrées-ci, afin de décharger la conscience de Votre Altesse, en raison du grand amour qu'elle porte à notre Compagnie. C'est pourquoi, lorsque j'ai eu l'idée, Seigneur, que je devais écrire à Votre Majesté, je me suis trouvé dans une grande confusion et c'est seulement à la fin que je me suis décidé à décharger ma conscience en écrivant ce que je ressens de par l'expérience que j'ai acquise de ces contrées-ci, aussi bien dans l'Inde qu'à Malacca et aux Moluques.

5. Il faut que Votre Altesse sache que, dans ces contrées-ci, comme dans beaucoup d'autres, on s'abstient de faire ce que requiert le service de Dieu Notre Seigneur, en raison des saintes jalousies que les uns éprouvent envers les autres. Les uns disant : « Je ferai », et les autres : « Non, ce sera moi. » D'autres encore : « Puisque je ne fais pas cela, il ne me plaît point que vous le fassiez. » D'autres : « C'est moi qui supporte les peines et ce sont d'autres qui en retirent remerciements et profits. » A la suite de ces querelles, et comme chacun prend sa plume et se donne de la peine pour promouvoir sa cause, tout le temps est pris et il n'en reste plus pour accomplir le service de Dieu Notre Seigneur. C'est pour cette raison qu'on s'abstient bien souvent de faire dans l'Inde des choses qui pourtant seraient propres à donner de l'honneur et à rendre service à Votre Altesse.

6. Je ne trouve qu'un seul moyen pour faire beaucoup de Chrétiens en ces contrées-ci et pour bien aider ceux qui le sont déjà devenus et pour que personne n'ose plus porter préjudice à ces derniers, ni s'emparer de leurs biens, aussi bien Portugais qu'infidèles, c'est ceci : Que Votre Altesse donne l'ordre au Gouverneur ici présent, ou que Votre Altesse enverra de là-bas, de n'accorder confiance à aucun des religieux présentement ici plus qu'à lui-même pour l'accroissement de notre sainte Foi, à commencer par nous tous qui sommes ici. Qu'après Dieu, il ne s'en remette qu'à lui-même pour décharger sa propre conscience de la charge qui pèse sur lui, à savoir que si nombreux sont dans les Indes ceux qui ne deviennent pas chrétiens, c'est par la faute des gouverneurs. Que le Gouverneur lui-même envoie une lettre à Votre Altesse pour lui dire

combien sont devenus chrétiens et quelles dispositions il y a pour que davantage le deviennent, car Votre Altesse ajoutera foi à ses lettres de préférence à d'autres. Si le contraire se produit, si le Gouverneur ne permet pas l'accroissement de notre sainte Foi, alors que c'est en son pouvoir, il convient à Votre Altesse de promettre de le punir dans l'ordonnance qu'elle lui envoie, avec un serment solennel qu'à son retour au Portugal Votre Altesse fera saisir tous ses biens, considérés comme perdus, au profit des œuvres de la sainte Miséricorde. En outre, il faudrait le garder prisonnier de nombreuses années, sans lui donner le vain espoir que des excuses puissent être acceptées de sa part. Il ne convient pas en effet d'accepter les excuses qu'on donne pour expliquer qu'il ne se fait guère de Chrétiens. Je ne puis pas dire à Votre Altesse tout ce que je sais à ce sujet, de peur de la navrer, mais je ne peux pas songer à mes souffrances passées et présentes sans en voir le remède.

7. Si le Gouverneur était certain tout à fait que Votre Altesse parle sérieusement et qu'elle tienne son serment, l'île de Ceylan tout entière deviendrait chrétienne en une année et bien des rois dans le Malabar et sur la côte du Cap Comorin, ainsi qu'en bien d'autres endroits en feraient autant. Aussi longtemps que les gouverneurs n'auront pas à prendre en considération cette crainte de perdre leur honneur et d'être punis, que Votre Altesse n'escompte aucun accroissement de notre sainte Foi ni la conversion de nouveaux Chrétiens, aussi nombreuses qu'aient pu être les dispositions décrétées par Votre Altesse. Que bien des gens deviennent chrétiens dans l'Inde ne dépend que d'une chose : que Votre Altesse punisse enfin, et sévèrement, un Gouverneur.

8. Comme je n'ai pas l'espoir que cela va être fait, je regrette presque de l'avoir écrit. Et aussi, Seigneur, pour cette raison : je ne sais pas si le jour où Votre Altesse devra rendre des comptes à Dieu et sera accusée de n'avoir pas fait cela, car elle avait été informée, je ne sais pas si cette excuse sera acceptée : Votre Altesse n'était pas obligée de donner crédit à mes lettres. Mais je certifie à Votre Altesse que si, en bonne conscience, il m'avait semblé que je pouvais satisfaire au devoir de mon âme en me taisant, je ne lui aurais point écrit cela sur le compte des gouverneurs.

9. En ce qui me concerne, Seigneur, je ne suis pas encore complètement décidé à partir pour le Japon ; mais peu à peu, il me semble que c'est oui, parce que je ne crois guère que je vais obtenir un véritable appui en Inde pour y accroître notre sainte Foi, ni pour maintenir la Chrétienté qui y est déjà faite.

10. Pour l'amour et pour le service de Dieu Notre Seigneur, je demande à Votre Altesse d'accorder à vos loyaux sujets de l'Inde,

et à moi en même temps qu'à eux, la grâce d'envoyer cette année beaucoup de prédicateurs de notre Compagnie. En effet, sachez que les forteresses de l'Inde en ont grand besoin, et autant les Portugais que les Chrétiens récemment convertis. C'est l'expérience que j'en ai faite de mes yeux qui me pousse à écrire cela.

11. Pendant le temps où je me suis trouvé à Malacca et aux Moluques, j'ai prêché deux fois chaque dimanche et jour de fête, eu égard au grand besoin que j'en avais vu : les Portugais le matin à la messe et, après le déjeuner, les fils et les filles des Portugais, leurs esclaves, et les Chrétiens libres natifs du pays, pour leur expliquer les articles de la Foi. Un jour dans la semaine, j'ai prêché dans une église aux femmes des Portugais, aussi bien à celles qui sont du pays qu'à celles qui sont métisses, sur les articles de la Foi, et sur les sacrements de confession et de communion. Il faudrait peu d'années pour accomplir un grand service de Dieu Notre Seigneur, si on poursuivait cet enseignement de la doctrine. Pendant tout ce temps, j'ai enseigné la doctrine chrétienne dans les forteresses, tous les jours après le déjeuner, aux fils et aux filles de Portugais, à leurs esclaves, hommes et femmes, et aux Chrétiens du pays. Grâce à cet enseignement de la doctrine, bien des idolâtries et des actes de sorcellerie se sont arrêtés.

12. Je rends compte de tout cela à Votre Altesse pour qu'elle n'oublie pas d'envoyer des prédicateurs, car par manque de ces derniers en Inde, ni les Portugais ni ceux qui se sont convertis à notre Foi ne sont chrétiens. Par ailleurs, je n'ai point l'espoir qu'un tel bien spirituel puisse advenir en ces contrées-ci, car l'Inde possède cette particularité : elle ne supporte pas qu'on y fasse un si grand bien spirituel.

13. Venant de Malacca, je suis arrivé le 13 janvier de cette année à Cochin où j'ai trouvé l'évêque, et j'ai été très consolé en voyant que c'est avec une si grande charité qu'il endure les peines corporelles que lui valent ses visites aux forteresses de son diocèse et aux Chrétiens de saint Thomas, et l'accomplissement de sa charge qu'il remplit comme un pasteur véritable. En paiement d'œuvres si bonnes, certaines personnes lui ont donné en ce pays la récompense que le monde a coutume de donner ; je suis resté très édifié en voyant sa si sainte patience : certains dévots et serviteurs du monde en Inde ont en effet raconté de telles choses sur son compte et ils les ont, me semble-t-il, écrites à Votre Altesse. Il s'agit de la mort de Michel Vaz [2] ; pour moi, pour décharger ma conscience, je

---

2. Après sa mort subite le 11 janvier 1547, le bruit avait couru que Michel Vaz avait été empoisonné par les hommes de l'évêque de Goa.

sais, sans que je puisse écrire ni dire comment, qu'il n'est pas plus coupable d'une telle chose que moi qui me trouvais alors aux Moluques quand elle arriva.

14. Pour l'amour et pour le service de Notre Seigneur, et pour la décharge de la conscience de Votre Altesse, je lui demande la très grande grâce de ne point lui causer de tracas, parce que si Votre Altesse ajoute foi à une telle fausseté, c'est mettre en grand crédit les esprits flatteurs de l'Inde.

15. C'est une grande faveur aussi pour moi que Votre Altesse ait fait à Pierre Gonçalves, Vicaire de Cochin, la grâce de le prendre comme chapelain et un neveu à lui comme valet de chambre. J'éprouve un tel sentiment parce que je dois faire savoir à Votre Altesse que la demeure du Vicaire de Cochin est l'auberge de la Compagnie de Jésus et que celui-ci est notre grand ami ; c'est ainsi qu'à cause de nous, depuis notre arrivée, il dépense plus qu'il n'a et même emprunte. Je prie donc Votre Altesse, au nom de la Compagnie, de lui accorder à lui et à son neveu cette faveur de leur faire parvenir leurs lettres patentes [3] en sorte que leur parviennent leurs pensions ; en ayant veillé sur les âmes des loyaux sujets de Votre Altesse, et son neveu en servant dans la marine, ils l'ont bien mérité.

Je continue à prier Dieu Notre Seigneur de faire sentir à Votre Altesse, à l'intérieur de son âme, et aussi de lui faire faire tout ce qu'à l'heure de sa mort Votre Altesse serait tout heureuse d'avoir accompli.

Serviteur inutile de Votre Altesse.

François

62

A JEAN III, ROI DU PORTUGAL
(EX.I, 411-417 ; S.III, 338-343)

Complémentaire de la lettre précédente, celle-ci contient surtout des recommandations pour des Portugais méritants ou amis de la Compagnie. L'une et l'autre, chacune sur son registre propre, montrent que, face à la couronne portugaise, saint François Xavier entend rester une puissance ad majorem Dei gloriam.

---

3. Alvará.

Cochin, le 20 janvier 1548

+

Seigneur,

1. Dans l'expédition maritime lancée l'année dernière pour anéantir les Atjehs[1], je le fais savoir à Votre Altesse, Jacques Soares a fourni une grande aide et il s'est battu d'une façon digne de lui et comme on l'attendait de lui. Il a monté deux très belles *fustas*[2], équipées à ses frais et par lui remplies de marins aussi bien que de *lascarins*[3], sans qu'on lui ait donné quoi que ce soit de la factorerie[4]. Je le dis parce que je l'ai vu : on ne lui a même pas donné le riz nécessaire à ses marins et il a dépensé plus qu'il ne possède, ayant dû même emprunter pour faire des dépenses au service de Votre Altesse. En raison des services rendus par Jacques Soares au cours de cette expédition, Votre Altesse se doit de lui accorder une grande grâce. Si je rends compte de tout ceci à Votre Altesse, c'est parce qu'à ce moment-là je me suis trouvé à Malacca et que je sais quels sont ceux qui ont servi Votre Altesse. Je ne dis rien d'autre d'ailleurs que ceci : si cet homme n'était point sorti en mer pour Votre Altesse, il n'y aurait pas eu autant d'Atjehs à trouver la mort.

2. De même, Jacques Pereira, fils de Tristan Pereira, qui a servi Votre Altesse en Inde pendant vingt années, toujours en qualité de capitaine de galères et de galions, a dépensé sa fortune et celle de ses enfants, sans aucun bénéfice, et a été tué par les Maures lors du siège de Calicut[5]. Ledit Jacques Pereira a valeureusement combattu au cours de la bataille à laquelle il participa en qualité de capitaine du plus gros bâtiment participant à cette expédition. Il y détruisit bien des navires des Atjehs grâce à la grosse artillerie qu'il avait apportée et les envoya par le fond ; les *lascarins* qui l'ont accompagné massacrèrent beaucoup d'Atjehs à coups de fusil : il a donc beaucoup dépensé. Votre Altesse se doit de lui accorder une grande grâce aussi bien à cause de ses services qu'à cause de ceux de son père. Un Castillan qui était venu de Nouvelle Espagne par le chemin des Moluques, à bord d'un navire de Jacques Pereira, m'a dit qu'il s'est beaucoup réjoui de voir que les Portugais de l'Inde se battaient si bien et avaient tant de courage.

---

1. Peuple musulman du nord de Sumatra.
2. Navire équipé de rames et de voiles à la fois.
3. Soldats auxiliaires.
4. Au sens de comptoir, concession coloniale.
5. En 1529.

3. De même, Alphonse Gentil, frère du Docteur Antoine Gentil, qui a été grand médecin de Votre Altesse, a participé à cette même expédition en tant que capitaine d'un navire. Il y a transporté beaucoup de monde et, pour ce faire, a dépensé beaucoup de sa propre fortune, ce qu'il a toujours fait dans la marine au service de Votre Altesse. Il est à présent tombé dans une disgrâce telle, malgré tant de services rendus à bord d'un navire de Votre Altesse, qui a pris feu dans le port de Malacca. Tout le monde à Malacca dit d'ailleurs que ce n'est ni juste ni raisonnable, alors que ceux qui font du mal à autrui n'ont pas besoin d'alléguer des services rendus pour que Votre Altesse leur accorde sa grâce. Pour décharger sa propre conscience, Votre Altesse se doit de lui accorder sa grâce et de le délivrer des oppressions qu'il subit contre la raison et contre la justice.

4. De même, Jean Rodrigues Carvalho que j'ai trouvé à Malacca si pauvre que j'en ai eu pitié. Son navire a fait naufrage en Chine et je vois qu'il est en bonne voie pour finir de se ruiner aux Indes, à moins que Votre Altesse ne le favorise en lui accordant une grande grâce. Lui et moi, nous avons voyagé sur le même bateau de Malacca à Cochin. J'ai vu par le détail ses misères, si bien que j'en ai eu pitié et que j'ai senti en moi-même une souffrance quand j'ai saisi que c'était par un affront venant de Votre Altesse qu'il avait été de la sorte meurtri, malgré de si bons services rendus. Je demande donc à Votre Altesse de lui accorder sa grâce.

5. De même, Henri de Sousa : Votre Altesse se doit de lui faire une grande grâce, aussi bien pour les services qu'il a rendus que parce qu'il a été très obéissant envers le Gouverneur de Votre Altesse par obéissance envers celle-ci. Il s'est marié avec une orpheline, fille de François de Maris. Il endure de telles tribulations, et se traîne tant, que ça fait pitié de le voir. Marie Pinheira, sa belle-mère, vit en cette ville de Cochin tellement privée de soutien et tellement pauvre qu'il y a de quoi avoir pitié d'elle. La malheureuse veuve prie Votre Altesse de prendre en pitié son grand manque de soutien, ainsi que ses fils et que ses filles, pour l'amour et pour le service de Dieu, et de lui faire grâce d'un voyage pour les Moluques, afin qu'elle puisse y marier ses filles et y trouver sa subsistance, enfin de prendre ses fils comme domestiques gentilshommes avec les mêmes droits que leurs parentés.

6. De même, Antoine Cardoso, qui a été secrétaire et qui part cette année pour le Royaume [6]. Que Votre Altesse lui fasse bon

---

6. Le Portugal.

accueil et lui accorde sa grâce, parce qu'il l'a très bien servie en ces contrées-ci. Je ne le recommande pas à cause de la grande amitié qu'il y a entre lui et moi, mais parce qu'il a rendu de nombreux services à Votre Altesse.

7. De même, Antoine Rodrigues de Gamboa part cette année pour le Royaume, demander à Votre Altesse récompense pour les services qu'il lui a rendus. Martin Alfonso de Sousa, qui est bon témoin, donnera à Votre Altesse une information véridique à son sujet. Il a en outre accompli ce qu'il a pu dans les affaires spirituelles, car il participe beaucoup du zèle saint et de l'enseignement de notre bon P. Michel Vaz, dont l'âme triomphante se trouve déjà au Ciel. Votre Altesse se doit de lui faire une grâce bien vite, en lui accordant une faveur, en sorte de nous aider tous.

8. De même, Emmanuel Lobo. Il part cette année pour le Royaume, afin de demander une récompense à Votre Altesse pour les nombreux services qu'il lui a rendus dans l'Inde depuis dix ans. Lors de la bataille de Diu [7], il a été estropié à une jambe en servant Votre Altesse et il est désormais impotent. Ce qu'il ressent le plus douloureusement dans sa mutilation, puisque c'est un loyal sujet, Seigneur, c'est qu'il ne peut plus servir dans la marine de Votre Altesse. Par devoir de conscience envers un si loyal sujet, eu égard à de pareils services rendus, Votre Altesse se doit de lui accorder une grande grâce.

9. De même, Cosme Anes, véritable protecteur de la maison de Saint-Paul [8]. J'entends que l'on dit bien de bonnes nouvelles à son propos, car il sert très bien Votre Altesse dans l'exercice de sa charge. Que Votre Altesse lui écrive donc pour lui recommander de ne pas se lasser de servir, et de veiller sur Saint-Paul, parce qu'il recevra de Dieu une récompense dans l'autre monde et une autre de la part de Votre Altesse en celui-ci.

10. De même, le *provedor* [9] et les Frères de la Sainte Miséricorde de Cochin. Ils écrivent à Votre Altesse sur certaines affaires relatives au service de Dieu, à savoir : Premièrement, les trois retables pour la maison, c'est-à-dire : un pour le maître autel, traitant de l'invocation de la miséricorde, l'autre de saint Amare [10], le troisième de saint Georges, plus petits, et à cette fin, cette maison a envoyé un solde de cinq cents *cruzados* en sorte que Votre Altesse assure le paiement de ces dits retables.

---

7. En 1546.
8. Saint-Paul à Goa.
9. Directeur.
10. Pèlerin à Saint-Jacques de Compostelle révéré dans le diocèse de Burgos.

11. De même, une avance par laquelle Votre Altesse fasse payer les neuf mille réaux donnés par Votre Altesse en aumône.

12. De même, une lettre de virement par laquelle Votre Altesse fasse payer les neuf *milreis* dont elle a fait aumône à la maison pour les orphelins, payables mois après mois sur le trésor de Votre Altesse en cette ville. Que Votre Altesse donne ordre en ladite lettre qu'on prélève chaque année mille *pardaus* pour aider et pour protéger orphelins et indigents sur le solde qu'on donnera à la maison sous forme d'aumône ; la lettre de virement ordonnant de payer le solde en entier, établie au profit de la maison, n'a pas été en effet accomplie.

13. De même, une lettre permettant aux procureurs de la Miséricorde de recouvrer les sommes et les biens légués par testament que les trépassés morts au Bengale, au Pégou [11], à Coromandel et dans d'autres parties de l'Inde ont laissés à cette sainte maison comme héritière. Ni le grand *provedor* ni ces petits n'en ont encore vu la couleur. Que Votre Altesse veuille qu'en ces lieux où il n'y a point de notaire, ces testaments soient néanmoins valides ; les témoins qui y ont apposé leur signature sont dispersés en divers endroits et se trouvent là où on ne peut point valider de testament. Ainsi la Miséricorde perd cet héritage et avec elle, les pauvres et les orphelins qui, ainsi, bien qu'il ait été légué à eux, se trouvent dans le besoin. De la sorte aussi, les volontés des trépassés ne sont point accomplies [12].

14. De même, l'hôpital de Cochin est très déshérité et pauvre en bâtiments. Que Votre Altesse donne ordre à ses gouverneurs et à ses intendants du trésor de veiller sur ledit hôpital, en raison des nombreux malades qui s'y trouvent, notamment de ceux qui appartiennent à la marine et au service permanent de Votre Altesse.

15. De même, le *provedor* et les Frères de la Miséricorde me prient de demander à Votre Altesse que, pendant tout le temps où ils seront employés à servir en cette maison, ils soient exemptés des charges attenantes au conseil, nonobstant leurs statuts.

16. De même, la dernière grâce que je demande à Votre Altesse c'est qu'elle m'accorde la grâce, en remerciement du sincère amour que je lui porte, qu'elle m'accorde la grâce [13], pour l'amour et pour le service de Dieu Notre Seigneur, de se hâter grandement à

---

11. Basse Birmanie.

12. L'embrouillamini grammatical de ce paragraphe est tel que même le P. Georg Schurhammer en a été découragé.

13. Autre exemple de bafouillage avec le mot *mercê*, « grâce » trois fois répété dans la même phrase.

mettre en œuvre très diligemment tout ce que Votre Altesse, à l'heure de sa propre mort, souhaiterait avoir fait de manière à pouvoir aborder en toute confiance le jugement de Dieu Notre Seigneur, jugement que Votre Altesse ne peut pas fuir, même si elle le voulait. Que Votre Altesse ne laisse pas la chose jusqu'à l'heure de sa mort, car les souffrances de la mort sont si grandes qu'elles ne laissent pas la moindre place pour penser à tout ce que nous réservons maintenant pour ce moment-là. Que Votre Altesse reçoive tout ceci comme venant de la part d'un de ses serviteurs qu'anime un amour sans tromperie envers elle.

Que Notre Seigneur garde toujours Votre Altesse sous sa garde en cette vie-ci et que, dans l'autre, il l'emporte pour régner dans la gloire, ce que nous autres, ses serviteurs de la Compagnie, nous désirons tous.

Serviteur inutile de Votre Altesse.

François

63

AU P. SIMON RODRIGUES, AU PORTUGAL
(EX.I, 418-422 ; S.III, 348-350)

Adressée au fidèle Simon Rodrigues, cette lettre a pour but d'appuyer les précédentes qui avaient été adressées au roi du Portugal. Rien non plus ici de nature à plaire à l'administration portugaise de l'Inde.

Cochin, le 20 janvier 1548

La grâce et l'amour du Christ notre Seigneur soient toujours en notre faveur et en notre aide. Amen.

Très cher Frère dans le Christ,

1. Pour l'amour et pour le service de Dieu Notre Seigneur, Frère Maître Simon, je vous recommande de vous efforcer d'envoyer quelques prédicateurs de notre Compagnie, parce qu'il y en a grand besoin dans l'Inde. De tous ceux que vous avez envoyés, je n'ai vu que Jean de Beira, le P. Ribeiro et Nicolas, qui est laïc[1], lesquels se trouvent aux Moluques, et Adam Francisco, que j'ai

---

1. Frère coadjuteur.

trouvé à Cochin. J'ai demandé des nouvelles des autres : on m'a dit qu'il n'y en a aucun parmi eux qui sache prêcher.

Mais je vous recommande beaucoup, pour l'amour et pour le service de Dieu Notre Seigneur, lorsque vous ferez envoyer des membres de la Compagnie qui ne sont pas des prédicateurs, dans ces contrées de l'Inde pour y convertir les infidèles, que ce soient des personnes très éprouvées dans la Compagnie, et qu'ils aient remporté bien des victoires en l'espace de quelques années. Qu'ils ne soient point malades, car les peines endurées dans l'Inde exigent bien des forces corporelles, quoique les forces spirituelles soient plus nécessaires. Le Roi rendrait à Dieu Notre Seigneur un très grand service s'il envoyait en Inde beaucoup de prédicateurs de notre Compagnie, puisque les gens de l'Inde, comme vous devez le savoir, manquent beaucoup de doctrine. Cela, je vous le fais savoir de par l'expérience que j'en ai.

2. Si la cause de l'accroissement de notre sainte Foi rencontre bien des obstacles en ces contrées, ne vous en étonnez pas, car c'est en nous que se trouve la première et la plus forte opposition. Il me paraît donc nécessaire de porter d'abord remède à nous-mêmes, et ensuite aux Gentils. Quant à l'année prochaine, pour le service de Dieu Notre Seigneur, faites tout votre possible pour envoyer des prédicateurs. Je ne vous écris pas sur les choses de l'Inde pour la simple raison qu'il n'y a pas plus de huit jours que je suis arrivé de Malacca et que je ne sais rien de celles-ci ; quant à celles que je connais, je regrette de les connaître. Nos compagnons, me semble-t-il, vous décrivent longuement les affaires d'ici.

Quant aux personnes de notre Compagnie que vous enverrez convertir les infidèles, il faut qu'on puisse avoir confiance en chacun d'eux, qu'il aille seul ou accompagné en n'importe quelle contrée qui paraîtrait la plus favorable au service de Dieu Notre Seigneur, ainsi les Moluques, la Chine, le Japon ou le Pégou, etc. Dans n'importe laquelle de ces contrées, ce sont des personnes ayant de façon sûre beaucoup de vertu, même si elles n'ont pas beaucoup de science, qui auraient à les y accompagner et pourraient y rendre beaucoup de service à Dieu Notre Seigneur.

3. Pour décharger la conscience du Roi, envers qui toute la Compagnie est très redevable, vu sa grande amitié pour elle, il convient que celui-ci favorise d'abord les siens dans les choses spirituelles, et ensuite les infidèles. Je désire beaucoup, pour l'honneur et pour le service de Dieu Notre Seigneur ainsi que pour la décharge de la conscience du Roi, que ce dernier pourvoie toutes les forteresses de l'Inde en prédicateurs de notre Compagnie, ou de l'Ordre de saint François. Que ces prédicateurs n'aient point

d'autre occupation particulière ou principale hormis celle de prêcher les dimanches et les jours de fête aux Portugais, et après le déjeuner, à leurs esclaves, hommes et femmes, et aux Chrétiens de condition libre natifs du pays, sur les articles de la Foi, ainsi qu'un jour par semaine aux femmes et aux filles des Portugais sur les mêmes articles de la Foi, sur les sacrements de la confession et de la communion, car je sais par expérience qu'ils en ont grand besoin.

Vous œuvrerez en union avec le Roi, afin de décharger sa conscience, parce qu'il me semble, et plaise à Dieu que je me trompe, que l'excellent homme va se trouver très tourmenté à l'heure de sa mort, au sujet de l'Inde. Je crains en effet qu'au ciel Dieu Notre Seigneur ainsi que tous les Saints disent de lui : « Le Roi montre de bons désirs dans ses lettres pour l'accroissement de mon honneur dans l'Inde, car c'est avec ce seul titre qu'il la possède en mon nom. Mais il ne châtie jamais ceux qui n'obéissent pas à ses lettres et à ses ordres, quoiqu'il fasse prendre et châtier ceux à qui il recommande ses intérêts temporels, s'ils n'accroissent pas de toute manière ses revenus et ses rentes. »

4. Si j'étais sûr que le Roi est au courant de l'amour sans illusion que j'éprouve envers lui, je lui demanderais cette faveur pour, grâce à elle, le servir : c'est qu'il consacre chaque jour un quart d'heure à demander à Dieu de lui faire bien comprendre et mieux encore éprouver à l'intérieur de son âme ce que le Christ a dit : « A quoi sert à l'homme de gagner l'univers, s'il vient à perdre son âme[2] ? », et qu'il adopte comme dévotion d'ajouter à la fin de toutes ses prières : « A quoi sert..., etc. ? » Il est temps, très cher Frère, Maître Simon, de désillusionner le Roi, car l'heure est plus proche qu'il ne le croit où Dieu Notre Seigneur va l'appeler pour qu'il rende des comptes, en disant : « Rends compte de ton administration[3]. » Faites donc en sorte qu'il pourvoie l'Inde de fondements spirituels.

5. Mon très cher Frère, Maître Simon, je ne trouve qu'une seule voie et qu'un seul chemin pour que la cause du service de Dieu Notre Seigneur grandisse beaucoup en ces contrées de l'Inde, de par l'expérience que j'en possède, et c'est ceci : que le Roi envoie à tout gouverneur de l'Inde, quel qu'il soit, une ordonnance lui disant de ne compter sur aucun religieux de l'Inde (à commencer par notre Compagnie) plus que sur lui-même, pour faire grandir la Foi de Jésus-Christ en ces contrées de l'Inde. Que donc il lui

2. Mt 16, 26.
3. Lc 16, 2.

donne la charge de rendre chrétienne l'île de Ceylan et d'accroître le nombre des Chrétiens du Cap Comorin. Qu'à cette fin, le Gouverneur cherche en ces contrées des religieux et qu'il reçoive des pleins pouvoirs sur notre Compagnie, pour en disposer et pour lui commander, faire de nous et des autres tout ce que bon lui semblera pour l'accroissement de notre sainte Foi. Que si ce dernier n'agissait pas de la sorte, ne rendait pas chrétienne l'île de Ceylan et n'y faisait pas grandir beaucoup notre Foi, le Roi lui promette, et pour inspirer plus d'effroi aux gouverneurs et pour que ceux-ci sachent bien que le Roi parle sérieusement, et qu'il en fasse le serment et qu'il le tienne (car il méritera beaucoup en le faisant et plus encore en le tenant), ceci : Que, s'ils ne déchargent pas la conscience du Roi en faisant beaucoup de Chrétiens en ces contrées, à leur arrivée à Lisbonne ils seront mis aux fers et se verront infliger des peines de prison pour de nombreuses années, sans compter la confiscation de leurs biens. Si le Roi donnait cet ordre et si les gouverneurs n'accomplissaient pas un tel ordre, qu'il les en punisse grandement. C'est de cette façon que tout le monde deviendra chrétien en ces contrées-ci, et non pas autrement.

6. Telle est la vérité, mon Frère Maître Simon. Je passe sous silence toutes les autres choses. C'est de cette façon-là que cesseront les affronts ainsi que les vols dont sont victimes les pauvres Chrétiens ainsi que ceux qui sont sur le point de le devenir et qui, de la sorte, se verront encouragés à devenir tels. N'attendez en effet aucun résultat si le Roi s'en remet à d'autres personnes qu'à son gouverneur. Croyez-moi, je dis la vérité et je parle d'expérience ; et comme je le sais, il n'est point nécessaire d'en dire le pourquoi. Il y a deux choses que je désire voir dans l'Inde : La première, c'est des gouverneurs munis de cette loi ; la seconde, c'est voir dans toutes les forteresses de l'Inde des prédicateurs de notre Compagnie. Croyez bien en effet que ce serait pour un grand service de Dieu, aussi bien à Goa que dans toutes les autres contrées de l'Inde.

Que Dieu Notre Seigneur nous garde continuellement.

Votre très cher Frère dans le Christ.

François

64

INSTRUCTION POUR LES COMPAGNONS VIVANT SUR LA COTE DE LA PECHERIE ET AU TRAVANCORE
(EX.I, 426-435 ; S.III, 380-382)

Avant de quitter durablement l'Inde, saint François Xavier entend y laisser ses principes d'organisation à la mission et aux Jésuites qui en assumeront la charge. Il cherche à faire vivre les nouveaux Chrétiens aussi bien en dehors du monde colonial portugais que loin des Hindouistes : isolement difficile à réaliser.

Manappâd, février 1548

Voici l'ordre selon lequel vous devez procéder pour servir Dieu et c'est avec une grande diligence que vous aurez à vous en occuper :

1. Premièrement, vous vous occuperez avec une grande diligence des villages auxquels vous rendrez visite ou dont vous aurez la charge, celle d'y baptiser les petits enfants qui naissent. Telle est en effet l'une des plus grandes actions qu'on peut accomplir présentement en ces contrées ; vous irez de maison en maison dans les villages auxquels vous rendrez visite pour demander s'il s'y trouve quelque petit enfant à baptiser, en ayant pris soin d'emmener avec vous de jeunes garçons du village pour qu'ils vous aident à demander.

2. Ne faites point confiance aux *meirinhos* [1] ni à d'autres personnes pour venir vous annoncer qu'un enfant est né, en raison de la négligence qu'il y a chez ceux-ci, ainsi que du danger encouru par les nouveau-nés de mourir sans baptême.

3. Dans les villages où vous vous trouverez, ou auxquels vous rendrez visite, ou dont vous aurez la charge, vous devrez vous occuper beaucoup d'y faire enseigner la doctrine chrétienne aux enfants et vous ferez bien diligence pour les réunir et pour recommander à ceux des habitants qui leur enseignent, de le faire avec une grande diligence et d'accomplir leur devoir. Vous vérifierez s'ils connaissent bien les prières de façon à trouver plus de fruit quand vous leur rendrez visite une seconde fois. C'est qu'ils sauront que vous allez leur demander des comptes et que ce fruit, chez les enfants, est ce qu'il y a de principal.

4. Vous ferez en sorte que les hommes aillent le dimanche à

1. Officier de justice au Portugal.

l'église réciter les prières, dans le village ou les villages que vous aurez à charge de visiter. Dans les villages où vous n'irez pas les dimanches, vous demanderez des comptes au *meirinho* pour savoir si les *pattankatti*-s [2] du village vont à l'église, de même que les autres personnalités du village.

Dans le village où vous vous trouverez, une fois les prières récitées, vous les leur expliquerez et vous blâmerez les vices qu'on trouve chez eux au moyen d'exemples et de comparaisons claires et en tâchant toujours de leur parler clairement en sorte qu'ils vous comprennent. Vous leur direz que, s'ils ne s'amendent pas, Dieu les punira en cette vie par des maladies ainsi qu'en abrégeant leurs jours au moyen de la tyrannie des *adhigâri*-s [3] et du roi, et ensuite, après leur mort, en les laissant aller en enfer.

5. Vous devrez vous informer de ceux qui, dans le village, ne s'aiment pas et, le dimanche, vous œuvrerez à les rendre amis lorsqu'ils viendront ensemble à l'église ; vous en ferez autant les samedis avec les femmes qui ne s'aiment pas.

6. Quant aux aumônes qu'on vous donnera, tant les hommes que les femmes et les dimanches comme les samedis, ou les aumônes qu'on offrira dans les églises, ou celles promises par les malades, elles devront toutes être distribuées aux pauvres, en sorte que nous ne gardions rien pour nous.

7. Quant à ceux qui seraient malades, vous leur rendrez visite, après avoir laissé l'ordre et le lieu propres à ce qu'on vienne vous le dire, lorsque quelqu'un est malade. Au cours de cette visite, vous leur ferez réciter la confession générale et le Credo, en leur demandant s'ils croient véritablement à chacun de ses articles. Dans ce but, vous emmènerez un enfant qui sache les prières, pour qu'il les récite, et vous chanterez un évangile. Les dimanches et les samedis, vous admonesterez les hommes et les femmes pour qu'ils vous avertissent lorsqu'une personne tombe malade ; vous aviserez que, si on ne vous en a pas averti, vous ne devrez pas les enterrer à l'église ni là où on enterre les Chrétiens.

8. Les samedis et les dimanches, quand seront réunis à l'église les hommes et les femmes, vous leur expliquerez les articles de la foi selon l'ordre que j'ai laissé par écrit au P. François Coelho, pour qu'il en fasse la traduction du portugais en malabar [4]. Une fois cette traduction terminée, vous procéderez de la façon dont je vous ai écrit, à savoir que vous ferez lire ces articles chaque

2. Sorte de maire de village ou de seigneur (mot tamoul).
3. Chef de village.
4. C'est-à-dire en tamoul.

samedi et chaque dimanche à l'église où vous vous trouverez ou que vous aurez à charge de visiter.

9. Lorsque quelqu'un mourra, vous l'enterrerez ainsi : vous irez chez lui avec une croix et accompagné par des enfants, tout en récitant des prières en chemin. A votre arrivée chez lui, vous réciterez un répons et ensuite des prières en compagnie de tous les enfants, en allant l'enterrer. Une fois fini l'enterrement, vous adresserez une exhortation par de brèves paroles à ceux qui se trouveront présents ; vous leur rappellerez qu'ils doivent mourir et, en vue de cela, qu'ils prennent la précaution de vivre bien s'ils veulent aller au Paradis.

10. Vous exhorterez les hommes et les femmes, les samedis et les dimanches, d'amener à l'église tout enfant quand il sera malade, pour qu'on lui récite l'Evangile. Cela, pour que les grands aient foi et amour en l'Eglise et pour que les enfants s'en trouvent mieux.

11. Vous ferez en sorte qu'ils se mettent d'accord sur leurs pétitions et sur leurs demandes. Celles qui seront importantes, vous les remettrez au Capitaine ou au P. Antoine [5], en sorte de vous mêler le moins que vous pourrez de leurs demandes. Quant aux œuvres de miséricorde spirituelle, vous ne manquerez pas de les faire. C'est pourquoi vous consacrerez du temps à écouter leurs demandes ; et les demandes qui se feront jour chez le peuple, celles qui ne seront pas très importantes, vous donnerez l'ordre, le dimanche, une fois terminées les prières, de les transmettre aux *pattankatti*-s du village, pour qu'ils les examinent.

12. Envers le Capitaine, vous vous conduirez très affablement, de sorte à ne rompre avec lui sous aucun prétexte. Vous tâcherez de vivre en paix et dans l'amour avec tous les Portugais de cette Côte ; vous ne serez en mauvais termes avec qui que ce soit, même si eux, ils le voulaient. Quant aux affronts qu'ils infligeront aux Chrétiens, vous les reprendrez avec amour. Lorsqu'ils montreront qu'ils ne s'amendent point, vous le ferez savoir au Capitaine.

Encore une fois, je vous recommande de n'être sous aucun prétexte en mauvais termes avec le Capitaine.

13. La conversation que vous aurez avec les Portugais portera sur les choses de Dieu : vous leur parlerez de la mort et du jour du jugement, des peines de l'enfer et de celles du purgatoire. C'est pourquoi, admonestez-les pour qu'ils se confessent et qu'ils communient, pour qu'ils vivent en observant les dix commandements de Dieu. Si vous parlez de ces choses, celles-ci ne feront pas obstacle à celles de votre charge et ceux qui conversent avec vous

---

5. Le P. Antoine Criminali.

devront s'occuper de choses spirituelles ou ils devront s'éloigner de vous.

14. Quant aux prêtres du pays, vous les aiderez pour les choses spirituelles ; vous leur direz de se confesser et de dire la messe, ainsi que de vivre en donnant le bon exemple d'eux-mêmes. Vous n'écrirez à personne du mal sur leur compte, mais vous pourrez seulement en faire part au P. Antoine, puisqu'il est supérieur pour cette Côte.

Lorsque vous baptiserez des enfants, récitez-leur d'abord un Evangile de saint Marc ou le Credo, et ensuite, vous les baptiserez, avec l'intention de les rendre chrétiens, en disant les paroles essentielles du baptême, qui sont : « Je te baptise au nom du Père et du Fils et du Saint Esprit », en versant de l'eau, tout en prononçant les mots. Une fois le baptême fini, vous réciterez l'Evangile ou une prière, selon ce que sera votre dévotion. Quand vous baptiserez des adultes, vous leur ferez d'abord réciter la Confession générale et le Credo et vous ferez dire à chacun si, lorsqu'il récite le Credo, il croit en chacun de ses articles. S'ils disent que oui, alors vous les baptiserez.

15. Gardez-vous de dire du mal des Chrétiens du pays devant les Portugais ; vous interviendrez plutôt en toute occasion pour eux et vous les défendrez en parlant en leur faveur. Car si les Portugais considèrent le peu de doctrine qu'ont ces gens et le peu de temps qu'il y a depuis qu'ils sont chrétiens, il y a de quoi s'étonner qu'ils ne soient pas pires.

16. De toutes vos forces, vous essaierez de vous faire aimer par ces gens, car si vous êtes aimés par eux, vous ferez beaucoup plus de fruit que si vous en êtes détestés.

17. Vous ne leur infligerez aucun châtiment sans d'abord consulter le P. Antoine Criminali. Si vous vous trouvez dans un village où se trouve le Capitaine, vous ne punirez personne sans d'abord en faire part au Capitaine.

18. Quand quelqu'un fera une *pagode* [6], aussi bien les hommes que les femmes, le châtiment que vous infligerez pour cela sera l'exil en dehors du village où vit celui-ci, dans un autre, selon l'avis du P. Antoine.

19. Vous témoignerez beaucoup d'amour aux enfants qui viennent aux prières. Gardez-vous de les scandaliser, en leur cachant le châtiment qu'ils méritent.

20. Quand vous écrirez en Inde [7] aux Pères et aux Frères de

6. Au sens d'idole.
7. C'est-à-dire à Goa.

celle-ci, faites que ce soit pour rendre tout spécialement compte du fruit que vous produisez. Vous en écrirez aussi au Seigneur Evêque avec beaucoup de respect et de révérence, comme s'il était notre supérieur, de façon qu'il nous soit reconnaissant pour l'obéissance que nous avons envers lui.

21. Vous ne vous en irez dans nul pays, à l'appel d'aucun roi ni d'aucun autre seigneur du pays, sans l'avis du P. Antoine, et vous ne donnerez pas pour excuse que nous ne pouvons pas y aller.

22. A nouveau, j'insiste beaucoup pour vous recommander d'œuvrer à vous faire aimer dans les villages que vous traverserez ou dans lesquels vous séjournerez, aussi bien en accomplissant des œuvres bonnes qu'en disant des paroles d'amour, en sorte que nous soyons aimés par tous, et non point détestés, car c'est ainsi que vous produirez plus de fruit, comme je l'ai déjà dit. Que le Seigneur nous l'accorde et qu'il reste avec nous tous. Amen.

Entièrement vôtre.

Maître François

65

A JACQUES PEREIRA, A COCHIN
(EX.I, 436-438 ; S.III, 420-421)

A son ami Jacques Pereira, saint François Xavier confie ici les espoirs qui l'animent à son départ pour l'Extrême-Orient ; comme l'indiquent certaines recommandations faites dans la suite du texte, il ne perd pas de vue la mission indienne.

Seigneur,

1. Dieu notre Seigneur sait combien j'aurais de la joie à voir Votre Grâce avant que vous n'embarquiez pour la Chine ; mais le Seigneur Gouverneur m'a ordonné d'hiverner ici, à Goa, et je n'ai rien pu faire d'autre que d'obéir à Sa Seigneurie, alors que mon désir était d'aller à Cochin, et de là au Cap Comorin, où se trouvent mes compagnons. J'aurais en outre éprouvé un grand plaisir et un grand contentement à communiquer à Votre Grâce certaines choses, comme à un ami véritable de moi-même et de mon âme, à savoir rendre compte d'un voyage et d'une pérégrination que j'espère faire au Japon d'ici un an ; j'ai reçu en effet d'amples informations sur le fruit qu'on peut y faire pour l'accroissement de notre sainte foi.

2. J'envoie là-bas, à Malacca, deux de mes compagnons : l'un d'eux pour prêcher aux Portugais, ainsi qu'à leurs femmes et à leurs esclaves, et pour enseigner et catéchiser chaque jour de la façon dont je le faisais lorsque je m'y trouvais ; l'autre, qui n'est pas prêtre, pour apprendre à lire et à écrire aux enfants des Portugais et pour leur enseigner à réciter les heures de Notre Dame, les sept Psaumes et les heures des défunts pour les âmes de leurs parents. Là-bas, comme le sait Votre Grâce, le tout est de savoir lire pour les procès, et les fils des Portugais qui apprennent à lire pour les procès et pour toujours davantage de procès, deviennent de vrais *malaccais* [1]. C'est pourquoi je recommande à celui qui apprendra à lire et à écrire aux fils des Portugais de leur apprendre la grammaire latine par la suite, du moins à ceux qui en seraient capables.

3. J'aurais eu beaucoup de joie à voir Votre Grâce avant qu'elle ne parte pour la Chine, afin de lui recommander une marchandise d'une très grande valeur dont ceux qui font du commerce à Malacca et en Chine tiennent peu compte : cette marchandise s'appelle la conscience de l'âme. Elle est si peu connue en ces contrées que tous les marchands pensent qu'ils sont ruinés s'ils en font un grand usage ! J'espère en Dieu Notre Seigneur que mon ami Jacques Pereira va gagner à emporter beaucoup de conscience, là où d'autres se ruinent par manque de celle-ci. Je prierai continuellement, dans mes pauvres oraisons et dans mes pauvres sacrifices, pour que Dieu Notre Seigneur conduise Votre Grâce et la mène au salut, après avoir eu davantage de profits en son âme et conscience que dans ses biens.

4. Ramires part chez vous et s'en remet entièrement à Votre Grâce, parce qu'il connaît l'amitié véritable qui existe entre nous ; il est d'avis que dès l'instant où il entre au service de Votre Grâce, il s'en remet entièrement à elle, car Votre Grâce va le favoriser et l'aider pour qu'il puisse obtenir une aumône pour revenir en son pays. Car il a un père et une mère et désire beaucoup aller les voir et le nécessaire lui manque pour pouvoir embarquer et constituer ses provisions de bouche. Comme je m'embarque très pauvre, même si je le voulais, je ne pourrais pas l'aider à retourner en son pays. Je demande donc à Votre Grâce, pour l'amour du Christ Notre Seigneur et la Vierge Notre Dame, sa Mère, en mettant en avant pour autant que je le peux notre amitié, de l'emmener avec elle, d'utiliser ses services ainsi que de lui accorder un prêt, ainsi que Votre Grâce a coutume de le faire avec tous ceux qu'on lui

---

1. Jeu de mots : *malaccais* = habitant de Malacca et nom de monnaie.

recommande. Quant à ses biens, Votre Grâce se doit de les employer en lui accordant des prêts pour que, par leurs revenus, il puisse s'assurer des provisions de bouche. En faisant cela, Votre Grâce servira Dieu Notre Seigneur et m'aura accordé une grande grâce et une aumône et je serai obligé de faire ce que Votre Grâce m'ordonnera.

Que Notre Seigneur accroisse pour Votre Grâce les jours de sa vie pour son saint service, et qu'il l'emmène et la conduise au salut, puisque tel est son désir.

Serviteur de Votre Grâce et son ami véritable.

François

66

MANIERE DE PRIER ET DE SAUVER SON AME
(EX.I, 447-460 ; S.III, 451-456)

Voici encore un texte, difficile à dater avec précision, qui montre à quel point Xavier est le saint de la méthode. Il n'entend rien laisser au hasard dans la vie chrétienne des néophytes indiens qu'il va quitter pour le Japon.

Goa, mois de juin ou d'août 1548 (?)

Ordre et règle que le bon Chrétien doit observer tous les jours pour se recommander à Dieu et pour sauver son âme.

Ordre qu'on observera en se levant du lit.

1. Premièrement, dès qu'il s'éveillera le matin, tout Chrétien fidèle fera trois choses qui plaisent à Dieu plus que toutes les autres : la première est de professer la très sainte Trinité, trois Personnes et un seul Dieu, que les Chrétiens ne professent bien et véritablement que lorsqu'ils se bénissent en disant : « Au nom du Père et du Fils et du Saint Esprit. »

2. La seconde chose est de professer Jésus-Christ Fils de Dieu véritable, en récitant le Credo et en croyant bien et véritablement, sans pouvoir en douter, en tout ce que contient notre Foi catholique en entier, qui est ce qui suit :

« Je crois en Dieu le Père tout-puissant, Créateur des cieux et de la terre ; je crois en Jésus-Christ son Fils, Notre unique Seigneur ; je crois qu'il a été conçu du Saint Esprit et qu'il est né de la Vierge Marie ; je crois qu'il a souffert sous le pouvoir de Ponce

Pilate, qu'il a été crucifié, est mort, a été enseveli ; je crois qu'il est descendu aux enfers et que le troisième jour il est ressuscité des morts ; je crois qu'il est monté aux Cieux, qu'il est assis à la droite de Dieu le Père tout-puissant ; je crois qu'il viendra pour juger les vivants et les morts ; je crois en l'Esprit Saint ; je crois en la sainte Eglise catholique ; je crois au rassemblement des saints et à la rémission des péchés ; je crois à la résurrection de la chair ; je crois à la vie éternelle. Amen, Jésus. »

Profession de foi.

3. Dieu véritable, de par ma volonté et de par mon cœur, je professe en tant que bon et loyal chrétien la Très Sainte Trinité, Père, Fils et Saint Esprit, trois Personnes et un seul Dieu. Je crois fermement et sans pouvoir douter tout ce que croit et tient pour vrai notre sainte Mère l'Eglise de Rome ; en tant que fidèle Chrétien, je promets de vivre et de mourir dans la sainte Foi catholique de mon Seigneur Jésus-Christ. Et quand, à l'heure de ma mort, je ne pourrai pas parler, je professe à présent pour quand je mourrai mon Seigneur Jésus-Christ comme Fils unique engendré de Dieu, de tout mon cœur.

4. La troisième chose est de demander au Seigneur Dieu la grâce nécessaire pour observer les dix Commandements de sa très sainte Loi, puisque personne ne peut être sauvé s'il ne les observe pas — lesquels Commandements devront être récités le matin. Pour chacun d'eux, demander au Seigneur Dieu la grâce nécessaire pour les accomplir et pour les observer en ce jour et tous les jours de la vie, ainsi qu'il l'ordonne, selon l'ordre suivant :

5. Il y a dix Commandements dans la Loi du Seigneur Dieu, à savoir :

Le premier est d'aimer Dieu plus que toutes les choses et le second est : tu ne jureras pas son saint Nom en vain, le troisième : tu observeras les dimanches et les fêtes, le quatrième : tu honoreras ton Père et ta Mère, et ainsi tu vivras de nombreuses années, le cinquième : tu ne tueras pas, le sixième : tu ne forniqueras pas, le septième : tu ne voleras pas, le huitième : tu ne porteras pas de faux témoignage, le neuvième : tu ne désireras pas la femme de ton prochain, le dixième : tu ne convoiteras pas les choses d'autrui.

Dieu a dit : ceux qui observeront ces dix Commandements iront au Paradis. Dieu a dit : ceux qui n'observeront pas ces dix Commandements iront en enfer.

7[1]. Prière. Mon Seigneur Jésus-Christ, je vous prie de me

---

1. Numération perturbée du texte (*Apographum* 1614) souvent reprise, remaniée, modifiée : voir introduction, EX.I, p. 441-447.

donner la grâce aujourd'hui, en ce jour et pendant tout le temps de ma vie, d'observer ces dix Commandements.

8. Prière. Ma Dame Sainte Marie, je vous prie de bien vouloir prier pour moi votre Fils béni Jésus-Christ de me donner la grâce aujourd'hui, en ce jour et pendant tout le temps de ma vie, d'observer ces dix Commandements.

9. Prière. Mon Seigneur Jésus-Christ, je vous prie de me pardonner les péchés que j'ai commis aujourd'hui, en ce jour et pendant tout le temps de ma vie, en n'observant pas ces dix Commandements.

10. Prière. Ma Dame Sainte Marie, Reine des Anges, je vous prie d'obtenir pour moi de votre Fils béni Jésus-Christ le pardon des péchés que j'ai commis aujourd'hui, en ce jour et pendant tous les jours de ma vie, en n'observant pas ces dix Commandements.

11. Une fois cette prière terminée, on dira le Notre Père et l'Ave Maria et on fera la même chose pour chacun des Commandements un par un, afin de mieux s'en souvenir, de mieux se proposer et de mieux essayer d'observer les Commandements et pour perdre l'habitude de pécher contre les Commandements qu'on n'observe pas et pour connaître plus vite le mal qu'on commet en péchant contre l'un d'eux et se repentir plus tôt des péchés commis par habitude.

Quant au Commandement à propos duquel on aura compris qu'on a pris une mauvaise habitude, on demandera au Seigneur Dieu, avec une grande douleur et une grande repentance de ses péchés, la grâce de l'observer en ce jour et pendant tous les jours de sa vie. On œuvrera beaucoup au salut de son âme en observant les dix Commandements et on emploiera toutes ses forces à perdre l'habitude de pécher à leur propos, en disant :

12. Je crois véritablement que si la mort me prend alors que je commets quelque péché contre un de ces dix Commandements, mon âme sera condamnée aux peines de l'enfer, sans aucune rédemption. Et je crois aussi, véritablement, que si la mort me prend en dehors du péché mortel et après avoir perdu l'habitude de pécher contre les dix Commandements contre lesquels je pèche par mauvaise habitude, le Seigneur Dieu aura de la miséricorde pour mon âme, aussi pécheur que j'aie été, et qu'il me donnera le salut perpétuel, qui est la gloire du Paradis, si je fais d'abord pénitence de mes péchés, en cette vie ou dans le purgatoire.

Ordre qu'on suivra le soir pour demander le pardon de ses péchés à Dieu notre Seigneur.

13. Quand il voudra se coucher, le Chrétien fidèle observera tout

ce qui est dit ci-dessus pour examiner sa conscience des péchés qu'il a commis pendant la journée et pour se proposer de s'en amender, en prenant la résolution de se confesser le moment venu. Comme le sommeil est l'image de la mort et que beaucoup de ceux qui se sont couchés pour dormir dans de bonnes dispositions étaient morts le lendemain, je réciterai avec une grande repentance de mes péchés la confession générale et je me recommanderai au saint Ange Gardien en ces termes :

14. Moi qui suis un pécheur plein de fautes, je confesse au Seigneur Dieu, à sainte Marie, à l'ange saint Michel, à saint Jean Baptiste, à saint Pierre, à saint Paul et à saint Thomas, et à tous les Saints et à toutes les Saintes de la Cour du Ciel et à vous, Père, je dis ma faute, car j'ai péché grandement par pensée, par omission et par action, en raison du grand bien que j'aurais pu faire et que je n'ai pas fait, du grand mal dont j'aurais pu m'écarter et dont je ne me suis point écarté, de tout j'ai repentir. Je dis à Dieu ma faute, Seigneur, ma faute, ma grande faute. Je demande et je prie ma Dame sainte Marie, tous les Saints et toutes les Saintes qui voudront bien prier pour moi mon Seigneur Jésus-Christ, de bien vouloir me pardonner mes péchés présents, passés, confessés, oubliés, et de me donner dorénavant la grâce de me garder du péché, de m'emmener jouir de la gloire du Paradis. Amen.

Prière à l'Ange Gardien.

15. O Ange de Dieu qui es ma garde, par suprême pitié envers moi qui suis recommandé à toi, sauve, défends et gouverne. Amen, Jésus.

16. Je te prie, Ange béni, à la providence duquel je suis recommandé, d'être toujours présent pour m'aider. Auprès de Dieu notre Seigneur, présente mes demandes à ses oreilles compatissantes, afin que par sa miséricorde et que par tes prières il me donne le pardon de mes péchés passés, ainsi que la connaissance véritable et la contrition de mes péchés présents, et l'avertissement nécessaire pour éviter ceux qui sont à venir, afin qu'il me donne la grâce de bien agir et de persévérer jusqu'à la fin. Par la force du Dieu tout-puissant, éloigne de moi toute tentation de Satan et ce que je n'obtiens pas par mes actions, obtiens-le, toi, par tes prières en ma faveur auprès de Notre Seigneur, en sorte qu'il n'y ait point en moi de place pour quelque mal que ce soit, ni de compromis avec lui. Si parfois tu me voyais m'écarter du bon chemin et suivre les erreurs du péché, essaie, toi, de me ramener à mon sauveur par les sentiers de justice. Quand tu me verras en proie à une tribulation et à une angoisse, fais en sorte que l'aide de Dieu me vienne par le moyen de tes doux secours.

Je te prie de ne jamais m'abandonner, mais de toujours me protéger, me visiter, m'aider, me défendre de tout harcèlement et de toute guerre des démons, en veillant sur moi jour et nuit, en toute heure et à tout moment, où que j'aille, garde-moi et accompagne-moi. C'est la même chose que je te demande, mon Gardien, pour quand je partirai de cette vie, de ne pas permettre aux démons de me faire peur, de ne pas me laisser tomber dans le désespoir, jusqu'à ce que tu m'emportes vers la bienheureuse vision de Dieu notre Seigneur, là où avec toi, avec la bienheureuse Vierge Marie Mère de Dieu et avec tous les Saints, et pour toujours, nous nous réjouirons dans la gloire du Paradis que nous donnera Jésus-Christ notre Seigneur, lui qui vit et règne pour toujours avec le Père et avec le Saint Esprit. Amen.

Prière à Dieu notre Seigneur, à la Vierge Notre Dame et à saint Michel.

17. O mon Dieu puissant et Père miséricordieux de mon âme, Créateur de toutes les choses du monde, je crois fermement et sans pouvoir douter, de par vous, mon Dieu et Seigneur, car vous êtes tout mon bien, que je serai sauvé par les mérites infinis de la mort et de la passion de mon Seigneur Jésus-Christ, quoique les péchés par moi commis, quand j'étais petit, soient très grands, en plus de tous ceux que j'ai commis ensuite. Vous, Seigneur, vous m'avez créé et vous m'avez donné une âme et un corps, ainsi que tout ce que j'ai ; c'est vous, mon Dieu, qui m'avez fait à votre ressemblance, et non pas les fausses pagodes qui sont les dieux des Gentils, avec leurs figures de bêtes et d'animaux du diable. O Gentils ! Quel grand aveuglement et quel grand péché que le vôtre, car vous faites de Dieu une bête ou un animal, puisque vous l'adorez sous leurs figures ! O Chrétiens ! Rendons grâces à Dieu trine et un, et louons-le, lui qui nous a fait connaître la Foi et la Loi véritables de son Fils Jésus-Christ !

18. O Dame sainte Marie, espérance des Chrétiens, Reine des Anges et de tous les Saints, de toutes les Saintes, qui se trouvent avec Dieu au Ciel, je me recommande à vous, Dame, et à tous les Saints, maintenant en vue de l'heure de ma mort, pour que vous me gardiez du monde, de la chair et du diable, car ce sont mes ennemis, désireux d'emporter mon âme en enfer.

19. O Seigneur saint Michel, défendez-moi du diable à l'heure de ma mort, lorsque je serai en train de rendre compte à Dieu de toute ma vie passée.

20. Pesez, Seigneur, mes péchés avec les mérites de la mort et de la passion de mon Seigneur Jésus-Christ, et non pas avec mes

rares mérites. Ainsi, je serai délivré du pouvoir de l'ennemi et je m'en irai jouir pour toujours de la gloire du Paradis. Amen, Jésus.

Quelle chose est le péché véniel et pour combien de choses il est pardonné ; quelle chose serait le péché mortel et comment il est pardonné.

21. Un péché véniel n'est pas autre chose qu'une prédisposition à un péché mortel et il s'appelle péché véniel parce qu'on en obtient le pardon sans difficulté et qu'il est pardonné au moyen de neuf choses : la première, c'est d'entendre la messe ; la seconde, de communier ; la troisième, de recevoir une bénédiction épiscopale ; la quatrième, de faire une confession générale ; la cinquième, de prendre de l'eau bénite ; la sixième, du pain béni ; la septième, de se frapper la poitrine ; la huitième, de réciter la prière du Pater Noster dévotement ; la neuvième, d'écouter une prédication. Tout cela, avec de la repentance.

22. Un péché mortel, c'est de vouloir, de dire ou de faire quelque chose de contraire à la Loi de Dieu, ou d'omettre de faire ce qu'elle ordonne. Et il s'appelle « mortel » parce qu'il tue le corps et l'âme éternellement de celui qui, sans en avoir fait pénitence, alors que c'était un péché mortel, est mort. Par lui, l'homme perd Dieu qui l'a créé et il perd la gloire qu'il lui a promise, et il perd le corps et l'âme qu'il a rachetés pour lui, et il perd les mérites et les bienfaits de la sainte Mère Eglise ; il perd en outre les bonnes actions qu'il a accomplies en état de péché mortel, parce qu'elles ne lui servent pas pour son salut, quoiqu'elles lui soient profitables pour l'accroissement de sa santé et de ses biens temporels, afin d'atténuer ses peines et de parvenir à la connaissance du péché où il se trouve et de s'en sortir. En effet, si le pécheur se repent du péché avec le dessein de ne plus pécher et s'il se confesse au moment où l'Eglise l'ordonne, il se trouve déjà en une véritable pénitence ; il est capable d'accueillir les mérites et les indulgences de l'Eglise et les bonnes actions qu'il accomplira lui seront profitables.

Le péché mortel est pardonné pour quatre causes : la première, la contrition ; la seconde, par la confession orale auprès d'un prêtre en personne, avec contrition ; la troisième, en accomplissant une action de réparation avec contrition ; la quatrième, la résolution de ne plus pécher à nouveau, avec contrition.

Prière de la vraie Croix.

23. O Croix bienheureuse, toi qui fus consacrée avec le corps de mon Seigneur Jésus-Christ et qui fus embellie par son précieux sang ! Seigneur Jésus-Christ miséricordieux, je te demande, par la

vertu de ta mort et par la passion que tu as endurées sur cette Croix très sacrée, de bien vouloir me pardonner mes péchés, ainsi que tu as pardonné au Larron quand tu y étais crucifié, doux Seigneur, et de me donner la victoire sur mes ennemis, de vouloir amener mes ennemis à la connaissance véritable, en sorte qu'ils se repentent. Amen, Jésus.

Comment doivent se tenir les garçons et les filles en entendant la messe.

24. Qu'on enseigne aux garçons et aux filles comment ils doivent rester silencieux à l'église. Qu'ils soient à genoux pendant la confession des péchés à la messe et qu'ils soient debout au Gloire à Dieu au plus haut des Cieux, puis à genoux à l'oraison excepté entre Pâques et Noël ; qu'ils soient assis à l'Epître et debout, avec un grand respect, à l'Evangile et au Credo ; qu'ils se mettent à genoux par terre en disant : Il s'est fait homme. Qu'ils soient debout à la Préface et à genoux après le Sanctus jusqu'à la fin de la messe et jusqu'au moment de recevoir la bénédiction du prêtre.

25. Qu'on leur enseigne également de faire le matin avant toute autre chose quelque dévotion avec des Ave Maria, des Pater Noster et le Credo : au moins trois Ave Maria à genoux, le premier en pensant à la foi avec laquelle Notre Dame a conçu le Fils de Dieu ; le second, à la douleur qu'elle a eue en le voyant expirer sur la Croix ; le troisième, à son plaisir lors de la Résurrection. Et la même chose le soir avant de se coucher, et aussi qu'ils récitent quelque chose au milieu de la journée en mémoire de la passion de Notre Seigneur Jésus-Christ.

Prière à l'Hostie.

26. Je t'adore, mon Seigneur Jésus-Christ, et je te bénis, car par ta sainte Croix tu as racheté le monde et moi. Amen, Jésus.

Prière au Calice.

27. Je t'adore, sang de mon Seigneur Jésus-Christ, qui fut versé sur la Croix pour sauver les pécheurs et moi-même. Amen, Jésus.

28. Que tout pécheur se remémore bien qu'il y a une grande différence entre pécher mortellement par habitude et pécher accidentellement, et non pas par habitude. Qu'il sache bien qu'il est nécessaire aux hommes de renoncer aux péchés d'habitude dans la vie et de ne pas attendre l'heure de la mort pour y renoncer. En effet, en attendant si longtemps, on fait que les péchés produisent les pécheurs, et non pas les pécheurs les péchés. Chez ces pécheurs, la justice de Dieu se manifeste quand ils meurent et ceux-ci en sortent condamnés aux peines de l'enfer. Envers ceux qui pèchent

accidentellement, et non pas par habitude, et qui cherchent à observer les Commandements, Dieu use de sa miséricorde à l'heure de
leur mort.

29. On ordonnera à cette fin toutes les prières, les aumônes, les
souffrances ordonnées, ainsi que les maladies endurées avec
patience et tous les autres actes bons qu'on accomplira, en priant
le Seigneur Dieu d'accorder la grâce de perdre l'habitude de pécher
contre les dix Commandements. Contre eux je pèche par mauvaise
habitude ; or, pour le salut de mon âme, il m'est d'autant plus
nécessaire de perdre l'habitude de pécher que les péchés commis
par habitude sont ceux qui emmènent les hommes en enfer.

30. Que tout Chrétien se remémore perpétuellement le souvenir
de la mort et de sa brièveté, ainsi que les comptes très rigoureux
qu'il devra rendre à Dieu de toute sa vie passée, lorsqu'il mourra,
et la mémoire du jour du jugement universel lorsque nous ressus-
citerons tous en notre corps et en notre âme, et les peines perpétuelles de l'enfer qui n'a jamais de fin, et la mémoire de la gloire
du Paradis pour lequel nous avons été créés. Pensées chaque jour,
toutes ces choses m'aideront beaucoup à me disposer à faire maintenant ce que je souhaiterais avoir fait, à l'heure de ma mort, pour
aller dans la gloire du Paradis.

Tout Chrétien fidèle qui suivra cette règle gagnera, en même
temps que la grâce du Seigneur, la gloire du Paradis en cette vie.

67

PRIERE POUR LA CONVERSION DES PAIENS
(EX.I, 461-462)

*Ce texte latin, sorti de la plume du P. Lucena, doit certainement
différer de la prière que saint François Xavier a eu coutume d'ajouter aux paroles de la messe pour hâter la conversion de l'Asie
(EX.I, 460) : mais l'esprit n'en a pas été changé.*

(Goa 1548 ?)

Dieu éternel, Créateur de toutes les choses, souviens-toi que c'est
toi seul qui as créé les âmes des infidèles, que tu as faites à ton
image et à ta ressemblance. Voici, Seigneur, que pour ton oppro-
bre les enfers en sont emplis. Souviens-toi, Seigneur, que ton Fils
Jésus-Christ a souffert pour elles en versant si libéralement son
sang. Ne permets pas, Seigneur, que le même Jésus-Christ, ton Fils,

notre Seigneur, soit plus longtemps méprisé par les païens ; mais, apaisé par les prières de tes Saints, tes élus, et de l'Eglise, la bienheureuse épouse de ton Fils, souviens-toi de ta miséricorde et oubliant leur idolâtrie et leur infidélité, fais en sorte qu'eux aussi reconnaissent celui que tu as envoyé, Jésus-Christ, ton Fils, notre Seigneur, qui est notre salut, notre vie et notre résurrection, par qui nous avons été sauvés et libérés, qu'à lui soit la gloire pour les siècles des siècles sans fin. Amen.

68

AU P. FRANÇOIS HENRIQUES, A TRAVANCORE
(EX.I, 465-468 ; S.III, 521-522)

Belle exhortation à la persévérance et à l'espérance, au milieu des obstacles rencontrés par l'apostolat.

Punnaikâyal-Cochin, 22 octobre 1548

+

Jhus

La grâce et l'amour du Christ notre Seigneur soient toujours en notre aide et en notre faveur. Amen.

1. Dieu notre Seigneur sait combien j'aurais plus de joie à vous voir qu'à vous écrire, et à être consolé par vos peines que vous endurez toutes pour l'amour et pour le service de Dieu notre Seigneur. En effet, au vu des consolations de ceux qui mènent une vie agréable en jouissant des plaisirs du monde, il y a de quoi éprouver une grande pitié pour eux ; et quant aux autres dont saint Paul a dit que le monde n'était pas digne d'eux [1], il y a de quoi les envier beaucoup.

2. J'envoie chez vous Balthazar Nunes pour qu'il reste en ce royaume de Travancore pour vous aider dans vos peines et pour vous consoler en celles-ci, en attendant la récompense véritable de Dieu notre Seigneur. Je pars pour Goa afin de protéger ces Chrétiens dans une affaire qui, je l'espère en Dieu, viendra à la lumière et qui sera la cause pour laquelle beaucoup vont se faire chrétiens [2]. Recommandez-la dans vos prières, quoique nos péchés

---

1. Hébreux, 11, 38.
2. Il s'agit de pétitions faites auprès du gouverneur Garcia de Sá contre les mauvais traitements infligés aux chrétiens de la Côte de la Pêcherie.

soient très grands et que nous ne méritions pas d'être les instruments d'un si grand service de Dieu. Que par sa bonté infinie et que par son amour sans fin il veuille bien se servir de nous pour accroître sa sainte Foi. Le P. Antoine[3] ira vous voir bientôt. Si vous vous trouvez souffrant du corps, et que, là où vous êtes, vous ne pouvez pas travailler, vous ferez ce que le Père vous dira à propos de votre séjour en ces contrées ou de votre départ pour l'Inde, en vue de vous faire soigner à Goa. Quant à Edouard[4], si vous n'en avez pas besoin, envoyez-le au P. Antoine.

3. Ne vous désolez pas de voir que vous ne produisez pas autant de fruit auprès de ces Chrétiens que vous désirez, étant donné qu'ils sont adonnés à des idolâtries et que le roi est opposé à ce qu'ils deviennent chrétiens. Voyez aussi que vous faites plus de fruit que vous ne pensez en donnant la vie spirituelle aux enfants qui naissent, en les baptisant avec beaucoup de diligence et de soin, ainsi que vous le faites. Si vous y regardez bien, vous verrez en effet que peu sont ceux qui quittent l'Inde pour le Paradis, aussi bien Blancs que Noirs, hormis ceux qui meurent en état d'innocence, tels ceux qui meurent à moins de quatorze ans. Regardez, mon Frère François Henriques, vous faites en ce royaume de Travancore plus de fruit que vous ne pensez, et voyez, depuis que vous vous trouvez en ce royaume, combien de petits enfants baptisés sont morts et se trouvent présentement dans la gloire du Paradis et ils ne jouiraient pas de Dieu si vous ne vous étiez pas trouvé là ! Et l'ennemi de la nature humaine a pour vous une grande haine et désire vous voir loin de ce pays, afin que personne ne quitte plus ce royaume de Travancore pour le Paradis. Le diable a l'habitude de présenter au regard de ceux qui servent Jésus-Christ de plus grands services de Dieu, et cela avec une mauvaise intention, pour inquiéter et pour troubler une âme qui se trouve en un pays où elle accomplit le service de Dieu, de façon à la faire partir et à la chasser de là où elle accomplit le service de Dieu. Je redoute que l'ennemi ne vous combatte en ces contrées, en vous donnant beaucoup d'épreuves et de désolations pour vous en chasser. Voyez que depuis que vous vous trouvez sur cette côte, soit environ huit mois, vous avez sauvé plus d'âmes, en baptisant des petits enfants qui sont morts après avoir été baptisés, que vous n'en avez sauvé au Portugal ou à Quilon. Si vous avez sauvé plus d'âmes, en si peu de temps, qu'avant d'y venir, ne vous étonnez pas de ce que l'ennemi vous

3. Antoine Criminali.
4. Probablement un Indien chrétien.

cause beaucoup de troubles afin de vous chasser hors de ce pays vers un endroit où vous ne feriez pas autant de fruit que là.

4. J'ai envoyé le P. Cipriano et le P. Morais dans l'île de Socotora où se trouvent beaucoup de Chrétiens, mais pas de Père ni personne pour les baptiser.

5. Quant aux Pères qui sont venus cette année du Royaume[5], je les attends tous les jours, car ils doivent venir ici, puisque je leur ai donné ordre de venir lorsque j'ai quitté Goa pour ici. Ils m'apporteront des nouvelles d'Antoine Gomes, si le navire à bord duquel il voyageait avec ses compagnons est arrivé, car, à mon départ de Goa, il n'était pas encore arrivé.

Que Notre Seigneur vous donne beaucoup de santé et de vie pour son saint service et qu'au terme de cette vie, il vous emmène dans la gloire du Paradis.

Après notre arrivée de là-bas[6].

Votre Frère dans le Christ.

François

69

LES PP. PIERRE FERNANDES, FRANÇOIS XAVIER, ANTOINE DO CASAL, JEAN DE VILA DE CONDE A JEAN III, ROI DU PORTUGAL
(EX.I, 470-473 ; S.III, 524-525)

Demande d'intercession, cette lettre est l'œuvre commune de plusieurs prêtres moralement obligés par les dernières volontés du précédent vice-roi, preuve encore, s'il en est besoin, des liens étroits entre l'Eglise et la Couronne.

Cochin, le 22 octobre 1548

+

Seigneur,

1. Alors qu'il se trouvait sur le point de mourir, le vice-roi, Don Jean de Castro, nous a dit à nous quatre, verbalement, à Maître Pierre, vicaire général, Frère Antoine, gardien [1], Maître François,

5. Le Portugal.
6. Après son arrivée à Cochin, en provenance de Punnaikâyal.
1. C'est-à-dire provincial franciscain.

de la Compagnie de Jésus, Frère Jean Vila de Conde, de faire cette lettre à Votre Altesse dans laquelle nous ferions en son nom les rappels suivants, étant donné que lui, il se trouve déjà en un état tel qu'il ne peut plus le faire.

Premièrement, il rappelait les nombreux et grands services accomplis pour Votre Altesse par Emmanuel de Sousa de Sepúlveda lors de la bataille de Diu et de la construction de la forteresse, où il fournit le manger à beaucoup d'hommes et eut la charge de faire le bastion de Saint-Thomas, ce qui lui donna beaucoup de travail. En outre, il aida beaucoup toutes les autres escadres et il les accompagna. C'est pour cela qu'il a demandé à Votre Altesse de lui accorder une grande grâce en raison des services qu'il a rendus. Si Votre Altesse a eu quelque déplaisir parce qu'il n'a pas accepté la forteresse de Diu, il lui demandait, étant donné le moment où il se trouvait, de lui pardonner.

2. Il nous a de même recommandé François da Cunha, pour que nous le rappelions au souvenir de Votre Altesse, car lui aussi servit très bien à Diu, tant dans la bataille que pour la construction de la forteresse, et il donna à manger à bien des hommes et prit soin de bien des malades. Après Dieu, il a été une grande cause de guérison pour bien des hommes frappés de graves maladies ; il demandait donc à Votre Altesse, étant donné le moment où il se trouvait, de lui pardonner si elle avait éprouvé quelque déplaisir au fait qu'il n'ait pas accepté la forteresse de Diu.

3. Il nous a dit de même de recommander à Votre Altesse Don François de Lima et Vasco da Cunha qui, eux aussi, l'aidèrent beaucoup et lui tinrent compagnie dans ses peines et Don François l'a toujours accompagné avec une grande amitié et il s'est toujours trouvé avec lui, jusqu'à l'heure de la mort.

4. Il nous a dit également de recommander à Votre Altesse Don Jacques d'Almeida, capitaine de Goa, qui l'a toujours aidé très diligemment au cours des guerres faites sur la terre ferme et, lors de celles-ci, s'est toujours trouvé à l'avant-garde.

5. Il nous a dit également de rappeler au souvenir de Votre Altesse qu'Antoine Pessoa l'a beaucoup aidé dans cette expédition qu'on fit vers Diu et ainsi que dans toutes les autres, avec tant de diligence. Que, pour cette raison, il lui avait accordé la grâce, au nom de Votre Altesse, de quelques villages au pays de Bassein, pour lesquels il paie la rente foncière ordinaire et il demande à Votre Altesse de bien vouloir juger conforme à son service de les lui confirmer.

6. De même, il nous a dit et il nous a recommandé avec une grande véhémence, le jour même de sa mort, qu'en son nom nous

demandions à Votre Altesse, pour l'amour de Dieu et eu égard au moment où il se trouvait, de pardonner à Henri de Sousa Chichorro, en tenant compte du fait qu'il est pauvre et marié à une femme orpheline, elle-même très pauvre. Comme il nous a dit toutes ces choses et puisqu'elles se sont passées ainsi en vérité, afin de décharger nos consciences et d'obtenir la consolation de l'âme du défunt, tous les quatre nous apposons ici nos signatures.

En ce jour, 22 octobre 1548.

> Pierre Fernandes, Frère Antoine de Casal, Gardien,
> François, Frère Jean de Vila de Conde

70, 71, 72

AU P. IGNACE DE LOYOLA, A ROME
(EX.II, 5-31 ; S.III, 581-587)

Ces trois lettres (70, 71 et 72) ne sont que trois formes différentes d'un seul message envoyé par saint François Xavier à Rome. Elles sont toutes trois reproduites ici afin de montrer comment fonctionne cette correspondance qui doit compter avec la lenteur des transports maritimes et avec la vraisemblance statistique d'un naufrage prochain. Dans l'ensemble, le bilan dressé par cette triple missive, de la mission indienne, est négatif : le sud de l'Asie est le lieu où l'on peut le plus facilement perdre la vie du corps comme celle de l'âme. Ni l'Eglise ni la Compagnie de Jésus ne pourront rapidement s'y étendre, à son avis. Les habitants de ces contrées lui semblent peu dignes d'estime et ne manifestent guère le désir de sortir de l'ignorance religieuse et de leurs vices. Les Portugais sont politiquement trop faibles dans toute cette région pour inspirer du respect ou de l'admiration : et ils sont trop injustes ou trop corrompus pour s'y faire des amis. Xavier place ses espoirs d'évangélisation en dehors de la zone où le Portugal exerce sa thalassocratie, tout particulièrement au Japon, au sujet duquel il nous donne d'intéressantes informations. Décidé à quitter l'Asie du sud, il n'oublie cependant pas les Chrétientés qui y sont déjà implantées puisqu'il demande toujours des privilèges et des grâces à Rome pour Goa et pour Cochin.

Cochin, le 12 janvier 1549

La grâce et l'amour du Christ notre Seigneur soient toujours en notre aide et en notre faveur. Amen.

Mon unique Père dans les entrailles du Christ,

1. C'est par les principales lettres que nous tous, vos [1] Fils minimes de l'Inde, nous vous écrivons, que votre sainte Charité va être informée du fruit et du service produits en ces contrées de l'Inde pour Dieu notre Seigneur, grâce à l'aide de Dieu, à ses dévots sacrifices et à ses dévotes oraisons, et qu'elle le soit aussi de ceux qu'on pourra produire à l'avenir. Je veux tout spécialement l'informer ici de certaines choses en ces contrées qui sont si éloignées de Rome. En premier lieu, de ces gens, indiens natifs de ces contrées, qui sont des gens, pour autant que je les ai vus et pour parler en termes très généraux, très barbares. Nous qui sommes de la Compagnie, nous endurons beaucoup de peines avec ceux qui sont déjà chrétiens et avec ceux qui le deviennent chaque jour : il est donc nécessaire que Votre Charité prenne un soin spécial de ses Fils de l'Inde et qu'elle les recommande à Dieu notre Seigneur continuellement, car elle sait combien il est pénible de se faire comprendre par des gens qui ne connaissent pas Dieu et qui n'obéissent pas à la raison, tant est grande leur habitude de vivre dans les péchés.

2. Les pays de cette région sont très pénibles en raison des grandes chaleurs pendant l'été et des vents et des pluies en hiver, sans qu'il fasse froid ; aux Moluques, à Socotora et au Cap Comorin, les aliments corporels sont peu abondants et les peines de l'esprit et du corps sont étonnamment grandes, dès l'instant où l'on entre en rapports avec des gens d'une telle qualité et que les langues de ces contrées sont difficiles à apprendre ; en outre, les dangers pour l'une et l'autre vies sont nombreux et difficiles à éviter. Afin que tous ceux qui appartiennent à la bénie Compagnie de Jésus rendent perpétuellement grâces, je vous fais savoir que Dieu notre Seigneur, par son infinie miséricorde, prend un soin tout spécial de ces minimes Fils de l'Inde, qui sont vôtres, dès l'instant où il les empêche de tomber dans des péchés. Nous sommes si aimés et si bien accueillis par tous les Portugais, tant ecclésiastiques que laïcs, ainsi que par les infidèles, que c'est une chose dont tout le monde est stupéfait. Nous sommes nombreux, plus de trente.

3. Les Indiens de ce pays, aussi bien ceux qui sont maures que ceux qui sont gentils, tous ceux que nous avons vus jusqu'à présent sont très ignorants. Chez ceux qui partiront chez ces infidèles pour

---

1. Dans toute cette lettre adressée à saint Ignace, saint François Xavier hésite entre le *vos* (à la fois respectueux et familier, grammaticalement mais non pas socialement semblable à notre *vous*) et une formule plus distante à la troisième personne *(Votre Charité)*.

les convertir, bien des vertus sont nécessaires : obéissance, humilité, persévérance, patience, amour du prochain et beaucoup de chasteté, en raison des nombreuses occasions qu'il y a de pécher. Qu'ils aient un jugement bon et un corps solide pour savoir endurer les peines. Je rends compte de cela à Votre Charité en raison de la nécessité qu'il y a, me semble-t-il, qu'elle éprouve les esprits de ceux que, dorénavant, elle enverra en ces contrées de l'Inde. S'ils ne sont pas éprouvés par Votre Charité, qu'ils le soient par des personnes en qui vous ayez une grande confiance, car c'est nécessaire. Il faut des personnes très chastes et très humbles, en sorte qu'elles ne soient point remarquées par leur orgueil.

4. Celui que vous devriez envoyer, mon Père, pour avoir la charge du collège de la Sainte Foi à Goa ainsi que des étudiants natifs du pays et de ceux de la Compagnie, doit nécessairement posséder ces deux qualités, sans parler de toutes les autres que doit avoir celui qui va régir et va gouverner les autres. La première, c'est beaucoup d'obéissance pour se faire aimer, d'abord de tous nos supérieurs ecclésiastiques et ensuite des laïcs qui gouvernent ce pays, de façon à ce que on ne sente pas chez lui d'orgueil, mais au contraire beaucoup d'humilité. Je dis cela, mon Père, parce que les gens de ce pays, tant les ecclésiastiques qui sont nos supérieurs que les laïcs qui gouvernent le pays, veulent être très obéis. Quand ils sentent en nous cette obéissance, ils font tout ce que nous leur demandons et ils nous aiment ; quand ils voient ou qu'ils sentent le contraire, ils ne sont pas édifiés du tout. La seconde, c'est qu'il soit affable et calme avec les gens avec qui il converse, et non point rigoureux et qu'il se serve de tous les moyens possibles pour se faire aimer, et principalement par ceux qu'il doit commander, tant les Indiens natifs que les membres de la Compagnie qui se trouvent ici ou qui viendront. Qu'il fasse en sorte qu'ils ne sentent pas en lui que c'est par la rigueur ou par la crainte servile qu'il veut se faire obéir ; s'ils sentent chez lui en effet de la rigueur ou de la crainte servile, beaucoup sortiront de la Compagnie et peu y entreront, tant parmi les Indiens que parmi d'autres qui ne le sont pas. Je vous dis cela, mon Père de mon âme, parce qu'ici les membres de la Compagnie ont été peu édifiés par un ordre apporté par N. [2] d'emprisonner et d'envoyer dans les fers au Portugal ceux qui, à son avis, n'étaient ici guère édifiants.

5. Jusqu'à présent, m'a-t-il semblé, personne n'a été retenu dans la Compagnie par la force, contre sa volonté, si ce n'est par la force de l'amour et de la charité. Mais plutôt, j'ai renvoyé ceux qui

_____

2. Antoine Gomes.

n'étaient pas faits pour notre Compagnie, quand ils ne désiraient pas en sortir. Quant à ceux qui, me semble-t-il, étaient faits pour la Compagnie, je les ai traités avec amour et avec charité pour mieux les y confirmer, car ils endurent tant de peines en ces contrées afin de servir Dieu notre Seigneur. Et aussi parce qu'il me semble que « Compagnie de Jésus » veut dire « Compagnie d'amour et de conformité des âmes », et non pas de rigueur et de crainte servile. Je donne à Votre Charité ce compte rendu à propos de ces contrées pour qu'elle fournisse une personne apte à cette charge pour l'année qui vient, pour que celle-ci sache commander sans qu'on puisse discerner en elle de désir de vouloir commander ou d'être obéie, mais plutôt celui d'être commandée.

6. De par l'expérience que je possède de ces contrées-ci, je vois clairement, mon Père unique, que ce n'est pas par les Indiens natifs du pays que notre Compagnie va se trouver un chemin pour se perpétuer, et que la Chrétienté ne durera chez eux que pour autant que nous durerons et que nous vivrons, nous qui sommes ici ou ceux que vous enverrez de chez vous ; la cause en est les nombreuses persécutions endurées par ceux qui se font chrétiens et il serait long de les raconter : comme je sais entre quelles mains ces lettres pourront tomber, je m'abstiens de l'écrire[3].

Dans toutes les parties de cette Inde où il y a des Chrétiens, il y a des Pères de la Compagnie. Aux Moluques, il y en a quatre ; à Malacca, deux ; au Cap Comorin, six ; à Quilon, deux ; à Bassein, deux ; à Socotora, quatre. Comme ces lieux sont fort éloignés les uns des autres, ainsi les Moluques sont à plus de mille lieues de Goa, Malacca à cinq cents, le Cap Comorin à deux cents, Quilon à cent vingt-cinq, Bassein à soixante et Socotora à trois cents, partout, en tous ces lieux, il y a des Pères de la Compagnie à qui doivent obéissance les autres membres de la même Compagnie qui se trouvent avec eux, d'autant que ce sont des personnes très édifiantes. Et là où se trouvent ces personnes de la Compagnie à qui obéissent ceux qui se trouvent avec eux, on n'a pas besoin de moi.

7. Je fais savoir en outre à Votre Charité que les Portugais ne sont maîtres en ces contrées que de la mer et des lieux qui se trouvent au bord de la mer, si bien que, sur la terre ferme, ils ne sont maîtres que des endroits où ils vivent.

Les Indiens natifs de ces contrées-ci sont de cette qualité : en raison de leurs grands péchés, ils ne sont nullement enclins aux choses de notre sainte Foi, bien au contraire elle leur répugne

---

3. Seuls le Portugal et les Portugais peuvent être ici nommés.

beaucoup. Ils sont mortellement fâchés quand nous leur disons et quand nous les prions de se faire chrétiens, si bien que c'est assez que pour le moment on conserve ceux qui le sont déjà devenus. Toutefois, si les infidèles de ces contrées-ci étaient très bien traités par les Portugais, nombreux seraient ceux qui deviendraient chrétiens ; mais les Gentils voient que ceux qui sont chrétiens sont si maltraités et si persécutés que, pour cette raison, ils ne veulent point devenir tels.

8. Pour cette raison et pour beaucoup d'autres qui seraient longues à raconter, à cause des informations nombreuses que je possède sur le Japon qui est une île située près de la Chine, parce qu'au Japon tout le monde appartient à la gentilité et qu'il n'y a ni Maures ni Juifs, que ce sont des gens très curieux d'esprit et très désireux d'apprendre des choses nouvelles aussi bien sur Dieu que sur les autres choses naturelles, j'ai pris la décision d'aller dans ce pays, avec une grande satisfaction intérieure, car il me semble en effet que, parmi des gens tels qu'eux, on peut faire que le fruit que par notre vie, nous autres membres de la Compagnie, nous produirions, soit continué par eux-mêmes. Il y a au collège de la Sainte Foi à Goa trois jeunes gens originaires de ce pays du Japon, qui sont venus en l'année 1548 de Malacca en même temps que moi ; ceux-ci m'ont fourni une ample information sur ces contrées du Japon et ce sont des personnes de bonnes mœurs et d'une grande intelligence, principalement Paul [4] qui écrit à Votre Charité, très longuement, par la voie de Maître Simon. En huit mois, Paul a appris à lire, à écrire et à parler portugais ; il fait à présent les Exercices et il va en retirer un grand profit ; il est très avancé dans les choses de la foi. Je possède une grande espérance, et celle-ci est tout entière en Dieu notre Seigneur, que bien des gens deviendront chrétiens au Japon. Je pars avec le dessein de me rendre d'abord là où réside le roi et ensuite dans les universités où ils font leurs études, mû par la grande espérance en Jésus-Christ notre Seigneur qui m'aidera. Quant à la Loi qu'on y observe, elle a été apportée, m'a dit Paul, d'un pays qui s'appelle *Tenjiku* [5], qui se trouve, d'après ce que dit Paul, au-delà de la Chine et au-delà du *Tartan* [6] : pour aller du Japon au Tenjiku et pour en revenir, il faut trois années [7]. Une fois au Japon, j'écrirai à Votre Charité une

---

4. Anjirô.

5. C'est-à-dire, en japonais, l'Inde, pays d'origine du bouddhisme, religion qui est encore loin d'être conçue en tant que telle par ce texte.

6. En japonais, la Tartarie, entre Mandchourie et Pamirs.

7. Comme on le voit, rien n'est plus incertain ici que la géographie : Xavier parle comme d'un pays très éloigné du Tenjiku, c'est-à-dire de l'Inde, alors que c'est précisément en Inde qu'il se trouve !

très ample relation sur leurs mœurs, sur leurs écritures et sur ce qu'on enseigne dans cette grande université de Tenjiku[8].

9. En effet, dans toute la Chine et au *Tartan*, qui est un pays très étendu entre la Chine et le *Tenjiku*, les gens n'ont pas, d'après ce que dit Paul, d'autre doctrine que celle qu'on enseigne au *Tenjiku*. Une fois que j'aurai vu les Ecritures du Japon et que j'aurai discuté avec les gens des universités, j'écrirai très longuement sur tout cela et je ne manquerai pas d'écrire à l'université de Paris pour que par elle toutes les autres universités d'Europe soient informées. J'emmène avec moi un Père prêtre, qui est valencien, nommé Cosme de Torres, qui est entré dans la Compagnie et vous écrit très longuement, ainsi que les trois jeunes gens natifs du Japon. Nous partirons, avec l'aide de Dieu, en ce mois d'avril de l'année 1549.

10. Nous devons passer d'abord par Malacca et par la Chine, et ensuite au Japon, car il doit y avoir entre Goa et le Japon mille trois cents lieues ou plus. Je n'en aurais jamais fini d'écrire, tant est grande la consolation intérieure que j'éprouve en entreprenant ce voyage, puisqu'il comporte de nombreux grands dangers de mort, de grandes tempêtes, des vents, des écueils et de nombreux pirates : quand sur quatre navires il y en a deux qui se tirent d'affaire, c'est une grande réussite. Je ne renoncerai pas à aller au Japon, en raison de l'abondance que j'ai ressentie au dedans de mon âme, quand bien même j'aurais la certitude de me trouver en des dangers plus grands que ceux où je me suis vu jamais : j'ai en effet une très grande espérance en Dieu notre Seigneur que notre sainte Foi va beaucoup s'accroître en ces contrées. Par la relation que Paul nous a fournie sur ce pays du Japon, vous pourrez voir quelles bonnes dispositions offrent ces contrées pour y servir Dieu notre Seigneur : je vous envoie cette relation avec ces lettres.

11. Il y a en ces contrées de l'Inde quatorze ou quinze forteresses où les Portugais vivent en permanence et ils ne vivent que dans des forteresses. On fonderait beaucoup de collèges en ces contrées si le Roi les aidait au début en leur donnant des rentes. J'écris très longuement à Son Altesse à propos de ces collèges et aussi à Maître Simon, en leur donnant beaucoup d'informations sur ces contrées et en leur disant qu'il serait bien inspiré si, avec votre accord, votre obéissance et votre mandat, il venait avec beaucoup de membres de la Compagnie, et parmi eux, des prédicateurs. S'ils venaient, on fonderait facilement des collèges, à la condition qu'ils

---

8. Au XVIe siècle, le bouddhisme n'existait plus en Inde (= Tenjiku) et les grandes écoles bouddhiques indiennes dont le souvenir perdurait au Japon avaient disparu depuis très longtemps.

viennent munis de tous les appuis royaux. Il me semble, mon Père très exemplaire, que Maître Simon serait très inspiré s'il venait en ces contrées-ci. Puisqu'il est si en faveur auprès du Roi, il viendrait avec tous les appuis de Son Altesse, afin d'y accroître les collèges aussi bien que pour protéger ceux qui sont déjà chrétiens et ceux qui le deviendraient s'ils avaient cette protection. Votre Charité verra ce qui lui semble bon quand elle écrira à Maître Simon ; Antoine Gomes m'a dit en effet que Maître Simon avait pris la décision de venir en ces contrées-ci, accompagné de bien des personnes du collège de Coïmbre.

12. Certaines personnes de la Compagnie, qui ne possèdent de talent ni pour l'étude ni pour la prédication et dont on n'a besoin chez vous ni à Rome ni ailleurs, serviraient Dieu davantage s'ils étaient ici, à condition d'être très mortifiés et d'avoir beaucoup d'expérience sans compter les autres qualités requises pour aider les âmes parmi ces infidèles. Qu'ils soient surtout très chastes et qu'ils aient l'âge qu'il faut et les forces corporelles nécessaires pour supporter les rudes peines de ces contrées. Qu'à ce sujet Votre Charité prenne la décision qui lui semblera la meilleure.

Votre Charité rendrait à Dieu notre Seigneur un grand service si elle nous écrivait à nous tous, ses Fils minimes de l'Inde, une lettre de doctrine et d'enseignements spirituels qui serait comme un testament où elle partagerait avec ses Fils exilés (du moins quant à la vue corporelle) les richesses que Dieu notre Seigneur lui a communiquées. Pour l'amour et pour le service de Dieu notre Seigneur, qu'elle nous écrive si c'est possible.

Un Père prêtre de la Compagnie de Jésus se trouve au Cap Comorin ; venu du Portugal, il s'appelle Henri Henriques et c'est une personne très vertueuse et très édifiante qui sait parler et écrire malabar [9] et qui produit plus de fruit que deux autres, parce qu'il connaît la langue, que les Chrétiens du pays l'aiment et le tiennent en grand crédit en raison de ses prédications et de ses causeries faites dans leur langue. Pour l'amour de Dieu notre Seigneur, écrivez-lui et consolez-le, puisque c'est une si excellente personne et qu'il fait tant de fruit.

13. A cinq lieues de cette ville de Cochin, il y a un très beau collège, fondé par un Père de l'Ordre de saint François. C'est un Capucin [10] nommé Frère Vincent, un compagnon de l'Evêque qui est également moine de l'Ordre de saint François, un Capucin. Il

---

9. En tamoul.
10. Terme impropre : au Portugal, ce n'étaient pas des Capucins mais des Récollets.

n'y a pas, dans toute l'Inde, d'autre évêque que lui et c'est un très grand ami de notre Compagnie ; le Seigneur Evêque désire faire la connaissance de Votre Charité par des lettres. Pour le service de Dieu notre Seigneur, écrivez-lui, si c'est possible. Dans le collège fondé par le Père Frère Vincent, il y a cent étudiants natifs du pays. Ce collège est situé dans une forteresse du Roi. Je suis très ami avec ce Père et lui avec moi : il demande un Père de notre Compagnie, prêtre, pour enseigner le latin aux gens de la maison et aussi pour prêcher les dimanches et jours de fête aux habitants qui vivent dans la forteresse et aux gens du collège. Aux environs de ce collège, il y a beaucoup de Chrétiens de saint Thomas [11] ; il y a plus de soixante villages et les étudiants de ce collège sont fils des notables chrétiens.

14. Dans la forteresse où se trouve ce collège, il y a deux églises, l'une à l'invocation de saint Thomas et l'autre, à l'intérieur même du collège, s'appelle saint Jacques [12]. Le P. Frère Vincent désire beaucoup que, le jour de saint Thomas et le jour de saint Jacques, ainsi que durant leurs octaves, une indulgence plénière soit attachée à ces églises pour la plus grande dévotion des Chrétiens du pays, qui sont les descendants de ceux que convertit saint Thomas et qui sont très dévots de celui-ci. Le P. Frère Vincent vous prie instamment de lui envoyer quelque Père de la Compagnie pour le collège de Saint-Jacques de Cranganor, afin d'y prêcher et d'y enseigner le latin, ainsi que les indulgences et les grâces qu'il demande pour ces églises de la forteresse de Cranganor. Par ce moyen, vous le consolerez beaucoup et vous l'obligerez à ce qu'il soit nôtre à la vie et à la mort. Il m'a beaucoup recommandé ces indulgences : vous ne pourriez croire combien il les désire. En outre, une lettre de vous le consolerait beaucoup.

15. Je désire beaucoup, mon Père, que pendant toute une année chaque mois, vous recommandiez à un Père de la Compagnie de célébrer pour moi une messe à Saint-Pierre in Montorio, dans cette chapelle où, dit-on, saint Pierre fut crucifié.

Pour l'amour de notre Seigneur, je demande à Votre Charité de charger une personne de la maison de m'écrire des nouvelles de tous les profès de la Compagnie, indiquant leur nombre et l'endroit où ils se trouvent, combien il y a de collèges, quelles sont les obligations auxquelles sont tenus les profès, m'informant de bien

---

11. Chrétiens syro-malabars censés par la tradition continuer l'Eglise indienne fondée par l'Apôtre saint Thomas.

12. La tradition veut aussi que l'Eglise hispanique (Portugal comme Espagne) ait été fondée par Jacques, le cousin du Christ.

d'autres choses sur le fruit que produisent les membres de la Compagnie. J'ai laissé l'ordre à Goa de m'envoyer les lettres à Malacca et, à Malacca, de me les envoyer par plusieurs voies au Japon.

16. Je termine donc, en demandant à Votre sainte Charité, mon Père très attentif à mon âme, à genoux par terre pendant le temps que je prends pour écrire cette lettre, de la même façon que si j'étais en votre présence, de me recommander instamment à Dieu notre Seigneur dans vos sacrifices et vos oraisons saints et dévots, afin qu'il me fasse sentir sa très sainte volonté en cette vie présente, avec la grâce pour l'accomplir parfaitement. Amen. Et je recommande la même chose à tous les membres de la Compagnie.

Votre Fils, minime et très inutile.

François

71

AU P. IGNACE DE LOYOLA, A ROME
(EX.II, 22-27)

Cochin, le 14 janvier 1549

+

Jhs

Mon unique Père dans les entrailles du Christ,

1. Par d'autres lettres que nous tous, vos Fils minimes de l'Inde, nous écrivons par la voie de Maître Simon, Votre sainte Charité sera informée du fruit et du service produits pour Dieu notre Seigneur en ces contrées de l'Inde, avec l'aide de Dieu et de vos sacrifices et de vos oraisons dévots et saints. Ici, je veux vous faire comprendre particulièrement certaines choses nécessaires à votre information et d'abord sur les gens de cette région, qui, pour autant que je l'ai vu et pour parler en termes généraux, sont très barbares et n'ont pas le désir de savoir quoi que ce soit qui ne soit pas conforme à leurs mœurs païennes. Ils n'ont pas d'inclination à comprendre les choses de Dieu ou de leur salut : leurs forces naturelles ont été corrompues par rapport à toute sorte de vertu. Ils sont incroyablement inconstants, en raison des nombreux péchés où ils ont vécu. Nous qui nous trouvons ici, membres de la Compagnie, nous endurons de grandes peines auprès de ceux qui sont déjà chrétiens et auprès de ceux qui le deviennent chaque jour.

Il est donc nécessaire que Votre Charité prenne un soin particulier de tous ses Fils de l'Inde en les recommandant perpétuellement à Dieu notre Seigneur, car elle sait combien il est éprouvant d'avoir affaire à des gens qui n'obéissent ni à Dieu ni à leur raison et qui ont l'habitude de vivre en leurs péchés au point de trouver contraire à la raison l'idée d'en perdre l'habitude.

2. Ces pays sont pénibles en raison des grandes chaleurs pendant l'été, et des vents et des eaux pendant l'hiver, quoiqu'il n'y fasse pas froid. Les aliments corporels sont peu abondants aux Moluques, à Socotora et au Cap Comorin et grandes sont les peines pour l'esprit et pour le corps, parce qu'on a affaire à de pareilles gens. Les langues sont difficiles à apprendre et nombreux, et difficiles à éviter, sont les dangers pour l'une et l'autre vie. Et afin que tous les membres de cette bénie Compagnie de Jésus rendent grâces à notre béni Dieu notre Seigneur, je vous signifie que Dieu, par son infinie miséricorde, prend un soin particulier de tous ces minimes Fils, qui sont vôtres (nous dépassons trente, sans compter les gens du collège de Goa, qui sont indiens), puisqu'il les a empêchés de tomber dans les péchés et dans les dangers, et de plus, il les a rendus aimables et agréables auprès des Portugais, ecclésiastiques et laïcs, et même auprès des infidèles, ce qui est une chose dont nous sommes tous émerveillés.

3. Les Indiens de ces contrées, aussi bien ceux qui sont maures que ceux qui sont gentils, sont très ignorants pour autant que j'ai pu le voir. Beaucoup de science n'est donc pas nécessaire chez ceux qui s'en iront parmi les infidèles, mais bien plutôt beaucoup de vertu, d'obéissance, d'humilité, de persévérance, de patience, d'amour du prochain, et une grande chasteté, en raison des nombreuses occasions qu'il y a de pécher ; et qu'ils aient un bon jugement et un corps apte à endurer la fatigue. Si j'évoque cela à Votre Charité, c'est parce que je vois qu'il est nécessaire d'éprouver les esprits de ceux qui sont envoyés de chez vous.

4. Dans toutes les parties de l'Inde où il y a des Chrétiens, il y a des Pères de la Compagnie : aux Moluques, il y en a quatre ; à Malacca, deux ; au Cap Comorin, six ; à Quilon, deux ; à Bassein, deux ; à Socotora, quatre ; à Goa, beaucoup plus, sans compter les Indiens du collège. Ces endroits sont très éloignés de Goa : les Moluques, à plus de mille lieues ; Malacca, cinq cents ; le Cap Comorin, deux cents ; Quilon, cent vingt-cinq ; Bassein, soixante ; Socotora, trois cents. Comme il a été dit, il y a des Pères en tous ces lieux à qui obéissent les autres membres de la Compagnie, comme le P. Antoine Criminali au Cap Comorin. Et croyez-moi, mon Père, c'est un grand serviteur de Dieu. Il est très apte pour

cette contrée et il est très aimé par les Chrétiens, par les Maures et par les Gentils. Il faut spécialement louer Dieu de l'amour qu'éprouvent envers lui ceux qui lui sont liés par l'obéissance.

5. De même, le P. Cipriano qui dut partir pour Socotora la dernière année, presque, de sa vie. C'est une île de vingt-cinq lieues, toute peuplée de Chrétiens qui sont restés à l'abandon depuis très longtemps et portent le nom de Chrétiens, et rien de plus. D'après ce qu'ils disent, ils descendent de ceux que l'apôtre saint Thomas a rendus chrétiens. Plaise à Dieu notre Seigneur que, grâce au passage du P. Cipriano, ils deviennent tous de bons Chrétiens. Cette île ne possède pas d'aliments naturels et elle est très escarpée, très âpre et très pénible ; mais ça n'a pas empêché Maître Cipriano d'y partir plein de consolation, car il lui paraissait qu'on doit pouvoir y faire un grand service de Dieu, quoiqu'il ait eu plus de soixante ans.

6. Le P. Nicolas Lanzillotto part à présent pour Quilon qui est située à vingt-cinq lieues de Cochin et pour laquelle on a donné ordre de fonder un collège. On en ferait d'ailleurs beaucoup si Maître Simon venait de chez vous, et avec lui beaucoup de membres de la Compagnie, afin de prêcher et de veiller à la conversion des infidèles, d'autres encore pour confesser et pour donner les Exercices Spirituels, d'autant plus que le Roi y est favorable. Je ne suis guère nécessaire dans les lieux où il y a ces Pères.

7. Compte tenu des dispositions montrées par les Indiens de ces contrées, qui, en raison de leurs grands péchés, ne sont absolument pas enclins aux choses de notre sainte Foi, bien plutôt, ils ont de l'aversion pour elle et sont excédés quand nous leur parlons de devenir chrétiens, en raison aussi des grandes informations que je possède sur le Japon, qui est une île située près de la Chine et où tout le monde appartient à la gentilité et où il n'y a ni Maures ni Juifs, et dont les gens sont très curieux d'esprit et désireux d'apprendre des choses nouvelles sur Dieu et sur d'autres choses naturelles, j'ai pris la décision de partir dans ce pays, mû par une grande satisfaction intérieure, car, me semble-t-il, on pourra s'y faire se perpétuer parmi ces gens eux-mêmes ces fruits que par notre vie nous produisons, nous membres de la Compagnie.

8. Au collège de Sainte Foi de Goa, il y a trois jeunes gens natifs de cette île du Japon ; ils sont venus de Malacca en même temps que moi, en l'année 1548. Ces derniers m'ont fourni d'amples informations sur ces contrées du Japon et ce sont des personnes de bonnes mœurs et de grande intelligence principalement Paul, qui écrit à Votre Charité. En huit mois, ce Paul a appris à lire, à écrire et à parler portugais et il fait à présent les Exercices. Il est

très avancé et très introduit dans les choses de la foi. J'ai une grande espérance, et celle-ci placée tout entière en Dieu notre Seigneur, qu'on devrait faire beaucoup de Chrétiens au Japon. Je suis décidé à aller d'abord chez leur roi et ensuite dans l'université où ils accomplissent leurs études supérieures, avec une grande espérance en Jésus-Christ, qui m'aidera.

9. La Loi qu'ils possèdent, m'a dit Paul, a été introduite et tire son origine d'un autre pays, nommé *Tenjiku*, qui se trouve au-delà de la Chine et du *Tartan*, d'après ce que Paul dit. Pour parcourir le chemin du Japon au *Tenjiku* et pour en revenir, on met trois ans. Une fois au Japon, j'écrirai à Votre Charité de plus amples informations, que ce soit sur leurs mœurs et sur leurs Ecritures, soit même sur ce qu'on enseigne dans la grande université du *Tenjiku*. En effet, d'après ce que dit Paul, les gens n'ont pas en Chine ni au *Tartan* d'autre doctrine que celle qu'on enseigne au *Tenjiku*. Une fois que j'aurai vu ces Ecritures et que je serai entré en rapport avec ces universités, je pourrai m'informer amplement sur toute chose et je ne manquerai pas d'écrire à l'université de Paris, par qui seront ensuite informées toutes les universités de l'Europe.

10. J'emmènerai avec moi un Père valencien, nommé Cosme de Torres, qui est entré dans la Compagnie ici, ainsi que trois jeunes gens natifs du Japon. Nous partirons avec l'aide de Dieu en ce mois d'avril 1549. Nous passerons par Malacca et par la Chine et, de Goa au Japon, il doit y avoir plus de mille trois cents lieues. Je n'en aurais jamais fini d'écrire, tant est grande la consolation intérieure que j'éprouve de faire ce voyage, étant donné qu'il est plein de grands dangers de mort, en raison des tempêtes, des récifs et brigands nombreux : quand sur quatre navires il y en a deux qui se tirent d'affaire, ça semble une grande chance. Mais je ne renoncerai pas à aller au Japon, à cause de ce que j'ai éprouvé à l'intérieur de mon âme, même si je tiens pour assuré de me voir en des dangers plus graves que ceux où je me suis jamais vu, car j'ai une grande espérance en Dieu que ce sera en vue d'accroître notre sainte Foi. Par la relation que Paul nous a fournie sur le Japon, vous pourrez voir quelles bonnes dispositions offrent ces contrées, je vous l'envoie avec ces lettres.

11. Il y a, à cinq lieues de cette ville de Cochin, un très beau collège qu'a fondé un Père de l'Ordre de saint François, nommé Frère Vincent, un compagnon de l'Evêque qui est le seul qu'il y ait en ces contrées ; tous deux sont de grands amis de notre Compagnie. Il y a trois cents étudiants natifs du pays même dans ce collège situé à l'intérieur d'une forteresse du Roi. Le Frère Vincent est pour moi un grand ami et il m'a dit qu'il avait l'intention de laisser ce

collège à notre Compagnie ; c'est pourquoi il m'a prié de communiquer son désir à Votre Charité et il demande un prêtre de la Compagnie pour enseigner le latin dans ce collège aux gens de la maison et pour prêcher les dimanches et les jours de fête aux gens du peuple qui habitent cette forteresse, en même temps que ceux du collège. Dans les environs de celle-ci, il y a beaucoup de Chrétiens qui remontent aux temps de saint Thomas ; ils vivent dans plus de soixante villages et les étudiants de ce collège sont les enfants des premiers Chrétiens.

Dans cette forteresse, il y a deux églises, l'une de saint Thomas, l'autre de saint Jacques pour lesquelles on désire instamment que Votre Charité obtienne de Sa Sainteté une indulgence plénière deux fois dans l'année.

12. Je vous envoie l'alphabet du Japon. Ils écrivent très différemment de nous, du haut vers le bas ; quand j'ai demandé à Paul pourquoi ils n'écrivaient pas à notre façon, il m'a répondu : pourquoi nous n'écrivions pas de leur façon ? Et il m'a donné comme raison que de même que l'homme a la tête en l'air et les pieds en bas, de même aussi, quand il écrit, l'homme doit écrire de haut en bas. Ces informations que je vous envoie sur l'île du Japon et sur les mœurs de ces gens, c'est Paul, homme très véridique, qui nous les a données. Ce Paul ne comprend pas les Ecritures, qui sont pour eux comme du latin pour nous, mais lorsque je serai arrivé là-bas, je vous informerai de leur contenu.

13. Je m'arrête donc, pour prier Votre sainte Charité, mon Père très attentif à mon âme, à genoux par terre pendant que j'écris cette lettre, de la même façon que si j'étais en votre présence, de me recommander à Dieu notre Seigneur dans vos sacrifices et vos oraisons saints et dévots, afin qu'il me fasse sentir sa très sainte volonté en cette vie, avec la grâce pour l'accomplir parfaitement et, une fois cette inquiète vie terminée, qu'il nous rassemble dans la gloire du Paradis. Amen.

Votre Fils, minime et inutile.

François

72

AU P. IGNACE DE LOYOLA, A ROME
(EX.II, 29-31)

Cochin, 14 janvier 1549

La grâce et la Charité du Christ notre Seigneur soient toujours avec vous. Amen.

Mon Père dans les entrailles du Christ.

1. Je vous ai envoyé trois lettres, presque pareilles, mais très étendues, que j'ai confiées à Maître Simon. Antoine Criminali vit au Cap Comorin, avec six autres membres de la Compagnie. C'est à la vérité, croyez-moi, un homme saint et né pour cultiver ces contrées : c'est des hommes semblables à lui, si nombreux là où vous êtes, que je désirerais vous voir envoyer ici. Il est le supérieur des membres de la Compagnie qui se trouvent au Cap Comorin et il est très aimé par les Chrétiens natifs du pays, aussi bien que par ceux qui sont des Gentils ou des Maures. Il est difficile de dire combien il est aimé par ceux de la Compagnie qui lui doivent obéissance.

2. Quoique d'un âge déjà avancé, le P. Cipriano part pour l'île de Socotora. Il partira à la fin de janvier et il emmène avec lui trois membres de la Compagnie, un prêtre et deux coadjuteurs. L'île de Socotora mesure environ cent mille pas de circonférence ; elle est entièrement habitée par des Chrétiens qui, étant privés depuis de nombreuses années de prêtres catholiques, n'ont rien de chrétien en dehors du nom. Ils disent descendre de ceux que l'apôtre saint Thomas a rendus chrétiens. J'ai bon espoir que, grâce au labeur du P. Cipriano et de ses compagnons, ils vont réformer leur vie.

Cette île est très démunie en fruits et en aliments et elle est passablement pénible et âpre. C'est pourquoi, cependant, le P. Cipriano, qui a déjà soixante ans, franchit la mer bien volontiers, car il a l'assurance d'y accomplir une œuvre éminente pour Dieu et, en même temps, d'y expier ses fautes de jeunesse. Bien qu'au commencement il alléguât l'excuse de son âge avancé et peu résistant aux fatigues, il a cependant déclaré ensuite que, s'il le fallait, c'est sans regret qu'il partirait.

3. Quoiqu'il soit malade, Nicolas Lanzillotto, se porte déjà mieux et il est parti pour Quilon, qui est une forteresse au climat sain, située à environ quatre vingt mille pas de Cochin et il dirige un collège qui sera fondé là. On fonderait bien des maisons de la Compagnie dans ces contrées, si, comme je l'ai antérieurement écrit, Maître Simon venait ici investi d'une grande autorité par le Roi et amenant avec lui plusieurs membres de la Compagnie, au nombre desquels il y aurait six ou sept prédicateurs et les autres pour entendre les confessions, donner des Exercices Spirituels et attirer les Gentils à la foi du Christ : tous des hommes éprouvés et expérimentés. J'ai même écrit au Roi à propos de Maître Simon, lui demandant de l'envoyer avec des pouvoirs, non seulement celui de fonder des collèges, mais encore celui de protéger les Indiens chrétiens, ainsi que ceux qui appartiennent à la gentilité et qui se convertiraient facilement s'ils étaient protégés.

4. Je vous envoie l'alphabet du Japon. Les Japonais diffèrent beaucoup des autres par la manière d'écrire, car ils commencent par le haut et descendent directement vers le bas. J'ai demandé à Paul le Japonais pourquoi ils n'écrivent point de notre façon ; il m'a répondu : pourquoi vous, plutôt, n'écrivez-vous pas de notre façon ? De même que, de fait, la tête est au sommet de l'homme et les pieds en bas, de même les hommes, lorsqu'ils écrivent, vont d'en haut vers en bas. En outre, je vous envoie la relation que m'a donnée Paul qui est un homme d'une très grande piété et de très bonne foi, sur le Japon et sur les mœurs de ces gens. D'ici deux mois, si Dieu le veut, en compagnie du P. Cosme Torres, de Paul et de deux autres Japonais, je partirai pour le Japon. Une fois là-bas, je vous écrirai sur le contenu de leurs Ecritures. En effet, je n'ai pas pu le savoir de Paul, car c'est un homme sans instruction, étant donné qu'il n'a jamais pu toucher aux volumes des Ecritures du Japon, qui sont, de la même façon que chez nous les livres écrits en latin, écrits en une langue pour ainsi dire étrangère.

Que Jésus notre Seigneur nous apprenne à faire sa volonté, et, une fois terminés les labeurs de cette vie, qu'il nous emmène dans ce séjour éternel et bienheureux. Amen.

François

73

AU P. SIMON RODRIGUES, AU PORTUGAL
(EX.II, 35-44 ; S.III, 587-589)

A Simon Rodrigues qu'il souhaite tant voir venir en Inde, saint François Xavier communique les mêmes informations que, précédemment, à saint Ignace. Il insiste particulièrement sur le triste sort de l'île de Socotora, alors chrétienne, mais soumise à une tyrannie musulmane.

Cochin, le 20 janvier 1549

Jhs

La grâce et l'amour du Christ notre Seigneur soient toujours en notre aide et en notre faveur. Amen.

1. Je n'en aurais jamais fini, si je voulais vous écrire, Maître Simon, la consolation que j'ai éprouvée avec la venue d'Antoine

Gomes et de tous les autres Pères. Sachez qu'ils font un grand fruit dans les âmes et qu'ils accomplissent un grand service de Dieu notre Seigneur aussi bien par l'exemple de leur vie qu'en prêchant, en confessant, en donnant des Exercices Spirituels et en conversant avec les personnes. Les gens qui font leur connaissance sont très édifiés. Les besoins en personnes de notre Compagnie en ces contrées-ci sont très grands, principalement dans la ville d'Ormuz, dans celle de Diu, plus encore qu'à Goa, car, en raison du manque de prédicateurs et de personnes spirituelles, bien des Portugais vivent en dehors de notre Loi chrétienne. Comme je vois que si grand est ce besoin, je vais envoyer Antoine Gomes à Diu ou à Ormuz, étant donné que Dieu notre Seigneur lui a donné tant de talent et tant de ferveur pour prêcher, pour donner des Exercices Spirituels et pour converser avec les Chrétiens ; quant à Maître Gaspard, il restera au collège de Sainte Foi.

2. Vous accompliriez un très grand service de Dieu notre Seigneur, mon très cher Frère, si avec beaucoup de membres de la Compagnie, vous veniez dans ces contrées de l'Inde, et parmi eux, sept ou huit prédicateurs, ainsi que d'autres. Même s'ils n'avaient pas de talent pour prêcher, mais à la condition que ce soient des personnes très mortifiées et qu'ils aient de nombreuses années d'expérience, même s'ils n'ont pas autant de science, ils feraient beaucoup pour la conversion des infidèles, car ce sont des gens très barbares et très ignorants. S'ils sont médiocrement instruits, mais s'ils possèdent bien de la vertu et bien des forces corporelles pour endurer les labeurs propres à ces contrées-ci, ils accompliraient un grand service de Dieu notre Seigneur dans les forteresses sises en ces contrées. Là où se trouveraient un prédicateur de notre Compagnie et un autre compagnon prêtre pour l'aider à confesser et à donner les Exercices, c'est facilement qu'on fonderait un collège où seraient accueillis d'abord les fils des Portugais et ensuite d'autres, natifs du pays.

3. Ce sont d'amples informations que je possède sur l'île du Japon, qui se trouve au-delà de la Chine, à deux cents lieues ou plus ; à savoir que ce sont des gens d'une grande habileté et d'un grand raffinement, et désireux de connaître aussi bien les choses de Dieu que d'autres choses de la science, d'après les informations que m'en ont données les Portugais qui sont revenus de ces contrées et aussi par des hommes japonais qui, l'an dernier, sont venus de Malacca avec moi, qui se sont faits chrétiens au collège de Sainte Foi de Goa et qui m'ont donné des informations sur cette île, comme vous le verrez grâce à ce cahier que je vous envoie et qui a été tiré des informations que nous a fournies Paul de Sainte Foi,

et c'est celui qui est devenu chrétien ; il s'appelait Anjirô auparavant ; c'est un homme très véridique et très vertueux ; il vous écrit
longuement sur lui-même, sur la façon dont il est venu et sur les
grâces que Dieu lui a faites. J'ai l'espoir qu'il lui en accordera
beaucoup d'autres. J'ai donc décidé qu'au mois d'avril prochain
1549, je partirai pour le Japon en compagnie d'un Père nommé
Cosme de Torres, qui vous écrit très longuement, parce qu'il me
semble qu'en ces contrées-là notre sainte Foi est appelée à s'accroître. En outre, en ces contrées-ci, on n'a plus autant besoin de moi,
en raison de l'arrivée de Pères, cette année. Je peux donc me retirer d'ici, d'autant que l'an prochain, me semble-t-il, vous allez
venir et, au cas où vous ne viendriez pas, vous allez envoyer une
personne à votre place, avec beaucoup d'autres membres de la
Compagnie. J'espère en notre Seigneur qu'à ce moment-là j'aurai
déjà envoyé en Inde des nouvelles sur le Japon et sur les dispositions offertes par ces contrées-là pour la croissance de notre sainte
Foi. Plaise à Dieu qu'après avoir donné des ordres pour bien des
choses touchant en Inde le service de Dieu et après avoir reçu les
informations que je vous écrirai, nous nous réunissions là-bas, si
ces contrées-là offrent de meilleures dispositions pour la croissance
de notre sainte Foi, ainsi qu'il doit en être, me semble-t-il.

4. Plaise à Dieu que, par la suite, beaucoup de membres de la
Compagnie partent pour la Chine, et de Chine vers leurs collèges
d'études supérieures qui se trouvent au-delà de la Chine et du *Tartan*, en un pays nommé *Tenjiku*, d'après les informations de Paul
qui dit que dans tout le *Tartan*, toute la Chine et tout le Japon,
les gens suivent la Loi qu'on enseigne au *Tenjiku*. Comme celui-
ci ne comprend pas la langue dans laquelle cette Loi a été écrite
et que les gens de son pays la conservent écrite dans des livres qui
sont comme du latin parmi nous, il n'est point capable de me donner des informations intégrales sur cette Loi qu'ils conservent écrite
dans des livres imprimés. Quand je serai arrivé au Japon, si Dieu
le veut, je vous écrirai très en détail les choses que contiennent leurs
livres, dont ils disent qu'ils sont divins. Je suis en effet décidé à
aller là où se trouve le roi, dès mon arrivée au Japon. Une fois que
j'aurai eu l'expérience de ce qu'il y a là-bas, je vous écrirai très en
détail en Inde, aussi bien qu'aux collèges de Coïmbre et de Rome,
ainsi qu'à toutes les universités, principalement à celle de Paris,
afin de leur rappeler qu'ils ne doivent plus vivre dans une telle
insouciance en estimant à ce point le savoir et en se souciant si peu
des ignorances des Gentils.

5. Cette année, le P. Cipriano part pour Socotora avec un Père
prêtre et deux coadjuteurs. Il y a sur cette île un Maure qui s'est

rendu maître par la force de cette île de Socotora, contrairement à toute raison et contre toute justice, et sans avoir aucun droit sur elle, hormis celui que donne la force. Il offense grandement les Chrétiens en leur prenant leurs biens et leurs filles, qu'il rend maures, et par bien d'autres maux. Pour le service de Dieu et pour la décharge de sa conscience, vous devez obtenir de Son Altesse qu'il donne l'ordre de chasser les Maures de cette île, ce qu'on peut faire sans frais aucun si Son Altesse ordonne à ceux de son escadre, qui cingle à l'aller vers le détroit [1], de chasser lors de leur passage ces Maures qui se trouvent près du rivage à Socotora : tout au plus sont-ils trente Maures en une petite maison faite en manière de forteresse ; ils ne permettent pas aux gens du pays de posséder la moindre arme et ils les soumettent à une grande oppression.

6. Pour l'amour de notre Seigneur, faites le nécessaire pour que ces tristes et malheureux Chrétiens sortent de l'oppression, car ils sont tyranniquement dominés par les Maures. En huit jours, les Portugais peuvent les chasser du pays, quand ils arrivent du détroit, car c'est dans cette île qu'ils viennent se ravitailler en eau. Voilà maintenant six ans que je suis passé par Socotora : j'éprouvai alors une immense pitié en voyant les persécutions qu'ils endurent de la part des Maures venus de la Côte d'Arabie. Et tout cela dépend de la volonté du Roi, sans qu'il faille faire de dépense. Martin Alphonse de Sousa, qui a été seigneur de l'Inde, peut fournir à Son Altesse une information digne de foi sur la façon tyrannique avec laquelle ces Maures dominent cette île et lui dire comment, sans faire de dépense, au moyen de l'escadre qui va au détroit, on peut détruire ces Maures, en détruisant cette petite maison qu'ils utilisent en guise de forteresse. Comme tous les membres de la Compagnie vous écrivent pour vous dire quel fruit ils produisent en ces contrées-ci avec l'aide de notre Seigneur, je m'en remets entièrement à eux.

7. Vous donnerez l'ordre que, chaque année, des personnes de la Compagnie viennent ici et que la plupart d'entre eux soient des prêtres ordonnés. Vous écrirez dans ce sens à Rome et ailleurs, là où il y a des personnes de la Compagnie, pour qu'ils envoient à Coïmbre des prêtres très mortifiés et très expérimentés, quoiqu'ils n'aient ni science ni talent pour prêcher ou pour fonder là-bas des collèges : là où ils sont, on n'a pas besoin d'eux. Mais ici, en ce pays-ci, s'ils ont et s'ils possèdent des vertus, beaucoup d'humilité et de mansuétude, et d'autres vertus encore, ils peuvent accomplir un grand service de Dieu notre Seigneur, pour convertir des

---

1. Le détroit de Bâb al-Mandab.

infidèles, ainsi à Malacca, aux Moluques, au Cap Comorin et au Japon, ou aller chez le Prêtre Jean[2], en attendant qu'au collège de Coïmbre beaucoup se trouvent avoir terminé leurs études.

Pendant ce temps, vous devez envoyer ici des personnes qui soient prêtres, et dont on n'ait besoin ni à Rome ni ailleurs, là où il y a des collèges de la Compagnie, parce qu'elles n'ont pas le talent ou la science nécessaires pour prêcher ou pour fonder des collèges. Mais ici elles accompliront un bien plus grand service de Dieu notre Seigneur que là-bas. Donnez l'ordre d'envoyer chaque année des personnes en ces contrées-ci, car ceux qui, ici, entrent dans la Compagnie ne sont pas aptes à exercer en dehors des collèges, car ils ne possèdent ni le savoir, ni la vertu, ni l'esprit nécessaires pour leur permettre d'aller tout de suite en dehors des collèges pour convertir des Gentils : pour cela, en effet, il faut de nombreuses années de mortification et d'expérience, comme vous le savez bien.

8. Dans une forteresse du Roi, nommée Cranganor, à cinq lieues de Cochin, il y a un très beau collège, fondé par le Frère Vincent, compagnon de l'évêque ; près de cinq cents étudiants y vivent, qui sont les fils de ceux qui descendent des Chrétiens qu'a convertis saint Thomas et qu'ici on appelle « Chrétiens de saint Thomas ». Il y a en effet soixante villages de ces Chrétiens et c'est non loin de ces villages qu'est situé ce collège, chose fort belle et qu'il faut voir, de même que le site du collège aussi bien que les endroits où habitent ces Chrétiens. Le Père Frère Vincent a accompli en ces contrées-ci un grand service de Dieu ; c'est un grand ami pour moi et pour tous les membres de la Compagnie ; il désire beaucoup avoir un Père de notre Compagnie qui sache le latin pour enseigner aux étudiants du collège et pour faire quelques sermons aux gens du collège ainsi qu'à ceux des villages, les dimanches et les jours de fête. Pour l'amour de notre Seigneur, faites qu'il soit consolé, pour autant que vous le pourrez, en lui envoyant ce Père qui résidera avec lui en ce collège sous ses ordres.

9. Il y a deux églises à Cranganor, l'une dédiée à saint Jacques, l'autre dédiée à saint Thomas. Les Chrétiens de saint Thomas ont beaucoup de dévotion pour l'église de saint Thomas ; quant à l'autre qui est placée sous l'invocation de saint Jacques, elle est située à l'intérieur du collège du Père Frère Vincent. Il désire ardemment voir concéder à ces églises des indulgences, pour la consolation des Chrétiens et pour la croissance de la dévotion. C'est pourquoi il vous prie instamment d'obtenir, pour le service

---

2. Appellation courante mais erronée de l'Abyssinie.

de Dieu, par la voie de Rome ou par la voie du nonce qui se trouve au Portugal, et en sa faveur, ces grâces : à savoir que la vigile de saint Jacques, le jour même et pendant ses octaves, tous ceux qui s'y seraient confessés et y auraient communié obtiennent une indulgence plénière. De même, aussi, la vigile de saint Thomas, le jour même et pendant ses octaves, pour ceux qui rendraient visite à la maison de saint Thomas à Cranganor, qu'ils obtiennent une indulgence plénière après s'être confessés et avoir communié, ou eu la sincère contrition de leurs fautes et de leurs péchés. Pour l'amour de notre Seigneur, apportez cette consolation à Frère Vincent, à propos des indulgences pour ces églises et au sujet du Père de notre Compagnie qu'il demande pour le collège. Je ne dis rien de plus, sinon que notre Seigneur nous rassemble dans sa gloire. Amen.

Votre très cher Frère dans le Christ.

François

74

AU P. SIMON RODRIGUES, AU PORTUGAL
(EX.II, 44-46 ; S.III, 589)

Presque un résumé de la lettre précédente.

Cochin, 20 janvier 1549

Que la grâce et l'amour du Christ notre Seigneur soient toujours en nos âmes. Amen.

1. Je n'en aurais jamais fini, si je voulais vous écrire, mon Frère Maître Simon, la consolation que j'ai éprouvée avec la venue d'Antoine Gomes et de tous les autres Pères. Sachez qu'ils font un grand fruit dans les âmes et qu'ils accomplissent un grand service de Dieu notre Seigneur, aussi bien par l'exemple de leur vie qu'en prêchant, en confessant, en donnant des Exercices Spirituels et en conversant avec les personnes. Ceux qui le connaissent en sont tellement édifiés qu'on ne peut pas en dire plus.

2. Le besoin qui se fait sentir en ce pays, de personnes de notre Compagnie, est fort grand, principalement à Ormuz et à Diu, plus qu'à Goa, car bien des gens y vivent en dehors de notre sainte Foi, en l'absence de gens pour leur prêcher et c'est pourquoi j'y ai envoyé Antoine Gomes.

3. Quant à moi, je possède d'amples informations sur l'île du Japon, qui se trouve au-delà de la Chine, à deux cents lieues ou

plus ; à savoir que ce sont des gens d'une grande habileté et d'un grand raffinement, et désireux de connaître aussi bien les choses de Dieu que celles d'autres sciences, d'après les informations que m'en donnent les Portugais qui sont arrivés de ces contrées et aussi par des hommes japonais qui, l'an dernier, sont venus de Malacca avec moi, qui se sont faits chrétiens au collège de Sainte Foi de Goa et qui m'ont donné des informations sur cette île, comme vous le verrez grâce à un cahier que je vous envoie et qui a été extrait des informations que nous a données Paul de Sainte Foi, qui est un homme très véridique. Lui aussi il vous écrit longuement sur la façon dont il est venu et sur les grandes grâces que Dieu lui a faites. J'ai donc décidé que, cet avril prochain 1549, je partirai là-bas en compagnie d'un Père nommé Cosme de Torres, qui vous écrit aussi longuement. J'espère en Notre Seigneur que notre Foi s'accroîtra beaucoup ; avec l'arrivée de ces Pères, on n'a pas tellement besoin de moi en ce pays et à plus forte raison si, comme je l'espère, vous y venez ou si vous y envoyez bien du monde en votre nom. J'espère néanmoins en Dieu notre Seigneur que vous viendrez et, à ce moment-là, j'aurai déjà envoyé en Inde mes lettres sur les choses du Japon et sur les dispositions de celui-ci. Plaise à Dieu qu'après que vous ayez donné des ordres pour bien des choses en Inde, nous nous réunissions au Japon, si c'est un pays mieux disposé pour la croissance de notre sainte Foi, comme il semble que c'est le cas. Plaise à Dieu que, par la suite, bien des membres de la Compagnie partent pour la Chine et de Chine vers leurs collèges d'études supérieures qui se trouvent au-delà de la Chine et du *Tartan*, dans un pays nommé *Tenjiku*, d'après ce que nous dit Paul de Sainte Foi. Il dit aussi que dans tout le *Tartan*, dans tout le Japon et dans toute la Chine, les gens suivent la Loi qu'on enseigne au *Tenjiku*, mais que lui, il ne comprend pas la langue dans laquelle elle est écrite, dont on dit qu'elle est à la façon du latin.

4. Cipriano part cette année pour Socotora ainsi que d'autres ou plus précisément un Père et deux coadjuteurs.

J'ai renvoyé Emmanuel Vaz à Goa, parce qu'il y accomplira un service de Dieu plus grand qu'au Portugal.

5. Je ne m'étends pas davantage, mon Frère Maître Simon, parce que j'espère en Dieu que vous allez venir. Par la première voie, je vous envoie les lettres de tous les membres de la Compagnie. Que la paix du Christ soit toujours avec nous. Amen.

Votre très cher Frère dans le Christ.

François

75

MEMOIRE POUR PIERRE FERNANDES SARDINHA
(EX.II, 49-50 ; S.III, 589-590)

Complément des lettres adressées précédemment à Simon Rodrigues, ce mémoire à l'usage du Vicaire général est d'une authenticité discutable.

Cochin, vers le 20 janvier 1549

+

Mémoire destiné au Vicaire général à propos des choses qu'il doit négocier avec le Roi pour le bien des Chrétiens de l'Inde.

1. Que Votre Grâce rappelle au Roi qu'il doit envoyer de nombreux prédicateurs de la Compagnie de Jésus en ces contrées-ci, parce que les forteresses de l'Inde ont un très grand besoin de prédicateurs, comme Votre Grâce le sait fort bien.

2. Quel grand service Son Altesse accomplirait pour Dieu, si elle envoyait en ces contrées de l'Inde le Père Maître Simon avec de nombreux membres de la Compagnie de Jésus, car, grâce à leur venue, on ferait beaucoup de fruit dans les âmes des Portugais de l'Inde et on rendrait chrétiens bien des gens au pays du Japon, qui sont des contrées peuplées d'infidèles, à la condition qu'il vienne doté de grands appuis de la part de Son Altesse, avec juridiction civile sur tous les Chrétiens du pays, et que nul n'exerce sur eux d'autorité en dehors des personnes qui seraient placées par le Père Maître Simon par en dessus des hommes nommés par Son Altesse pour exercer de telles charges, car les capitaines qui ont cette juridiction sur les Chrétiens du pays n'en profitent que pour faire du mal et que pour dérober à chacun son bien, ce qui scandalise les Chrétiens du pays et fait que les infidèles ne se convertissent pas, en voyant les mauvais traitements infligés à ceux qui sont déjà chrétiens.

3. Au cas où Maître Simon ne viendrait pas, que Votre Grâce obtienne du Roi qu'il délègue à l'Evêque cette juridiction civile sur les Chrétiens du pays, que personne n'exerce sur eux de juridiction ni d'autorité, hormis des gens qui seraient nommés par l'Evêque. Quant à ceux qui ont été nommés par Son Altesse, ils exerceront leur charge aussi longtemps qu'ils feront leur devoir, si bien que c'est à l'Evêque qu'il reviendra d'en disposer et d'attribuer la charge à quelqu'un d'autre, quand ils n'auront pas fait leur devoir.

Combien c'est une chose à éviter, qu'un capitaine et une escadre aillent sur la Côte de la Pêcherie ! Pour le service de Son

Altesse et pour le bien des Chrétiens, l'intendant de Cochin peut faire recouvrer ces tributs [1].

76

AU P. SIMON RODRIGUES, AU PORTUGAL
(EX.II, 56-57 ; S.III, 591)

Décidément, rien ne va avec le Portugal : exactions au sud de l'Asie, et rejet au nord. Qu'importe pour Xavier ?

Cochin, le 25 janvier 1549

La grâce et l'amour du Christ notre Seigneur soient toujours en notre aide et en notre faveur. Amen.

1. Le porteur de cette lettre est un homme que j'ai connu en ces contrées-ci et qui part à présent pour le Portugal, pour obtenir la récompense de ses services. Il m'a beaucoup supplié pour que je lui donne une lettre pour vous, afin que là-bas vous fassiez sa connaissance. Moi je dis que Jourdain Garro ferait mieux d'aller faire des requêtes auprès de Dieu pour obtenir le pardon de ses péchés, plutôt que d'aller réclamer auprès du Roi le paiement de ses services. Une fois là-bas, vous pourrez l'aider en lui donnant le conseil de se faire moine plutôt que de revenir en Inde pour y être *lascarim* [1] ; ainsi, vous accomplirez une œuvre très pieuse et vous sauverez une âme perdue. Toutefois, pour l'amour de notre Seigneur, aidez-le à obtenir le paiement de ses services, afin qu'il puisse vivre là, au Portugal.

2. Après que j'eus écrit toutes les lettres destinées au Portugal, qu'emporte Maître Pierre Fernandes, qui fut Vicaire général de toutes ces contrées de l'Inde, les navires de Malacca sont arrivés. Ils apportent des nouvelles absolument sûres comme quoi les ports de la Chine se sont tous mis en guerre contre les Portugais. Mais ce n'est pas pour cela que je renoncerai à aller au Japon, comme je l'ai écrit, car il n'est point, en cette vie sans répit, de plus grand repos que de vivre au milieu de grands dangers de mort, tous

---

1. Le texte est ici interrompu. Le P. Schurhammer le complète (EX.II, 50-54) en donnant des textes d'un nommé Rodrigue Gonçalves de Caminha qui s'adresse au roi du Portugal pour protester contre les sévices dont sont victimes ces chrétiens.

1. Ce terme désigne plutôt un auxiliaire indien des Portugais qu'un soldat portugais, comme c'est le cas ici.

aussitôt acceptés pour le seul amour et pour le seul service de Dieu notre Seigneur ainsi que pour l'accroissement de notre sainte Foi : dans ces labeurs, on a plus de repos que si l'on vivait en dehors d'eux.

Que Dieu notre Seigneur nous rassemble dans sa sainte gloire. Votre très cher Frère dans le Christ.

François

77

A JEAN III, ROI DU PORTUGAL
(EX.II, 60-63 ; S.III, 591-594)

Bien qu'il s'efforce de retenir son indignation à propos de l'administration portugaise d'Asie, ce que dit saint François Xavier est suffisamment clair ou a dû l'être pour son royal correspondant : les intérêts spirituels de l'Eglise sont en conflit avec l'œuvre coloniale.

Cochin, 26 janvier 1549

+

Seigneur,

1. Je n'écris pas à Votre Altesse pour lui dire quels ont été les brimades et les mauvais traitements infligés à ceux qui se sont convertis à notre sainte Foi, parce que le Père Frère Jean de Vila de Conde part au Portugal et il parlera à Votre Altesse en toute vérité. Votre Altesse se doit de lui manifester beaucoup de gratitude pour les nombreuses peines qu'il a endurées en ces contrées de l'Inde pour le service de Dieu et pour décharger la conscience de Votre Altesse. Les peines corporelles qu'a en effet endurées le Père Frère Jean en ces contrées de l'Inde, bien qu'elles soient nombreuses, grandes et continuelles, sont incomparables aux peines de l'esprit, peines qu'on éprouve en voyant les mauvais traitements que les capitaines et les intendants infligent à ceux qui viennent de se convertir, alors qu'ils devraient les protéger, et c'est presque un genre de martyre que de devoir souffrir de voir détruire ce qu'avec tant d'efforts il a obtenu.

2. Nous considérons ici comme une nouvelle certaine que le roi de Ceylan [1] fait parvenir à Votre Altesse de grands gages des services qu'il rend à Votre Altesse. Que Votre Altesse sache bien que

---

1. Bhuvaneka Bāhu.

Dieu a un grand ennemi en la personne de ce roi. Or ce roi est protégé et ne fait tout le mal qu'il peut faire que grâce à la protection de Votre Altesse. C'est la vérité et j'ai le regret de l'écrire ;
nous craignons ici, à la fin, en raison de l'expérience passée, que
ce roi soit mieux protégé par Votre Altesse que les Frères qui se
trouvent à Ceylan. A la fin, l'expérience m'a enseigné que Votre
Altesse n'exerce pas uniquement sa puissance dans l'Inde pour y
accroître la foi du Christ : elle exerce aussi sa puissance pour saisir et pour posséder les richesses temporelles de l'Inde.

3. Que Votre Altesse me pardonne de lui parler si clairement,
car c'est ce à quoi m'oblige l'amour sans illusion que j'ai pour elle
et je sens presque le jugement de Dieu qu'à l'heure de la mort de
Votre Altesse il lui révélera, jugement que personne ne peut fuir,
aussi puissant soit-il. Moi, Seigneur, je sais ce qui se passe ici et
donc je n'ai aucun espoir que les ordres et que les prescriptions
qu'en faveur de la Chrétienté Votre Altesse doit envoyer, soient
obéis dans l'Inde. C'est pour cela que je pars au Japon, presqu'en
m'enfuyant, pour ne pas perdre plus de temps que je n'en ai perdu.
Le Père Frère Jean apporte des mémoires sur les Chrétiens aban-
donnés du Cap Comorin ; que Votre Altesse soit pour eux un père,
car Michel Vaz, le père véritable, est mort.

4. Un évêque arménien[2], nommé Jacob Abûnâ, sert Dieu et
Votre Altesse depuis quarante cinq ans en ces contrées-ci : c'est un
homme très âgé, très vertueux et très saint. Pendant ce temps, il
n'a guère joui des faveurs de Votre Altesse ni de presque personne
en Inde. Dieu lui accorde sa grâce, car c'est Dieu par lui-même qui
veut le protéger, sans se servir de nous comme moyen pour consoler ses serviteurs. Il n'a joui ici que des faveurs de deux Pères
de saint François et il a tant été aidé par ces Pères qu'il n'aurait
pas pu l'être davantage et, s'il ne l'avait pas été par eux, ce bon
et saint homme reposerait déjà auprès de Dieu. Que Votre Altesse
lui écrive une lettre pleine d'amour, avec l'ordre, dans un de ses
paragraphes, donné aux gouverneurs, aux intendants et aux capitaines de Cochin, de lui rendre les honneurs et de lui faire le bon
accueil qu'il mérite, quand il viendra demander quelque chose.
Cela, je ne l'écris pas à Votre Altesse parce que cet évêque en aurait
besoin, la charité des Pères de l'Ordre de saint François subvenant
largement à ses besoins, avec le zèle de la charité qui est le leur.
Mais Votre Altesse doit lui écrire pour lui recommander instamment de se charger de recommander Votre Altesse à Dieu, car

---

2. Comme cela arrive souvent à l'époque, Xavier qualifie d'« arménien » tout
chrétien oriental non byzantin.

Votre Altesse a plus besoin d'être favorisée par l'évêque dans ses prières que celui-ci des faveurs temporelles de Votre Altesse. Il a enduré bien des peines avec les Chrétiens de saint Thomas et à présent, dans sa vieillesse, il est très obéissant aux coutumes de la sainte Mère Eglise de Rome. Dans les lettres qu'elle écrira aux Pères de l'Ordre de saint François, ou avec celles-ci, Votre Altesse peut écrire une lettre contenant de grandes faveurs pour cet évêque.

5. Que notre Seigneur fasse sentir à Votre Altesse, à l'intérieur de son âme, sa très sainte volonté et qu'il lui donne sa grâce pour l'accomplir parfaitement, de la façon dont Votre Altesse se réjouirait de l'avoir faite, à l'heure de sa mort, quand Votre Altesse sera en train de rendre compte à Dieu de toute sa vie passée ; et cette heure viendra plus tôt que ne le pense Votre Altesse. Que Votre Altesse y soit préparée, car ses royaumes et ses possessions se terminent et ont une fin. Ce sera une chose inouïe et encore jamais arrivée à Votre Altesse que de se voir dépossédée, à l'heure de sa mort, de tous ses royaumes et de toutes ses possessions et d'entrer en un autre, où ce sera pour elle une chose nouvelle que d'y être commandée : Dieu veuille qu'il n'en soit pas ainsi en dehors du Paradis.

Inutile serviteur de Votre Altesse.

François

78

A SIMON RODRIGUES, AU PORTUGAL
(EX.II, 65-66 ; S.III, 594-595)

Encore des recommandations pour des Portugais regagnant le Royaume, auprès de Simon Rodrigues. Toujours aussi autant de foi et de détermination chez Xavier.

Cochin, le 1er février 1549

+

Jésus

La grâce et l'amour du Christ notre Seigneur soient toujours en notre aide et en notre faveur. Amen.

Les personnes qui me demandent des lettres pour vous sont si nombreuses et moi je suis tellement désireux de vous écrire ; c'est qu'il me semble que la consolation que j'ai en vous écrivant est la même que celle que vous aurez en me lisant. Les porteurs de cette lettre-ci sont deux hommes qui se sont mariés et établis à Malacca, hommes de grand bien et bons Chrétiens. Ils vont pour remplir certaines obligations dans lesquelles ils se trouvent ; ils vous donneront bien des nouvelles de Malacca, ainsi que, en témoins oculaires, du fruit produit là-bas par les membres de notre Compagnie.

Ils portent en outre les lettres du P. François Pérez, dans lesquelles il rend compte, étant donné, me semble-t-il, qu'il écrit longuement, du fruit produit par eux là-bas. Ils vous donneront aussi certaines informations sur la Chine et sur le Japon, car ils ont longtemps séjourné à Malacca.

2. Tous mes dévots et amis s'effraient beaucoup de ce que j'entreprenne un voyage si long et si dangereux. Quant à moi, je m'effraie davantage qu'eux de voir le manque de foi qu'ils montrent, car Dieu notre Seigneur possède commandement et pouvoir sur les tempêtes de la Mer de Chine et du Japon, qui sont les plus fortes de celles qu'on a vues jusqu'à présent. Et puissant est-il contre les vents et contre les écueils, car il y en a beaucoup, d'après ce qu'on dit, sur lesquels périssent bien des navires ; Dieu notre Seigneur possède commandement et pouvoir sur tous les pirates de la mer, car il y en a tant que c'est une chose épouvantable. Ces pirates sont fort cruels, puisqu'ils infligent toute sorte de tortures et de supplices à ceux qu'ils capturent, principalement aux Portugais. Comme Dieu notre Seigneur aura pouvoir sur eux tous, je n'ai peur de personne sinon de Dieu, craignant qu'il ne me donne quelque châtiment pour avoir été négligent en le servant, inhabile et inutile pour accroître le nom de Jésus-Christ parmi des gens qui ne le connaissent pas. Je tiens pour du néant toutes les autres craintes, les autres dangers ou les autres souffrances dont me parlent mes amis ; il ne me reste que la crainte de Dieu, parce que la crainte des créatures ne peut croître que jusqu'au point que lui permet le Créateur de celles-ci.

3. Pour l'amour et pour le service de Dieu notre Seigneur, je vous prie d'accorder vos faveurs et de faire bon accueil à ces deux hommes qui partent là-bas, pendant les quelques jours qu'ils passeront à Lisbonne, et de les aider dans toute la mesure du possible et avec bonté. Par eux, vous pourrez être informé de bien des choses sur l'Inde. Par eux, vous m'écrirez très longuement sur tous les membres de la Compagnie qui se trouvent en Italie, en France, en Flandre, en Allemagne, en Espagne, en Aragon et dans le béni collège de Coïmbre, puisque, chaque année, des navires quittent Malacca pour la Chine et la Chine pour le Japon. Ces lettres devront être adressées aux Pères de la Compagnie qui se trouvent

à Malacca ; ceux-ci, par des voies multiples, enverront la transcription des lettres, l'original restant à Malacca. Ils me les enverront par tant de voies que je les recevrai bien par une de ces voies.

Que notre Seigneur nous rassemble dans la sainte gloire du Paradis.

Votre très cher Frère, tout dans le Christ.

François

79

A SIMON RODRIGUES, AU PORTUGAL
(EX.II, 69-80 ; S.III, 595-597)

Cette ample lettre qui nous est parvenue à travers le latin du P. Torsellino, peut passer pour une reprise de la lettre 73, du 20 janvier 1549. Elle ne contient guère d'information vraiment nouvelle.

Cochin, le 2 février 1549

La grâce et la charité du Christ notre Seigneur soient toujours avec nous. Amen.

1. Je n'en aurais jamais fini si je voulais vous dire, mon très cher Frère Simon, la joie que m'a donnée la venue d'Antoine Gomes et de ses compagnons. Sachez qu'ils ont fait accomplir de grands progrès aux âmes dans la piété ; par l'exemple de leurs vies, par les prédications qu'ils donnent, par les confessions qu'ils écoutent, par les Exercices qu'ils proposent, par les entretiens privés qu'ils ont, ils aident de manière admirable la cause chrétienne, avec la bienveillance de tous. Il faut assurément ici des hommes excellents de notre Compagnie, principalement dans la ville d'Ormuz, dans la forteresse de Diu : là, des prédicateurs pieux font plus encore défaut qu'à Goa, car en ces lieux bien des Portugais s'éloignent de la discipline et des mœurs chrétiennes. C'est pourquoi, afin de satisfaire ce besoin, j'ai décidé d'envoyer à Ormuz Antoine Gomes qui est un homme qui se distingue par son talent de prédicateur et par sa faculté d'exercer les autres ministères de la Compagnie. Maître Gaspard restera au collège de la Sainte Foi.

2. Vous recevriez une grande grâce de Dieu, si avec beaucoup de membres de la Compagnie, vous vous embarquiez pour l'Inde, emmenant avec vous sept ou huit prédicateurs ainsi que d'autres

hommes jouissant d'une grande expérience et d'une grande vertu. Il n'est point besoin de beaucoup de science pour converser avec des Gentils, car les gens de ces contrées sont tout à fait barbares et ignorants. Même s'ils n'ont guère de science, mais s'ils ont beaucoup de vertu et beaucoup de forces, qu'ils aient du moins le désir d'accomplir un grand service de Dieu. Dans chaque forteresse de l'Inde où il y aurait un prédicateur de la Compagnie ainsi qu'un autre prêtre pour l'aider à écouter les confessions et à exercer les autres ministères de la Compagnie, la résidence des membres de la Compagnie pourrait être utilisée pour éduquer les fils des Portugais et des natifs du pays.

3. J'ai écrit à notre Père Ignace pour qu'il vous permette de venir ici et j'ai écrit aussi au Roi pour qu'il vous y envoie en même temps que beaucoup d'autres membres de la Compagnie, et muni d'une grande autorité. Si cela arrive, croyez-moi, votre venue sera la source, pour la cause chrétienne, d'un bien beaucoup plus grand que vous ne pensez. J'ai écrit aussi au Roi sur un autre sujet : pour qu'il prenne des mesures en faveur des fils des Portugais qui, après avoir sacrifié leurs vies dans le service du Roi, les ont laissés orphelins et sans ressources, car personne n'a payé les soldes ni les subsistances qui leur étaient dues. Il ne serait donc pas déplacé de fonder dans l'Inde des collèges où ces enfants seraient nourris et éduqués. Comme le Roi doit aussi veiller au salut des natifs du pays, il lui appartiendra, pour le bien de la cause chrétienne, de faire en sorte qu'en des lieux déterminés les fils des Chrétiens natifs du pays soient catéchisés. C'est pourquoi je lui écris afin que, si bon lui semble, sur les impôts et redevances de Bassein, cinq mille écus d'or soient par lui assignés pour ouvrir une maison de ce genre. J'espère qu'avec la grâce de Dieu le Roi fera tout cela, en raison de votre venue.

4. Il y a peu de temps, j'ai reçu des informations sur le pays du Japon, qui est situé au-delà de la Chine, à plus de six cent mille pas. Les habitants en sont d'une intelligence aiguë, étant désireux de connaître non seulement les choses de Dieu mais encore les autres choses naturelles que la science contient. C'est ce que rapportent des Portugais qui en sont revenus et ce qu'attestent des Japonais qui, l'an dernier, sont venus en ma compagnie, de Malacca en Inde, et se sont récemment initiés aux mystères chrétiens à Goa, dans le collège de Sainte Foi. C'est ce que vous apprendra d'ailleurs la relation sur les choses du Japon que nous vous avons envoyée après l'avoir reçue du Japonais Paul dit de la Sainte Foi, homme manifestant une foi et une vertu tout à fait remarquables. Ce dernier vous écrit sur lui-même, sur sa vie et sur

les grâces qu'il a reçues de Dieu. Quant à moi, j'ai donc décidé de partir pour le Japon au mois d'avril prochain, avec Cosme de Torres, prêtre de notre Compagnie. C'est que je suis persuadé que la religion chrétienne va s'y propager, en long et en large. De plus, je n'ai pas à rester plus longtemps ici, car, en raison de l'arrivée, cette année, de membres de la Compagnie, je ne fais rien de très nécessaire pour les gens de l'Inde. D'autant plus que vous-même, vous allez venir d'ici peu, ou quelqu'un d'autre sera envoyé à votre place, amenant avec lui de nombreux membres de la Compagnie. J'espère néanmoins que c'est vous qui allez venir. A ce moment-là, quand vous serez arrivé et moi au Japon, selon ce que je présume, vous aurez des informations grâce à mes lettres et, s'il m'est donné de mener à bien l'entreprise au Japon avec la grâce de Dieu comme je l'espère, nous nous reverrons au Japon.

5. Ensuite, une fois un certain temps écoulé, de nombreux membres de la Compagnie partiront avec l'aide de Dieu pour la Chine et de la Chine vers la très célèbre université de *Tenjiku*, qui se trouve au-delà de la Chine et du Cathay. En effet, d'après ce que rapporte Paul, les Japonais, les Chinois unanimement tirent leurs principes sacrés du *Tenjiku*. Les croyances religieuses des Japonais sont contenues dans des Ecritures qui sont peu accessibles et que le peuple ignore, telles celles qui sont en latin chez nous. C'est pourquoi Paul, qui est un laïc totalement inculte quant aux livres de cette sorte, affirme ne rien pouvoir dire sur les croyances religieuses de sa patrie. Quand je serai arrivé là-bas, si Dieu le veut, je vous écrirai très en détail le contenu de leurs principales Ecritures saintes. J'ai la ferme intention, dès mon arrivée au Japon, de me rendre là où réside le roi, ainsi que dans les plus grands collèges, situés dans des villes royales. Une fois toutes ces matières examinées, je les écrirai très en détail pour l'Inde, mais aussi pour les universités du Portugal et d'Italie, et surtout pour celle de Paris. En même temps, je leur rappellerai de ne pas rester l'âme libre et insouciante alors qu'ils sont en train d'étudier la doctrine avec passion et qu'ils ne font rien pour sortir les Gentils de leur ignorance et de leur perdition.

6. Pierre Gonçalves, qui est vicaire de Cochin et un grand ami de notre Compagnie, vous recommande ses affaires par des lettres. Je vous prie donc de ne rien négliger et de tout faire en sa faveur, aussi bien en ce qui concerne le Roi qu'en ce qui touche à la protection des Chrétiens du pays. Soyez certain que c'est pour notre Compagnie un ami véritable et un frère, car c'est avec une grande bienveillance qu'il offre son hospitalité à tous les membres de la Compagnie qui vont à Cochin.

7. Je voudrais que vous vous chargiez de faire parvenir, de là où vous êtes, huit ou dix tonneaux de vin à l'usage des messes, aux Pères de Goa et à ceux qui sont dispersés dans tout l'Orient. Les membres de la Compagnie qui sont à Malacca, au Cap Comorin, à Socotora et aux Moluques n'ont, pour le saint Sacrifice, d'autre vin que celui qu'on importe de l'Inde. Comme le vin qui provient du Portugal et qui est fourni à l'Evêque de Goa, aux Pères Franciscains, ainsi qu'au collège de Sainte Foi à Goa (d'où il parvient aux autres membres de la Compagnie), est payé sur la caisse de l'Etat, il conviendrait que le Roi en fasse l'attribution.

8. Le P. Cipriano partira cette année pour Socotora avec un prêtre et deux coadjuteurs. Il y a sur cette île un Sarrazin qui s'est rendu maître par la force de celle-ci, contre le droit et contre la justice divine. Il en opprime cruellement les habitants chrétiens et il les accable. Il enlève leurs enfants pour les initier à la religion mahométane ; il les accable de maux et de tribulations infinis. Je désire ardemment que vous pressiez le Roi de prêter attention à ces Chrétiens pour une fois, par zèle pour la religion et afin de la protéger. Le Roi pourra d'ailleurs accomplir ce devoir sans faire de dépense et sans risquer de complication, en donnant l'ordre à la flotte qui doit voguer vers le détroit de la Mecque d'écraser ces Sarrazins. En effet, les habitants de Socotora n'ont absolument pas d'armes, ils subissent un joug très dur et ils abominent le nom des Sarrazins. Par le Seigneur Jésus-Christ, je vous en prie, faites quelque chose pour la liberté des habitants de Socotora, puisqu'ils subissent en effet une très injuste servitude. Cette île offre un aspect tout à fait misérable. Il y a de cela des années, je fis un détour par là : j'ai éprouvé alors une immense pitié pour eux : les navigateurs arabes mettent une telle cruauté à les opprimer. Comme je l'ai déjà dit, toute cette affaire pourrait être réglée sans faire de dépense, sur un simple signe du Roi. Alphonse de Sousa, qui a été gouverneur de l'Inde, peut témoigner de cela, car il a vu lui-même toutes ces choses de ses propres yeux.

9. J'ai renvoyé Emmanuel Vaz à Goa, parce que je n'ai pas jugé bon de lui permettre de retourner au Portugal. Après avoir vu Antoine Gomes à Goa, j'ai estimé préférable que le P. Gaspard soit recteur du collège, de sorte que le P. Antoine soit libéré de toute charge et qu'il puisse se consacrer entièrement à entendre des confessions et à donner les Exercices Spirituels. Il possède plus de talent à exercer ces ministères qu'à gouverner, et en outre le P. Gaspard assume très bien la charge de l'administration de la maison. Vous demanderez, je vous en prie, que chaque année on envoie ici des membres de notre Compagnie, et parmi ceux-ci une majorité

de prêtres. Vous écrirez même à Rome et partout où se trouve notre Compagnie, pour qu'on envoie au collège de Coïmbre des prêtres jouissant d'une longue expérience et d'une vertu éprouvée. Même s'ils n'ont guère de talent pour la science, peu d'aptitude pour prêcher ou pour assumer les charges des collèges, et ne sont guère utiles chez vous, ils seront très utiles ici, pour convertir les Gentils. Même s'ils apportent une aide certaine en ces lieux-là, le fruit qu'ils feront en ceux-ci sera bien plus grand. Si par ailleurs il en est qui ont achevé à Coïmbre le cycle de leurs études, je suis d'avis que vous nous les envoyiez ici, auprès de nous, pour le même motif. Veillez, je vous en prie, à ce que pas une seule année un renfort de membres de la Compagnie ne nous fasse défaut. Ceux qu'on enverra en effet au collège de Goa seront ceux qui ne possèdent pas assez d'expérience, de science et de vertu pour convertir les Gentils.

10. Conformément à la demande de Michel Vaz, qui a été vicaire général de l'Inde, le Roi a attribué trois mille pièces d'or à la construction d'une maison où seront éduqués les fils des Chrétiens natifs de l'Inde. L'opinion prévaut à ce sujet que le Roi a voulu que l'administration en soit confiée à notre Compagnie. Car en même temps que le P. Michel Vaz, huit ou neuf membres de la Compagnie, ainsi que six Franciscains sont arrivés du Portugal. Mais à ces mêmes Franciscains partis à Bassein, le P. Michel laissa cet argent que le Roi avait assigné à la conversion des Gentils sous la garantie de Jean de Castro, le vice-roi, pour qu'ils le répartissent et le distribuent. Comme je dois aller à Bassein pour régler certaines affaires relatives aux Chrétiens des Moluques, je négocierai avec les Franciscains, lesquels à présent ne sont plus guère nombreux et m'ont instamment prié de leur envoyer quelqu'un de la Compagnie pour distribuer une partie de cet argent alloué afin de subvenir aux besoins des néophytes, et pour administrer ce séminaire. J'ai donc laissé là-bas Melchior Gonçalves avec un coadjuteur.

11. Après la mort récente de Michel Vaz et du P. Jacques Borbão, la charge du collège de Goa est revenue à Cosme Anes qui, après avoir reçu la gestion des revenus et la mission de construire les bâtiments, en céda totalement la charge à la Compagnie, étant donné qu'il se destinait aux affaires royales et qu'Antoine Gomes était arrivé. Il faut à présent que cette cession soit approuvée par l'autorité royale. Je voudrais donc que vous obteniez l'acte officiel et que vous l'ameniez avec vous dans l'Inde.

12. Il y a une forteresse du Roi, nommée Cranganor, à quinze mille pas de Cochin. Il s'y trouve un excellent collège fondé par

le P. Vincent, compagnon de l'Evêque, où plus de cent fils des Chrétiens indigènes sont éduqués, de ceux qu'on appelle « Chrétiens de saint Thomas ». Il y a sûrement soixante villages de Chrétiens de saint Thomas dans les environs de cette forteresse ; c'est de là que viennent, comme je l'ai dit, les élèves du collège. Sachez que c'est une fort belle chose à voir, que vous considériez le site ou que vous considériez l'édifice. Le Frère Vincent a accompli avec soin une œuvre admirable ; c'est pour moi et pour toute la Compagnie un très grand ami. Il assure qu'il fera ceci : laisser à sa mort l'administration du collège à la Compagnie. D'une admirable façon, il demande un prêtre de la Compagnie pour apprendre le latin aux élèves et qui, les jours de fête, prenne la parole devant le peuple. Il faut faire la volonté de cet homme : envoyez, je vous en prie, un prêtre qui puisse s'acquitter de cette charge et qui soit sous ses ordres.

13. Il y a deux sanctuaires à Cranganor, l'un consacré à saint Thomas est pieusement visité par les Chrétiens de saint Thomas ; l'autre, consacré à saint Jacques, fait corps avec le collège. Le Frère Vincent désire ardemment que des indulgences pontificales soient accordées à ces deux temples, pour la consolation des Chrétiens et pour l'encouragement de la piété. Je vous demande donc, de la façon la plus pressante, d'obtenir, soit par l'intermédiaire de ceux qui sont à Rome, soit par le Nonce pontifical qui se trouve au Portugal, une indulgence annuelle de tous les péchés pour la vigile de saint Jacques et pareillement pour celle de saint Thomas, ainsi que leurs octaves. Je veux que cette indulgence ne soit proposée qu'à ceux qui visiteraient ces temples de Cranganor avec piété, après avoir accompli selon les rites les sacrements de Confession et d'Eucharistie. Au cas où vous obtiendriez ces deux choses, à savoir le prêtre et les indulgences que je vous demande au nom du P. Vincent, vous lui enverriez aussitôt une lettre amicale, de crainte de ne pas attacher à vous-même et à la Compagnie cet homme pour toujours. C'est très instamment que je vous demande d'écrire de telles lettres et d'en envoyer à l'Evêque lui-même qui est un grand ami de la Compagnie.

14. J'ai écrit au Roi pour le prier de prendre comme chapelain un clerc nommé Etienne Louis Buralho. Je n'ai pas fait cela à cause de lui-même, mais parce qu'il a des sœurs qui sont orphelines et sans ressources : si leur frère était considéré à la Cour royale et tenu pour un homme honorable, il pourrait facilement marier ses sœurs. En effet, là-bas, on désire pour le mariage l'alliance avec des hommes honnêtes et bien en vue auprès du Roi. La mère de ce clerc a épousé Gonzague Fernandes à Cochin et il désire se

rendre agréable à ce dernier et s'attirer pour lui et pour ses sœurs la bienveillance de leur beau-père. Il souhaite donc obtenir du Roi la nomination de son beau-père comme valet de chambre honoraire et non rétribué. En effet, si son beau-père faisait déjà presque partie de la Cour du Roi, il gagnerait pour lui-même et pour ses sœurs son affection paternelle.

15. De même que tous les Franciscains sont nos amis, de même leur Gardien, Antoine do Casal. Il doit partir dans deux ans et souhaite beaucoup retourner au Portugal ; je vous prie donc d'obtenir en sa faveur, de la part du Roi, des lettres dimissoriales afin qu'il puisse, une fois écoulé le temps de sa charge, s'en aller. C'est déjà la cinquième année qu'il l'exerce ici avec zèle, pour Dieu et pour le Roi.

16. Pour des raisons de santé, le P. Nicolas Lanzillotto est parti sur mes ordres pour Quilon. Il reprend des forces jour après jour et il jouit de l'affection des habitants de Quilon. Il est question maintenant de fonder un collège où seraient éduqués d'abord les fils des Portugais et ensuite ceux des Chrétiens du Cap Comorin et de saint Thomas. En effet, les habitants de la forteresse sont peu nombreux et mal fixés en matière familiale ; ils ne peuvent donc pas servir de base à un séminaire, eu égard à leurs capacités. J'ai écrit au Roi à ce sujet pour lui montrer combien cette entreprise promet d'être profitable à la religion chrétienne. Vous vous arrangerez avec le Roi pour qu'il ordonne au gouverneur de l'Inde, son mandataire, de faire édifier un bâtiment suffisamment spacieux, aux frais du trésor public, et de donner à manger aux nombreux orphelins, fils de Portugais et indigènes. On trouve du reste à Quilon, et en abondance, de tout ; c'est à peu de frais qu'une multitude d'élèves peut être entretenue.

17. Très cher Frère Simon, si vous veniez vous-même, votre venue serait pour vous une grande consolation et pour la cause chrétienne elle serait très profitable. Je vous demande encore une fois de venir ici, muni des faveurs du Roi et de la Reine, et de pouvoir ainsi maintenir dans leurs fonctions les fonctionnaires royaux. C'est seulement de cette façon que vous aurez le mérite de grandir l'honneur de l'Inde et de la religion du Christ aux yeux de tous.

18. J'ai reçu de bonnes nouvelles de Malacca, à propos des progrès obtenus pour la cause chrétienne par François Pérez et Roch Oliveira. Vous saurez tout cela par les lettres qu'ils écriront. Excellentes sont aussi les nouvelles venues des Moluques. C'est au milieu des plus grandes tribulations et de perpétuels dangers de mort que Jean de Beira et ses compagnons vivent, pour accroître la religion chrétienne. La rumeur parvenue jusqu'à moi du meurtre de Beira

me paraît fausse. Il y a peu de temps que celui-ci m'a écrit pour me détailler ses affaires, ses labeurs et les dangers encourus. Après le départ des navires de Maluco, ses compagnons ont passé trois mois d'hiver à Amboine. Entre-temps, Jean de Beira est arrivé de l'Ile du Maure pour voir le Gouverneur et le prier d'envoyer les Portugais prêter main forte aux Chrétiens de l'Ile du Maure. Quant à lui, à son retour dans l'Ile du Maure, j'ignore s'il lui est arrivé quelque chose de grave, quoi qu'on en ait dit, puisque je n'ai pu le vérifier ni par des lettres de quelqu'un ni par des témoins sûrs. Ce qui est certain, et j'ose l'affirmer, c'est que ceux qui aiment Dieu et leur prochain sont éprouvés au creuset, tels l'or dans la fournaise. Je ne connais à la vérité aucun endroit, dans tout le monde chrétien, où ceux qui cherchent Dieu avec zèle ainsi que le salut des âmes soient autant tenus en haleine et soumis à autant d'épreuves et de périls mortels que les contrées du Maure. Je voudrais que vous priiez Dieu pour tous ceux qui sont partis là-bas ou qui partiront ultérieurement là-bas. J'ai récemment décidé d'y envoyer deux ou trois compagnons. Mon avis est bien certainement que les Iles du Maure vont engendrer des martyrs de notre Compagnie, si bien que d'ici peu ces îles ne devront plus s'appeler « Iles du Maure » mais « Iles du martyre ». C'est pourquoi les membres de la Compagnie qui désirent vivement donner leur vie pour le Christ, qu'ils aient du courage et qu'il leur soit permis de se réjouir à l'avance, puisqu'ils ont un séminaire de martyres tout préparé, où accomplir leur désir.

19. Comme tous me le prédisent, la traversée vers le Japon et vers la Chine abonde en tribulations et en dangers. Je n'en sais encore rien par l'expérience ; quand je serai arrivé là-bas, c'est-à-dire, d'après ce que je prévois, au bout de deux mois et demi, je vous renseignerai plus en détail sur tout cela. Ainsi, l'année prochaine d'après ce que je crois, et avec l'aide de Dieu, vous serez arrivé en Inde et vous recevrez de ma part des lettres du Japon.

Nuno Ribeiro se trouve à Amboine, dans une forteresse tout à fait en sûreté et peuplée de Chrétiens ; j'ai compris de ses lettres que ses peines avaient produit un fruit abondant.

20. Les membres de la Compagnie qui sont partis pour le Cap Comorin aident beaucoup à y faire avancer la cause chrétienne. Vous pourrez bien mieux le voir grâce aux lettres que je vous envoie et dans lesquelles ils vous écrivent très en détail sur tout ce qui les concerne. Il a plu à Dieu de rappeler de cette vie notre très doux Frère Adam Francisco, pour lui donner la récompense de ses nombreux et grands labeurs. Sa mort a été digne de sa vie où, pour autant que j'ai pu l'apprendre d'autrui et l'examiner moi-même,

la sainteté a fleuri. Cet homme a été très pieux et a montré un grand zèle pour agréger les Gentils au Christ. En vérité, je me recommande davantage à lui que je ne le recommande à Dieu. Je le juge certain de jouir de la béatitude céleste pour laquelle il était né.

21. Je pars maintenant pour Goa, pour préparer en temps voulu la traversée vers le Japon, en avril prochain. Je partirai de Goa pour Cambay, pour me rapprocher du gouverneur de l'Inde qui se trouve à Bassein, afin que celui-ci prenne des mesures en faveur des Chrétiens des Moluques et pour qu'il protège les membres de la Compagnie que j'enverrai bientôt là-bas. Il y aura parmi eux un prédicateur qui vivra dans une forteresse du Roi et qui dirigera le collège qui va être fondé et où seront éduqués les fils des Chrétiens de l'Ile du Maure et des Portugais. On fera aussi une autre maison où des Japonais que j'enverrai, si Dieu le veut, seront instruits des mystères chrétiens conjointement à des orphelins portugais.

22. Comme les nôtres sont aimés et jouissent d'un accueil favorable en Inde, non seulement de la part de l'Evêque et des clercs, mais encore de tous les religieux, de tous les Chrétiens et tout autant de la part des Gentils, j'ai le grand espoir qu'il va se faire que la Compagnie s'étende en long et en large en ces contrées. C'est pourquoi, cher Simon, mon Frère très cher, faites en sorte de venir le plus vite possible avec de nombreux membres de la Compagnie, et même avec d'autres. Prenez soin de ne pas amener avec vous des hommes jeunes, car il nous faut ici des personnes âgées de plus de trente ans et jusqu'à quarante ans, et qu'ils possèdent toutes les autres vertus, particulièrement l'humilité, la douceur, la patience et tout spécialement la chasteté. Tel est mon vice : quand je vous écris, je ne parviens plus à m'arrêter. De cela vous pouvez comprendre combien j'y trouve de plaisir, d'autant que j'ai été poussé à vous écrire par vos lettres. Je mets donc un terme à celle-ci, bien que je ne sache pas lui trouver de terme. Et j'ai la certitude qu'un jour en Chine ou au Japon, ou bien sûrement au Ciel, nous nous reverrons ; là, comme je l'espère par un singulier bienfait de Dieu et grâce à sa faveur, également appelés au Royaume des Cieux, nous jouirons totalement de Dieu, source de tout bien, pendant toute l'éternité.

Amen.

François

80

INSTRUCTIONS POUR LE P. GASPARD (BERZE) AVANT SON DEPART POUR ORMUZ
(EX.II, 86-101 ; S.III, 619-626)

Natif de Zélande, Gaspard Berze (ou Barzaeus) est un nordique au physique puissant qui n'entra dans la Compagnie de Jésus qu'après avoir été soldat et veuf (S.III, 496-499). C'est lui que saint François Xavier venait de choisir pour être recteur du collège de Goa, en raison de ses solides qualités d'administrateur (Voir § 9 de la lettre précédente). Mais voici que, sur le point de quitter l'Inde, il se ravise et l'envoie à Ormuz, établissement portugais greffé sur le vaste corps iranien, tout près du célèbre détroit qui porte le même nom. Le document qu'il prépare à son intention est une sorte d'encyclopédie de poche à l'usage de l'apôtre envoyé dans une mission difficile. Il lui explique comment il doit se conduire envers les uns et envers les autres, notamment les puissants, comment il doit se présenter à autrui (on pense aux Règles de modestie *de saint Ignace), comment prêcher en un langage concret et compréhensible. On remarquera surtout l'insistance de Xavier sur l'examen de conscience, sur la direction de conscience, sur le sacrement de la Pénitence et sur les Exercices Spirituels. Quel génie de l'action et quelle méthode dans toutes ces indications !*

Mémoire de ce que vous aurez à faire à Ormuz et de l'ordre que vous suivrez pendant tout le temps où vous vous trouverez là-bas.

1. Premièrement, souvenez-vous de vous-même, en faisant vos comptes avec Dieu d'abord, et avec votre conscience ensuite. C'est grâce à ces deux choses que vous pourrez être d'une grande utilité pour vos prochains.

2. Pour les choses basses et humbles, vous mettrez une grande promptitude à les faire, pour acquérir plus d'humilité et afin que vous y progressiez. Ainsi, vous prendrez le soin d'enseigner vous-même les oraisons aux fils des Portugais, ainsi qu'à leurs esclaves, hommes et femmes, et aux Chrétiens de condition libre du pays. Ne laissez cette charge à personne, car les personnes qui vous voient l'exercer sont très édifiées et les gens accourent alors pour entendre et pour apprendre la doctrine chrétienne.

3. Quant aux pauvres de l'hôpital, vous leur rendrez visite et, de temps en temps, vous leur ferez une exhortation. Vous leur prêcherez ce qu'exigent leurs consciences et vous les inciterez à se confesser et à communier. Vous leur direz que s'ils sont dans la

situation où ils se trouvent, c'est en raison de leurs péchés et vous les confesserez quand vous le pourrez. Ensuite, si c'est nécessaire, vous les aiderez en vous adressant à ceux qui exercent le pouvoir et ont le commandement en sorte qu'ils les favorisent dans les choses temporelles.

4. Vous rendrez visite aux prisonniers et vous leur prêcherez en les exhortant à faire une confession générale de toute leur vie passée, car, parmi ces personnes, il y en a beaucoup, ou c'est la plupart d'entre eux, qui ne se sont jamais confessés. Vous recommanderez à la confrérie de la Miséricorde de prendre un soin tout particulier de ceux-ci en les protégeant en justice et en fournissant aux pauvres ce dont ils ont besoin.

5. Dans toute la mesure du possible, vous seconderez la Miséricorde et vous serez l'ami fidèle de ses membres, que vous aiderez en tout. Quant aux gens que vous entendrez en confession dans cette ville et dont vous verrez qu'ils sont obligés de restituer ce qu'ils ont pris et qu'ils ne le peuvent pas, soit que les vrais propriétaires soient morts, soit qu'on n'ait pas de nouvelles d'eux, soit qu'enfin on ne puisse pas leur rendre ces biens, vous leur ordonnerez de tout laisser à la Miséricorde même s'il se présente des pauvres chez lesquels, semble-t-il, une aumône serait bienvenue. En effet, il y a bien de la tromperie chez les pauvres, car ce sont des personnes qui s'adonnent à des vices et à des péchés. Les Frères de la Miséricorde connaissent bien ces gens. L'aumône que vous devez donner à ceux-ci, laissez-la à la Miséricorde qui, elle, déboursera pour les pauvres les plus nécessiteux, qu'elle connaît. Vous ferez ceci pour bien des raisons, ne serait-ce que parce que, si ces gens sentent chez vous que vous allez les aider avec des aumônes, ils viendront en nombre vers vous, plus pour obtenir des biens temporels que pour obtenir des biens spirituels. Que ceux qui vous connaîtront en tirent la conclusion que vous ne pouvez les aider qu'au spirituel. Faites ceci également pour éviter des soupçons et les scandales venant des hommes qui disent que vous recevez aumône et argent et que vous pouvez en profiter : lorsqu'ils sont tentés, les hommes interprètent souvent les choses en mauvaise part. Donc, pour éviter cet inconvénient, il est préférable de remettre toutes les aumônes à la Miséricode. Et si le contraire vous semble bon, vous agirez conformément à ce que vous sentirez approprié au plus grand service de Dieu et du prochain.

6. Avec toutes les personnes avec qui vous converserez de choses spirituelles, que ce soient des amis ou non, ou avec d'autres personnes encore, veillez bien, dans toutes vos causeries, conversations et amitiés, à vous conduire comme si eux, un jour, devaient

devenir vos ennemis. Cela vous sera en effet très profitable pour les édifier dans toutes les choses dont vous traiterez avec eux, et aussi pour les confondre quand ils cesseront d'être vos amis.

7. Prenez cette précaution avec ce monde mauvais et vous vivrez toujours recueilli en vous-même. Ainsi vous jouirez davantage de Dieu et vous vivrez dans une plus grande connaissance de vous-même. C'est en effet de la négligence que nous avons envers nous que naissent bien des occasions par lesquelles ceux qui furent nos amis cessent de l'être et par où ceux qui sont nos ennemis et ceux qui ne nous connaissent pas se scandalisent.

8. Veillez à ne pas oublier de faire les examens particuliers de conscience deux fois par jour, ou au moins une fois. Vivez surtout en tenant davantage compte de votre conscience que de celle des autres, car celui qui n'est pas bon envers lui-même, comment le sera-t-il envers les autres ?

9. Vos prédications seront aussi fréquentes que possible, car c'est un bien pour tous et c'est ainsi qu'on produit du fruit abondant, qu'on sert Dieu et que les âmes profitent. Dans les prédications, veillez à ne jamais prêcher sur des choses douteuses ou difficiles, telles qu'en parlent les docteurs mais au contraire sur des choses très claires et sur la morale, et blâmez les vices de cette façon-ci : à savoir, en éprouvant la douleur de l'offense qu'on fait à Dieu, en parlant de l'éternelle damnation des pécheurs, des peines de l'enfer, de la mort subite qui prend tellement les hommes au dépourvu, en évoquant quelques points ou des points de la Passion, à la façon des colloques d'un pécheur avec Dieu [1], ou la colère de Dieu contre un pécheur. Vous pousserez autant que vous le pourrez les affects à la contrition, à la douleur et aux larmes, chez vos auditeurs. Vous les inciterez à se confesser et à recevoir le saint Sacrement. C'est ainsi que vous ferez du fruit dans vos prédications.

10. Veillez tout particulièrement, dans vos prédications, à ne jamais blâmer des personnes ou une personne exerçant une autorité dans le pays. Que les blâmes aient lieu en privé, chez eux, ou dans leurs confessions, car ces hommes sont très dangereux et, quand on les blâme en public, au lieu de s'amender, ils deviennent pires. Adressez-leur ces blâmes quand vous serez en amitié avec eux ; si cette amitié est grande, vous les blâmerez beaucoup et si elle est petite, vous les blâmerez peu. Faites-leur ces blâmes en leur montrant un visage gai et en leur disant des paroles empreintes de douceur et d'amour, et non pas de rigueur ; de temps en temps,

---

1. *Exercices Spirituels*, n° 282-285 ; 288-299.

embrassez-les et humiliez-vous devant eux, et cela, afin qu'ils accueillent de meilleur gré ce blâme. En effet, si c'est avec rigueur que vous les blâmez, je crains qu'ils ne perdent patience et que vous ne gagniez en eux des ennemis. Cela, je l'entends principalement à propos de personnes disposant d'autorité ou de richesses.

11. Quand vous confesserez, et surtout en ces contrées, avant de commencer la confession, incitez le pénitent à penser à sa vie passée pendant quelque deux ou trois jours, pour se remémorer ses péchés, les écrire afin d'y penser, et ensuite, vous l'écouterez en confession. Vous ne lui donnerez pas tout de suite l'absolution ; différez-la plutôt pendant deux à trois jours et donnez à ces personnes-là des méditations des Exercices de la première semaine, afin qu'ils méditent et qu'ils pleurent sur leurs péchés, en faisant une pénitence et en se donnant la discipline jusqu'à en pleurer, sans oublier de rendre ce qu'ils doivent ou de se réconcilier avec autrui, afin qu'ils s'écartent des péchés de la chair ou d'autres dans lesquels ils se sont enracinés. Faites en sorte qu'ils accomplissent cela, avant de les absoudre, car ils promettent beaucoup en confession, mais ils tiennent peu. Il sera bien qu'ils fassent, avant d'être absous par vous, ce qu'ils promettent de faire une fois absous.

12. Remarquez bien ceci : dans ce pays, quand vous confesserez, vous ne parlerez pas avec rigueur aux pénitents et vous ne les inciterez pas à la crainte tant qu'ils n'auront pas fini de dire leurs péchés, mais plutôt, vous leur parlerez de l'abondante miséricorde de Dieu afin de rendre léger ce qui en soi-même est très grave, et cela tant qu'ils n'auront pas fini de dire et de confesser leurs fautes.

13. Faites bien attention, quand vous confesserez, à ceci : vous vous trouverez avec des personnes qui éprouvent une honte telle de certains péchés honteux et laids, qu'ils n'osent pas les dévoiler ; ceux-là, encouragez-les beaucoup à dire leurs fautes, en leur disant que vous en connaissez de plus grandes que celles dont ils se sont rendus coupables et faites-les leur apparaître comme légères. Je vous dirai même qu'avec de telles personnes, il est d'un grand secours pour les pousser à avouer leurs fautes (car au moyen de la honte, le démon les en empêche, ou au moyen de la crainte), que vous leur fassiez, en termes généraux, le récit de votre triste vie passée. C'est ce que l'expérience vous enseignera.

14. Vous trouverez aussi des personnes, et plaise à Dieu qu'elles ne soient pas nombreuses, qui ont des doutes sur les sacrements, principalement sur la communion. La raison en est qu'ils n'ont point communié depuis longtemps et qu'ils fréquentent les infidèles, et d'autres choses encore que je m'abstiens de dire, parce que nous pouvons voir en nous-mêmes combien nous sommes

différents dans nos vies : si bien qu'en voyant que nous sommes des pécheurs, ils se font une idée erronée de notre consécration. Envers ceux-là, vous vous efforcerez de leur faire révéler toutes leurs imaginations, toutes leurs infidélités et tous leurs doutes, car dans les débuts, le meilleur des remèdes est l'aveu de ces doutes ; ensuite, incitez-les à croire sans doute que le Corps véritable du Christ notre Rédempteur et Seigneur se trouve dans ce sacrement. C'est ainsi qu'on les aidera à sortir d'une pareille erreur, outre des communions fréquentes.

15. Quand vous confesserez, vous userez de beaucoup de circonspection pour demander aux hommes comment ils gagnent leur vie dans les négoces. Si vous comprenez qu'ils y pratiquent l'usure, n'accordez pas votre confiance à la parole de ceux, nombreux, qui disent : « Ma conscience ne m'accuse pas d'une chose dont je doive la restitution », car il y en a beaucoup à qui la conscience ne cause aucun remords, parce qu'ils n'ont pas de conscience, ou s'ils en ont, c'est très peu.

Quand vous confesserez des officiers du Roi, principalement des capitaines, des intendants ou d'autres encore qui exercent des charges du Roi, ou des intendants à qui sont affermées des propriétés appartenant à autrui, demandez-leur avec diligence comment ils gagnent leur vie dans l'exercice de ces charges et qu'ils vous en fassent un compte rendu détaillé. Grâce à l'information qu'ils vous en donneront, vous verrez de quelle façon ils tirent profit de l'argent ou des propriétés d'autrui, comment les capitaines ne permettent pas à d'autres d'acheter avant qu'ils n'achètent ou ne vendent eux-mêmes, ou comment des intendants se servent de l'argent du Roi et n'exécutent pas les ordres de versement pour payer des personnes qui ont servi le Roi. C'est pourquoi vous les interrogerez en détail sur la façon et sur la manière avec lesquelles ils gèrent les affaires et gagnent leur vie, car c'est ainsi que vous saurez s'ils sont obligés ou non à restituer. Ce sera mieux que de leur demander : « Vous avez le bien d'autrui ? » Car à cette question, ils répondront sans peine : « Non. » C'est en effet tellement entré dans les mœurs que les gens gagnent leur vie par des moyens mauvais. Le plus grand mal est que ce soit tellement habituel d'agir mal et de vivre grâce à de mauvais procédés : on ne s'en étonne plus. C'est à ce moment-là que vous verrez s'ils sont obligés ou non à restituer.

16. Vous obéirez bien au Père Vicaire. A votre arrivée chez lui, vous lui baiserez la main et mettrez les genoux à terre et c'est avec sa permission que vous prêcherez et que vous confesserez, que vous accomplirez les autres ministères spirituels. Sous aucun motif, vous

ne vous brouillerez avec lui. Tâchez d'être son ami, afin que vous puissiez lui donner les Exercices, au moins ceux de la première semaine, si vous ne pouvez pas en donner plus. Vous serez très ami avec les autres prêtres et pour rien au monde vous ne vous brouillerez avec l'un d'eux ; vous les honorerez beaucoup, vous vous ferez aimer par eux afin de leur donner aussi les Exercices. A moins qu'ils ne les fassent en entier, ceux qui voudront faire les Exercices feront ceux de la première semaine, pendant quelques jours, en restant enfermés chez eux.

17. Vous obéirez bien au Capitaine et tout à fait ; et vous vous humilierez devant lui. Sous aucun motif, vous ne vous brouillerez avec lui, même si vous voyez qu'il fait des actions qu'on ne doit pas faire. Mais quand vous sentirez qu'il est votre ami, vous lui direz ce qu'au-dehors on dit de lui, en lui témoignant un grand amour, en éprouvant de la douleur à cause de son âme et de son honneur, montrant beaucoup d'humilité envers lui et tout en lui montrant un visage gai. Vous ferez cela quand vous verrez qu'il peut en tirer profit et qu'il est accessible à vos propos.

18. Bien des gens viendront vous voir pour se plaindre du Capitaine et pour que vous alliez lui parler. Excusez-vous autant que vous le pourrez, disant que vous êtes occupé à des choses spirituelles et aussi que vous ne savez pas si cela sera bien utile. Dites-leur que celui qui ne tient compte ni de Dieu ni de sa conscience, tiendra encore moins compte de vous.

19. Quand vous en aurez le temps, vous vous occuperez à convertir des infidèles. Surtout, ne délaissez jamais pour un bien particulier, un bien général, comme de prêcher, d'écouter une confession et ne manquez pas d'enseigner les oraisons jour après jour, pour faire autre chose qui est un bien particulier.

20. Une heure avant de commencer l'enseignement des oraisons, vous ou votre compagnon, vous irez par les rues pour inciter à venir apprendre la doctrine chrétienne.

21. Dans vos lettres adressées au Collège, vous décrirez très en détail le service tout entier que vous accomplissez là-bas pour Dieu notre Seigneur, ainsi que le fruit que Dieu produit par vous, car les lettres que vous écrirez au Collège seront utiles pour être envoyées au royaume du Portugal. Vous n'y écrirez donc que des choses édifiantes et de nature à pousser ceux qui les verront, à servir Dieu. Vous écrirez également au Seigneur Evêque et à Cosme Anes pour leur dire quel fruit vous faites là-bas.

22. Œuvrez dès le commencement à savoir, grâce à des hommes dignes d'une confiance totale, quelles sortes d'affaires les gens font en cette ville et tâchez de bien les comprendre, afin de

pouvoir blâmer, en public aussi bien qu'en confession, les malhonnêtes affaires d'usure qu'on y pratique.

23. Vous recommanderez tous les soirs à Dieu les âmes du purgatoire, au moyen de quelques brèves paroles de nature à pousser ceux qui les entendront à la piété et à la dévotion, ainsi que les âmes qui se trouvent en état de péché mortel, pour que Dieu notre Seigneur leur accorde sa grâce pour revenir à un état meilleur, chaque exhortation devant être accompagnée d'un Pater Noster et d'un Ave Maria.

24. Vous offrirez un visage empreint de gaieté, et non pas soucieux ou renfrogné, à tous ceux avec qui vous converserez, car si l'on vous voit soucieux et triste, beaucoup craindront de vous rencontrer et donc ne profiteront pas. Soyez donc affable et doux et, quand en particulier vous adressez des blâmes, faites en sorte de les dire avec amour et avec grâce et de façon à ce que ceux qui parlent et qui conversent avec vous ne puissent sentir qu'ils vous inspirent du dégoût.

Si vous voyez qu'une personne est apte pour notre Compagnie et a fait les Exercices, que ce soit un prêtre ou un laïc, vous pourrez l'envoyer au Collège, accompagné d'une lettre. Ou bien, si vous voyez qu'il vous aide, gardez-le avec vous pour qu'il vous aide.

25. Les dimanches et les jours de fête, après le déjeuner, entre une heure et deux heures, ou de deux à trois, comme bon vous semblera, vous prêcherez à la Miséricorde ou dans l'Église, sur les articles de Foi, aux esclaves hommes ou femmes, aux Chrétiens de condition libre et aux fils des Portugais, après avoir auparavant envoyé à travers toute la ville votre compagnon, ou après y être allé vous-même avec lui, pour faire sonner une clochette et appeler de la sorte tout le monde à venir écouter les articles de Foi.

26. Vous emportez de la maison les textes de « la doctrine chrétienne » et « l'explication sur les articles de la Foi », ainsi que « l'ordre et la règle qu'on doit suivre chaque jour pour se recommander à Dieu et pour sauver son âme ». Vous donnerez cet ordre et cette règle à ceux que vous confesserez, comme pénitence de leurs péchés, à faire pendant un certain temps : elle leur restera ensuite comme habitude. C'est en effet une très bonne règle et les pénitents s'en trouvent fort bien. Vous en parlerez aussi aux nombreuses personnes qui ne se confessent pas à vous et vous la placarderez dans l'église de Notre-Dame de la Miséricorde pour que ceux qui voudront en tirer profit puissent le copier.

27. Quand vous acceptez quelqu'un dans la Compagnie, ou ceux dont vous verrez qu'ils sont aptes à y servir Dieu, que les probations et que les mortifications une fois les Exercices achevés soient

de servir à l'hôpital, de rendre visite à ceux qui sont prisonniers et de les servir, ou d'accomplir quelque œuvre dans la maison de la Miséricorde, et non pas de faire des excentricités qui suscitent la moquerie et la raillerie[1]. Ce sera déjà bien de mendier pour l'amour de Dieu en faveur des pauvres de l'hôpital ou des captifs, si bien que ces mortifications seront édifiantes pour ceux qui les verront : et veillez à agir ainsi. Quand vous devrez donner des mortifications, considérez bien d'abord le caractère de celui qui doit les faire et, selon la vertu que vous trouverez en lui, vous déterminerez les mortifications. Faites en sorte que la vertu et la mortification que vous sentez chez lui soient plus grandes que cette mortification et ne donnez pas de mortifications, petites ou grandes, qui soient plus grandes que la vertu et la perfection de celui qui doit les faire. En effet, si l'on procède de manière inverse, bien loin de leur être profitable par ce biais, vous les ferez fuir ; ils seront tentés et perdront courage pour toute autre mortification.

28. Œuvrez à aider les exercitants selon l'esprit, pour qu'ils vous révèlent leurs tentations, car c'est là un grand remède pour amener les imparfaits à la perfection. S'ils vous sentent rigoureux lorsque vous donnez des mortifications, ils ne vous révéleront pas leurs tentations et celles-ci grandiront tellement qu'ils en seront complètement troublés. C'est ainsi que l'ennemi en vient facilement à bout et obtient qu'ils se disloquent et qu'ils vous quittent.

29. Accordez un délai à celui que vous verrez tenté par la vaine gloire ou encore par la sensualité, ou par quelque autre chose, en sorte qu'il puisse penser aux raisons opposées à cette tentation ; suggérez-lui un chemin par lequel il puisse aller chercher ensuite autant de raisons que possible à opposer à cette tentation ; faites-lui exposer ces raisons sous la forme d'exhortations ou de conversations à certaines personnes, telles que des captifs et à des malades de l'hôpital, ou à d'autres en bonne santé, car c'est en communiquant ces tentations qu'il en tirera profit et qu'il les vaincra, car il communiquera aussi les remèdes qu'il sent en lui-même et il prendra courage pour faire ce qu'il sent en lui-même et qu'il conseille aux autres.

Cette règle sera également très profitable aux laïcs qui se confessent et qui connaissent des empêchements tels que vous ne pouvez pas leur donner l'absolution. Qu'eux aussi, ils aient à penser au remède qu'ils devraient conseiller à d'autres pour tel ou tel mal spirituel, quelle méthode et quelle façon ils devraient prendre pour les persuader de faire le contraire, et enfin, pour se

---

1. *Exercices Spirituels*, n° 282-285 ; 288-299.

persuader eux-mêmes. C'est toutefois une doctrine et un art qui sont communiqués aux âmes par le pouvoir de celui qui nous a créés pour louer le Créateur et pour atteindre le salut dans cette vie présente.

30. Quand vous confesserez certaines personnes qui connaissent de grands empêchements pour réparer et restituer, ou une grande sensualité charnelle, ou des haines, et qui ne veulent pas revenir à la raison en prenant les moyens nécessaires pour sortir des péchés, car ils en ont une telle habitude, le remède pour eux serait, si leur raison avait du courage ou de la force, l'amour et le respect qu'ils devraient éprouver envers Dieu, afin de sortir de ces péchés ; et, quand ils en manquent, la crainte de la mort et de l'enfer. Cependant, la plupart des hommes ignorent cette crainte, tout autant qu'ils manquent d'amour. Avec eux, vous vous comporterez de cette façon : vous leur montrerez les châtiments de Dieu effectifs en cette vie présente, ainsi moins de jours à vivre, de graves maladies, des déshonneurs en cette vie-ci, des pertes de biens, des persécutions venant des Capitaines, des dangers de la mer, ainsi que d'autres choses de cette vie présente que Dieu permet en raison de leurs péchés.

C'est par crainte de ces châtiments que beaucoup font pénitence et par crainte de ces choses davantage que par crainte de Dieu et des peines de l'enfer. C'est en raison du grand oubli où ils se trouvent de Dieu et de leurs consciences, ainsi que de leur peu de foi, que les pécheurs tombent en ces misères, car ils croient vrai ce qu'ils voient et ils doutent de ce qu'ils pourront voir dans l'autre vie.

31. Quand vous devez traiter de choses spirituelles avec une personne en particulier et parler avec elle des choses de Dieu et du salut de l'âme, prenez la précaution de voir si cette personne est tentée ou dissipée, ou habitée par des projets contraires au salut de son âme, ou bien si elle se trouve en dehors de ces tentations et bien disposée pour recevoir un blâme ou un enseignement. Si vous voyez qu'elle est fâchée, troublée, tentée, courroucée, parlez-lui avec douceur et non pas avec rudesse et amenez-la discrètement à devenir capable de faire ce qu'il faut pour le salut de son âme. Si vous voyez qu'elle n'est pas sous l'empire des passions et bien disposée pour recevoir des blâmes, vous commencerez d'abord par lui en faire peu, et s'ils sont bien reçus, vous lui en adresserez de plus grands. C'est pourquoi vous ne lui parlerez tout de bon que lorsque vous verrez qu'il y a en elle une disposition telle que la vérité et que la raison puissent s'imprimer en elle. D'où, comme je l'ai dit, le fait qu'il soit besoin de l'amener discrètement à sa

personne et à sa conscience ; je veux dire que, si elle est fâchée contre quelqu'un, faites en sorte de tenir pour peu de chose les raisons de son courroux, et de lui faire dire les causes de celui-ci, et en attribuer la source à l'ignorance de celui qui a provoqué ce courroux, et non pas à la méchanceté, comme elle tend à le croire sous l'empire de la colère. Ou encore, dites-lui que cela est arrivé à cause de ses péchés, et que c'est ce qu'auparavant elle a fait au préjudice de son père, de sa mère ou de quelqu'un d'autre avec lequel elle avait des liens étroits ; que c'est en manière de châtiment de ce qu'elle a fait que Dieu permet qu'on la paie de la même monnaie. Et ainsi, d'autres paroles délicates de la sorte pour l'éloigner de cette colère. Ce que je dis de ce courroux, je le dis aussi de n'importe quelle autre passion : vous en viendrez à bout toujours en leur disant qu'ils n'ont ni cause ni raison de prendre tellement à cœur ces choses. C'est ainsi que vous vous adresserez aux fâchés, aux passionnés et aux tentés : avec un visage gai, au point de les faire sortir de la passion qui les habite et c'est après que vous leur parlerez d'une autre façon, usant de quelque dureté dans le blâme, dans la mesure où vous verrez que désormais ils obéissent à la raison.

32. Là où vous vous trouverez, tâchez sans attendre de connaître toutes les affaires qui sont traitées, les modes de vie et les façons de commercer qu'y ont les gens, aussi bien à l'intérieur du pays qu'à l'extérieur. Et cela, tâchez d'en avoir une connaissance parfaite, par des personnes qui s'y connaissent en affaires, et ces personnes devront vous montrer comment faire du fruit dans le pays où vous êtes, et vous fournir une ample information sur les maux dont on y souffre. Pendant votre traversée entre ici et Ormuz, vous pouvez vous informer très en détail sur les affaires et sur l'usure qui sévissent là-bas, et, en chemin, penser à la manière avec laquelle vous devez vous y prendre pour persuader ceux qui ont de telles pratiques de reconnaître leurs fautes et de faire les restitutions qu'ils doivent faire, à la manière dont vous devez vous prendre pour prêcher, à la manière que vous aurez de les confesser et aux remèdes que vous leur donnerez. Souvenez-vous que vous n'en trouverez pas de meilleurs que de leur faire dire une confession générale de leurs péchés, et de leur faire faire quelques méditations de la première semaine, afin qu'ils trouvent contrition, douleurs, larmes et regret de voir leur perdition.

33. Informez-vous aussi sur les nombreux procès et sur les nombreuses fraudes qui se font par voie de justice, par de faux témoignages, par des subornations, par des favoritismes ou par d'autres moyens utilisés pour cacher et pour dissimuler la vérité. Pour tout

vous dire, rien, en somme, ne vous sera plus profitable pour le salut
des âmes de ceux qui habitent cette ville que de connaître leurs vies
tout à fait par le détail. C'est la principale étude que vous avez à
faire, car elle aide beaucoup au progrès des âmes. C'est cela que
savoir lire dans des livres qui enseignent des choses que vous ne
trouverez pas dans les livres écrits, qui sont morts, et rien ne vous
aidera autant à faire du fruit dans les âmes que d'apprendre à bien
connaître ces choses, par des hommes vivants qui sont engagés dans
les affaires. Je me suis en effet toujours bien trouvé de suivre cette
règle-là.

34. Vous prendrez les dimanches ou les jours de fête, ou des
jours de semaine, pour vous occuper à rétablir des amitiés, à arrêter
des procès, en mettant d'accord les parties, car les gens dépensent
plus d'argent pour les procès que la valeur de l'objet du procès,
même si cela déplaît aux procurateurs et aux greffiers. Essayez
donc de donner les exercices à ces procureurs et à ces greffiers, car
ce sont eux qui sont la cause de tous les procès.

Vous resterez à Ormuz jusqu'à ce que vous receviez de moi une
réponse vous indiquant ce que vous devez faire. Vous m'écrirez à
Malacca par la voie d'Ormuz en disant à François Pérez tout le
fruit que vous produisez là-bas ; François Pérez me fera en effet
parvenir vos lettres de Malacca au Japon, si Dieu juge que c'est
bien et que c'est son service que j'aille au Japon. Si pendant trois
ans, vous n'avez pas de réponse de moi, vous resterez là-bas trois
ans, parce que telle est ma volonté, quand bien même on vous écrirait de l'Inde. Au cas où, ces trois années écoulées, vous n'auriez
pas de réponse de moi, dans ce cas vous resterez à Ormuz jusqu'à
ce que le contraire vous soit ordonné par le recteur du collège de
Sainte Foi. Vous écrirez donc à celui qui fera en cette maison office
de recteur pour lui dire très en détail le fruit que vous faites là-bas,
lui précisant que c'est sur mon ordre que vous attendez trois ans,
même si le recteur de cette maison vous ordonnait le contraire. Une
fois écoulées ces trois années, vous lui écrirez pour lui dire quel
fruit vous faites là-bas et si vous allez manquer si vous n'y êtes
plus. Alors, vous ferez ce qu'il vous ordonnera. Vous m'écrirez par
tous les navires qui partiront d'Ormuz pour Malacca et ces lettres
seront adressées à François Pérez.

Au cours de votre traversée, vous ferez apprendre les oraisons
à votre compagnon de voyage et vous veillerez à ce qu'il se confesse, et faites bien attention à ce qu'il ne soit pas dissipé à bord.
Quant à vous, vous prêcherez les dimanches et les autres jours qui
vous sembleront bons : sur ce sujet, je m'en remets à vous, et vous
agirez selon les dispositions que vous verrez.

35. Dans vos sermons, vous parlerez le moins possible en citant des Autorités théologiques. Parlez donc des choses intérieures qui surviennent aux pécheurs parce qu'ils vivent mal, de la fin qu'ils vont avoir, des tromperies des ennemis de leurs âmes. Parlez de choses que le peuple comprend et non pas des choses qu'on ne comprend pas. Et si vous voulez produire beaucoup de fruit, aussi bien en vous-même que chez vos prochains, et vivre consolé, conversez avec les pécheurs de façon à ce qu'ils se confient à vous. Eux, ils sont les livres vivants que vous devez étudier aussi bien pour prêcher que pour en être consolé. Je ne vous dis pas de ne pas lire parfois les livres écrits, mais que ce soit pour y chercher des citations d'Autorités, de quoi autoriser les remèdes à apporter aux vices et aux péchés que vous lisez dans les livres vivants, de quoi autoriser ce que vous dites contre les vices par l'autorité de l'Ecriture sainte et l'exemple des Saints.

36. Puisque le Roi vous fait donner tout ce qui vous est nécessaire, vous vous servirez dessus de préférence à toute autre source : c'est en effet une grande chose que de n'avoir à recevoir le nécessaire de personne d'autre. Car celui qui prend, est pris ; je veux dire que celui qui prend le nécessaire de quelqu'un d'autre, ses paroles n'ont plus autant d'effet auprès de ce dernier que s'il n'avait pas d'obligation envers lui. De la sorte, nous nous sentons honteux quand nous devons blâmer et nous n'avons plus de langue pour parler contre eux.

37. Vous trouverez de nombreuses personnes qui vivent dans des péchés et qui s'emploieront avec application à gagner votre amitié pour que vous n'en disiez pas de mal, et non pas pour tirer profit de votre amitié, non pas pour sortir des péchés grâce à vous. Cela, je vous le dis pour que vous en soyez informé : quand ils vous inviteront ou qu'ils vous feront envoyer des cadeaux, que ce soit à la condition que vous les exhortiez à faire ce qu'il faut pour le salut de leurs âmes ; s'ils vous invitent à manger, allez-y et, en retour, invitez-les à se confesser à vous ; s'ils ne veulent pas être aidés pour les choses spirituelles, faites-le leur comprendre. Quand je vous dis de ne rien prendre, je ne veux pas dire de ne pas prendre quelque menue chose, comme de l'eau ou des fruits, et d'autres choses de cette qualité, car si vous ne les acceptiez pas, ils en seraient scandalisés. Ne prenez pas des choses importantes et s'ils vous envoient en abondance des choses à manger, vous les enverrez à votre tour à l'hôpital ou bien aux prisonniers, ou encore à d'autres personnes nécessiteuses. Que le monde sache que ces petites choses que vous acceptez, vous en faites don, car de la sorte ils seront bien plus édifiés que si vous ne les acceptiez pas. Ils

considèrent en effet comme un affront de refuser ce qu'ils vous donnent, quand ce sont de petites choses et les Portugais sont scandalisés si vous n'acceptez rien d'eux.

Quand vous vous logerez, voyez où ce sera le plus convenable : dans l'hôpital, ou à la Miséricorde, ou dans une petite maison près de l'église.

Si le cas se produisait que je vous appelle au Japon, dans ce cas, vous écrirez au recteur de cette maison [2] pour qu'il envoie une personne capable de consoler les habitants de cette ville et de faire ce que vous, vous faisiez. Et cela, vous l'écrirez par deux ou par trois voies, à bord des navires qui viendront de chez vous.

Après toutes ces choses, je vous recommande surtout à vous-même, et de vous souvenir que vous êtes membre de la Compagnie de Jésus. Pour faire cela, et d'autres choses qui là-bas s'offriront à vous comme étant très utiles au service de Dieu, c'est l'expérience du pays, quand vous l'aurez, qui vous enseignera, car c'est elle qui est la mère de toutes les choses. Recommandez-moi toujours dans vos saintes oraisons, de même que dans celles de vos dévots.

En conclusion et en dernier, je vous recommande de lire chaque semaine ce mémoire, afin que vous n'oubliiez pas ce que je vous recommande si instamment.

François

81

INSTRUCTIONS POUR LE P. PAUL
(EX. II, 104-108 ; S. III, 631-633)

Italien de naissance et ami de saint Ignace et de saint François Xavier, « Messire Paul » (S. III, 385) reçoit ces instructions moins étendues et moins détaillées que celles qui étaient destinées au P. Gaspard.

Goa, 7-15 (?) avril 1549

+

Mémoire de ce que vous devez faire en mon absence.

1. D'abord et par-dessus tout, je vous recommande pour l'amour de Dieu notre Seigneur, pour l'amour que vous avez pour

---

2. De Goa.

le P. Ignace et pour tous les membres de la Compagnie de Jésus, de vivre avec beaucoup d'humilité, de prudence et de raison, dans l'amour et dans la charité, avec Antoine Gomes et avec tous les Pères qui vont venir du Portugal et avec tous ceux qui se trouvent dispersés dans toutes ces contrées de l'Inde. J'ai tellement confiance en tous les membres de la Compagnie de Jésus, en raison de ce que je sais d'eux, qu'ils n'ont pas besoin de supérieurs ; mais, pour qu'ils aient davantage de mérites et pour qu'ils vivent dans l'ordre, il est bien qu'il y ait quelqu'un à qui obéir, comme à un supérieur. Comme j'ai une grande confiance en votre humilité, en votre sagesse et en votre savoir, j'estime qu'il est bon que vous soyez le supérieur de tous et celui à qui obéiront tous ceux qui se trouvent au loin, jusqu'au moment où le contraire vous sera manifesté.

2. Antoine Gomes aura la charge de tous les étudiants du collège natifs du pays et des Portugais, ainsi que celle de percevoir les rentes de la maison, de les dépenser et de les faire dépenser et d'engager les dépenses de la maison : et vous aurez à vous concerter avec lui à ce sujet. De même, pour le renvoi des Portugais et des étudiants natifs du pays, pour tout cela je permets qu'on fasse comme mieux lui semblera. Si bien que sur aucune de ces choses vous n'interférerez avec lui et vous n'ordonnerez rien au nom de l'obéissance, mais seulement par amour et à titre de conseil. De même, pour les mortifications qu'il donnera aux Portugais et aux natifs du pays, et pour les règlements de ceux qui vivent à l'intérieur des portes, ainsi que pour attribuer les charges et les offices comme bon lui semblera, sans lui poser d'entrave en aucune façon.

3. Encore une fois, je vous en prie au nom de l'obéissance que vous avez promise au P. Ignace, et je vous y oblige autant que je le peux : qu'il n'y ait entre vous et Antoine Gomes ni discorde ni dissension, mais beaucoup d'amour et de charité, et jamais d'occasion de murmurer ni pour ceux qui sont dans la maison ni pour ceux qui sont au dehors.

4. Quand les Frères qui vont au Cap Comorin vous écriront pour vous dire qu'ils ont besoin de la protection du Seigneur Gouverneur ou de l'Evêque pour les Chrétiens, et aussi bien le P. Nicolas [1] qui est à Quilon que le P. Cipriano qui est à Saint-Thomas, que le P. Melchior Gonçalves qui est à Bassein, que le P. François Pérez qui est à Malacca, que le P. Jean de Beira qui est aux Moluques avec d'autres Pères, ainsi que tous les autres Compagnons — ou pour vous dire qu'ils ont besoin de choses temporelles ou bien spirituelles, les temporelles étant ordonnées en vue du spirituel —,

_____

1. Lancilotto.

toutes ces choses donc que les Frères vivant au dehors feront demander, vous prendrez grand soin de les obtenir ; vous en chargerez Antoine Gomes, pour qu'il mette de la diligence à les obtenir. Lorsque vous écrirez aux Frères qui sont au loin et qui endurent de grandes peines, vous leur écrirez avec beaucoup d'amour et de charité.

5. Gardez-vous d'écrire des choses qui montrent un manque d'amour ou des choses qui puissent donner une occasion d'être tenté. Vous fournirez les choses nécessaires qu'ils feront demander, car ils endurent tant de peines en servant Dieu, principalement ceux qui se trouvent aux Moluques et au Cap Comorin, parce que ce sont eux qui portent la Croix pour de bon. Par conséquent, aidez-les pour le spirituel et pour le temporel ordonné au spirituel. Je vous recommande donc instamment, de la part de Dieu, et de la part du P. Ignace je vous l'ordonne, de prendre grand soin d'aider ceux qui se trouvent au loin.

6. Je vous prie instamment, Frère, de toujours croître en vertu et de donner un bon exemple, comme vous l'avez toujours fait. Vous m'écrirez très particulièrement des nouvelles de vous et toute cette maison, me parlant de l'amour et de la charité et de l'amour existant entre vous, Antoine Gomes, Nicolas[1] et Antoine[2], de tous ceux qui sont au Cap Comorin, de Cipriano, qui est à Saint-Thomas, ainsi que des Frères qui vont venir cette année du Royaume, si ce sont des prédicateurs, des prêtres ordonnés ou des coadjuteurs laïcs. Vous me donnerez en particulier des nouvelles sur tout le monde ; combien sont les prédicateurs, combien les prêtres, combien les coadjuteurs. Par le navire qui partira en septembre pour Malacca, lequel va aussi à Banda, vous m'écrirez toutes les nouvelles bien longuement. C'est au P. François Pérez que vous enverrez ces lettres, pour qu'il me les envoie de Malacca au Japon ; chaque fois que des navires partiront de Goa pour Malacca, vous m'écrirez en abondance des nouvelles de tous les Frères de la Compagnie et de ce collège. Deux fois par an, des navires partent de Goa pour Malacca : une fois en avril et une autre fois en septembre ; et ce sont des navires du Roi : celui qui part en avril pour les Moluques fait escale à Malacca et celui qui part en septembre va à Banda et fait escale à Malacca. Les lettres seront adressées à François Pérez qui, lui, me les enverra au Japon.

Je vous prie instamment de lire une fois par semaine ce mémoire, pour que vous vous souveniez toujours de moi et de me recomman-

---

1. Lancilotto.
2. Criminali.

der à Dieu, aussi bien vous que tous vos dévots et dévotes, et vous demanderez à tous ceux de la maison de me recommander à Dieu.

7. J'ai dit à Antoine Gomes d'envoyer quelques prédicateurs au loin, comme à Cochin, s'il en venait, car un si grand besoin s'en fait sentir. Et également dans les contrées de Cambaia et de Diu. Si des prédicateurs arrivaient cette année, vous prendrez bien soin de lui rappeler ceci et d'envoyer à cette fin deux personnes qui en soient capables.

Vous donnerez la charge à Dominique[3], ou à un autre Portugais de la maison, de m'écrire des nouvelles de toute la maison, ainsi que des Frères dispersés à travers toute l'Inde, du P. Maître Gaspard qui se trouve à Ormuz, et de tout le fruit qu'on produit en ces contrées. C'est vous qui signerez la lettre ; au cas où vous voudriez m'écrire quelque chose de secret, vous l'écrirez vous-même.

8. Etant donné que vous manquez d'expérience de ce qui se fait en dehors de cette ville, ainsi au Cap Comorin, à Saint-Thomas, à Quilon, aux Moluques, à Malacca et à Ormuz, vous n'écrirez à aucune des personnes qui sont au loin de venir, car vous ne connaissez pas le fruit qu'elles produisent là-bas et le manque qu'elles y créeraient si elles venaient. J'ai donc écrit à ceux qui exercent un ministère au Cap Comorin, comme le P. Antoine, de ne laisser venir ici personne de là-bas, même si on l'appelle, sauf si ce même P. Antoine juge que là-bas tel ou tel n'est plus nécessaire et ne fait pas défaut. Mais je préfère écrire, à lui et à tous les autres, de ne faire partir aucun de ceux qu'ils ont, s'ils en ont besoin pour le plus grand service de Dieu et pour la croissance de notre Foi.

9. Par conséquent, ne faites appeler personne au nom de l'obéissance pour le faire venir en ce collège. Mais si on en envoyait certains dans ce collège pour y être assistés et aidés dans l'esprit, vous leur apporterez votre aide en sorte qu'ils ne se perdent point, si vous voyez qu'ils s'amendent un peu et se corrigent.

Je vous prie instamment, Messire Paul, mon Frère, de vous appliquer à observer ce mémoire.

Tout à fait vôtre.

François

---

3. Carvalho.

82

AU P. JEAN DE BEIRA ET A SES COMPAGNONS AUX MOLUQUES
(EX.II, 111-115 ; S.IV, 13-14)

Des recommandations pour une mission réputée très difficile, celle des Moluques, dont l'avenir semble subordonné à celui de la mission au Japon, que saint François Xavier envisage avec confiance.

Malacca, le 20 juin 1549

+

Jhus

La grâce et l'amour du Christ, ainsi que sa faveur, soient toujours en notre aide et en notre faveur. Amen.

1. Les Pères qui s'en vont là-bas vous donneront des nouvelles de tous les Frères qui sont dans l'Inde ainsi que de ceux qui sont au Portugal. C'est pourquoi je ne m'étends pas davantage ici sur ce sujet.

2. Pour ma part, je vous fais savoir que je m'en vais au Japon, car je possède des informations indiquant les bonnes dispositions qu'offrent ces contrées à l'accroissement de notre sainte Foi. Nous sommes trois Portugais [1] et trois Japonais, excellents hommes et bons Chrétiens, à nous embarquer : ils se sont faits chrétiens tous trois à Goa. Ils ont appris à lire et à écrire au collège de Sainte Foi ; ils ont tous trois fait les Exercices Spirituels et chacun d'eux est resté pendant un mois dans les Exercices : chacun d'eux en a retiré un grand profit. Il [2] s'embarque mû par un grand désir de rendre chrétiens les gens de son pays. Les Japonais envoient une ambassade auprès du roi du Portugal pour lui demander d'envoyer des prêtres pour y enseigner la foi des Chrétiens [3]. Nous partons tous pleins de confiance en Dieu notre Seigneur que l'on va y faire beaucoup de fruit. Quant à moi, en fonction de l'expérience que j'aurai de ces contrées, je vous écrirai pour que vous veniez me rejoindre. Tenez vous prêt, par conséquent, pour le moment où je vous ferai appeler.

3. Le P. Alphonse [4] va aller s'installer dans cette forteresse de

---

1. Lapsus révélateur de la force d'attraction du Portugal sur tous les Européens séjournant en Asie : François Xavier, Cosme Torres et Jean Fernández sont tous trois espagnols.
2. C'est-à-dire Anjirô.
3. Aucune trace de cette ambassade ni au Portugal ni même à Goa.
4. Alphonse de Castro.

Maluco pour y prêcher tant aux Portugais qu'aux esclaves, hommes ou femmes, des Portugais et aux Chrétiens de condition libre du pays. Il y enseignera chaque jour la doctrine, de la même façon que moi quand je me trouvais là-bas, et il prêchera un jour par semaine aux femmes des Portugais sur les articles de la Foi et sur les commandements de la Loi ; il leur enseignera aussi un ordre à suivre pour se confesser et pour se disposer à recevoir le Saint Sacrement.

Il me semble qu'il sera bien qu'Alphonse réside à Ternate cette année et aussi longtemps qu'il vous semblera bon. En effet, s'il reste à Ternate, il pourra régler toutes les affaires dont vous aurez besoin pour protéger les Chrétiens aussi bien vis-à-vis du roi[5] que vis-à-vis du Capitaine et intendant, et il pourra ainsi vous fournir le nécessaire tant pour vos besoins corporels qu'en ce qui touche à la protection des Chrétiens.

4. Emmanuel de Morais et François Gonçalves s'embarquent pour vous rejoindre là-bas et vous obéir. Autant qu'Alphonse, ce sont des personnes en compagnie desquelles vous serez très consolé et qui vous aideront beaucoup.

Vous écrirez très en détail pour dire le fruit que vous faites là-bas et si le fils du roi s'est fait chrétien, et si les Chrétiens de l'Ile du Maure sont revenus vers vous, et dans quelle situation se trouvent ces îles, quelles dispositions les gens offrent là-bas pour se convertir à notre sainte Foi. Si certaines contrées, comme Macassar, Tontoli ou les Célèbes, ou ces contrées-là, présentent de bonnes dispositions pour y faire croître notre sainte Foi, et quelle protection et quelle aide donne le roi. Vous m'écrirez à Malacca très en détail, pour que je sache ce que je dois faire de vous, si vous ne produisez pas de fruit là-bas et, si au contraire on en produit, si ce serait bien d'envoyer davantage de Frères aux Moluques.

5. Vous écrirez au P. Ignace et au P. Maître Simon une très longue lettre pour lui rendre compte très en détail du fruit que vous faites, vous tous qui êtes là-bas. Que ce soient des choses édifiantes ; les choses qui ne seraient pas édifiantes, abstenez-vous bien de les écrire.

La lettre que vous écrirez au P. Ignace et au P. Maître Simon, tenez compte de ce que nombreux vont être ceux qui la liront. C'est pourquoi il faut qu'elle soit écrite de telle sorte que personne n'en soit désédifié ; vous l'enverrez donc fermée avec un sceau au P. François Pérez à Malacca et elle aura pour adresse : « Pour le P. Ignace et pour le P. Maître Simon. »

5. Hairun, le souverain moluquois dont il a déjà été question dans la lettre 59.

Vous écrirez une autre lettre à tous les Frères de l'Inde, par laquelle vous leur ferez connaître le fruit qu'on obtient là-bas afin que tous en rendent grâces à Dieu notre Seigneur.

6. Pour les choses dont vous aurez besoin, de la protection du Seigneur Gouverneur aussi bien que des choses nécessaires au corps, vous écrirez au P. Antoine Gomes une lettre spécialement adressée à lui, pour qu'il vous fournisse tout ce qui vous est nécessaire par le navire qui partira pour les Moluques. Toutes les lettres que vous enverrez, vous les adresserez au P. François Pérez, qui, lui, les enverra d'ici au Portugal et pour l'Inde, en vertu d'un règlement que je lui ai donné. A moi aussi, vous m'écrirez très longuement ; si vous n'avez pas le temps de le faire, la lettre que vous écrirez aux Frères de l'Inde, dans laquelle vous leur rendrez compte de tout le fruit que vous faites là-bas, vous l'enverrez ouverte au P. François Pérez, afin qu'il la recopie et qu'il m'en envoie la copie au Japon.

7. Vous m'écrirez en abondance des nouvelles détaillées de tous les Frères ; si quelqu'un parmi eux faisait ce qu'il ne doit pas faire de par les prescriptions du Seigneur Evêque que je vous ai envoyées l'année dernière, vous le renverrez de la Compagnie et vous l'obligerez, au nom de l'obéissance et sous peine d'excommunication, à comparaître devant le Seigneur Evêque. Cela s'entend s'il a fait une chose telle qu'il mérite d'être renvoyé de la Compagnie. Si quelqu'un était désobéissant, allait contre l'obéissance et ne voulait pas vous obéir, celui-là, vous le renverriez de la Compagnie. C'est ainsi que vous manifesterez ma volonté à tous. S'ils font le contraire, qu'ils sachent quant à eux qu'ils ne doivent pas appartenir à notre Compagnie. Que Dieu notre Seigneur nous assemble dans sa sainte gloire, car en cette vie nous sommes si dispersés que je ne vois pas de chemin qui nous permette de nous voir.

8. Si vous ne pouvez pas écrire au P. Maître Ignace et à Maître Simon de la manière que j'ai dite, et de même, aux Frères de la Compagnie, envoyez un résumé à Alphonse du fruit que vous faites là-bas et des peines que vous endurez, des dispositions offertes par le pays, car Alphonse écrira les lettres pendant son séjour à Ternate, et à propos des choses nécessaires telles que le vêtement et les chaussures, aussi bien que la protection du Gouverneur. Alphonse, en effet, écrira toutes ces lettres, parce qu'il a une belle écriture et qu'il connaît le style et la façon avec lesquels on doit les faire. Tous les autres Frères recevront cette lettre comme si elle leur était adressée ; et d'eux, vous me donnerez très en détail des nouvelles, me disant comment ils se portent, quel fruit ils produisent, comment ils profitent.

Ici, en Inde, on a raconté qu'on vous avait tué dans l'Ile du Maure. Nous ne considérons pas cette nouvelle comme certaine. Plaise à Dieu que vous viviez de nombreuses années pour son saint service. Si Dieu fait qu'il vous arrive quelque chose, j'ordonne à tous d'obéir au P. Alphonse, aussi bien à ceux qui se trouvent là-bas qu'à ceux qui l'accompagnent.

Si Jean de Beira est mort, le P. Ribeiro et le P. Nicolas obéiront au P. Alphonse, et de même, le P. Alphonse Emmanuel de Morais et François Gonçalves, ainsi que je le leur ordonne en vertu de l'obéissance, s'il est vrai que Jean de Beira est mort, obéiront à Alphonse de Castro ; si Jean de Beira est vivant, tous obéiront à ce Jean de Beira.

Si Jean de Beira est mort, c'est le P. Alphonse qui ouvrira cette lettre et qui la lira devant tous.

François

83

A JEAN III, ROI DU PORTUGAL
(EX.II, 117-119 ; S.IV, 14-15)

A ce roi portugais dont il n'attend plus grand chose pour la protection des Chrétiens de l'Inde, saint François Xavier demande encore justice et récompense pour un ami dévoué.

Malacca, 20 juin 1549

Seigneur,

1. C'est en raison des amples informations que je possède des bonnes dispositions offertes en ces îles du Japon à l'accroissement de notre sainte Foi, et c'est après m'être informé auprès de personnes dignes de foi et qui ont séjourné en ces îles du Japon, que j'ai pris la décision de demander à Dieu notre Seigneur de me faire la grande grâce, si c'est davantage son service que d'aller dans ces contrées, de me faire sentir à l'intérieur de mon âme sa très sainte volonté, et de me donner les forces nécessaires à son accomplissement parfait. Il plut à sa divine Majesté de me faire sentir à l'intérieur de mon âme que c'est son service que j'aille au Japon et c'est pourquoi je suis parti de l'Inde afin d'accomplir ce que Dieu notre Seigneur me fit sentir à de nombreuses reprises au sujet du départ pour le Japon, projeté pour le servir.

2. C'est ainsi que nous arrivâmes en cette ville de Malacca, mes deux compagnons et moi-même, ainsi que trois hommes du Japon,

excellents Chrétiens qui ont été baptisés après avoir reçu un enseignement de la Foi de Jésus-Christ notre Seigneur et avoir été catéchisés au collège de Sainte Foi à Goa. Ils savent tous les trois lire et écrire et ils font leurs dévotions en récitant les Heures, principalement la Passion dont ils sont tous trois dévots. Ils ont fait les Exercices Spirituels avec beaucoup de recueillement et par eux ils sont parvenus à une bonne connaissance de Dieu. Ils se confessent et ils communient très souvent. Ils partent mûs par un grand désir de rendre chrétiens leurs compatriotes.

3. Nous arrivâmes tous les six ici à Malacca le dernier jour de mai de l'an 1549. Le Capitaine de cette forteresse nous a reçus avec beaucoup d'amour et de charité, s'offrant à nous protéger et à nous aider au cours de ce voyage que nous allons faire, car c'est un grand service et de Dieu et de Votre Altesse. Il s'est efforcé de nous trouver un bon bateau et a si bien tenu les promesses qu'il nous fit le jour de notre arrivée, puisqu'il nous fournit un titre de transport qui ne pouvait pas être meilleur, et mit tant d'amour et de bienveillance à nous faciliter la route, que jamais nous ne pourrons le payer pour tout ce que nous lui devons. Si nous avions été ses frères, il n'aurait pas pu en faire davantage pour nous. Pour l'amour de Notre Seigneur, que Votre Altesse paie à notre place l'immense dette que nous devons à Don Pierre da Silva. Il nous a fourni en abondance tout ce qui était nécessaire à notre traversée, et, pour le moment où nous serons arrivés au Japon, ce qu'il nous faudra pour vivre pendant quelque temps et pour construire une maison de prière où nous dirons la messe. C'est à cette fin qu'il nous a donné trente *bahârs* du meilleur poivre disponible à Malacca. De plus, il envoie au roi du Japon trois présents de prix, pour qu'il nous accueille avec plus d'amour et de charité sur ses terres.

4. Je rends compte de tout cela en détail à Votre Altesse pour qu'elle connaisse les nombreux honneurs et les nombreux bienfaits que me prodiguent ses fidèles et loyaux vassaux de l'Inde. Il est certain, Seigneur, et je peux le dire en vérité, que jamais personne autant que moi n'a reçu autant d'honneurs et de bienfaits de la part des Portugais, en venant en Inde. Tout cela, je le dois à Votre Altesse, parce qu'elle m'a recommandé tellement à ceux qui exercent un commandement et une charge en ces contrées-ci de l'Inde au nom de Votre Altesse. J'ai reçu de grands bienfaits et de grands honneurs tout spécialement du Capitaine de Malacca, Don Pierre da Silva. Puisque je ne suis pas assez puissant pour pouvoir payer autant que je le dois, je demande à Votre Altesse de payer à ma place, en accordant une grande grâce à ceux qui m'ont offert tant d'œuvres bonnes et charitables.

5. Qu'en son infinie bonté et en son infinie miséricorde Dieu notre Seigneur fasse sentir à Votre Altesse, à l'intérieur de son âme, sa très sainte volonté et qu'il lui donne la grâce de l'accomplir parfaitement, de la façon dont Votre Altesse se réjouirait de l'avoir accomplie à l'heure de sa mort, quand elle sera en train de rendre compte à Dieu de toute sa vie passée. Pour l'amour de Notre Seigneur, je demande à Votre Altesse, comme une grâce, de ne pas négliger de faire en vue de l'heure de sa mort ce qu'elle peut faire à présent, car la mort amène avec elle tant de souffrances qu'elle ne laisse point de place pour qu'on puisse prêter attention à d'autres affaires, hormis celles que la mort apporte et qui sont bien différentes de ce que peut penser celui qui n'est pas encore passé par elles.

Serviteur inutile de Votre Altesse.

François

84

AUX PP. PAUL, GOMES, GAGO, A GOA
(EX.II, 123-135 ; S.IV, 15-18)

Le départ pour le Japon approche ; saint François Xavier envoie aux siens une lettre de recommandation bien semblable à celles qu'il a déjà écrites.

Malacca, les 20-22 juin 1549

La grâce et la paix de Notre Seigneur Jésus-Christ soient toujours en nos âmes. Amen.

1. Ces quelques lignes, je vous les écris, parce que je sais que vous serez très heureux d'apprendre l'heureux cours de notre traversée et notre arrivée à Malacca. Nous partîmes de Cochin le 25 avril, où les Frères [1] nous avaient fait très bon accueil et nous avaient témoigné un très grand amour et une charité non feinte en raison de laquelle nous sommes très obligés envers eux. Nous avons mis quarante jours et quelques pour faire la traversée jusqu'à Malacca et nous sommes tous arrivés en très bonne santé, moi tout autant que le P. Cosme de Torres et que les autres sans jamais être tombés malades. Nous avons eu très beau temps et pas une seule

---

1. Franciscains.

tempête de nature à nous incommoder, ni d'obstacle venant des Atjehs[2]. Dieu notre Seigneur en soit loué pour toujours.

2. C'est le dernier jour de mai que nous arrivâmes en cette ville de Malacca où je reçus un accueil aussi bien du Capitaine que de la ville entière, des grands et des petits, au milieu d'une très grande allégresse et d'une très grande joie. J'ai tout de suite parlé au Capitaine pour préparer mon voyage au Japon et lui, il s'est aussitôt offert pour le faciliter ; ce n'est pas avec peu de diligence ou peu d'amour qu'il s'est tout de suite mis au travail. Nous avons donc envers lui une grande dette, car il a mis tant de charité à arranger nos affaires et à nous préparer notre traversée. Il montre tant d'amour pour tous les membres de la Compagnie qu'il voudrait même armer un navire avec quelques Portugais à bord pour nous emmener au Japon ; mais il n'a pas trouvé de navire qui puisse aller là-bas. Il a donc fait préparer la jonque d'un Chinois surnommé « Voleur », qui est un Gentil et a femme ici : il a pris l'engagement de nous emmener au Japon. Le Capitaine lui a fait signer une caution dans laquelle il dit que s'il ne ramène pas du Japon mon message, sa femme et toute la fortune qu'il possédait seraient perdues. Le Capitaine nous fournit abondamment tout ce qui nous est nécessaire. Il envoie au roi du Japon deux cents *cruzados* sous forme de présents, qui vont être transportés au Japon sans faire escale en Chine, et par la voie directe. Il plaira à Dieu notre Seigneur de nous faire faire un bon voyage et de nous conduire au Japon, afin que son saint Nom soit exalté et connu par ces gens.

3. Alphonse[3] a célébré avec beaucoup de solennité une messe chantée avec diacre et sous-diacre, le jour de la Trinité. On l'emmena de la Miséricorde jusqu'à la *Sé*[4] en procession et on le ramena de même. Ses accompagnateurs furent le P. Vicaire et le P. François Pérez ; son diacre, le P. Cosme de Torres. Je leur prêchai ce même jour, ce dont tout le monde fut très consolé et très content : on n'avait encore rien vu ici de semblable à cette messe, car elle est pour eux une nouveauté.

Afin de suivre la coutume des autres prêtres, il a paru bien d'y accepter ce que le peuple avait apporté en offrande. Néanmoins, j'ai donné l'ordre de donner tout ce qu'ils ont apporté à la Miséricorde, afin que celle-ci le distribue aux pauvres. Les Nôtres

---

2. Peuple musulman du nord de Sumatra.
3. Alphonse de Castro.
4. Cathédrale ou église principale dans les pays de civilisation portugaise (latin *sedes*).

prirent part aussi, en surplis, à la procession du *Corpus Christi*, en raison du grand manque de prêtres.

4. Ecrivez-moi très longuement des nouvelles de vous et de tout ce que vous faites là-bas, et tout spécialement des nouvelles du collège, de tous les Pères et Frères qui sont là-bas, ainsi que du fruit qu'on y produit, car j'en retirerai bien du plaisir. Egalement, des nouvelles des Frères qui vont venir du Portugal : dites-moi combien ils sont, combien de prêtres et combien de laïcs coadjuteurs il y a parmi eux, s'il vient aussi des prédicateurs et qui c'est ; vous m'écrirez tout cela très longuement sur deux ou trois feuilles de papier. De même, tous les Pères et tous les Frères m'écriront chacun de son côté pour me dire comment ils se portent, et comment ils sont consolés : vous leur direz de faire ça très longuement. Que tous considèrent que cette lettre s'adresse à eux. Faites aussi en sorte que Jacques du Mozambique [5] m'écrive longuement, au nom de tous ses condisciples natifs du pays, me disant s'ils sont contents et en paix, comment ils servent Dieu notre Seigneur. Ces lettres, aussi bien les vôtres que celles des Frères, vous me les enverrez à Malacca, adressées au P. François Pérez, ainsi que je vous l'ai déjà dit, parce que lui, il me les en enverra au Japon.

5. Je me recommande beaucoup à vos prières, ainsi qu'à celles des autres Pères et Frères, à qui vous donnerez la recommandation de le faire. De même, vous recommanderez le Capitaine de Malacca à Dieu notre Seigneur, car nous lui sommes tous très obligés. Nous ne pouvons pas, en effet, lui payer l'amour qu'il a pour nous par notre labeur, mais par l'amour lui-même, en le recommandant à Dieu notre Seigneur.

Les lettres qui vont venir du Portugal pour moi, tant celles du collège de Coïmbre que celles du P. Maître Simon ou de Rome, ou encore des autres Frères de la Compagnie, vous me les enverrez toutes à Malacca. Quant aux lettres du Roi, vous me les enverrez aussi, en même temps que les autres, par le navire qui part de Goa pour Banda et qui d'abord fait escale à Malacca. Si à ce moment les navires venant du Royaume n'étaient pas encore arrivés, vous m'enverriez les lettres en avril par le navire qui part pour les Moluques.

Vous écrirez très longuement toutes les nouvelles aux Frères des Moluques et vous m'écrirez de la même manière sur tous ceux qui sont au Cap Comorin, à Quilon, à Saint-Thomas, à Ormuz, à Bassein et à Goa. Ainsi, je serai mis au courant par vos lettres de tout ce qui se passe là-bas et du fruit qu'on y produit, comme si je le

---

5. Peut-être un Africain originaire de ce pays.

voyais de mes propres yeux, et c'est pour cela que vous m'écrirez très longuement. Remarquez que c'est en vertu de la sainte obéissance que je vous ordonne de faire ainsi, de telle sorte que tous les Portugais vivant en ce saint collège de Sainte Foi m'écriront chacun pour son compte.

6. Les lettres qui arriveront du Portugal, venant du Roi par la première voie, vous les ouvrirez et après les avoir lues, vous me les enverrez. S'il y est question de la reine Isabelle [6], mère du précédent roi des Moluques, ainsi que d'une certaine demande de recommandation que j'ai adressée à Son Altesse à propos de la mère de ce roi des Moluques, qui devint chrétienne pendant la durée de mon séjour aux Moluques, et si quelque message venait du Roi pour cette reine Isabelle, vous l'enverrez par l'intermédiaire d'un porteur tout à fait sûr aux Frères qui sont aux Moluques, sur le navire qui part pour les Moluques. Si dans cette lettre il n'est pas question de la moindre chose concernant cette reine Isabelle, vous irez vous entretenir avec le Seigneur Gouverneur pour lui demander comme une grâce de bien vouloir regarder si le Roi lui adresse quelque message ou des lettres destinées à cette reine Isabelle, où il lui fait grâce de quelques rentes pour son entretien, ce dont vous et Antoine Gomes prendrez un soin particulier.

Si la lettre que le Roi m'écrit parle d'un homme qui se trouve aux Moluques et qui se nomme Balthazar Veloso, le beau-frère du roi des Moluques, qui est marié à l'une de ses sœurs, et qui est un grand ami de notre Compagnie et aide beaucoup les Pères résidant là-bas à faire des Chrétiens, et si le Roi lui accorde certaines choses que j'ai fait demander comme une grâce à Son Altesse en faveur dudit Balthazar Veloso, si quelque message arrive, vous l'enverrez avec les lettres que vous écrirez aux Frères des Moluques. Si un pareil message n'arrive pas, vous irez parler au Seigneur Gouverneur pour demander comme une grâce à Sa Seigneurie de bien vouloir regarder dans les lettres que le Roi lui envoie si, parmi elles, il n'y a pas quelque message pour un homme des Moluques appelé Balthazar Veloso. Si le Roi lui accorde quelque grâce, vous la recevrez du Seigneur Gouverneur pour l'envoyer aux Moluques avec les lettres que vous adressez aux Frères. Vous écrirez également à Balthazar Veloso pour le remercier beaucoup d'être à ce point l'ami de notre Compagnie. C'est avec diligence que vous ferez ceci.

7. Antoine Gomes, je vous recommande instamment la charité, l'amitié et l'amour envers tous les bienheureux Frères de l'Ordre

---

6. Fille d'un roi musulman des Moluques, Mansur, elle se fit chrétienne : EX.II, 126-127, note 15.

de saint François et de saint Dominique et c'est d'eux tous que vous serez très dévot. Gardez-vous d'avoir avec eux des choses qui soient désédifiantes. J'espère que c'est ce que vous ferez toujours, de sorte qu'une grande humilité vous habitera toujours. Vous leur rendrez visite de temps en temps et c'est à cela qu'ils reconnaîtront que vous, vous les aimez et que le peuple, qui aime la discorde, verra la charité qu'il y a chez vous envers tous.

8. Surtout, je vous recommande de vous faire aimer par tous, ce qui sera bien facile quand on verra qu'il y a chez vous beaucoup d'humilité et beaucoup d'amour entre vous. C'est ce que je vous recommande de tout mon pouvoir. Quant à celui qui aura la charge de ceux qui sont à la maison, qu'il œuvre à se faire beaucoup aimer par ses Frères, plutôt qu'à les commander.

Tenez-vous tous prêts, car si je trouve au Japon des dispositions telles que vous puissiez y faire plus de fruit qu'en Inde, j'écrirai aussitôt à vous tous, et à beaucoup d'entre vous j'écrirai de venir me rejoindre.

9. Vous serez toujours les grands amis du Seigneur Evêque et vous l'aiderez autant que vous le pourrez, en prenant part à ses peines et en lui témoignant beaucoup de respect et de révérence, car il est le supérieur de l'Eglise en entier et nous lui obéirons tous, dans la mesure de nos forces.

10. Si des prédicateurs et des Frères, des Nôtres, arrivent cette année, vous ferez en sorte d'envoyer l'un d'eux à Cochin. S'ils étaient plus d'un à venir, vous en enverriez un à Bassein, même s'il ne restait à la maison pas d'autre prédicateur qu'Antoine Gomes. En vertu de la sainte obéissance, je vous ordonne de faire de la sorte, Antoine Gomes, et d'ailleurs j'écris dans ce sens au Seigneur Evêque.

11. Les obligations qu'a le Roi envers ses sujets, et la très grande obligation que nous, nous avons envers le Roi et envers les Portugais de l'Inde en raison du grand amour qu'ils nous témoignent nous obligent beaucoup à veiller sur leurs âmes, d'autant que la charité doit avant tout nous y pousser. Qu'en raison de son infinie miséricorde, Dieu notre Seigneur nous fasse sentir à l'intérieur de nos âmes sa très sainte volonté et qu'il nous donne les forces spirituelles nécessaires à son accomplissement parfait, tel que nous nous réjouirions de l'avoir accomplie à l'heure de notre mort.

12. Je vous ai écrit de Cochin pour vous dire combien grand est le besoin qu'a Quilon d'avoir une maison pour les Frères de notre Compagnie qui vivent au Cap Comorin et pour l'éducation des fils des Chrétiens du Cap Comorin. Œuvrez beaucoup, vous, Antoine Gomes, avec le Seigneur Gouverneur et l'Intendant d'abord, pour

apporter une aide au P. Nicolas à Quilon, afin de construire cette maison si nécessaire pour qu'en ce pays du Cap Comorin les Frères de notre Compagnie possèdent une maison où ils puissent se soigner quand ils tombent malades.

13. Balthazar Gago : vous prendrez grand soin de m'écrire des nouvelles des Frères du collège de Coïmbre, ainsi que des Pères de Rome, des Frères qui vont venir cette année et de ceux qui viendront l'année suivante. Des nouvelles aussi du Patriarche [7] : est-il arrivé pour s'en aller chez le Prêtre Jean, ou a-t-on écrit qu'il va arriver ? Des nouvelles du P. Maître Simon et de tous les Frères de l'Inde, et des vôtres. C'est pour que vous méritiez davantage, et c'est pour que vous ne négligiez pas de faire ce que je vous recommande instamment, que je vous ordonne de faire ainsi en vertu de l'obéissance. Et veillez à être prêts pour le moment où je vous ferai appeler, car ce sera plus tôt que vous ne pensez. Faites-moi connaître le fruit que produisent les Révérends Pères de l'Ordre de saint François et de celui de saint Dominique, et si des prédicateurs sont arrivés cette année, de ces Frères. Donnez-moi des nouvelles de notre ami Cosme Anes et de toute sa maisonnée.

14. Quand, depuis le Cap Comorin, les Pères vous écriront, parce qu'ils ont besoin de certaines protections pour les Chrétiens ou à cause des brimades que leur fait subir le Capitaine qui se trouve là-bas, vous, Antoine Gomes, vous prendrez un soin particulier à vous rappeler au souvenir de Rodrigue Gonçalves de Caminha, car c'est lui qui est le père et le procurateur de ceux-ci, en sorte qu'il les protège en justice auprès du Seigneur Gouverneur.

Vous tous qui êtes à la maison, prenez un soin particulier pour nous recommander tous à Dieu : le P. Cosme de Torres, Jean Fernández, Paul le Japonais ainsi que ses compagnons, Emmanuel le Chinois et Amador [8], moi enfin, car nous en avons tellement besoin au cours de ce voyage dangereux et pénible que nous entreprenons.

15. On nous a apporté ici de grandes nouvelles du Japon, des bonnes dispositions offertes par ce pays pour devenir chrétien. En outre, on nous écrit du Siam pour nous dire que des hommes venus du Japon désiraient rencontrer des prêtres pour qu'ils leur expliquent les choses de Dieu. Plaise à Dieu de nous donner un bon voyage, car nous partons pleinement confiants en la miséricorde de Dieu, sûrs qu'il va nous faire de grandes grâces, si du moins nos péchés ne sont pas tels qu'ils nous empêchent de produire le

---

7. Venu de Lisbonne pour l'Abyssinie.
8. Indien malabar.

fruit abondant que nous pourrions faire avec l'aide de Dieu notre Seigneur.

16. J'ai été très étonné et très émerveillé, une fois arrivé à Malacca, par le fruit abondant produit en ces contrées-ci par le P. François Pérez. Chaque dimanche et les jours de fête, il prêche aux Portugais à la *Sé*, et l'après-midi aux esclaves, hommes et femmes, ainsi qu'aux gens du pays, de condition libre ou captifs, à qui il prêche les articles de la Foi. Une fois par semaine, il prêche à Notre-Dame aux femmes des Portugais et à celles natives du pays, et, chaque jour, il enseigne à la Miséricorde la doctrine chrétienne aux enfants. Outre tout cela, il s'emploie à confesser autant qu'il le peut. Il n'est donc pas oisif dans la vigne du Seigneur, ni négligent, mais il travaille tant que le temps lui manque pour dormir et pour manger. Il me semble qu'on ne trouvera personne pour lui dire : « Pourquoi êtes-vous restés tout le jour sans rien faire [9] ? » Toujours, en effet, on le trouve en train de bêcher dans les âmes afin de les tirer du péché et de les pousser à servir Dieu. Il y a tant de gens à se précipiter à ses prédications qu'ils ne tiennent déjà plus dans l'église. Tout le monde le trouve charmant et l'aime beaucoup ; il est très bien vu par tous, par le Capitaine et par la ville entière, car on le voit plein de zèle pour les âmes de Dieu notre Seigneur. Je me suis senti confus quand j'ai vu tout le profit qu'il obtient en ce pays avec l'aide de Dieu notre Seigneur, alors qu'il est continuellement souffrant et indisposé. Tout le monde en est très édifié et en tire un grand profit, au point qu'il faudrait six prêtres continuellement à l'œuvre, tant sont nombreuses les confessions où l'on se presse. Il accomplit aussi à la Miséricorde les fonctions qu'en toutes choses accomplit un aumônier. Je ne sais que dire de plus, si ce n'est que tous devraient éprouver un sentiment de confusion, en particulier les bien-portants, en voyant les malades travailler et faire tant de fruit dans les âmes.

17. Roch de Oliveira enseigne à lire et à écrire aux enfants et il n'obtient pas moins de profit en ce pays, tant est grande la peine qu'il se donne à les instruire. Il a la charge d'une grande quantité de garçons : aux uns, il enseigne à lire et à écrire et aux autres, le latin. Une partie d'entre eux l'ont déjà quitté, parce qu'ils y ont trouvé leur profit et qu'ils savent ce qu'ils désiraient savoir. Ils lisent les catéchismes et les Heures. Ils sont tels qu'on a envie de rendre grâces à Dieu quand on voit leur modestie, comme s'ils étaient des religieux ; on n'entend, de la bouche de ceux-ci, pas le moindre juron, si petit soit-il. Outre les nombreuses choses

9. Matthieu 20, 6.

obtenues par l'intercession de Roch de Oliveira, il en est une, c'est que, lorsque meurt un Chrétien, on va le chercher en compagnie de tous ces garçons en procession comme des religieux : ils le portent sur le dos en chantant des litanies très dévotement en faveur du défunt et ils le portent sur leur dos jusqu'au lieu où il doit être enterré. Tous connaissent les oraisons : ils entendent leur messe le matin et ensuite ils s'en vont à l'école. L'après-midi, après le catéchisme que fait le P. François Pérez, ils retournent à l'école et, une fois la leçon terminée, ils récitent tous à voix haute les oraisons. La joie que je retire de tout cela est incomparable. Priez tous Dieu de conserver cela et de le continuer pour son saint service.

18. Alphonse part pour les Moluques y faire la même chose que ce que font François Pérez et Roch de Oliveira.

19. Mémoire au sujet de deux compagnons qu'on doit envoyer au mois de septembre de l'année 1550 à bord du navire qui part de Goa pour Banda.

Un prêtre s'embarquera en compagnie d'un laïc coadjuteur qui sache très bien lire et écrire. Ce Père, qu'il soit capable de confesser et qu'il s'y consacre entièrement, parce que le P. François Pérez est très occupé à des prédications tous les dimanches et jours de fête, à prêcher deux fois, une fois aux Portugais et une autre fois après le déjeuner aux esclaves et aux Chrétiens de condition libre, et aux fils et aux filles des Portugais et il y a de quoi rendre grâces à Dieu tant les gens sont nombreux à s'y précipiter. Il fait une autre prédication un jour de semaine aux femmes des Portugais et chaque jour il enseigne la doctrine chrétienne et les gens s'y précipitent. C'est en raison de ces nombreuses occupations que François Pérez ne peut plus s'occuper des confessions, car on a grand besoin de lui et nombreux sont les gens qui se rendent tout le temps à Malacca, en provenance de toutes les contrées, bien plus qu'à nulle autre forteresse de l'Inde. Si, en cette année 1549, quelques Pères sont arrivés du Royaume, vous pouvez envoyer en l'année 1550 ce prêtre confesseur à la mousson d'avril, à bord du navire qui part pour Malacca, et n'attendez pas la mousson de septembre.

S'il se trouvait à la maison un membre de la Compagnie coadjuteur laïc qui sache très bien lire et écrire, et qui puisse enseigner et faire ce que fait Roch de Oliveira, vous me procureriez un grand plaisir en l'envoyant avec ce prêtre lors de la mousson, étant donné que j'ai donné l'ordre à Roch de Oliveira et à Jean Bravo de partir pour l'Inde en 1550, à la mousson de novembre, quand les navires quittent Malacca pour l'Inde : Roch de Oliveira pour y recevoir les ordres majeurs et pour retourner aussitôt à Malacca, à la mousson d'avril, et Jean Bravo pour y rester et pour y apprendre le latin. A l'une ou à l'autre mousson, c'est-à-dire à celle d'avril ou de septembre, vous enverrez le prêtre avec son compagnon, de la façon que j'ai dite, et avec les qualités que j'ai dites. Afin que vous ne négligiez pas cela, sachez que c'est en vertu de l'obéissance que je vous ordonne, Messire Paul et Antoine Gomes, de procéder de la sorte.

20. Quant à moi, j'écris au P. Nicolas pour qu'il prenne un soin particulier des Frères qui sont à Saint-Thomas, au Cap Comorin ou à Quilon ; j'écris aux Frères du Cap Comorin pour qu'ils obéissent au P. Nicolas et pour leur dire d'écrire au P. Nicolas à Quilon ou à Cochin, ou là il se trouvera, pour toutes les choses dont ils auront besoin, aussi bien pour eux-mêmes que pour la protection des Chrétiens. J'écris aussi au P. Nicolas pour qu'il demande au collège de Sainte Foi de Goa toutes les choses nécessaires à ceux-ci et aux Chrétiens. Quant à vous, Antoine Gomes, vous prendrez un soin particulier à pourvoir aux besoins des Frères, avec beaucoup de diligence, de charité et d'amour. Le P. Nicolas devra toujours obéissance à Messire Paul, ainsi que j'en ai laissé l'ordre quand je suis parti de là-bas ; ceux qui sont à la maison, comme ceux qui se trouvent au dehors, qu'ils obéissent aux personnes que j'ai désignées quand je suis parti. Les étudiants du collège, natifs du pays et Portugais, obéiront à Antoine Gomes et ce dernier devra obéissance à Messire Paul, ainsi que je l'ai laissé par écrit. Ceux qui sont à Bassein et à Ormuz devront obéissance à Messire Paul, ainsi que je l'ai déjà dit. Veillez à m'écrire sur tout cela très en détail.

Votre Frère infime dans le Christ.

François

85

A LA COMPAGNIE DE JÉSUS, EN EUROPE
(EX.II, 145-153 ; S.IV, 19-21 et 68-69)

A ses Frères de la Compagnie de Jésus, saint François Xavier confie le grand espoir qu'il place dans la future mission du Japon, sa confiance en Dieu face aux périls futurs : la Croix doit vaincre le Prince de ce monde et ses valets.

Malacca, le 22 juin 1549

+
Jésus

La grâce et l'amour du Christ notre Seigneur soient toujours en notre aide et en notre faveur. Amen.

1. Le mois de janvier passé de cette année 1549, je vous ai très longuement écrit pour vous dire le fruit qu'on fait dans les âmes en ces contrées-ci de l'Inde, tant dans les forteresses du Roi que sur les terres des infidèles, comme quoi notre très sainte Foi est en train de croître, et c'est en ce sens qu'ont écrit tous les Frères de la Compagnie au sujet du fruit que Dieu notre Seigneur produit dans les âmes par eux.

2. Je suis parti de l'Inde pour le Japon au mois d'avril avec deux compagnons, un prêtre et un autre, laïc coadjuteur, ainsi que trois Japonais chrétiens qui ont été baptisés après avoir été bien instruits dans les fondements de la Foi de Notre Seigneur Jésus-Christ. Ils ont été catéchisés dans notre collège de Sainte Foi de Goa, où ils ont aussi appris à lire et à écrire ; ils ont fait les Exercices Spirituels avec un grand recueillement et un grand désir d'en tirer profit. Dieu leur a accordé une très grande grâce en leur faisant sentir, à l'intérieur de leurs âmes, de nombreuses connaissances des grâces et des bienfaits reçus de leur Créateur, Rédempteur et Seigneur. Ils ont tant profité dans les Exercices, et en dehors de ceux-ci, que nous tous qui sommes ici, nous avons toutes les raisons de vouloir participer aux vertus que Dieu a mises en eux.

3. Ils savent lire et écrire ; ils utilisent leurs livres de prière pour se recommander à Dieu. Je leur ai bien des fois demandé en quelles oraisons ils trouvent le plus de plaisir et de consolation spirituelle : ils m'ont dit que c'était quand ils priaient sur la Passion, dont ils sont très dévots. Ils ont eu des sentiments, des consolations et des larmes en abondance pendant le temps où ils ont fait les Exercices.

4. Avant qu'ils ne fissent les Exercices, nous les avons occupés pendant de longs mois à leur expliquer les articles de la Foi, les mystères de la vie du Christ, la cause de l'Incarnation du Fils de Dieu dans le ventre de la Vierge Marie et de la Rédemption du genre humain tout entier opérée par le Christ. Bien des fois, je leur ai demandé quoi donc, à leur avis, nous avions de meilleur en notre Loi. Ils m'ont toujours répondu que c'était la confession et la communion et qu'aucun homme doué de raison ne pourrait manquer de devenir Chrétien. Après qu'on leur eut expliqué notre sainte Foi, j'entendis l'un d'eux, nommé Paul de la Sainte Foi, dire

avec de grands soupirs : « O habitants du Japon, malheureux que vous êtes, vous qui adorez comme des dieux des créatures que Dieu a faites pour le service des hommes ! » Je lui demandai alors pourquoi il disait cela. Il me répondit qu'il disait cela pour les gens de son pays qui adoraient le soleil et la lune, alors que le soleil et la lune sont comme des valets ou des domestiques de ceux qui connaissent Jésus-Christ, car ils ne servent à rien de plus qu'à éclairer le jour et la nuit, afin que, grâce à cette clarté, les hommes servent Dieu et glorifient sur la terre son Fils Jésus-Christ.

5. Nous arrivâmes en cette ville de Malacca, mes deux compagnons, trois japonais et moi-même, le dernier jour du mois de mai de l'année 1549. A notre arrivée en cette ville de Malacca, on nous apporta de nombreuses nouvelles sur le Japon, grâce à des lettres de marchands portugais qui m'écrivaient de là-bas pour me faire savoir qu'un important seigneur de ces îles du Japon voulait être chrétien et qu'à cette fin il demandait, par une ambassade au Gouverneur de l'Inde, des Pères pour lui expliquer notre Loi.

6. En outre, ils m'écrivent qu'en une certaine partie du Japon des marchands portugais étaient arrivés et que le seigneur du pays avait donné l'ordre de leur donner l'hospitalité dans des maisons inhabitées, parce que les gens du pays ne voulaient pas y demeurer, pour le motif qu'elles étaient habitées par le démon. Une fois logés là, les Portugais ont senti qu'on les tirait par les vêtements et quand ils regardaient pour voir qui c'était, ils ne voyaient rien et ils étaient effrayés en se demandant ce que ça pouvait être. Une nuit, un jeune domestique des Portugais eut une vision et il se mit à pousser des cris. Les Portugais se précipitèrent avec leurs armes, pensant que c'était autre chose. Ils demandèrent au jeune homme pourquoi il avait crié de la sorte ; il répondit qu'il avait eu une vision qui l'effrayait beaucoup et que pour cette raison il avait crié. Le jeune homme, effrayé de la vision qu'il avait eue, planta de nombreuses croix autour de la maison. Les gens du pays demandèrent aux Portugais ce qu'étaient ces cris entendus cette nuit : ils répondirent que c'était un jeune domestique qui avait eu une frayeur. Le seigneur du pays leur révéla alors que cette maison était habitée par le démon. On leur demanda quel pouvait être le remède à employer pour l'en chasser ; ils répondirent qu'il n'y en avait pas de meilleur que le signe de la Croix. Après que les Portugais eurent planté des croix dans la maison et autour de celle-ci, les gens du pays se mirent à faire de même et ils ont planté des croix dans toute la contrée.

7. Les Portugais m'écrivent, à propos de ce pays, qu'il offre de bonnes dispositions à l'accroissement de notre sainte Foi, parce que

ce sont des gens très avisés et très sages, ouverts à la raison et désireux de savoir. J'ai confiance en Dieu notre Seigneur qu'on va faire
beaucoup de fruit chez quelques-uns et chez tous les Japonais, je
veux dire dans leurs âmes, si du moins nos péchés ne nous en empêchent pas, au point que Dieu notre Seigneur ne veuille point se
servir de nous.

8. Après avoir reçu ces informations sur le Japon, je suis resté
longtemps à examiner si je partais là-bas ou non. Après que Dieu
notre Seigneur a bien voulu me faire sentir à l'intérieur de mon âme
que c'était son service que j'aille au Japon pour le servir, il me semble que si je m'abstenais de le faire, je serais pire que ne le sont
les infidèles du Japon. L'Ennemi a beaucoup œuvré pour m'empêcher de faire ce voyage : je ne sais pas ce qu'il craint dans le fait
que nous allions au Japon. Nous emportons tout le nécessaire pour
dire la messe. L'année prochaine, si Dieu le veut, je vous écrirai
bien plus longuement sur tout ce qui va se passer là-bas.

9. Nous sommes décidés, dès notre arrivée au Japon, à aller
dans l'île où réside le roi et à lui manifester l'ambassade dont nous
sommes chargés de la part de Jésus-Christ. On dit qu'il y a de
grands centres d'études près de l'endroit où réside le roi. Nous partons pleins de confiance en la miséricorde de Dieu notre Seigneur,
certains qu'il va nous donner la victoire sur ses ennemis. Nous
n'avons pas peur de nous trouver au milieu des clercs de ces
contrées, car celui qui ne connaît ni Dieu ni Jésus-Christ, que peut-
il savoir ? Et ceux qui ne désirent que la gloire de Dieu et que la
manifestation de Jésus-Christ ainsi que le salut des âmes, que
peuvent-ils redouter ou craindre, non seulement parmi les infidèles, mais même là où il y a une multitude de démons ? Ni les gens
barbares, ni les vents, ni les démons ne peuvent nous causer plus
de mal ou de dommage que Dieu ne le leur permet ou ne leur
donne licence.

10. Nous n'avons qu'une seule crainte et qu'une seule peur, c'est
la crainte d'offenser Dieu notre Seigneur, car nous obtenons à coup
sûr la victoire sur nos ennemis, si nous nous gardons d'offenser
Dieu. Puisque Dieu notre Seigneur accorde à tous une grâce suf-
fisante pour le servir et pour se garder du péché, nous avons donc
l'espoir en sa Divine Majesté qu'elle nous sera accordée. Etant
donné que tout le bien ou que tout le mal qui est en nous réside
dans le fait que nous usions bien ou que nous usions mal de sa
grâce, nous avons pleine confiance dans les mérites de la sainte
Mère Eglise, épouse du Christ notre Seigneur, et spécialement dans
les mérites de tous les membres de la Compagnie du Nom de Jésus,
ainsi qu'en ceux de tous ses dévots et dévotes, car leurs mérites

nous suffiront pour que nous puissions parvenir à jouir pleinement de la grâce du Seigneur Dieu.

11. Grande est la consolation que nous éprouvons en voyant que Dieu notre Seigneur voit les intentions, les désirs et les buts avec lesquels nous partons pour le Japon. Etant donné que notre départ a seulement pour fin que les images de Dieu connaissent le Créateur, que le Créateur soit glorifié par ses créatures qu'il créa à son image et à sa ressemblance et que les limites de la sainte Mère Eglise se dilatent, nous partons très confiants dans le succès de notre voyage. Nous qui entreprenons ce voyage, nous sommes aidés par deux choses pour vaincre les obstacles nombreux mis par le démon : la première, c'est de voir que Dieu connaît nos intentions ; la seconde, c'est de voir que toutes les créatures dépendent de la volonté de Dieu et qu'elles ne peuvent rien faire sans la permission de Dieu. C'est jusqu'aux démons qui sont dans l'obéissance à Dieu, car l'Ennemi, lorsqu'il voulait faire du mal à Job, en demandait la permission à Dieu [1].

12. Tout cela, je le dis à cause des nombreuses peines et des dangers de mort corporelle auxquels nous sommes exposés en ces contrées-là. Le voyage du Japon est plein de dangers, en raison des grandes tempêtes, des nombreux écueils et des nombreux pirates, mais surtout des tempêtes, car en ces régions, quand sur trois bateaux ayant quitté un port deux arrivent sains et saufs, c'est une grande réussite.

13. Bien souvent, j'ai pensé que les nombreuses personnes savantes appartenant à notre Compagnie et devant venir en ces contrées, vont connaître des épreuves, et pas des moindres, au cours de ces périlleux voyages et qu'il va leur sembler que c'est tenter Dieu que d'affronter des dangers si manifestes et d'aller là où tant de navires se perdent. Toutefois, j'en viens ensuite à penser que cela n'est rien, parce que j'ai confiance en Dieu notre Seigneur que la science des membres de la Compagnie doit être subordonnée à l'esprit de Dieu qui habite en eux, car sinon, ils connaîtront des épreuves et pas des moindres. Je garde en effet devant mes yeux et devant mon intelligence ce que j'ai bien des fois entendu notre bienheureux P. Ignace dire : ceux qui veulent appartenir à notre Compagnie doivent se donner beaucoup de peine pour se vaincre et pour chasser loin d'eux-mêmes toutes les craintes qui font entrave chez les hommes à la foi, à l'espérance et à la confiance en Dieu et, pour cela, en prendre les moyens. Et bien que la foi, l'espérance et la confiance soient des dons de Dieu, le Seigneur les

---

1. Job 1, 9-12 ; 2, 3-6.

accorde à qui bon lui semble et cependant, communément, à ceux qui font des efforts pour se vaincre eux-mêmes et qui, pour cela, en prennent les moyens.

14. Il y a une grande différence entre celui qui a confiance en Dieu tout en ayant tout le nécessaire et celui qui a confiance en Dieu sans rien avoir et en se privant du nécessaire, alors qu'il pourrait l'avoir, afin d'imiter davantage le Christ[2]. De même, il y a une grande différence entre celui qui a la foi, l'espérance et la confiance en Dieu alors qu'il est loin de périls mortels, et ceux qui ont la foi, l'espérance et la confiance en Dieu quand ils se sont exposés volontairement à des périls presque sûrement mortels par amour de Dieu et pour le servir, alors qu'ils auraient pu les éviter s'ils l'avaient voulu, car il dépendait de leur liberté de s'en détourner ou de les affronter. Il me semble que ceux qui vont vivre au milieu de continuels dangers de mort, et seulement pour servir Dieu, sans autre ordre de considération ni d'autre but, en viendront au bout de peu de temps à haïr la vie et à désirer la mort, afin de vivre et de régner pour toujours avec Dieu dans les cieux, car cette vie-ci n'en est pas une, mais plutôt une mort continuelle et un exil de la gloire pour laquelle nous sommes créés.

15. Ces Japonais qui sont nos Frères[3] et nos compagnons dans ce voyage pour le Japon, me disent que les prêtres des Japonais vont être scandalisés s'ils nous voient manger, au Japon, de la viande ou du poisson. Nous partons donc décidés à garder une abstinence continuelle, plutôt que de donner à qui que ce soit un motif de scandale. Une personne qui revient de là-bas nous dit que ces prêtres qu'il y a au Japon sont très nombreux et on me donne comme une information très sûre que ces prêtres sont très obéis par le peuple, par les grands comme par les humbles. Je vous rends compte de tout cela pour que vous soyez au courant de la grande nécessité où nous qui partons au Japon, nous nous trouvons, afin d'être protégés et aidés au moyen des dévotes oraisons et des saints sacrifices de tous les Frères de la bénie Compagnie de Jésus.

16. Le jour ou la veille de la Saint-Jean de l'année 1549, nous quittons Malacca pour le Japon ; nous passons au large de la Chine sans toucher terre ni aucun port que ce soit. Entre la Chine et le Japon, il y a douze cents lieues ; les pilotes disent que nous arriverons au Japon avant le dix ou le quinze août. Je dois vous écrire une fois là-bas tant de choses et tant de détails sur le pays, sur ses

2. *Exercices*, n° 318-320 ; 356 ; 372 ; 324.
3. Les trois Japonais ne sont pas membres de la Compagnie de Jésus, mais par le cœur Xavier les y inclut.

habitants, sur leurs coutumes, sur leur genre de vie et sur les erreurs où ils vivent à propos de leurs Ecritures, sur ce qu'elles contiennent, sur les centres d'études qu'il y a dans le pays et sur les Exercices qu'il y a en ce pays et qu'ils font.

17. Il y a une chose que me dit Paul de Sainte Foi, le Japonais, et qui me console beaucoup. Il me dit que dans le monastère qu'il y a en son pays, il y a beaucoup de moines et qu'il y a un centre d'étude, que chez eux on fait un Exercice de méditation, à savoir celui-ci : celui qui a la charge de la maison, leur supérieur, qui est le plus savant, les fait tous appeler et il leur fait une causerie en manière de prédication. Il dit alors à chacun d'eux de méditer pendant la durée d'une heure sur ce point : Quand un homme est en train d'expirer et qu'il ne peut plus parler, quand l'âme prend congé du corps, et si alors il pouvait parler au moment de cette séparation et de cet éloignement de l'âme, quelles choses dirait donc l'âme au corps ? et de même, par conséquent, ceux qui sont en enfer ou au purgatoire, s'ils revenaient en cette vie, que diraient-ils ? Une fois cette heure écoulée, le supérieur de la maison demande à chacun d'eux ce qu'il a senti pendant cette heure où il a médité. S'il dit de bonnes choses, il le loue, et au contraire il le blâme quand il dit des choses qui ne sont pas dignes de mémoire [4]. On dit que ces prêtres prêchent au peuple tous les quinze jours et que bien des gens viennent à leurs prédications, les hommes aussi bien que les femmes et qu'on pleure à leurs prédications, surtout les femmes, et que celui qui prêche possède une peinture de l'enfer et des supplices qu'on y donne, qu'il montre ces figures au peuple. C'est cela que m'a raconté Paul de Sainte Foi.

18. Je lui ai demandé s'il se souvenait de quelques propos tenus par un prédicateur qu'il ait entendu. Il me dit qu'il se souvenait avoir entendu un de ces prêtres qui prêchait dire ceci : un homme méchant ou une femme méchante est pire que le diable. Il disait que les mauvaises actions que le diable ne peut pas faire lui-même, il les faisait faire par cet homme méchant ou par cette femme méchante, comme de voler, comme de porter de faux témoignages et d'autres péchés de cet ordre. On me dit que ce sont des gens très désireux de savoir ; quand j'en aurai eu l'expérience, je vous écrirai très longuement.

Que Dieu notre Seigneur, de par sa miséricorde infinie, nous rassemble en sa sainte gloire, parce que je ne sais pas quand nous nous verrons en cette vie-ci ; mais la sainte obéissance peut le

---

4. Il s'agirait précisément du monastère de Fuku-Shôji et les Exercices spirituels mentionnés ici sont la plus ancienne évocation européenne du *Zen*.

faire et ce qui paraît difficile est facile quand l'obéissance le veut.

Serviteur inutile de tous les Frères de la Compagnie du Nom de Jésus.

François

86

AU P. SIMON RODRIGUES, AU PORTUGAL
(EX.II, 154-156 ; S.IV, 21-22)

Cette lettre est un écho de la lettre 79 : de nouveaux apôtres, des prédicateurs surtout pour l'Inde.

Malacca, le 23 juin 1549

La grâce et l'amour éternel du Christ notre Seigneur soient toujours en notre aide et en notre faveur. Amen.

1. En janvier de cette année 1549, je vous ai très longuement écrit, moi-même comme tous les Frères de la Compagnie. Je vous fais savoir, par cette lettre, que ce serait un très grand service de Dieu notre Seigneur que d'envoyer une personne qui aurait servi comme recteur au collège de Coïmbre, ou qui aurait eu qualité pour le faire, et qui soit une personne à qui cette charge ne cause pas de répugnance en sa conscience, car le métier de commander est une charge très dangereuse pour ceux qui ne sont pas parfaits et qui ne possèdent pas une grande perfection, comme vous le savez fort bien. Et que ce soit une personne qui sache veiller sur tous les Frères qui sont en Inde, qu'il ait beaucoup de prudence et de science, qu'il sache éprouver de la compassion pour les Frères de la Compagnie, les soutenir et traiter avec eux. Il est nécessaire pour cela que vous envoyiez une personne que vous ayez déjà vue là-bas avec l'expérience de ces charges. Antoine Gomes a beaucoup de talent pour prêcher et il fait beaucoup de fruit dans ses prédications ; il ne possède pas autant de qualités que je lui en souhaiterais, pour avoir la charge des Frères de l'Inde et du collège. Antoine Gomes ferait un grand service pour Dieu s'il s'en allait prêcher dans les forteresses de l'Inde.

2. Pour l'amour de Notre Seigneur, envoyez-moi quelques Pères prédicateurs, parce que les forteresses de l'Inde ont un grand besoin de doctrine chrétienne et que nous devons beaucoup au Roi et aux

Portugais de ces contrées-ci. Il n'y a rien d'autre avec quoi leur payer tout ce que nous leur devons, que de veiller sur leurs consciences et que de veiller sur les nombreuses obligations qu'a le Roi, en lui allégeant sa conscience en ces contrées. Quant aux personnes que vous enverrez par ici, tant les prédicateurs que ceux qui ne le sont pas, pour l'amour de Notre Seigneur, que ce soient des personnes très éprouvées en leur vie et en leurs vertus, car les motifs et les occasions offertes au mal abondent en ces contrées-ci. Même si les prédicateurs que vous enverriez ici n'avaient pas beaucoup de savoir, pour l'amour de Notre Seigneur, que ce soient des hommes d'une vie exemplaire, car en ces contrées-ci on est peu regardant sur la science, mais beaucoup sur la vie.

3. A Malacca, j'ai trouvé que le P. François Pérez avait fait beaucoup de fruit et qu'il en fait chaque jour, ce qui m'a beaucoup consolé. J'aurais plaisir à ce que les prédicateurs que vous enverrez en ces contrées-ci soient semblables à François Pérez par leurs vies et par leur science. Que Notre Seigneur fournisse par sa miséricorde ces contrées de l'Inde en ouvriers nécessaires au travail de cette vigne qui, parce qu'elle n'est pas travaillée, donne des raisins aigres.

4. Vous m'écrirez, mon très cher Frère Maître, pour me donner de nombreuses nouvelles tant de vous-même que de la Compagnie et écrivez-moi pour me donner des nouvelles très détaillées de votre collège de Coïmbre.

5. Je m'embarque pour le Japon le jour de la Saint-Jean et je vous écrirai une fois là-bas pour vous informer longuement des dispositions offertes par ce pays et du fruit qu'on peut y faire. Il ne sera pas étonnant que vous désiriez alors vous trouver au Japon plutôt que dans le tumulte de la Cour, dont je crois à la vérité que vous êtes las. Que Dieu notre Seigneur nous rassemble là où il sera davantage servi et si ce n'est pas en cette vie-ci, que ce soit dans la gloire du paradis. Amen.

Entièrement votre Frère très cher dans le Christ.

François

87

A JEAN III, ROI DU PORTUGAL
(EX.II, 157-158 ; S.IV, 22-23)

Avant de quitter les eaux où règnent les Portugais, saint François Xavier prend congé de leur roi : encore une occasion de demander une faveur pour un bienfaiteur.

Malacca, le 23 juin 1549

Seigneur,

Parce que Votre Altesse m'a donné l'ordre, dans ses lettres, de lui écrire au sujet des hommes qui la servent en ces contrées-ci avec beaucoup de sincérité et de fidélité, je fais savoir à Votre Altesse qu'Edouard Barreto l'a bien servie à Malacca en la servant comme intendant. Par l'expérience que j'ai acquise pendant le temps où je suis resté à Malacca, j'ai vu que Votre Altesse était bien servie, et avec une grande diligence, par Edouard Barreto, à la factorerie : il a veillé sur le trésor de Votre Altesse, il a protégé les marchands, il a été équitable entre les parties et il a montré qu'il est un officier digne de l'administration de Votre Altesse. C'est en effet l'honneur des rois et des seigneurs puissants que d'avoir des officiers et des vassaux loyaux qui sachent montrer la vertu et le pouvoir de leur roi à ceux qui ne voient point Votre Altesse en ces contrées, grâce à des serviteurs loyaux qui se flattent et qui s'honorent de la servir. Etant donné qu'Edouard Barreto est l'un de ceux-ci, Votre Altesse doit lui accorder un grand honneur et une grande grâce, car il l'a bien servie. Ce ne sont pas les peines qui lui ont manqué en ce pays en accomplissant sa charge. Et la grâce que Votre Altesse lui a accordée en lui concédant la factorerie de Malacca en récompense de tant d'années de services, n'a pas été à son avantage. En raison des labeurs endurés, il n'a pas terminé son mandat et il s'en va pauvre. Que Votre Altesse lui accorde une grâce, car en raison de ses services il la mérite.

Que Notre Seigneur accroisse les jours de vie à Votre Altesse par de nombreuses années et qu'il lui fasse sentir en cette vie présente sa très sainte volonté, qu'il lui donne les forces spirituelles nécessaires pour l'accomplir en faisant et en accomplissant ce qu'elle voudrait avoir fait à l'heure de sa mort.

Serviteur inutile de Votre Altesse.

François

88

AUX PP. PAUL ET ANTOINE GOMES, A GOA
(EX.II, 159-161 ; S.IV, 23-24)

Par cette lettre de recommandation, saint François Xavier montre que l'imminence de son départ pour le Japon ne lui fait oublier ni l'homme seul ni la veuve ni l'orphelin.

Malacca, le 23 juin 1549

La grâce et l'amour du Christ notre Seigneur soient toujours en notre aide et en notre faveur. Amen.

1. Après vous avoir très longuement écrit sur toute chose [1], il m'a paru bien de vous ajouter ces lignes pour vous faire savoir que j'ai trouvé ici, à Malacca, un grand ami à moi, nommé Christophe Carvalho. C'est un célibataire, un homme très vertueux, riche, honoré, doté de très grandes qualités. Poussé par le zèle que j'ai du salut de tous, je le priai, au nom de la grande amitié qu'il y a entre nous, de bien vouloir prendre et choisir, par amour de Notre Seigneur, quelque mode de vie employée au service de Dieu et propre à lui donner la tranquillité d'âme, car il sait bien à quels dangers s'exposent ceux qui ne suivent pas un mode dans leur vie. Lui, il me dit qu'il désirait beaucoup déjà trouver la tranquillité d'âme dans un bon état de vie, et un état de vie qui fût un service de Dieu notre Seigneur, pour mériter les grâces et les dons que Notre Seigneur Dieu lui avait faits par sa miséricorde.

2. Tandis que nous allions de conversation en conversation, et que moi, je me rappelais les grandes charités et les nombreuses aumônes que nous avons tous reçues de notre Maman [2], je lui dis de se marier avec une fille de celle-ci ; je lui donnai alors des informations sur ses coutumes et sur ses vertus. Il fut très satisfait de ces informations véridiques ainsi que de sa vertu ; il en fut très reconnaissant. Il me donna son assentiment et je crois qu'il tiendra parole, car il est pour moi un ami véritable, et parce que c'est une chose si honorable, si profitable, si propre à lui donner la tranquillité d'âme. J'ai écrit à notre Maman à propos de toutes ces choses.

3. Comme il me semble que votre aide est très nécessaire, je vous demande et je vous prie de vous souvenir du très bon accueil et de la charité que nous a toujours prodigués notre Maman, et que vous et l'intendant du trésor [3], vous preniez l'affaire en mains et que vous fassiez en sorte que cette honorable veuve soit délivrée de ce souci et que sa fille soit bien traitée et protégée.

4. Christophe Carvalho, mon ami, part là-bas ; informez-vous de sa personne. Gardez à l'esprit sa volonté et la parole qu'il m'a

---

1. Voir lettre 84.
2. Dans l'Inde portugaise, il était coutume d'appeler « Maman » ou « Mère » (mãi) toute dame d'âge respectable. Il s'agit ici de Violante Ferreira, veuve de Jacques Frois, bienfaitrice de la Compagnie.
3. Cosme Anes.

donnée. Vous parlerez à l'intendant du trésor en insistant sur le grand service qu'il rend à Dieu notre Seigneur à ce propos, ainsi que sur la grande tranquillité d'âme qui en résultera pour lui du fait qu'il assure protection à cette orpheline et consolation à cette veuve. Moi, j'ai confiance en Dieu notre Seigneur que cela va se faire, car c'est une personne de bien et honorable.

5. Comme vous savez bien, le Roi notre seigneur a accordé par lettre patente à notre Maman l'office abandonné par Jacques Frois, — qui est déjà dans la sainte gloire —, afin de servir à celui qui épousera sa fille. Comme Christophe Carvalho est une personne honorable, riche et bien pourvue, et qu'il n'a pas besoin d'exercer des charges, je vous recommande et je vous prie instamment pour l'amour de Dieu notre Seigneur, et en raison des grandes et nombreuses obligations que nous avons tous envers notre Maman, que vous et l'intendant, vous obteniez du Seigneur Gouverneur la permission de vendre ladite charge, pour Christophe Carvalho, car celui-ci est déjà bien pourvu, par la grâce du Seigneur Dieu. De cela, je ne vous en charge pas plus longtemps ni ne vous le recommande encore, parce que je sais quel soin particulier vous allez y mettre, car chaque jour vous voyez des choses qui vous y obligent. Je vous prie de faire en sorte que ce mariage soit conclu ; j'aurai en effet un grand plaisir et une grande satisfaction quand je verrai cette orpheline, qui est une fille si bonne, protégée, et notre Maman délivrée de ce souci, car je sais et je connais qui est mon ami Christophe Carvalho, et c'est une personne qui apportera beaucoup d'attention et de tranquillité d'âme à notre Maman.

6. C'est pour cela que je vous le recommande tant, puisque j'ai déjà son assentiment et qu'il m'a promis de tenir parole, car il reconnaît que grande est la grâce que le Seigneur lui fait ainsi, quand j'évoque devant lui une si bonne entreprise. J'ai écrit en ce sens à notre Maman. Pourtant, il me paraît que cela ne sera pas suivi d'effet s'il n'y a pas sur place quelqu'un qui fasse avancer la chose et qui en prenne un soin spécial et c'est pourquoi je vous prie d'en prendre grand soin.

Que Notre Seigneur nous rassemble dans la sainte gloire, car en cette vie-ci, je ne sais pas quand nous nous verrons.

Votre Frère dans le Christ.

François

89

INSTRUCTIONS POUR JEAN BRAVO, NOVICE
(EX.II, 163-165 ; S.IV, 24-25)

Ces conseils spirituels montrent le prix que saint François Xavier conférait aux Exercices, à l'examen de conscience et à la mortification permanente.

Malacca, le 23 juin 1549

1. D'abord, en vous réveillant le matin, vous vous conformerez immédiatement à l'ordre suivant : pendant la durée d'une demi-heure au moins, vous méditerez sur quelques points de la vie du Christ, à commencer par sa sainte Nativité et pour finir par sa glorieuse Ascension, et de cette façon : en commençant le matin, vous méditerez et vous contemplerez sur la Nativité de Jésus-Christ le lundi, et le mardi sur la méditation suivante, le mercredi, le jeudi, le vendredi et le samedi sur des méditations des Exercices, en faisant chaque jour le matin une méditation selon le même ordre et de la même manière que lorsque vous faisiez les Exercices.

2. La semaine suivante, vous ferez les Exercices de la troisième semaine : lundi en commençant par une méditation, mardi par une autre, mercredi, jeudi, vendredi et samedi par d'autres méditations de la seconde semaine, mais selon l'ordre qui se trouve dans les Exercices de la troisième semaine. Vous ferez pendant la semaine suivante les Exercices de la quatrième semaine, en méditant au cours de la matinée une demi-heure ou une heure sur chaque contemplation de la quatrième semaine, selon l'ordre qui se trouve dans les Exercices. C'est ainsi que chaque mois, vous méditerez sur la vie du Christ notre Seigneur en entier ; et une fois terminée cette méditation en un mois, vous referez cette méditation une autre fois selon le même ordre que celui que vous aurez suivi le mois précédent.

3. Au terme de n'importe lequel de ces Exercices, vous referez à nouveau et vous renouvellerez les vœux que vous avez faits, principalement les vœux de chasteté, d'obéissance et de pauvreté. C'est ainsi que tous les jours vous renouvellerez et ferez de nouveau les vœux que vous avez faits. Car si vous les faites tous les jours, vous ne serez pas autant combattu par l'Ennemi et par la chair, en marchant ainsi contre eux, que si vous ne les renouveliez pas ni ne les faisiez à nouveau. C'est pourquoi vous prendrez un soin particulier à rénover et à faire à nouveau lesdits vœux de chasteté, d'obéissance, etc.

4. Après avoir déjeuné et pris du repos, vous irez à nouveau méditer pendant l'espace d'une demi-heure ou d'une heure et répéter la même contemplation que celle que vous avez contemplée pendant la matinée, tout en faisant les vœux de chasteté, d'obéissance et de pauvreté, comme vous les avez déjà faits pendant la matinée et vous ferez en sorte de méditer tous les jours une heure sur la vie du Christ notre Seigneur, une demi-heure le matin dès que vous vous serez réveillé et une autre demi-heure après vous être reposé, au moment où le P. François Pérez enseigne le catéchisme.

5. Le soir, avant de vous coucher pour vous endormir, après avoir soupé, vous vous recueillerez quelque part pour examiner votre conscience sur les choses qui vous sont arrivées pendant ce jour, sur les pensées, les paroles et les actions commises par vous en ce jour contre Notre Dieu et Seigneur, mettant une grande diligence à examiner votre conscience, de la même façon que si vous deviez confesser les fautes faites en ce jour et en demander pardon, d'elles toutes, à Notre Seigneur Jésus Christ ainsi que promettre d'amender votre vie. Vous direz à la fin un Pater Noster et un Ave Maria et une fois cela terminé, vous vous coucherez en occupant votre pensée à la façon dont vous devez vous y prendre pour vous amender le lendemain.

6. Quand le matin, vous vous réveillerez, pendant le temps que vous prendrez pour vous habiller et pour vous laver, vous remettrez en mémoire les fautes, les manquements et les péchés dans lesquels vous êtes tombé la veille, et vous demanderez à Notre Seigneur Jésus-Christ la grâce de ne point retomber pendant ce jour dans les fautes et dans les péchés où vous étiez tombé le jour précédent. Une fois cela fait, vous vous mettrez à faire les méditations selon la manière et selon l'ordre que je vous ai indiqués. Vous ferez cela tous les jours ; et, lorsque vous négligerez de le faire à un moment où vous êtes en bonne santé et que rien n'y fait obstacle, vous examinerez votre conscience et vous avouerez votre faute de n'avoir pas fait ce que le prêtre vous avait ordonné et recommandé instamment.

7. Œuvrez à vous vaincre vous-même en toute chose et à nier toujours votre désir personnel ou ce à quoi il incline, vous efforçant d'endurer et de choisir ce qu'il déteste et ce qu'il fuit le plus. Cherchez à être abaissé et humilié en toute chose : sans humilité véritable, en effet, vous ne pouvez pas croître dans l'esprit, ni être profitable à vos prochains et vous ne serez ni bien reçu par les saints, ni agréable à Dieu, et finalement, vous ne persévérerez pas dans cette minime Compagnie de Jésus qui, simplement, ne tolère pas des hommes superbes ou orgueilleux, amis de leur jugement

propre et de leur honneur personnel, car ce sont des gens qui ne se sont jamais bien comportés avec personne.

8. Vous vous efforcerez beaucoup à obéir au prêtre avec lequel vous vous trouverez en toute chose qu'il vous ordonnera et vous ne le contredirez en aucune chose de quelque ordre que ce soit : au contraire, vous lui obéirez en tout, comme si c'était le P. Ignace lui-même qui vous commandait.

9. Toutes les tentations de quelque espèce que ce soit, vous les ferez connaître au prêtre avec lequel vous vous trouvez, afin qu'il vous y aide et qu'il vous fournisse un remède pour vous délivrer de ces tentations. Quand on fait connaître les tentations de l'Ennemi à des personnes capables de vous fournir un remède, on acquiert un grand mérite et l'Ennemi en sort vaincu : il perd même des forces pour tenter, lorsqu'il voit qu'on découvre peu à peu ses tentations et qu'on n'accomplit pas ses desseins maudits et pas davantage ce qu'il prétend obtenir.

Votre ami d'âme.

François

90

AUX COMPAGNONS RESIDANT A GOA
(EX.II, 179-212 ; S.IV, 63-97)

Saint François Xavier fait ici le récit de sa longue traversée, de Malacca à Kagoshima (S.IV, 26-51), occasion pour lui d'exalter la confiance que nous devons tous mettre en Dieu. Il fait ensuite sa première description du Japon : très étonné de voir que ce pays compte peu d'analphabètes et pratique la monogamie, que l'homosexualité n'y est pas l'objet de la malédiction que lui vouent d'autres sociétés, dont la chrétienne. Qu'il y a un clergé et des moines comme en Europe, des nobles et gentilshommes comme chez lui, mais tout cela paraît néanmoins souverainement étrange, exotique voire incongru. Qu'importe ? Il n'est pas tant venu pour s'étonner que pour évangéliser, et c'est pourquoi il exhorte ses Frères de Goa à avoir du courage et à le rejoindre. C'est pourquoi aussi, il envisage déjà et de parvenir à maîtriser rapidement la langue japonaise et, avec l'aide d'Anjirô (Paul de Sainte Foi), de traduire les textes de base du christianisme. Comme on s'en rendra compte, ce long texte est plus un premier rapport sur son voyage et sur le pays abordé qu'une lettre. Mais c'est aussi une interminable exhortation spirituelle.

Kagoshima, le 5 novembre 1549

La grâce et l'amour du Christ notre Seigneur soient toujours en notre aide et en notre faveur. Amen.

1. Je vous ai écrit très longuement de Malacca à propos de notre voyage en entier, après que nous fûmes partis de l'Inde pour arriver à Malacca, et de ce que nous fîmes pendant le temps où nous y avons séjourné [1]. Je vous fais savoir à présent comment Dieu notre Seigneur, par sa miséricorde infinie nous a conduits au Japon. L'après-midi du jour de la Saint-Jean de l'année 1549, nous nous embarquâmes à Malacca pour ce pays à bord du bateau d'un marchand chinois, un Gentil, qui s'était offert au Capitaine de Malacca pour nous amener au Japon. Après notre départ, Dieu nous accorda une grande grâce en nous donnant très beau temps et très bon vent ; toutefois, comme une grande inconstance est de règle chez les Gentils, le capitaine du vaisseau commença à changer d'avis et ne voulut plus aller au Japon, si bien qu'il s'arrêta sans nécessité sur les îles que nous trouvions en chemin.

2. Ce qui nous navrait le plus pendant notre voyage, c'était deux choses : la première, de voir que nous ne mettions pas à profit le beau temps et le bon vent que Dieu notre Seigneur nous donnait et que la mousson utile pour aller au Japon était en train de finir pour nous : nous serions donc forcés d'attendre un an et de passer l'hiver en Chine, jusqu'à la mousson suivante. La seconde chose, c'était les nombreuses et continuelles idolâtries, ainsi que les sacrifices accomplis par le capitaine et par les Gentils à l'idole qu'ils transportaient à bord, et le fait de ne pas pouvoir les empêcher, quand ils jetaient des sorts nombreux et l'interrogeaient pour savoir si nous pouvions ou non parvenir au Japon, si les vents nécessaires à notre navigation dureraient : parfois les sorts étaient bons et parfois ils étaient mauvais, d'après ce qu'ils nous disaient ou ce qu'ils croyaient.

3. A cent lieues de Malacca, sur la route de la Chine, nous atteignîmes une île où nous nous pourvûmes de timons et d'autre bois nécessaires pour affronter les grandes tempêtes et les mers de Chine. Une fois cela fait, ils jetèrent les sorts après avoir fait de nombreux sacrifices et de nombreuses fêtes en l'honneur de l'idole, en lui adressant de fréquentes adorations et en lui demandant si nous aurions bon vent ou non. Le sort tomba que nous aurions beau temps et que nous n'attendions plus pour partir. C'est ainsi que nous levâmes l'ancre pour voguer à pleines voiles, tous

---

1. Voir lettre 84.

remplis de joie et les Gentils pleins de confiance en l'idole qu'ils transportaient avec une grande vénération à la poupe du navire, entourée de chandelles allumées et embaumée de parfums de bois d'aloès [2], et nous ayant toute confiance dans le Dieu créateur du Ciel et de la terre, et en Jésus-Christ son Fils, pour l'amour et pour le service duquel nous partions en ces contrées pour y accroître sa très sainte Foi.

4. Tandis que nous poursuivions notre navigation, les Gentils se mirent à jeter les sorts et à poser des questions à l'idole pour savoir si le bateau sur lequel nous allions devait revenir du Japon à Malacca : le sort fut donné qu'il irait au Japon mais qu'il ne retournerait pas à Malacca. Dès lors, la méfiance s'installa tout à fait chez eux quant à l'idée d'aller au Japon et ils furent enclins à passer l'hiver en Chine et à attendre l'année prochaine. Voyez les souffrances que nous pouvions endurer pendant cette navigation, puisqu'il dépendait de l'avis du démon et de ses serviteurs que nous allions au Japon ou non, et que ceux qui gouvernaient et qui conduisaient le navire ne faisaient rien d'autre que ce que le démon leur disait par ses sorts.

5. Notre voyage continua lentement et au moment d'arriver en Chine, nous trouvant près d'une terre appelée « Cochinchine », qui est déjà proche de la Chine, deux désastres nous survinrent le même jour, la veille de la Madeleine [3]. Alors que la mer était grosse et la tempête forte, et que nous avions jeté l'ancre, il advint qu'à la suite d'une négligence, on avait laissé les écoutilles du navire ouvertes et qu'Emmanuel le Chinois, notre compagnon, y passa à travers. Comme le navire se mit à tanguer fortement parce que la mer était grosse, perdant l'équilibre, il tomba en bas des écoutilles. Nous avons tous cru qu'il était mort, en raison de la grande chute qu'il avait faite et aussi de toute l'eau qu'il y avait dans les écoutilles. Dieu notre Seigneur n'a cependant pas voulu qu'il mourût. Il resta pendant un long moment avec la tête et plus de la moitié du corps en dessous de l'eau et il souffrit pendant de longs jours de la grande blessure qu'il s'était faite à la tête ; c'est à grand-peine que nous le sortîmes des écoutilles et il resta un long moment avant de reprendre connaissance. Dieu notre Seigneur voulut lui rendre la santé.

Alors qu'on achevait de le soigner et que se poursuivait la grande tempête qui soufflait, et que le navire tanguait beaucoup, il arriva que la fille du capitaine tombât à la mer. Comme les flots étaient

2. Exactement l'*aguillaria agallocha*.
3. Le 21 juillet.

déchaînés, nous ne pûmes pas lui porter secours : elle se noya donc sous les yeux de son père et de tous, non loin du navire. Il y eut tant de pleurs et de lamentations, ce jour-là et la nuit suivante, que c'était très grande pitié de voir la misère régnant dans les âmes de ces Gentils, ainsi que le danger auquel toutes nos vies étaient exposées à bord de ce navire. Après quoi, et sans relâche ce jour-là et la nuit suivante, les Gentils offrirent de grands sacrifices et de grandes fêtes en l'honneur de l'idole, en tuant grand nombre d'oiseaux et en lui donnant à manger et à boire. Ils jetèrent des sorts pour lui demander pour quelle raison sa fille était morte ; le sort répondit qu'elle ne serait point morte et ne serait pas tombée à la mer, si notre compagnon Emmanuel, qui était tombé dans les écoutilles, était mort.

6. Voyez à quoi tenaient nos vies : dans les sorts tirés des démons, entre les mains de ses serviteurs et de ses ministres. Que nous serait-il arrivé si Dieu avait permis au démon de nous faire tout le mal qu'il nous voulait ?

Quand je voyais les offenses si manifestes et si grandes qu'ils commettaient contre Dieu notre Seigneur par fidélité à leurs nombreuses idolâtries, et que je n'avais pas la possibilité de les empêcher, je demandai maintes fois à Dieu notre Seigneur, avant même de nous trouver pris dans cette tempête, de nous accorder la grâce signalée de ne pas permettre autant d'erreurs chez les créatures qu'il a créées à son image et à sa ressemblance. Ou bien, s'il les permettait, d'infliger à l'Ennemi, auteur de ces actes de sorcellerie et de gentilité, des peines et des supplices accrus, plus grands que ceux qu'il subissait déjà, chaque fois qu'il incitait le capitaine et qu'il le poussait à jeter des sorts, à y croire, et chaque fois qu'il se faisait adorer comme Dieu.

7. Le jour où ces désastres nous arrivèrent, ainsi que la nuit qui suivit, Dieu notre Seigneur voulut me faire la grâce de daigner me faire sentir et me faire connaître par expérience bien des choses relatives aux craintes horribles et épouvantables que l'Ennemi inspire, lorsque Dieu lui permet, et qu'il trouve de nombreuses occasions de les inspirer, et aux remèdes auxquels on doit recourir au milieu de telles peines, contre les tentations de l'Ennemi. Comme il serait long de les raconter, j'omets de les décrire, et non pas parce qu'ils ne mériteraient pas d'être retenus. Voici en résumé tous les remèdes à employer en de pareilles circonstances : montrer un très grand courage contre l'Ennemi, en n'ayant aucune confiance en soi-même et en se confiant grandement à Dieu, mettre toutes les forces et toutes les espérances en lui, et, fort d'un si grand défenseur, d'un si grand protecteur, se garder de montrer de la lâcheté

et ne point douter qu'on sera vainqueur. J'ai souvent pensé que, chaque fois que Dieu notre Seigneur infligeait au démon des peines accrues — plus grandes que celles qu'il subissait déjà —, c'est alors qu'il avait voulu se venger ce jour-là et cette nuit-là. Souvent, d'ailleurs, il m'a mis cette chose présente à l'esprit et m'a dit que nous nous trouvions au moment où il se vengerait.

8. Mais comme le démon ne peut pas faire plus de mal que Dieu ne lui permet, on doit plus craindre, à de pareils moments, le manque de confiance en Dieu que la peur de l'Ennemi. Dieu permet au démon de désoler et de tourmenter ses créatures qui, par pusillanimité, cessent d'avoir confiance en leur Créateur et se privent de forces en ne plaçant pas leur espérance en lui. C'est en raison de ce mal si grand qu'est la pusillanimité, que beaucoup de ceux qui ont commencé à servir Dieu vivent dans la désolation, parce qu'ils ne vont plus de l'avant en portant avec persévérance la douce Croix du Christ. La pusillanimité cause cette misère si dangereuse et si nuisible : on est capable de bien peu parce qu'on se confie en soi-même et qu'on est une chose si petite ; et lorsqu'on se voit dans la nécessité de disposer de forces plus grandes que celles qu'on a et qu'on est forcé d'avoir totalement confiance en Dieu, on manque de courage dans les grandes choses pour bien utiliser la grâce que Dieu notre Seigneur accorde pour espérer en lui. Quant à ceux qui s'estiment eux-mêmes quelque peu et placent leur fondement en eux-mêmes, se croyant davantage qu'ils ne sont et méprisant les choses humbles dans lesquelles ils ne se sont guère exercés et n'ont guère profité, en se vainquant eux-mêmes, ils sont plus faibles lors des grands périls et des grandes épreuves que les pusillanimes. En effet, ils ne poursuivent pas jusqu'au terme ce qu'ils avaient commencé, ils perdent courage pour de petites choses, de même qu'ils l'avaient déjà perdu pour de grandes.

9. Ils éprouvent ensuite tellement de répugnance à l'intérieur d'eux-mêmes, et une telle honte à s'y exercer, qu'ils courent un grand risque de se perdre et de vivre dans la désolation, car ils ne connaissent pas les faiblesses qu'ils ont en eux-mêmes et les attribuent à la Croix du Christ dont ils disent qu'elle est lourde à porter.

O Frères, que nous adviendra-t-il à l'heure de la mort, si pendant notre vie nous ne nous préparons pas et ne nous disposons pas à savoir espérer et à mettre notre confiance en Dieu, puisqu'à cette heure-là nous allons nous trouver en proie à des tentations, à des peines, à des dangers plus grands que ceux que nous avons jamais vus, aussi bien de l'esprit que du corps ? C'est pourquoi, c'est dans les choses petites que ceux qui vivent dans le désir de servir Dieu doivent s'employer à s'humilier beaucoup, en se dépouillant toujours en eux-mêmes, en établissant toujours de grands et de nombreux fondements en Dieu, afin de savoir espérer en la suprême bonté et en la suprême miséricorde de leur Créateur, au milieu des grands dangers et des grandes épreuves, pendant la vie comme à l'heure de la mort. C'est là où ils éprouvaient de la répugnance qu'ils auront en effet appris à vaincre les tentations, si petites qu'elles aient pu être, car, par leur grande humilité, ils ne mettent pas en eux-mêmes leur confiance et ils renforcent leur courage en ayant une grande confiance en Dieu. Personne n'est faible s'il fait bon usage de la grâce que Dieu notre Seigneur lui donne.

10. Aussi nombreux que puissent être les obstacles dressés par l'Ennemi à la persévérance dans la vertu et dans la perfection, on court davantage de danger au milieu du monde et en ne plaçant pas sa confiance en Dieu au moment où l'on traverse de grandes tribulations, qu'en endurant les épreuves que l'Ennemi suscite. Si les hommes savaient transformer la crainte qu'ils éprouvent à l'égard du démon lors des tentations, et les peurs et les effrois qu'il leur inspire pour les empêcher de servir Dieu, en crainte de leur Créateur quand ils négligent de le servir, et s'ils considéraient en eux-mêmes comme certain que plus de mal doit leur arriver en ne faisant rien pour Dieu qu'il ne peut leur en venir de la part du démon, combien ils seraient consolés et combien ils profiteraient, en se connaissant eux-mêmes et en apprenant par expérience combien peu ils valent ! Par ailleurs, ils verraient clairement que dès qu'ils adhèrent entièrement à Dieu, ils sont capables de grandes choses. Quant au démon, dans quelle confusion et dans quel état de faiblesse resterait-il quand il se verrait vaincu par ceux-là mêmes dont il a été vainqueur un moment !

11. Revenons maintenant à notre voyage. Les flots se calmèrent, nous levâmes l'ancre et nous mîmes les voiles ; tous en proie à une profonde tristesse, nous commençâmes à naviguer sur notre trajet et, peu de jours après, nous arrivâmes en Chine, au port de Canton. Tous furent d'avis de passer l'hiver dans ce port, aussi bien les marins que le capitaine ; il n'y avait que nous pour le contredire par nos requêtes et aussi par nos menaces et par les craintes que nous brandissions devant lui : nous leur dîmes que nous allions écrire au Capitaine de Malacca et que nous dirions aux Portugais qu'ils nous avaient trompés et qu'ils n'avaient point accompli ce qu'ils nous avaient promis. Dieu notre Seigneur voulut bien leur inspirer la volonté de ne pas rester sur les îles de

Canton [4] et nous prîmes la direction de Zhangzhou [5] ; peu de jours après, grâce au bon vent que Dieu nous donnait, nous arrivâmes à Zhangzhou, qui est un autre port de la Chine. Alors même que nous étions sur le point d'entrer, avec la détermination d'y passer l'hiver, car déjà la mousson nécessaire pour aller au Japon était en train de cesser de souffler, une voile vint vers nous qui nous apporta la nouvelle qu'il y avait plein de pirates et que nous étions perdus si nous y entrions. A cette nouvelle qu'ils nous donnèrent, comme nous voyions les navires de Zhangzhou à une lieue de nous et que le capitaine se jugeait en grand danger d'être perdu, il prit la décision de ne pas entrer à Zhangzhou. Le vent nous venait en proue pour retourner une autre fois à Canton ; mais nous l'avions en poupe pour aller au Japon. Et c'est ainsi que, contre la volonté du capitaine du vaisseau et des marins, force leur fut d'aller au Japon. De la sorte, ni le démon ni ses ministres n'ont pu empêcher notre traversée et Dieu nous amena vers ce pays où nous désirions tant arriver, le jour de Notre Dame en août [6] de l'an 1549. Sans pouvoir aborder un autre port du Japon, nous arrivâmes à Kagoshima qui est le pays de Paul de Sainte Foi. Là, tout le monde nous accueillit avec beaucoup d'amour, ses parents aussi bien que les gens qui ne l'étaient pas.

12. Du Japon, par l'expérience que nous avons du pays, je vous informe de ce que nous avons pu en comprendre. D'abord, les gens avec lesquels nous avons conversé jusqu'à présent sont les meilleurs de ceux qu'on ait jusqu'à présent découverts. Il me semble que, parmi les gens infidèles, on n'en trouvera point qui aient l'avantage sur les Japonais. C'est un peuple d'une fréquentation très agréable, généralement bon et non pas mal intentionné, des gens d'honneur d'une façon tout à fait merveilleuse, qui estiment plus l'honneur que toute autre chose. Ce sont en général des gens pauvres mais la pauvreté chez les gentilshommes [7] comme chez ceux qui ne le sont pas n'est pas considérée comme une honte.

13. Ils ont une chose qu'aucun des pays chrétiens ne me semble avoir et c'est cela : les nobles, si pauvres soient-ils, et ceux qui ne sont pas nobles, aussi grandes que puissent être leurs richessses, traitent avec autant d'honneur un gentilhomme très pauvre que si celui-ci était riche. A aucun prix, un gentilhomme très pauvre ne se marierait avec une personne d'une autre condition qui ne soit

---

4. Sancian et les îles voisines.

5. Changchou ou Tchengtchou selon d'autres graphies.

6. Le 15 août.

7. Le mot *hidalgo* est imprécis et a été traduit ici tantôt par « noble », tantôt par « gentilhomme ».

pas noble, même si on lui donnàit de grandes richesses. Ils font ça parce qu'il leur paraît qu'ils perdent leur honneur s'ils se marient avec une femme de basse condition. Ils estiment donc plus l'honneur que les richesses. Ce sont des gens très courtois les uns envers les autres. Ils apprécient beaucoup les armes et ont grande confiance en celles-ci ; ils portent toujours des épées et des poignards, et cela, tout le monde, les nobles aussi bien que les gens de basse condition. A l'âge de quatorze ans, ils portent déjà une épée et un poignard [8].

14. Ce sont des gens qui ne supportent aucun affront, ni aucune parole dite avec mépris. Les gens qui ne sont pas nobles ont beaucoup de respect envers les nobles. Tous les gentilshommes sont très fiers de servir le seigneur du pays et lui sont très soumis ; ils font cela, me semble-t-il, parce qu'il leur apparaît que, s'ils faisaient le contraire, ils perdraient leur honneur, bien plus qu'en raison du châtiment qu'ils recevraient de leur seigneur s'ils faisaient le contraire. Ce sont des gens sobres dans le manger, bien qu'ils soient assez portés à la boisson : ils boivent du vin de riz [9], car il n'y a pas de vigne en ce pays. Ce sont des gens qui ne jouent jamais, parce qu'il leur semble que jouer serait un grand déshonneur, étant donné que ceux qui jouent convoitent ce qui ne leur appartient pas et peuvent ainsi devenir des voleurs. Ils font peu de serments et, quand ils jurent, c'est par le soleil [10]. Une partie considérable du peuple sait lire et écrire, ce qui est un moyen puissant pour qu'ils apprennent rapidement les oraisons et les choses de Dieu. Ils n'ont qu'une seule femme. C'est un pays où il y a peu de voleurs et cela, à cause de la justice rigoureuse qu'on applique à ceux dont on découvre qu'ils le sont : on ne laisse en vie aucun d'eux. Le vice du vol leur est tout à fait en abomination. Ce sont des gens de très bonne volonté, très sociables et désireux d'apprendre.

15. Ils éprouvent un grand plaisir à entendre parler des choses de Dieu, surtout quand ils les comprennent. De tous les pays que j'ai connus dans ma vie, aussi bien chez les Chrétiens que chez ceux qui ne le sont pas, je n'ai jamais vu de gens aussi irréprochables en matière de vol. Ils n'adorent point des idoles ayant des figures d'animaux [11] ; la plupart d'entre eux croient en des hommes d'autrefois, lesquels, d'après ce que je suis parvenu à comprendre,

---

8. Exactement le *katana*, l'épée, et le *wakizashi*, un petit glaive.
9. Le *Sake*.
10. Amaterasu, la déesse-soleil.
11. Il pense par contraste ou par référence à l'Inde.

étaient des hommes qui vivaient comme des philosophes [12]. Beaucoup d'entre eux adorent le soleil et la lune [13]. Ils se plaisent à entendre des choses conformes à la raison ; quoiqu'il y ait chez eux des vices et des péchés, quand on leur donne des raisons qui prouvent que ce qu'ils font est un méfait, il leur semble bien que ce soit la raison qui le défende.

16. Je constate qu'il y a moins de péchés parmi les laïcs, et je les juge plus obéissants envers la raison, que parmi ceux qui sont considérés ici comme des prêtres et qu'on nomme « bonzes » [14]. Ces derniers sont enclins à des péchés que la nature honnit, ce qu'ils reconnaissent et ce qu'ils ne nient pas. La chose est si publique et si manifeste pour tout le monde, pour les hommes comme pour les femmes, pour les petits et pour les grands, qu'ils ne s'en étonnent pas et n'en ont pas horreur, tant ils y voient une habitude ancienne. Ceux qui ne sont pas bonzes prennent un grand plaisir à nous entendre blâmer ce péché abominable, car il leur semble que nous avons bien raison de dire combien ils sont mauvais et combien ceux qui commettent ce péché offensent Dieu. Nous avons bien souvent dit aux bonzes de ne pas commettre d'aussi affreux péchés ; mais eux, ils trouvent drôle tout ce que nous leur avons dit, car ils s'en moquent et ils n'éprouvent aucune honte en entendant des blâmes contre un si affreux péché. Ces bonzes ont dans leurs monastères beaucoup de jeunes garçons, qui sont fils de gentilshommes, auxquels ils apprennent à lire et à écrire : c'est avec eux qu'ils commettent leurs turpitudes et ce péché leur est si habituel qu'ils ne s'en étonnent pas, quoique cela semble mal à tout le monde.

17. Parmi ces bonzes, il y en a qui s'habillent à la façon des moines : ils sont vêtus d'habits gris ; ils sont entièrement rasés, puisque, semble-t-il, ils se rasent tous les trois ou quatre jours, aussi bien la tête que le menton. Ils vivent très librement ; ils ont des nonnes du même Ordre qu'eux et ils vivent conjointement avec elles. Le peuple les tient en piètre estime, car ce commerce constant avec les nonnes leur semble mal. Les laïcs racontent tous que, lorsqu'une de ces nonnes se sent enceinte, elle prend une drogue qui la fait immédiatement avorter de l'enfant. Cela est très notoire et quant à moi, il me semble, d'après ce que j'ai vu dans ce

---

12. Xavier parle de Shaka (Sâkyamuni, le Buddha) et d'Amida (Amitâbha), et donc du bouddhisme qui n'avait pas encore reçu de nom dans la bouche des voyageurs européens.

13. Il s'agit du Shintô, la vieille religion nationale et naturiste du Japon.

14. En japonais *bôzu* : c'est Xavier qui fut le premier Européen à utiliser le terme.

monastère de moines et de nonnes, que le peuple a bien raison dans l'opinion qu'il s'est faite à leur sujet. J'interrogeai certaines personnes pour savoir si ces moines avaient l'habitude de quelque autre péché : elles me dirent que oui, avec les jeunes garçons à qui ils apprennent à lire et à écrire. Les bonzes qui sont habillés comme des moines et les autres qui sont habillés comme des clercs [15] s'entendent mal les uns avec les autres.

19. J'ai eu souvent des entretiens avec certains des bonzes les plus savants, principalement avec l'un d'eux que tout le monde en ce pays-ci respecte, en raison de sa science, de sa vie, de sa dignité, autant que pour son grand âge, car il a quatre-vingts ans. Il s'appelle Ninjitsu, ce qui signifie en langue japonaise « Cœur de Vérité ». Il est parmi eux comme un évêque et si ce nom lui convenait, il serait béni. Au cours des nombreuses conversations que nous avons eues, je l'ai senti plein de doutes et incapable de savoir déterminer si notre âme est immortelle, ou si elle meurt en même temps que le corps : il m'a dit certaines fois que oui et d'autres fois que non. Je crains qu'il n'en soit de même chez les autres clercs. Ce Ninjitsu est tellement devenu mon ami que c'est merveille. Tout le monde, aussi bien les laïcs que les bonzes, prend grand plaisir en notre compagnie ; ils s'étonnent beaucoup de ce que nous soyons venus de pays aussi éloignés que le Portugal du Japon, qui sont à plus de six mille lieues l'un de l'autre, et seulement pour parler des choses de Dieu, pour apprendre aux gens comment sauver leurs âmes en croyant en Jésus-Christ, et aussi de ce que le fait que nous soyons venus en ce pays-ci ait été une chose ordonnée par Dieu.

20. Je vous fais savoir une chose afin que vous en rendiez grâces abondamment à Dieu notre Seigneur : c'est que cette île du Japon offre de bonnes dispositions pour y accroître notre sainte Foi. Si nous savions en parler la langue, je n'hésite absolument pas à croire que beaucoup se feraient chrétiens. Plaise à Dieu que nous l'apprenions vite, car nous y avons déjà un peu d'aisance et nous pouvons enseigner les dix commandements quarante jours après avoir commencé à l'apprendre.

Je vous donne un compte rendu détaillé pour que vous rendiez tous grâces à Dieu notre Seigneur, car on est en train de découvrir des contrées où vous pourrez employer et accomplir vos saints désirs, et aussi, pour que vous acquériez d'abondantes vertus et de nombreux désirs d'endurer bien des peines afin de servir le Christ notre Rédempteur et Seigneur. Souvenez-vous toujours que Dieu

---

15. Il semble s'agir des bonzes Zen.

estime plus une bonne volonté pleine d'humilité, par laquelle les hommes s'offrent à lui en faisant l'oblation de leurs vies pour son seul amour et pour sa seule gloire, qu'il n'estime et apprécie les services qu'on accomplit pour lui, aussi nombreux fussent-ils.

21. Tenez-vous donc prêts, car il ne serait pas étonnant qu'avant deux ans, je vous écrive pour dire à beaucoup de vous de venir au Japon. Disposez-vous donc à rechercher une grande humilité, en vous tourmentant vous-mêmes à propos des choses envers lesquelles vous sentez ou vous devriez sentir le plus de répugnance, en employant toutes les forces que Dieu vous donne pour vous connaître intérieurement pour ce que vous êtes. De la sorte, vous croîtrez toujours plus en foi, en espérance, en confiance, en amour de Dieu et en charité envers le prochain, car c'est de la défiance de soi-même que naît la confiance en Dieu, qui, elle, est véridique ; c'est par cette voie que vous atteindrez l'humilité intérieure dont vous aurez, partout et plus encore en ces contrées-ci, un besoin plus grand que vous ne pensez. Avisez-vous de ne pas vous en remettre à la bonne opinion qu'a le peuple de vous, si ce n'est pour en être confus ; c'est en effet par cette négligence que certaines personnes en arrivent à perdre l'humilité intérieure et à croître en quelque forme d'orgueil. Le temps passant, et eux restant dans l'ignorance de la nocivité de ceci, ceux qui leur adressaient des louanges en viennent à perdre la dévotion, et eux, à perdre la paix de l'âme, car ils ne trouvent plus de consolation ni au-dedans ni au-dehors.

22. Je vous prie donc de mettre tous vos fondements en Dieu, pour toutes vos choses, et de ne pas avoir confiance en votre pouvoir, ou en votre savoir, ou en une opinion humaine. C'est ainsi que j'entends que vous soyez préparés pour toutes les grandes adversités aussi bien spirituelles que corporelles que vous pourrez rencontrer, car Dieu élève et fortifie les humbles, et tout spécialement ceux qui, dans les choses petites et basses, ont vu leurs faiblesses comme dans un miroir clair et s'y sont vaincus eux-mêmes. Quand ils se voient en proie à des tribulations plus grandes que celles qu'ils ont jamais vues, et qu'ils sont en plein dedans, ni le démon avec tous ses ministres, ni les nombreuses tempêtes de la mer, ni les gens méchants et barbares, ni aucune créature ne peut leur faire du mal. C'est qu'ils ont une grande confiance en Dieu et que, sans sa permission et sans son autorisation, ceux-là ne peuvent rien faire.

23. Comme toutes leurs intentions et tous leurs désirs de le servir sont manifestes à ses yeux, et que toutes les créatures lui obéissent, il n'y a rien qu'ils puissent craindre s'ils ont confiance en lui,

sauf de l'offenser. Ils savent que, lorsque Dieu permet au démon de faire son métier et aux créatures de les persécuter, c'est pour les inciter à une plus grande connaissance intérieure, ou pour les châtier de leurs péchés, ou pour leur faire acquérir plus de mérites, ou pour les rendre humbles. C'est pourquoi, ils rendent à Dieu d'abondantes grâces pour les faveurs insignes qu'il leur fait ; ils aiment donc leurs prochains qui les persécutent, car ceux-ci sont un instrument par lequel un bien si grand leur échoit et n'ayant pas de quoi leur payer une telle grâce, et pour n'être pas ingrats, ils prient Dieu en leur faveur très efficacement. J'espère en Dieu que vous serez de ces gens-là.

24. Je connais une personne [16] à laquelle Dieu a accordé une grande grâce quand elle s'est employée maintes fois, aussi bien au milieu des dangers qu'en dehors d'eux, à placer toute son espérance et toute sa confiance en lui, et le profit qu'elle en retira serait bien long à raconter. Comme les plus grandes épreuves que vous avez rencontrées jusqu'à présent sont petites en comparaison de celles que vous allez trouver, vous qui allez venir au Japon, je vous prie et je vous demande, autant que je le puis, et pour l'amour et pour le service de Dieu notre Seigneur, de vous préparer à de grandes choses en vous dépouillant beaucoup dans vos affections personnelles, car elles sont des empêchements pour un si grand bien. Veillez bien sur vous-mêmes, mes Frères, car nombreux sont en enfer ceux qui, lors de cette vie présente, ont été la cause et l'instrument pour que d'autres, par leurs paroles, fussent sauvés et aillent dans la gloire du Paradis, et qui, cependant, sont partis en enfer parce qu'ils manquaient d'humilité intérieure et qu'ils avaient mis leur fondement dans une opinion trompeuse et fausse d'eux-mêmes. Mais il n'y a personne en enfer qui ait pris de la peine et employé les moyens nécessaires, lors de cette vie présente, pour atteindre cette humilité intérieure.

25. Rappelez-vous toujours cette parole du Seigneur, qui dit : « A quoi sert à l'homme de gagner l'univers s'il doit endurer la ruine de son âme [17] ? » Que certains parmi vous ne prennent pas comme fondement le fait qu'il y a longtemps que vous êtes dans la Compagnie, que vous êtes plus anciens que d'autres et que pour cela vous êtes capables de plus de choses que ceux qui ne s'y trouvent pas depuis aussi longtemps. Moi, je me réjouirais plutôt et je serais très consolé, si je savais que les plus anciens occupent leur esprit à penser combien ils ont mal profité du temps passé dans la

---

16. Xavier parle en ces termes de lui-même.
17. Matthieu 16, 26.

Compagnie, et combien ils en ont perdu en n'allant pas de l'avant, ou plutôt en retournant en arrière. En effet, ceux qui ne croissent pas dans la vie de perfection perdent ce qu'ils ont gagné ; et les plus anciens, qui y prêtent attention, en sont tout confus et ils se disposent à chercher une humilité intérieure plutôt qu'extérieure. Ils reprennent alors à nouveau des forces et du courage pour regagner ce qu'ils ont perdu et, de la sorte, sont très édifiants, car ils donnent un exemple et une bonne odeur d'eux-mêmes aux novices et aux autres personnes avec qui ils conversent. Exercez-vous tous toujours en cet exercice continuel, puisque vous désirez vous signaler au service du Christ [18].

26. Vous qui allez venir en ces contrées-ci, croyez-moi : vous allez être très éprouvés pour tout ce que vous valez. Aussi grande que soit la diligence que vous mettiez à prendre et à acquérir des vertus nombreuses, rendez-vous compte que vous n'en avez pas trop. Je ne vous dis pas ça pour faire penser que servir Dieu est une chose pénible et que le joug du Seigneur n'est ni léger ni suave : au contraire, si les hommes se disposaient à chercher Dieu en en prenant et en en acceptant les moyens nécessaires, ils trouveraient tant de suavité et tant de consolation dans son service qu'il leur serait fort facile d'aller contre toutes les répugnances qu'ils sentent, en se vainquant eux-mêmes, à condition qu'ils sachent combien de plaisir et de contentement d'esprit ils perdent, parce qu'ils ne font pas d'effort lors des tentations. Celles-ci empêchent d'ordinaire ceux qui sont faibles d'obtenir un si grand bien, la connaissance de la suprême bonté de Dieu et le repos en cette pénible vie, car y vivre sans y goûter Dieu, ce n'est pas une vie mais une mort continuelle.

27. Je redoute que l'Ennemi n'inquiète certains d'entre vous en leur proposant des choses ardues et grandes pour le service de Dieu que vous feriez si vous vous trouviez ailleurs que là où vous êtes présentement. Tout cela, c'est ce que le démon concerte dans la fin de vous désoler et de vous troubler en vous disant que vous ne faites pas de fruit ni dans vos âmes ni dans celles de vos prochains là où vous vous trouvez présentement, en vous faisant comprendre que vous perdez votre temps. C'est une tentation claire, manifeste et commune chez beaucoup de ceux qui désirent servir Dieu. Je vous prie instamment de résister à cette tentation, car elle est si dommageable à l'esprit et à la perfection qu'elle empêche d'aller de l'avant et fait revenir en arrière, et elle s'accompagne de beaucoup de sécheresse et de désolation de l'esprit.

---

18. *Exercices*, n° 318-321 (Le « Règne »).

28. Par conséquent, que chacun d'entre vous, dans le pays où il se trouve, œuvre beaucoup à faire profiter soi-même d'abord, et les autres ensuite : qu'il considère comme certain, quant à lui, qu'en nul autre endroit il ne peut autant servir Dieu que là où il se trouve au nom de l'obéissance et qu'il ait confiance que Dieu notre Seigneur fera sentir à son supérieur, quand il en sera temps, qu'il faut l'envoyer au nom de l'obéissance dans le pays où Dieu sera davantage servi. C'est ainsi que vous profiterez en vos âmes, que vous serez consolés, que vous ferez bon usage de votre temps, car c'est une chose si précieuse mais si mal connue de tant d'hommes : vous savez bien en effet combien les comptes que vous aurez à rendre à Dieu notre Seigneur sont rigoureux. De même, en effet, que là où vous désirez vous trouver, vous ne faites aucun fruit si vous n'y êtes pas au nom de l'obéissance, de même là où vous êtes, vous ne profitez ni à vous-mêmes ni aux autres en tenant vos pensées et vos désirs occupés ailleurs.

29. Vous qui êtes en ce collège de la Sainte Foi, vous devez beaucoup vous éprouver et vous exercer à connaître vos faiblesses en les dévoilant à des personnes qui peuvent vous aider et vous fournir un remède pour elles, ainsi vos confesseurs déjà expérimentés ou d'autres personnes spirituelles habitant la maison, afin que, lors de votre départ de ce collège, vous sachiez vous guérir vous-mêmes et ensuite, guérir les autres, pour autant que l'expérience vous l'a appris, en plus des personnes qui vous auront apporté de l'aide dans l'esprit. Considérez comme certain que vous allez trouver bien des sortes de tentation, lorsque vous irez seul, ou deux par deux, exposés à de nombreuses épreuves dans des pays d'infidèles et au milieu des tempêtes de la mer, épreuves que vous ne connaissiez pas tant que vous étiez au collège. Si vous n'en partez pas très exercés et très expérimentés à vaincre les affections personnelles désordonnées, et si vous ne possédez pas une connaissance approfondie des ruses de l'Ennemi, jugez, Frères, le danger que vous courrez quand vous vous manifesterez dans le monde, lequel est entièrement fondé sur le mal. Comment lui résisterez-vous si vous n'êtes pas très humbles ?

30. J'éprouve aussi une grande crainte que Lucifer, au moyen de ses nombreuses ruses, et en se transfigurant en ange de lumière [19], cause du trouble chez certains d'entre vous : il vous représentera les grâces nombreuses que Dieu notre Seigneur vous a accordées après votre entrée au collège, en vous délivrant des nombreuses misères que vous aviez subies quand vous étiez dans

---

19. *Exercices*, n° 530-531 (« Discernement des esprits »).

le monde ; il vous suggérera quelques fausses apparences d'en sortir prématurément en vous représentant que si, en si peu de temps, pendant le temps passé au collège, Dieu notre Seigneur vous a accordé tant de grâces, combien plus il vous en accordera quand vous en partirez pour faire du fruit dans les âmes, en vous faisant croire que vous y perdez votre temps.

31. Vous pouvez résister de deux façons à cette tentation : la première, c'est de considérer attentivement en vous-mêmes que si les grands pécheurs qui vivent dans le monde se trouvaient là où vous êtes, loin des occasions de pécher, et placés en un lieu approprié à l'acquisition d'une grande perfection, combien différents seraient-ils de ce qu'ils sont ! Peut-être même causeraient-ils de la confusion à beaucoup d'entre vous ! Cela, je vous le dis pour que vous compreniez bien que le manque d'occasions d'offenser Dieu, ainsi que les nombreux moyens et les nombreux appuis existant en cette maison pour savourer Dieu, sont la cause que vous ne péchiez pas gravement. Ceux qui n'ont pas connaissance de l'endroit d'où leur vient tant de miséricorde, s'attribuent à eux-mêmes le bien spirituel qui provient du recueillement de la maison et des hommes spirituels qui s'y trouvent. Ils négligent ainsi de tirer profit des choses qui paraissent petites, alors qu'elles sont grandes en elles-mêmes et, pour ceux qui les envisagent avec légèreté, petites [20]. La seconde, c'est de remettre tous vos désirs, vos jugements, vos opinions à votre supérieur, et d'avoir tellement de foi, d'espérance et de confiance en Dieu notre Seigneur que lui, par sa miséricorde, fera sentir à celui-ci ce qui convient le mieux pour votre bien spirituel.

32. Ne soyez point importun envers votre recteur, comme le sont certains qui importunent tellement leurs supérieurs et les forcent tellement que ceux-ci en viennent à leur ordonner ce qu'ils demandent, ce qui leur est très dommageable. S'ils ne le leur accordent pas, ils disent qu'ils vivent très désolés : les malheureux ne voient pas, en effet, que c'est en eux que naît la désolation, et qu'elle grandit et augmente parce qu'ils veulent faire leur propre volonté, après l'avoir reniée dans le vœu d'obéissance quand ils en ont fait l'oblation totale à Dieu notre Seigneur. Ceux-là, plus ils œuvrent à se servir de leur volonté, plus ils vivent désolés et inquiets dans leurs consciences. Ainsi il y a grand nombre de sujets qui sont à ce point propriétaires de leurs jugements et de leurs avis qu'ils n'ont d'obéissance volontaire envers leurs supérieurs que dans la mesure où ils leur commandent ce qu'eux, ils veulent.

---

20. Le texte est obscur ; le P. Schurhammer l'interprète autrement (S.IV, 89).

33. Pour l'amour de Dieu notre Seigneur, abstenez-vous d'être au nombre de ceux-là. Par conséquent, dans les offices de la maison qui vous sont donnés au nom de l'obéissance, œuvrez de toutes vos forces et en vous servant bien de la grâce que Dieu notre Seigneur vous donne pour vaincre les tentations que l'Ennemi vous propose pour vous empêcher de profiter de cet office : ainsi, il vous fait croire que vous pouvez tirer davantage de profit d'un autre que de celui-ci. L'Ennemi, d'ailleurs, a coutume de faire la même chose avec ceux qui étudient.

34. Pour le service de Dieu, je vous prie instamment de travailler de toutes vos forces, dans les offices bas et humbles, à confondre le démon : vous y parviendrez plus en vainquant les tentations qu'il vous propose contre tel office que par la peine corporelle que vous vous donnez pour faire ce qui vous est ordonné. Nombreux sont ceux, en effet, qui ne profitent pas intérieurement, quoique corporellement ils servent bien en ces offices, parce qu'ils ne font pas d'effort pour vaincre les tentations et les troubles que l'Ennemi leur suggère contre l'office où ils servent, afin qu'ils n'en tirent pas profit. Ceux-là vivent presque toujours dans la désolation et dans l'inquiétude et ne profitent pas dans l'esprit. Que personne n'ait l'illusion de croire qu'il va se signaler dans les choses grandes, si d'abord il ne se signale pas dans les choses basses.

35. Croyez-moi, il y a bien des sortes de ferveur, ou pour mieux dire, de tentations : entre autres, il y en a certains qui s'occupent à imaginer les moyens et les manières de fuir un petit bout de croix, sous prétexte de piété et de zèle des âmes, parce qu'ils ne renoncent pas à leur volonté en faisant aussitôt ce qu'on leur commande au nom de l'obéissance ; ils désirent entreprendre une plus grande chose, sans voir que celui qui n'a pas de vertu pour les petites choses en aura moins pour les grandes. En effet, quand ils abordent les choses difficiles et grandes avec peu d'abnégation et peu de force d'âme, ils sont amenés à reconnaître que leurs ferveurs furent des tentations, puisqu'ils s'y trouvent pleins de faiblesse. Pour ma part, je crains ce qui pourrait arriver, à savoir qu'il y en ait qui partent de Coïmbre avec ces ferveurs-là et qui, dans le tumulte de l'océan, préféreront se trouver dans la sainte Compagnie de Coïmbre, plutôt que sur le navire ; il y a donc des ferveurs qui disparaissent avant d'arriver en Inde.

36. Quant à ceux qui y parviennent, dès qu'ils rencontrent de grandes adversités en se trouvant chez les infidèles, s'ils n'ont pas de fortes racines, leurs ferveurs s'éteignent et, alors qu'ils sont en Inde, par leurs désirs ils vivent au Portugal. De la même façon, il peut arriver que certains qui ont goûté à la consolation en cette

maison, et qui sont partis ailleurs pleins de ferveur pour faire du fruit dans les âmes, une fois là où ils désiraient se trouver, sont sans ferveur et vivent peut-être avec le regret de ce collège. Voyez où mènent les ferveurs qui naissent prématurément, qu'elles sont dangereuses quand elles ne sont pas bien fondées ! Je n'écris pas cela pour vous ôter le courage d'entreprendre des choses très ardues ou de vous signaler comme de grands serviteurs de Dieu, laissant souvenir de vous-mêmes à ceux qui viendront après que vos jours soient passés ; mais je vous le dis uniquement pour que vous vous montriez grands dans les choses petites et que vous tiriez un grand profit de la connaissance des tentations, lorsque vous verrez ce que vous êtes capables de faire, si vous puisez toutes vos forces de Dieu. Si c'est de la sorte que vous persévérez, je ne doute point que vous croîtrez toujours en humilité et en esprit et que vous ferez bien du fruit dans les âmes, en vivant dans la paix de l'esprit et dans l'assurance partout où vous irez.

37. Comme c'est raison, ceux qui ressentent vivement en eux-mêmes leurs passions et mettent une grande diligence à les guérir, ressentiront aussi celles de leurs prochains et les soigneront avec charité en subvenant à leurs besoins et en donnant leurs vies pour eux. De même, en effet, qu'ils ont tiré profit d'abord de ressentir et de soigner leurs passions, de même ils sauront soigner et faire ressentir celles d'autrui ; et par là où ils sont parvenus à éprouver la passion du Christ, par là aussi ils seront l'instrument grâce auquel d'autres l'éprouveront. Je ne vois pas comment ceux qui ne l'éprouvent pas en eux-mêmes pourraient la faire éprouver aux autres.

38. Dans la ville de Paul de Sainte Foi [21], notre ami excellent et digne de confiance, nous fûmes reçus par le Capitaine de l'endroit et par le maire du pays [22] avec beaucoup de bienveillance et d'amour, ainsi que par tout le peuple, car tout le monde s'étonne beaucoup de voir des prêtres venus du pays des Portugais. Ils ne sont aucunement choqués de ce que Paul se soit fait chrétien ; bien au contraire, ils l'en estiment beaucoup. Tous se plaisent en sa compagnie, aussi bien ses parents que ceux qui ne le sont pas, parce qu'il a été dans l'Inde et parce qu'il a vu des choses que les gens d'ici n'ont jamais vues. Le duc de ce pays [23] se plaît en sa compagnie et le traite avec de grands honneurs ; il lui a demandé bien des choses au sujet des mœurs et des qualités des Portugais. Paul lui a tout expliqué, ce dont le Duc s'est montré bien satisfait.

---

21. Kagoshima ; le récit sur le Japon repart.
22. Le préfet (*iôdai*) de la forteresse et le gouverneur (*bugiô*).
23. Shimazu Takahisa, *daimyô* de Satsuma (1514-1571).

39. Quand Paul partit pour s'entretenir avec le Duc, qui réside à cinq lieues de Kagoshima, il emporta avec lui une image de Notre Dame, très édifiante, que nous avions amenée avec nous. Quand le duc vit cette image, il se réjouit de façon étonnante ; il se mit à genoux devant l'image du Christ notre Seigneur et de Notre Dame ; il l'adora avec un grand respect et une grande révérence et ordonna à tous ceux qui se trouvaient en sa compagnie d'en faire de même. Ils la montrèrent ensuite à la mère du Duc qui fut émerveillée de la voir et qui en éprouva un vif plaisir [24]. Une fois Paul revenu à Kagoshima, où nous nous trouvions, peu de jours après, la mère du Duc envoya un gentilhomme avec l'ordre de faire faire une autre image semblable à celle-ci. Mais comme il n'y avait pas dans le pays de matériaux pour le faire, on s'en abstint. Cette dame nous fit demander de lui envoyer par écrit ce que les Chrétiens croient ; Paul employa plusieurs jours à le faire et il écrivit bien des choses de notre foi en sa langue.

40. Croyez une chose et rendez-en bien grâces à Dieu : un chemin s'ouvre pour la réalisation de vos désirs. Si nous savions parler la langue, nous aurions déjà produit beaucoup de fruit. Paul s'est tellement dépensé auprès de ses parents et amis, à qui il prêche jour et nuit, que c'est la raison pour laquelle sa mère, sa femme et sa fille, ainsi que beaucoup de ses parents, tant des hommes que des femmes, et de ses amis, se sont faits chrétiens. Les gens, ici, ne se scandalisent pas de ce qu'on se fasse chrétien et, comme une grande partie d'entre eux savent lire et écrire, ils apprennent vite les oraisons.

41. Plaise à Dieu notre Seigneur de vite nous faire posséder la langue pour que nous puissions parler des choses de Dieu : nous ferons alors beaucoup de fruit, par son aide, par sa grâce et par sa faveur. Nous sommes présentement parmi eux comme des statues, car ils parlent et ils conversent beaucoup à notre propos, mais nous nous taisons, parce que nous ne comprenons pas la langue. Pour le moment, il nous échoit d'être comme de petits enfants qui doivent apprendre la langue et plaise à Dieu que nous imitions ceux-ci par la simplicité et par la pureté de l'esprit. Force nous est d'en prendre les moyens et de nous disposer à être semblables à eux : en apprenant la langue, certes, mais aussi en imitant leur simplicité, car ils n'ont pas de mal en eux.

42. C'est pourquoi Dieu nous a accordé des grâces très grandes

---

24. Probablement, ce Japonais prenait la Vierge Marie pour Kwannon, la déesse bouddhique de la Miséricorde, confusion qui va se répéter dans tous les pays d'influence ou de religion bouddhiste (Chine, Tibet).

et très signalées en nous conduisant dans ce pays d'infidèles, afin que nous ne nous négligions pas nous-mêmes, car ce pays est tout entier à l'idolâtrie et aux ennemis du Christ et nous n'avons aucun autre que Dieu en qui mettre notre confiance et espérer, car nous n'avons ici ni parents, ni amis, ni connaissances ; il n'y a aucune piété chrétienne, mais rien que des ennemis de Celui qui a fait le Ciel et la terre. C'est pour cette raison que nous devons mettre toute notre foi, notre espérance et notre confiance dans le Christ notre Seigneur, et non dans une créature vivante, puisqu'ici, en raison de leur infidélité, tous sont des ennemis de Dieu. En d'autres contrées, où l'on connaît notre Créateur, Rédempteur et Seigneur, les créatures constituent habituellement des raisons et des empêchements qui nous poussent à négliger Dieu, tels que l'amour du père, de la mère, des parents, des amis, des connaissances, ainsi que l'amour de sa propre patrie, et le fait de posséder le nécessaire aussi bien dans la santé que lors des maladies, d'avoir des biens temporels ou des amis spirituels qui subviennent aux besoins corporels. Ce qui nous force le plus à espérer en Dieu, c'est de manquer de personnes pour nous aider spirituellement. Si bien qu'ici, en ces terres lointaines, où il n'est point connu, Dieu nous fait tant de grâces, car les créatures nous forcent et nous aident à ne pas négliger de mettre toute notre foi, notre espérance et notre confiance dans la bonté divine : en elles, en effet, sont absents tout amour de Dieu et toute piété chrétienne.

43. En considérant cette grande grâce que Dieu notre Seigneur nous accorde entre beaucoup d'autres, nous nous sentons confondus de voir la miséricorde si manifeste dont il use envers nous. Nous autres, nous croyions lui rendre quelque service en partant dans ces contrées pour y accroître sa sainte Foi, et voici que, dans sa bonté, il nous a fait clairement connaître et sentir la grâce qu'il nous a faite, si immense, de nous mener au Japon pour nous délivrer de l'amour de nombreuses créatures qui nous empêchaient d'avoir davantage de foi, d'espérance et de confiance en lui. Jugez-en donc maintenant par vous-mêmes : si nous étions bien ceux que nous devrions être, combien tranquille, consolée, toute pleine de plaisir devrait être notre vie, car nous mettrions seulement notre espoir en Celui de qui tout bien procède et qui ne déçoit jamais celui qui met sa confiance en lui, bien plus, qui est plus prodigue de ses dons que ne le sont les hommes à demander et à espérer. Pour l'amour de Notre Seigneur, aidez-nous à rendre grâces pour de si grands bienfaits, afin que nous ne tombions pas dans le péché d'ingratitude. Chez ceux qui désirent servir Dieu, ce péché est en effet une raison pour laquelle Dieu notre Seigneur s'abstient

d'accorder des grâces plus grandes que celles qu'il donne, car ils n'ont pas connaissance d'un bien si grand et n'en font pas usage.

44. Il nous faut en outre vous faire part d'autres grâces que Dieu nous a accordées, que dans sa miséricorde il nous fait connaître, afin que vous nous aidiez à en remercier Dieu pour toujours. C'est qu'en d'autres contrées l'abondance des ressources corporelles constitue habituellement la cause et l'occasion qui permettent aux appétits désordonnés d'avoir le dessus, tandis que souvent la vertu d'abstinence est défavorisée, et de cela les hommes subissent un préjudice notable, dans leurs âmes comme dans leurs corps. C'est de là que, chez la plupart, naissent les maladies corporelles et même les spirituelles et que les hommes ont beaucoup à souffrir pour garder un juste milieu[25] ; et plutôt que d'y parvenir, nombreux sont ceux qui abrègent la durée de leurs jours et qui endurent bien des sortes de souffrances et de douleurs dans leurs corps, quoiqu'ils prennent des remèdes pour guérir qui leur fournissent plus de dégoût, quand il faut les prendre, qu'ils n'en auront de plaisir à manger et à boire. En plus de ces peines, ils en connaissent de plus grandes encore, qui mettent leurs vies sous le pouvoir des médecins ; ces derniers ne parviennent à de bons résultats dans leurs traitements qu'après avoir commis beaucoup d'erreurs dont les premiers ont pâti.

45. Dieu nous a fait de bien grandes faveurs en nous amenant dans ce pays-ci qui manque à ce point de ressources que, même si nous voulions donner à notre corps un certain superflu, cette terre ne nous le fournirait pas. Les gens d'ici ne tuent ni ne mangent aucune chose qu'ils élèvent ; parfois, ils mangent du poisson avec leur riz ou leur blé, et en petite quantité. Il y a beaucoup d'herbes dont ils se nourrissent et quelques fruits, et en petite quantité. Les gens de ce pays jouissent d'une santé étonnamment bonne et il y a beaucoup de vieux. On voit bien, chez les Japonais, que peu de chose suffit à entretenir notre nature, bien qu'il n'y ait rien qui la contente. Nous jouissons d'une très bonne santé corporelle en ce pays. Plaise à Dieu qu'il en soit de même pour nos âmes.

46. Nous sommes pour ainsi dire forcés de vous faire connaître une grâce que, nous semble-t-il, Dieu notre Seigneur va nous accorder, et cela, afin que vous nous aidiez par vos sacrifices et par vos prières à ce que nous n'en soyons pas indignes. C'est qu'une grande partie des Japonais sont bonzes et que ceux-ci sont très obéis dans ce pays où ils vivent, quoique leurs péchés soient pour tous manifestes. S'ils sont si estimés, c'est, me semble-t-il, en raison de la

---

25. Voir *Exercices Spirituels*, nos 210-217.

grande abstinence qu'ils gardent, puisque jamais ils ne mangent de viande ni de poisson, mais seulement des herbes, des fruits et du riz, et cela, une fois par jour, et de façon très modérée ; ils ne prennent pas de vin.

47. Les bonzes sont nombreux et leurs maisons très pauvres en rentes. C'est à cause de cette abstinence qu'ils gardent, à cause aussi du fait qu'ils n'ont pas de conversation avec les femmes, sous peine de perdre la vie — spécialement ceux qui sont vêtus de noir comme des clercs ; c'est enfin parce qu'ils savent raconter des histoires ou pour mieux dire des fables relatives aux choses qu'ils croient, qu'on leur voue, me semble-t-il, une grande vénération. Etant donné qu'eux et nous, nous avons des opinions très opposées sur la façon de sentir Dieu et sur la manière que doivent suivre les gens pour être sauvés, il ne sera pas étonnant que nous soyons très persécutés par eux, et plus qu'en paroles.

48. Ce que nous prétendons faire en ces contrées-ci, c'est attirer les gens à la connaissance de leur Créateur, Rédempteur et Sauveur Jésus-Christ notre Seigneur. Nous vivons dans une grande confiance et nous espérons en lui, sûrs qu'il nous donnera les forces, la grâce, l'aide et la faveur de poursuivre cela de l'avant. Les gens d'ici, me semble-t-il, ne nous contrediront pas et ne nous persécuteront pas de leur propre mouvement : ce ne sera qu'en raison des interventions des bonzes. Nous ne cherchons pas à nous opposer à eux mais ce n'est pas davantage par peur d'eux que nous nous abstiendrons de parler de la gloire de Dieu et du salut des âmes ; quant à eux, ils ne peuvent pas nous faire plus de mal que ce que Dieu notre Seigneur leur permettra. Et le mal qui nous viendra de leur part est une grâce que Notre Seigneur nous fera, si pour son amour et pour son service, et pour le zèle des âmes, ils abrègent le nombre de nos jours à vivre : ils seront donc des instruments appropriés pour que cette mort continuelle où nous vivons trouve son terme et pour que s'accomplissent rapidement nos désirs d'aller régner pour toujours avec le Christ. Nous avons l'intention d'expliquer et de manifester la vérité, aussi nombreuses que soient les contradictions qu'ils nous opposent, car Dieu nous oblige à aimer davantage le salut de nos prochains que nos vies corporelles. Nous entreprenons, avec l'aide, la faveur et la grâce de Notre Seigneur, d'accomplir ce précepte, du moment qu'il nous donne des forces intérieures suffisantes pour le manifester au milieu de toutes ces idolâtries qu'il y a au Japon.

49. Nous vivons avec le grand espoir qu'il nous accordera cette grâce, car nous n'avons aucune confiance dans nos propres forces, et nous plaçons toute notre espérance dans le Christ notre

Seigneur, dans la très Sainte Vierge Marie sa mère, et dans les neuf chœurs des Anges, prenant parmi ceux-ci comme protecteur particulier saint Michel Archange, prince et défenseur de toute l'Eglise militante, car nous avons une grande confiance en cet Archange, à qui est particulièrement attribuée la garde de ce grand royaume du Japon : c'est à lui que, tous les jours, nous nous recommandons spécialement et, en même temps qu'à lui, à tous les autres Anges Gardiens qui mettent un soin spécial à prier Dieu notre Seigneur pour la conversion des Japonais dont ils sont les Gardiens. Nous ne cessons pas d'invoquer tous ces Saints bienheureux qui, lorsqu'ils voient la perdition de tant d'âmes, soupirent continuellement après le salut de tant d'images et de tant de ressemblances de Dieu ; nous avons surabondamment confiance que toutes nos négligences et que tous nos manquements, commis en ne nous recommandant pas comme nous le devrions auprès de toute la Cour céleste, seront compensés par les bienheureux de notre sainte Compagnie qui se trouvent là-haut pour représenter constamment nos pauvres désirs à la très sainte Trinité.

50. Nos espoirs d'atteindre la victoire, de par la suprême bonté de Dieu notre Seigneur et grâce à tant de faveurs et d'aide, sont plus grands que les obstacles que l'Ennemi nous oppose pour nous faire reculer, bien que ceux-ci ne manquent pas d'être nombreux et grands. Je ne doute pas qu'ils eussent fait sur nous une grande impression, si nous avions posé comme fondement notre pouvoir ou notre savoir. Dieu notre Seigneur, par sa grande miséricorde, permet que tant de craintes, tant de peines et tant de dangers nous soient opposés par l'Ennemi, afin que nous nous humiliions et que nous nous abaissions, que jamais nous ne mettions notre confiance dans nos propres forces et dans notre pouvoir, mais seulement en lui et en ceux qui participent de sa bonté. Il nous montre bien, en cette contrée-ci, sa clémence infinie et la souvenance particulière qu'il a de nous, puisqu'il nous fait connaître et sentir à l'intérieur de nos âmes combien peu de chose nous sommes et qu'il permet que nous soyons affligés par de petites peines et par de légers dangers, afin que nous ne le négligions pas, en mettant notre fondement en nous-mêmes. Car en faisant le contraire, ceux qui mettent leur fondement en eux-mêmes voient les petites tentations et les petites persécutions devenir plus pénibles pour l'esprit et plus difficiles à continuer d'endurer que ne le sont les dangers nombreux et graves pour ceux qui, n'ayant aucune confiance en eux-mêmes, ont une grande confiance en Dieu.

51. Vous faire part d'un grand souci dans lequel nous vivons contribue beaucoup à nous consoler, afin que vous nous aidiez par

vos sacrifices et par vos prières. C'est que, vu qu'à Dieu notre Seigneur sont manifestes toutes nos continuelles actions mauvaises et tous nos péchés, nous vivons cependant avec la crainte justifiée qu'il ne s'arrête de nous accorder ses faveurs et qu'il ne cesse de nous donner la grâce de nous mettre à le servir avec persévérance et jusqu'au bout, s'il s'avère qu'un grand amendement ne se produit pas en nous. C'est pour cela qu'il nous faut prendre pour intercesseurs sur la terre tous les membres de la bénie Compagnie du Nom de Jésus, ainsi que tous ses dévots et amis, afin que par leur intercession nous soyons présentés à la sainte Mère l'Eglise universelle, épouse du Christ notre Seigneur, notre Rédempteur, car nous croyons fermement en elle, et sans pouvoir douter, et en elle nous avons confiance, sûrs qu'elle va partager avec nous ses mérites nombreux et infinis.

52. Et aussi pour que, par elle, nous soyons présentés et recommandés à tous les Bienheureux du Ciel, spécialement à Jésus-Christ son Epoux, notre Rédempteur et Seigneur, et à la très sainte Vierge sa Mère, afin qu'elle nous recommande continuellement à Dieu le Père éternel, de qui tout bien naît et procède, et le prie de nous garder toujours de l'offenser ; qu'il ne s'arrête pas de nous accorder ses faveurs continuelles, qu'il ne regarde point nos mauvaises actions, mais sa bonté infinie, car c'est seulement pour son amour que nous sommes venus en ces contrées-ci, comme il le sait bien, de même que lui est manifeste tout ce que contiennent nos cœurs, nos intentions et nos pauvres désirs, qui sont de délivrer les âmes qui vivent captives de Lucifer depuis plus de mille cinq cents ans, ce dernier se faisant adorer par elles comme Dieu sur la terre. En effet, il n'a pas été assez puissant pour y parvenir dans le Ciel et c'est pourquoi il s'en venge autant qu'il le peut sur bien des hommes, et aussi sur ces malheureux Japonais.

53. Il est bien que nous vous fassions part de notre séjour à Kagoshima. Nous y arrivâmes au moment où les vents étaient contraires pour que nous puissions aller à Miyako [26], qui est la principale ville du Japon et où résident le roi et les plus grands seigneurs du royaume, et il n'y a pas de vent qui puisse nous servir à aller là-bas, avant cinq mois. C'est à ce moment-là que nous nous y rendrons, avec l'aide de Dieu. Il y a trois cents lieues entre ici et Miyako. On nous dit de grandes choses sur cette ville : on nous affirme qu'elle a plus de quatre-vingt dix mille maisons, qu'elle possède une grande université pleine d'étudiants, qui contient environ cinq collèges principaux et plus de deux cents maisons de

---

26. Miyako est aujourd'hui Kyôto, la capitale déchue.

bonzes et d'autres moines, pour ainsi dire, qu'on nomme *Jisha*[27] et de nonnes appelées *Ama Kata*[28].

54. En plus de cette université de Miyako, il y a cinq autres universités principales, dont voici les noms : Kôya-san, Negoro-dera, Hiei-zan, Omi, toutes quatre se trouvant dans les environs de Miyako ; dans chacune d'elles, il y a, nous dit-on, plus de trente cinq mille étudiants. Il y a une autre université, située très loin de Miyako, qui se nomme *Kwantô*[29], qui est la plus grande et la plus importante du Japon : plus d'étudiants s'y rendent qu'en aucune autre. Kwantô est une très grande seigneurie où il y a six ducs et parmi eux, il y en a un, plus important, à qui tous les autres obéissent, et qui, à son tour, obéit au roi du Japon. On nous dit tellement de choses sur les grandeurs de ces contrées et de ces universités que, pour pouvoir les affirmer et les décrire de façon véridique, il faudrait d'abord que nous ayons le plaisir de les voir ; s'il en est comme on nous le dit, nous vous écrirons pour vous les dire très en détail après que nous en aurons eu l'expérience.

55. Outre ces principales universités, on nous dit qu'il y en a beaucoup d'autres petites dans le royaume. Une fois que nous aurons vu les dispositions qu'offrent ces contrées-ci au fruit qu'on peut y faire, il n'y aura plus qu'à écrire à toutes les universités importantes de la Chrétienté, afin de décharger nos consciences et afin de charger les leurs, puisque, avec leurs nombreuses vertus et leur grand savoir, ils peuvent porter remède à un mal si grand, en convertissant une si grande infidélité en connaissance de son Créateur, Rédempteur et Sauveur.

56. Nous nous adresserons à eux comme à nos supérieurs et comme à des pères, avec le désir qu'ils nous considèrent comme leurs fils minimes et nous leur parlerons du fruit qu'on peut faire grâce à leurs faveurs et grâce à leur aide, afin que ceux qui ne pourront pas venir ici favorisent ceux qui viendront s'offrir, pour la gloire de Dieu et pour le salut des âmes, à participer aux consolations et aux satisfactions spirituelles supérieures à celles qu'on reçoit peut-être là-bas. Si les dispositions offertes par ces contrées-ci étaient aussi bonnes que celles qui peu à peu se manifestent à nous, nous ne manquerions pas d'en faire part à Sa Sainteté, car il est le vicaire du Christ sur la terre et le pasteur de ceux qui croient en lui, ainsi que de ceux qui sont disposés à parvenir à la connaissance

---

27. Ordre ou secte d'Amida.
28. *Ama* : nonne et *Kata* : personne.
29. *Bandu* en graphie espagnole : l'*université* d'Ashikaga-gakko ; celle de Kôya-san relève de la secte Shingon, de même que Negoro-dera.

de leur Rédempteur et Sauveur et à relever de sa juridiction spirituelle ; nous n'oublierons pas d'écrire à tous les dévots et bénis Frères qui vivent avec de nombreux et saints désirs de glorifier Jésus-
Christ dans les âmes qui ne le connaissent pas. Aussi nombreux
qu'ils puissent venir, la place ne leur fait point défaut en ce grand
royaume-ci pour accomplir leurs saints désirs, ainsi que dans un
autre, qui est plus vaste, celui de la Chine, où l'on peut sûrement
se rendre sans recevoir de mauvais traitements de la part des Chinois, si l'on emporte avec soi un sauf-conduit du roi du Japon qui,
nous avons confiance en Dieu qu'il en sera ainsi, va être notre ami
et dont facilement on obtiendra ce sauf-conduit.

57. Je dois en effet vous faire savoir que le roi du Japon est l'ami
du roi de Chine et qu'il possède un sceau en signe d'amitié et servant de sauf-conduit à ceux qui se rendent là-bas. Bien des navires font le voyage du Japon en Chine, ce qui est une traversée
qu'on peut faire en dix ou en douze jours. Nous vivons avec le
grand espoir que si Dieu nous donne encore dix années de vie, nous
verrons de grandes choses en ces contrées-ci, au moyen de ceux qui
viendront de chez vous et au moyen de ceux que Dieu en ce pays
amènera à sa connaissance véritable. Au cours de l'année 1551,
nous l'espérons, nous vous écrirons très en détail pour vous dire
quelles sont toutes les dispositions offertes par Miyako et par les
universités à la connaissance de Jésus-Christ notre Seigneur. Cette
année, deux bonzes, qui ont résidé dans les universités de Kwantô
et de Miyako, et beaucoup de Japonais avec eux, partent pour
l'Inde pour y apprendre les choses de notre Loi.

58. Le jour de la Saint-Michel [30], nous nous sommes entretenus
avec le Duc de ce pays ; il nous fit beaucoup d'honneur et nous
dit de conserver soigneusement les livres où est écrite la Loi des
Chrétiens, ajoutant que si la Loi de Jésus-Christ était vraie et
bonne, le démon en serait très fâché. Peu de jours après, il donna
permission à ses vassaux de devenir tous Chrétiens s'ils le voulaient.
Je vous écris ces si bonnes nouvelles à la fin de la lettre pour votre
consolation et pour que vous en rendiez grâces à Dieu notre Seigneur. Cet hiver, me semble-t-il, nous nous occuperons à rédiger
une explication sur les articles de la Foi en langue du Japon, et
assez ample, pour qu'on la fasse imprimer, tous les gens de quelque importance sachant lire et écrire, dans le but que notre sainte
Foi se répande en bien des endroits, car nous ne pouvons pas aller
partout.

59. Paul, notre très cher Frère, traduira avec fidélité dans sa langue tout ce qui est nécessaire au salut de leurs âmes.

---

30. Le 29 septembre.

Puisque de telles dispositions se manifestent, il vous incombe de désirer avant tout vous signaler comme de grands serviteurs de Dieu dans le Ciel, ce que vous ferez en ce monde-ci en étant intérieurement humbles dans vos âmes et dans vos vies et en laissant à Dieu le soin de vous accréditer auprès de vos prochains sur la terre, car c'est lui qui le fera. Et s'il s'abstient de le faire[31], ce sera parce qu'il voit le danger que vous courez d'attribuer à vous-mêmes ce qui dépend de Dieu. Je vis dans une grande consolation à la pensée que vous verrez toujours à l'intérieur de vous-mêmes tant de choses à blâmer que vous en viendrez à une grande abomination pour tout amour propre et désordonné, et, en même temps, à une si grande perfection que le monde ne trouvera pas en vous, avec raison, le moindre motif de blâme envers vous. De la sorte, ses louanges seront une pénible croix lorsque vous les entendrez et qu'en elles vous reconnaîtrez vos manques.

60. Je finis donc, sans pouvoir m'arrêter d'écrire le grand amour que je porte à tous en général et en particulier. Si les cœurs de ceux qui s'aiment dans le Christ pouvaient être vus en cette vie présente, croyez, mes très chers Frères, que vous vous verriez clairement dans le mien. Et si vous ne vous y reconnaissiez pas en y regardant, ce serait parce que j'ai pour vous tant d'estime, et que vous, en raison de vos vertus, vous vous tenez dans un tel mépris que l'humilité vous empêcherait de vous y voir et de vous y reconnaître, et non pas parce que vos images ne seraient point imprimées dans mon âme et dans mon cœur. Je vous demande instamment d'avoir entre vous un amour véritable qui ne permette pas de naître aux aigreurs d'âme. Convertissez une part de votre ferveur en amour réciproque les uns pour les autres, et une part de vos désirs de souffrir pour le Christ en souffrance pour son amour, en vainquant en vous-mêmes toutes les répugnances qui empêchent cet amour de grandir. Le Christ, vous le savez bien, a dit que c'est à ceci qu'il reconnaît les siens, s'ils ont de l'amour les uns pour les autres. Que Dieu notre Seigneur nous fasse sentir à l'intérieur de nos âmes sa très sainte volonté et qu'il nous donne la grâce nécessaire pour l'accomplir entièrement.

Entièrement votre très cher Frère dans le Christ.

François

---

31. Contre Schurhammer (S.IV, 96), nous supposons que le sujet du verbe, au singulier, est « Dieu ».

91

AUX PP. GASPARD (BERZE) ET GAGO
ET AU F. CARVALHO, A GOA
(EX.II, 214-215 ; S.IV, 100)

Un appel de renforts pour le Japon.

Kagoshima, le 5 novembre 1549

+

Jhus

La grâce et l'amour du Christ notre Seigneur soient toujours en
notre aide et en notre faveur. Amen.

En raison des bonnes dispositions qu'offre ce royaume du Japon
à l'accroissement de notre sainte Foi, plein de confiance dans vos
saints désirs et dans le zèle que vous avez de sauver les âmes de vos
prochains, et comme j'ai l'espoir en Dieu notre Seigneur, d'après
ce que j'ai connu de vous, que vous avez des vertus et une humilité intérieure qui vous aident à mettre en œuvre ce que vous désirez faire, je vous donne donc l'ordre, au nom de la sainte obéissance et pour votre plus grand mérite, à condition que vous vous
trouviez dans des dispositions corporelles qui vous permettent de
l'accomplir, vous Maître Gaspard, Balthazar Gago et Dominique
Carvalho, de partir pour le Japon, là où je me trouverais, ce qui
sera, s'il plaît à Dieu, à Miyako. Au cours de ce voyage, vous, Balthazar Gago et Dominique Carvalho, vous devrez obéissance à
Maître Gaspard ; en raison de la prudence et de l'humilité de celui-
ci, j'espère qu'il prendra beaucoup de soin à accomplir cette
charge. Comme je ne doute pas du tout de votre venue, car je
connais chez vous la promptitude d'esprit que vous mettez à obéir
et à faire le sacrifice de vos vies, par amour de celui qui le premier
donna pour nous la sienne, je ne dis rien de plus, si ce n'est que
je vous attends avec le grand espoir que Dieu va nous rassembler
en ce pays-ci. Signé de la main de votre très cher Frère dans le
Christ.

François

92

AU P. PAUL, A GOA
(EX.II, 217-220 ; S.IV, 100-101)

*A Messire Paul, supérieur de Goa, il montre qu'il n'oublie pas
l'Inde, où il envoie deux étonnants visiteurs japonais : deux bonzes partis enquêter sur le christianisme.*

Kagoshima, le 5 novembre 1549

La grâce et l'amour du Christ notre Seigneur soient toujours en
notre aide et en notre faveur. Amen.

1. Si vous avez de moi une souvenance aussi forte que celle que
j'ai de vous, nous allons nous voir continuellement en esprit, au
point de ne sentir presque pas l'absence corporelle. Vous m'écrirez de façon très détaillée des nouvelles des Frères qui vivent à la
maison ainsi que de ceux qui sont au loin, dans les forteresses et
au Cap Comorin, me disant quel est le fruit qu'ils font, combien
il est venu de personnes du Portugal, combien de prédicateurs il
y a parmi eux, et au total, combien sont-ils à être en Inde, y
compris ceux qui sont à la maison ; et encore, quant aux jeunes
gens natifs du pays, combien sont-ils et quel profit ils tirent. Œuvrez beaucoup à enseigner et à catéchiser en ce collège, les jeunes
Chinois et les jeunes Japonais surtout ; veillez beaucoup sur eux
et faites en sorte qu'ils sachent lire, écrire et parler portugais afin
qu'ils soient *tuppâsi*-s [1] des Pères qui, s'il plaît à Dieu notre Seigneur, ne tarderont guère longtemps à partir pour le Japon et pour
la Chine. En aucun autre pays parmi ceux qui ont été découverts,
me semble-t-il, on ne peut faire autant de fruit qu'en ceux-ci,
d'après ce qui me semble, et aucun où la Compagnie puisse mieux
se perpétuer, si ce n'est en Chine et au Japon. C'est pour cela que
je recommande beaucoup les Chinois et les Japonais.

2. Les lettres qui arriveront du Portugal et de Rome pour moi,
vous les enverrez à François Pérez, si les Pères ne viennent pas cette
année. J'écris à Maître Gaspard de venir, comme vous le verrez par
les lettres d'obéissance. S'il y avait à la maison un prédicateur qui
puisse aller à Ormuz, vous l'enverrez remplacer Maître Gaspard ;
s'il n'y en avait pas présentement, c'est avec les premiers qui arriveront du Portugal que vous fournirez un prédicateur à la forteresse d'Ormuz ; s'il n'y avait pas de prédicateur, et jusqu'à ce qu'il

---

1. Interprète.

en vienne un, vous enverrez un Père qui, grâce à son humilité et à sa vertu, puisse faire du fruit dans les âmes : confesser, donner les Exercices de la première semaine, des confessions générales, enseigner aux enfants, et faire bien d'autres choses que peut faire un homme spirituel. Car ceux qui sont bons prêchent toujours davantage, parmi les mauvais, par leur vie et par leurs œuvres que ceux qui prêchent en chaire, car faire des œuvres c'est plus que parler. — Vous ferez mes recommandations à notre Maman [2] et à tous les dévots et dévotes de cette maison. Vous ferez mes recommandations aussi à Jean Alvares le doyen et au P. Rodrigue Lopes, ainsi qu'à ce prêtre français : vous lui direz de ma part, étant donné qu'il est vicaire de Notre Dame de la Lumière, de prendre pour lui bien de la lumière, parce qu'il n'en avait guère quand je l'ai connu [3].

3. S'il y a beaucoup de Pères à la maison qui puissent enseigner au dehors les oraisons aux enfants et aux esclaves hommes et femmes, vous les enverrez dans les autres églises pour enseigner les oraisons aux heures habituelles, comme à la Miséricorde et dans les autres églises. Les dimanches, au lieu des oraisons, ils prêcheront aux enfants et aux esclaves sur la vie d'un saint. Vous direz à Antoine Gomes d'enseigner les oraisons à la cathédrale ou dans une autre église ; mais moi, je préférerais que ce soit à la cathédrale. Veillez bien à ce qu'ils s'y consacrent tous les jours ; et s'il y a des prédicateurs à la maison, vous ferez en sorte que ce soit eux qui les enseignent, afin qu'ils prêchent par l'exemple et qu'ils donnent à ceux qui ne sont pas des prédicateurs un bon exemple d'eux-mêmes, et qu'ils parlent le portugais tel que les esclaves le parlent, à la façon dont je le faisais quand j'étais là-bas [4]. Quand vous m'écrirez, vous m'écrirez sur tout cela.

4. Si les deux bonzes qui partent cette année pour Malacca allaient jusque là-bas [5], prenez bien soin d'eux et faites-leur bon accueil, ainsi que les Portugais, veillez bien sur eux, témoignez-leur beaucoup d'amour, comme je le faisais avec Paul quand il était là-bas, car ce sont des gens qui ne veulent se laisser prendre que par l'amour ; ne faites jamais usage de la rigueur envers eux. S'ils restent à Malacca, faites que les Pères qui doivent venir au Japon arrivent pourvus du nécessaire, aussi bien pour ceux-ci que pour les Pères, car ils en ont besoin comme *tuppâsi*-s. Quant aux Pères qui

2. Violante Ferreira : voir lettre 88.
3. Plaisanterie peu indulgente.
4. Eloge du « bas langage » ou « petit nègre ».
5. A Goa.

vont venir du Portugal, qu'ils arrivent bien pourvus de vêtements en drap du Portugal et de chaussures, car ici nous mourons de froid.

Que Notre Seigneur nous rassemble dans la gloire du Paradis. Votre très cher Frère dans le Christ.

François

93

AU P. ANTOINE GOMES, A GOA
(EX.II, 222-226 ; S.IV, 102-104)

Il faut réorganiser la mission de l'Inde en tenant compte des départs prochains de Pères pour le Japon. Il faut faire en sorte que des navires portugais transportent ceux-ci jusqu'à bon port, et donc, pour cela, inciter les Portugais à commercer avec le Japon, le Gouverneur de l'Inde à établir des relations amicales avec le souverain nippon : ne pas oublier le poivre de Malacca, ni d'autres présents.

Kagoshima, le 5 novembre 1549

La grâce et l'amour du Christ notre Seigneur soient toujours en notre faveur et en notre aide. Amen.

1. Comme c'est si longuement que j'ai écrit dans l'autre lettre [1], il n'y a rien en celle-ci que je puisse vous dire, hormis cette chose : c'est que je vous ai continuellement devant mes yeux, au point que je vous désire plus de bien spirituel que vous ne vous en désirez vous-même. Je vous recommande instamment, plus qu'à tous les Frères qui se trouvent en Inde, de prendre particulièrement soin de vous-même et ne négligez point une chose si importante : si, en effet, vous oubliez cette chose, je ne peux avoir l'espoir de rien vous recommander et, si j'étais sûr que vous en avez un souvenir constant, je mettrais de grands espoirs à votre propos, au point de vous écrire dans quelque temps de venir à Miyako ou à Kwantô afin d'accomplir vos saints désirs.

2. Vous m'écrirez très en détail au sujet de tous les Frères de l'Inde, du Portugal et de Rome, me disant le fruit qu'ils font, car nous serons très consolés de vos lettres : de même que je vous écris longuement, payez-moi donc avec la même monnaie.

1. Voir lettre 90.

Vous donnerez l'ordre aux Frères qui vont venir au Japon de se préparer le plus vite possible et bien, comme vous savez le faire quand vous vous y disposez.

3. Le P. Cosme de Torres, votre ami, vous écrit, lequel, mû par de pieux désirs, vous souhaite bien des choses qui ne vous conviennent pas. Tout se fera en son temps ; je vous réserve pour des choses plus grandes que celles que vous, ou le Père avec vous, désirez ! Il ne sera pas étonnant que je vous écrive avant trois ans pour vous dire de venir résider dans une de ces grandes universités, où vous vivrez peut-être bien consolé, et où vous ferez plus de fruit que vous n'en faites en Inde, où vous serez plus consolé que vous ne le pensez. Quant à vous, ne soyez pas négligent pour une chose qui est si importante, à savoir la venue des Frères, à qui j'écris de venir au nom de l'obéissance, de ne pas les remplacer, quels que soient l'amour et l'affection que vous avez pour eux ; afin que vous ayez davantage de mérites en vous passant d'eux, je vous ordonne d'agir ainsi, en vertu de l'obéissance. C'est par les navires qui partent en mars de Goa pour Ormuz, et le plus vite que vous le pourrez, que vous enverrez une copie de la grande lettre et de celle d'obéissance destinées à Maître Gaspard, pour qu'il vienne tout de suite, et que l'année prochaine il s'en aille avec les autres, de la même façon que nous, en avril.

4. Si l'un d'entre eux est mort, c'est celui qui bon vous semblera, au P. Messire Paul et à vous-même, qui viendra à sa place et c'est en vertu de l'obéissance qu'il viendra afin qu'il ait plus de mérites. Quant à ceux qui vont venir ici, il me semble qu'il serait bien qu'ils amènent deux laïcs coadjuteurs, ou du moins un, des personnes en qui on puisse avoir pleine confiance et dont on soit sûr qu'ils seront actifs et qu'ils feront tout ce qui est nécessaire corporellement, en toutes les choses humbles. C'est pourquoi, j'en viens encore à vous le demander encore une fois, que ce soient des personnes de confiance car le pays est extraordinairement dangereux.

5. Quand les Pères devront partir, faites en sorte que le Gouverneur envoie des objets de prix et des présents au roi du Japon, ainsi qu'une lettre, parce que j'ai confiance en Dieu que s'il se convertissait à notre sainte Foi, il en résulterait un grand profit temporel pour le roi du Portugal qui ferait établir un comptoir à Sakai, lieu qui est un très grand port en même temps qu'une ville où il y a beaucoup de marchands, et fort riches, ainsi que beaucoup d'or et d'argent, davantage qu'en aucune autre partie du Japon. En vertu de l'expérience que je possède de l'Inde, je n'ai pas tellement confiance que ce soit seulement pour l'amour de Dieu qu'ils envoient un navire avec les Pères, sans autre considération.

6. Il peut bien se faire que je me trompe, ce dont je me réjouirais.

Néanmoins, c'est ainsi que vous procéderez pour faire transporter les Pères : supposons que le Seigneur Gouverneur a un parent à lui, ou un ami, à qui il désire accorder une grande grâce. Il lui fournira donc une occasion de gagner beaucoup, en lui concédant la permission d'armer un navire pour transporter les Pères. C'est à cette fin que j'écris un inventaire des choses possédant une grande valeur en ce port de Sakai, situé à deux jours de voyage par terre de Miyako.

7. Celui qui y conduira les Pères gagnera beaucoup d'or et d'argent en transportant les marchandises indiquées sur cet inventaire ; c'est de cette façon que les Pères pourront commodément et en toute sécurité venir ici, car ce navire sera bien armé et bien pourvu de tout ce qui est nécessaire.

8. Je vous donne un avis propre à aider les Pères à venir d'ici peu au Japon : le navire qui partira de là-bas doit lever l'ancre en avril, de Goa, avec toute sa charge, et en juin, de Malacca, où il embarquera tous les vivres nécessaires, car il ne doit pas faire escale en Chine, en aucune façon, même s'il a l'espoir d'y faire des affaires, ni y prendre des vivres, hormis de l'eau dans certaines îles, et il doit parvenir au Japon à toute vitesse. En effet, si vous faites escale en Chine pour y faire des affaires, vous devez savoir que le navire prendra dix-sept mois pour aller de Goa au Japon, alors que si vous ne faites pas escale en Chine, il arrivera au Japon en quatre mois et demi.

9. C'est pourquoi, il convient que le navire qui transportera les Pères n'emporte pas beaucoup de poivre, tout au plus jusqu'à quatre-vingts *bahâr*-s, car, à condition d'en emporter peu, ils le vendront très bien et gagneront beaucoup d'argent ainsi que je l'ai dit, en allant au port de Sakai.

10. Veillez donc à être très circonspects à propos de la licence que le Gouverneur concédera à celui qui transportera les Pères : que ce soit à la condition de ne pas faire escale en Chine pour y faire des affaires, parce qu'ils mettront beaucoup de temps pour arriver au Japon. En effet, s'ils ne partent pas de Chine pour le Japon avant le début d'août, il n'y a plus de mousson jusqu'à l'année suivante ; c'est cela que le capitaine du navire doit promettre : ne pas faire de négoce à son arrivée en Chine.

11. Vous enverrez une copie de la grande lettre aux Frères du Cap Comorin. Lorsque nous aurons eu l'expérience de Miyako, je vous écrirai alors très longuement, aussi bien à vous qu'aux Frères de Coïmbre et qu'aux Pères de Rome. Vous demanderez au

Seigneur Evêque d'ordonner Dominique Carvalho qui n'est pas prêtre. Vous témoignerez beaucoup d'amitié à Rodrigue Gonçalves qui est le procureur des Chrétiens du Cap Comorin : les Pères de notre Compagnie qui se trouvent là-bas ont grand besoin de la protection de Rodrigue Gonçalves. Parlez-moi du P. Melchior Gonçalves, du collège de Bassein et des Frères qui s'y trouvent, dites s'il y est venu d'autres personnes du Portugal et si ce collège reste à la Compagnie : vous m'informerez très en détail de tout ceci. Comme du P. Nicolas[2], du fruit qu'il fait à Quilon, si l'on fonde cette maison si nécessaire pour enseigner le catéchisme aux fils des Chrétiens du Cap Comorin, ainsi que pour les Pères qui se rendent dans ce pays. Dans toute la mesure du possible, vous l'aiderez, en association avec le Seigneur Gouverneur et l'Intendant des finances, et quelque autre assistance de la maison. Vous me ferez également savoir si des prédicateurs de notre Compagnie sont arrivés du Portugal, et combien, et quelles sont leurs qualités ; au cas où des prédicateurs sont arrivés, fournissez-en à la ville de Cochin et à celle de Diu, car elles en ont tellement besoin. Tout ce que je vous écris, vous en ferez part à Messire Paul et c'est avec son avis et en lui obéissant qu'ils s'en iront.

12. Deux bonzes japonais partent chez vous. Ils ont séjourné dans les universités de Miyako et de Kwantô ; vous les traiterez avec beaucoup d'amour, car c'est ainsi que les Japonais veulent l'être. (...) Soyez un très grand ami du Seigneur Evêque et du Vicaire général et témoignez-leur beaucoup d'obéissance, car ils sont nos supérieurs et c'est avec humilité que vous obtiendrez tout d'eux. Vous mettrez une très grande diligence dans la venue des Pères. Je m'efforcerai de vous écrire l'an prochain depuis Miyako. Que Notre Seigneur vous donne autant de bien spirituel, et de gloire en l'autre monde, que j'en désire pour moi-même.

13. Pour l'amour de Notre Seigneur, je vous prie de vous faire beaucoup aimer par tous les Frères de la Compagnie, aussi bien par ceux qui sont à la maison que par ceux qui sont au-dehors, par des lettres.

De plus, vous enseignerez des oraisons dans une église. Je me réjouirais si c'était à la cathédrale, où vous prêcheriez les dimanches et les jours de fête après le déjeuner, aux esclaves et aux Chrétiens, sur les articles de la Foi, et dans une langue dans laquelle ils puissent vous comprendre, ainsi que je le faisais lorsque j'étais là-bas, et cela, afin que vous donniez l'exemple aux autres.

Je vous prie instamment de m'écrire très spécialement sur les

2. Lancilotto.

choses que vous avez à l'intérieur de vous-même, car vous savez combien cela me ferait plaisir et me libérerait du souci dans lequel je vis. Entre autres nombreuses choses, je me réjouirais de savoir que tous les Frères de la Compagnie vous aiment beaucoup, aussi bien ceux qui sont à la maison que ceux qui sont au-dehors, car je ne serais point satisfait si j'apprenais que vous les aimez mais que vous, vous n'êtes pas aimé par eux.

François

94

A DON PIERRE DA SILVA, A MALACCA
(EX.II, 228-231 ; S.IV., 97-99)

Le Japon semble prêt à accueillir les messagers de l'Evangile : encore faut-il qu'ils puissent y aller. Comme il était déjà dit à Antoine Gomes (lettre 93), il faut attirer les navires marchands portugais dans les eaux japonaises. Saint François Xavier établit ici un compromis, bien nécessaire au demeurant, entre le « profit » spirituel et le « profit » temporel : pour que certains puissent « gagner » des âmes à Dieu, il faut que d'autres puissent gagner de l'or.

Kagoshima, le 5 novembre 1549

+

Seigneur,

1. C'est grâce à la grande aide et aux grandes faveurs que Votre Grâce nous a accordées, en nous fournissant en abondance tout le nécessaire aussi bien que pour donner des présents à ces seigneurs et en nous ayant fourni un navire si bon pour accomplir ce voyage, que nous sommes arrivés au Japon le jour de Notre Dame d'août [1], dans la paix et en bonne santé, dans la ville de Paul de Sainte Foi et nous y fûmes reçus par le Capitaine et par le maire, ainsi que par tout le peuple avec beaucoup d'amour.

2. Paul, notre bon compagnon, s'est tant donné de peine à prêcher le jour et la nuit à ses parents qu'il a converti sa mère, sa femme et ses parents et parentes, ainsi que bien d'autres de ses connaissances, qui sont devenus chrétiens.

---

1. Le 15 août.

3. Le pays est bien disposé pour qu'on y fasse beaucoup de fruit dans les âmes ; jusqu'à présent, ils ne se scandalisent pas de ce qu'on se fasse chrétien. Ce sont des gens qui sont accessibles à la raison. Bien qu'à cause de leurs ignorances ils vivent dans de nombreuses erreurs, la raison est estimée chez eux, ce qui ne serait pas si chez eux le mal régnait.

4. Parce que nous n'avons pas de mousson, nous n'allons pas à Miyako, où résident le roi du Japon et les plus grands seigneurs du royaume. Dans cinq mois, il y aura notre mousson grâce à laquelle nous pourrons y aller et c'est avec l'aide de Notre Seigneur et en nous servant des vents que nous ferons notre voyage. On nous dit tellement de choses de Miyako que je les estimerai vraies lorsque j'en aurai eu l'expérience ; on dit que la ville a quatre-vingt-seize mille maisons et un des Portugais qui l'ont vue m'a dit ici au Japon qu'elle était plus grande que Lisbonne ; ce sont des maisons toutes en bois et avec des greniers, comme les nôtres. L'année prochaine, en raison de l'expérience que j'en aurai, j'écrirai à Votre Grâce ; j'espère en Jésus-Christ qu'une grande partie des Japonais vont se faire chrétiens, car ce sont des gens amis de la raison.

5. Si l'on y fait du fruit, ce sera parce que Votre Grâce aura donné des ordres par des lettres, fourni le navire et envoyé de riches cadeaux au roi, car j'ai en Dieu l'espoir que ce que le Seigneur Comte Amiral [2], son père, a commencé, Votre Grâce sera la cause grâce à laquelle cela viendra à la pleine lumière. Et la plus grande partie du mérite envers Dieu en reviendra à Votre Grâce, car celui de l'Inde est entièrement temporel. Cela, je l'écris à Votre Grâce pour qu'elle acquière une bonne connaissance de la grâce que Dieu lui fait, car c'est lui qui est la cause de ce bien. Puisque l'intention de Votre Grâce d'accroître notre sainte Foi en ces contrées est si bonne, cela sera aussi très profitable pour le Roi.

6. Comme Sakai est le principal port du Japon, à deux jours de voyage par terre de Miyako, on y établira, s'il plaît à Dieu, un comptoir dont on retirera un grand profit temporel. Sakai est en effet le port le plus prospère du Japon, celui où il y a le plus de passages et où circule la plus grande partie de l'argent et de l'or du royaume. Je prendrai grand soin d'intervenir auprès du roi du Japon pour qu'il envoie un ambassadeur en Inde pour en voir les grandeurs, ainsi que les choses de là-bas qui leur font défaut, afin que, par ce biais, on négocie entre le Gouverneur et le roi du Japon la fondation d'un comptoir.

7. Je vis avec la pleine confiance qu'avant deux années

---

2. Vasco da Gama, le premier Portugais à atteindre l'Inde (1497).

j'écrirai à Votre Grâce que nous avons à Miyako une église de Notre Dame, en sorte que ceux qui partiront pour le Japon se recommandent à Notre Dame de Miyako quand ils seront au milieu des tempêtes de la Mer. Si Votre Grâce a confiance en moi et fait de moi son intendant en ces contrées-ci, pour les biens qu'elle y enverra, je l'assure d'une chose : c'est qu'elle gagnera cent pour un, par un moyen dont aucun Capitaine de Goa ne s'est jusqu'à présent servi, et ce sera de tout donner à de pauvres Chrétiens qui se convertissent ; son gain sera très assuré et exempt de tout risque, car il est certain que celui qui donne une chose pour le Christ, en reçoit cent de lui dans l'autre vie. Je vis avec la crainte, car il me paraît que Votre Grâce ne sera pas heureuse d'un semblable gain. C'est de ce mal que souffrent les Capitaines de Malacca, à savoir qu'ils ne sont point amis de si grands biens.

8. Le « Pirate [3] » est mort ici, à Kagoshima ; il a été bon envers nous pendant tout le voyage et nous, nous ne pouvons pas être bons envers lui, car il est mort dans son infidélité et nous ne pouvons plus être bons envers lui en le recommandant à Dieu, car son âme doit se trouver en enfer.

Nombreux sont les Japonais qui partent là-bas [4], à cause des bons renseignements que Paul répand ici sur les vertus des Portugais. En raison de tout ce que Votre Grâce doit à Dieu et en raison de la noblesse de leur rang, je vous prie instamment de les traiter avec honneur et de donner l'ordre de leur faire bon accueil chez les Portugais riches et dans l'aisance, et de faire en sorte qu'on leur fasse honneur et bon accueil. Et qu'ainsi ils en reviennent chrétiens, en disant autant de bien que Paul en dit.

9. Dominique Dias, porteur de la présente lettre, est mon grand ami et moi, je suis le sien, en raison de la bonne compagnie qu'il nous a manifestée pendant le voyage. Votre Grâce m'accordera une grande faveur en lui payant tout ce que je lui dois.

Que Notre Seigneur augmente à Votre Grâce la durée de ses jours de nombreuses années de vie et la fasse aller au Portugal, ainsi que Votre Grâce et la Dame le désirent.

Son serviteur véritable et l'ami de son âme.

François

Pour l'amour de Notre Seigneur, je prie instamment Votre Grâce d'être bonne envers les bonzes qui s'en vont là-bas et de donner

3. Le capitaine chinois qui transporta Xavier jusqu'au Japon.
4. C'est-à-dire à Malacca.

l'ordre de leur faire bon accueil, ainsi que de leur fournir le nécessaire, car c'est mus par le désir d'apprendre la Loi du Christ pour
faire ensuite du fruit chez les Japonais qu'ils se rendent là-bas.

95

AU P. FRANÇOIS PEREZ, A MALACCA
(EX.II, 239-240 ; S.IV, 317-319)

Deux années consacrées à l'évangélisation du Japon (à Kagoshima, à Miyako, à Kwantô, S.IV, 104-298) séparent cette lettre de la précédente. Saint François Xavier est reparti pour l'Inde.

Le détroit de Singapour, 24 décembre 1551 (?)

La grâce et l'amour du Christ notre Seigneur soient toujours en
notre aide et en notre faveur. Amen.

1. Il y a trente-neuf jours que je suis parti du Japon où la foi
de Jésus-Christ notre Seigneur s'accroît beaucoup. Cosme de Torres et Jean Fernández sont restés, avec ceux qui sont devenus ou
qui deviennent Chrétiens chaque jour.

2. Envoyez tout de suite à Antoine[1] un petit *wallam*[2] pour me
faire savoir s'il y a un navire en partance pour l'Inde et s'il y avait
un navire prêt à appareiller, parlez au Seigneur Capitaine pour le
prier de le faire attendre un jour de plus car j'espère être à Malacca
le dimanche dans la journée. De ceux qui se trouvent à la maison,
vous ne m'en enverrez que Jean Bravo et il viendra avec Antoine.
Vous donnerez l'ordre de me faire chercher tout ce qui m'est nécessaire comme vivres pour aller jusqu'en Inde, si le navire est sur le
point de partir, car il importe beaucoup pour le service de Dieu que
nous nous en allions vite en Inde, pour en revenir tout de suite en
mai. Comme nous allons bientôt nous voir et que nous allons être
très consolés dans le Seigneur, je n'en dis pas plus.

Entièrement vôtre dans le Seigneur.

François

---

1. Néophyte japonais baptisé en même temps qu'Anjirô (Paul).
2. Embarcation légère à rames.

96

AUX COMPAGNONS VIVANT EN EUROPE
(EX.II, 254-279 ; S.IV, 441-447
et 240-245 passim)

Voici le premier rapport vraiment instructif rédigé par saint François Xavier sur le Japon. Il s'étend sur la description du pays, de sa société, sur son système clérical, sur les sortes de pénitence et d'intercession pratiquées par les Japonais, sur les croyances, les divergences dogmatiques des différentes « sectes », l'identité de « Shaka » et d'« Amida », sans omettre l'inextricable problème posé par l'absence de l'idée de création et de Créateur, et celui de l'absence de tout terme adéquat pour « Dieu ». La clé de ces énigmes se trouve peut-être en Chine dont le prestige culturel est grand chez les habitants de l'Archipel. Ici, l'Extrême Orient apparaît bien comme un nouveau monde à découvrir.

Cochin, le 29 janvier 1552

+

Jhus

La grâce de l'Esprit saint soit toujours en nos âmes. Amen.

1. Le vingt août de l'année 1549, nous arrivâmes au Japon, tous en paix et en bonne santé, et nous débarquâmes à Kagoshima qui est une ville dont sont originaires les Japonais que nous emmenions. Nous fûmes reçus avec une grande bienveillance par les gens du pays, et particulièrement par les parents de Paul le Japonais [1] ; Dieu notre Seigneur a d'ailleurs voulu que ceux-ci en vinssent à connaître la vérité et c'est ainsi que près de cent personnes se sont faites chrétiennes pendant le temps où nous séjournâmes à Kagoshima. Les Gentils se sont beaucoup réjouis d'entendre proclamer la Loi de Dieu, car c'est une chose dont ils n'ont jamais entendu parler et dont ils n'eurent jamais aucune connaissance.

2. Ce pays du Japon est extrêmement étendu : ce sont des îles. Il n'y a pas plus qu'une langue dans tout le pays [2] et celle-ci n'est pas très difficile à apprendre. Voici huit ou neuf années que ces îles du Japon ont été découvertes par les Portugais [3]. Les Japonais sont des gens qui ont une excellente opinion d'eux-mêmes, car il

---

1. Anjirô.
2. Par contraste avec l'Inde, pays aux langues innombrables.
3. Les Portugais avaient atteint les îles Ryûkyû en 1542 et le Japon en 1543.

leur semble que dans les armes et dans l'esprit de chevalerie il n'y en a pas d'autres qui soient comme eux. Ce sont des gens qui n'estiment guère tous les autres peuples étrangers. Ils apprécient beaucoup les armes, ils les tiennent en haute estime et ils ne se vantent de rien davantage que d'avoir de bonnes armes, très bien ornées d'or et d'argent. Ils portent en permanence des épées et des poignards en dehors de chez eux et, lorsqu'ils dorment, ils les gardent à leur chevet.

3. Ils mettent leur confiance dans les armes, plus que tous les autres peuples que j'ai jamais vus dans ma vie. Ce sont de grands archers ; ils combattent à pied, bien qu'il y ait des chevaux dans ce pays. Ce sont des gens très courtois entre eux, quoiqu'ils ne fassent point usage de ces courtoisies envers les étrangers, parce qu'ils n'ont pas d'estime pour eux. Ils dépensent tout ce qu'ils ont en vêtements, en armes et en domestiques, sans constituer de trésors. Ils sont très belliqueux et vivent toujours dans la guerre ; c'est celui qui est le plus puissant qui est le plus grand seigneur. Ils forment un peuple qui a un seul roi et cependant il y a plus de cent cinquante ans qu'ils ne lui obéissent plus et c'est la raison pour laquelle il y a continuellement des guerres entre eux [4].

4. Dans ce pays, il y a un nombre considérable d'hommes et de femmes qui sont entrés en religion. Les hommes s'appellent « bonzes » chez eux. De ceux-ci, il existe de nombreuses espèces, les uns en habit gris, les autres en habit noir, et il y a peu d'amitié entre eux, car les bonzes aux habits noirs veulent beaucoup de mal à ceux qui ont des habits gris : ils disent en effet que ceux qui portent des habits gris ne savent pas grand-chose et vivent mal. Chez les femmes, il y a des bonzesses aux habits gris et d'autres aux habits noirs ; celles qui portent des habits gris doivent obéissance aux bonzes du même habit. Il y a un grand nombre de ces bonzes et de ces bonzesses au Japon, à un point tel que seul peut le croire celui qui le voit.

5. Des personnes tout à fait dignes d'être crues m'ont affirmé qu'il y a au Japon un duc sur les terres duquel se trouvent huit cents monastères de moines et de nonnes et qu'en chacun de ceux-ci il n'y a pas moins de trente personnes ; et qu'outre ces huit cents monastères il y en a d'autres de quatre, de six ou de huit personnes. Pour ma part, en raison de ce que j'ai vu au Japon, je crois qu'il en est ainsi.

---

4. Les guerres féodales avaient commencé à la fin du XIVᵉ siècle. Saint François Xavier reconnaît ici qu'il s'est trompé en croyant à l'existence d'un pouvoir central fort au Japon.

Les récits des sectes dans lesquelles ils croient proviennent d'une terre ferme située près du Japon, qu'on appelle la Chine. Ils ont reçu ces Ecritures d'hommes qui ont accompli de grandes pénitences, c'est-à-dire mille, deux mille et trois mille années de pénitence ; leurs noms sont Shaka et Amida[5] et il y en a beaucoup d'autres, quoique les plus importants soient Shaka et Amida.

6. Il y a neuf sortes de récits, différant les uns des autres[6]. Ainsi, les hommes aussi bien que les femmes, chacun selon son gré choisit le récit qu'il veut et personne n'est contraint d'appartenir à une secte plutôt qu'à une autre, si bien qu'il y a des maisons où le mari est d'une secte et la femme d'une autre, et les enfants d'une autre encore. Cela ne cause pas de scandale chez eux, parce que chacun est libre de choisir[7]. Il y a aussi des oppositions et des querelles entre eux, parce qu'il leur semble que les unes sont meilleures que d'autres et des guerres se produisent souvent à ce propos.

7. Aucune de ces neuf sectes ne parle de la création du monde ni de celle des âmes. Ils disent tous qu'il y a un enfer et un Paradis et cependant aucune secte n'explique ce qu'est donc le Paradis et encore moins ne dit quelle est l'ordonnance ou la sentence en vertu de laquelle les âmes vont en enfer. Ces sectes soutiennent seulement que les hommes qui les ont fondées furent des hommes qui accomplirent de grandes pénitences, c'est-à-dire des pénitences de mille, de deux mille et de trois mille ans, et que s'ils firent de pareilles pénitences, c'était parce qu'ils prenaient en considération la perdition de beaucoup de gens qui ne faisaient aucune pénitence de leurs péchés. S'ils avaient accompli tant de pénitences, c'était pour ceux-ci, afin qu'il leur reste quelque remède.

8. Le point fondamental de ces sectes consiste dans le fait qu'ils disent ceci : tous ceux qui n'ont pas fait pénitence de leurs péchés, s'ils font appel aux fondateurs de ces sectes, seront délivrés par eux de toutes leurs peines, même s'ils ne font pas pénitence. C'est avec une très grande foi et sans connaître le doute, qu'ils font appel à eux en qui ils mettent toute leur espérance et toute leur confiance, forts de la promesse d'être délivrés, lors même qu'ils se trouveraient en enfer, s'ils faisaient appel à eux[8]. Beaucoup de fables

---

5. Shaka = Śākyamuni en sanskrit, le Buddha « historique » et Amida = Amitabha, le Buddha « mythique » au Paradis de la Terre Pure.

6. Ces récits ou recensions de récits (*lenda* en portugais) semblent homologués ici un par un avec une secte différente. De plus, il n'est pas vrai qu'il n'y ait que neuf sectes bouddhiques au Japon.

7. Rappelons que l'Espagne et le monde méditerranéen ignoraient la variété religieuse et le panachage des cultes pratiqués en Extrême Orient.

8. Le recours à Amida dans la secte Jôdo.

existent parmi ces sectes : elles se réfèrent aux miracles qu'auraient accompli leurs fondateurs et je m'abstiens de les écrire, car elles seraient longues à raconter.

9. Parmi ces sectes, il en est certaines qui imposent trois cents ou cinq cents commandements, et d'autres encore. Toutes sont cependant d'accord pour dire qu'il y a cinq commandements qui sont nécessaires. Le premier, c'est de ne pas tuer et de ne pas manger d'être qui endure la mort. Le second : ne pas voler. Le troisième, c'est de ne pas forniquer. Le quatrième : ne pas mentir. Le cinquième : ne pas boire de vin. Toutes ces sectes possèdent ces commandements. En expliquant au peuple la doctrine de leurs sectes, les bonzes et les bonzesses ont persuadé les gens qu'ils ne pouvaient pas observer ces cinq commandements, car ils sont des hommes qui fréquentent le monde et qu'ils ne pourraient pas les observer.

10. C'est pourquoi, eux, ils ont voulu prendre sur eux-mêmes le mal qui leur adviendrait du fait de l'inobservance de ces cinq commandements, à la condition que le peuple leur donne des maisons et des monastères, des rentes et de l'argent pour leurs besoins, et surtout à la condition que les gens les respectent et les honorent beaucoup. S'ils faisaient cela, eux, ils observeraient les commandements à leur place. Et c'est ainsi, pour faire usage de la liberté de pécher, que les grands et le peuple concédèrent aux bonzes et aux bonzesses ce qu'ils avaient demandé. Ces sortes de prêtres et ces bonzesses sont donc très respectés au Japon. Le peuple, quant à lui, croit certain que ces bonzes et que ces nonnes ont le pouvoir de retirer les âmes qui vont en enfer, parce qu'ils se sont obligés à observer à leur place les commandements ainsi qu'à faire des prières.

11. Ces espèces de prêtres prêchent au peuple certains jours. Dans toutes leurs prédications, le point principal abordé est que les gens ne doivent avoir de doutes sur aucun sujet : même s'ils ont commis de nombreux péchés et même s'ils en commettent encore, ce saint fondateur de la Loi qu'ils ont choisie les délivrera de l'enfer, s'ils y vont, à la condition que les bonzes prient pour eux, étant donné qu'ils observent les cinq commandements. Ces bonzes enseignent au peuple à leur propre sujet qu'ils sont des saints, puisqu'ils observent les cinq commandements. De plus, ils enseignent que les pauvres n'ont aucun moyen de sortir de l'enfer, étant donné qu'ils n'ont pas d'aumône à donner aux bonzes.

12. En outre, ils enseignent ceci : les femmes qui n'observent pas ces cinq commandements n'ont aucun moyen de sortir de l'enfer et ils en donnent comme raison que chaque femme a en elle plus

de péchés que n'en ont tous les hommes du monde entier, en raison du flux menstruel, et ils disent qu'une chose aussi dégoûtante qu'une femme peut difficilement être sauvée. Toutefois, ils en viennent à dire aussi que si les femmes font beaucoup d'aumônes, plus que les hommes, il leur restera toujours un moyen de sortir de l'enfer. De plus, ils enseignent que les personnes qui donneront beaucoup d'argent aux bonzes en cette vie, en recevront là-bas, dans l'autre monde, dix fois plus, et dans la même monnaie d'argent, pour les besoins qu'ils auront là-bas, dans l'autre monde. Nombreuses sont les personnes, tant hommes que femmes, qui ont donné aux bonzes beaucoup d'argent afin d'être payés dans l'autre monde ; les bonzes remettent à ces hommes et à ces femmes dont ils reçoivent de l'argent, des reçus pour qu'ils soient payés dans l'autre monde. Le peuple, quant à lui, considère qu'en donnant cet argent aux bonzes, il leur prête avec usure et c'est pourquoi il prend ce reçu. Quand ils meurent, les gens se font enterrer avec leur reçu, car ils disent que le diable prend la fuite en voyant le reçu. Ces bonzes enseignent des tromperies telles que ça fait pitié de les écrire. Eux, ils ne font jamais l'aumône, mais ils veulent que tout le monde la leur fasse. Ils ont des procédés, des moyens et des façons de soutirer aux gens leur argent que j'omets de décrire afin d'éviter la prolixité. C'est une grande pitié que de voir tout le crédit que le peuple accorde aux choses de ceux-là, et le grand respect qu'ils ont pour eux.

13. Je vais vous dire à présent ce qui nous est advenu au pays du Japon. D'abord, nous arrivâmes dans le pays de Paul, comme je l'ai dit plus haut, pays appelé Kagoshima. Là, en raison des nombreuses prédications adressées par Paul à ses parents, près de cent personnes se firent chrétiennes ; et presque tous les gens du pays se seraient faits chrétiens, si les prêtres du pays ne les en avaient pas empêchés. Nous séjournâmes en cet endroit-là plus d'une année. Les bonzes dirent au seigneur du pays, qui est un duc possédant beaucoup de terres, que s'il donnait son consentement à ce que ses vassaux puissent adopter la Loi de Dieu, le pays serait perdu et leurs pagodes détruites et profanées par les gens. La Loi de Dieu est en effet contraire, disaient-ils, à leurs Lois et les gens qui adopteraient la Loi de Dieu perdraient la dévotion qu'ils avaient auparavant pour les saints qui avaient fondé leurs Lois. Les bonzes obtinrent donc du duc seigneur du pays qu'il édictât l'interdiction de se faire chrétien, sous peine de mort, et c'est ainsi que le duc interdit à quiconque d'adopter la Loi de Dieu.

Pendant l'année où nous résidâmes dans la ville de Paul, nous nous occupâmes à catéchiser les Chrétiens, à apprendre la langue et à traduire bien des choses de la Loi de Dieu dans la langue du Japon, à savoir : la création du monde, expliquée avec toute la brièveté possible, ainsi que ce qui est nécessaire pour qu'ils puissent savoir qu'il y a un Créateur de toutes les choses, ce dont ils n'avaient aucune connaissance, et d'autres choses nécessaires en outre, jusqu'à en venir à l'incarnation du Christ, et traitant de la vie du Christ à travers tous ses mystères jusqu'à l'Ascension, ainsi qu'une explication du Jour du Jugement. C'est à grand-peine que nous avons traduit ce livre en langue japonaise et c'est avec nos lettres que nous l'avons écrit [9]. C'est lui que nous lisons à ceux qui se sont faits chrétiens afin qu'ils sachent comment ils doivent adorer Dieu et Jésus-Christ pour être sauvés.

Les Chrétiens ainsi que ceux qui ne sont pas Chrétiens ont pris un grand plaisir à entendre ces choses, car il leur a semblé que c'est la vérité. Les Japonais sont en effet des hommes d'une intelligence vraiment très singulière, et très obéissants envers la raison. S'ils se sont abstenus de se faire chrétiens, c'est par crainte du Seigneur du pays et non pas parce qu'ils n'ont pas reconnu que la Loi de Dieu est vraie et que leurs Lois sont fausses.

14. Au bout d'un an [10], et vu que le Seigneur du pays n'était pas content de ce que la Loi de Dieu s'y répande, nous partîmes pour un autre pays. Nous prîmes congé des Chrétiens et eux, c'est avec d'abondantes larmes qu'ils prirent congé de nous, en raison du grand amour qu'ils nous portaient. Ils nous remercièrent beaucoup de la peine que nous nous étions donnée à leur enseigner la manière de faire pour être sauvés. Paul resta avec ces Chrétiens, car il est natif de ce pays et c'est un très bon Chrétien, afin de les catéchiser et de les instruire.

De là nous nous rendîmes en un autre pays [11], dont le Seigneur nous accueillit avec beaucoup de plaisir [12]. Quelques jours seulement après notre arrivée, près de cent personnes se firent chrétiennes. A ce moment-là, l'un d'entre nous savait déjà parler le japonais. Par la lecture du livre que nous avons traduit en japonais et grâce à d'autres causeries que nous y avons faites, beaucoup sont devenus chrétiens. Le P. Cosme de Torres est resté en cet endroit, avec ceux qui sont devenus chrétiens. Jean Fernández et moi, nous partîmes pour un pays appartenant à un grand seigneur du Japon, pays nommé Yamanguchi. C'est une ville de plus de dix mille

---

9. C'est-à-dire qu'il est fait usage de l'alphabet latin pour écrire la langue japonaise.
10. Fin août 1550.
11. Hirado (Hizen) dans l'île de Hirado-jima.
12. Matsura Takanobu, seigneur de Hirado.

habitants, dont les maisons sont toutes en bois. Il y avait en cette ville un grand nombre de gentilshommes et d'autres gens qui désiraient beaucoup savoir quelle était la Loi que nous prêchions. C'est pourquoi nous décidâmes de prêcher pendant de longs jours dans les rues et chaque jour deux fois : nous lisions le livre que nous transportions et nous donnions des causeries en conformité avec le livre que nous lisions. Nombreux étaient les gens qui se pressaient à nos prédications. On nous faisait appeler dans les maisons de grands gentilshommes pour nous demander quelle est donc la Loi que nous prêchions et on nous disait que, si elle était meilleure que la leur, ils l'adopteraient. Beaucoup montraient leur joie d'entendre énoncer la Loi de Dieu, d'autres la raillaient, d'autres encore la trouvaient déplaisante. Quand nous parcourions les rues, les enfants et d'autres gens nous poursuivaient en se moquant de nous et disaient : « Voilà ceux qui disent que nous devons adorer Dieu pour être sauvés et que personne ne peut nous sauver sinon le Créateur de toutes les choses. » D'autres disaient : « Ce sont eux qui prêchent qu'un homme ne peut pas avoir plus d'une seule femme. » D'autres disaient : « Ce sont eux qui interdisent le péché de sodomie », car celui-ci est très répandu parmi eux. C'est de la sorte qu'ils énonçaient les autres commandements de notre Loi, et cela pour se moquer de nous. Après avoir consacré de longs jours à cet exercice de prédication, tant dans les maisons que dans les rues, nous fûmes appelés par le duc de Yamanguchi, car il se trouvait dans la ville même. Il nous demanda bien des choses. Comme il nous demandait d'où nous étions et pourquoi nous étions venus au Japon, nous lui répondîmes que nous étions envoyés au Japon pour y prêcher la Loi de Dieu, vu que personne ne peut être sauvé s'il n'adore pas Dieu et s'il ne croit pas en Jésus-Christ, Sauveur de tous les gens. Il nous demanda alors de lui expliquer la Loi de Dieu et c'est ainsi que nous lui lûmes une grande partie du livre. Il fut très attentif pendant tout le temps où nous lui avons lu, sans doute plus d'une heure, puis il nous congédia. Nous restâmes dans cette ville de longs jours pour prêcher dans les rues et dans les maisons ; les gens prenaient un grand plaisir à entendre la vie du Christ et ils pleuraient quand nous parvenions au passage de la Passion.

15. Peu nombreux étaient ceux qui se faisaient chrétiens. Vu le peu de fruit qu'on produisait, nous décidâmes de nous en aller dans une ville, la plus importante de tout le Japon, qui a pour nom et qui s'appelle Miyako [13]. Nous restâmes deux mois en chemin ;

---

13. Miyako s'appelant aujourd'hui Kyôto.

nous eûmes à affronter bien des dangers en chemin, en raison des nombreuses guerres qu'il y avait dans les localités que nous traversions. Je ne parle point des grands froids qui sévissent en cette contrée de Miyako et des nombreux bandits qu'il y eut en chemin. Nous arrivâmes à Miyako et nous y restâmes quelques jours. Nous cherchâmes à parler au roi pour lui demander la permission de prêcher la Loi de Dieu dans son royaume. Mais nous ne pûmes pas lui parler. Comme par la suite nous eûmes l'information qu'il n'est pas obéi par les siens, nous cessâmes d'insister pour lui demander la permission de prêcher dans son royaume [14]. Nous examinâmes si ces contrées offraient de bonnes dispositions pour que nous y manifestions la Loi de Dieu. Nous trouvâmes qu'on s'y attendait à bien des guerres et que ce pays n'était pas bien disposé. Cette ville de Miyako est fort grande ; elle est à présent, en raison des guerres, très démolie. Bien des gens disent qu'elle avait anciennement plus de cent quatre-vingt mille maisons, et il me semble que ça doit être vrai, tant son emplacement est vaste. Elle est à présent bien démolie et bien brûlée, bien qu'elle me semble avoir encore plus de cent mille maisons.

16. Vu que ce pays n'était pas suffisamment en paix pour qu'on y manifestât la Loi de Dieu, nous retournâmes à nouveau à Yamanguchi et nous donnâmes au duc de Yamanguchi des lettres du Gouverneur et de l'Evêque que nous transportions, en même temps qu'un présent qu'il lui avait envoyé en signe d'amitié. Le duc se réjouit beaucoup de ce présent aussi bien que de la lettre. Il nous offrit bien des choses, mais nous n'avons voulu en accepter aucune, quoiqu'il nous donnât beaucoup d'or et beaucoup d'argent. Nous lui demandâmes alors s'il voulait bien nous accorder une faveur, car nous n'en voulions pas d'autre de sa part, à savoir qu'il nous donnât la permission de prêcher la Loi de Dieu sur ses terres, ainsi que celle de l'adopter pour ceux qui le voudraient. C'est avec beaucoup d'amour qu'il nous donna cette permission et c'est ainsi qu'il donna l'ordre de faire afficher en son nom dans les rues de la ville un texte par lequel il donnait la permission de l'adopter, à ceux qui le voudraient. De plus et en même temps, il nous donna un monastère comme collège, afin que nous y résidions. Lorsque nous fûmes dans ce monastère, de nombreuses personnes vinrent nous y entendre prêcher la Loi de Dieu, prédication que nous faisions d'ordinaire deux fois par jour. A la fin de la prédication, il y avait une

---

14. Saint François Xavier va donc placer son espoir dans les féodaux plutôt que dans le pouvoir central, affaibli.

disputation [15] qui durait beaucoup. Nous étions occupés continuellement à répondre aux questions ou à prêcher. Nombreux étaient les prêtres japonais, les nonnes et les gentilshommes, ainsi que beaucoup d'autres gens, qui venaient à ces prédications ; la maison était presque toujours pleine et, souvent, ils n'y rentraient pas tous. Ils nous posèrent tant de questions et nous, nous leur donnâmes tant de réponses qu'ils reconnaissaient que les Lois des saints, auxquelles ils avaient cru, sont fausses et que la Loi de Dieu est vraie. Bien des jours plus tard, ils commencèrent à se faire chrétiens et les premiers à se faire tels furent ceux qui s'étaient montrés les plus hostiles tant lors des prédications que lors des disputations.

17. Parmi ceux qui devenaient chrétiens, nombreux étaient les nobles ; et lorsqu'ils se furent faits chrétiens, ils étaient nos amis à un point tel que je n'en finirais jamais si je voulais l'écrire. Et c'est ainsi qu'ils nous ont expliqué très fidèlement tout ce que les Gentils ont mis dans leurs Lois ; qu'en effet, comme je l'ai dit au commencement, il y a neuf Lois, différentes les unes des autres. Maintenant que nous possédons une connaissance véritable de ce qu'ils ont mis dans leurs Lois, nous cherchons des raisons pour démontrer qu'elles sont fausses et c'est pourquoi chaque jour nous leur avons posé des questions sur leurs Lois et sur leurs arguments, questions auxquelles ils ne savaient point répondre, aussi bien les bonzes que les nonnes, les sorciers que d'autres gens qui n'admettaient pas la Loi de Dieu. Quand ils voyaient que les bonzes ne savaient pas répondre, les Chrétiens se réjouissaient beaucoup et fortifiaient chaque jour un peu plus leur plus grande foi en Dieu. Quant à ceux, Gentils, qui se sont trouvés présents aux disputations, ils perdaient toute confiance dans les sectes erronées dans lesquelles ils avaient cru.

18. Voir que beaucoup se faisaient chrétiens causa un grand déplaisir aux bonzes. Ceux qui se faisaient chrétiens furent blâmés par les bonzes qui leur dirent qu'ils étaient en train d'abandonner les Lois qu'eux ils professaient, pour adopter celle de Dieu. Mais les Chrétiens, ainsi que d'autres qui étaient sur le point de le devenir, s'ils se faisaient chrétiens, c'était parce qu'il leur semblait que la Loi de Dieu est plus conforme à la raison que leurs Lois, et aussi parce qu'ils voyaient que nous, nous répondions aux questions qu'on nous posait, tandis qu'eux, ils ne savaient pas répondre à celles que nous leur posions contre leurs Lois. Comme il a été dit

---

15. Au sens où on l'entendait en Europe au Moyen Age et à la Renaissance : débat public et contradictoire.

plus haut, les Japonais ne possèdent, d'après les récits de leurs sectes, aucune connaissance de la création du monde, soleil, lune, étoiles, ciel, terre et mer, ainsi que de toutes les autres choses. Il leur semble que tout cela n'a point eu de commencement. Ce qui les impressionnait le plus, ce fut de nous entendre dire que les âmes ont un Créateur qui les a créées.

19. C'est de cela qu'en général ils s'étonnaient beaucoup, à savoir que puisque, dans le récit de leurs saints, on ne mentionnait pas ce Créateur, il ne pouvait y avoir de Créateur de toutes les choses. De plus, disaient-ils, si toutes les choses du monde avaient un commencement, les gens de la Chine l'auraient su. C'est en effet de Chine que leur sont venues les Lois qu'ils possèdent [16]. Ils considèrent que les Chinois sont très renseignés aussi bien sur les choses de l'autre monde que sur le gouvernement de l'Etat.

Ils nous demandèrent bien des choses au sujet de ce Principe qui a créé toutes les choses, c'est-à-dire s'il est bon ou mauvais et s'il y a un Principe de toutes les choses bonnes et de toutes celles qui sont mauvaises. Nous leur dîmes qu'il y a un seul Principe et que celui-ci est bon, exempt de la participation du moindre mal.

20. Il leur sembla que cela ne peut pas être, parce qu'ils estiment qu'il y a des démons, que ceux-ci sont mauvais et ennemis du genre humain et que, si Dieu était bon, il n'aurait point créé d'aussi mauvaises choses. Ce à quoi nous répondîmes que Dieu les avait créés bons, mais qu'eux, ils s'étaient rendus mauvais, que pour cette raison Dieu les avait châtiés et que leur châtiment n'aurait pas de fin. A cela, ils disaient que Dieu n'est point miséricordieux, puisqu'il châtie cruellement. Ils disaient en outre que s'il est vrai (comme nous le disions) que Dieu a créé le genre humain, pour quelle raison permet-il que les démons, qui sont si mauvais, nous tentent. Car s'il a créé le genre humain pour que celui-ci le serve (comme nous le disions) et s'il était bon, Dieu n'aurait pas créé les hommes avec autant de faiblesses et autant d'inclinations pour les péchés ; il les aurait créés sans aucun mal. Donc, disaient-ils, ce Principe ne peut pas être bon, car il a fait l'enfer, chose aussi mauvaise que possible, et il n'a pas pitié de ceux qui s'en vont là-bas, puisque c'est pour toujours qu'ils doivent y rester (selon ce que nous, nous leur avions dit) ; si Dieu était bon, il n'aurait point donné les dix commandements qu'il a donnés, parce qu'ils sont très difficiles à observer.

21. Comme, dans leurs récits, ils affirment que même ceux qui

16. Point n'est fait mention ici de l'origine indienne du bouddhisme mais seulement du relais chinois.

se trouveraient en enfer seront délivrés s'ils font appel aux fondateurs des sectes, il leur a paru très, très mal de la part de Dieu qu'il n'y ait point de rédemption pour les hommes qui vont en enfer ; ils disaient que leurs Lois sont davantage fondées sur la pitié que ne l'est la Loi de Dieu. Par la grâce de Dieu notre Seigneur, nous apportâmes des réponses satisfaisantes à toutes ces questions, qui furent les plus importantes, si bien qu'ils en étaient satisfaits. Pour la plus grande manifestation de la miséricorde de Dieu, les Japonais obéissent plus à la raison qu'aucun autre peuple de la Gentilité jamais vu par moi. Ils sont si curieux d'esprit et si importuns pour demander, si désireux de savoir qu'ils n'en ont jamais fini de poser des questions et parler aux autres des choses que nous répondons à leurs questions. Ils ne savaient pas que le monde est rond et ils ne connaissaient point le cours du soleil ; ils ont posé des questions sur ces choses et sur d'autres, telles que comètes, éclairs, pluie, neige, et d'autres semblables. Nous leur répondîmes et nous leur donnâmes des explications, ce dont ils furent très contents et très satisfaits, nous considérant comme des hommes doctes, ce qui ne les aida pas peu à accorder un grand crédit à nos paroles.

Ils ont toujours discuté entre eux pour savoir quelle est la meilleure de leurs Lois. Après notre passage, ils ne discutaient plus sur leurs Lois propres, mais sur la Loi de Dieu. C'était une chose incroyable que de voir qu'en une si grande ville, dans toutes les maisons, on conversait sur la Loi de Dieu. Si l'on voulait écrire toutes les questions qu'ils nous ont posées, on n'en aurait jamais fini.

22. Parmi les neuf sectes, il en est une qui dit que les âmes des hommes sont mortelles à la façon de celles des animaux. Mais il semble à tous les autres qui n'appartiennent pas à cette Loi que c'est une secte très mauvaise. Les adeptes de cette secte sont méchants et ils n'ont pas assez de patience pour s'entendre dire qu'il y a un enfer [17].

En l'espace de deux mois, dans cette ville de Yamanguchi, et après qu'on eut posé bien des questions, cinq cents personnes reçurent le baptême, cinq cents plus ou moins et chaque jour on en baptise, par la grâce de Dieu. Nombreux sont ceux qui nous dévoilent les tromperies des bonzes et de leurs sectes ; sans eux, nous ne serions pas au courant des idolâtries du Japon. Grand est l'amour qu'ils nous portent avec excès, eux qui sont devenus chrétiens, et soyez sûr qu'ils sont chrétiens pour de bon.

23. Avant de recevoir le baptême, ces gens de Yamanguchi

---

17. Les fidèles du Zen, adversaires redoutables lors des disputations.

éprouvèrent de grands doutes à propos de la suprême bonté de Dieu et ils disaient qu'il n'est pas miséricordieux, puisqu'il ne s'est pas manifesté plus tôt à eux, avant que nous ne vinssions là-bas. S'il est vrai (comme nous le disions) que tous ceux qui n'adorent pas Dieu vont en enfer, Dieu, disaient-ils, n'a pas eu pitié de leurs ancêtres, car il les a laissés aller en enfer, sans leur donner la moindre connaissance de lui-même.

24. Tel fut l'un des grands doutes qu'ils objectèrent à l'adoration de Dieu. Mais il plut à Notre Seigneur de les rendre capables de la vérité et de les délivrer du doute dans lequel ils se trouvaient. Nous leur apportâmes la raison grâce à laquelle nous leur prouvâmes que la Loi de Dieu est la première de toutes, en leur disant ceci : avant que les Lois de la Chine ne parvinssent au Japon, les Japonais savaient que tuer, voler, porter de faux témoignages et agir contre les dix commandements était mal ; ils éprouvaient déjà des remords de conscience, en signe du mal commis, car s'éloigner du mal et faire le bien étaient des choses inscrites dans les cœurs des hommes. Ainsi, les gens connaissaient donc les commandements de Dieu, sans que personne d'autre ne les leur eût enseignés, si ce n'est le Créateur de tous les gens.

25. S'ils avaient quelque doute à ce sujet, ils pouvaient faire cette expérience : prendre un homme qui a grandi dans les bois, n'a aucune connaissance des Lois venues de Chine et ne sait ni lire ni écrire. Qu'ils demandent donc à cet homme qui a grandi dans la brousse si tuer, voler ou agir contre les dix commandements est un péché ou non, si c'est un bien ou non de les observer. Par la réponse que celui-ci donnerait, aussi barbare qu'il puisse être et bien que personne ne l'ait instruit, ils verraient clairement que cet homme connaît la Loi de Dieu. Qui donc lui a enseigné le bien et le mal, si ce n'est Dieu qui l'a créé ? Et s'il existe chez les barbares une telle connaissance, qu'en sera-t-il chez les gens doués de sagesse ? Ainsi donc, avant même qu'il existât une loi écrite, la Loi de Dieu était inscrite dans les cœurs des hommes. Ce raisonnement leur plut tellement à eux tous qu'ils en furent très satisfaits. Les avoir tirés de ce doute les aida beaucoup à devenir chrétiens.

26. Les bonzes étaient en mauvais termes avec nous parce que nous dévoilions leurs mensonges. Ils avaient persuadé le peuple (comme je l'ai déjà dit plus haut) que les gens ne pouvaient pas observer les cinq commandements et qu'eux, ils s'obligeraient à les observer à la place des gens, à la condition d'être honorés par eux et de recevoir d'eux le nécessaire ; ils s'obligeraient même à les retirer de l'enfer. Mais nous, nous leur prouvâmes que ceux qui vont en enfer ne peuvent pas en être retirés par les bonzes et par les

bonzesses. A cause de ces raisonnements, il leur sembla qu'il en est comme nous le leur disions et ils disent maintenant que les bonzes les ont trompés. Dans sa miséricorde, Dieu a voulu que même les bonzes disent que c'est la vérité, et qu'eux, ils ne peuvent pas retirer d'enfer les âmes qui y vont. Néanmoins, ils ajoutaient que s'ils ne prêchaient pas ça, ils n'auraient plus de quoi manger ni de quoi se vêtir. A mesure que le temps passait, les aumônes de leurs dévots se firent plus rares et eux, ils en vinrent à souffrir du besoin et du discrédit. C'est sur l'enfer que portèrent tous les désaccords entre les bonzes et nous ; il me semble que nous tarderons à être amis. Parmi ces bonzes, nombreux sont ceux qui sortent et qui se font laïcs et qui révèlent les turpitudes de ceux qui vivent dans les monastères. C'est à cause de cela que les bonzes et que les bonzesses de Yamanguchi perdent graduellement beaucoup de leur crédit. Les Chrétiens m'ont dit que sur les cent monastères de moines et de nonnes que comptait l'endroit, beaucoup seraient désertés d'ici peu d'années, en raison du manque d'aumônes.

27. Jadis, les bonzes et les bonzesses qui n'observaient pas les cinq commandements étaient mis à mort et avaient la tête coupée par les seigneurs du pays : c'est-à-dire, ceux qui forniquaient, mangeaient des êtres qui endurent la mort, tuaient, volaient, mentaient ou buvaient du vin. Mais à présent, la Loi est à la lettre déjà bien corrompue et c'est d'ailleurs en public que bonzes et bonzesses boivent du vin, et en cachette qu'ils mangent du poisson. Quant à la vérité, j'ignore quand il leur arrive de la dire et c'est en public qu'ils forniquent, et sans la moindre honte : tous ont de jeunes garçons avec lesquels ils pèchent, ce qu'ils reconnaissent en disant que ce n'est pas un péché. Le peuple fait de même et prend exemple sur eux : ils disent que si les bonzes le font, ils le feront aussi, car ils ne sont que des gens du monde.

28. Nombreuses sont les femmes dans les monastères. Les bonzes disent que ce sont les femmes de leurs serviteurs qui cultivent les terres des monastères. Le peuple juge cela sévèrement, car il lui semble qu'une si forte fréquentation des femmes est un mal. Les nonnes reçoivent beaucoup de visites des bonzes, et à toutes les heures de la journée. De même, les nonnes rendent visite aux monastères de bonzes. Tout cela semble très mal au peuple. Tous disent en général qu'il existe une herbe que mangent les bonzesses pour ne pas concevoir d'enfant et une autre pour en avorter, si elles sont enceintes. Quant à moi, je ne m'étonne point des péchés qu'il y a chez les bonzes et chez les bonzesses, bien qu'ils soient une grande quantité : en effet, des gens qui s'abstiennent d'adorer Dieu

pour adorer le démon en le considérant comme leur seigneur, ne peuvent manquer de commettre d'énormes péchés. Je m'étonne plutôt de ce qu'ils n'en fassent pas davantage qu'ils n'en font.

29. Tous les Japonais, les bonzes aussi bien que le peuple, utilisent des chapelets pour prier ; le nombre des grains y est de plus de cent quatre-vingts. Quand ils le récitent, ils nomment continuellement et à chaque grain le fondateur de la secte qu'ils suivent. Les uns ont de la dévotion pour réciter souvent le chapelet et les autres, moins. Les principaux de tous ces fondateurs sont au nombre de deux, comme on l'a dit plus haut, c'est-à-dire Shaka et Amida. Les bonzes et les bonzesses qui ont des habits gris suivent tous Amida [18] et la plus grande partie du peuple du Japon adore Amida. Les bonzes et les bonzesses qui ont des habits noirs, quoiqu'ils adorent Amida, adorent pour la plupart Shaka et beaucoup d'autres.

30. Je tâchai de savoir si ces Amida et Shaka avaient été des hommes adonnés à la philosophie. Je demandai aux Chrétiens de traduire fidèlement leurs vies. J'appris par ce qui est écrit dans leurs livres que ce ne sont pas des hommes, parce qu'ils y ont écrit que ceux-ci ont vécu mille ans et deux mille ans et que Shaka est né huit mille fois, ainsi que beaucoup d'autres impossibilités, si bien qu'ils n'ont point été des hommes, mais de pures inventions des démons.

31. Pour l'amour de Notre Seigneur, et pour son service, je prie tous ceux qui liront cette lettre de prier Dieu de nous donner la victoire sur ces deux démons, Shaka et Amida, et sur tous les autres, car déjà, par la bonté de Dieu, ils sont en train de perdre tout le crédit dont ils jouissaient ordinairement dans la ville de Yamanguchi.

Dans cette ville, il y a un seigneur très important [19] qui nous a beaucoup favorisés, et spécialement sa femme, et nous ont accordé toutes les faveurs possibles pour y accroître la Loi de Dieu. C'est que la Loi de Dieu leur a toujours paru bonne, quoique jamais ils n'aient voulu l'embrasser. La raison en est qu'ils avaient fondé de nombreux monastères à leurs frais, et accordé des rentes aux bonzes pour vivre, pour prier Amida dont le mari et la femme sont très dévots, afin qu'en cette vie il les garde du mal et que dans l'autre il les emmène se reposer là où il réside [20].

32. Ils donnaient beaucoup de raisons pour ne pas devenir

---

18. Les sectes Jôdo, Yûdzû-Nembutsu, Ikkô, Ji.

19. Naitô Takaharu.

20. Allusion au Paradis de la Terre Pure d'Occident, tant espéré par les adorateurs d'Amida.

chrétiens : ils disaient qu'ils s'étaient signalés beaucoup dans le service de Shaka et d'Amida, qu'ils allaient perdre tant d'années de service, tant d'aumônes faites par eux, tant de maisons fondées par amour de lui. Si à présent ils se faisaient chrétiens, ils perdraient tout cela. De plus, ils jugeaient certain que, pour un seul *cruzado* donné en ce monde par amour pour lui, ils en recevraient dix là-bas et qu'une très grande récompense allait leur échoir pour tous les services qu'ils avaient rendus à ces deux-là, Shaka et Amida. C'est donc pour ne pas perdre ce qu'ils ont l'espoir d'avoir qu'ils s'abstinrent de devenir chrétiens.

33. Ils considèrent pour leur part que là-bas, dans l'autre monde, on mange, on boit, on s'habille, on se chausse, et que celui qui est le plus riche y est le plus honoré et le plus favorisé par Shaka ou par Amida, ou par les autres. Toutes ces erreurs leur ont été enseignées par les bonzes, qui font des prédications aussi. Les gens y venaient les entendre dire beaucoup de mal de notre Dieu. Ils prêchaient que c'était une chose inconnue et inouïe, qu'elle ne pouvait manquer d'être un grand démon et que nous, nous étions les disciples du démon. Qu'ils se gardent bien d'embrasser la Loi que nous prêchions, car lorsque notre Dieu serait adoré au Japon, le Japon serait perdu. En outre, quand ils prêchaient, ils interprétaient le nom de *Deus* de la façon qu'ils voulaient, disant que *Deusu* et *daiuso*, c'est la même chose[21]. Or, dans la langue du Japon, *daiuso* signifie « grand mensonge ». C'est pourquoi, disaient-ils, qu'ils se gardent bien de notre Dieu.

34. Ils disaient bien d'autres blasphèmes contre Dieu. Mais, par son infinie miséricorde, Notre Seigneur les changeait tous en un bien, car plus ils disaient du mal de Dieu et de nous dans leurs prédications, plus les gens nous accordaient du crédit. Plus nous prêchions, plus ils étaient nombreux à se faire chrétiens. Le peuple disait que si les bonzes disaient tant de mal de nous, c'était par envie.

35. Je fis un grand effort pour savoir si, à une certaine époque, on avait eu au Japon quelque connaissance de Dieu et du Christ[22]. D'après ce que disent leurs Ecritures et ce que dit le

---

21. Comment nommer « Dieu » en langue japonaise ? Saint François Xavier utilisa d'abord *Dainichi*, terme emprunté à la secte Shingon (« grand soleil »). Puis, voyant les équivoques que cet emploi créait, il voulut adopter le terme latin (et portugais) *Deus*, prononcé *Deusu* en raison des lois phonétiques japonaises. C'était pire que tout car c'était prêter le flan à la moquerie (S.IV, 223-226).

22. La croyance commune chez les Portugais était que saint Thomas et ses disciples avaient visité ou évangélisé toute l'Asie.

peuple lui-même, j'établis que jamais ils n'avaient eu la connaissance de Dieu. A Kagoshima où nous avons séjourné une année,
nous découvrîmes que le duc du pays et ses parents avaient pour
armes une croix blanche ; mais ce n'est pas en raison d'une
connaissance qu'ils auraient eue du Christ notre Seigneur.

36. Tandis que le P. Cosme de Torres, Jean Fernández et moi,
nous séjournions dans cette même ville de Yamanguchi, un très
grand seigneur qui est duc de Bungo [23] m'écrivit pour me dire de
venir là où il se trouvait, car un navire portugais était arrivé dans
son port et il était important pour lui de m'entretenir de certaines
choses. Comme je voyais qu'il voulait se faire chrétien et que je
voulais voir les Portugais, je partis à Bungo, tandis que le
P. Cosme de Torres et Jean Fernández restaient à Yamanguchi
avec les Chrétiens qui s'étaient déjà convertis. Le duc me fit très
bon accueil et moi, je fus très consolé de voir les Portugais qui
avaient débarqué là.

37. Pendant mon séjour à Bungo, le démon fit qu'il y eut une
guerre à Yamanguchi ; le résultat fut qu'un très grand seigneur,
vassal du duc de Yamanguchi [24], se souleva contre lui et lui mena
une guerre telle qu'il dut s'enfuir de Yamanguchi [25]. Bien des gens
partirent à sa suite, si bien qu'il parut au duc qu'il ne pourrait pas
se sortir d'affaire. Pour ne pas tomber entre les mains de son
ennemi, qui était son vassal, il décida de se tuer de ses propres
mains, après avoir tué aussi son jeune fils qu'il avait emmené avec
lui. C'est avec un poignard qu'il se tua, après avoir donné l'ordre
de tuer d'abord son fils et après avoir laissé la recommandation
de brûler les corps de tous deux, afin que lorsque les ennemis viendraient, ils ne trouvassent rien.

Vous serez au courant des grands dangers auxquels furent exposés le P. Cosme de Torres et Jean Fernández au moment de la
guerre, grâce aux lettres qu'ils m'écrivirent à Bungo et que vous
trouverez avec celle-ci.

38. Après la mort du duc, les seigneurs du pays estimèrent que
celui-ci ne pourrait ni être gouverné ni être régi s'il n'avait point
de duc. C'est pourquoi, ils envoyèrent des ambassadeurs au duc
de Bungo pour lui demander de leur donner un de ses frères pour
être duc à Yamanguchi. Ce duc de Bungo [26] est un très grand ami

---

23. Ôtomo Yoshishige.
24. Sue Takafusa.
25. Yoshitaka est mis en fuite par Sue Takafusa. Le texte a été corrigé ici
par rapport à l'édition des Monumenta (EX.II, 271-272) grâce aux aimables indications du P. Joseph Costelloe, s.j.
26. Ôtomo Yoshishige.

des Portugais ; ses gens sont très belliqueux et il est seigneur de beaucoup de terres. Il est informé de la grandeur du roi du Portugal. Il écrit au Roi pour s'offrir à être son serviteur et son ami : en signe d'amitié, il lui a envoyé une armure. Il a envoyé au vice-roi de l'Inde un de ses serviteurs pour lui offrir son amitié ; c'est avec moi que celui-ci est venu : il a été très bien reçu par le Seigneur vice-roi qui lui a fait beaucoup d'honneur.

39. Ce duc de Bungo promit aux Portugais et à moi-même, lui ainsi que son frère le duc de Yamanguchi, de faire très bon accueil au P. Cosme de Torres et à Jean Fernández et de les favoriser. C'est cela aussi que nous a promis de faire son frère en arrivant à Yamanguchi.

40. Pendant tout le temps que nous avons passé au Japon, c'est-à-dire plus de deux ans et demi, nous avons toujours vécu grâce aux aumônes que le très chrétien roi du Portugal ordonne de nous verser en ces contrées : quand nous partîmes pour le Japon, il nous fit donner plus de deux mille *cruzados*. On ne peut croire combien nous sommes favorisés par Son Altesse, ni l'énormité des dépenses qu'il fait pour nous lorsqu'il fait de si larges aumônes pour des collèges, des maisons et pour tous les autres besoins.

De Bungo, je ne partis point pour Yamanguchi mais je décidai de partir pour l'Inde à bord d'un navire portugais pour revoir les Frères de l'Inde et être consolé de leur présence, pour ramener au Japon des Pères de la Compagnie, puisque le pays les requiert, et aussi pour ramener certaines choses nécessaires de l'Inde, dont manque le pays du Japon.

41. J'arrivai à Cochin le 24 janvier, où je fus reçu par le Seigneur vice-roi qui me fit un excellent accueil. Au cours du prochain mois d'avril de cette année 1552, des Pères quitteront l'Inde pour le Japon et c'est en leur compagnie que reviendra le serviteur du duc de Bungo. J'ai l'espoir en Dieu notre Seigneur que beaucoup de fruit sera fait en ces contrées, parce que des gens si sages, possédant de si bonnes intelligences, si désireux de savoir, si obéissants à la raison et munis de bien d'autres qualités, ne peuvent qu'être aptes à ce qu'on fasse beaucoup de fruit chez eux. Que ces travaux voient le jour et qu'ils durent toujours.

42. En ce pays du Japon, il existe une très grande université nommée Kwantô ; c'est là que viennent en grand nombre les bonzes pour apprendre les doctrines de leurs sectes. Celles-ci, comme je l'ai dit plus haut, vinrent de Chine et sont écrites selon l'écriture de la Chine : les écritures du Japon et de la Chine sont en effet très différentes. Il existe deux sortes d'écriture au Japon : l'une que

les hommes utilisent et l'autre que les femmes utilisent [27]. Une grande partie des gens savent lire et écrire, aussi bien hommes que femmes, et spécialement les gentilshommes et les dames nobles, ainsi que les marchands. Dans leurs monastères, les bonzesses apprennent à lire aux petites filles et les bonzes aux petits garçons. Quant aux nobles qui possèdent des ressources, ils ont des maîtres qui enseignent à leurs enfants dans leurs demeures.

43. Ces bonzes disposent de grandes intelligences et très subtiles. Ils se consacrent beaucoup à la méditation : ils pensent à ce qui doit leur advenir, à la fin qu'ils doivent avoir et ils font d'autres contemplations de la sorte. Nombreux sont ceux qui, au cours de leurs méditations, découvrent qu'ils ne peuvent pas être sauvés dans leurs sectes ; ils disent que toutes les choses dépendent d'un Principe. Etant donné qu'il n'y a pas de livre qui parle de ce Principe, ni de la création des choses, ceux qui saisissent ce Principe n'en parlent pas aux autres, aussi longtemps qu'ils ne possèdent ni livre ni autorité. C'est ceux-là qui prennent un grand plaisir à entendre proclamer la Loi de Dieu.

44. Dans la ville de Yamanguchi, il y a un homme qui s'est fait chrétien après avoir, pendant de nombreuses années, étudié à Kwantô et qui est considéré comme très savant. C'est avant que nous ne venions au Japon qu'il cessa d'être bonze, se fit laïc et se maria. Il dit que s'il cessa d'être bonze, c'est parce qu'il a jugé que les Lois du Japon ne sont pas vraies ; c'est pour cela qu'il n'y croyait pas et que lui, il a toujours adoré celui qui a créé le monde. Les Chrétiens ont eu une grande joie quand cet homme reçut le baptême, car, à Yamanguchi, on le considérait comme la personne la plus instruite qu'il y eût dans la ville. Outre cette université de Kwantô, il y en a beaucoup d'autres mais cependant celle de Kwantô est la plus grande.

45. A présent, s'il plaît à Dieu notre Seigneur, des Pères de la Compagnie partiront chaque année pour le Japon, on fondera une maison de la Compagnie à Yamanguchi et ils y apprendront la langue ; en outre, ils prendront connaissance de ce que chaque secte possède comme récit ; de la sorte, lorsque des personnes en qui on puisse mettre une grande confiance arriveront de là-bas afin de se rendre dans ces universités, ils trouveront à Yamanguchi des Pères et des Frères de la Compagnie qui sauront très bien parler la langue et qui seront au courant des erreurs de leurs sectes, ce qui sera

---

27. Confusion entre la plus fréquente utilisation des syllabaires japonais par les femmes (les hommes se servant davantage des idéogrammes chinois) et les spécifités grammaticales et lexicales du langage féminin japonais.

d'une grande aide pour les Pères qui, en Europe, seront choisis pour partir au Japon.

Le P. Cosme de Torres et Jean Fernández s'affairent beaucoup actuellement pour expliquer les mystères de la vie du Christ : ils font des prédications sur chacun d'eux. Dans ce pays, les gens prennent un grand plaisir à entendre évoquer les mystères de la passion du Christ et certaines personnes pleurent en les écoutant.

46. Le P. Cosme de Torres est occupé à faire dans sa langue[28] des sermons que Jean Fernández traduit dans celle du Japon, car il la connaît très bien et, de la sorte, les Chrétiens sont en train d'en tirer grand profit. Eux, quand ils étaient dans la gentilité, ils égrenaient des chapelets en invoquant le nom du saint dans lequel ils croyaient. A présent, maintenant qu'ils savent comment adorer Dieu et croire en Jésus-Christ, ils apprennent tous à faire d'abord le signe de croix.

47. Comme ils sont d'esprit curieux, ils veulent savoir ce que signifie : « Au nom du Père, du Fils et du Saint Esprit », et pourquoi ils mettent la main droite sur la tête pour dire : « Au nom du Père », sur la poitrine : « et du Fils » et sur les épaules gauche et droite : « et du Saint Esprit ». Quand nous leur donnâmes l'explication de tout cela, ils en furent très consolés. Ils disent après cela : « *Kyrie eleison, Christe eleison, Kyrie eleison* » et ils ont tout de suite demandé la signification de ces mots ; après quoi, ils font passer les grains de leurs chapelets en disant : « Jésus Marie », le Pater Noster, l'Ave Maria et le Credo, ils les apprennent lentement par écrit.

48. C'est une grande désolation éprouvée par les Chrétiens du Japon et c'est ce qu'ils regrettent énormément : que nous disions que l'enfer est sans remède pour ceux qui y vont. S'ils l'éprouvent, c'est par amour de leurs pères, mères, femmes, enfants et autres défunts déjà disparus envers lesquels ils sentent de la pitié. Beaucoup pleurent les morts et me demandent s'ils peuvent bénéficier de quelque remède au moyen d'aumônes et de prières. Mais moi, je leur dis qu'il n'y a pas de remède pour eux.

49. Eux, ils éprouvent cette désolation, mais celle-ci ne me déplaît point : ainsi, ils ne se négligeront point eux-mêmes et ils n'iront point se damner avec leurs ancêtres. Ils me demandent si Dieu peut les retirer de l'enfer et la raison pour laquelle ils doivent toujours rester en enfer. Je leur ai répondu très amplement sur tout cela. Eux, ils ne s'arrêtent pas de pleurer en voyant qu'il n'y a aucun remède pour leurs ancêtres. Moi aussi, je conçois quelque

---

28. C'est-à-dire en espagnol.

douleur en voyant mes amis, si aimés et si chéris, pleurer sur des choses qui sont irrémédiables.

50. Ces gens du Japon sont blancs[29]. Le pays de la Chine se trouve près du Japon, comme il est écrit plus haut ; c'est de la Chine que furent apportées les sectes qu'ils suivent. La Chine est un pays très vaste, pacifique et exempt de guerre ; c'est un pays où il y a beaucoup de justice, d'après ce qu'écrivent les Portugais qui s'y trouvent[30]. Il y règne plus de justice qu'en aucun pays de toute la Chrétienté. Les gens de Chine que j'ai vus jusqu'à présent, tant au Japon qu'en d'autres contrées, sont des intelligences pénétrantes, de grands esprits, bien plus que les Japonais et ce sont des hommes très adonnés à l'étude. Le pays est très bien pourvu en toute espèce de choses, très peuplé, plein de grandes villes aux maisons de pierre bien ouvragées et, tout le monde le dit, c'est un pays très riche en soies de toute sorte. Je sais, par des renseignements qui m'ont été donnés par des Chinois, qu'il y a en Chine un grand nombre de gens qui suivent des Lois diverses ; d'après les informations que j'ai reçues d'eux, il semble que ce doivent être des Maures ou des Juifs. Ils ne peuvent pas me dire s'il y a là-bas des Chrétiens[31].

51. Je pense que cette année 1552 je partirai pour l'endroit où réside le roi de Chine. C'est en effet un pays où l'on peut accroître beaucoup la Loi de Notre Seigneur Jésus-Christ ; et si là-bas les gens l'acceptaient, cela aiderait beaucoup ceux du Japon à perdre la confiance mise par eux dans les sectes auxquelles ils croient. Entre Ningbo[32], qui est une grande ville de Chine, et le Japon, la traversée maritime n'est que de quatre-vingts lieues.

52. J'ai le très grand espoir en Dieu notre Seigneur qu'un chemin va être ouvert non seulement pour les Frères de la Compagnie, mais encore pour tous les Ordres, en sorte que tous les saints et tous les bienheureux Pères leur appartenant puissent accomplir leurs saints désirs de ramener un très grand nombre de gens dans le chemin de la vérité. C'est pourquoi, pour l'amour et pour le service de Dieu notre Seigneur, je prie et supplie toutes ces personnes animées par les saints désirs de manifester le Nom de Dieu en

29. Comme l'attestent bien d'autres textes européens sur l'Asie au XVIe siècle, le concept de « race jaune » n'existait pas encore.

30. Selon le témoignage de Portugais prisonniers en Chine.

31. Beaucoup s'attendaient à retrouver abondamment représentées en Chine les trois religions de la Méditerranée, Islam, Israël et christianisme. Seul ce dernier manqua à l'appel. Cf. Matthieu Ricci et Nicolas Trigault, *Histoire de l'expédition chrétienne au royaume de la Chine*, Christus, DDB, 1978, 174-183.

32. Dans le Zhejiang, non loin du 30e parallèle.

pays d'infidèles, de ne pas oublier de me recommander à Dieu dans leurs dévotes prières et dans leurs dévots sacrifices, afin que je puisse découvrir un pays où ils puissent venir y accomplir leurs saints désirs.

53. A propos de l'Inde je n'écris rien, car les Frères de la Compagnie écrivent les nouvelles d'ici. Je suis arrivé du Japon avec d'abondantes forces corporelles, mais sans force spirituelle ; néanmoins, j'espère en la miséricorde de Dieu notre Seigneur et dans les mérites infinis de la mort et de la passion de Notre Seigneur Jésus, qu'il me donnera la grâce d'entreprendre ce si pénible voyage en Chine. Je suis déjà plein de cheveux blancs mais cependant, pour ce qui est des forces corporelles, il me semble que je n'en ai jamais eu plus que je n'en ai à présent.

Les fatigues qu'il y a à travailler avec des gens intelligents et désireux de savoir quelle est la Loi dans laquelle on peut être sauvé, apportent en elles-mêmes une très grande satisfaction ; et d'autant plus qu'à Yamanguchi, une fois que le duc nous eut donné la permission de prêcher la Loi de Dieu, le nombre des gens venus nous questionner et discuter a été si élevé qu'il me semble qu'à la vérité je pourrais dire ceci : jamais, dans toute ma vie, je n'ai éprouvé autant de plaisir ou autant de satisfaction spirituels, en voyant que Dieu notre Seigneur, pour nous, jetait la confusion chez les Gentils et nous donnait continuellement la victoire sur eux.

54. D'autre part, je voyais le plaisir éprouvé par ceux qui étaient déjà chrétiens à voir la défaite des Gentils et le plaisir que ces choses me procuraient m'empêchait de sentir les fatigues corporelles. Je voyais aussi d'autre part combien les Chrétiens se dépensaient à discuter, à vaincre, à persuader les Gentils de se faire chrétiens. J'étais suprêmement consolé lorsque je voyais leurs victoires remportées sur les Gentils, ainsi que le plaisir que chacun éprouvait à les raconter.

55. Plût à Dieu que, tout comme on écrit ici les particularités de ces joies et de ces satisfactions, de même on puisse faire parvenir aux universités d'Europe les plaisirs et les consolations que Dieu nous communique par sa seule miséricorde. Je crois bien qu'alors beaucoup de doctes personnes donneraient à leurs vies un autre fondement que celui qu'ils leur donnent et ils emploieraient leur grand talent à convertir les gens. Comme j'ai éprouvé la joie et la consolation spirituelles qui naissent de semblables peines et comme je connais les bonnes dispositions offertes par le Japon à ce que s'y accroisse notre sainte Foi, il me paraît que de nombreux savants mettraient un terme à leurs études, que bien des chanoines et autres prélats abandonneraient leurs dignités et leurs rentes au profit

d'une autre vie plus consolée que celle qu'ils ont ; ils viendraient la chercher au Japon.

56. Comme je suis arrivé à Cochin au moment où les navires étaient sur le point de partir et que les visites rendues par les amis étaient si nombreuses qu'elles m'interrompaient tandis que j'écrivais, cette lettre s'en va après avoir été faite à la hâte, les choses n'y étant pas mises en ordre et les phrases y sont pleines de défaut : lisez-moi avec bienveillance. Il y a tant de choses à écrire à propos du Japon qu'on n'en aurait jamais fini. Je crains que ce que j'ai écrit ne vous paraisse pesant, en raison de la longueur de la lecture. C'est ainsi que je termine tout en étant interminable, en écrivant à mes Pères et Frères si chéris et si aimés, au sujet de tels amis que sont les Chrétiens du Japon. Je termine donc en priant Dieu notre Seigneur de nous rassembler dans la gloire du paradis. Amen.

François

97

AU P. IGNACE DE LOYOLA, A ROME
(EX.II, 286-293 ; S.IV, 438-441)

Nous ne possédons pas de lettre de saint François Xavier écrite entre janvier 1549 et janvier 1552 à l'adresse de saint Ignace. C'est avec un immense retard qu'il sut que ce dernier l'avait nommé provincial de l'Extrême Orient (S.IV, 336-337). Comme dans tant d'autres lettres envoyées en Europe, celle-ci s'étend longuement sur les qualités que devront posséder les futurs apôtres du Japon. Car cette nouvelle mission est prometteuse. Si Xavier aime la nation japonaise pour ses belles vertus naturelles, il ne manque jamais l'occasion d'attaquer au passage les bonzes. Mieux que le texte précédent dans lequel le thème était seulement abordé, celui-ci s'étend sur les projets de mission en Chine, de même qu'il évoque en des termes assez précis la connexion culturelle et spirituelle entre le Japon et la Chine.

Cochin, le 29 janvier 1552

Jhus

La grâce et l'amour du Christ notre Seigneur soient toujours en notre aide et en notre faveur. Amen.

1. Mon Père véritable, j'ai reçu une lettre de votre sainte Charité à Malacca, alors que j'arrivais du Japon. Quand j'ai appris ces nouvelles d'une vie et d'une santé si chères, Dieu notre Seigneur sait combien mon âme en a été consolée. Et, au nombre de beaucoup d'autres saintes paroles et consolations contenues dans la lettre de votre Charité, j'ai lu les dernières qui disaient : « Entièrement vôtre, à jamais incapable de vous oublier, Ignace. » Ces mots, de même que je les ai lus avec des larmes, de même c'est avec des larmes que je les écris ici, en me souvenant du temps passé, de ce grand amour que votre Charité a toujours eu et qu'elle a pour moi, et en considérant aussi que Dieu notre Seigneur m'a délivré de nombreuses fatigues et de nombreux dangers grâce à l'intercession de ses saintes oraisons.

2. Jamais je ne pourrai écrire tout ce que je dois aux gens du Japon, car c'est à leur contact que Dieu notre Seigneur m'a donné la connaissance approfondie de mes dispositions infinies au mal. En effet, comme j'étais en dehors de moi-même, je n'ai pas eu connaissance de tout le mal qu'il y avait en moi, jusqu'au moment où je me suis trouvé dans les peines et dans les périls du Japon. Dieu notre Seigneur me fit clairement sentir le très grand besoin où j'étais de quelqu'un qui prendrait grand soin de moi. Que votre sainte Charité voie à présent quelle charge elle me confie [1], celle de tant de saintes âmes de la Compagnie qui vivent ici, alors que, par la seule miséricorde de Dieu, je connais de façon évidente la grande insuffisance qui est en moi. J'espérais que ce serait moi qui me recommanderais aux membres de la Compagnie, et non pas eux à moi.

3. Votre sainte Charité m'écrit qu'elle a un grand désir de me voir avant de quitter cette vie. Dieu notre Seigneur sait quelle impression firent ces paroles de grand amour sur mon âme, et combien de larmes il m'en coûte chaque fois que je m'en souviens et qu'il me semble que cela peut être pour moi une consolation : rien n'est impossible, en effet, à la sainte obéissance [2].

4. Pour l'amour et pour le service de notre Dieu, je lui demande une charité, celle que je demanderais si j'étais présent, prosterné aux saints pieds de votre Charité. C'est ceci : qu'elle envoie en ces contrées-ci une personne connue par votre sainte Charité afin qu'elle soit recteur du collège de Goa, car ce collège de Goa a un besoin extrême d'une chose venant de sa main.

5. C'est une nécessité que d'envoyer dans les universités du

---

1. La charge de Provincial de l'Extrême Orient.
2. Sens hypothétique.

Japon des Pères de la Compagnie, car les laïcs justifient leurs erreurs en disant qu'eux aussi ont leurs centres d'études et leurs savants.

6. Ceux qui s'y rendront seront très persécutés, car il leur faudra contredire toutes leurs sectes : ils devront manifester devant le monde et lui expliquer combien sont trompeuses les façons et les manières avec lesquelles les bonzes soutirent aux laïcs leur argent.

7. Cela, les bonzes ne le toléreront pas [3], surtout quand ils diront que ceux-ci ne peuvent pas retirer les âmes de l'enfer, car c'est de cela qu'ils vivent, ou quand ils proscriront le péché contre nature, si général chez ceux-ci. C'est pour ces choses et pour d'autres qu'ils vont endurer bien des souffrances et qu'ils vont être énormément persécutés. J'écris pour ma part au P. Maître Simon et, en son absence, au recteur de Coïmbre pour que, de là-bas, ils n'envoient dans ces universités que des personnes éprouvées et vues par votre sainte Charité.

8. Ils seront plus persécutés que beaucoup ne le pensent ; ils vont être importunés par des visites et par des questions à toutes les heures du jour et une partie de la nuit, et appelés dans les demeures de personnes de haut rang, car ils ne pourront pas se faire excuser. Ils n'auront point de temps pour prier, pour méditer et pour contempler, ni pour aucun recueillement spirituel. Ils ne pourront pas dire la messe, du moins au début ; ils vont être continuellement occupés à répondre aux questions ; le temps leur fera défaut pour réciter leur office et même pour manger et pour dormir. C'est que ces gens sont très importuns, surtout envers des étrangers car ils ne les estiment guère et se moquent toujours d'eux.

9. Dans ces conditions, qu'en sera-t-il quand ils diront du mal de toutes leurs sectes et de tous leurs vices, qui sont manifestes ? A plus forte raison, quand ils diront qu'il n'y a point de remède pour ceux qui vont en enfer. Nombreux seront ceux qui vont se fâcher quand ils vont entendre cela de l'enfer, à savoir qu'il n'y a point de remède pour eux. D'autres disent que nous ne savons rien, étant donné que nous ne savons pas retirer les âmes de l'enfer ; c'est qu'ils ignorent ce qu'est le purgatoire.

10. Pour répondre à leurs questions, il faut de la science et principalement de bons maîtres ès-Arts, ainsi que de ceux qui seraient dialecticiens, afin de pouvoir tout de suite les prendre en contradiction manifeste. Ces bonzes ont bien honte lorsqu'on les prend à se contredire ou lorsqu'ils ne savent pas répondre.

11. Ils vont endurer de grands froids, parce que Kwantô, qui est

---

3. Reconstitution du texte peut-être tronqué, grâce à l'introduction du mot « bonzes ».

la plus importante université du Japon, est situé très au nord, de même que les autres universités. Les gens qui vivent dans des pays froids sont plus fins d'esprit et plus intelligents. En outre il n'y a que du riz à manger. Il y a aussi du blé et d'autres sortes de végétaux ainsi que d'autres choses peu substantielles. On fait du vin de riz, il n'y en a pas d'autre, et il est cher et peu abondant. Mais la plus grande de toutes les épreuves, c'est d'être exposés à des dangers mortels continuels et évidents.

12. Ce n'est pas un pays fait pour des hommes âgés, à cause des nombreuses fatigues qu'il donne, ni pour des très jeunes, à moins qu'ils n'aient déjà beaucoup d'expérience, parce qu'autrement, au lieu de profiter à autrui, ils se perdent. C'est un pays très propice à toute sorte de péchés ; les gens s'y scandalisent de n'importe quelle petite chose qu'ils voient chez ceux qui les reprennent. J'en écris un compte rendu très détaillé à Maître Simon sur tout cela, ou, en son absence, au recteur de Coïmbre.

13. Je serais très consolé si votre sainte Charité donnait l'ordre à Coïmbre de faire d'abord aller à Rome ceux qu'on enverrait au Japon. Pour ma part, j'avais pensé que des Flamands ou des Allemands sachant le castillan ou le portugais seraient bons pour le Japon, car ils sont aptes à résister à de grandes fatigues corporelles et aussi à supporter les grands froids de Kwantô ; il y aurait, me semble-t-il, bien de ces personnes dans les collèges d'Espagne et d'Italie. De plus, ils ne savent pas suffisamment la langue pour prêcher en Espagne et en Italie, alors qu'ils pourraient faire beaucoup de fruit au Japon.

14. Il me semble en outre que je dois suggérer à votre sainte Charité ceci : que les membres de la Compagnie qui viendront pour séjourner dans l'Inde soient des personnes choisies dans les collèges d'Espagne et de Coïmbre. Même s'il n'y en avait pas plus de deux chaque année, qu'elles soient comme l'Inde l'exige, à savoir avancées en perfection et, ensuite, capables de prêcher et de confesser. Si cela semblait bien à votre Charité, qu'ils aillent d'abord en pèlerinage à Rome pour éprouver ce qu'ils sont sur les chemins. De la sorte, ils ne se trouveraient pas tout neufs en ces contrées, car ici les dangers de succomber à des faiblesses sont très grands.

15. C'est pourquoi, il est nécessaire qu'ils soient très éprouvés. Et aussi pour que nous qui nous trouvons ici, nous ne soyons désolés de devoir les renvoyer, au lieu d'être consolés par leur présence. Que votre sainte Charité voie à ce propos s'il sera bon d'en aviser Maître Simon.

16. Au sujet des membres de la Compagnie qui sont à Yaman-

guchi et de ceux qui, se trouvant ici, vont s'y transporter cette année ainsi que les années suivantes, si Dieu notre Seigneur le veut, il ne me semble pas qu'il faille les envoyer dans ces universités : qu'ils apprennent plutôt la langue et ce que les Japonais croient dans leurs sectes, afin que lorsque les Pères arriveront de là-bas, ils en soient les interprètes et qu'ils puissent traduire fidèlement tout ce que ceux-ci leur diront.

17. Il me semble que l'affaire de Yamanguchi va croître beaucoup, car il y a de nombreux Chrétiens, parmi lesquels beaucoup de personnes excellentes, et d'autres qui se convertissent chaque jour. Je vis avec le grand espoir que Dieu notre Seigneur va empêcher qu'on ne tue le P. Cosme de Torres et Jean Fernández, car les plus grands dangers sont déjà passés et aussi parce qu'il y a de nombreux Chrétiens, parmi lesquels des personnes de haut rang qui prennent grand soin de veiller sur eux nuit et jour. Jean Fernández est un laïc coadjuteur et il sait fort bien parler japonais. Il sait dire tout ce que le P. Cosme de Torres lui dit. Ils sont actuellement occupés à expliquer par des prédications continuelles tous les mystères de la vie du Christ.

18. Étant donné que le pays du Japon offre de bonnes dispositions à ce que la Chrétienté se perpétue chez ses habitants, toutes les fatigues que l'on se donne sont bien employées. C'est pourquoi je vis avec le grand espoir que votre sainte Charité va de là-bas envoyer au Japon de saintes personnes : en effet, de tous les pays découverts dans ces parages, le Japon est le seul dont les habitants soient aptes à y perpétuer la Chrétienté, bien que cela doive se faire avec de très grandes peines.

19. La Chine est un pays très vaste, pacifique et gouverné par de grandes lois. Il y a un seul roi qui est tout à fait obéi. C'est un royaume très riche et très bien pourvu de toute espèce de ressources. De la Chine au Japon, il n'y a qu'une petite traversée. Les Chinois sont très ingénieux et très versés dans les études, principalement dans les lois humaines relatives au gouvernement de l'Etat ; ils sont très avides de savoir. Ce sont des gens blancs, sans barbe et aux yeux très petits ; ce sont des gens généreux et surtout très pacifiques. Il n'y a pas de guerre chez eux. Si ici, dans l'Inde, il n'y a point d'empêchement pour m'interdire de partir cette année 1552, j'espère partir pour la Chine afin d'accomplir le plus grand service de notre Dieu, ce qu'on peut faire en Chine aussi bien qu'au Japon. De plus, quand les Japonais sauront que les Chinois acceptent la Loi de Dieu, ils perdront vite la foi qu'ils ont dans leurs sectes. J'ai le grand espoir que les Chinois aussi bien que les Japonais, de par la Compagnie du Nom de Jésus, vont sortir de leurs

idolâtries et adorer Dieu et Jésus-Christ, le Sauveur de tous les gens.

20. C'est une chose qu'il faut bien remarquer : les Chinois et les Japonais ne se comprennent pas quand ils parlent, parce que leurs langues sont très différentes. Mais les Japonais qui connaissent l'écriture de la Chine se font comprendre par écrit, mais non quand ils parlent. Cette écriture de la Chine est enseignée dans les universités du Japon et les bonzes qui la connaissent sont considérés comme savants par les autres gens. C'est que chaque lettre [4] de la Chine signifie une chose : ainsi, quand les Japonais l'apprennent, lorsqu'ils tracent une lettre de la Chine, ils peignent au-dessus de cette lettre ce qu'elle veut dire. Si la lettre veut dire « homme », ils peignent au-dessus de cette lettre une figure d'homme, et de même pour toutes les autres lettres. Si bien que les lettres consistent en des mots : lorsque celui qui est japonais lit ces lettres, il les lit dans sa langue du Japon et celui qui est chinois, dans sa langue de la Chine. Ainsi, quand ils parlent, ils ne se comprennent pas ; mais quand ils écrivent, c'est par l'écriture seulement qu'ils se comprennent, car ils connaissent la signification des lettres, les langues restant toujours différentes.

21. Nous composâmes dans la langue du Japon un livre qui traite de la création du monde et de tous les mystères de la vie du Christ. Nous écrivîmes ensuite ce même livre en écriture de Chine afin de pouvoir me faire comprendre lorsque j'irai en Chine, jusqu'au moment où je saurai parler le chinois.

22. Pour l'amour et pour le service de Dieu notre Seigneur, que votre Charité ainsi que toute la Compagnie me recommandent continuellement à Dieu. Je désire instamment être recommandé à tous les Pères et spécialement aux Profès, et cela, grâce à l'intercession de votre sainte Charité.

23. Je m'arrête donc pour prier Dieu notre Seigneur et pour prendre comme intercesseur sur la terre votre Charité, ainsi que toute la Compagnie conjointement à toute l'Eglise militante, et comme intercesseurs dans le Ciel ensuite les bienheureux qui ont appartenu en cette vie à la Compagnie d'abord, ainsi que toute l'Eglise triomphante, afin que par leurs prières et que par leurs mérites Dieu me fasse sentir en cette vie sa très sainte volonté et, une fois sentie celle-ci, la grâce de l'accomplir bien et parfaitement.

Le plus petit de vos fils et le plus grand en exil.

François

---

4. Nous dirions idéogrammes ou caractères.

98

AU P. SIMON RODRIGUES, AU PORTUGAL
(EX.II, 297-301 ; S.IV, 447-448)

Cette lettre ne contient guère d'information nouvelle par rapport à la précédente : son but est d'insister encore sur les qualités requises pour les futurs apôtres du Japon et de les faire vite venir de Lisbonne : trop d'hommes perdent leur temps en Europe.

Cochin, le 30 janvier 1552

La grâce et l'amour du Christ notre Seigneur soient toujours en notre aide et en notre faveur.

1. Mon Père et Frère très cher dans le Christ : Il me paraît nécessaire de vous exposer certaines particularités relatives au Japon afin que vous soyez au courant de celles des Pères que vous devez y envoyer. Je vous fais savoir premièrement que ceux que vous allez envoyer de là-bas pour se rendre dans l'université de Kwantô et dans les autres universités, doivent nécessairement être des personnes ayant beaucoup d'expérience et s'étant trouvées exposées à des fatigues ou à des dangers considérables : qu'ils soient bien éprouvés, parce qu'ils vont être grandement persécutés par les bonzes, lorsqu'ils iront à Kwantô et même dans les autres universités. Je vous redis donc qu'ils vont être très grandement persécutés et qu'au lieu d'être profitables à autrui ils se perdront s'ils ne sont pas des personnes en qui on puisse avoir une grande confiance.

Ils vont endurer des froids extrêmement grands, parce que Kwantô se trouve très au nord et très loin de Yamanguchi ; ils vont avoir très peu à manger, en tout du riz et quelques herbes, ainsi que d'autres choses peu substantielles. Ceux qui vont partir là-bas doivent posséder, outre beaucoup d'esprit, de bonnes dispositions et de fortes complexions.

2. Il me paraît que dans ces contrées il serait bon d'envoyer des Flamands ou des Allemands, parce qu'ils ont grandi dans les frimas et dans les fatigues : ceux qui n'auraient point de talent pour prêcher en dehors de leurs pays, parce qu'ils ne connaissent pas la langue, car ils sont nombreux à être dans ce cas en Italie, en France et en Espagne [1]. Il leur serait d'une grande aide d'être très exercés

---

1. Ces Flamands ou Allemands ne savent pas assez bien le français ou l'espagnol pour prêcher en France ou en Espagne, mais sont suffisamment doués en langues pour disputer avec les bonzes du Japon. Cf. lettres 107, 10 ; 110, 7.

ès-Arts ainsi qu'en dialectique, afin qu'ils sachent confondre lors des disputations les bonzes qu'abritent les universités et les prendre à se contredire. Les personnes que de là-bas on enverra à Yamanguchi sont destinées à apprendre la langue et à se mettre au courant des erreurs de leurs sectes : ainsi quand des Pères en qui on puisse mettre une grande confiance viendront d'Europe, ils pourront se rendre dans les universités en emmenant avec eux un Frère de Yamanguchi sachant très bien la langue et, de la sorte, faire beaucoup de fruit, jusqu'au moment où ils seront parvenus à apprendre la langue.

Il me paraît, mon très cher Frère Maître Simon, que vous devez écrire à notre bienheureux Père Ignace au sujet de ceux qui viendront au Japon pour aller dans ces universités.

3. C'est presque de tout le Japon que les bonzes viennent étudier à Kwantô et ce qu'ils y ont appris, ils l'enseignent dans leurs pays une fois revenus de Kwantô. D'après ce qu'on me dit, Kwantô est une très grande ville, où vivent bien des gens nobles ; ceux-ci ont la réputation d'être des gens très forts, quoique chez eux il y ait, dit-on, aussi des hommes de bien [2]. Telle est l'information que je possède sur Kwantô : il doit en être de même pour les autres universités.

Mon très cher Frère Maître Simon, pour le service de Dieu, faites que ceux que vous enverrez ici pour résider dans ces contrées de l'Inde au milieu des Portugais ou pour se rendre chez les Chrétiens qui se convertissent, natifs du pays, tant dans les forteresses qu'au Cap Comorin, soient des personnes avec qui on n'ait pas de difficulté. En effet, notre Seigneur sait combien je regrette d'être forcé de congédier certains de la Compagnie. Ce que je regrette plus que tout, c'est de voir que ceux que je considérais comme des piliers bien fermes sont tout différents de ce que je croyais ; et Dieu notre Seigneur sait que je regrette bien plus certaines choses que je vois ici, davantage que je n'ai souffert des peines que j'ai rencontrées au cours de ce voyage.

4. Mon Frère Maître Simon, il sera bien de détailler, me semble-t-il, les épreuves qu'auront à subir les Frères qui partiront pour le Japon. Quand ils se rendront dans une université, ils auront à soutenir des disputations perpétuelles avec les uns et avec les autres ; ils seront très méprisés ; ils n'auront pas de place ni pour méditer ni pour contempler ; ils ne diront pas la messe, parce qu'au début il n'y en aura pas la possibilité, surtout à Kwantô et à Miyako ; ils n'auront presque pas de temps pour réciter l'office. Cela, je le

---

2. Le sens de cette phrase est hypothétique.

dis en raison de l'expérience que j'en ai : nous sommes tellement importunés par les gens. On va en effet leur rendre visite et converser avec eux ; on les fera appeler dans les demeures des chevaliers et ces derniers se fâchent quand on leur présente des excuses, car ils n'en acceptent aucune.

5. Ce sera au point qu'ils n'auront plus de temps ni pour manger ni pour dormir. Le démon utilise alors de grands procédés pour tenter, dans de pareils cas : lorsqu'un homme est privé d'exercice spirituel, de méditation, de contemplation mentale, d'oraison et, à plus forte raison, quand il est empêché de prendre le Corps du Seigneur aussi bien que de dire la messe, et en même temps, quand on est très persécuté par les bonzes aussi bien que par les grands froids et par le manque de ravitaillement, quand on est loin de tout appui et de toute aide humaine, on sera, croyez-moi, très éprouvé.

6. C'est pourquoi vous devez bien examiner les personnes que vous allez envoyer au Japon : veillez à ce qu'ils ne soient ni vieux, car les forces corporelles leur feraient défaut, ni très jeunes, car ils manqueraient d'expérience, même s'ils ont les forces corporelles. Croyez-moi, mon Frère Maître Simon : les ferveurs de beaucoup de ceux qui s'offriront à partir pour le Japon seront très éprouvées au Japon ; je dis aussi qu'ils seront extrêmement consolés si c'est la victoire qu'ils obtiennent dans les peines, à condition qu'ils se servent de la très grande grâce que le Seigneur accorde au milieu de peines semblables pour remporter la victoire sur l'Ennemi.

7. Pour l'amour de Dieu, je vous en prie instamment, mon Frère Maître Simon : faites en sorte que lorsque vous enverrez des Frères de la Compagnie pour résider en ces contrées-ci de l'Inde, qu'ils aient des qualités telles qu'on sente qu'ils font défaut chez vous, même s'ils sont peu nombreux. Il y a en effet tant de maisons de la Compagnie en Europe : on peut en retirer chaque année deux Pères possédant le talent nécessaire pour prêcher et pour donner le bon exemple plus par la vie que par l'enseignement, car c'est de ceux-là que l'Inde a le plus grand besoin. Quant aux Pères qui vont venir de chez vous, donnez-leur l'ordre de ne recevoir aucun Frère dans la Compagnie au cours de leur traversée. Lorsqu'ils auront à en admettre dans l'Inde, pour faire leurs études sur place, ils feront bien de recevoir plutôt ceux qui, chez vous, ont déjà quelques années d'étude et de vie spirituelle : qu'ils viennent donc de là-bas pour achever leurs études. Chez vous dans les collèges, on renvoie de nombreux étudiants dont on pourrait bien remplir ceux

d'ici, au lieu d'admettre ici, dans l'Inde, des personnes qui savent tout juste lire et écrire[3].

8. Le mieux serait que de chez vous ne viennent que des personnes ayant achevé leurs études et de n'admettre ici que les personnes dont on a besoin ici pour leur service, car c'est très lentement que les études progressent ici. Beaucoup d'années s'écouleront d'abord avant qu'ils ne possèdent assez de science pour prêcher et pour confesser, ainsi que pour aider leurs prochains et la Compagnie.

9. Mon Frère, Maître Simon, que Dieu notre Seigneur nous rassemble dans la gloire du Paradis, car nous sommes si dispersés. Qu'en sera-t-il, Maître Simon mon Frère, si nous nous réunissons en Chine ? Priez Dieu notre Seigneur de m'accorder la grâce de frayer un chemin à d'autres, puisque moi, je ne fais rien.

Vous aurez soin de régler avec le Roi l'affaire de la Pêcherie à propos de laquelle a écrit le P. Antoine Henriques au sujet du Capitaine, en ce qui concerne la Chrétienté[4].

François

99

A JEAN III, ROI DU PORTUGAL
(EX.II, 302-309 ; S.IV, 448-453)

C'est une lettre d'intercession en faveur d'amis qui ont rendu des services à la Compagnie ou au Roi lui-même : qu'on ne les oublie pas à l'heure de distribuer les pensions et les charges.

Cochin, 31 janvier 1552

+

Seigneur,

1. Ayant pris en considération le service de Dieu et de Votre Altesse, je rappellerai à son souvenir certaines personnes : il est en effet nécessaire que Votre Altesse connaisse les services que celles-ci lui ont rendus, afin qu'elle les en remercie et qu'elles continuent à la servir. Car les hommes qui vivent ici et dépensent leurs biens

---

3. Propos dans l'ensemble grammaticalement embrouillés.
4. Pour une fois un Capitaine portugais de la Côte de la Pêcherie ne maltraitera pas les Chrétiens néophytes.

au service de Votre Altesse ne désirent rien autant que de savoir que Votre Altesse est au courant des services qu'ils lui ont rendus, en sorte qu'elle les honore en leur écrivant et en leur exprimant ses remerciements.

2. Au cours de ce siège [1], tous les habitants servirent beaucoup Votre Altesse en donnant de leurs personnes et de leurs fortunes. Que Votre Altesse leur écrive pour les en remercier, en leur accordant quelques immunités pour qu'ils restaurent en sa noblesse cette ville de Malacca qui est détruite et ruinée.

3. François Borges et Gaspard Mendes, ainsi que Matthieu de Brito, sont des hommes célibataires qui ont beaucoup fait de dépenses au cours de ce siège. Ils sont bien pourvus de biens mais ce qui leur reste, ils le gardent pour servir Votre Altesse. Votre Altesse doit donc leur écrire pour leur exprimer ses remerciements à chacun, car ils l'ont beaucoup servie. Comme le P. François Pérez écrit très en détail les choses de Malacca, je m'abstiens de les dire.

4. Don Alvaro [2] écrit à Votre Altesse pour lui demander une certaine faveur ; afin de l'obliger davantage à servir et à restaurer ce pays, Votre Altesse se doit de la lui accorder.

5. Au sujet de tout ce qui relève du service de Votre Altesse et de ce qui concerne toutes les choses de l'Inde, c'est par Emmanuel de Sousa, qui est un homme qui les comprend, que Votre Altesse sera informée : Votre Altesse doit beaucoup en tenir compte, car il l'a beaucoup servie en ces contrées-ci.

6. Je possède de grandes nouvelles des Chrétiens du Cap Comorin, et c'est de quoi louer beaucoup Dieu. Le fruit qu'on y fait est en grande partie l'œuvre d'Emmanuel Rodrigues Coutinho [3]. Les Chrétiens et le P. Henri Henriques écrivent à Votre Altesse à ce propos et sur bien d'autres choses touchant au service de Dieu et de Votre Altesse. Pour l'amour de Dieu, que Votre Altesse règle ces choses et, si elle veut qu'il y ait une Chrétienté en ces contrées-ci, qu'elle donne l'ordre à Emmanuel Rodrigues Coutinho d'y rester toute la vie. Les choses sont actuellement dans un état tel dans l'Inde que Votre Altesse a plus que jamais besoin de se signaler dans le service de Dieu notre Seigneur.

7. Loup Vaz Coutinho, qui est un gentilhomme, a beaucoup servi et a beaucoup dépensé au service de Votre Altesse. Il est pauvre et il est bon comme son frère Emmanuel Rodrigues Coutinho.

---

1. Le siège de Malacca par les Malais, de juin à septembre 1551.
2. Alvaro de Ataíde da Gama, fils de Vasco da Gama.
3. Gouverneur de la Côte de la Pêcherie.

Don Jean de Castro, parce qu'il connaît bien ses nombreux services et aussi parce qu'il se trouve à Diu, a fait demander pour lui la capitainerie des Moluques. Que Votre Altesse lui accorde la faveur qui lui semblera bonne, car il la mérite bien.

8. Don Georges de Castro, Vasco da Cunha, François Barreto sont des hommes qui servent beaucoup Votre Altesse. Ils jouissent d'un bon renom dans l'Inde. Votre Altesse doit beaucoup les prendre en compte.

9. Ferdinand Mendes[4] a servi Votre Altesse en ces contrées : il m'a prêté trois cents *cruzados* pour construire une maison à Yamanguchi. C'est un homme très riche ; il a deux frères, Alvaro Mendes et Antoine Mendes. Pour les obliger à dépenser ce qu'ils possèdent et à mourir au service de Votre Altesse, Votre Altesse me fera la grâce de les accepter comme valets honoraires. Alvaro Mendes s'est trouvé au siège de Malacca.

10. Guillaume Pereira et Jacques Pereira sont deux frères, deux hommes très riches et bien pourvus de biens. Ils servent fort bien Votre Altesse en donnant de leurs fortunes et de leurs personnes. Que Votre Altesse leur écrive pour les remercier et qu'elle les honore pour les obliger davantage à la servir. Eux, ils sont de grands amis à moi et néanmoins ce n'est pas à cause de notre amitié que je les recommande, mais en raison de ce qui relève du service de Votre Altesse. Au temps de Simon de Melo, Jacques Pereira dépensa beaucoup et combattit beaucoup pour détruire les Atjehs[5].

11. Pierre Gonçalves, qui est vicaire de Cochin, sert beaucoup Votre Altesse. Jadis, Votre Altesse lui accorda la faveur de le prendre comme chapelain. Eu égard aux services rendus et aux dépenses faites pour les Chrétiens, il demande à présent à Votre Altesse de lui accorder la faveur de lui faire verser la pension annuelle de chapelain ou d'accroître ses appointements. Il a ici un neveu nommé Pierre Gonçalves à qui Votre Altesse a accordé naguère par mon intercession des lettres patentes de valet honoraire pour le jour où il rentrerait au Portugal. Il ne part plus d'ici, parce qu'il s'est marié et qu'il sert Votre Altesse dans la flotte. Que Votre Altesse lui accorde la faveur de lui envoyer des lettres patentes de valet honoraire ; en outre, prenant en considération les services rendus, qu'elle lui accorde aussi la charge de greffier à la Pêcherie des Perles, ou celle de greffier à Quilon.

---

4. Auteur d'un récit célèbre sur la Chine et sur le Japon, *La pérégrination*, traduction française, Paris, Calmann-Lévy, 1968.
5. Simon de Melo fut gouverneur de Malacca en 1545-1548.

12. Jean Alvares, doyen de la Cathédrale de Goa, qui est un homme qui a servi pendant trente ans, part au Portugal. Que Votre Altesse le renvoie ici pour son service et si c'est chez vous que Votre Altesse l'utilise, qu'elle le favorise et qu'elle lui accorde ses faveurs, parce qu'il le mérite.

13. Pierre Velho, le neveu d'Antoine Correa, je l'ai trouvé au Japon. C'est un homme riche et bien pourvu de biens ; il a beaucoup servi. Il n'appartient pas à la maisonnée de Votre Altesse. Je la prie donc instamment de lui accorder la faveur de le prendre comme valet honoraire, afin de l'obliger davantage à la servir et à dépenser ce qu'il possède à son service.

14. Antoine Correa et Jean Pereira servent beaucoup Votre Altesse en ces contrées-ci, tant lors des guerres que dans la charge du poivre. Que Votre Altesse les console en leur écrivant pour les remercier de leurs services.

15. Jacques Borges s'est beaucoup donné de peine et a beaucoup dépensé auprès du roi des Iles Maldives, si bien que ce dernier s'est fait chrétien. Il a servi Votre Altesse dans l'escadre et il est disposé à la servir. Que Votre Altesse lui écrive pour le remercier de ce qu'il dépensa pour rendre chrétien le roi de ces îles.

16. Grégoire da Cunha trouva la mort ici, dans la guerre du Cochin, en compagnie de François da Silva. De lui il reste une femme et une fille jeune privées de soutien. Que Votre Altesse leur concède le don de quelques voyages pour le mariage de la fille.

17. Voici beaucoup d'années que Pierre de Mesquita sert Votre Altesse dans l'Inde : que Votre Altesse se souvienne de lui.

18. Gonzague Fernandes est Maître des chaloupes[6] en Inde : voici beaucoup d'années qu'il sert Votre Altesse. En satisfaction des services rendus, il demande à Votre Altesse de lui accorder la faveur de le confirmer dans son office de Maître des chaloupes.

19. Louis Alvares est un homme âgé, un grand pilote, qui a servi pendant vingt-sept ans. En satisfaction des services rendus et la vieillesse maintenant venue, il demande à Votre Altesse de lui accorder la faveur de lui donner de son vivant le titre de Grand pilote, ce qui sera pour moi aussi une grande faveur, car j'ai reçu de lui bien des marques d'amitié et d'honneur.

20. Alvaro Fernandes est le père des Chrétiens de Quilon. Il demande à Votre Altesse de le confirmer dans son office. Les Pères de la Compagnie sont satisfaits de lui, car c'est un homme de bien. Que Votre Altesse lui accorde la grâce de lui verser des appointements.

---

6. En portugais, *patrão-mor*.

21. Alvaro Fogaça demande à Votre Altesse, eu égard aux services rendus par lui, de lui accorder pendant trois années la capitainerie des voyages aux Iles Maldives.

22. Matthieu Gonçalves, habitant de Cochin, demande à Votre Altesse de lui faire la faveur de le confirmer comme officier de justice de métairie[7] à vie, office dans lequel il a été accepté en ville et confirmé par le vice-roi. Voici beaucoup de temps qu'il sert. Tous les Pères de la Compagnie qui se trouvent à Cochin lui sont très redevables. Ce sera pour lui comme pour nous que Votre Altesse accordera la faveur de le confirmer dans son office.

23. Antoine Pereira, qui est marié et qui habite Quilon, demande à Votre Altesse de lui accorder les fonctions de greffier à Quilon. Don Léon informera Votre Altesse sur les services qu'il a rendus.

24. J'ai éprouvé une grande désolation quand j'ai vu que Cosme Anes était tellement persécuté. Je l'ai toujours connu comme un grand ami du service de Votre Altesse et de notre Compagnie en ces contrées de l'Inde. Ce qui me console, c'est que Votre Altesse connaîtra la vérité et qu'à la fin elle lui accordera ses faveurs et nous consolera tous en le pourvoyant avec justice, en lui donnant satisfaction conformément aux services qu'il a rendus.

25. Pour le service de Dieu, je demande à Votre Altesse de me pardonner d'être si importun en recommandant tant de personnes. Pour tout cela, Votre Altesse fera ce qui convient pour son plus grand service, car je ne désire que la servir. Que Notre Seigneur garde Votre Altesse et l'Etat de l'Inde pendant de nombreuses années et l'accroisse.

Serviteur inutile de Votre Altesse.

François

100

AU P. PAUL, A GOA
(EX.II, 310-312 ; S.IV, 470-472)

Au P. Paul (Messire Paul), saint François Xavier adresse ces ordres et ces consignes. C'est qu'il a été déçu à son retour en Inde. Il ne s'attendait pas à devoir prendre des mesures sévères.

---

7. En portugais, *meirinho do monte*.

Cochin, le 4 février 1552

+

Jhus

La grâce et l'amour du Christ notre Seigneur soient toujours en notre aide et en notre faveur. Amen.

1. Messire Paul, Emmanuel de Morais et François Gonçalves s'en vont à Goa. Quand ils arriveront, à la vue de cette lettre de moi, vous vous rendrez chez le Seigneur Evêque et vous direz à sa Seigneurie que vous remettez Emmanuel de Morais entre ses mains, parce que c'est un prêtre. Je vous ai en effet écrit que la Compagnie le remet à sa Seigneurie afin qu'elle puisse se servir de lui, parce que c'est une personne dont on peut se servir. De même, vous direz à Emmanuel de Morais que je vous ai écrit pour que vous le renvoyiez de la Compagnie.

Vous renverrez également François Gonçalves et cela, j'ordonne de le faire en vertu de l'obéissance ; vous ne les laisserez pas entrer dans le collège ; et de même, vous donnerez l'ordre à tous ceux qui vivent au collège de ne point avoir de conversation avec eux. Pour ma part, et à mon immense regret, j'ai des raisons de les renvoyer. Et ce que je regrette encore plus, c'est que je crains qu'ils ne soient pas les seuls à l'être. Dieu notre Seigneur sait avec quel chagrin j'écris cette lettre.

2. Je pensais trouver ici quelque consolation après toutes les peines que j'ai endurées. Mais, au lieu de consolations, je trouve encore des peines pour m'affliger, telles que des procès et des querelles avec les gens, ce qui n'édifie guère.

Pour ce qui est de l'obéissance, il me paraît (d'après ce que j'ai compris depuis mon arrivée) qu'il n'y en a guère ou pas du tout. Que Dieu soit loué pour toute chose !

3. Vous donnerez l'ordre par écrit à Melchior Gonçalves, à Bassein, de venir à Goa, en vertu de l'obéissance, puisque c'est ce que j'ordonne.

Vous recevrez à la maison Balthazar Nunes jusqu'à ce que j'y vienne. Ne recevez pas un jeune homme nommé Thomas Fernandes qui y va, et ce, jusqu'à ce que je vienne. Dites-lui que s'il veut servir Dieu dans la Compagnie, qu'il aille servir dans l'hôpital jusqu'à ce que je vienne chez vous. J'ai l'espoir en Dieu notre Seigneur d'y être bientôt.

Vous baiserez la main du Seigneur Evêque de ma part et vous lui direz que je désire instamment voir sa Seigneurie pour être consolé par elle : j'ai en effet une telle dette envers elle que je me sens incapable de payer tout ce que je dois à sa Seigneurie.

C'est tous les Frères que je désire voir et principalement les Pères pour être consolé par eux.

Entièrement vôtre dans le Christ.

François

101

LETTRES PATENTES ET INSTRUCTION
DESTINEES AU P. MELCHIOR NUNES BARRETO
(EX.II, 317-321 ; S.IV, 480-483)

Le P. Melchior Nunes Barreto a dû lire avec une grande attention ce texte qui le nommait recteur et supérieur à Bassein et lui indiquait le chemin à suivre pour cultiver les vertus de pauvreté et d'humilité.

Goa, le 29 février 1552

Jésus

1. Moi, François, parce que j'ai confiance en votre vertu et en votre prudence, Melchior Nunes, je dis, j'estime bon et je vous ordonne, en vertu de l'obéissance, d'assumer la charge de cette maison de Bassein, ainsi que des revenus de la maison. Quant à ceux qui vivront à Bassein et qui sont Frères de la Compagnie, ils vous devront tous obéissance. Aussitôt faite votre prise de possession de la maison, tous les Frères et Pères de la Compagnie devront vous obéir. Et pas seulement ceux dont la résidence permanente est à Bassein : même ceux qui, avant de se rendre à Diu et dans d'autres endroits, arriveront à Bassein, tous devront vous obéir. Cela, je le comprends : aussi longtemps que vous ne verrez pas le contraire ou de ma main ou du recteur qui résidera dans cette maison de la Sainte Foi et à qui, en mon absence, vous obéirez comme au P. Ignace. Puisque telle est ma volonté, c'est ici que je vais signer.

Fait en ce collège de Saint-Paul le 29 février 1552.

François

Jésus

2. D'abord, à propos des revenus de Bassein perçus pendant le temps où ce fut Melchior Gonçalves qui a eu la charge des

revenus de la maison (que le Roi ou, en son nom, les Gouverneurs ont accordés à la Compagnie), vous prendrez connaissance auprès de Melchior Gonçalves de ce qui a été recouvré et de ce qui reste à recouvrer. Après vous être bien informé auprès de Melchior Gonçalves sur ces revenus, vous m'en écrirez tout le détail et vous m'écrirez aussi à propos de l'argent que vous a remis Melchior Gonçalves.

3. Prenez bien en considération les nombreux besoins qu'éprouvent les Frères de la Compagnie et le montant des dettes de cette maison, ainsi que les besoins éprouvés par ceux qui sont à Cochin, à Quilon, et ceux du Cap Comorin, car tous dépendent de cette maison et ils demandent toujours. Ce qui me peine le plus, c'est de savoir les nombreux besoins qu'ils éprouvent là-bas, parce que le Roi n'y pourvoit pas, n'ayant que peu d'argent. Sur ces revenus, vous prélèverez, en toute conformité avec leurs ordres, ce dont vous aurez besoin, vous et ceux qui vivront avec vous. Prenez bien en considération que j'insiste encore une fois pour vous recommander de favoriser cette maison, pour le service et pour l'amour de Dieu, dans toute la mesure où vous le pourrez de là, en sorte qu'elle puisse au moins faire vivre ceux qui sont au Cap Comorin, à Quilon et à Cochin.

4. Evitez dans toute la mesure du possible les tâches matérielles ainsi que les dépenses pour vous et pour les enfants, en règle générale. Je ne veux pas dire que vous allez y manquer du nécessaire, vous aussi bien que les autres qui mangez grâce à ces revenus. Mais je dis : tout ce que vous pouvez éviter, évitez-le. Ayez donc toujours présent à l'esprit tout ce qu'endurent ceux du Cap Comorin, et combien de petits enfants meurent sans baptême, faute de quelqu'un pour les baptiser, parce que là-bas les Pères ne peuvent pas assurer leur subsistance.

5. Quand on percevra les revenus, que ce recouvrement ne soit pas fait par votre personne ni par personne de la Compagnie. Je dis cela parce que ça provoque du scandale. Qu'un ami ou que des amis spirituels laïcs à la manière de syndics fassent cela et, à cette fin, il sera préférable que ce soient des personnes spirituelles, qui se confessent et qui reçoivent le Seigneur souvent. Vous ferez en sorte que ceux-ci fassent les Exercices de la première semaine. S'il était possible que ces personnes chargées de percevoir les revenus soient riches, pourvus de biens et surtout des gens de qualité, ce serait mieux. Si ce sont des personnes de cette sorte, ils ne se sentent pas en effet aussi humiliés lorsqu'ils perçoivent les revenus des humbles et des pauvres que s'ils étaient pauvres eux-mêmes. Car

s'ils sont pauvres, ils ne respectent pas les échéances, il faut les forcer, et on les vexe pour leur faire toucher ces revenus.

6. Pour l'amour et pour le service de Dieu notre Seigneur, je vous recommande instamment de vous écarter des occasions de scandale, ce que vous éviterez si le peuple discerne en vous une grande humilité. Au début, vous devrez travailler beaucoup à accomplir des œuvres basses et humbles, car c'est ainsi que le peuple sera en bons termes avec vous. Une fois que vous aurez acquis la bienveillance du peuple, celui-ci interprétera toujours en bonne part les choses que vous ferez, surtout lorsqu'il vous verra persévérer dans le bien et vers le mieux. Veillez à ne pas vous négliger vous-mêmes, car celui qui ne va pas de l'avant retourne en arrière.

7. Je serais très heureux si vous preniez, pour la Chrétienté nouvelle qu'on va fonder, le Père Vicaire et les Frères de la Miséricorde comme protecteurs et que ce soit à eux qu'on attribue le service que vous y faites pour Dieu notre Seigneur. Je dis cela pour que vous ayez bien des protecteurs lorsque vous serez persécutés et pour que le peuple ne murmure pas trop contre vous, puisqu'il aura vu que le Père Vicaire et les Frères de la Miséricorde y ont mis la main. S'il vous paraît bien de faire spécialement mention du Père et des Frères dans la lettre que vous écrirez au Roi, de dire à Son Altesse qu'ils favorisent la Chrétienté, et s'il vous paraît bien de leur montrer la lettre, faites-le.

8. Dans la lettre que vous écrirez au Roi pour lui rendre compte des choses de Bassein, vous demanderez à Son Altesse de vous accorder la grâce d'écrire à la Miséricorde et au Père Vicaire pour les remercier, vu toute l'aide qu'ils apportent à la Chrétienté. Veillez bien à toujours tenir bien compte du Père Vicaire, ainsi que des Frères de la Miséricorde. Prenez beaucoup de défenseurs pour les choses de la Chrétienté, et aussi, si c'est possible, le Capitaine, en leur laissant entendre, à eux tous, que si l'on fait quelque fruit dans la conversion des infidèles, c'est à eux, après Dieu, que tout le mérite en reviendra. Si vous pouviez en convaincre le Capitaine, ce serait un grand bien. Je remets tout cela à votre prudence et à tout ce que Dieu notre Seigneur vous fera sentir. Lorsque vous écrirez au Roi, que ce soient des choses très édifiantes, et lorsque vous aurez à écrire sur le compte de certaines personnes, que ce soit pour le P. Maître Simon, et non pour le Roi. Je veux parler des choses temporelles, car les choses spirituelles seront pour le Roi.

François

102

AU P. GONZAGUE RODRIGUES, A ORMUZ
(EX.II, 323-326 ; S.IV, 522-524)

Successeur de Maître Gaspard (Berze) depuis 1551 à Ormuz, Gonzague Rodrigues devra étudier et suivre les instructions laissées à son prédécesseur trois ans plus tôt (voir lettre 80). Cette lettre est donc une introduction à ce document minutieux ; elle exalte les vertus d'obéissance et d'humilité. On remarquera la vivacité du ton avec lequel saint François Xavier adresse certains reproches à son correspondant.

Goa, le 22 mars 1552

La grâce et l'amour du Christ notre Seigneur soient toujours en notre aide et en notre faveur. Amen.

1. Dieu notre Seigneur sait combien je serais plus heureux de vous connaître que de vous écrire, car il y a beaucoup de choses qui se font bien mieux par la parole et par la présence que par des lettres.

J'ai été très heureux d'avoir de vos nouvelles par ceux qui viennent d'arriver de là-bas, quoique je serais plus heureux encore de voir votre lettre où vous me rendriez compte du fruit que vous faites là-bas, ou, pour mieux dire, de ce que Dieu fait par vous et de ce que Dieu s'abstient de faire, ne pouvant pas mettre en vous sa confiance en raison des obstacles et des fautes que vous y mettez de votre part, raison pour laquelle Dieu s'abstient de se manifester par vous. C'est de ces obstacles que vous devez vous accuser perpétuellement, parce que vous n'êtes point cet instrument que vous devriez être, et par là Dieu manque d'être davantage glorifié, et les âmes de profiter par vous et celles-ci seraient plus favorisées si vous, vous étiez ce que vous devriez être et si vous vous souveniez des comptes que vous devez rendre à Dieu, du bien qui manque de se faire en raison des obstacles que vous y mettez de votre part.

2. Ce que je vous ordonne de faire en vertu de l'obéissance, c'est d'être très obéissant envers le Père Vicaire et c'est avec sa permission et avec sa bienveillance que vous prêcherez, que vous confesserez et que vous direz la messe. Regardez bien que c'est en vertu de l'obéissance que je vous ordonne de ne rompre en aucun cas avec le Père Vicaire. Ce que vous pourrez convenablement mener jusqu'à son terme avec lui, faites-le ; j'ai en effet tellement

confiance en sa vertu et en sa charité que s'il vous voit humble et obéissant, il vous accordera ce que vous lui demanderez avec davantage encore de libéralité que vous n'en mettrez à lui demander.

Vous témoignerez de beaucoup de respect envers les autres prêtres et veillez à n'en mépriser aucun : soyez l'ami de tous. Qu'ils prennent exemple sur vous, pour votre obéissance envers le Père Vicaire, et que par conséquent le peuple prenne exemple sur vous, afin qu'on obéisse totalement au Père Vicaire. Considérez que le fruit que vous allez faire proviendra davantage de l'exemple d'humilité et d'obéissance que vous donnerez que de vos prédications.

3. Gardez-vous de vous singulariser et d'indisposer le monde en prenant bien en horreur toute opinion vaine. Cette présomption de vouloir se singulariser fait du tort à beaucoup de membres de notre Compagnie. J'en ai renvoyé beaucoup, après mon arrivée du Japon, parce que je les ai trouvés prisonniers de ce vice : c'est pourquoi je les ai renvoyés de la Compagnie du Nom de Jésus. Veillez bien sur vous-même, en sorte de ne point faire ce pour quoi vous seriez renvoyé. Afin de vivre avec humilité dans notre Compagnie, souvenez-vous que vous avez bien plus besoin de la Compagnie que la Compagnie n'a besoin de vous. C'est pourquoi, soyez toujours vigilant et ne vous oubliez jamais vous-même. Car celui qui s'oublie lui-même, quel souvenir pourra-t-il bien avoir d'autrui ? Je vous écris ces lignes en raison de l'amour que j'ai pour vous et du bien que je désire pour vous , et aussi en raison de certaines choses qui sont advenues là-bas en cette ville, choses qui ne montrent guère d'humilité, d'obéissance ou d'édification.

4. J'ai donné à Maître Gaspard l'ordre de vous écrire, car il a l'expérience de ce pays, afin qu'il vous donne des conseils grâce auxquels vous pourrez servir Dieu notre Seigneur. Vous pourrez donc considérer que ses lettres viennent de moi, afin que vous fassiez ce qu'elles disent.

Avisez-vous de ne point vous mêler de mariages, ni d'absoudre ceux qui se marient en cachette, à moins d'avoir l'ordre exprès ou la permission du Père Vicaire. Cela, je vous ordonne de le faire ainsi, en vertu de l'obéissance.

Lorsque Maître Gaspard est parti pour Ormuz, je lui ai donné certaines règles afin qu'il se gouverne selon elles. La copie de celles-ci, me semble-t-il, est restée : lisez-la chaque semaine, afin qu'elle s'inscrive davantage dans votre mémoire et que vous vous aidiez vous-même dans les choses du service de Dieu.

5. Pour tout ce qui touche au service de Dieu, vous devrez avoir

beaucoup d'obéissance et d'humilité envers le Père Vicaire : je vous ordonne en vertu de l'obéissance par cette présente lettre de lui demander pardon avec une grande humilité, les genoux à terre, de tous les actes de désobéissance et de toutes les fautes passées ; vous lui baiserez la main en lui disant que vous faites tout cela par obéissance. Alors, il vous donnera un ordre tel que vous puissiez pratiquer l'obéissance.

C'est en vue d'une plus grande conformité et d'une plus grande humilité que, chaque semaine, vous lui baiserez la main, en signe et comme preuve d'obéissance aussi bien que d'humilité. Veillez bien à le faire, même si vous en sentez de la répugnance, car tout cela est nécessaire pour confondre le démon, ami des discordes et des désobéissances.

6. Veillez bien à ne scandaliser personne par vos prédications. N'essayez pas de prêcher sur des choses subtiles de science, mais ne prêchez que de la morale. C'est avec beaucoup de modestie et de piété que vous blâmerez les péchés du peuple. Quant aux pécheurs publics, c'est en secret que vous les blâmerez fraternellement.

7. Considérez que je serais plus heureux si vous faisiez autant de fruit qu'en contient l'espace de cette ligne................ sans provoquer aucun scandale, que je ne le serais si vous en faisiez autant qu'en contient cette ligne plus allongée........... ....mais avec quelques scandales ou un scandale. C'est parce que je sais combien cela fait pardonner d'accomplir les choses avec charité et avec amour que je vous recommande de bien le garder en mémoire.

8. Vous m'écrirez très en détail ce que Dieu fait en cette ville par vous, ainsi que l'amitié qu'il y a entre vous et le Vicaire, les autres prêtres et tout le peuple, car on me réexpédiera ces lettres de ce collège-ci jusqu'en Chine où je pars à présent : je serai très heureux, là-bas, de voir vos lettres. Je quitte Goa dans vingt jours.

9. Les choses du Japon sont très prospères. Le P. Cosme de Torres et Jean Fernández y sont restés avec les nombreux Chrétiens qui se sont déjà convertis et qui se convertissent chaque jour. C'est qu'eux ils connaissent bien la langue et que, pour cette raison, ils font un très grand fruit. Des Frères y partent cette année pour les aider. Les fatigues dont ils souffrent là-bas sont bien plus grandes que je ne pourrais l'écrire et incomparablement plus grandes que celles que vous endurez, vous et les Frères qui se trouvent en ce pays, même si elles sont très grandes. Je vous écris cela pour que vous les recommandiez continuellement dans vos sacrifices et dans vos oraisons à Dieu notre Seigneur.

Lorsque vous écrirez au Collège, écrivez donc aussi au Seigneur Evêque, avec beaucoup de brièveté, d'obéissance et de respect, pour lui faire part de ce que vous faites là-bas, car il est notre supérieur et parce qu'il a tant d'amour pour nous et qu'il nous favorise autant qu'il le peut.

10. Cette lettre, je vous l'adresse comme à un homme qui a la vertu et la perfection nécessaires pour comprendre et pour apprécier, et non pas comme à un homme faible en qui je n'aurais guère confiance. C'est de cela que vous devez rendre grâces à Dieu : de vous avoir fait tel et de vous avoir donné assez de vertu et de perfection pour vous réjouir davantage d'être admonesté par des blâmes que d'être trompé par l'approbation de vos faiblesses, de faiblesses humaines, comme un faible. Si vous êtes fort dans le service de Dieu, pour ma part Dieu m'a fait sentir que je devais vous écrire comme on s'adresse à un parfait, et non pas comme à un imparfait. Puisque, grâce à la miséricorde de Dieu, nous nous verrons bientôt dans le Paradis, je n'en dis pas plus, si ce n'est de vous rappeler avec quel amour je vous ai écrit cette lettre et ceci, afin que vous la receviez avec cette saine intention, avec cet amour et avec cette bienveillance que j'ai mise à vous écrire.

Vous montrerez cette lettre au Père Vicaire.

Votre Frère dans le Christ.

François

103

AU P. SIMON RODRIGUES AU PORTUGAL
OU AU RECTEUR DU COLLEGE DE COIMBRE
(EX. II, 329-330 ; S. IV, 524)

Simple lettre de recommandation en faveur d'André Carvalho et rappel d'une indestructible amitié.

Goa, le 27 mars 1552

Jhus

La grâce et l'amour du Christ notre Seigneur soient toujours en notre aide et en notre faveur. Amen.

Mon très cher Frère dans le Christ, Maître Simon,

1. Par cette lettre, je serai bref, car je me dois d'être long par bien d'autres où je vous donne des nouvelles de notre Compagnie en ces contrées-ci de l'Inde.

C'est une chose nécessaire, me semble-t-il, que d'envoyer au Portugal André Carvalho, le porteur de cette lettre, pour la raison qu'il est souffrant en ce pays et que là-bas se trouve sa patrie où il pourra se faire que son état s'améliore. Quant à lui, c'est une personne de haut rang en ce royaume, d'après ce que tout le monde me dit et c'est une personne dont on espère beaucoup, en raison des vertus que Dieu a mises en lui et que, grâce à sa miséricorde, il fera croître. Pour ma part, à son sujet je ne peux rien écrire d'autre que son abondante vertu. J'ai l'espoir en Dieu notre Seigneur qu'après avoir acquis du savoir et des vertus en plus grande abondance, il va produire beaucoup de fruit dans la Compagnie. Je vous prie instamment, Maître Simon mon Frère, de l'accueillir avec cet amour et cette charité avec lesquels, André de Carvalho et moi-même, nous espérons qu'il sera reçu et consolé.

2. Je vous écrirai de façon très détaillée les nouvelles de ces contrées-ci de l'Inde, avant mon départ pour la Chine qui aura lieu dans quinze jours. Que Dieu notre Seigneur nous rassemble dans la gloire du Paradis, car j'ignore quand, en cette vie-ci, nous nous verrons corporellement. Sachez de façon sûre, mon Frère Maître Simon, que je vous ai imprimé en mon âme. Comme je vous vois continuellement en esprit, la vue corporelle dont j'ai tant désiré vous voir ne me préoccupe pas autant que d'habitude, et cela vient de ce que je vous vois toujours présent en mon âme.

Maître François

104

AU P. MELCHIOR NUNES BARRETO, A BASSEIN
(EX.II, 332-334 ; S.IV, 525-526)

C'est avec toute la sollicitude d'un vrai père que saint François Xavier exerce sa charge de Provincial d'Extrême Orient et s'occupe de tant de détails, pour la résidence nouvelle de Bassein.

Goa, le 3 avril 1552

Jhus

La grâce et l'amour du Christ notre Seigneur soient toujours en notre aide et en notre faveur. Amen.

1. C'est par Melchior Gonçalves que j'ai reçu votre lettre et elle m'a fait grand plaisir. Qu'il plaise à Dieu de vous accorder la grâce de donner à notre Compagnie une bonne odeur, parce que le peuple est tellement scandalisé à notre propos. Pour le service de Dieu, et autant que je le puis, je vous recommande d'édifier ces gens autant que ce sera en votre pouvoir. Si vous êtes humble et prudent, j'ai l'espoir en Dieu que vous ferez beaucoup de fruit.

2. Je vous envoie là-bas François Henriques résider à Thana [1] avec Emmanuel. Souro pourra rester avec vous pour veiller sur les choses de la maison, Barreto pour enseigner et vous pour édifier, pour catéchiser, pour prêcher et pour enseigner.

3. J'ai eu bien du plaisir à lire ce que vous m'avez écrit à propos de l'ordre que vous avez établi pour prêcher ; exercez-vous autant que vous le pourrez dans vos prédications, car j'ai espoir en Dieu notre Seigneur que, si vous êtes humble, vous serez un grand prédicateur.

4. Vous enverrez François Lopes dans ce collège sans attendre, par le premier bateau qui partira de là-bas pour ici et qu'il ne reste là-bas sous aucun prétexte.

Les articles que je vous ai recommandés, lisez-les souvent. L'expérience vous enseignera bien des choses, si vous êtes humble et prudent. Entre-temps, vous vous réglerez conformément aux avis que vous avez rapportés d'ici. François Henriques s'en va vivre sous votre obéissance. Veillez à lui donner l'ordre, en vertu de l'obéissance, de bien se garder de scandaliser personne, ainsi que d'être très endurant et très patient. Vous serez très attentif pour savoir si les gens sont scandalisés par lui ou par d'autres et vous y porterez remède sans attendre. Veillez à exercer une grande vigilance sur vous-même d'abord et sur les autres ensuite. Veillez aussi à congédier sans attendre de la Compagnie ceux que vous verrez impliqués dans des péchés publics et dans de grands scandales aux yeux du peuple ; en effet, ceux que vous renverrez de la Compagnie, je les considérerai comme renvoyés, parce que j'ai tellement confiance dans votre prudence que c'est pour une raison et pour une cause justifiées que vous allez congédier.

5. Quant aux revenus de collège, vous ferez en sorte qu'on dépense davantage pour les temples spirituels que pour les temples matériels. Vous ne ferez que les temples matériels qu'on ne peut pas éviter de faire, ceux qui sont nécessaires, et ceux-là seulement : tout le reste, ce sera des temples spirituels. C'est pour cela que je vous ai ordonné de prendre des enfants du pays et de leur

---

1. Thana, dans l'île de Salsette.

enseigner dès un âge tendre, afin qu'ils produisent du fruit quand ils seront grands.

6. Il y a quelques jours, j'ai envoyé chez vous Paul Gujarâth, qui a fait ses études dans ce collège pendant de nombreuses années. Lui, c'est un très bon interprète pour enseigner aux Chrétiens du pays et pour leur prêcher tout ce que le Père lui dira.

7. A propos des revenus de cette maison, il sera bien, me semble-t-il, de les dépenser conformément aux intentions du Roi, ainsi que vous me l'écrivez, et aussi pour éviter que le peuple ne se scandalise.

8. Voyez si vous pouviez obtenir qu'ils viennent avec quelques pièces de toile en cette maison. Si ceux qui y vivent pouvaient en être vêtus, faites-le et si ce n'est pas possible sans priver personne parmi ceux qui s'y trouvent, dans ce cas-là, dépensez tout pour le service de Dieu.

9. Efforcez-vous beaucoup de vous exercer dans des prédications et dans des confessions, ainsi que de visiter l'hôpital, les prisonniers et la Miséricorde. Si vous faites ces choses avec humilité et avec charité, Dieu vous donnera du crédit aux yeux du peuple et, même si vous n'êtes guère en faveur quand vous prêchez, vous ferez beaucoup de fruit.

10. Veillez à ma recommandation d'être un grand ami du Vicaire, de tous les prêtres, du Capitaine, des officiers du Roi ainsi que du peuple tout entier, car si vous savez gagner la bienveillance des hommes en vous faisant aimer par eux, c'est de cela que dépendra le fruit que vous ferez dans vos prédications. Vous m'écrirez à Malacca très en détail pour me dire le fruit que vous faites. Vous écrirez donc souvent à ce collège. Que Dieu notre Seigneur nous rassemble dans la gloire du Paradis. Amen.

François

105

LETTRES PATENTES ET INSTRUCTION
POUR LE P. GASPARD (BERZE)
(EX.II, 336-339 ; S.IV, 531)

Par ce document, le P. Gaspard (Berze) est nommé recteur du collège de Goa et vice-provincial des Indes. C'est la fermeté qu'il recommande. En le rédigeant, Xavier a-t-il eu la certitude qu'il ne reviendrait pas ?

Goa, le 6 avril 1552

Au nom de notre Seigneur Jésus-Christ. Amen.

1. Moi, François, indigne Préposé de la Compagnie du Nom de Jésus en ces contrées de l'Inde, parce que je mets en vous, Maître Gaspard, ma confiance, aussi bien à cause de votre humilité, de votre vertu et de votre prudence qu'en raison de vos capacités, je vous ordonne en vertu de la sainte obéissance d'être recteur de ce collège de Sainte Foi, ainsi que des Pères et des Frères portugais de la Compagnie du Nom de Jésus qui se trouvent depuis le Cap de Bonne Espérance jusqu'ici, comme de ceux qui se trouvent à Malacca, aux Moluques, au Japon et dans tous les autres pays, comme de ceux qui viendront du Portugal ainsi que de n'importe quel autre pays de l'Europe pour vivre sous mon obéissance. Tous ceux-là seront sous votre obéissance, sauf si notre Père Ignace envoyait en ces contrées-ci quelque autre personne spécialement pour y être recteur de ce collège, puisque je lui ai écrit pour lui dire que le besoin se fait sentir en ces contrées de l'Inde d'une personne possédant une grande expérience et digne d'une grande confiance qu'on enverrait être recteur de ce collège et avoir la charge de ceux qui se trouvent en ces contrées-ci.

C'est donc par cette lettre que je vous ordonne, en vertu de la sainte obéissance, de remettre sans attendre votre charge à la personne que notre Père Ignace ou quelque autre Préposé Général de la Compagnie du Nom de Jésus enverra en ces contrées-ci pour y être recteur du collège et pour avoir la charge de ceux qui se trouvent en ces contrées-ci, aussitôt qu'il vous aura montré la nomination signée par notre Père Ignace ou par quelque autre Préposé Général de la Compagnie du Nom de Jésus. Sans cette nomination signée par notre Père Ignace ou par quelque autre Préposé Général, vous n'abandonnerez pas la charge que je vous laisse.

2. Néanmoins, si l'on envoyait du Portugal une personne pour avoir la charge de ce collège et si cette personne venue de là-bas est digne de confiance, vous, de votre main, et quoiqu'il soit toujours sous votre obéissance, vous lui ordonnerez, en vertu de la sainte obéissance, de prendre la charge que vous lui remettrez de votre main. Comme je l'ai dit, cette personne sera toujours sous votre obéissance, de même que tous les autres Pères et Frères. Et s'il y avait en ces contrées-ci une autre personne sur laquelle vous puissiez davantage vous décharger et par qui être aidé, que celle qui viendra du Portugal, c'est à celle-là que vous remettrez votre charge et à qui vous ordonnerez de prendre celle que, vous, vous lui remettrez. Lui, il sera toujours sous votre obéissance, et pour

s'en débarrasser et pour en accepter une autre. C'est ainsi que toutes les personnes qui, en ces contrées-ci, auraient dû être sous mon obéissance, je le leur ordonne : tous, en vertu de la sainte obéissance, obéiront à Maître Gaspard, recteur de ce collège de Sainte Foi. Telle est mon intention, afin d'éviter les inconvénients qui pourraient apparaître comme ils ont déjà apparu par le passé.

3. Si quelqu'un n'obéissait pas à ces dispositions que je vous laisse, s'il a une autre idée, ou parce qu'il veut être recteur ou parce qu'il ne veut pas obéir, dans un pareil cas, je vous ordonne de le renvoyer tout de suite de la Compagnie, même s'il possède de grands dons et de très bonnes qualités, car les meilleures d'entre celles-ci lui font défaut : ce sont en effet l'humilité et l'obéissance.

Si je vous ai dit de mettre quelqu'un d'autre à votre place, c'est dans le but qu'il vous soit possible de rendre visite aux collèges de Cochin, de Bassein, de Quilon ou au Cap Comorin. Car si vous acquérez de l'expérience, si vous rendez visite à ces collèges ainsi qu'aux Pères et aux Frères de la Compagnie, il peut en résulter beaucoup de fruit et un grand service de Dieu notre Seigneur. J'entends cela : si on n'a pas un besoin manifeste de vous dans ce collège-ci.

4. Pour qu'il n'y ait point de négligence chez les Pères et chez les Frères de la Compagnie dans l'obéissance envers vous, aussi bien que de vous envers moi, je vous ordonne, en vertu de la sainte obéissance, de renvoyer sans attendre de la Compagnie ceux qui ne vous obéiront pas ou qui ne voudront pas être sous votre obéissance. N'ayez point de considération pour le besoin qu'on peut avoir d'eux ou pour ce que le peuple dira de vous, lorsque vous congédierez de pareilles personnes qui ne vivent pas dans l'obéissance : ces personnes désobéissantes font plus de tort à la Compagnie qu'elles ne lui profitent, même si elles ont de grands dons et de nombreuses qualités et c'est pourquoi je vous dis de les renvoyer.

Quant à ceux que j'ai congédiés avant mon départ pour la Chine, je vous ordonne en vertu de l'obéissance de ne les réadmettre sous aucun prétexte. Vous ordonnerez donc de dire partout où il y aura des Pères et des Frères de la Compagnie, de ne point les réadmettre.

5. Quant aux revenus de ce collège, les cadeaux et les faveurs donnés par le Roi, quant à tout ce qui touche au bien de ce collège, à tout ce qui lui appartient grâce aux faveurs concédées par le Roi notre seigneur, par ses Gouverneurs et Vice-rois au nom de Son Altesse, de toutes ces choses vous prendrez un soin particulier. C'est par vous-même ou par les personnes que vous

nommerez que ces revenus seront diligemment recouvrés : on les dépensera dans le service de Dieu notre Seigneur avec les Pères et les Frères de cette maison ainsi qu'avec ceux qui se trouvent en dehors d'elle, car c'est faute d'être aidés au temporel qu'ils manquent de faire leur tâche au spirituel.

Avec les revenus et avec les biens de la maison, on paiera les dettes et on subviendra aux nécessités nécessaires [1] de la maison. Hormis ces nécessités, prenez-y garde, je vous l'ordonne, ne démembrez pas les revenus de cette maison, ne les transférez pas, ne les distribuez pas en dehors des nécessités des Pères et des Frères de cette maison, en plus des enfants du pays et des orphelins.

Ecrit en ce collège de Sainte Foi, le 6 avril 1552.

Signé par moi en témoignage de vérité.

6. En vertu de la sainte obéissance, je vous recommande et je vous ordonne de ne pas sortir de cette île de Goa pendant la durée de trois années. Cela, je l'entends : au cas où pendant ces trois années, notre Préposé Général de la Compagnie du Nom de Jésus ne fournit pas de recteur pour ces contrées-ci, car si c'est le cas qu'un recteur arrive de là-bas, vous serez placé sous son obéissance et alors, la durée de trois années pour votre séjour dans cette île ne sera pas une obligation.

Encore une fois, je vous le recommande et je vous l'ordonne, en vertu de la sainte obéissance ; tous ceux qui en ces contrées-ci seraient sous mon obéissance, eux tous passeront sous celle de Maître Gaspard. Si quelqu'un cherchait à éviter de lui obéir, celui-là vous le renverriez de la Compagnie en lui expliquant en premier lieu ma détermination que voici, qui est que tous obéissent à Maître Gaspard, comme ils m'auraient obéi si j'avais été présent.

7. C'est ce que je recommande et ce que j'ordonne en vertu de l'obéissance, à tous en général et en particulier : que tous ceux qui seraient sous mon obéissance si j'étais présent, obéissent au recteur que notre Père Ignace ou quelque autre Préposé Général de la Compagnie du Nom de Jésus enverrait comme recteur de ce collège. Au cas où l'on ferait le contraire, je demande et je recommande au recteur qui sera envoyé par notre Préposé Général de la Compagnie du Nom de Jésus, de congédier tous ceux qui lui seraient désobéissants et qui ne voudraient pas lui obéir. Afin que personne ne mette en doute ce qu'ici je dis, j'ai signé ici.

Ecrit le 6 avril 1552.

François

---

1. *Sic.*

8. Afin que vous puissiez faire beaucoup de fruit dans les âmes en vous servant des grâces concédées par les Souverains Pontifes à la Compagnie et déléguées à moi par notre Père Ignace, ainsi que de la permission donnée aux Pères aptes et capables de la Compagnie de faire usage de ces grâces afin de pouvoir faire davantage de fruit dans les âmes, pour tout cela je m'en remets à vous, Maître Gaspard, recteur de ce collège, afin que vous puissiez à ma place déléguer aux autres Pères les mêmes cas, privilèges et pouvoirs contenus dans ces bulles, de la même façon que moi en personne, selon ce que vous verrez être le plus grand service de Dieu. Pour tout cela, je m'en remets à votre prudence.

François

106

CODICILLE DE SUCCESSION
EN CAS DE MORT DU P. GASPARD (BERZE)
(EX.II, 341-342 ; S.IV, 531)

Tout est prévu, avant le départ pour la Chine...

Goa, le 7 avril 1552

+

Jhus

1. Au nom de Notre Seigneur Jésus-Christ. Ayant pris en considération la brièveté de notre vie et la certitude de la mort, et redoutant quelque perturbation qui pourrait survenir lors de l'élection du recteur de cette maison après le décès de Maître Gaspard et avant l'envoi par notre Préposé Général d'un recteur pour ce collège, il m'a paru bien de laisser quelques règles avant mon départ pour la Chine, relatives à l'élection de celui qui sera recteur en raison du décès de Maître Gaspard. Si le cas se présente que Dieu notre Seigneur enlève Maître Gaspard de la présente vie avant l'envoi par notre Préposé Général d'un recteur pour ce collège et pour ceux qui se trouvent en ces contrées-ci depuis le Cap de Bonne Espérance jusqu'ici, en tant que supérieur et que majeur, afin qu'il les régisse et que les membres de la Compagnie lui obéissent, c'est une chose convenable et conforme au service de Dieu notre Seigneur, m'a-t-il paru, que de laisser une personne déterminée pour exercer la charge, pour être recteur de cette maison et à qui tous les Pères et Frères obéissent.

2. C'est pourquoi, si le cas se produit que Maître Gaspard meure, c'est Emmanuel de Morais qui sera recteur de cette maison. S'il ne se trouve pas dans ce collège, on le fera appeler pour être recteur de la maison : tous les Frères et Pères lui obéiront, aussi bien ceux du collège que ceux qui se trouvent au-dehors, et jusqu'à ce qu'il vienne au collège, c'est le P. Messire Paul qui sera recteur de la maison. Dès l'arrivée du P. Emmanuel de Morais, il remettra sans attendre sa charge à celui-ci et, de la sorte, le P. Messire Paul ainsi que tous les autres lui devront aussitôt obéissance. Au cas où le P. Emmanuel de Morais serait mort, c'est Maître Melchior Nunes qui sera recteur. J'entends tout cela : au cas où Dieu ordonnerait que tous ceux que j'ai quittés alors qu'ils étaient vivants, c'est-à-dire Maître Gaspard. Emmanuel de Morais, soient emportés de cette vie présente vers la gloire du Paradis, avant l'envoi par notre Préposé Général d'un recteur pour ce collège.

3. Pour éviter des assemblées de Pères, car ils sont tellement dispersés à travers l'Inde, pour éviter aussi quelques autres inconvénients qui pourraient en découler, il m'a paru que c'était le service de Dieu que de laisser ces règles écrites. Par conséquent, c'est en vertu de la sainte obéissance que je recommande et que j'ordonne aux Pères et aux Frères de la Compagnie du Nom de Jésus d'accomplir et d'observer ce qui est contenu dans cette cédule. Et puisque c'est ma détermination, conformément à la plus grande gloire et au plus grand service de Dieu notre Seigneur, et pour que ceux qui verront cette cédule y ajoutent foi, j'ai signé ici.

Ecrit le 6 avril 1552.

François

+ Jésus. On ouvrira cette cédule au cas où Maître Gaspard mourrait avant que le Préposé Général de toute la Compagnie du Nom de Jésus n'envoie un recteur dans ce collège afin d'en avoir la charge, ainsi que celle de tous ceux qui se trouvent en ces contrées-ci.

107

AU P. SIMON RODRIGUES OU AU RECTEUR
DU COLLEGE SAINT ANTOINE, A LISBONNE
(EX.II, 346-352 ; S.IV, 546-549)

C'est en des termes bien vagues que saint François Xavier avertit Lisbonne des dispositions arrêtées dans les documents précédents.

C'est que rien n'est plus important à ses yeux que d'« enfoncer le clou », et d'insister une fois de plus sur la nécessité d'envoyer en Inde et au Japon des religieux expérimentés et dignes de confiance, sans oublier la Chine pour laquelle il est sur le point de partir.

Goa, le 7 avril 1552

+
Jhus

La grâce et l'amour du Christ notre Seigneur soient toujours en notre aide et en notre faveur. Amen.

1. En cette année-ci 1552, je suis arrivé en Inde, venant du Japon, et je vous ai très longuement écrit de Cochin à propos des affaires du Japon. A présent, je vous fais savoir que je pars dans huit jours pour la Chine. Nous sommes trois compagnons à partir : deux Pères et un laïc coadjuteur. Nous partons avec beaucoup d'espoir que Dieu notre Seigneur, par sa seule miséricorde, voudra bien se servir de nous. Je vous écrirai de Malacca très longuement au sujet de notre voyage en Chine.

2. Deux Frères partent cette année pour le Japon résider dans la ville de Yamanguchi avec le P. Cosme de Torres afin d'apprendre la langue : ainsi, lorsque d'Europe des Pères arriveront, des personnes en qui on puisse avoir une grande confiance et possédant une grande expérience et aptes à aller au Japon, ils trouveront des Frères de la Compagnie qui sauront bien la langue et qui pourront traduire avec fidélité les choses de Dieu que les Pères arrivant de chez vous leur diront de dire. Ce sera une grande aide pour les Pères qui arriveront de chez vous, lorsqu'ils s'en iront dans les universités du Japon manifester la Foi de Notre Seigneur Jésus-Christ.

3. En ces contrées de l'Inde, après mon arrivée du Japon, j'ai trouvé bien des choses peu édifiantes chez certains Pères et chez certains Frères de la Compagnie : j'ai été obligé de les congédier de la Compagnie en sorte qu'on ne les y réadmette plus. Dieu sait combien j'ai eu du regret de trouver plus de choses qu'il n'en fallait pour les renvoyer. Quant aux noms de ceux que j'ai congédiés, le porteur de la présente lettre vous les dira.

4. Par ailleurs, je vous fais savoir, afin que vous en rendiez grâces à Notre Seigneur, que j'ai trouvé des Pères et des Frères de la Compagnie qui faisaient beaucoup de fruit dans les âmes et qui en font toujours aujourd'hui en prêchant, en confessant, en liant des amitiés et en accomplissant bien d'autres œuvres pies, ce dont j'ai été très consolé.

J'ai laissé Maître Gaspard comme recteur de ce collège de Sainte Foi de Goa : c'est une personne en qui j'ai une grande confiance, une personne humble et obéissante à qui Dieu a communiqué une grande grâce de prédication ; il émeut tellement le peuple, jusqu'aux larmes, lorsqu'il prêche, que c'est une chose pour laquelle il faut rendre grâces à Dieu notre Seigneur.

5. Le Frère qui est porteur de la présente lettre part chez vous pour rappeler les nombreux besoins qui se font sentir en ces contrées-ci aussi bien qu'au Japon et qu'en Chine, puisqu'un chemin s'ouvre et s'ouvrira, j'en ai confiance en Dieu, de même que dans ces contrées de l'Inde, aux Pères de la Compagnie, si ce sont des personnes très expérimentées et en qui on puisse se fier. Et aussi, pour rappeler que de nombreux et grands labeurs les attendent, surtout ceux qui partiront pour le Japon, la Chine, pour Ormuz et les Moluques.

6. Quant aux personnes qui vont aller dans ces pays pour y faire beaucoup de fruit dans les âmes, il est nécessaire qu'elles possèdent deux choses : la première, qu'elles aient une grande expérience des peines. Ainsi, de même qu'ils y auraient été très éprouvés, de même ils seraient très aptes à en tirer profit. La seconde, c'est qu'ils possèdent de la science, tant pour prêcher et pour confesser que pour répondre au Japon et en Chine aux nombreuses questions que leur poseront les prêtres gentils ; ils n'ont en effet jamais fini d'en poser. Les Pères dont on n'a pas besoin en Europe nous sont très nécessaires ici. J'ai congédié ceux qu'il y a maintenant trois années vous aviez envoyés ici, faute d'avoir été très exercés chez vous. En effet, lorsqu'ils sortent de ce saint collège de Coïmbre pleins de ferveur mais sans expérience, bien qu'ils aient passé bien du temps au-dehors pour donner un bon exemple d'eux-mêmes et pour édifier le peuple, ici ils se trouvent comme nouveaux et il en résulte des choses qui, répétées dans le peuple, rendent nécessaire de les renvoyer.

7. Eu égard aux qualités que doivent posséder les Pères qui vont venir ici, il m'a paru bien que le porteur de la présente lettre parte chez vous accomplir les démarches suivantes, en ayant pris votre avis. La première, c'est qu'il parte pour Rome où se trouve notre Père Ignace, lui demander d'envoyer une personne munie de nombreuses qualités : que celle-ci demeure avec lui et ait des conversations avec lui, qu'elle possède l'expérience des choses de la Compagnie, qu'on puisse avoir toute confiance en elle, afin qu'elle devienne le recteur de ce collège et que ceux qui se trouvent en ces contrées-ci lui obéissent. Que cette personne connaisse les règles et les constitutions de la Compagnie, ainsi que sa façon de procéder,

afin d'informer et d'instruire ceux qui se trouvent dans ce pays, tant les Pères que les Frères de la Compagnie. La seconde démarche, c'est de demander d'envoyer des Pères ayant beaucoup d'expérience, même s'ils n'ont pas autant de science, ni le don de prêcher qui est requis en ces contrées-ci : mais qu'ils sachent répondre aux questions que les prêtres gentils pourraient leur poser au Japon et en Chine.

8. Ce serait un très grand bien si l'an prochain notre Père Ignace envoyait une personne être recteur de cette maison, et à qui tous obéiraient, et, en même temps que lui, environ quatre ou cinq Pères possédant beaucoup d'expérience, même s'ils n'ont guère de talent pour prêcher, mais capables d'endurer bien des peines. De ces personnes, il y en a beaucoup disséminées en Italie et en Espagne, qui ont terminé leurs études et qui se sont exercées à édifier le peuple. De semblables personnes sont nécessaires dans ces contrées-ci, car ceux qui sortent des études sans être bien éprouvés dans le monde, et viennent dans ces contrées-ci, bien loin de profiter à autrui, s'y perdent : en effet, ils n'ont point d'expérience.

9. Les fatigues que vont trouver ceux qui partiront pour le Japon vont être très grandes, eu égard aux grands frimas, au peu de moyens dont ils disposeront pour s'en prémunir : il n'y a pas de lit pour dormir, une grande pénurie de ravitaillement, de grandes persécutions de la part des prêtres gentils jusqu'à ce qu'ils soient acceptés, de nombreuses occasions de pécher, comme d'être méprisés de façon extraordinaire par tout le monde. Ce qu'ils vont le plus regretter, c'est que dans ces universités qui sont très éloignées de tout endroit où l'on puisse apporter ce qui est nécessaire pour dire la messe, ils vont être privés de ce si grand bienfait du sacrement de communion, ce qu'ils vont regretter beaucoup. En effet, à Yamanguchi où réside ce Père, on dit la messe mais dans les universités où les Pères vont se rendre, ils ne pourront pas, me semble-t-il, apporter ce qui est nécessaire pour dire la messe, à cause des nombreux voleurs qu'il y a en chemin. Si ceux qui vont venir de là-bas pour aller au Japon ne possèdent pas un grand nombre de vertus afin de résister à tant de maux et à tant de peines, ils se perdront, me semble-t-il.

10. Compte tenu des grands froids qui surviennent là, il me paraît que ce sont des Pères flamands et allemands de la Compagnie vivant depuis de nombreuses années en Italie ou ailleurs, et déjà exercés et expérimentés, qui seraient bons pour le Japon et pour la Chine. J'ai tout à fait confiance que Dieu notre Seigneur va vous faire sentir, Maître Simon, mon Frère, ce qui conviendra à sa plus grande gloire et au plus grand fruit des âmes, lorsque vous

enverrez des personnes dans ces contrées-ci. Je vous prie instamment, mon très cher Frère, d'envoyer des personnes éprouvées dans le monde, qui y ont subi des persécutions et qui, par la miséricorde de Dieu, en sont sorties victorieuses, car on ne peut pas placer sa confiance en des personnes sans expérience des persécutions, pour de grandes choses.

11. Voyez, mon très cher Frère Maître Simon, s'il vous semble que ce serait bien que le Roi écrive au P. Ignace au sujet de l'envoi de quelques personnes très expérimentées au Japon et en Chine, ainsi que d'un recteur pour cette maison, dans lequel le P. Ignace ait très confiance. En effet, on a besoin d'une personne capable de beaucoup de choses, car il y en a ici beaucoup dont il faut s'occuper, étant donné que notre Compagnie est disséminée dans ces pays. C'est qu'elle s'étend à la Perse, au Cambay [1], au Malabar, au Cap Comorin, à Malacca, aux Moluques, et au-delà des Moluques, au pays qui s'appelle l'Ile du Maure, ainsi qu'au Japon. Ces pays sont très éloignés du collège de Goa et, pour subvenir aux besoins des Pères et des Frères qui se trouvent en ces contrées si éloignées, il faut que la personne qui va venir pour être recteur de cette maison soit une personne possédant une grande expérience et en qui on puisse avoir très confiance.

12. Le Frère porteur de la présente lettre, qu'il parte pour Rome avec vos lettres pour le P. Ignace, ainsi qu'avec une du Roi dans laquelle celui-ci lui recommande instamment l'affaire des Pères et du recteur pour ce collège. En effet, le Japon et la Chine requièrent des personnes d'expérience. Moi aussi, j'écris à notre Père Ignace à ce sujet. Il me semble qu'on pourra facilement trouver ces personnes, sans qu'on ait bien besoin d'elles en Europe. Car ceux qui, chez vous, ne possèdent pas le talent nécessaire pour prêcher et sont expérimentés, ne feront pas autant défaut que s'ils étaient des prédicateurs.

13. Mon Frère, Maître Simon, je vous fais aussi savoir ceci : ceux qui sont admis dans la Compagnie en ces contrées-ci, me semble-t-il, ne sont guère capables de faire quoi que ce soit d'autre qu'occuper des offices dans des maisons où viendront résider des Pères arrivés d'Europe, ou leur tenir compagnie lors de leurs déplacements d'un endroit à l'autre. Je dis cela parce qu'ils ne vont pas être aptes à être ordonnés prêtres, vu qu'ils n'en ont pas les qualités nécessaires, à moins que ce soit quelqu'un qui posséderait tant de science avant d'entrer dans la Compagnie, qu'on pourrait ensuite l'ordonner. Mais de ceux-ci, il y en a fort peu dans l'Inde.

---

1. Région de Diu, Bassein, Thana.

Je dis cela pour que vous saisissiez combien il est nécessaire d'envoyer de chez vous des Pères chaque année. En effet, plût à Dieu qu'on n'ait jamais ordonné certains de ceux qu'on a ordonnés en mon absence !

14. Mon Frère, Maître Simon, si Dieu notre Seigneur daigne se manifester parmi des gens si sages et si intelligents[2], vous ne devriez pas vous abstenir, me semble-t-il, de venir en Chine pour accomplir vos saints désirs. Si Dieu m'emmène en Chine, je vous écrirai très en détail les dispositons qu'offre le pays. J'ai tellement le désir de vous voir, mon Frère Maître Simon, avant que ne se termine cette vie, que je suis toujours en train de penser à la façon dont mes désirs pourraient s'accomplir et si un chemin s'ouvrait en Chine, ils s'accompliraient, me semble-t-il.

15. Pour l'amour de Notre Seigneur, je vous prie autant que je le puis, Maître Simon, mon très cher Frère, de faire que l'an prochain, des Pères arrivent, munis des qualités que j'ai dites, car on en a beaucoup plus besoin que vous ne le croyez. Je dis cela en raison de l'expérience que j'ai d'ici ; je vois clairement, en effet, combien ils nous manquent et c'est pour cela que je recommande tant la venue des Pères.

J'ai recommandé au P. Maître Gaspard de vous écrire très en détail toutes les nouvelles du fruit qu'on produit en ce pays.

16. Comme je dois vous écrire longuement de Malacca, je ne vous en dis pas plus dans cette lettre, sauf que je désire voir une très longue lettre de vous, telle que je passe trois jours à la lire, à propos du voyage que vous avez fait à Rome, de ce qui vous est arrivé lors de cette sainte assemblée[3], des choses qui y ont été décidées, car c'est la chose que je désire le plus connaître puisque, en raison de mes péchés, je n'ai pas mérité d'y être présent. Parce que je crains que vos occupations ne vous permettent pas de m'écrire si longtemps, vous me feriez une grande charité si vous demandiez à quelque Frère qui y a été avec vous de m'écrire tous les événements survenus là-bas : cette lettre, en effet, me consolerait beaucoup.

17. Je serais également très consolé si le recteur du collège de Coïmbre voulait m'écrire une lettre au nom de tous les Pères et de tous les Frères de ce saint collège de Coïmbre : il m'y ferait le compte du nombre des Pères et des Frères de la maison, des

---

2. Pour Xavier, les Japonais et les Chinois sont plus intelligents que les autres habitants de l'Asie.

3. Saint Ignace avait voulu réunir en 1550, année de jubilé, les premiers compagnons à Rome. Mais, retenu par le roi du Portugal, Simon Rodrigues n'arriva à Rome qu'en 1551 (S.IV, 548).

vertus, des désirs et de la science que Dieu a mis en eux. Comme je crains que ses occupations ne soient trop nombreuses et qu'il n'ait point de temps pour cela, je lui demande et je le prie, pour l'amour de Dieu notre Seigneur, d'en charger quelque Frère, que ce dernier m'écrive très en détail des nouvelles des Pères et des Frères, de leurs exercices et des saints désirs qu'ils ont de souffrir pour le Christ. Ils doivent en effet se souvenir de moi de quelque manière, car moi, je me suis souvenu de leurs saints désirs quand je suis parti il y a quelques années pour le Japon et à présent, en Chine, où je pars afin d'ouvrir un chemin par lequel ils pourront accomplir leurs saints désirs et faire le sacrifice de leurs personnes. Que Dieu notre Seigneur, par sa miséricorde, mon très cher Frère Maître Simon, nous rassemble dans la gloire du Paradis, et aussi dans cette vie présente, si c'est son service.

Ecrit au collège de Sainte Foi de Goa, le 7 avril 1552.

18. Je vous recommande instamment d'envoyer à Rome le Frère qui portera la présente lettre, afin qu'il revienne l'an prochain avec beaucoup de Pères : en effet, si en Chine un chemin s'ouvre pour que soit manifestée la Foi de Notre Seigneur Jésus-Christ et si Dieu me donne encore quelques années de vie, il pourra se faire que d'ici trois ou quatre ans, je retourne dans l'Inde chercher des Pères et des Frères pour revenir avec eux achever les années qui me resteront à vivre soit en Chine soit au Japon.

François

108

AU P. SIMON RODRIGUES, AU PORTUGAL
(EX.II, 355-358 ; S.IV, 549-551)

Voici la lettre d'introduction et de recommandation pour les premiers visiteurs japonais de l'Europe occidentale, les ancêtres de ceux qui viennent nous photographier avec frénésie. En même temps, saint François Xavier veut que Simon Rodrigues fasse tout son possible pour ruiner les projets alors caressés par les Espagnols de conquérir le Japon.

Goa, le 8 avril 1552

+
Jhus

La grâce du Christ notre Seigneur soit toujours en notre aide et en notre faveur. Amen.

1. C'est en Europe que partent Matthieu et Bernard, natifs du Japon. Ils vinrent avec moi en Inde en provenance du Japon mus par l'intention d'aller au Portugal et à Rome afin de voir la Chrétienté et pour ensuite revenir en leur pays pour témoigner de ce qu'ils auront vu auprès des Japonais [1]. Pour l'amour et pour le service de Dieu notre Seigneur, veillez attentivement sur eux et faites en sorte qu'ils repartent satisfaits, car le témoignage qu'ils apporteront à leurs compatriotes nous fera attribuer un grand crédit. En effet, les Japonais considèrent qu'il n'y a pas au monde d'autres hommes qu'eux-mêmes ; cela provient du fait qu'ils n'ont jamais eu de conversation avec d'autres gens [2], jusqu'au moment où les Portugais découvrirent ces îles, ce qui fait maintenant huit ou neuf années [3].

2. Ces îles sont appelées Iles *Platarias* [4] par les Castillans. Les Portugais que j'ai trouvés au Japon m'ont dit que les Castillans partis de la Nouvelle Espagne [5] vers les Moluques passent très près de ces îles ; et si certains des Castillans partis de la Nouvelle Espagne afin de découvrir ces îles se perdent au cours du voyage, c'est, comme le disent les Japonais, parce qu'il y a en ces régions par où les Castillans peuvent atteindre le Japon, de nombreux écueils dans la mer et que là, ils s'y perdent.

3. Je vous rends compte de cela, mon Frère Maître Simon, afin que vous disiez au Roi notre Seigneur et à la Reine de conseiller, pour la décharge de leur conscience, à l'Empereur ou aux rois de la Castille de ne plus envoyer de flottes depuis la Nouvelle Espagne à la découverte des Iles *Platarias*. En effet, aussi nombreuses soient-elles, à y aller, toutes seront perdues. Et même si elles ne se perdaient point en mer, même si elles atteignaient les îles du Japon, les gens du Japon sont des gens si belliqueux et si avides qu'aussi nombreux que puissent être les navires qui viendraient de la Nouvelle Espagne, ils les saisiraient tous. D'autre part, ce pays du Japon est si pauvre en ravitaillement qu'ils mourraient de faim. En outre, les tempêtes sont si grandes et si fortes, que les navires ne trouveraient aucun salut, faute de trouver quelque port qui leur serait amical.

4. Mais, comme je l'ai dit plus haut, les Japonais sont si avides

---

1. Natif de Yamanguchi, Matthieu n'a pas dépassé Goa, où il mourut.
2. Saint François Xavier néglige les relations anciennes et profondes du Japon avec la Chine.
3. Les Portugais atteignirent le Japon en 1543.
4. Le Japon possédait des mines d'argent (en espagnol *plata*), d'où le nom de *Platarias* que les Castillans donnèrent un moment à ces îles.
5. C'est-à-dire le Mexique.

qu'afin de s'emparer des armes et des habits qu'ils portent, ils les tueraient tous. Cela, je l'ai déjà écrit au Roi notre Seigneur, mais toutefois, en raison de ses occupations, il ne s'en sera peut-être pas souvenu. Pour ma part, afin de décharger ma conscience, je vous écris cela, en sorte que vous le rappeliez à Ses Altesses. J'éprouve en effet de la pitié quand j'entends dire que bien des flottes partent de la Nouvelle Espagne à la recherche de ces Iles *Platarias* et qu'elles se perdent en chemin. Hormis ces îles du Japon, il n'y a pas d'autre île découverte où il y ait de l'argent.

5. Je vous recommande beaucoup, mon Frère Maître Simon, de faire en sorte que ces Japonais repartent de chez vous très contents pour leur pays, et qu'ils aient bien des choses admirables à raconter. S'ils voient des collèges et des disputations, ils seront très étonnés, me semble-t-il. Bernard nous a beaucoup aidés au Japon, de même que Matthieu. C'étaient des hommes pauvres et ils nous prirent en amour et c'est pour cela qu'ils vinrent avec moi du Japon en Inde, avec le dessein de partir pour le Portugal. Au Japon, les gens honorables n'éprouvent aucun plaisir à sortir de leur pays. Certains Chrétiens de bonne condition, qui se sont convertis, ont souhaité aller à Jérusalem pour voir le pays où le Christ est né et a souffert. Je ne sais pas si Matthieu et Bernard, après avoir séjourné là-bas, n'auront pas le désir d'aller à Jérusalem.

6. J'aurais voulu amener du Japon quelque deux bonzes, savants dans la doctrine de leur secte, afin de les envoyer au Portugal : vous auriez vu ainsi combien les Japonais sont intelligents, sages et subtils. Cependant, comme ils avaient de quoi manger et qu'ils étaient honorés, ils n'ont pas voulu partir. J'aurais voulu encore en amener d'autres avec moi, des Chrétiens, mais comme ils craignaient les fatigues de la traversée, ils n'ont pas voulu partir.

7. Quant à ceux-ci, Matthieu et Bernard, j'ai une grande joie de ce qu'ils partent chez vous : ainsi, ils reviendront en compagnie de quelques Pères avant d'aller au Japon et, aussi, d'y témoigner, auprès de leurs compatriotes, de la grande différence qu'il y a entre eux et nous.

Je termine donc en priant Dieu notre Seigneur, si c'est son plus grand service, de faire que nous nous rassemblions en Chine. Si cela n'a pas lieu là-bas, ce sera dans la gloire du Paradis et ce sera pour y jouir d'un repos plus grand que celui de cette vie-ci.

François

109

A JEAN III, ROI DU PORTUGAL
(EX.II, 360-364 ; S.IV, 551-553)

*Avant de partir pour la Chine, saint François Xavier demande
une fois encore au souverain portugais d'intervenir pour que des
apôtres soient nombreux à partir pour l'Asie.*

Goa, le 8 avril 1552

+

Seigneur

1. Au cours de cette année 1552, j'ai écrit à Votre Altesse de
Cochin par les navires en partance pour le Royaume, à propos de
la Chrétienté du Japon, des prédispositions offertes par ce pays,
du roi de Bungo, pour dire combien il est ami de Votre Altesse ;
en signe de son amitié, il a écrit à Votre Altesse et lui a envoyé ses
armes.

2. Deux Frères de la Compagnie partent cette année pour le
Japon, dans la ville de Yamanguchi où se trouvent une maison de
la Compagnie, un Père et un Frère, personnes en qui on peut mettre une grande confiance. Ils restent auprès des Chrétiens de
Yamanguchi. Veuille Dieu notre Seigneur que ce soit grâce à la
grande ferveur de Votre Altesse que les choses de la Chrétienté au
Japon aillent en augmentant continuellement.

3. J'ai écrit aussi à Votre Altesse pour lui dire que j'avais décidé
de partir pour la Chine en raison des grandes prédispositions offertes par ces contrées, d'après ce que tous me disent, à l'accroissement de notre sainte Foi.

4. Je pars de Goa dans cinq jours pour Malacca, car c'est le chemin qui mène en Chine ; j'en partirai en compagnie de Jacques
Pereira en direction de la Cour du roi de Chine. Nous emportons
un présent très somptueux pour le roi de Chine, ainsi que de nombreux et somptueux cadeaux que Jacques Pereira a achetés à ses
frais. De la part de Votre Altesse, j'emporte un objet précieux, tel
que jamais aucun roi ni aucun seigneur n'en a jamais offert à ce
roi, à savoir la Loi véritable de Jésus-Christ, notre Rédempteur et
Seigneur. Ce présent que Votre Altesse lui envoie est si grand que,
si ce roi de Chine le connaissait, il l'estimerait davantage que d'être
un roi, si grand et si puissant qu'il soit. Je suis confiant en Dieu
notre Seigneur qu'il va prendre en pitié ce si grand royaume de la
Chine et que, par sa seule miséricorde, un chemin va s'ouvrir par
lequel ses créatures et ses ressemblances vont adorer leur Créateur
et croire en Jésus-Christ, Fils de Dieu, leur sauveur.

5. Nous sommes deux Pères et un Frère laïc coadjuteur à partir en Chine, en compagnie de Jacques Pereira qui part en tant qu'ambassadeur, afin de réclamer les Portugais restés prisonniers, et aussi afin d'établir la paix et l'amitié entre Votre Altesse et le roi de Chine. Quant à nous, les Pères de la Compagnie du Nom de Jésus, nous partons mettre la guerre et la discorde entre les démons et les personnes qui les adorent, au moyen de grandes requêtes de la part de Dieu, adressées d'abord au roi, et ensuite à tous les habitants de son royaume, leur demandant de ne plus adorer le démon mais le Créateur du Ciel et de la terre, car c'est lui qui les a créés et c'est Jésus-Christ qui les a rachetés. Cela me semble être une grande audace : aller en terre étrangère, auprès d'un roi si puissant, afin de le blâmer et de lui dire la vérité. Ce sont deux choses si dangereuses à notre époque. Et si c'est dangereux chez les Chrétiens de blâmer et de dire la vérité, combien plus ce doit l'être chez les Gentils ! Il y a cependant une seule chose qui me donne bien du courage : Dieu notre Seigneur connaît les intentions qu'il a daigné mettre en nous, ainsi que la grande confiance et la grande espérance qu'il a voulu que nous placions en lui, de par sa bonté ; nous ne doutons pas que sa puissance est incomparablement plus grande que celle du roi de Chine. Etant donné que toutes les choses créées dépendent de Dieu et qu'elles agissent pour autant que Dieu le leur permet, et pas davantage, il n'y a rien de plus à craindre que d'offenser le Créateur et de mériter les châtiments que Dieu permet que reçoivent ceux qui l'offensent. C'est pourquoi, pour des personnes qui voient clairement leurs fautes et leurs manquements si manifestes, oser manifester la Loi de Dieu semble être une audace plus grande que l'audace de partir dans un pays étranger, auprès d'un roi si puissant, afin de le blâmer et de lui dire la vérité. Mais, à ce sujet, c'est en ayant confiance en l'infinie miséricorde de Dieu notre Seigneur que nous partons, sûrs que dès lors que nous connaissons clairement que nous sommes des instruments indignes, c'est Dieu qui a voulu nous donner ces désirs, aussi pécheurs que nous puissions être. Quant à l'audace que nous manifestions en ne craignant pas de manifester son Nom sur une terre étrangère, il est nécessaire qu'elle se change en obéissance, car c'est ainsi que Dieu est servi.

6. J'ai demandé de nombreuses faveurs à Votre Altesse pour ceux qui en ces contrées-ci l'ont servie. Et afin de me faire grâce, Votre Altesse me les a toujours accordées, ce pour quoi je suis dans l'obligation de la servir ; en raison de ces faveurs, je lui baise humblement les mains. Je lui demande à présent une faveur au nom de la Chrétienté établie dans ce pays, et aussi au nom de toute la

Gentilité, surtout celle des Japonais et des Chinois : c'est que Votre Altesse veille sur la gloire de Dieu, sur la conversion des âmes et sur l'obligation que Votre Altesse a en ce pays, et donc, je le lui demande avec toute l'insistance que je puis y mettre, que Votre Altesse donne l'ordre et fasse le nécessaire pour que, l'année prochaine, il y ait beaucoup de Pères de la Compagnie du Nom de Jésus à venir ici, et non pas des laïcs coadjuteurs. Que ces personnes aient derrière elles de nombreuses années de probation, non seulement des collèges, mais encore dans le monde, après avoir confessé et avoir fait du fruit dans les âmes. Qu'elles aient été ainsi très expérimentées et très éprouvées, car c'est de telles personnes que l'Inde a besoin. En effet, avec des savants dépourvus d'expérience et n'ayant pas connu par l'épreuve ce qu'est le monde, on ne fait guère de fruit dans ce pays-ci. Au nom de Dieu, et au nom de ses images et de ses ressemblances, je prie donc instamment Votre Altesse d'écrire au P. Ignace à Rome : qu'elle lui ordonne d'envoyer dans ces contrées-ci quelques Pères de la Compagnie très éprouvés dans le monde et qui soient aptes à endurer bien des peines, même si ce ne sont pas des prédicateurs, car le Japon et la Chine, ainsi que l'Inde, en ont besoin. En même temps que ceux-là, qu'il envoie dans ce pays un Père pour être recteur de cette maison, une personne en qui le P. Ignace ait une grande confiance, en raison des nombreuses épreuves subies durant sa vie, et que ce Père soit très bien informé des choses de la Compagnie. Que Votre Altesse n'en doute pas : grâce à la venue de ces Pères, on ferait beaucoup de fruit en Inde, et surtout au Japon et en Chine, car ces deux pays exigent des personnes ayant déjà subi des persécutions et très éprouvées. De plus, en même temps que cela, qu'ils possèdent de la science afin de pouvoir répondre aux nombreuses questions posées par les Gentils sages et instruits, comme le sont les Chinois et les Japonais. C'est afin d'insister sur la nécessité qui, en ces pays, se fait sentir de ces Pères qu'il m'a paru bien qu'un Frère de cette maison s'en aille au Portugal exposer la nécessité de ces Pères qui se fait sentir en Inde. C'est au sujet de cette nécessité que j'écris maintenant au P. Maître Simon et au P. Ignace. Votre Altesse, pour le service de Dieu notre Seigneur, étant donné qu'il n'est question ici que de la gloire de Dieu, du fruit dans les âmes et de la décharge de la conscience de Votre Altesse, je lui demande instamment et comme une faveur, au nom de Jésus-Christ, d'accomplir ce si grand service de Dieu : il est dans le pouvoir de Votre Altesse d'écrire au P. Ignace pour lui demander de chercher dans l'Ordre tout entier du Nom de Jésus un grand nombre de Pères pour ces contrées-ci, pour le Japon et pour la Chine, et il me semble qu'il les trouvera facilement, car ce n'est pas nécessaire que ce soient des prédicateurs.

7. Pour ce qui est du fruit que font les Pères et les Frères de la Compagnie dispersés dans tant de contrées de l'Inde, le Père qui reste comme recteur du collège de Goa écrira à Votre Altesse très amplement, pour lui rendre compte de tout.

8. Maintenant, pour conclure cette lettre, je demande une autre faveur à Votre Altesse : qu'elle prête attention et qu'elle prenne un soin particulier de sa conscience, à présent plus que jamais, et qu'elle se souvienne des comptes très rigoureux qu'elle devra rendre à Dieu notre Seigneur. En effet, celui qui vit avec cette pensée se trouve très confiant et très reposé à l'heure de la mort et celui qui, durant sa vie, néglige ces comptes qu'il devra rendre à Dieu, est si troublé à l'heure de la mort, et si mal préparé à rendre ces comptes, qu'il n'y parvient pas. C'est pourquoi, en conclusion, je recommande à Votre Altesse, maintenant, de s'occuper spécialement d'elle-même, de ne pas négliger cette affaire et de ne s'en remettre à personne d'autre qu'à elle-même.

Que Notre Seigneur accroisse de nombreuses années les jours de vie de Votre Altesse et qu'il lui fasse sentir durant sa vie ce qu'elle aurait voulu avoir fait, à l'heure de sa mort.

Serviteur inutile de Votre Altesse.

François

110

AU P. IGNACE DE LOYOLA, A ROME
(EX.II, 371-376 ; S.IV, 553-556)

Comparée aux lettres précédentes, celle-ci ne contient guère de faits ou d'informations nouveaux. Mais on remarquera la conclusion : le souhait exprimé de se retrouver à Jérusalem, centre du monde, ce qui montre que les années n'ont pas effacé l'esprit des Compagnons de Montmartre.

Goa, le 9 avril 1552

+

Jhus

La grâce et l'amour du Christ notre Seigneur soient toujours en notre aide et en notre faveur. Amen.

1. Au cours de l'année 1552, au mois de février, j'ai écrit à votre sainte Charité pour lui dire comment, venant du Japon, j'étais arrivé en Inde, quel fruit on faisait là-bas pour y convertir les Gentils à notre sainte Foi, que le P. Cosme de Torres et Jean Fernández étaient restés à Yamanguchi, importante ville du Japon, en compagnie des Chrétiens qui s'étaient déjà convertis et de ceux qui chaque jour se convertissent. Cette année où nous sommes, deux membres de la Compagnie partent pour Yamanguchi afin d'aider le P. Cosme de Torres et d'apprendre la langue : ainsi, lorsque de chez vous des Pères bien dignes de confiance partiront pour se rendre dans les universités du Japon, ils trouveront des personnes de la Compagnie qui sauront traduire fidèlement ce que ces Pères leur diront. Par la miséricorde de Dieu, une maison de la Compagnie est déjà construite à Yamanguchi, et c'est si loin de Rome que, de Goa à Yamanguchi, il y a plus de mille quatre cents lieues et plus de six mille de Rome.

2. C'est dans six jours qu'avec l'aide et la faveur de Dieu notre Seigneur nous allons partir tous trois, deux Pères et un laïc coadjuteur, pour la Cour du roi de Chine, qui se trouve près du Japon[1]. La Chine est un pays immensément grand, peuplé par des gens très intelligents et par de nombreux savants. D'après les informations que je possède, ils sont très adonnés au savoir et celui qui est le plus instruit est celui qui est le plus noble et qui a le plus de valeur. Toute la gentilité des sectes qu'on trouve au Japon provient de la Chine. Nous partons pleins de confiance en Dieu notre Seigneur que son Nom va être manifesté en Chine. Que votre sainte Charité prenne un soin spécial pour nous recommander à Dieu, ceux qui sont au Japon et nous qui partons pour la Chine. Si Dieu le veut, nous écrirons très en détail les affaires de la Chine, comment nous avons été reçus, quelles sont les prédispositions offertes par le pays pour que s'y accroisse notre sainte Foi.

3. Après mon arrivée au collège de Goa, il me fallut congédier quelques personnes de la Compagnie. J'ai beaucoup eu à regretter de trouver des causes surabondantes de le faire et, d'autre part, c'est avec soulagement que je les ai renvoyés. J'ai nommé recteur du collège le P. Maître Gaspard, qui est natif des Flandres et qui est une personne très digne de confiance et où Dieu a placé beaucoup de vertus. C'est un très grand prédicateur, infiniment bien vu par le peuple et très aimé par les membres de la Compagnie. Il émeut tellement le peuple, jusqu'aux larmes, lorsqu'il prêche, que c'est une chose dont on peut rendre bien des grâces à notre

---

1. Pékin.

Seigneur. J'ai statué que tous ceux qui se trouvent en ces contrées-ci, aussi bien les Pères que les Frères, lui obéiraient. Quant à ceux qui pouvaient être la cause de quelque désédification pendant mon absence, pour des choses déjà passées, je les ai renvoyés. Tous sont à présent dans des dispositions telles que c'est très satisfait que je pars pour la Chine. Pour le cas où Dieu notre Seigneur enlèverait de cette vie Maître Gaspard, je laisse une cédule écrite et signée de ma main, dans laquelle je dis qui sera après lui recteur de ce collège, afin d'éviter toute sorte de trouble qui pourrait découler de l'élection d'un recteur, jusqu'au moment où votre sainte Charité fournira un recteur à ces contrées-ci. Cela, je l'ai fait en raison de la grande distance qu'il y a entre ici et Rome, afin d'éviter les inconvénients qui pourraient en découler, aussi bien lors de l'élection du recteur qu'à cause du temps très long qu'il faut pour que le courrier parte d'ici pour Rome et en revienne.

4. Il m'a paru que c'était un grand service de Notre Seigneur Dieu, de laisser avant mon départ pour la Chine l'ordre comme quoi un Frère de la Compagnie partirait l'année prochaine pour le Portugal, et du Portugal pour Rome, muni de lettres pour votre Charité, pour lui faire connaître la nécessité qu'il y a, en ces contrées-ci, de Pères très exercés et très éprouvés dans le monde : ce sont en effet ceux-là qui en ces contrées-ci font beaucoup de fruit. Ceux qui possèdent du savoir mais n'ont pas d'expérience et ne se sont pas exercés à endurer les persécutions du monde, ceux-ci ne produisent guère de fruit en ce pays et c'est au nombre de ceux-ci que figurent ceux que j'ai renvoyés.

5. D'après l'expérience que je possède du Japon, les Pères qui doivent y aller faire fructifier les âmes, et surtout ceux qui iront dans les universités, devront nécessairement posséder ces deux choses : d'abord, c'est qu'ils aient été très éprouvés et très persécutés dans le monde, qu'ils aient beaucoup d'expérience et possèdent une grande connaissance intérieure d'eux-mêmes, car ils vont être persécutés au Japon plus que jamais, peut-être, ils n'ont pu l'être en Europe. De plus, c'est un pays froid, où il y a peu de vêtements. Les gens ne dorment pas dans des lits, parce qu'il n'y en a pas. Il est pauvre en ravitaillement. Les gens y méprisent les étrangers, surtout ceux qui viennent pour prêcher la Loi de Dieu, et cela jusqu'au moment où ils arrivent à goûter à Dieu. Les prêtres japonais les persécuteront constamment ; quant à ceux qui iront dans les universités, ils ne pourront pas, me semble-t-il, emporter les choses nécessaires pour dire la messe, à cause des nombreux voleurs qu'il y a dans les pays par où ils devront voyager. Dans de pareils labeurs et de pareilles persécutions, être privés de la consolation

de la messe et des forces spirituelles que reçoivent les personnes qui communient : que votre Charité considère la vertu qui est requise chez les Pères qui vont aller dans les universités du Japon.

6. En outre, il est nécessaire qu'ils possèdent du savoir pour répondre aux nombreuses questions posées par les Japonais. Il serait bon qu'ils soient de bons maîtres ès-Arts et on ne perdrait pas à ce qu'ils soient dialecticiens, afin de prendre les Japonais à se contredire lors des disputations. Qu'ils sachent quelque chose de la sphère céleste, car les Japonais ont un plaisir extrême à connaître les mouvements du ciel, les éclipses du soleil, la décroissance et la croissance de la lune, à savoir comment sont produites l'eau de la pluie, la neige et la grêle, ainsi que les tonnerres, les éclairs, les comètes et autres choses de la nature, pour ainsi dire. Il est très profitable de leur expliquer ces choses pour gagner la bienveillance du peuple. Il m'est apparu qu'il convenait d'écrire ces informations sur les gens du Japon à votre Charité, afin qu'elle soit au courant des vertus que doivent posséder les Pères qui doivent y aller.

7. J'ai bien souvent pensé que, pour ces contrées, c'étaient des Pères de la Compagnie flamands ou allemands qui convenaient, car ils sont aptes à endurer bien des peines et ils supportent bien le froid ; et chez vous, tant en Italie qu'en Espagne, ils ne feront guère défaut, étant donné qu'ils ne doivent pas savoir la langue pour prêcher. Pour qu'ici les Frères qui se trouvent au Japon les comprennent, il sera nécessaire qu'ils sachent parler soit castillan soit portugais et même s'ils ne le savent guère, ils l'apprendront pendant la traversée : deux années au moins se seront écoulées avant qu'ils arrivent à Yamanguchi.

8. Il m'a paru nécessaire de faire part à sa sainte Charité de la nécessité qui se fait sentir en ces contrées-ci d'une personne qui soit au fait des choses de la Compagnie, qui y ait goûté et avec laquelle votre Charité ait eu des conversations pendant quelque temps. C'est d'une semblable personne que ce collège et que toutes les personnes de la Compagnie vivant dans ces contrées de l'Inde ont grand besoin, afin d'être bien instruits en conformité aux saintes ordonnances et aux Constitutions de la Compagnie. Même si cette personne n'avait point de talent pour prêcher, ce n'est pas pour autant qu'elle cesserait d'être utile et nécessaire pour ce pays. Pour le service de Dieu notre Seigneur, que votre Charité envoie quelqu'un choisi de sa main pour être recteur de ce collège ; en effet, même s'il ne possédait guère de science, du seul fait qu'il serait envoyé par votre Charité, il serait conforme aux nécessités de cette maison. Car les Pères et les Frères vivant en ces contrées-ci désirent

voir une personne qui vienne de Rome et qui ait eu de nombreuses conversations avec votre sainte Charité.

9. Au cas où cette personne qui va venir comme recteur apporterait certaines grâces spirituelles, telles qu'une indulgence plénière pour certaines fêtes importantes de l'année ainsi que pour leurs octaves, en sorte que les gens puissent facilement se confesser, ce serait un très grand service de Dieu et cela ferait grand plaisir au peuple.

10. Je n'en aurais jamais fini d'écrire à sa sainte Charité combien de fruit a produit dans les âmes le jubilé qu'elle nous a envoyé. Quant aux indulgences qui nous seraient envoyées en ces contrées-ci, qu'elles viennent munies de quelque bulle authentique et de sceaux pendants. En effet, il ne manque pas de personnes ici pour discuter et pour mettre en doute ces choses pieuses. C'est jusqu'au jubilé que votre Charité nous a envoyé qu'on a voulu calomnier en disant que ce n'était pas une chose authentique, qu'il était arrivé dépourvu de sceaux et sans garantie de l'autorité. Mais Dieu notre Seigneur a bien voulu qu'il se fraie un chemin.

11. C'est un grand service de Dieu notre Seigneur qu'on accomplirait si les prêtres qui vont venir dans ces contrées-ci étaient très éprouvés, car le pays en a besoin. J'écris au P. Maître Simon, ou au recteur du collège de Coïmbre en son absence, afin de le prier de ne pas nous envoyer ici des Pères qui, là-bas, ne seraient pas utiles, car ceux-là ne sont pas nécessaires ici. Si votre sainte Charité donnait l'ordre qu'aucun prêtre de la Compagnie ne parte pour ces contrées-ci sans être d'abord allé en pèlerinage à Rome, et que ce soit avec la permission du Préposé Général qu'il s'en aille en Inde, ce serait un très grand bien. Surtout, il me semble très nécessaire que personne ne vienne ni du Portugal ni d'ailleurs pour être recteur en ces contrées de l'Inde sans d'abord être allé à Rome et sans avoir été suffisamment éprouvé par le Préposé Général. Que ce soit avec sa permission et avec sa nomination que cette personne parte pour être recteur en ce pays, et autrement, non. Si je dis cela, c'est en raison de l'expérience que j'ai de ceux qui sont arrivés du Portugal pour être recteurs de ce collège. Comme je crains qu'il en soit cette année prochaine de même que par le passé, j'ai laissé l'ordre que personne, parmi ceux qui vont arriver de là-bas pour être recteur de cette maison, ne soit accepté, sauf s'ils viennent munis d'un ordre pour cela émanant de notre Préposé Général, avec sa nomination. Cela, pour éviter certaines choses que je m'abstiens d'écrire.

12. C'est une grande consolation que je recevrais, si votre Charité recommandait à une personne de la maison de m'écrire très

longuement des nouvelles de nous tous, les Pères qui sommes venus de Paris, ainsi que de tous les autres, de la prospérité que connaissent les choses de la Compagnie, des collèges et des maisons, aussi bien que du nombre des Pères profès, de certaines personnes très remarquables qui auraient eu de grandes qualités avant d'entrer dans la Compagnie, de quelques grands savants qu'il y a en elle. Cette lettre, en effet, sera ma récréation au milieu des nombreuses peines tant de la mer que de la terre, en Chine et au Japon.

Que Notre Seigneur nous rassemble dans la gloire du Paradis et aussi, si c'est son service, dans cette vie présente. Ce qui peut facilement être réalisé lorsque ce me sera ordonné au nom de l'obéissance. Tout le monde me dit qu'on peut aller à Jérusalem à partir de la Chine. S'il en est comme on me le dit, je l'écrirai à votre sainte Charité et je lui indiquerai le nombre de lieues que cela fait, et combien de temps il faut pour les parcourir.

Le plus petit de vos Fils et le plus grand en exil.

François

111

CHOIX D'EMMANUEL ALVARES BARRADAS
COMME PROCUREUR
(EX.II, 376-381 ; S.IV, 556-557)

Ce texte juridique, qui n'est pas de saint François Xavier, n'en exprime pas moins ses volontés arrêtées avant le grand départ pour la Chine : que les affaires du collège de Goa soient bien réglées.

Procuration que le P. Maître François et le collège de Saint-Paul ont établie au nom du Licencié Emmanuel Alvares Barradas, mandataire dudit collège.

Que ceux qui verront cet acte de procuration et de commission sachent qu'en l'année mille cinq cent cinquante-deux de la naissance de Notre Seigneur Jésus-Christ, le douze du mois d'avril, en cette ville de Goa, dans la Rue de l'Hippodrome, en ce collège de Saint-Paul, en présence des très dévots et très révérends Pères de ce collège assemblés, à savoir le P. Maître François supérieur en ces contrées-ci, le P. Maître Gaspard, recteur dudit collège selon l'ordre dudit Maître François, le P. Messire Paul, le P. Emmanuel de Morais et le P. Antoine Vaz, ainsi que les Frères Raymond Pereira, Pierre d'Almeida, Christophe da Costa et Simon da Beira ici assemblés en chapitre une fois qu'on eut fait tinter une clochette, il me fut dit par ledit P. Maître François à moi ledit notaire [1], que ladite maison et ledit collège ont besoin d'un homme instruit pour superviser et pour administrer les choses qui contribuent au bien et au profit de celle-ci, en dehors de ladite maison, pour prendre en charge les revenus de ladite maison, les toucher, pour chercher des gérants pour lesdits revenus, pour les faire adjuger et pour les faire retirer quand ce sera nécessaire, ainsi que pour les faire verser au recteur et au collège, pour se charger de réclamer les terres soustraites qui appartiennent audit collège, pour les affermer et pour les donner à cens à perpétuité ou en emphytéose, selon ce qui sera le plus avantageux pour ladite maison et selon le meilleur avis de son recteur, pour faire négocier et réclamer en justice, pour exiger toutes les choses qui seraient dues ou qu'on devrait dorénavant à ladite maison. Ce pour quoi ledit P. Maître François a ordonné, ainsi que ledit recteur et les Pères, que ce soit le Licencié Emmanuel Alvares Barradas, demeurant en cette ville de Goa, auquel ils ont dit qu'ils donnaient, comme de fait ils ont donné et concédé, tout son libre et complet pouvoir et ordre spécial, accompagnés de libre, générale et particulière gestion, afin que ledit Licencié puisse faire au nom du collège tout ce qui est dit ici, à savoir réclamer toutes les terres qui appartiennent ou qui appartiendront audit collège et pour plaider à leur sujet contre toutes les personnes qui les auraient et qui ne voudraient pas les restituer audit collège, pour avoir des procès contre eux, pour recourir à un tribunal, pour en appeler en instance, pour transiger et pour requérir en instance tout ce qui sera nécessaire audit collège, aussi bien en cas de recours et d'appel que dans toutes les autres démarches à faire lors desdits procès et appels, jusques et y compris les sentences finales. Il pourra réclamer la restitution en totalité en faveur dudit collège quand ce sera nécessaire et il pourra contester la juridiction d'un juge lorsqu'il le faudra et pour les sentences auxquelles il donnera son accord, il pourra établir en dessous de lui les mandataires qu'il voudra et qu'il jugera bien de choisir, ainsi que les révoquer lorsqu'il le voudra, en sorte que ce sera en lui que résidera la puissance plénière. Il pourra affermer et faire adjuger les revenus dudit collège aux fermiers que ledit recteur de la maison nommera fermiers, qu'ils soient un ou plusieurs ou autant qu'il voudra, prendre sur eux des cautions et leur ordonner les versements à des moments déterminés à ladite maison, versements qu'ils viendront faire au Père recteur ou à la personne à

---

1. André de Moura.

qui il ordonnera de toucher lesdits revenus. Il pourra faire mettre en prison lesdits fermiers s'ils ne paient pas en temps voulu et leur retirer la charge desdits revenus selon l'avis dudit recteur et lorsque ledit recteur et ledit licencié en donneront l'ordre. Quant à celui qui sera dit son mandataire, il pourra affermer lesdites terres, les donner en rente foncière à terme ou à perpétuité ou en emphytéose comme sur l'avis dudit recteur il semblera plus profitable pour ladite maison, lui ordonner de faire ses actes publics avec toutes les stipulations nécessaires de ses quittances à ceux qui paieront leur dû, aussi bien lors d'un jugement qu'en dehors de tout jugement, aussi bien en public que pour paraphe, et toutes les autres choses nécessaires à l'office de mandataire, avec pouvoir de rendre compte aux fermiers et aux débiteurs de ladite maison, de se mettre en compte avec eux, leur faire payer leur dû et ce qu'ils vont remettre à l'économe dudit collège que ledit recteur nommera à cet effet, comme cela a déjà été dit. Lorsqu'ils paieront, il leur remettra ses reçus, avec pouvoir de faire jurer des serments licites qui leur seraient demandés ou ordonnés, de quelque sorte et qualité qu'ils puissent être, ainsi que pouvoir d'émettre des exceptions, que ce soit de suspicion, de nullité ou d'incompétence, et aussi toutes les autres exceptions, qu'en droit il lui serait ordonné de faire par ailleurs aussi bien à l'égard des personnes qu'à l'égard des jugements, et dans les jugements arbitraux, on pourra recourir à des arbitres et faire un compromis, et toutes les autres choses qui en droit seront nécessaires pour les intérêts justifiés de ladite maison et pour son profit : à savoir, dire et alléguer, requérir en justice ou en dehors d'elle, négocier sur les choses nécessaires audit collège, d'une manière aussi étendue que pourrait le faire le P. Maître François ainsi que les Pères et les Frères, partout, comme s'ils étaient pleinement présents, avec toute leur capacité de gestion libre et générale, ainsi que l'entier pouvoir de régir et de gouverner tout ce que j'ai dit et ce qui en outre sera nécessaire. Ils promettent et ils s'obligent, pour les revenus dudit collège, à considérer comme bien fait, ferme et valide tout ce qui sera fait, dit ou concédé par ledit mandataire ainsi établi, de la façon qui est dite dorénavant. Ils promettront de les seconder dans toute la charge de gestion de tous les biens, revenus et fortunes dudit collège, car ils y sont obligés, pour autant qu'en droit on peut les y obliger. Comme témoignage de vérité, ainsi qu'ils l'ont concédé et ordonné, que soit établi cet acte de procuration et de commission. Ils ont accepté que l'on donne une copie de cette note au mandataire, ou deux, ou davantage et ils ont signé sur cette note devant témoins, conformément à ce que par ailleurs ont dit les constituants, outre qu'ils donnent pouvoir à leur dit mandataire d'inspecter les terres appartenant audit collège, de les faire mettre en état et en valeur, qu'il puisse faire établir le cadastre desdites terres appartenant audit collège et faire tout ce qu'il faudra, comme requérir des paiements, comme il a été dit.

Etaient témoins présents : Léonard Nunes, notaire du grand vice-intendant, et Jean Dias, habitant à Saint-Paul, ainsi que les autres.

Quant à moi, André de Moura, ledit notaire qui ai écrit cela dans les notes qui sont en ma possession, où les parties et les témoins ont signé, j'ai ordonné de les transcrire et c'est pourquoi j'ai écrit, décidé et signé en y apposant mon sceau public que voici.

112

ORDRE POUR LE P. GASPARD (BERZE)
(EX.II, 382-383 ; S.IV, 531)

Pour ceux qui n'obéissent pas, des mesures d'exclusion de la Compagnie.

Goa, les 6-14 (?) avril 1552

+

Jhus

Maître Gaspard,

1. Ce que vous allez faire en vertu de l'obéissance, c'est la chose suivante : d'abord, si Antoine Gomes, au cours de toute cette présente année, s'en allait de Diu pour se rendre ailleurs, et en quelque cas que ce soit, vous ouvrirez cette cédule, vous prendrez connaissance de son contenu et vous lui en enverrez la copie, l'original restant en votre possession. Vous lui écrirez également dans le même sens que le contenu de cette cédule.

2. Après le départ des navires pour le Royaume, même si Antoine Gomes n'a fait aucune tentative de quitter Diu, vous ouvrirez cette cédule et vous lui en enverrez la copie. Vous montrerez l'original au Seigneur Évêque et c'est avec l'authentification du Seigneur Évêque que la copie partira. Vous demanderez instamment au Seigneur Évêque de lui écrire et de lui donner l'ordre, relativement à ce sujet, d'accomplir ce qu'il doit faire, en vertu de l'obéissance. A mon avis, le mieux serait qu'il reste à Diu.

3. Si André Carvalho ne part pas cette année pour le Royaume, vous le renverrez de la Compagnie. En aucune façon, ne

permettez, puisque je le lui ai interdit, qu'il reçoive les ordres, ni les mineurs ni les majeurs, en Inde, même si cette année le Seigneur Evêque allait à Cochin. Et si André Carvalho venait à Goa, contrairement à ce que j'ai ordonné, vous ne le recevriez pas au collège : je le renvoie plutôt de la Compagnie s'il vient ici cette année. Quant à vous, vous le congédierez de la Compagnie, puisque telle est mon intention. Vous direz de ma part au Seigneur Evêque que je lui demande instamment, comme une faveur, de ne l'ordonner ni diacre ni prêtre.

François

113

AU P. ALPHONSE CIPRIANO, A MAILAPUR
(EX.II, 388-391 ; S.IV, 527-528)

Dans cette lettre sévère adressée à un Père résidant à Saint-Thomas de Mailapur, saint François Xavier se réfère à l'autorité spirituelle du « Père Ignace », pour louer les vertus d'obéissance et de patience.

Goa, les 6-14 avril (?) 1552

+

Jésus

1. Vous avez fort mal accompli les instructions que je vous ai laissées sur ce que vous deviez faire à Saint-Thomas. On voit clairement que peu de chose vous est resté de la fréquentation de notre bienheureux P. Ignace. Il me paraît très mal que vous soyez plein de griefs et en procès contre le Vicaire. Vous faites toujours usage de votre caractère violent et tout ce que vous faites d'un côté, d'un autre côté; vous le détruisez. Soyez certain que je suis mécontent des disputes que vous avez là-bas : si le Vicaire fait ce qu'il ne doit pas faire, ce n'est pas à cause de vos blâmes qu'il va s'amender, et surtout quand on les adresse sans y mettre un peu de prudence, ainsi que vous le faites. Vous avez déjà pris l'habitude de faire votre volonté propre et, où que vous soyez, vous scandalisez tout le monde par vos manières, et vous faites comprendre aux autres que c'est votre caractère d'être violent de la sorte. Plaise à Dieu qu'un jour vous fassiez pénitence de ces imprudences.

2. Pour l'amour de Notre Seigneur, je vous prie de contraindre

votre volonté et de racheter ce qui s'est passé, à l'avenir, car ce n'est pas un caractère d'être colérique de la sorte, mais plutôt une négligence grave que vous avez envers Dieu et envers votre conscience ainsi qu'envers l'amour de vos prochains. Soyez sûr qu'à l'heure de votre mort vous serez certainement d'avis que c'est la vérité que je vous dis. Au nom de notre bienheureux P. Ignace, je vous prie instamment d'utiliser le peu de jours qui vous restent [1] à vous amender profondément, en étant traitable, doux, patient et humble. Soyez certain qu'avec l'humilité on vient à bout de tout. Si vous ne pouvez pas faire tout ce que vous désirez, faites ce que vous pouvez bien faire : avec la violence, rien ne peut aboutir en ces contrées de l'Inde et on manque de faire le bien que l'on ferait avec de l'humilité, alors que c'est avec des cris et de l'impatience que vous voulez faire les choses.

Le bien que sans provoquer de scandale on peut faire, même s'il n'est pas plus long que cela ...., faites-le, même si vous pensez que par une autre voie, avec des querelles et des scandales, on peut faire un bien aussi long que cela ....
.... Je sais bien qu'aucune de ces choses ne vous sera profitable et cependant, je ne peux pas m'empêcher de penser qu'à l'heure de votre mort vous le regretterez.

3. Gonzague Fernandes, me semble-t-il, a aussi votre caractère, intraitable et peu patient : vous jetez un voile sur vos impatiences en invoquant le prétexte du service de Dieu notre Seigneur et en disant que c'est le zèle de Dieu et celui des âmes qui vous poussent à faire ce que vous faites. Mais ce à quoi vous ne parviendrez pas auprès du Vicaire avec de l'humilité, vous n'y parviendrez pas non plus avec des querelles.

4. Pour l'amour et pour l'obéissance que vous aviez envers le P. Ignace, je vous prie d'aller chez le Vicaire après avoir vu cette lettre, de mettre les deux genoux par terre et de lui demander pardon pour tout ce qui s'est passé, et vous lui baiserez la main. Je serais encore plus consolé si vous lui baisiez les pieds et si vous lui promettiez de ne vous écarter en rien de sa volonté, pendant tout le temps que vous passerez là-bas. Croyez-moi, à l'heure de votre mort, vous vous réjouirez de l'avoir fait. Ayez confiance en Dieu notre Seigneur et ne doutez pas que lorsque Dieu verra votre humilité, et qu'il verra qu'elle s'est manifestée aux gens, tout ce que vous demanderez pour le service de Dieu et pour le salut des âmes vous sera accordé.

---

1. Il avait 65 ans (Sch. p. 527).

5. C'est clair que, vous ainsi que d'autres, vous vous trompez : Vous n'avez guère d'humilité et vous n'en donnez pas des signes bien grands aux gens avec lesquels vous conversez et, en même temps, vous voulez que le peuple fasse ce que vous lui demandez, comme si c'était à des Frères de la Compagnie que vous le demandiez ! Vous ne vous souvenez pas et vous ne vous inspirez pas des vertus de notre Père Ignace, par lesquelles Dieu lui a donné tant d'autorité auprès du peuple. C'est ainsi que vous voulez disposer d'autorité auprès du peuple, et en même temps oublier les vertus qui sont nécessaires pour que le peuple obéisse à ce que vous dites.

6. Je sais bien, cela est sûr, que si nous étions l'un en face de l'autre, vous me diriez que vous n'avez pas commis de faute en faisant ce que vous faites, mais que vous avez agi pour l'amour de Dieu et pour le salut des âmes. Soyez certain et n'en doutez point : je n'accepterais aucune excuse et rien ne me désolerait autant que le fait que vous vous justifiez. Pareillement, j'avoue que rien ne cause en moi autant de désolation que le fait que vous devez vous accuser.

7. Plus que tout, je vous en prie, évitez d'avoir des querelles ouvertes avec le Vicaire, avec des prêtres, des Capitaines et des personnes disposant d'autorité dans le pays, même si vous voyez des choses mal faites. Celles auxquelles vous pourrez porter remède par de bons procédés, remédiez-y et ne vous exposez pas au danger de compromettre par des querelles tout ce que vous pourriez réussir avec de l'humilité et de la douceur.

8. O Cipriano, si vous connaissiez l'amour que je mets à vous écrire ces choses, vous vous souviendriez de moi jour et nuit et peut-être vous pleureriez en vous rappelant le grand amour que j'ai pour vous et si on pouvait voir en cette vie les cœurs des hommes, croyez-moi, mon Frère Cipriano, vous vous verriez clairement vous-même dans mon âme.

Entièrement vôtre, et sans jamais pouvoir vous oublier.

François

114-115-116-117-118-119

INSTRUCTIONS POUR LE P. GASPARD (BERZE)

Ces instructions montrent quel extraordinaire sens pratique, quel méticuleux génie du concret possédait saint François Xavier qui, sur le point de partir pour la Chine, ne voulut rien laisser au hasard : tout y passe, de l'organisation de la buanderie à l'expression du visage (« lois de modestie »). L'envers de ce talent, c'est que bien peu de liberté d'invention est laissée au nouveau supérieur de la maison de Goa.

A Goa, du 6 au 14 avril 1552

114

PREMIERE INSTRUCTION :
DE L'ADMINISTRATION TEMPORELLE
(EX.II, 393-399 ; S.IV, 534-536)

Au sujet des revenus du collège et de la maison, vous ferez ceci :

1. Vous réunirez d'abord et vous garderez en votre possession les lettres patentes et les faveurs accordées par le Roi notre Seigneur à cette maison, relatives aux revenus des pagodes, ainsi que les autres faveurs qu'il a accordées, comme c'est établi par les lettres patentes de Son Altesse, confirmées par les Gouverneurs passés.

Vous vous concerterez avec le mandataire de la maison et avec Cosme Anes qui est au courant de toutes ces choses, pour savoir ce qui convient pour le bien et pour le profit de la maison. Pour ce qui touche aux revenus des pagodes, dont beaucoup sont détournés, ce qu'il faut faire, c'est obtenir une lettre d'excommunication pour ceux qui ont détourné les biens de cette maison et qui en jouissent de manière indue, pour qu'ainsi ils fassent et accomplissent leur devoir envers leurs âmes en rendant à chacun ce qui lui appartient.

2. Ces choses, dont on peut se scandaliser, seront accomplies par l'intermédiaire du mandataire de cette maison, de même que, au cas où c'est nécessaire, faire emprisonner les fermiers lorsqu'ils ne paient pas, ou d'autres choses semblables, dont le peuple peut se scandaliser.

3. Vous garderez tout l'argent en votre possession et c'est par vos mains qu'il sera distribué pour les nécessités de la maison, et tant pour celles des Frères que pour celles des jeunes gens natifs du pays, ainsi que pour subvenir aux nécessités des Frères qui se trouvent en dehors du collège, car, faute d'être aidés, ils souffrent beaucoup d'être dans le besoin. Et les âmes de beaucoup en souffrent aussi beaucoup, en raison du manque de prêtres qui découle de ce que le nécessaire leur fait défaut. C'est pourquoi je recommande instamment de prendre grand soin de subvenir en premier lieu aux nécessités du collège et ensuite aux nécessités des Pères et

des Frères qui sont au-dehors. Faute d'avoir le nécessaire, ces derniers manquent de produire du fruit dans les âmes, ainsi au Cap Comorin, dans l'Ile du Maure au-delà des Moluques, et au Japon. Quant à ceux qui vivent dans des forteresses où il y a des Portugais, c'est aussi faute d'avoir le nécessaire qu'ils manquent de faire du fruit dans les âmes.

4. Je vous recommande surtout de faire acquitter les dettes de la maison. C'est en effet une charge pour la conscience que de posséder ce qui appartient à autrui, alors qu'on peut payer et c'est un grand scandale pour le peuple qu'on ne paie pas ce qu'on doit. Je vous recommande donc encore une fois de prendre grand soin de payer les dettes.

5. Abstenez-vous de construire des bâtiments, parce que ceux qui sont faits suffisent jusqu'à ce que les dettes soient payées et, une fois qu'elles seront payées, vous pourrez peu à peu achever les bâtiments. Prenez un soin bien plus grand des édifices spirituels de la maison que de ceux qui sont matériels. Prêtez une grande attention à l'esprit des Frères et des enfants du pays.

Les constructions matérielles qu'on ne peut pas éviter de faire, comme de clore les murs, tant du jardin potager que des autres parties de la maison, d'où peuvent naître des scandales, il faut nécessairement les faire.

6. D'autant plus que je crains que vous ne soyez importuné par tous ceux à qui vous ferez l'aumône grâce aux revenus de la maison ou que vous n'abandonniez quelque chose à ceux qui gèrent les revenus de la maison : ils invoqueront certaines raisons, ils diront qu'ils sont pauvres. Bien d'autres personnes viendront vous raconter, en confession ou en dehors de celle-ci, leurs nécessités temporelles, plutôt que leurs nécessités spirituelles. Afin d'éviter toutes ces choses, je vous ordonne en vertu de la sainte obéissance de dire à tous ceux qui viendront avec ces pétitions que la maison est endettée, que les Frères et les natifs du pays souffrent de grandes nécessités, que de nombreuses œuvres restent à faire, que nombreuses sont les nécessités dont souffrent les Pères qui sont hors de la maison, que vous êtes obligé de subvenir à ces nécessités ainsi qu'à celles des autres qui sont hors de la maison et vous invoquerez à ce propos les nécessités de l'hôpital ainsi que les autres choses. Qu'en outre, au nom de l'obéissance, il vous est ordonné de ne point distribuer les revenus de la maison, sauf pour ces besoins, et encore, même pour cela, ils ne suffisent pas. Veillez donc à faire ce rappel et gardez-vous bien des personnes qui viennent manifester davantage leurs nécessités corporelles que leurs nécessités spirituelles. Avec ces gens-là, ayez peu de conversation, car ceux qui

viennent avec ces pétitions ne profitent pas à eux-mêmes dans l'esprit et, pour vous, c'est un grand empêchement pour faire du fruit dans les âmes.

7. Il y a beaucoup d'hommes mariés portugais qui demandent des terres du collège en bail. Si l'on concède de cette façon les terres, la maison peut en souffrir préjudice et examinez bien la manière dont on concède ces terres. Prenez d'abord conseil auprès du mandataire, ainsi qu'auprès de ceux qui sont les amis de cette maison, en sorte que la maison ne perde pas ce qui lui appartient.

Examinez avec grand soin les dettes qu'on doit à cette maison et informez-vous-en, faites-en faire le compte par le mandataire, de ce que doivent les fermiers passés et présents ainsi que le Roi ; c'est sur un livre à part que vous enregistrerez ce qui est dû à cette maison.

C'est avec un soin encore plus grand que vous connaîtrez ce que cette maison doit aux autres et vous vous appliquerez bien à en payer les dettes. Lorsque vous serez importun dans le recouvrement des revenus de la maison, vous direz à tous que vous le faites pour payer ce que la maison doit et pour faire vivre ceux qui s'y trouvent, ainsi que les Frères qui sont au-dehors, les bâtiments de la maison et l'hôpital, et d'autres nécessités. Veillez, je vous le rappelle encore une fois, à bien vous appliquer à payer les dettes.

8. C'est avec diligence que vous ferez les choses dont vous comprenez par l'expérience que c'est profitable pour la maison. Examinez la façon avec laquelle vous accordez votre confiance aux gens, car il n'existe point d'intendant fidèle. Quant à celui en qui vous mettrez votre confiance, faites en sorte qu'il devienne votre Fils spirituel ou celui d'un Père de la maison, et qu'il se confesse souvent, au moins une fois par mois, et reçoive le Seigneur.

Lorsqu'en septembre vous écrirez à Malacca en sorte que François Pérez me réexpédie les lettres en Chine, vous m'écrirez longuement au sujet des dettes que cette maison doit, ainsi que sur ce qu'on doit à cette maison ; c'est sur toutes les choses qui touchent à cette maison que vous m'écrirez. Que ce soit une lettre très longue, dans laquelle vous me donnerez des nouvelles du Royaume et des Frères, ainsi que du fruit qu'on produit en cette ville dans les choses de l'esprit ; vous me direz ce qui est arrivé relativement à la paix et à la guerre, ainsi qu'aux Pères et aux Frères qui sont en dehors de la maison. Que la lettre que vous m'écrirez soit avec une bonne écriture et qu'elle soit lisible.

Lors du recouvrement des revenus de la maison, faites en sorte que ce soit un homme pourvu de biens, riche et honoré, un marchand de cette ville, et non pas un homme pauvre, qui assure ce recouvrement, afin d'éviter d'avoir à plaider en justice.

Achetez-vous deux *mannattan*-s [1] qui auront la charge de laver le linge. Cela, au cas où il vous semble meilleur marché d'acheter deux *mannattan*-s que de donner le linge à laver aux *mannattan*-s au-dehors. Prenez aussi un Frère maraîcher, car il semble qu'au train actuel on fait beaucoup de dépenses aussi bien avec les Nègres qu'avec le maraîcher, plus que si l'on faisait un Frère maraîcher et si l'on achetait deux esclaves. Regardez bien où est le profit de cette maison, en prenant toujours conseil auprès de personnes dévotes et amies pour savoir où est le profit de cette maison.

9. On a remis cinq cents *pardaus* à Alvaro Afonso. Faites en sorte qu'il paie les cinq cents autres qu'il continue à devoir. Ne faites pas de largesses avec ce qui ne vous appartient pas. Souvenez-vous des nécessités des Pères et des Frères qui sont en dehors de cette maison ; souvenez-vous qu'au Japon, aux Moluques et au Cap Comorin, ils endurent bien des nécessités.

Rappelez-vous de toujours envoyer le P. Agostinho à Chorão [2] les dimanches et jours de fête, et à cette fin vous lui paierez un cadeau. Qu'aucun Frère de la maison ne soit à Chorão ; quant à celui qui s'y trouve, ordonnez-lui de venir.

10. Quant à ceux qui ont fait les Exercices, faites en sorte qu'après les avoir terminés et avant de venir manger avec les Frères, ils déclarent qui ils ont été dans le monde et les métiers qu'ils y ont exercés, ainsi qu'à présent le font les Frères.

Vous enverrez le P. Emmanuel de Morais prêcher à la Cathédrale les dimanches et les jours de fête, après lui avoir expliqué quelques jours auparavant comment il doit prêcher à la Cathédrale. Et si bon vous semble, vous prêcherez une semaine et Emmanuel de Morais une autre : voyez ce qui sera le mieux.

Rappelez-vous ce que je vous ai recommandé au sujet de Balthazar Nunes, faites comme je vous l'ai dit. Afin que vous ne soyez pas négligent, je vous demande en vertu de l'obéissance de faire ainsi : lui donner les Exercices, le faire s'exercer dans les offices humbles à l'intérieur de la maison, et non pas au-dehors.

Quant aux Japonais [3], je vous les recommande beaucoup, tant pour que vous veilliez sur eux que pour que vous les acheminiez jusqu'au Portugal.

Si vous étiez d'avis que certains de ces Frères fassent pendant quelques jours les Exercices, faites-le, afin de les connaître intérieurement et de pouvoir faire bon accueil à ceux qui seraient aptes

---

1. Homme de la caste des laveurs.
2. Ile fluviale près de Goa.
3. Les Japonais Matthieu et Bernard, dont il est question dans la lettre 108.

à la Compagnie et pour renvoyer ceux qui n'y seraient pas aptes. Veillez bien à ne jamais accepter de personne qui ne présente pas de talent pour la Compagnie, même si vous êtes importuné par beaucoup.

11. Rappelez-vous la maison de Chorão et faites que le P. Agostinho y aille tous les dimanches et jours de fête. Ce que vous ne pourrez pas faire, vous en chargerez des personnes qui, à votre avis, le feront, car vous ne pouvez pas vous occuper de toutes les choses.

Lorsque François Lopes viendra ici, il fera les Exercices, vous lui ferez faire une confession générale. Vous le ferez servir à la cuisine ou dans les offices humbles. Vous donnerez à Matthieu les trente-six *pardaus* qu'il a prêtés au Japon, lorsqu'il les demandera. Vous direz à Alvaro Afonso de payer tout ce qu'il doit après Pâques.

François

12. Les Pères et les Frères n'enverront point de lettre au Roi et pas davantage de lettre pour le Royaume sans d'abord les envoyer ouvertes à ce collège, afin qu'on les réexpédie de là dans la liasse des lettres destinées au Royaume, avec les lettres envoyées au P. Maître Simon ou au recteur de Saint-Antoine à Lisbonne.

François

115

DEUXIEME INSTRUCTION : DU GOUVERNEMENT
(EX.II, 401-403 ; S.IV, 537-538)

Observations pour le P. Maître Gaspard, recteur du collège de Goa.

1. D'abord, souvenez-vous de vous-même, car, comme vous le savez, l'Ecriture dit : Celui qui n'est pas bon envers lui-même, comment le sera-t-il envers les autres [1] ?

Ensuite, envers les Pères et envers les Frères, conduisez-vous avec beaucoup d'amour, de charité et de modestie, et non pas avec rudesse ni avec rigueur, à moins qu'ils ne mésusent de votre indulgence. Parce que dans ce cas, et c'est pour leur profit, il est bien de leur montrer de la sévérité, spécialement si vous sentez en eux

---

1. Si 14,5 (livre de l'Ecclésiastique).

quelque manière de prétention et de superbe. En effet, s'il est bien de pardonner facilement à ceux qui s'égarent par ignorance et par négligence, en revanche, il est nécessaire de réprimer et d'humilier avec le plus grand soin et la plus grande diligence ceux qui agissent par la voie de la prétention et de la superbe et, en aucune façon, ceux-ci ne doivent sentir qu'à ce compte on passe sur leurs erreurs et sur leurs défauts. Sachez donc de manière sûre et n'en doutez point : une des choses qui porte un grand préjudice aux sujets imparfaits et orgueilleux, et les fait se perdre, c'est de sentir leurs supérieurs mous, indolents ou timides à réprimer et à châtier leurs choses, parce qu'ils en tirent l'occasion de croître davantage dans leur prétention et dans leur superbe.

2. Ne prenez pas pour principe d'admettre beaucoup de gens dans la Compagnie, mais un petit nombre et des bons, car c'est d'eux que la Compagnie a besoin ; nous voyons en effet qu'un petit nombre, mais des bons, ont plus de valeur et en font plus qu'un grand nombre qui ne le sont pas.

N'admettez jamais dans la Compagnie des personnes qui n'ont guère de qualités, qui sont faibles et capables de faire peu de choses, car la Compagnie n'a pas besoin de ceux-là, mais au contraire, de personnes de caractère, capables de bien des choses et dotées de nombreuses qualités.

Quant à ceux que vous admettrez, faites qu'ils s'exercent toujours à l'abnégation véritable et à la véritable mortification intérieure de leurs passions, plutôt qu'extérieurement à des excentricités. Et si, afin d'aider la mortification intérieure, vous donnez des mortifications extérieures, ce seront des choses qui édifieront, comme de servir dans un hôpital, de mendier pour les pauvres et des choses semblables, et non pas de celles qui causent le rire et la plaisanterie chez les autres, et de la vaine gloire et de la vanité en eux-mêmes.

Il est parfois d'une grande aide qu'ils déclarent en public devant les Frères leurs défauts, ce qu'ils ont été dans le monde, les métiers et les occupations qu'ils y ont eus, car cela les humilie et cela les conserve dans l'humilité. Mais cette affaire des mortifications dépendra des sujets, des prédispositions et de la vertu que vous sentirez en eux, car lorsqu'il n'y en a pas, loin de leur être profitable, cela leur nuit.

3. Jamais vous ne ferez ordonner dans la Compagnie des personnes dépourvues de savoir et de vertus éprouvées depuis de nombreuses années, car les prêtres de la Compagnie ont un très grand besoin de tout cela, en raison de leur Institut et de leurs ministères. Tant d'inconvénients apparaissent d'ailleurs dans le cas du contraire.

Placez toujours l'obligation de votre charge envers ceux que vous régissez en raison de celle-ci au-dessus du profit de ceux du dehors, car c'est envers les nôtres que nous sommes en premier lieu obligés et Dieu notre Seigneur nous en demandera des comptes. Soyez sûr de ceci : de même que celui qui pour plaire aux hommes ne prête attention qu'à l'extérieur des choses, ce qui leur plaît, et néglige l'intérieur, Dieu et sa conscience, est un égaré, de même aussi se trompe et marche hors du bon chemin celui qui, par souci des autres, veille davantage qu'il ne faut sur ceux du dehors, plutôt que sur ceux de la maison et les obligations de son office. Occupez-vous donc d'abord de ceux-ci et continuez ensuite par ceux du dehors, pour autant que vous pourrez être aidé dans le Seigneur.

4. Quant à la façon de les aider, elle sera d'autant meilleure qu'elle sera plus universelle, ainsi de prêcher, de catéchiser, de confesser, etc. C'est à cela que vous devez toujours être très attentif avec les personnes qui ont des conversations avec vous : certaines viennent parfois plus pour le temporel, en effet, que pour le spirituel ; elles s'approchent des sacrements et de la confession plus pour confesser et pour révéler leurs nécessités corporelles que leurs nécessités spirituelles, car elles ressentent plus le manque corporel que le manque spirituel. C'est ainsi que ceux-là, en général, ne profitent pas. Envoyez-les donc poursuivre leur chemin tout de suite.

Ne regrettez pas beaucoup que ceux qui ne viennent pas vous voir avec de bonnes intentions n'éprouvent pas et ne disent pas de bien à votre sujet. Que ceux qui appartiennent au monde ne soupçonnent jamais que vous les craignez, lorsque vous, vous faites ce que vous devez, et non pas eux. Sachez en effet qu'éprouver la crainte du monde à ce sujet, c'est participer à lui en quelque sorte et avoir plus de respect pour lui que pour Dieu.

116

TROISIEME INSTRUCTION : DE L'HUMILITE
(EX.II, 407-409 ; S.IV, 538-539)

1. Premièrement, chercher une grande humilité en matière de prédication, en attribuant premièrement tout à Dieu, et très parfaitement.

2. Deuxièmement, je mettrai le peuple sous mes yeux, pour voir comment Dieu a donné de la dévotion au peuple pour qu'il entende sa parole et c'est par référence à la dévotion du peuple que Dieu

m'a donné la grâce nécessaire pour prêcher, et au peuple, la dévotion pour m'écouter.

3. M'efforcer d'aimer beaucoup le peuple, sans perdre de vue l'obligation que j'ai envers lui, car c'est par son intercession que Dieu m'a donné la grâce pour prêcher.

4. Je considérerai également que ce bien m'est venu par les prières et par les mérites des membres de la Compagnie et que ce sont eux qui, avec beaucoup de charité et beaucoup d'amour, demandent à Dieu des grâces et des dons pour les membres de la Compagnie, et cela, pour la plus grande gloire de Dieu et pour le salut des âmes.

5. Penser continuellement que je dois beaucoup m'humilier, car ce que je prêche, n'est en aucune façon de moi, mais c'est Dieu qui, libéralement, le donne. C'est avec amour et avec crainte que je dois user de cette grâce, comme celui qui doit rendre à Dieu notre Seigneur des comptes rigoureux, en me gardant bien de m'attribuer à moi-même quoi que ce soit, hormis mes fautes, mes péchés, mes orgueils, mes négligences et mes ingratitudes, tant à l'égard de Dieu qu'à l'égard du peuple et des membres de la Compagnie, à cause desquels Dieu m'a accordé cette grâce.

6. Demander à Dieu avec beaucoup d'insistance de me faire sentir au-dedans de mon âme les empêchements que je mets de ma part, et en raison desquels Dieu s'abstient de me faire des faveurs plus grandes ainsi que de se servir de moi pour de grandes choses.

7. M'humilier très intérieurement devant Dieu, lui qui voit les cœurs des hommes, en me gardant bien et d'une très grande manière de scandaliser le peuple, soit en prêchant, soit en conversant, soit en agissant, et je m'humilierai beaucoup devant le peuple. Car, ainsi que je l'ai dit plus haut, vous lui devez tellement.

8. Ce que, plus que tout, vous devez faire lorsque vous méditez sur les points indiqués ci-dessus, c'est de noter très attentivement les choses que Dieu notre Seigneur vous fait éprouver à l'intérieur de votre âme, en les écrivant sur un petit carnet quand il les imprime dans votre âme, parce que c'est là qu'est le fruit. Vous méditerez sur ce que Dieu notre Seigneur vous communiquera et de ces points en naîtront beaucoup d'autres qui apporteront beaucoup de fruit. Tandis que vous méditerez sur ce que Dieu vous communique, ils grandiront peu à peu par la seule miséricorde de Dieu et vous en retirerez bien du fruit, si vous persévérez dans ce saint exercice d'humilité et de connaissance intérieure de vos fautes, car c'est là que se trouve tout le fruit. Pour l'amour de Dieu notre Seigneur et pour tout ce que vous devez à notre Père Ignace et à toute la Compagnie du Nom de Jésus, je vous prie une fois,

une autre fois et plus de fois encore, autant que je le puis, de vous exercer continuellement dans ces exercices d'humilité, car si vous n'en faites rien, je crains fort que vous ne vous perdiez, de même que, vous en aurez l'expérience, beaucoup se sont perdus par manque d'humilité : gardez-vous bien d'être l'un d'eux.

9. Ne vous arrêtez pas un seul instant de penser qu'il y a beaucoup de prédicateurs en enfer, qui ont reçu plus de grâces pour prêcher que vous n'en avez, et qui ont produit dans leurs prédications plus de fruit que vous n'en faites. Qu'en outre ils ont été un instrument qui a fait que bien des hommes ont cessé de pécher et, ce qui est plus étonnant, ils ont été la cause instrumentale grâce à laquelle beaucoup sont allés dans la gloire, tandis qu'eux-mêmes, les malheureux, sont allés en enfer, parce qu'ils se sont attribué à eux-mêmes ce qui était à Dieu, parce qu'ils ont mis la main sur le monde, parce qu'ils se sont réjouis d'être loués par lui et qu'ils ont grandi dans une vaine estime d'eux-mêmes et dans une grande superbe par lesquelles ils se sont perdus. Par conséquent, que chacun fasse attention à cela, car si nous y regardons bien, nous n'avons pas de quoi nous glorifier, si ce n'est de nos mauvaises actions, car il n'y a que celles-ci qui soient nos œuvres. Quant aux œuvres bonnes, c'est Dieu qui les fait afin de montrer sa bonté pour notre confusion, celle de voir que c'est par de si vils instruments qu'il veut se manifester aux autres.

10. Faites bien attention de ne pas mépriser les Frères de la Compagnie, s'il vous paraît que vous en faites plus qu'eux. Considérez en vous-même comme très certain que c'est en raison des Frères qui servent dans les offices bas et humbles, que c'est par leurs mérites que Dieu vous accorde plus de faveurs et vous donne la grâce pour faire le bien. Si bien que vous êtes plus obligé envers eux qu'eux ne le sont envers vous. Cette connaissance intérieure vous sera très profitable pour ne jamais les mépriser, mais plutôt pour les aimer et pour toujours vous humilier.

François

117

QUATRIEME INSTRUCTION :
DE LA MANIERE D'AGIR
(EX.II, 414-428 ; S.IV, 539-544)

Voici les choses dont vous devez vous souvenir en mon absence.

1. Premièrement et avant tout, veillez sur vous-même, en vous humiliant intérieurement autant que vous le pourrez et en vous

régissant selon les règles d'humilité que je vous ai données, afin d'en retirer le fruit. Quant à vos méditations, employez-les pour une bonne part à méditer et à imprimer dans votre âme les points que Dieu vous a fait sentir et qu'il vous donnera en raison de sa miséricorde, comme de méditer sur les points que je vous ai donnés.

2. Envers les Pères, tant ceux qui sont au collège que ceux qui sont au-dehors, c'est avec une grande modestie que vous vous comporterez, et non pas avec rigueur, sauf si ce sont eux qui mésusent de votre modestie et de votre humilité. Dans ce cas, c'est seulement pour leur bien et non pas par une intention différente de domination que vous vous servirez de votre charge pour leur infliger un châtiment afin de les amender et donner l'exemple chez les Frères.

3. Toutes les désobéissances, tant de la part des Pères que de celle des Frères, seront suivies d'un châtiment et d'une pénitence et c'est de cette manière que vous vous conduirez aussi bien avec les Pères qu'avec les Frères. Quant aux personnes dont vous sentez qu'elles se comportent envers vous avec une intention de vaine prétention ou de superbe, ou de mépris de l'obéissance, avec celles-là vous agirez plutôt par le moyen de la sévérité que par celui de l'affabilité, en plus de quelque pénitence. Faites bien attention à ce que ceux-là ne sentent pas en vous que c'est avec légèreté que vous passez sur leurs désobéissances, car il n'y a rien qui incite autant les sujets rebelles à aller loin que de voir leurs supérieurs lâches ou habités par la crainte d'infliger une punition à ceux qui manquent de respect ou d'obéissance, car c'est là qu'ils trouvent le plus d'occasions de croître et de persévérer dans de plus grandes prétentions. Veillez à faire cela comme je vous le dis : ne tenez aucun compte de ce qu'on dira de vous, mais, au contraire, faites ce que vous devez.

4. Quant aux personnes, tant des Pères que des Frères, qui n'obéissent pas comme il le faudrait soit par négligence soit par oubli, et non pas, par conséquent, par mépris, vous vous conduirez avec douceur envers elles lors des réprimandes : c'est avec un visage gai que vous les réprimanderez, y ajoutant quelque pénitence légère.

Quant aux Frères laïcs coadjuteurs qui se piquent de prétention et qui se font eux-mêmes plus qu'ils ne sont, vous leur donnerez des offices bas et humbles, en leur montrant un visage très sévère et très grave. A partir du moment où ils s'humilient, agissez en tenant compte de leurs dispositions et de leurs connaissances intérieures, en leur faisant sentir à eux tous et voir au moyen de leur humiliation s'ils ont besoin de la Compagnie, car elle, la Compagnie, n'a pas besoin de ceux qui ont des prétentions.

5. Gardez-vous de ne jamais admettre des personnes possédant peu d'habileté, peu de jugement ou peu de raison, des personnes faibles ou aptes à peu de choses, ou qui viennent poussées par une nécessité temporelle, davantage que par vocation.

Quant à ceux que vous ou le P. Morais vous admettrez, c'est vous qui leur donnerez les Exercices, et non pas un autre Frère, et vous veillerez très attentivement sur eux. Une fois les Exercices terminés, vous leur donnerez des offices bas et humbles, comme de servir dans les hôpitaux. Pendant le temps où ils feront les Exercices, vous leur demanderez de vous rendre des comptes très exacts de la diligence qu'ils mettent à faire les méditations ; s'ils sont négligents lorsqu'ils les font, vous pourrez les renvoyer ou bien cesser de leur donner pendant quelques jours les Exercices, afin de leur faire sentir davantage leurs négligences et pour qu'ils emploient au mieux le temps qui leur reste pour achever les autres Exercices.

6. Lorsqu'ils prononceront des vœux, vous agirez de la façon suivante : ne leur permettez jamais de prononcer le moindre vœu sans qu'ils vous en informent d'abord. C'est pourquoi, avant qu'ils n'entrent dans les Exercices, vous leur direz cela, à savoir de se garder de prononcer le moindre vœu sans d'abord vous en faire part. C'est de cette manière que seront les vœux : ceux de pauvreté, d'obéissance et de chasteté ne les obligeront que durant le temps où ils seront dans la Compagnie. Si, en raison de leurs péchés, le recteur ou une autre personne sous l'obéissance de laquelle ils se trouvent les congédient, ces vœux ne les obligeront pas. Quand ils prononceront ces vœux, que ce soit en votre présence, après leur avoir donné par écrit l'ordre et la manière qu'ils doivent suivre pour les prononcer : ils recevront le Saint Sacrement et avant de le recevoir ils prononceront leurs vœux de la manière que j'ai indiquée plus haut. Etant donné que, dans ces contrées de l'Inde, il n'y a guère de monastères où puissent être accueillis ceux que la Compagnie congédie, c'est pour cela qu'il sera bien qu'en ces contrées-ci ceux que la Compagnie congédie ne soient pas obligés à entrer dans un Ordre religieux. C'est pour cela que j'ai dit de ne pas tenir pour obligés par leurs vœux ceux que le recteur congédie.

7. Vous écrirez dans tous les endroits où se trouvent des Frères de la Compagnie, que personne ne puisse admettre quelqu'un dans la Compagnie sans d'abord vous en faire part, en vous écrivant pour vous dire les qualités qu'ils possèdent pour appartenir à la Compagnie. C'est en possession de votre réponse et de votre avis qu'ils pourront leur donner l'espoir d'appartenir à la Compagnie, ou bien vous leur écrirez pour qu'ils viennent au collège ou qu'on leur donne là-bas les Exercices, quoique le mieux serait qu'ils

viennent au collège, si ce n'est pas trop difficile. Vous ferez à ce propos ce qui vous semblera bien et être pour le plus grand service de Dieu.

8. Vous écrirez à tous les endroits où il y a des Frères de la Compagnie ayant la charge d'autrui ou étant en train de faire du fruit : vous leur direz de mettre un soin particulier à écrire chaque année à notre bienheureux Père Ignace pour qu'il sache quel fruit Dieu fait par eux dans ces contrées où ils vivent, et très en détail. Qu'ils prennent bien garde de ne jamais écrire des choses dont pourraient être désédifiés ceux qui verront ces lettres et qu'ils n'écrivent rien d'autre que le fruit qu'on produit ou qu'on espère produire.

9. Egalement, qu'un par un tous ceux qui sont dispersés et ont la charge d'autrui écrivent une autre lettre générale adressée à tous les Pères vivant en Europe, pour leur faire savoir quel fruit ils produisent dans les pays où ils se trouvent. Que ces lettres soient bien rédigées et que n'y figurent point des choses scandaleuses, qu'on n'y dise pas du mal de qui que ce soit. Les adresses des lettres qu'ils écriront diront : « Pour les Pères et les Frères de Coïmbre et pour tous les autres Pères de la Compagnie de Jésus vivant à Rome et en Europe. »

Quant à vous, vous écrirez au recteur de Coïmbre pour lui dire le fruit que Dieu produit ici par ceux qui vivent dans cette maison, très en détail, et que ce soit très édifiant. Et faites bien attention à ce que vous écrivez, car cette lettre va être vue et jugée par beaucoup.

10. De même, ce que vous écrivez au P. Ignace, que ce soit écrit de façon très édifiante. Vous écrirez au bienheureux Père Ignace pour dire combien on ferait de service de Dieu notre Seigneur et combien de fruit dans les âmes s'il faisait parvenir à la Compagnie vivant dans ces contrées de l'Inde quelques grâces spirituelles, telles que des indulgences plénières, afin qu'ils puissent se gagner tous ceux qui se confesseraient et qui communieraient. Et cela, pendant quelques périodes de l'année, car en un seul temps, faute de confesseurs, je ne crois pas que tout le monde puisse se confesser. Que ces indulgences viennent pourvues d'une bulle authentique et munies de leurs sceaux pendants, car ici, il ne manque pas de gens pour mettre en doute ces indulgences, lorsqu'ils ne voient pas la bulle avec les sceaux pendants. De plus, que ces grâces soient destinées à tous les fidèles Chrétiens vivant entre le Cap de Bonne Espérance et ici.

11. Dans votre lettre, vous insisterez beaucoup sur le fruit que l'on fait grâce au jubilé envoyé par notre Père Ignace et vous direz qu'on en ferait encore plus s'il faisait parvenir ces indulgences qui

durent de nombreuses années. Vous insisterez beaucoup sur ces indulgences en écrivant au P. Ignace : c'est de ma part que vous ferez cela, car c'est un fruit très abondant que produisent ces indulgences.

Cela, vous l'écrirez aussi au P. Maître Simon ou au recteur du collège de Coïmbre, à propos de ces indulgences, afin qu'ils parlent au Roi du fruit abondant qu'on produira dans les âmes en ces contrées-ci, à condition que le Roi écrive à notre Père Ignace à propos des démarches pour ces indulgences, afin que la bulle soit destinée à ce collège de Goa. C'est que, d'ailleurs, ces indulgences seront d'une grande aide pour les Pères de notre Compagnie dans ces pays-ci, et qu'elles pousseront le peuple à avoir plus de dévotion envers eux, quand il verra que c'est par eux que lui parviennent ces grâces spirituelles.

12. Gardez-vous de ne jamais admettre dans la Compagnie des personnes un peu âgées, pas plus que d'autres que le P. Ignace interdit d'admettre, tels que ceux qui appartiennent à la souche des Hébreux [1]. Faites bien attention de ne pas admettre des personnes qui n'auraient guère de qualités et d'aptitudes pour notre Compagnie, surtout lorsqu'ils manquent de connaissances. C'est ainsi que je vous ordonne de faire.

N'admettez dans la Compagnie que peu de gens, ceux qui seront nécessaires pour les offices de la maison et quelques autres qui posséderaient de très grandes qualités pour subvenir aux nécessités de ceux qui peuvent tomber malades ou pour être envoyés dans le pays du Cap Comorin. Surtout, je vous le recommande, admettez-en peu, et ceux que vous admettrez, qu'ils possèdent de grandes qualités et qu'ils soient habiles.

13. Vous n'aurez jamais l'idée de faire ordonner prêtre un seul d'entre ceux-ci, puisque notre Père Ignace l'interdit si fort, à moins qu'il ne possède du savoir en suffisance et une vie éprouvée depuis de nombreuses années. Voyez combien de scandales seront causés par des hommes imparfaits et ignorants devenus prêtres. C'est pourquoi, n'ayez jamais l'idée de faire ordonner ceux qui n'auraient pas assez de connaissances et n'auraient pas eu une vie très éprouvée. Que les dévotions extérieures de quelqu'un ne vous induisent pas en erreur, car, finalement, chacun révèle ce qu'il est. Faites plus attention à l'intérieur des personnes qu'à l'extérieur

---

1. Xavier a tort de s'autoriser de l'avis d'Ignace qui, lui, n'a pas ce préjugé racial et admet les « nouveaux chrétiens » dans la Compagnie : E. Rey, « San Ignacio de Loyola y el problema de los cristianos nuevos » *Razón y fe*, t. 153, 1956.

qu'elles montrent. N'attribuez pas beaucoup d'importance aux gémissements et aux soupirs qui sont des choses extérieures ; informez-vous plutôt auprès de ceux-ci sur leur abnégation intérieure d'eux-mêmes. Guidez-vous plus d'après la victoire obtenue par ces personnes sur leurs affections désordonnées que d'après les larmes extérieures ; regardez plus la mortification intérieure que l'extérieure, et c'est de cette façon que vous avancerez sur du terrain sûr.

14. Quant aux Frères et aux Pères de la maison, aux enfants tant orphelins que natifs du pays, vous prendrez un soin particulier et vous mettrez de la vigilance à assurer le spirituel ainsi que tout ce qui touche au gouvernement de la maison et à ses nécessités. Vous veillerez surtout à cela, de préférence aux choses qui sont en dehors de la maison et c'est après avoir fait votre devoir envers ceux de la maison que vous œuvrerez ensuite pour ceux du dehors. Cela, c'est ce que je vous demande et que je vous recommande beaucoup, tant de la part de Dieu que de la part de notre Père Ignace, ainsi que de la mienne, autant que je le puis, car je sais combien c'est important. Et soyez bien certain de ceci : de même qu'on s'égare complètement lorsqu'on fait attention à l'extérieur afin de plaire aux hommes, en oubliant l'intérieur, Dieu et soi-même, de même ceux qui ont les charges de la maison et qui font attention à ce qui est dehors, en n'accomplissant pas leur devoir envers ceux dont ils ont la charge, ceux-là s'égarent et perdent leur chemin. C'est pour cela que chaque jour vous vous remémorerez ce chapitre.

15. Etant donné que vous-même vous ne pouvez pas vous occuper de toutes choses, vous recommanderez à des personnes qui y sont aptes de se charger de faire et de surveiller les choses dont vous les chargerez. Vous exercerez une très grande vigilance sur eux ; vous veillerez à ce qu'ils accomplissent ce que vous leur recommandez de faire, vous les blâmerez pour leurs fautes, en sorte d'être leur surintendant. Ne négligez pas cette charge de surintendance, car tout tient là-dedans et c'est là que se trouve tout le bien, de même que c'est de là que provient tout le mal. C'est pour cela que je vous recommande beaucoup cette surintendance.

16. Tout en accomplissant ce à quoi tout homme est obligé, vous exercerez la charge de veiller au bien universel, à savoir les prédications car c'est d'elles que provient tant de fruit. Sans pour autant négliger les affaires de la maison, vous prêterez une grande attention aux prédications et, après les prédications, à votre devoir envers les confessions, les amitiés et les autres œuvres pies.

17. Vous serez bien avisé de vous informer sur les Frères, sur le fruit qu'ils produisent et sur les nécessités dont ils pâtissent en

donnant l'ordre de leur écrire souvent : eux aussi, par conséquent, feront de même. Vous mettrez beaucoup de diligence à faire en sorte qu'ils vous écrivent et que vous, vous receviez leurs lettres. Vous vous informerez sur ceux qui vont venir en ces contrées-ci où vivent nos Frères, sur le fruit qu'ils produisent et sur ce que le peuple dit d'eux.

18. Vous m'enverrez à Malacca tout spécialement des nouvelles de ce collège, ainsi que de tous les autres pays où il y a des Frères, et du fruit qu'ils font. Que la lettre que vous écrirez soit très longue et que vous m'y appreniez bien des choses, aussi bien des nouvelles sur l'Etat de l'Inde que sur le fruit que les autres religieux produisent pour la gloire de Dieu, ainsi que sur le fruit des âmes.

Vous m'écrirez aussi des nouvelles du Portugal, tant des Frères de Coïmbre que de ceux de Rome, ainsi que de tous les pays de l'Europe où il y a des Frères.

Les lettres qui me seront adressées, si elles viennent par plus qu'une seule voie, vous en enverrez par une des voies à Malacca, à François Pérez : je veux dire cela de toutes les lettres, aussi bien de celles du Roi que de celles de Maître Simon et de Rome ; et si elles ne sont pas acheminées par plus qu'une seule voie, vous enverrez la copie de toutes ces lettres à Malacca au P. François Pérez, car lui, c'est par beaucoup de voies qu'ils m'enverra là où je me trouverai les nouvelles du Portugal et de Rome, ainsi que de ce collège et de toute l'Inde. Vous n'oublierez pas de m'écrire chaque année à Malacca.

Vous ferez en sorte que les Pères vivant hors du collège m'écrivent chaque année très longuement pour me dire le fruit que Dieu fait par eux. J'entends cela : de Bassein, de Cochin, de Quilon, de Saint-Thomas et d'Ormuz. Vous ferez que tout cela se fasse de la manière avec laquelle je le recommande.

19. Faites bien attention que je vous recommande et que je vous ordonne d'être très obéissant envers le Seigneur Evêque, aussi bien vous que tous les autres Pères, de ne lui fournir en rien motif de désagrément, mais, au contraire, de lui apporter tous les appuis et toutes les satisfactions que vous pourrez : il nous affectionne tant et il y a en effet tellement de raisons de le servir et de l'aimer. Vous écrirez aux Pères qui se trouvent au-dehors pour leur dire d'écrire au Seigneur Evêque sur le fruit qu'ils produisent dans ces pays où ils vivent, et cela, brièvement, sans lui écrire sur d'autres sujets. Lorsqu'ils devront écrire sur un autre sujet que ce qu'ils font, que ce soit sur le fruit que fait le Vicaire du pays et les autres prêtres qui s'y trouvent. Veillez bien à leur signifier de ma part de ne

jamais écrire du mal sur les vicaires ou sur les prêtres au Seigneur Evêque, mais du bien seulement, car si c'est pour en dire du mal, il y aura toujours assez de personnes pour le faire.

C'est de ma part que vous écrirez à tous les Pères pour leur dire d'être très obéissants envers les Pères Vicaires et de ne rompre avec eux pour rien au monde, car s'ils faisaient le contraire, c'est contre l'obéissance qu'ils agiraient et j'aurais un grand regret si j'apprenais qu'il y a des oppositions entre eux et les vicaires et prêtres du pays. Lorsqu'ils m'écriront, qu'ils me renseignent sur l'amitié existant entre les vicaires, les prêtres et eux. J'aurais de plus un grand plaisir s'ils obtenaient des vicaires établis là où se trouvent les Pères qu'ils m'écrivent au sujet du fruit obtenu par les Pères de notre Compagnie qui se trouvent dans leurs vicariats. Faites attention que je vous recommande encore une fois, et surtout recommandez-le aux Pères résidant dans les forteresses, d'être en grande amitié avec les vicaires et de n'avoir en aucune façon de différend avec eux. Afin qu'ils mettent plus de soin à accomplir cet ordre, vous leur direz dans vos lettres qu'avant de partir pour la Chine j'ai laissé l'ordre, dans ce collège, de renvoyer de la Compagnie ceux qui ont des différends et des disputes avec les vicaires.

20. Après mon départ, vous obtiendrez du Seigneur Evêque qu'il écrive dans les endroits où se trouvent les Pères de la Compagnie au sujet du jubilé et qu'il le fasse publier, en sorte que les âmes puissent bénéficier du fruit spirituel de ce jubilé. Le jubilé dure toute cette année 1552, en raison du fait que tout le monde ne peut pas en peu de temps l'obtenir, eu égard aux confessions, et aussi parce que les forteresses de l'Inde sont tellement éloignées les unes des autres : on ne peut pas, en effet, s'occuper de toutes en peu de temps. C'est pour cela qu'il m'a semblé être le plus grand service de Dieu qu'il dure toute cette année 1552.

21. Si des Pères arrivaient du Portugal cette année et que ce soient des prédicateurs, et si à Diu il n'y a point de prédicateur, vous y enverriez un prédicateur avec un Frère, en leur donnant les règles que j'ai données à ceux qui sont partis à Ormuz, ainsi que celles qui vous sont restées, Maître Gaspard, quand je suis parti pour la Chine.

S'il arrivait du Portugal un Père qui ne serait pas un prédicateur, mais qui posséderait de grandes qualités, des connaissances et des dispositions lui permettant de résister aux épreuves, vous l'enverrez à Malacca lors de la mousson d'avril, en sorte qu'il puisse ensuite se rendre de Malacca au Japon, où se trouve le P. Cosme de Torres. Vous chercherez à obtenir quelque aumône, afin qu'il apporte de quoi manger à ceux qui se trouvent au Japon.

Avec lui partira un Frère, celui qui vous paraîtra convenir et qui possède des aptitudes pour apprendre la langue du Japon. Faites bien attention que cela, je vous le recommande autant que je le puis : prenez un soin particulier de ceux qui sont au Japon, recommandez-les à Dieu, aussi bien en leur commandant qu'en leur fournissant ce dont ils ont besoin.

22. Si les Pères qui vont arriver du Portugal sont tous savants et de bons prédicateurs, vous enverrez un de ces Pères prédicateurs à Cochin, si ce sont de très bons prédicateurs. S'ils ont davantage de talent pour prêcher qu'Antoine Heredia, vous ferez alors ordonner prêtre Antoine Heredia, pour qu'il parte pour le Japon, et le Père venu du Portugal restera à sa place. Cela, je l'entends : s'ils font plus de fruit en prêchant, car ils auraient reçu un plus grand don de Dieu pour cela que le P. Antoine Heredia. En effet, au cas où ils produiraient autant de fruit que le P. Antoine Heredia, ce dernier restera à Cochin et c'est le Père arrivé du Portugal qui partira pour le Japon.

23. Si, sur le nombre des Pères qui vont venir du Portugal, il y a des prédicateurs qui plaisent au peuple et qui possèdent du talent pour prêcher, vous enverrez à Bassein un prédicateur pour remplacer Maître Melchior, et pour veiller sur les revenus de cette maison, pour prêcher et pour faire le fruit que fait Melchior Nunes. Quant à Melchior Nunes, il viendra dans ce collège pour ensuite, lors de cette mousson d'avril, se rendre à Malacca, et de Malacca au Japon. Je préférerais que ce soit Maître Melchior qui parte, en raison de ses connaissances, car au Japon, elles seraient mieux employées qu'ici ; quant à Antoine Heredia, qu'il reste à Cochin. D'une façon ou d'une autre, œuvrez beaucoup pour que l'année prochaine, il y ait un Père qui parte au Japon tenir compagnie au P. Cosme de Torres.

24. Vous ainsi que ceux du collège, vous resterez toujours amis avec les révérends Pères et Frères des Ordres de saint François et de saint Dominique ; gardez-vous bien d'avoir des disputes et, surtout en chaire, qu'il ne vous arrive jamais de dire une chose que le peuple puisse juger scandaleuse ou désédifiante. Qu'ils disent ce que leurs charités leur font sentir et que vous, vous taisiez et que vous évitiez les scandales aux yeux du peuple en faisant ce que vous devez.Toutefois, si vous voyez qu'il naît de là des offenses contre Dieu, des oppositions qui pourraient se créer si eux, ils sentent une chose et vous, une autre, dans ce cas vous irez vous entretenir avec le Seigneur Evêque pour qu'il convoque chez lui aussi bien ceux-ci que vous autres, pour qu'il intervienne et fasse cesser les oppositions. Cela, sans que le peuple y voie une chose scandaleuse, car

eux et nous, nous recherchons une seule et même chose qui est de glorifier Dieu et de faire du fruit dans les âmes. Arrangez-vous pour que Dieu ne soit pas offensé et que les âmes ne soient point désédifiées ; rendez-leur visite de temps en temps afin de maintenir et d'accroître la charité entre vous.

25. Quant aux vicaires de cette ville, soyez très amis avec eux et chaque fois que vous le pourrez, consolez-les en allant prêcher dans leurs paroisses. Pour votre part, vous ferez tout votre possible pour être leurs amis.

26. Vous ne vous occuperez d'aucune affaire séculière et vous ferez comprendre aux gens qui vous entretiennent de semblables choses que vous êtes occupés à préparer les prédications, à faire les confessions et à vaquer aux choses spirituelles, que vous ne pouvez pas lâcher le spirituel pour le temporel, car ce serait contraire à la charité. C'est donc toutes les affaires temporelles que vous rejetterez loin de vous, car ce sont elles qui troublent le plus et c'est de cela que vient le fait qu'on perde sa tranquillité dans les Ordres religieux et qu'on aille dans le monde.

27. Dans les conversations avec les gens, faites bien attention à la façon avec laquelle vous conversez avec eux, car il y en a beaucoup qui s'approchent avec des buts divers : les uns avec celui de profiter spirituellement, les autres temporellement. Il y en a beaucoup qui viennent se confesser pour expliquer leurs besoins temporels plutôt que leurs besoins spirituels. C'est de ceux-là que vous vous garderez beaucoup ; vous les détromperez sans attendre en leur disant que vous ne pouvez les aider ni avec des aumônes temporelles ni avec des faveurs humaines. Ne perdez pas votre temps avec ceux-là, parce qu'ils ne sentent pas leurs nécessités spirituelles. Vous suivrez ces règles aussi bien avec les hommes qu'avec les femmes, et de manière générale avec tout le monde, car ces gens-là ne profitent jamais spirituellement et sont des instruments pour vous jeter dans le monde, pour empêcher le fruit spirituel. Veillez bien à bien observer cela, car je sais que cela vous est nécessaire ; et ne donnez point d'occasion, à ceux qui ne s'approchent pas de vous avec de bonnes intentions, de murmurer contre vous. Que les gens du monde ne puissent pas discerner en vous que vous avez peur d'eux, parce que cela, c'est participer beaucoup au monde et c'est tenir davantage compte de lui que de Dieu ou de la perfection.

28. Lorsque vous enseignerez aux enfants du pays et aux orphelins, et que vous veillerez d'abord sur leurs nécessités spirituelles et ensuite sur leurs nécessités temporelles, vous prendrez grand soin de les faire confesser, instruire, habiller, manger, et chausser, ainsi que soigner les malades, parce que ce collège a surtout été fondé

pour les enfants du pays. Le Roi en a jugé ainsi — les scandales passés suffisent [2] — et, pour cela, veillez beaucoup sur eux.

29. Vous écrirez au Roi de manière très concise pour lui dire le fruit qu'on produit dans toute l'Inde, ce que vous posséderez comme informations grâce aux lettres envoyées par les Pères qui sont dispersés. Dans une autre lettre à part, vous parlerez à Son Altesse des nécessités du collège auxquelles elle doit subvenir, ainsi que des cadeaux que Son Altesse fait donner, en fait de revenus et de faveurs accordées en argent à cette maison, afin qu'elle donne ordre de payer.

Vous écrirez aussi dans le but précis d'obtenir de Son Altesse qu'elle fasse envoyer à ceux qui, de ce collège, partent dans d'autre pays pour faire du fruit, des lettres patentes par lesquelles il ordonne de donner au comptoir des forteresses où vont résider les Pères de la Compagnie tout ce dont ceux-ci auront besoin. De même, pour ceux qui se trouvent au Japon, que Son Altesse prenne des dispositions par lesquelles il donne l'ordre que, de Malacca, on leur fournisse tout ce dont ils ont besoin, étant donné que le pays du Japon est très pauvre et qu'il ne s'y trouve personne pour nous donner le nécessaire. Vous écrirez aussi au P. Maître Simon ou au recteur du collège de Lisbonne, pour qu'il se charge de faire avancer ce que vous demandez pour ces contrées-ci auprès du Roi, en ce qui touche aux revenus du collège ainsi que le reste. Encore une fois, je vous le rappelle, veillez à être très prudent dans votre façon d'écrire, parce que vos lettres vont être vues et jugées par beaucoup.

François

118

CINQUIEME INSTRUCTION :
DE LA MANIERE D'EVITER LES SCANDALES
(EX.II, 431-434 ; S.IV, 544-545)

Manière d'avoir des conversations avec le monde afin d'éviter les scandales.

1. Avec toutes les femmes, quels que soient leur état et leur condition, n'avoir de conversation avec elles qu'en public, ainsi

---

2. Allusion à une tentative d'évincer les élèves nés dans le pays (EX.II, 427, note 16).

à l'église, et ne jamais aller chez elles, sauf en cas d'extrême nécessité, ainsi lorsqu'elles sont souffrantes et veulent se confesser.

Lorsqu'en cas d'extrême nécessité vous irez chez elles, ce sera avec leurs maris ou avec des gens qui ont la charge de leurs maisons, ou des voisins qui ont la charge de leurs maisons.

Lorsqu'il s'agira d'une femme qui n'est pas mariée, aller chez elle accompagné d'une personne qui est connue soit dans le voisinage soit dans le pays pour être un homme de bien, afin d'éviter tout scandale. J'entends cela : en cas d'extrême nécessité, pour qu'il en soit ainsi. Car si elle est en bonne santé, c'est elle qui viendra à l'église, comme je l'ai dit plus haut.

2. On rendra ces visites le moins qu'on pourra, parce qu'on s'y aventure beaucoup et on y gagne bien peu pour accroître le service de Dieu.

3. Comme en général les femmes sont inconstantes et persévèrent peu, de même qu'elles prennent beaucoup de temps, vous vous comporterez envers elles de la façon suivante : si elles sont mariées, tâchez surtout de gagner leurs maris et œuvrez auprès d'eux, en sorte qu'ils s'approchent de Dieu. Prenez plus de temps à faire du fruit auprès des maris qu'auprès des femmes, parce qu'ainsi c'est plus de fruit qui est produit, car les hommes sont plus constants et que le gouvernement de la maison leur appartient. C'est de cette manière qu'on évite beaucoup de scandales et qu'on produit plus de fruit.

4. Quand il y aura des discordes entre la femme et son mari, qu'ils feront des démarches pour se séparer, essayez toujours de les réconcilier, en ayant plus de conversations avec le mari qu'avec la femme, en agissant auprès d'eux pour qu'ils fassent une confession générale : vous leur donnerez des méditations de la première semaine avant de leur donner l'absolution. Ce sera une absolution qui tardera à venir, afin qu'ils aient de meilleures dispositions et qu'ils vivent au service de Dieu.

5. N'accordez pas votre confiance aux dévotions des femmes, quand elles disent qu'elles serviront plus Dieu si elles sont éloignées de leurs maris qu'en compagnie de leurs maris, car ce sont des dévotions qui durent peu et qui rarement ne causent pas de scandale. Gardez-vous bien d'attribuer la faute au mari en public, même si c'est lui qui est coupable ; mais en secret, vous lui conseillerez de faire une confession générale et c'est en confession que vous le blâmerez, mais avec une grande modestie. Veillez bien à ce que le mari ne sente pas que vous puissiez être plus favorable à sa femme qu'à lui, même si c'est lui qui est coupable. Vous l'inciterez plutôt à ce que ce soit lui qui s'accuse lui-même et c'est une

fois qu'il se sera accusé que vous le condamnerez vous-même, avec beaucoup d'amour, de charité et de douceur. En effet, avec ces hommes de l'Inde, on arrive à beaucoup de choses par des suppliques, et par la force, à rien.

6. Encore une fois, je vous le redis encore, faites bien attention à ne jamais donner tort au mari en public, même si c'est lui qui est coupable, parce que les femmes sont si indomptables qu'elles cherchent les occasions de mépriser leurs maris, en s'appuyant sur des personnes religieuses, pour dire que ce sont leurs maris qui sont coupables et non pas elles.

Même si les femmes ne sont pas coupables, ne leur trouvez pas d'excuse comme elles-mêmes savent s'en trouver. Montrez-leur plutôt l'obligation qui est la leur de supporter leurs maris, car c'est souvent qu'elles manquent de respect pour leurs maris et c'est pour cela qu'elles méritent une punition. Qu'elles prennent donc en patience leurs peines présentes et incitez-les à l'humilité et à la patience, ainsi qu'à l'obéissance envers leurs maris.

7. Ne croyez pas tout ce qu'ils vous disent, aussi bien maris que femmes. Vous écouterez les uns et les autres avant d'attribuer la faute à qui que ce soit et vous ne vous montrerez pas plus favorable à l'un qu'à l'autre, parce qu'en pareils cas ils sont toujours tous les deux coupables, même si l'un l'est plus que l'autre. C'est donc avec une grande prudence que vous recevrez les excuses que se trouvent les coupables. Cela, je vous le dis pour qu'ils parviennent plus vite à se mettre d'accord et afin d'éviter les scandales.

8. Quand vous ne pourrez pas les mettre d'accord, vous les confierez au Seigneur Evêque ou au Vicaire général, et ainsi, vous n'aurez plus aucun motif de désaccord avec eux, comme d'attribuer la faute à l'un et non pas à l'autre.

9. Veillez bien à faire usage d'une grande prudence dans ce monde mauvais, en faisant bien attention aux choses qui peuvent advenir, car le diable ne dort jamais. Soyez sûr que c'est une grande imprudence que de ne pas craindre les inconvénients qui peuvent découler des actions que nous faisons, même si elles sont guidées par un bon zèle. C'est par manque de prudence, en ne prenant pas en considération les inconvénients futurs, que de grands maux surviennent.

10. Veillez bien à ne jamais blâmer personne avec colère, car ces blâmes ne produisent jamais de fruit chez les gens du monde, qui en ce cas sont tous sensibles à l'imperfection avec laquelle cela est dit, et aucunement au zèle qui le fait dire : ils sont tous en effet très imparfaits.

11. Envers les moines et les prêtres, vous vous humilierez

toujours et vous vous abaisserez, lorsqu'il y aura occasion de colère et de passion. Cela, je l'entends : non seulement lorsque c'est vous le coupable, mais encore lorsque vous vous sentez sans faute et que ce sont eux les coupables. Ne désirez pas alors de plus grande vengeance que de vous taire avec la raison, lorsque la raison n'est pas écoutée et n'a pas de valeur. Ayez pitié d'eux quand ils font ce qu'ils ne doivent pas faire, parce que, tôt ou tard, le châtiment leur viendra de Dieu, et bien plus grand que ni vous ni eux ne le pensent. C'est pourquoi priez toujours Dieu pour eux, en ayant pitié d'eux. Ne cherchez pas d'autre vengeance ni en pensée, ni en parole, ni en action, parce qu'elles sont dangereuses et nuisibles et tout le reste est chair et sang.

12. Soyez sûr, et n'en doutez pas, que Dieu accorde beaucoup de grâces et de faveurs aux personnes qui sont persécutées pour son amour, par rapport à celles qui les persécutent, si c'est avec patience que vous subissez les persécutions. Dieu prendra un soin spécial pour confondre ceux qui vous persécutent en entravant vos œuvres pies, ce que Dieu s'abstiendra de faire si c'est vous, soit en pensée, soit en action, soit en parole, qui voulez vous venger.

13. Si le cas se présentait, ce que Dieu ne voudra pas, que des discordes éclatent entre vous et des moines, faites bien attention à n'échanger des conversations inamicales ni en présence du Gouverneur ni en présence de laïcs, de crainte que les laïcs n'en soient désédifiés. Mais dans un pareil cas, si dans les prédications ou dans les conversations quelques critiques étaient lancées contre vous par des religieux, dans ce cas, vous irez parler au Seigneur Evêque et vous vous rencontrerez avec eux en sa présence, afin que le Seigneur Evêque mette un terme à ces critiques. Cela, c'est ce que vous direz de ma part au Seigneur Evêque, qu'il intervienne là-dedans sans qu'aucun laïc soit mis au courant.

14. Même s'ils disent des choses contre vous, avisez-vous de ne rien dire en chaire contre eux. Mais, comme je l'ai dit, allez parler au Seigneur Evêque en sorte que lui, il les fasse appeler en même temps que vous, et faites en sorte qu'il n'y ait point de discorde publique, car il en sort tant de désédification et de scandale dans le peuple. Considérez que l'honneur de la Compagnie ne réside pas dans le fait d'avoir de la valeur et de recevoir des compliments de la part du monde, mais auprès de Dieu seulement, car il veut que nous nous tenions en marge de tous les scandales, colères et discordes. Je vous recommande donc instamment ceci, d'agir comme je vous l'ordonne. Veillez toujours à avoir recours au Seigneur

Evêque dans toutes ces querelles, à vous en remettre à son avis et à son jugement, en lui demandant comme une très grande faveur de mettre la paix là où l'ennemi sème la discorde.

François

119

AU P. GASPARD (BERZE), A GOA
(EX.II, 437-445 ; S.IV, 575-579)

Ecrite quelques jours après les instructions qu'on vient de lire, cette lettre en précise certains points et en ajoute d'autres.

Cochin, le 24 avril 1552

La grâce et l'amour du Christ notre Seigneur soient toujours en notre aide et en notre faveur. Amen.

1. Après mon arrivée à Cochin, je reçus de nombreuses lettres de Quilon et du Cap Comorin et, dans toutes, on m'y exprime les nécessités dont ils souffrent, tant spirituelles que temporelles. On m'écrit du Cap Comorin que le P. Paul est mort, et c'était une personne d'une grande perfection et d'une grande vertu. Le P. Henriques reste seul, sans qu'il y ait d'autre prêtre sur la Côte ; il envoie donc demander de l'aide. Voyez là-bas si vous pouvez vous passer du P. Antoine Vaz et du Frère Antoine Dias afin de pouvoir les envoyer au Cap Comorin, une fois l'hiver passé, car on a tellement besoin d'eux en ce pays. S'il vous paraît qu'Antoine Vaz n'est pas apte à cela, envoyez donc François Lopes qui est arrivé de Bassein. Je souhaiterais beaucoup que vous envoyiez l'un d'eux avec Antoine Dias au Cap Comorin, ou un autre Frère qui soit parfait, en compagnie du Père que vous allez envoyer. Pour l'amour de Dieu, faites cela avec beaucoup de diligence, car c'est une chose très importante.

2. Le P. Nicolas se trouve en proie à des nécessités extrêmes à Quilon, parce qu'il a cinquante garçons natifs du pays ainsi que deux ou trois Portugais et que ceux qui tombent malades, il les envoie se soigner à Quilon ; par ailleurs, le collège possède peu de revenus. Par conséquent, le P. Nicolas demande une aide sur les revenus que le Roi doit à la maison, parce qu'ils sont payés tard ou jamais. En ce qui concerne le Vice-roi, vous agirez comme à propos de ce que le Roi doit à la maison, afin qu'il fasse verser

quelque cent *pardaus* et qu'on puisse subvenir aux dépenses de la maison. Pour l'amour de Notre Seigneur, une fois l'hiver passé, faites parvenir cette provision, en même temps qu'un Père et un Frère, comme je l'ai dit plus haut, au Cap Comorin. C'est sur leur passage, quand ils arriveront à Quilon, qu'ils remettront la provision au P. Nicolas.

3. Quant à ce que le Roi doit à la maison, vous en calculerez le montant et agissez en sorte qu'on en fasse parvenir quelques provisions à Ormuz et à Bassein, afin que là-bas on puisse payer ce qu'on doit depuis la collecte faite ici et là en ce pays, car si on ne touche pas ce que le Roi doit, je ne sais pas quand on paiera à Goa[1].

4. Je vous recommande instamment de payer les dettes de cette maison et je serais très heureux que vous m'indiquiez ce que la maison doit, lorsque les navires partiront en septembre pour Malacca. Chaque fois que vous m'écrirez, vous me ferez savoir ce que la maison doit et ce qu'on doit à la maison. Veillez, lorsque vous recouvrerez ce qu'on doit à cette maison, à ne pas faire de générosités, comme on en a fait les années précédentes. En effet, faute de ressources, ceux qui se trouvent au Cap Comorin, à Quilon et à Cochin sont empêchés d'accomplir bien des œuvres pies et de faire du fruit dans les âmes. Faites que le mandataire de la maison mette toute la diligence nécessaire pour recouvrer les dettes qu'on a envers cette maison.

5. Il faut que le P. Antoine de Heredia se précipite dans la première chose[2] qui partira pour Cochin, une fois l'hiver fini, avec une provision de deux cent cinquante *pardaus* pour fermer les murs de la maison et pour terminer les travaux, car cette maison en a grandement besoin. Ne croyez pas que je ne me souviens pas de toutes les nécessités endurées par ce collège. C'est pourquoi je vous écris de faire de votre mieux, en vous acquittant d'abord de vos devoirs envers la maison, envers les Portugais aussi bien que ceux qui sont du pays, et ensuite de vos devoirs envers Quilon, Cochin et le Cap Comorin.

6. Voyez ce qu'Alvaro Afonso doit à cette maison et voyez ce qu'on lui a avancé les années passées, car je ne sais pas si l'on a eu beaucoup de conscience en faisant cela, car ils ont tant de besoins, ils sont si peu aidés, tant au Cap Comorin qu'à Quilon et qu'à Cochin. Faites en sorte qu'il paie ce qu'il doit et subvenez aux nécessités de cette maison et de celles qui en dépendent. Qu'en

---

1. Syntaxe et signification incertaines.
2. La « chose » doit être un bateau.

aurait-il été de notre voyage, si vous n'étiez pas allé recueillir cette aumône à Ormuz ? Il nous paraît que si nous avons pu partir c'est grâce à vous.

7. Si des Pères arrivent cette année du Royaume, n'oubliez pas de beaucoup œuvrer pour que l'an prochain, un Père parte pour le Japon tenir compagnie au P. Cosme de Torres, comme je l'ai indiqué dans le mémoire, ainsi qu'un Frère avec lui ; qu'ils conservent des aumônes collectées pour pouvoir manger là-bas, car ce pays du Japon est très pauvre. Je désire beaucoup que l'année prochaine, un Père parte là-bas tenir compagnie au P. Cosme de Torres, qui se trouve seul.

8. Je vous prie donc et je vous recommande instamment d'œuvrer à cela, à savoir que si un Père arrive du Royaume ou si une autre personne ayant des qualités entre dans la Compagnie, et qu'elle puisse devenir prêtre, vous l'envoyiez[3] à Malacca, parce que, aussitôt arrivé, j'irai prier le Capitaine de donner un moyen de naviguer jusqu'au Japon au Père qui arriverait à la prochaine mousson d'avril.

9. Veillez bien à ne pas admettre dans la Compagnie de personne ne possédant pas les qualités requises soit pour aider au collège soit pour être envoyée au-dehors. Quant à ceux qui s'y trouvent et qui ont déjà été admis dans la Compagnie, si vous voyez qu'ils ne possèdent pas les qualités et les vertus requises pour l'aider, vous les en congédierez.

Quant à ceux qui sortent de la maison, par exemple pour faire des achats, ainsi que les autres, exercez une grande vigilance sur eux, tant à propos de la vie qu'ils mènent qu'à propos de savoir s'ils sont fidèles dans ce qu'ils reçoivent et dans ce qu'ils dépensent. Faites bien attention à cela, car une grande perfection est requise chez ceux qui doivent s'occuper de ces choses avec cette fidélité qui est requise[4].

10. Faites que Balthazar Nunes ainsi que le Frère qui est arrivé avec Gonçalves de Bassein s'exercent bien dans les offices de la maison, de même qu'à être cuisiniers. Ne les laissez pas sortir dehors et si vous voyez qu'ils ne sont pas aptes pour la Compagnie, vous les en congédierez.

De même, vous ferez en sorte que François Lopes, quand il viendra de Bassein, fasse les Exercices et qu'il s'exerce dans les offices bas et humbles. Veillez à prendre particulièrement soin de ces

---

3. Le verbe « envoyer » est absent de l'original (cf. S.IV, 577).
4. *Sic*, pour l'élégance du style !

trois-là, à les faire profiter spirituellement, car je crains qu'ils n'en aient besoin, ainsi que de tous les autres.

11. Lorsque vous enverrez le Père et le Frère au Cap Comorin, vous leur donnerez un des deux calices d'argent qui vous sont restés, parce qu'il y a déjà longtemps un Chrétien du Cap Comorin m'a envoyé de l'argent pour un calice. Ils ont reçu à la maison cet argent et ils l'ont dépensé sans envoyer le calice. Quant à l'autre calice qui vous reste, vous pourrez l'envoyer par le Père qui partira au Japon l'année prochaine, car au Japon il n'y a qu'un seul calice.

12. Lorsque vous m'écrirez à Malacca, vous m'écrirez très longuement, parce que cela me fera un grand plaisir de lire vos lettres. Vous m'y donnerez des nouvelles de tous les Frères qui sont au collège et de ceux qui sont au dehors, et que la lettre soit écrite par quelqu'un qui écrive bien. Ces lettres seront adressées à François Pérez à Malacca, et que ce soit ce mois de septembre que vous m'écriviez, car ainsi François Pérez prendra grand soin de me les envoyer en Chine.

13. Vous écrirez à Saint-Thomas à Cipriano pour lui dire d'être en bons termes avec tout le monde, et principalement avec le vicaire et avec tous les prêtres. Dans votre lettre, dissipez ses illusions et mentionnez que je vous ai laissé comme règle de renvoyer de la Compagnie ceux qui ne seraient pas obéissants envers le recteur de ce collège. Ecrivez-lui cela de cette façon ; comme cela, il fera bien attention à lui en cette matière.

14. C'est chez vous que partira Etienne Louis Buralho, qui est diacre et que j'aime beaucoup, parce que j'espère en Dieu qu'il sera un bon religieux. Ce qu'en mon nom il vous demandera, vous le ferez lorsque vous irez parler au Seigneur Evêque en sa faveur. Je dois beaucoup à Etienne Louis, car il m'a toujours aidé pour tout ce que je lui ai demandé de faire. Je vous recommande donc beaucoup cela. Que Notre Seigneur fasse de vous un saint bienheureux [5].

15. Le P. Antoine de Heredia avait ici un livre qui est très utile, appelé le *Constantino* [6]. François Lopes en a un exemplaire et le P. Emmanuel de Morais en a un autre. Vous enverrez l'un d'eux au P. Antoine de Heredia, car il en a besoin.

---

5. Clausule qui annonçait la fin imminente de la lettre, à laquelle sont après coup ajoutés de nouveaux paragraphes.

6. Il s'agit vraisemblablement d'un catéchisme, celui de Constantin Ponce de la Fuente, *Suma de doctrina christiana en que se contiene todo lo principal y necessario que el hombre christiano debe saber y obrar*, publié à Séville en 1543.

16. Obtenez du Seigneur Evêque de faire rappeler, sous peine d'excommunication et en vertu de l'obéissance, un Père malabar appelé Ferrão, parce qu'il porte préjudice aux Pères qui se trouvent au Cap Comorin.

Entièrement vôtre dans le Christ.

François

17. La provision de trois cents *pardaus* destinée à ce collège de Cochin pour achever les travaux du collège, qu'elle soit prise sur ce que le Roi doit au collège, sur la pension que Son Altesse nous fait verser. Cette provision, inscrite en toutes lettres dans le registre des pensions, vous l'enverrez le plus tôt possible au Père.

18. Pour ce qui est des dépenses qu'il fera ici, envoyez-lui une provision comme quoi on lui verse par échéances ce qui lui sera nécessaire pour vivre, et cela, aux frais du Roi, ou aux frais de la maison. Le montant en sera de cent cinquante *pardaus* d'or, étant donné que nombreux sont ceux qui viennent ici, aussi bien du Cap Comorin que d'autres endroits, et que les dépenses y sont élevées parce que ceux qui tombent malades tant au Cap Comorin qu'à Quilon viennent ici.

François

19. Ecrivez à Maître Melchior à Bassein de garder auprès de lui le très jeune Teixeira, qu'il le fasse progresser et qu'il le catéchise ; en compagnie du P. François Henriques se trouvera un jeune garçon originaire du pays *gujarati* qui porte sur lui une lettre de moi adressée à vous.

20. Quant au jubilé, envoyez-le à Cochin par une personne sûre et obtenez du Seigneur Evêque une approbation ainsi qu'une lettre pour le Père Vicaire. Et en outre, une lettre du vicaire général dans laquelle il recommande beaucoup ce jubilé. Que ce soit en sorte que ce jubilé tombe en hiver.

Entièrement vôtre dans le Christ.

François

120

INSTRUCTION POUR
LE P. ANTOINE DE HEREDIA
(EX.II, 440-452 ; S.IV, 473-475)

Ce texte, dont la date est hypothétique, procède assurément de la même inspiration que les instructions pour le P. Gaspard : s'appliquer en toute chose, car c'est par les détails d'exécution que vaut une action, et travailler en harmonie avec les Franciscains et les confréries.

Cochin, le 24 avril (?) 1552

1. D'abord, pour autant que ce sera en votre pouvoir, œuvrez à vous faire aimer de tout le peuple, et principalement des moines [1] et des confrères de la Mère de Dieu, en leur faisant comprendre par tous les moyens et de toutes les manières que vous désirez seulement faire leur volonté et accroître la dévotion de cette maison de la Mère de Dieu. Vous leur rendrez visite et c'est à eux que vous aurez recours en cas de nécessité.

2. Chaque fois que les pauvres seront en proie à des nécessités corporelles, vous aurez recours à la Miséricorde et aux membres de la confrérie, lorsque des personnes pauvres vous demandent une aumône : qu'ils ne puissent pas sentir que c'est du vôtre que vous donnez. Envers ces nécessiteux, vous vous conduirez de la manière suivante : si eux, ils vous exposent leurs nécessités corporelles, vous, exposez-leur les nécessités spirituelles, afin qu'ils s'approchent de Dieu, qu'ils se confessent et qu'ils communient, et c'est ensuite que vous les aiderez, pour autant que vous le pourrez, pour leurs nécessités corporelles, en raison de leurs demandes, comme je l'ai dit.

3. Lorsque vous conversez avec ces gens, ne vous montrez ni grave ni comme une personne qui désire avoir de l'autorité sur eux ou les placer dans une dépendance envers vous. Permettez qu'ils aient du respect pour vous [2]. Vous serez affable lors des visites que vous rendrez, dans la conversation et quand vous prêchez sur des sujets religieux généraux : dissipez les erreurs dans lesquelles ils vivent, parlez-leur de la justice de Dieu qui est hostile à ceux qui ne veulent pas s'amender, et de la miséricorde de Dieu envers

---

1. Les franciscains.
2. Texte corrompu.

ceux qui s'arrêtent de pécher. C'est donc envers ceux qui continuent à pécher que vous serez rigoureux. Cependant, afin qu'ils
ne disent pas que vous les jetez dans le désespoir, vous leur parlerez de la miséricorde, comme je l'ai dit plus haut.

Lorsque vous conversez avec les gens, ce à quoi vous devez beaucoup vous exercer sera de faire preuve de toute sorte d'humilité :
vous tiendrez compte de tout le monde, aussi bien des ecclésiastiques que des laïcs. S'il se fait quelque bien, c'est à eux que vous
l'attribuerez, en disant que ce sont eux qui l'ont fait et ce sont eux
encore que vous prendrez comme protecteurs pour vos œuvres pies.

4. Travaillez par vous-même à faire grandir la renommée de la
Compagnie, en prenant pour fondement principal l'humilité et en
faisant en sorte que la Compagnie soit connue par vous. Souvenez-
vous que si Dieu a fait grandir le renom de la Compagnie, c'est
à cause de ceux qui endurèrent les épreuves et qui avaient pris pour
fondement une grande vertu[3]. Ainsi donc, c'est par la vertu que
vous travaillerez à participer à la renommée de la Compagnie :
sinon, vous détruirez ce que les autres ont fait.

5. Je vous rappelle surtout que l'autorité auprès du peuple, c'est
ce que Dieu donnera et lui, il la donne à ces personnes qui possèdent assez de vertus pour qu'il leur remette l'autorité et le crédit
auprès du peuple. Lorsque les hommes veulent ce crédit pour eux-
mêmes auprès du peuple, car ils s'attribuent à eux-mêmes ce qui
ne vient pas d'eux, Dieu alors s'abstient de le donner, afin que les
dons de Dieu ne soient point méprisés et que les parfaits soient
reconnus par les imparfaits. J'ai toujours demandé à Dieu de vous
faire sentir au-dedans de votre âme les obstacles qui viennent de
vous et en raison desquels il s'abstient de se manifester au peuple
au moyen de vous, car il ne vous donne pas le crédit nécessaire qui
vous permettrait de faire du fruit en celui-ci.

6. Dans vos examens de conscience, n'oubliez pas de vous examiner spécialement sur les fautes que vous commettez en prêchant,
en confessant ou lorsque vous conversez : recommandez-vous de
ces fautes, car c'est dans l'amendement de celles-ci que réside le
fait que Dieu augmente sa grâce et ses dons.

7. Vous ne ferez pas ce que beaucoup font, à savoir : chercher
l'artificiel ou ce qui plaît au peuple afin d'en être bien vu. Ceux
qui, en effet, s'efforcent d'obtenir que le peuple se plaise à être
avec eux, ne parviennent pas à recevoir l'honneur de Dieu et le
zèle des âmes. Cette façon de faire est très dangereuse, car elle

---

3. Syntaxe démantibulée.

s'accompagne d'une certaine vanité, celle de posséder une renommée et un crédit auprès du peuple [4].

8. Travaillez surtout à chasser complètement tout sentiment intérieur des choses signalées plus haut, en notant et en écrivant les choses que Dieu notre Seigneur vous fait particulièrement sentir, car c'est en cela que réside le progrès spirituel. Il y a en effet, une grande différence entre certaines choses écrites par les saints, et le plaisir et le sentiment qu'ils ont éprouvés quand ils les ont écrites. C'est pour cela que je vous recommande d'écrire vos sentiments spirituels : vous les tiendrez en grande estime et vous vous humilierez et vous vous abaisserez de plus en plus, afin que le Seigneur vous fasse croître.

9. Faites beaucoup pour apprendre de la part d'amis dévots dépourvus d'illusion quelles sont les fautes et les erreurs que vous commettez dans vos prédications, dans vos confessions et dans d'autres exercices, afin d'être amendé grâce à eux.

10. Quand vous confessez, procédez lentement, afin que les âmes profitent, et donnez-leur quelques méditations soit sur la mort soit sur le Jugement, soit sur l'enfer, pour qu'ils trouvent la contrition, les larmes et la douleur de leurs péchés.

11. Et cela, après avoir entendu l'aveu de leurs péchés et avant de leur donner l'absolution, principalement avec ceux qui ont des empêchements, tels que des haines, de la sensualité, ou des restitutions à faire. Cela s'entend des personnes qui disposent de temps devant eux. Vous exhorterez ces pénitents à se confesser souvent.

12. Quant aux restitutions que vous obtiendrez, vous les ferez faire au profit de la Miséricorde, ou, selon la dévotion des personnes qui doivent faire ces restitutions ou ces aumônes, à des maisons ou à des personnes particulières. Ces restitutions-là s'entendent pour ce qui n'a pas de propriétaire [5]. Faites bien attention de ne pas vous faire verser ces restitutions ni à vous ni à aucune autre personne particulière, car c'est de là qu'ensuite les gens en viennent à soupçonner des choses peu conformes au service de Dieu.

13. C'est avec tous ceux avec qui vous traiterez d'affaires spirituelles que vous userez de cette prudence, à savoir que, dans vos causeries et dans vos conversations, vous vous comporterez envers eux comme si un jour ils allaient devenir vos ennemis, en sorte que, lorsqu'ils s'écarteront de votre amitié, ils n'aient rien de quoi vous accuser. Vous observerez cette règle avec tous ceux avec qui vous converserez, parce qu'aussi bien pour vous que pour eux elle sera d'un grand profit.

---

4. *Idem*.
5. Sens hypothétique.

14. Lors des confessions, s'il y a un empêchement, avant de leur donner l'absolution, faites en sorte qu'ils accomplissent d'abord ce qu'ils promettent de faire, comme de renouer des amitiés, de restituer et de remédier à des faiblesses de la sensualité et autres choses : les hommes de ce pays sont généreux pour promettre, mais ils sont lents pour tenir leurs promesses et c'est pourquoi, ce qu'ils devraient faire après avoir reçu l'absolution, qu'ils le fassent donc avant d'être absous par vous [6].

121

MESSAGE ADRESSE A JEAN SOARES
VICAIRE DE MALACCA
(EX.II, 454-456 ; S.IV, 588-589)

Après son arrivée à Malacca, saint François Xavier se heurte à des obstacles, notamment à l'hostilité d'Alvaro de Ataide, pourtant frère de son ami Pierre da Silva, sur le chemin de la Chine. Ces obstacles, il entend les lever par de grands moyens : en brandissant des menaces d'excommunication.

Juin 1552 (?)

Seigneur,

1. Le P. Maître François dit que c'est sur la requête du Roi notre Seigneur que le Pape Paul III l'a envoyé en ces contrées-ci afin de convertir les infidèles, d'y étendre la sainte Foi de Notre Seigneur Jésus-Christ et de faire que le Créateur du monde soit connu et adoré par ses créatures qu'il a créées à son image et à sa ressemblance. C'est pour remplir plus parfaitement cette fonction que le saint Pape Paul III l'a nommé nonce apostolique. Lesquelles lettres me nommant nonce apostolique ont été envoyées par lui au Roi notre Seigneur afin que, si Son Altesse jugeait bon de me donner ses pouvoirs spirituels si étendus en ces contrées, cela ait lieu avec son agrément et avec son assentiment, et non pas autrement, car c'est à la requête de Son Altesse que j'ai été envoyé dans ces contrées de l'Inde. Et c'est ainsi que le Roi notre Seigneur m'a fait appeler à Lisbonne et m'a remis de sa main à la mienne les lettres me nommant nonce apostolique pour ces contrées de l'Inde.

2. A mon arrivée dans l'Inde, je montrai cette nomination

---

6. La signature manque.

comme nonce apostolique au Seigneur Evêque, Don Jean de Albu-
querque, et il l'entérina. A présent, comme il semble au Seigneur
Evêque, mon prélat et mon supérieur, que j'accomplirais ainsi un
grand service pour Notre Seigneur, il m'a envoyé auprès du roi de
Chine pour lui faire connaître la Loi véritable de Jésus-Christ notre
Seigneur, ainsi qu'il en est manifesté par la lettre que le Seigneur
Évêque adresse au roi de Chine, lettre que j'envoie à Votre Seigneurie pour qu'elle la lise et pour qu'ainsi elle voie que c'est la volonté
du Seigneur Evêque que je parte chez le roi de Chine.

Quand il vit que c'était un grand service de Dieu que je parte
en Chine, le Seigneur Vice-roi donna l'ordre à Jacques Pereira de
partir pour la cour de Chine, comme cela apparaît dans ces lettres
patentes que j'adresse à Votre Révérence en même temps que celle-
ci. C'est par elles en effet qu'ordre est donné au Capitaine de la
forteresse, François Alvares, par décision du Roi notre Seigneur
et de l'Intendant du trésor, de faire ce qu'ordonne le Seigneur
Vice-roi[1].

3. Le Seigneur Capitaine[2] fait à présent obstacle à cet embarquement et à ce voyage si propices au service de Dieu et à l'accroissement de notre sainte Foi. C'est pourquoi je requiers de Votre
Révérence, au nom de Dieu et au nom du Seigneur Evêque, notre
prélat, puisque Votre Révérence est ici pour le remplacer, de manifester au Seigneur Capitaine la lettre Extravagante « *Super Gen-
tes* ». Etant donné que celle-ci considère comme maudits et excommuniés tous ceux qui empêchent les nonces apostoliques de faire
ce qui leur est ordonné par leur supérieur, je requiers, au nom du
Seigneur Evêque, notre prélat, une fois, deux fois et autant de fois
que je puis, d'expliquer la dite Extravagante au Seigneur Capitaine
et de le prier, au nom de Dieu et au nom du Seigneur Evêque, de
ne pas m'empêcher de faire ce voyage, conformément à ce qui était
prévu à ce propos par le Seigneur Vice-roi. Au cas où il ferait le
contraire, il serait excommunié, non pas au nom du Seigneur Evêque, ni en celui de Votre Révérence, ni en mon nom, mais au nom
des saints pontifes qui ont établi ces canons. Votre Révérence dira
cela en mon nom au dit Seigneur Capitaine : par la mort et par
la passion de Notre Seigneur Jésus-Christ, je lui demande de ne pas
vouloir encourir une pareille excommunication, car il ne doit pas
douter qu'il recevra de Dieu un châtiment bien plus grand qu'il ne
pense.

4. Votre Révérence me communiquera la copie de cette pétition

---

1. Reconstitution hypothétique du sens.
2. Alvaro de Ataide, *capitão-mor do mar* à Malacca.

avec la réponse du Seigneur Capitaine, afin de pouvoir montrer au Seigneur Evêque que ce n'est pas par ma négligence que je me suis abstenu d'aller en Chine pour accomplir son ordre, mais en raison de la grande brièveté de la mousson qui s'achève. Votre Révérence rendra ainsi un grand service à Dieu notre Seigneur, et à moi, elle m'accordera de la sorte l'aumône et la charité nécessaires pour accomplir ce voyage, car il n'est pas possible qu'au vu de ce Canon le Capitaine ne me donne pas aussitôt et sur l'heure la permission de le faire [3].

122

A JACQUES PEREIRA
(EX.II, 461-463 ; S.IV, 591)

Le projet d'ambassade à la cour du souverain chinois, dirigée par Jacques Pereira, étant ruiné, il ne reste plus à saint François Xavier qu'à s'excuser de l'avoir entraîné dans une aventure impossible. Le ton de cette lettre est déchirant.

Malacca, le 25 juin 1552

+

Seigneur,

1. Comme vos péchés et les miens ont été très grands, Dieu notre Seigneur n'a pas voulu se servir de nous et il n'y a personne à qui en attribuer la faute, si ce n'est à nos péchés. Et les miens sont tellement grands qu'ils ont suffi à causer ma perte et votre ruine. Vous auriez grandement raison, Seigneur, si vous vous plaigniez de moi, car c'est moi qui ai causé votre ruine, la vôtre ainsi que celle de tous ceux qui allaient partir à bord de votre navire. Je vous ai ruiné, Seigneur, avec la dépense de quatre ou de cinq mille *pardaus* que vous avez déboursés sur ma demande, en cadeaux pour le roi de la Chine, et à présent, avec le navire et tous les biens que vous y avez mis [1]. Je vous prie, Seigneur, de vous souvenir que mon intention a toujours été de vous servir, Dieu notre Seigneur le sait bien et Votre Grâce aussi. S'il n'en était pas ainsi, j'en mourrais de chagrin.

---

3. Cette menace, pourtant terrible, ne suffit pas à faire fléchir aussitôt Alvaro de Ataide : S.IV, 589-590.

1. Le navire de Jacques Pereira a été confisqué par Alvaro de Ataide.

2. Je vous prie, Seigneur, de ne pas venir là où je me trouverai, afin de ne pas augmenter le chagrin que j'éprouve, car si je vous voyais, vous accroîtriez ma grandissante douleur, celle de me rappeler que je vous ai ruiné. Je m'en vais à bord du navire [2], afin de me trouver là-bas et de crainte d'être aperçu par les gens à la maison, avec les larmes aux yeux, et pour m'entendre dire que je vous ai ruiné. Si mon intention ne me sauvait pas, j'en mourrais de chagrin, comme je l'ai dit plus haut. J'ai déjà pris congé du Seigneur Don Alvaro, car il lui a plu et il a jugé bon d'empêcher notre départ.

3. Je ne peux faire mon devoir envers Votre Grâce qu'à la condition d'écrire au Roi notre Seigneur que c'est moi, Seigneur, qui vous ai ruiné et qui ai causé votre chute en vous demandant et en vous priant instamment, pour le service de Dieu et pour celui du Roi notre Seigneur, de partir en Chine en ambassade du Seigneur Vice-roi, afin d'établir la paix entre le roi de Chine et le Roi notre Seigneur, ce que le Roi recommande instamment, pour l'honneur et pour l'accroissement de son Etat, et pour les grands bénéfices qui peuvent en découler. Et puisque c'est pour servir le Roi notre Seigneur qu'on vous a retiré l'ambassade que le Seigneur Vice-roi vous avait confiée, ce qui entraîna la perte de votre navire et de vos biens, c'est pour décharger ma conscience que je mets ici ma signature et que je m'oblige à écrire au Roi notre Seigneur pour lui dire qu'il est obligé de vous rembourser tous les préjudices et toutes les pertes subies pour le servir. Je ne peux pas faire plus, car Dieu notre Seigneur sait combien j'ai été meurtri d'avoir été à ce point offensé par le Seigneur Don Alvaro, lorsqu'il m'a interdit de faire une chose si propre au service de Dieu notre Seigneur. Je regrette que ce soit de Dieu que va lui venir le châtiment, et plus grand qu'il ne croit.

Votre triste et inconsolable ami.

François

123

AU P. GASPARD (BERZE), A GOA
(EX.II, 464-465 ; S.IV, 606)

Malgré le chagrin que lui causent les entraves mises à son départ pour la Chine, saint François Xavier n'oublie pas de faire le bien qui se trouve à sa portée : il s'agit ici de régulariser la situation matrimoniale d'un ami.

---

2. Sur un autre navire du même Jacques Pereira ?

Malacca, le 13 juillet 1552

La grâce et l'amour de Notre Seigneur Jésus-Christ soient toujours en notre aide et en notre faveur. Amen.

Maître Gaspard,

J'écris au Seigneur Evêque à propos de la grave affaire de mon très cher ami, Alphonse Gentil. Quoique des raisons d'obligations et de salut éternel exigent de lui qu'il ne diffère pas plus longtemps un mariage légitime avec la femme dont il a eu des enfants par une intimité illicite, il tergiverse cependant encore et il lui manque une nouvelle incitation pour prendre cette résolution nécessaire. Mais j'ai vu que la grande estime et la grande révérence qu'il éprouve envers le Seigneur Evêque exercent une grande influence sur son âme et je ne doute point que si aux nombreuses raisons que j'ai alléguées pour qu'il fasse cela, et à mes gémissantes supliques, s'ajoutait l'autorité d'une personne aussi vénérée par lui, il ferait immédiatement et sans plus de délai ce que Dieu exige de lui. C'est pourquoi je vous prie d'intercéder auprès du Seigneur Evêque pour obtenir de lui, ce qui sera facile, qu'il veuille bien écrire des lettres à Alphonse Gentil pour l'exhorter et pour lui enjoindre instamment de faire sans retard ce qu'il aurait dû faire auparavant, par obligation et pour le statut de ses enfants, ce qui eût été à son honneur, à savoir recevoir selon le rite de l'Eglise la mère de ses enfants en mariage. Je soupçonne par ailleurs qu'il y a quelque chose de caché qui rend encore plus nécessaire cette exhortation du Seigneur Evêque à Alphonse, ce que je vous demande d'obtenir de lui. C'est-à-dire qu'en raison des réponses ambiguës qu'il m'a faites à propos d'une affaire si manifestement utile à lui-même, j'en suis venu à me faire cette opinion : il veut effectivement régler ce mariage ; mais il le retarde parce qu'il a conscience de quelque empêchement canonique caché, comme nous savons qu'il en existe beaucoup en secret dans les affaires de mariage. Etant donné qu'il ne veut pas le révéler, s'il y a quelque chose de ce genre, je ne puis que le soupçonner, en raison de l'expérience que j'ai de telles situations et j'ai explicité mes soupçons au Seigneur Evêque, afin qu'ainsi prévenu de ce fait, il puisse plus facilement porter remède à l'âme malade de cet homme et, en vertu de l'autorité dont il jouit dans un tel domaine, lui accorder une dispense, ce qui permettra de lever tous les obstacles à ce remède si nécessaire. Agissez donc, je vous en prie, avec la plus grande diligence, auprès du Seigneur Evêque, et de façon pressante pour qu'au mois d'avril prochain, quand le moment arrivera où les bateaux partiront de Goa pour Malacca, vous puissiez écrire par eux à mon ami Alphonse

Gentil, pour lui expliquer ce que vous aurez obtenu du Seigneur Evêque au sujet de cette affaire ou bien ce que vous aurez déjà pu régler dans son affaire, de toutes les choses que vous en aurez apprises, ou bien ce que vous espérez obtenir à propos de son empêchement, si toutefois celui-ci existe, et si lui, d'autre part, n'a pas fait de difficulté pour vous en informer. C'est ainsi, d'après ce que je crois, que nous devons aller au devant de l'hésitation de cet homme qui est retenu par quelque obstacle caché. Il aura peut-être moins peur de vous le révéler si vous lui donnez l'espoir de pouvoir être facilement délivré de certains empêchements grâce à la force de la puissance ecclésiastique. C'est tout ce que je vous recommande de faire avec la plus grande rapidité et la plus grande diligence possible. Que Dieu nous rassemble dans la gloire de son Paradis. Adieu.

Entièrement vôtre dans le Christ.

François

124

AU P. GASPARD (BERZE)
(EX.II, 467-468 ; S.IV, 607)

Payer ses dettes avant de partir.

Malacca, le 16 juillet 1552

La grâce et l'amour de Notre Seigneur Jésus-Christ soient toujours en notre aide et en notre faveur. Amen.

Maître Gaspard,

1. Vous devez savoir que jamais je ne parviendrai à payer tout ce que je dois au Seigneur Don Pierre da Silva, parce que, lorsqu'il était Capitaine de la forteresse de Malacca, il m'a tellement fait de faveurs pour les choses du service de Dieu que jamais, depuis mon arrivée en Inde, je n'ai vu personne me favoriser autant que lui. Quand je suis parti pour le Japon, il m'a fourni en deux jours un moyen de transport tout à fait conforme à mes souhaits et, en plus, un présent de deux cents *cruzados* à offrir, une fois au Japon, au maître du pays. Et plût à Dieu qu'il soit encore Capitaine de Malacca, car c'est d'une autre manière que je me serais embarqué pour la Chine ! En effet, son frère Don Alvaro s'est comporté à mon égard bien différemment, puisqu'il m'a retiré le moyen de

transport que le Seigneur Vice-roi m'avait fourni. Que Dieu notre Seigneur lui pardonne, parce que moi, je crains que Dieu ne le châtie bien plus qu'il ne le croit.

2. Le Seigneur Don Pierre da Silva m'a accordé à présent une grande faveur en me prêtant gracieusement et par amour les trois cents *cruzados* nécessaires pour payer ceux qui me furent donnés au Japon pour construire l'église de Yamanguchi, là où se trouvent les Pères de notre Compagnie. Une fois que vous aurez vu cette lettre, vous rembourserez dans les plus brefs délais au Seigneur Don Pierre da Silva les trois cents *cruzados* qu'il m'a prêtés ici avec tant d'amour et de bienveillance. Ces trois cents *cruzados* seront pris sur les revenus du collège ou sur les deux mille *cruzados* que le Roi fait verser chaque année à ce collège.

3. Veillez bien à les payer dans les meilleurs délais et n'attendez pas que le Seigneur Don Pierre vous les fasse demander, ce que je regretterais beaucoup, car il me semblerait alors que vous avez négligé de faire ce que je vous avais tellement recommandé.

Que notre Seigneur nous rassemble dans la gloire du Paradis. Entièrement vôtre dans le Christ.

François

125

AU P. GASPARD (BERZE), A GOA
(EX.II, 470-475 ; S.IV, 609-612)

Outre des recommandations semblables à celles qu'il lui a déjà envoyées, saint François Xavier exprime au P. Gaspard son extrême courroux de voir ruiné le projet d'ambassade jumelée avec sa mission de nonce auprès du monarque chinois. Qu'importe cependant, puisque de toute façon il partira pour la Chine, fût-ce à bord d'un bateau païen ou musulman.

Détroit de Singapour, le 21 juillet 1552

+

Jhus

La grâce et l'amour de Notre Seigneur Jésus-Christ soient toujours en notre aide et en notre faveur. Amen.

Maître Gaspard,

1. Vous ne pourriez jamais croire combien j'ai été persécuté à

Malacca et je ne vous décris pas par le détail ces persécutions. J'ai chargé le P. François Pérez de vous écrire ces détails. Tout ce que le P. François Pérez va vous écrire, à savoir : les excommunications encourues par Don Alvaro pour avoir empêché le voyage en Chine, si propice à un grand service de Dieu et à l'accroissement de notre sainte Foi, pour avoir contredit les bulles promulguées par le Pape Paul [1] et par celui qui est à présent [2] en faveur de la Compagnie du Nom de Jésus, en entravant le service de Dieu, et enfin, à cause de la lettre extravagante qui excommunie tous ceux qui empêchent les nonces apostoliques d'accomplir selon leur office le service de Dieu en accroissant notre sainte Foi, tout cela doit faire l'objet de vos soins diligents afin que ce soit par la voie du Seigneur Evêque que soient notifiées les excommunications lancées contre ceux qui mettront des entraves à la réalisation d'un si grand service de Dieu, en sorte que la prochaine fois, quand les Pères de la Compagnie du Nom de Jésus partiront pour le Japon ou pour la Chine, ils n'en soient pas empêchés.

2. Vous ferez en sorte d'obtenir du Seigneur Evêque que, dans les lettres de prescription qu'il va envoyer au vicaire de Malacca, il mentionne le fait que le Pape Paul m'a nommé nonce pour ces contrées de l'Inde, afin d'être plus aidé dans le service de Dieu. J'ai montré les lettres du Pape Paul au Seigneur Evêque et Sa Seigneurie les a approuvées. Moi aussi, j'écris au Seigneur Evêque à ce sujet, afin que Sa Seigneurie révérendissime notifie par une lettre de prescription l'excommunication encourue par Don Alvaro. Il me semble aussi qu'il y a au collège une bulle qui parle de ce que sont les nonces apostoliques et, s'il en était besoin, vous la montreriez au Seigneur Evêque. Cela, je le fais pour qu'à l'avenir on ne mette pas encore une fois des entraves aux membres de notre Compagnie.

3. Pour ma part, je serais d'avis de ne jamais demander à aucun prélat d'excommunier qui que ce soit et aussi, avec ceux qui sont excommuniés en vertu des saints Canons et des bulles concédés à notre Compagnie, je ne serai jamais d'avis de dissimuler, mais au contraire, de le leur notifier ; ainsi sortiraient-ils de l'excommunication et ils feraient pénitence du mal qu'ils ont commis et on pourrait empêcher de faire à l'avenir ces mauvaises actions qui entravent tant le service de Dieu notre Seigneur [3]. C'est pour cela que

---

1. Bulles *Regimini militantis Ecclesiae* (1540), *Injunctum nobis* (1544) et *Licet debitum* (1549).

2. Construction de la phrase douteuse. Il s'agit de la bulle de Jules III, *Exposcit debitum* (1550).

3. Syntaxe tordue.

je vous recommande instamment, en collaboration avec le P. Jean de Beira, de faire envoyer de manière spécifique la lettre de prescription du Seigneur Evêque, lettre par laquelle celui-ci spécifie qu'il ordonne au Vicaire de Malacca de notifier publiquement l'excommunication frappant Don Alvaro, parce qu'il a empêché un voyage si propice au service de Dieu et à l'accroissement de notre sainte Foi.

4. Quant à moi, je pars pour les îles de Canton, détaché de toute faveur humaine, avec l'espoir qu'un Maure ou qu'un Gentil va me transporter sur la terre ferme de la Chine. Car le bateau que j'avais pour aller jusqu'à la terre ferme, Don Alvaro l'a fait saisir par la force, puisqu'il n'a pas voulu tenir compte des lettres de nomination du Seigneur Vice-roi qui ordonnait à Jacques Pereira de partir en tant qu'ambassadeur auprès du roi de Chine, et à moi, d'aller en sa compagnie. Don Alvaro n'a pas voulu entériner ces nominations, pourtant si favorables au service de Dieu, et c'est ainsi qu'il m'a empêché de me servir du moyen de transport dont je disposais pour aller jusque sur la terre ferme de la Chine.

5. N'oubliez pas les mémoires que je vous ai laissés, surtout ceux qui touchent à votre conscience, et ensuite celles des autres membres de la Compagnie.

6. Œuvrez pour que, l'année prochaine, quelqu'un parte au Japon, comme je vous en ai laissé la recommandation quand je suis parti. Cette année, ce sont Balthazar Cago, Edouard et Pierre d'Alcaçova qui sont partis là-bas ; ils ont voyagé à bord d'un très bon navire et par très beau temps. Plaise à Dieu de les conduire jusqu'à Yamanguchi, où se trouvent le P. Cosme de Torres et Jean Fernández.

7. Avec les aumônes que vous pourrez obtenir, faites votre possible pour envoyer une charitable aumône par le navire qui, l'an prochain, partira en avril pour Malacca. Au cas où il se produirait qu'il n'y ait point de possibilité d'envoyer au Japon un Père de la Compagnie possédant de la science, vous enverrez dans ce cas un laïc coadjuteur jouissant d'une bonne intelligence et méritant une grande confiance, afin qu'il s'embarque avec une aumône et des nouvelles comme quoi, l'année suivante, un Père de la Compagnie s'en irait là-bas. Faites bien attention de ne pas envoyer un Père dépourvu de science, ni au Japon, ni en Chine. Quant au Frère que vous enverrez s'il n'y a pas de Père, qu'il ait du talent pour apprendre la langue. C'est par toutes les voies que vous pourrez utiliser, aussi bien par celle de la Miséricorde que par celle d'autres personnes dévotes, ou par la voie du Roi, ou par quelque autre voie, que vous tâcherez de faire parvenir une aumône aux

Frères du Japon. Quant au Frère qui va venir, le P. François Pérez lui cherchera un moyen de transport.

8. Vous apporterez à Jean de Beira toute l'aide et tout l'appui que vous pourrez lui fournir, aussi bien en le favorisant auprès du Seigneur Vice-roi qu'en lui envoyant les Frères que vous pourrez lui donner afin qu'ils l'aident en ce pays des Moluques à faire des Chrétiens. De toute façon, faites que le P. Jean de Beira s'en aille à bord du navire qui part pour les Moluques en avril, parce que son absence crée un grand manque aux Moluques. S'il y a un Père qui puisse partir avec lui pour les Moluques après être arrivé cette année du Portugal, même s'il n'a pas de science, il pourra partir pour les Moluques en compagnie d'un Frère méritant une grande confiance et possédant beaucoup de vertu, parce que là-bas la science n'est pas nécessaire, mais plutôt la vertu et la constance. Et si personne ne peut partir avec Jean de Beira, ce seront deux laïcs coadjuteurs, dans ce cas, dotés d'une grande vertu et d'une grande perfection qui partiront.

9. L'année prochaine, vous m'enverrez une lettre écrite de façon très détaillée, à Malacca, par le P. Jean de Beira, car c'est de là que me seront réexpédiées les lettres. Si le cas se présentait, ce que Dieu ne voudra pas, que je ne parte pas pour la Chine, je retournerai en Inde au cours du mois de décembre ou de janvier, si Dieu notre Seigneur m'accorde la santé et la vie. Vous m'écrirez des nouvelles de toute l'Inde et du Portugal, sur le Seigneur Evêque, sur les moines de saint François et de saint Dominique, auxquels vous transmettrez de manière très insistante mes demandes de recommandation : vous les prierez instamment de me recommander à Dieu notre Seigneur dans leurs saints sacrifices et dans leurs oraisons.

10. A la maison, vous ferez spécialement mention devant Dieu de moi ainsi que des Pères et des Frères qui se trouvent au Japon : soyez sûr, en effet, que nous avons grand besoin de l'aide de Dieu notre Seigneur, afin qu'il nous rassemble dans la gloire du Paradis, où nous aurons un plus grand repos qu'il n'y en a en cette vie-ci.

Alvaro Ferreira part avec moi, ainsi qu'Antoine Chine [4] qui était à Cochin. Ils sont tous deux malades, avec de la fièvre, et j'ai plus de peine et de souci à leur sujet qu'on ne pourrait l'écrire. Il plaira à Dieu notre Seigneur de leur apporter la santé.

Votre ami et Frère dans le Christ.

François

---

4. Antoine Chine ou Antoine de Sainte Foi, néophyte chinois.

126

AU P. JEAN DE BEIRA, A MALACCA
(EX.II, 476-478 ; S.IV, 612)

Recommandations à un missionnaire en partance pour les Moluques.

Détroit de Singapour, le 21 juillet 1552

La grâce et l'amour du Christ notre Seigneur soient toujours en notre aide et en notre faveur. Amen.

Jean de Beira,

1. Pour le service de Dieu notre Seigneur, je vous recommande et je vous prie de ne faire part à personne des choses intérieures que Dieu vous a fait sentir. Je veux dire : ces choses qui n'appartiennent pas au bien et au profit spirituels des Chrétiens des Moluques et de l'Ile du Maure, ainsi que d'autres contrées.

Vous vous efforcerez de régler toutes les choses qui touchent au bien et au profit des Chrétiens avec le Seigneur Vice-roi et en vous entretenant avec l'Evêque, afin qu'il vous aide, si c'est nécessaire, pour obtenir des recommandations du Seigneur Vice-roi pour le roi des Moluques, puisque, comme vous le dites, il n'est pas notre ami.

2. Réglez vos affaires rapidement pour revenir en mai, à bord du navire qui part pour les Moluques. Si vous ne pouvez pas emmener de Pères, emmenez des Frères, parce que dans ces pays-là ceux qui ne sont pas prêtres en font autant que ceux qui le sont et, pour vivre dans plus d'humilité et plus de paix, les Frères laïcs coadjuteurs sont meilleurs, me semble-t-il. L'ordre a été laissé auprès de Maître Gaspard comme quoi chaque année un membre de la Compagnie viendrait, soit laïc soit prêtre.

3. Veillez à ne vous abstenir, sous aucun prétexte, de retourner l'an prochain en mai aux Moluques, parce que votre absence crée un grand manque là-bas. Vous garderez cette lettre, pour que là-bas en Inde personne ne mette d'obstacle à votre retour aux Moluques. Et gardez-vous bien de faire part de ces choses que vous m'avez dites dans l'église de Malacca.

J'écris au P. Maître Gaspard pour qu'il vous fournisse tout l'appui et toute l'aide nécessaire pour que vous retourniez vite aux Moluques. Et, pour ce qui touche au roi des Moluques, vous arriverez prudemment muni des lettres de décret du Vice-roi, qui révoquent celles qu'a données Don Jean de Castro en faveur du roi des Moluques, puisque le roi des Moluques tient si mal sa parole. Que Notre Seigneur nous rassemble dans la gloire du Paradis.

Votre Frère dans le Christ.

François

127

AU P. GASPARD (BERZE), A GOA
(EX.II, 479-480 ; S.IV, 613)

Ne pas oublier les interprètes, non plus que les ressources néces-
saires à la jeune mission de la Compagnie au Japon.

Détroit de Singapour, le 22 juillet 1552

La grâce et l'amour du Christ notre Seigneur soient toujours en
notre aide et en notre faveur. Amen.

Maître Gaspard,

1. C'est en compagnie du P. Balthazar Gago et de Pierre d'Alcaçova qu'Antoine [1] est parti pour le Japon en qualité de *juruba-*
hâsa et de *tuppâsi* [2], à leur arrivée à Yamanguchi. C'est sur mes
prières que Jean Japon [3] a accepté de rester pour partir l'année
prochaine avec un Père ou un Frère de la Compagnie pour le
Japon, afin de servir de *tuppâsi* à leur arrivée à Yamanguchi. Pour
l'amour de Notre Seigneur, je vous recommande de chercher une
aumône pour Jean Japon, car il est pauvre. Pour ma part, lorsque je l'ai prié d'attendre pour s'en aller au Japon en l'an 1553
avec un Père ou un Frère de la Compagnie, je lui ai promis que
là vous lui chercheriez une aumône s'élevant jusqu'à trente *par-*
daus, qui seraient investis dans les marchandises dont Jean Japon
sait qu'elles ont de la valeur en son pays, ce qui lui permettra d'y
vivre, même si c'est avec difficulté. Je vous prie donc instamment
de faire là-bas bon accueil à Jean, étant donné que les membres
de la Compagnie qui vont partir au Japon ont grand besoin de lui,
et de lui trouver une aumône soit par le biais de la Miséricorde,
soit par le biais d'une personne spirituelle. Comme je sais à ce propos que vous en prendrez grand soin, je ne vous recommande pas
davantage Jean.

Que Notre Seigneur nous rassemble dans la gloire du Paradis.

2. Maître Gaspard, faites en sorte que l'aumône que vous allez
envoyer aux Frères qui sont au Japon soit uniquement en or, et
que cet or soit le meilleur que vous pourrez trouver, tel celui des
veneziani [4] ou un autre or d'aussi bonne qualité, parce qu'au

---

1. Néophyte japonais.
2. Le premier mot, qui est malais, comme le second, tamoul, signifient l'un
et l'autre « interprète ».
3. Autre néophyte japonais.
4. Sequins d'or de Venise.

Japon ils exigent l'or le meilleur pour travailler leurs armes et pour les dorer ; d'ailleurs, hormis cela, l'or n'est au Japon d'aucune utilité.

Si quelqu'un arrive au cours de l'année 1553, il n'est d'aucune nécessité qu'il parte pour le Japon, s'il n'est pas préparé à endurer de grandes fatigues, aussi bien celles de la mer, jusqu'à son arrivée au Japon, que les autres, quand il sera arrivé dans le pays. Pour ce qui est du froid, qu'il prenne la précaution d'apporter des tissus du Portugal, aussi bien pour lui que pour ceux qui sont là-bas.

Votre Frère dans le Christ, qui vous aime beaucoup.

François

128

A JEAN JAPON, A MALACCA
(EX.II, 482-483 ; S.IV, 614)

Les conseils spirituels s'allient à des promesses matérielles, pour le néophyte japonais.

Détroit de Singapour, le 22 juillet 1552

Jhus

Jean [1] Japon, mon Fils,

1. Pour ma part, j'écris au P. Maître Gaspard afin qu'il cherche une aumône pour toi à Goa et qu'ainsi tu l'investisses dans des marchandises grâce auxquelles tu pourras revenir dans ton pays avec quelque chose. Tu partiras pour Goa, quand les navires partiront de Malacca pour l'Inde, en compagnie du P. Jean de Beira, et tu donneras au P. Maître Gaspard cette lettre, que je t'envoie en même temps que celle pour toi. Quant aux Pères qui partiront pour le Japon, tu les serviras très bien, jusqu'au moment où tu les auras conduits à Yamanguchi.

2. Confesse-toi très souvent et reçois le Seigneur pour que Dieu t'aide. Recommande-toi à Dieu et abstiens-toi de faire des péchés, parce que si tu offenses Dieu, tu vas être bien puni dans ce monde-ci ou dans l'autre ; c'est pourquoi garde-toi de faire des

---

1. En portugais, le prénom « Jean » a pour équivalent normal « João » alors qu'ici nous avons « Joane » qui renvoie à un saint ermite de la Catalogne.

choses en raison desquelles tu irais en enfer. Tu me recommande-
ras beaucoup à Marc et à Paul [2] à ton arrivée au Japon. Que Dieu
fasse de toi un saint bienheureux et qu'il t'emmène dans la gloire
du Paradis [3].

3. Tu diras au P. François Pérez, quand tu lui montreras cette
lettre de moi, d'écrire, quand tu partiras pour l'Inde, au P. Antoine
de Heredia à Cochin, afin de lui recommander de ma part de te
chercher là-bas une aumône, soit par le biais de la Miséricorde, soit
par d'autres dévots de lui. En outre, si le P. François Pérez pouvait te donner une aumône pour quand tu reviendras de l'Inde,
montre-lui cette lettre de moi : peu ou prou, lui, il t'aidera autant
qu'il le pourra. Ne pars pas pour Cochin sans une lettre de François Pérez pour le P. Antoine de Heredia. Tu garderas très soigneusement cette lettre de moi et tu la montreras à Cochin au
P. Antoine de Heredia, parce que s'il le peut, lui, il t'aidera ; et
si tu es bon et si tu sers bien les Pères qui partiront au Japon, j'en
suis sûr, le P. Antoine de Heredia te cherchera une aumône.

Jean, mon Fils, tu serviras très bien les Pères qui partiront au
Japon et c'est jusqu'à Yamanguchi que tu iras avec eux.
Ton ami d'âme.

François

129

A JACQUES PEREIRA, A MALACCA
(EX.II, 485-487 ; S.IV, 614-615)

*Malgré l'échec du projet d'ambassade en Chine, dirigée par Jac-
ques Pereira, saint François Xavier n'a pas perdu l'espoir de gagner
l'Empire du Milieu. Il prie son malheureux ami d'agir encore
auprès de la Couronne portugaise, de ne pas se considérer comme
vaincu, sans pour autant négliger les affaires de son âme.*

Détroit de Singapour, le 22 juillet 1552

Seigneur,

1. La nostalgie que j'ai de vous, Seigneur, ainsi que le souvenir
que j'ai constamment en voyant que vous restez dans un pays si

---

2. « Paul » est certainement Anjirô ; « Marc » nous est inconnu.
3. Originellement, la lettre s'arrêtait ici.

malsain [1], font que j'ai un souvenir plus intense encore de Votre Grâce. Tout le monde ici, par respect pour Votre Grâce, me traite avec beaucoup d'honneur et de faveur à bord de son navire [2], en me fournissant très libéralement le nécessaire, aussi bien à moi-même qui me porte bien, qu'aux malades que j'ai embarqués là-bas et qui, malgré la miséricorde de Dieu, se trouvent dans un état toujours pire. Dieu connaît les peines et les soucis qu'ils me procurent, Dieu soit loué pour toute chose et toujours dans les cieux et sur la terre.

2. Seigneur, j'envoie là-bas à Votre Grâce les lettres pour le Roi et pour le Vice-roi ouvertes : Votre Grâce les lira et les fermera. Pour ma part, Seigneur, en raison du grand amour que j'ai pour vous, je serais très heureux si une personne digne d'une très grande confiance emportait cette année au Portugal la lettre pour le Roi, parce que de la sorte le règlement que j'espère interviendrait. Votre Grâce pourra lire au Seigneur Don Pierre la lettre, pour qu'il voie ce que j'écris à son propos à Son Altesse. La lettre part par deux voies : dans l'une, elle part fermée et dans l'autre, elle part ouverte, toutes deux disant la même chose. Vous les enverrez, Seigneur, bien recommandées. L'une des voies sera, s'il vous paraît bien, la voie de Don Pierre et l'autre sera celle d'une personne tout à fait vôtre, qui prenne bien soin de négocier les choses de votre honneur : à ce propos, Seigneur, vous ferez ce qui vous paraîtra bien.

3. Je vous prie instamment, Seigneur, comme une faveur, de veiller beaucoup sur votre santé et sur votre vie et de mettre beaucoup de bon sens à réfléchir à ces choses, à mesure que le temps passe, et en les cachant à de nombreuses personnes qui prétendent être vos amis mais qui ne le sont pas.

4. Je vous demande surtout, Seigneur, comme une faveur, de vous approcher beaucoup de Dieu, afin d'être consolé par lui en ce temps si plein de tribulations. Pour l'amour de Notre Seigneur, je vous demande une faveur, qui pour moi sera très grande : que vous vous confessiez, que vous receviez le Seigneur et que vous vous conformiez à sa sainte volonté, car c'est pour votre plus grand bien et pour votre plus grand honneur que toute cette persécution se produit.

5. J'emmène François da Vila avec moi en Chine, car j'ai grand besoin de lui et aussi parce qu'il est indispensable à la réalisation des affaires du navire de Votre Grâce, pour seconder Thomas

---

1. Des fièvres malignes avaient ravagé Malacca.
2. Le *Santa Cruz*.

Iskander[3]. C'est à bord du premier *vankan*[4] qui viendra de Chine qu'il partira pour Malacca. Si Dieu notre Seigneur ne fraie pas un chemin vers la Chine que je puisse prendre pour y aller, c'est dans la première chose qui viendra de Chine que je partirai pour Malacca et si je peux attraper les navires qui partent pour le Royaume, je partirai en Inde.

6. Il me semble que Votre Grâce doit écrire au Roi notre Seigneur d'une façon très détaillée pour lui rendre compte des profits que retirerait Son Altesse de l'établissement d'un comptoir en Chine, et aussi, au Seigneur Vice-roi. J'écris en effet dans ce sens, ainsi que vous le verrez par ces lettres envoyées ouvertes. Quant à vos lettres pour le Roi, elles partiront avec les miennes, vous en ferez un seul paquet et l'enveloppe portera l'adresse : « Pour le Roi notre Seigneur, de la part du P. Maître François. » Quant à la personne en partance pour le Portugal, que ce soit une personne en qui on puisse avoir une grande confiance et qui revienne vite en Inde avec la réponse à ces lettres.

Si Dieu m'emmène en Chine, que Votre Grâce n'oublie pas de m'écrire de ses nouvelles, parce que de les recevoir, j'en éprouverai un plaisir extrême. Que Notre Seigneur donne à Votre Grâce autant de consolation en cette vie et de gloire dans l'autre que moi, je m'en désire pour moi-même[5].

7. Le Père Vicaire m'a prié d'écrire de sa part au Roi. C'est ce que moi, j'ai fait, bien qu'il n'ait pas manqué de personnes pour me dire qu'à l'occasion de ce voyage en Chine celui-ci s'est abstenu d'apporter son soutien à ce qui convenait au service de Dieu et à l'accroissement de notre sainte Foi, car il s'est montré servile envers Don Alvaro : il lui semblait en effet que, par ce biais, il en retirerait un bénéfice temporel. Il se trompe beaucoup celui qui croit qu'après s'être dérobé à Dieu de qui tout bien procède, il va trouver un remède par la voie humaine. Je me venge de ceux qui ne sont pas mes amis en leur faisant du bien, car le châtiment de Dieu viendra et vous, Seigneur, vous verrez aux effets que Dieu inflige le châtiment à ceux qui m'ont défavorisé dans le service de Dieu. C'est la vérité que j'ai déjà bien pitié d'eux, car je crains qu'ils ne reçoivent un châtiment bien plus grand qu'ils ne croient. La lettre pour le Roi où il est question du Vicaire, Votre Grâce la remettra de sa propre main.

8. Si Dieu m'emmène en Chine, comme je l'espère, je dirai pour

---

3. Probablement un chrétien malabar ou arménien.
4. Sorte de petite jonque.
5. La lettre s'arrêtait ici.

ma part aux Portugais l'obligation dans laquelle ils se trouvent vis-
à-vis de Votre Grâce et c'est au nom de Votre Grâce que je leur
ferai à eux tous des recommandations : je leur montrerai les
comptes des nombreuses dépenses faites par Votre Grâce pour aller
les racheter [6] et je leur donnerai l'espérance que ce sera pour
l'année prochaine, si Dieu y consent.

Je vous demande, Seigneur, comme une faveur, de rendre très
souvent visite aux Pères du collège et de vous consoler avec eux.

Votre très grand ami.

                                                    François

130

AU P. FRANÇOIS PEREZ, A MALACCA
(EX.II, 489-491 ; S.IV, 626-627)

*Bien que, dans les circonstances présentes, il ne puisse plus être
question de l'ambassade projetée, c'est à bord d'un bateau appartenant à Jacques Pereira, le* Santa Cruz, *que saint François Xavier
a atteint, non pas la Chine proprement dite, mais l'île-port de Sancian (Söng Ch'ün) au large de Canton. Il envoie à Malacca de nouvelles consignes à appliquer pour François Pérez : qu'il parte pour
l'Inde.*

                                     Sancian, le 22 octobre 1552

                              Jhus

François Pérez,

1. En vertu de la sainte obéissance, je vous ordonne qu'après
avoir vu cette cédule vous ne restiez pas un instant de plus à
Malacca, mais de partir en direction de l'Inde à bord des navires
qui partiront pendant cette mousson. Au cas où cette cédule de moi
vous serait remise après le départ des navires pour l'Inde, c'est
vous, Jean Bravo et Bernard qui partiriez à bord du bateau pour
le Coromandel vers Cochin. C'est à Cochin que vous resteriez pour
prêcher, pour confesser et pour enseigner, ce que vous aviez l'habitude de faire à Malacca au moment de mon départ pour le Japon,
en vertu de la règle que j'ai laissée à Antoine de Heredia, lequel

───────────

6. Des Portugais sont captifs à Canton.

est à présent à Cochin. Quant à vous, vous resterez à la place d'Antoine de Heredia à Cochin et, dès qu'il aura vu cette cédule, Antoine de Heredia ou bien celui qui se trouverait à sa place, partira pour Goa, où il se tiendra prêt pour partir pour le Japon. Ainsi, cet ordre que je vous donne s'appliquera aussi bien à Antoine de Heredia ou à l'autre personne se trouvant à Cochin, qu'à vous-même, en sorte que ce soit en vertu de l'obéissance que vous accomplissiez ce que je vous ordonne. Et à partir du jour où vous serez entré dans la maison de Cochin, vous serez recteur de cette maison et celui qui s'y trouvera, que ce soit Antoine de Heredia ou un autre, cessera de l'être.

2. Vous vous exercerez avec tout le talent que Dieu notre Seigneur vous a donné dans tout ce qui conviendra à la plus grande gloire de Dieu, au plus grand service de Dieu et à la perfection de la Compagnie. Comme j'ai confiance en vous et suis sûr que vous ferez cela et davantage, je vous ordonne, en vertu de l'obéissance, d'être recteur de cette maison. Vous vous trouverez sous l'obéissance du recteur de la maison de Saint Paul de Goa. Quant à ceux qui viendront à Cochin et seront membres de la Compagnie, que ce soient les prêtres ou les laïcs coadjuteurs, et quelle que soit leur qualité, ils se trouveront placés sous votre obéissance, à moins que le recteur de Goa n'ordonne le contraire pour quelque cas fortuit. Cela, je l'ordonne en vertu de l'obéissance à tous ceux qui viendront dans cette maison de Cochin, qu'ils vous obéissent. Quant à vous, c'est en vertu de l'obéissance que vous accomplirez ce que je vous ordonne dans cette cédule, aussi bien en quittant Malacca qu'en étant recteur de la maison de Cochin.

François

131

AU P. FRANÇOIS PEREZ, A MALACCA
(EX.II, 493-497 ; S.IV, 627-629)

Même si le ton de cette lettre ne manifeste aucun désarroi, rien ne va plus : saint François Xavier projette de se faire introduire clandestinement en territoire chinois, ce qui ne peut être qu'une folle aventure. Ce qui ne signifie pas qu'il ait complètement perdu l'espoir d'entrer un jour dans l'Empire du Milieu par la grande porte, avec une ambassade. Mais c'est compter sans ces fièvres tropicales qui l'ont déjà visité à son arrivée à Sancian.

Sancian, le 22 octobre 1552

La grâce et l'amour du Christ notre Seigneur soient toujours en notre aide et en notre faveur. Amen.

1. C'est par la miséricorde et par la pitié de Dieu notre Seigneur que le navire de Jacques Pereira est arrivé ici avec nous tous à son bord, sains et saufs, en ce port de Sancian, où nous avons trouvé beaucoup d'autres navires de marchands. Ce port de Sancian se trouve à trente lieues de Canton. Beaucoup de marchands de cette ville de Canton viennent dans ce port de Sancian pour y faire des affaires avec les Portugais. Les Portugais ont négocié avec diligence pour voir si quelque marchand de Canton voulait m'emmener. Tous se sont dérobés en disant qu'ils mettraient leurs vies et leurs biens en un grand danger, si le gouverneur de Canton apprenait qu'ils m'emmènent. C'est pour cette raison qu'à aucun prix ils n'ont voulu m'emmener à bord de leurs navires à Canton.

2. Il a plu à Dieu notre Seigneur qu'un homme honorable, un habitant de Canton, s'est offert pour m'emmener, contre deux cents *cruzados* sur une petite embarcation où il n'y aurait pas d'autres marins que ses fils et ses domestiques, si bien que le gouverneur de Canton ne réussirait pas à savoir par les marins quel a été le marchand qui m'a amené. Bien plus, il s'est offert à me garder caché dans sa maison pendant trois ou quatre jours pour ensuite me déposer le lendemain à la porte de la ville, avec mes livres et mon autre bagage, pour que je puisse de là me rendre immédiatement chez le gouverneur et lui dire que nous sommes venus pour aller là où réside le roi de Chine, afin de lui montrer la lettre que nous avons emportée du Seigneur Evêque pour le roi de Chine et de lui expliquer que nous sommes envoyés par Son Altesse pour proclamer la Loi de Dieu.

3. Il y a deux dangers que nous courons, d'après ce que disent les gens du pays : le premier, c'est que l'homme qui nous emmène nous abandonne dans une île déserte, ou nous jette à la mer, une fois que les deux cents *cruzados* lui auront été versés, afin de ne pas se faire reconnaître par le gouverneur de Canton. Le second, c'est que, s'il nous emmène à Canton et si nous nous présentons devant le gouverneur, celui-ci nous fasse infliger de mauvais traitements ou nous fasse prisonniers. C'est en effet une chose inouïe que cela et il y a tellement d'interdictions en Chine qui font que personne n'y pénètre sans le visa du roi et que les étrangers n'entrent pas sur ses terres sans leurs visas. En dehors de ces deux dangers, il y en a beaucoup d'autres, bien plus grands, qui ne menacent point les gens du pays : les raconter serait long, mais je ne manquerai pas d'en évoquer certains.

4. Le premier, c'est de cesser d'espérer et d'avoir confiance dans la miséricorde de Dieu, car c'est pour son amour et pour son service que nous partons manifester sa Loi ainsi que Jésus-Christ, son Fils, notre Rédempteur et Seigneur, comme il le sait bien. Etant donné que c'est grâce à sa sainte miséricorde qu'il nous a communiqué ces désirs, ne pas nous confier à présent en sa miséricorde et en son pouvoir, en raison des dangers auxquels nous sommes exposés pour le servir, est en soi-même un danger bien plus grand (car s'il est davantage servi, il nous préservera des dangers de cette vie) que ne sont les maux que peuvent nous occasionner tous les ennemis de Dieu, car, sans la licence et sans la permission de Dieu, les démons et leurs ministres ne peuvent aucunement nous opposer des obstacles.

5. Nous devons aussi nous conforter grâce à la parole du Seigneur, qui a dit : « Qui aime sa vie en ce monde la perdra et celui qui pour Dieu la perdra, la trouvera[1]. » Ce qui est en effet conforme à ce que dit aussi le Christ notre Seigneur : « Celui qui met la main à la charrue et regarde en arrière, n'est pas apte pour le royaume de Dieu[2]. »

6. Nous considérons que ces dangers de l'âme sont beaucoup plus grands que ceux du corps, et donc nous trouvons qu'il est plus sûr de nous exposer aux dangers corporels que d'être enveloppés devant Dieu dans des dangers spirituels. C'est pourquoi c'est par n'importe quelle voie que nous sommes déterminés à partir en Chine. J'ai espoir en Dieu notre Seigneur que notre voyage en Chine réussira et qu'il contribuera à l'accroissement de notre sainte Foi, quelles que puissent être les persécutions déchaînées par les ennemis et par leurs ministres. En effet, « si Dieu est pour nous, qui pourra emporter la victoire sur nous[3] ? »

7. Lorsque le bateau partira d'ici, de ce port de Sancian pour Malacca, j'en ai l'espoir en Dieu notre Seigneur, il emportera des nouvelles de nous et dira comment nous avons été reçus à Canton. Car à leur sortie de Canton les navires passent toujours par ce port et c'est par eux que je pourrai écrire ce qui nous est arrivé entre ici et Canton et comment le gouverneur de Canton nous a traités.

A notre arrivée, Antoine Ferreira et Antoine Chine étaient encore malades, mais à présent, par la miséricorde de Dieu, ils sont en meilleure santé. J'ai constaté qu'Antoine n'est pas bon pour

---

1. Jean 12, 25 (cité en portugais).
2. Luc 9, 62 (idem).
3. Romains 8, 31.

faire le *jurubahâsa*[4], parce qu'il ne sait plus parler le chinois. Un certain Pierre Lopes, qui a été le captif d'Antoine Lopes Boba-dilha[5], mort lors du siège de Malacca, s'est offert pour aller avec moi comme *jurubahâsa* ; il sait lire et écrire le portugais et il lit et écrit aussi un peu le chinois. Dieu lui paiera cela dans cette vie ou dans l'autre ; recommandez-le donc à Dieu notre Seigneur pour qu'il lui donne le don de persévérance.

8. Après notre arrivée à Sancian, nous avons fait une église et j'y ai dit la messe chaque jour jusqu'au moment où je suis tombé malade avec de la fièvre. J'ai été malade pendant quinze jours mais à présent, par la miséricorde de Dieu, je me trouve en bonne santé. Les occupations spirituelles ne manqueront pas ici, comme de confesser et de visiter les malades, et de réconcilier des ennemis. Je ne sais quoi vous dire de plus depuis ici, sinon que nous sommes tous très décidés à partir pour la Chine. Tous les Chinois que nous rencontrons, je veux dire les honnêtes hommes marchands, manifestent leur joie et leur désir que nous allions en Chine, car il leur paraît que nous apportons une Loi écrite dans les livres qui doit être meilleure que celle qu'eux, ils possèdent, ou bien parce qu'ils aiment la nouveauté. Tous manifestent un grand plaisir, même si personne ne veut nous emmener, en raison des dangers auxquels ils peuvent s'exposer[6].

9. Quant à l'Eglise de Notre Dame et au collège, si nous en avons un, et tout ce qui appartient à la Compagnie de Jésus, tout cela restera à la charge du P. Vincent Viegas. Remettez-lui tout de votre main, en lui laissant une copie de la donation faite par le Seigneur Evêque de la maison de Notre Dame à la Compagnie du Nom de Jésus, en sorte que ni le Vicaire ni personne d'autre ne puisse cher-cher noise ni à l'église de Notre Dame ni au P. Vincent Viegas. Vous prierez donc instamment le P. Vincent Viegas, de votre part et de la mienne, de bien vouloir accepter cette charge pour l'amour de Dieu, jusqu'à ce que, de l'Inde, le recteur de Saint Paul envoie une personne pour qu'elle réside à Malacca. S'il vous semble bon que Bernard reste avec lui, il restera afin de catéchiser les enfants.

10. Quant à moi, je suis en train d'attendre jour après jour un Chinois qui doit venir de Canton pour m'emmener. Qu'il plaise à Dieu qu'il vienne, ainsi que je le désire ; parce que, si par hasard il se faisait que Dieu ne le veuille pas, moi, je ne sais pas ce que je ferai, si j'irai en Inde ou au Siam, afin de partir du Siam avec

---

4. Interprète.
5. Pierre Lopes est un Chinois baptisé.
6. La lettre s'est d'abord arrêtée là.

l'ambassade que le roi du Siam envoie au roi de Chine. Je vous écris cela afin que vous disiez à Jacques Pereira que s'il doit aller en Chine et si par quelque voie il pouvait m'écrire au Siam, qu'il m'écrive donc pour que nous nous retrouvions là-bas ou en quelque autre port de la Chine. Vous témoignerez de beaucoup d'amitié envers Jacques Pereira, tant à Malacca qu'en Inde, et vous le recommanderez à Dieu d'abord, et ensuite pour toutes les autres choses pour lesquelles vous pourrez le favoriser, parce qu'il est tellement notre ami.

Que le Christ notre Seigneur nous donne son aide et sa faveur. Amen.

Entièrement vôtre dans le Christ.

François

132

A JACQUES PEREIRA, A MALACCA
(EX.II, 498-501 ; S.IV, 629-630)

Comme dans la lettre précédente qui était adressée au P. François Pérez, saint François Xavier évoque sa crainte d'attendre en vain l'homme qui l'introduira en territoire chinois, ainsi que l'éventuelle solution de rechange : y pénétrer grâce à une ambassade siamoise.

Sancian, le 22 octobre 1552

Seigneur,

1. Dieu, par sa miséricorde et par sa pitié, à fait arriver notre navire à bon port, en ce havre de Sancian. Etant donné que nombreux sont ceux qui vous écrivent à propos des affaires qu'on y fait et que moi, je n'y comprends que peu de chose, je ne vous écris pas sur ce sujet.

Sachez que je suis en train d'attendre jour après jour un marchand qui doit m'emmener à Canton, avec qui je me suis déjà mis d'accord et entendu : il doit m'emmener pour vingt *pikul*-s. Qu'il plaise à Dieu notre Seigneur qu'il en soit très servi, ainsi que je l'espère.

2. S'il y a de la part des hommes quelque mérite dans ce voyage vis-à-vis de Dieu, il me paraît qu'il en revient entièrement à Votre Grâce, puisque c'est Votre Grâce qui paie toutes les dépenses.

Thomas Iskander, l'intendant de Votre Grâce, accomplit ce qu'elle lui a commandé et ordonné, c'est-à-dire de me donner tout ce que je lui demande. Que Dieu notre Seigneur rende à Votre Grâce autant d'aumônes, et d'aussi grandes que celles qu'elle me fait.

3. Le Chinois qui m'emmène est connu d'Emmanuel de Chaves et il a accueilli celui-ci pendant de nombreux jours chez lui, lorsqu'il s'est enfui de prison. C'est à cause de lui que j'attends jour après jour qu'il vienne me chercher, car c'est en ce port de Sancian que nous nous sommes mis d'accord qu'il m'emmènerait pour vingt *pikul*-s. C'est par l'intermédiaire d'Emmanuel de Chaves que j'écrirai à Votre Grâce pour lui dire ce qui s'est passé à propos de mon départ et comment j'ai été reçu à Canton.

4. Si par hasard il se produisait, ce que Dieu ne veuille pas permettre, que ce marchand ne vienne pas me chercher, et que moi, je n'aille pas en Chine cette année, je ne sais pas ce que je ferai : si j'irai en Inde ou au Siam afin de partir avec l'ambassade du roi du Siam en Chine l'année prochaine. Si je pars en Inde, je ne partirai pas avec l'espoir que, durant le temps de Don Alvaro de Gama, on va faire quelque chose en Chine dont on puisse garder mémoire, à moins que Dieu n'y pourvoie par un autre moyen. Ce que j'éprouve à ce sujet, je ne l'écris pas : je crains que Dieu ne lui inflige un châtiment plus grand qu'il ne pense, s'il ne le lui a pas déjà infligé.

5. C'est du détroit de Singapour que j'ai longuement écrit à Votre Grâce [1] ; j'espère que Votre Grâce a reçu ces lettres, car je les lui ai envoyées par l'intermédiaire d'une personne sûre. J'ai écrit très longuement à Votre Grâce par Emmanuel de Chaves, et tant à Votre Grâce qu'au Roi notre Seigneur. Depuis ici, je ne sais quoi vous faire savoir de plus, si ce n'est que je suis en bonne santé, quoique j'aie été pendant quinze jours avec de la fièvre.

S'il se produisait que je ne parte point pour la Chine, je ne sais pas si j'irai au Siam avec Jacques Vaz de Aragão, à bord d'une jonque à lui qu'il a achetée ici, afin de pouvoir partir du Siam avec une ambassade auprès du roi de Chine. Si je pars au Siam, j'écrirai à Votre Grâce par Emmanuel de Chaves : ainsi, si Votre Grâce peut m'écrire par quelque voie, qu'elle m'écrive pour me dire ce qu'elle décide de faire l'année prochaine, et si elle partira ou non avec l'ambassade, afin que nous puissions nous rejoindre soit à Quemoy soit dans un autre port de Canton [2]. Qu'il plaise à Dieu que ce soit à l'intérieur de la Chine, parce que moi, je partirai cette

---

1. Lettre 129.
2. De la province de Canton.

année pour attendre Votre Grâce. Que, par sa miséricorde, Dieu notre Seigneur nous rassemble, si en cette vie-ci nous ne nous voyons plus, dans la gloire du Paradis où pour toujours nous nous verrons sans fin [3].

6. François da Vila travaille autant qu'il le peut ici, à bord du navire. Il n'est aucunement ingrat ou dépourvu de reconnaissance pour le pain qu'il a mangé à la maison de Votre Grâce. Il partira là-bas en compagnie d'Emmanuel de Chaves pour demander pardon à Votre Grâce de la faute qu'il a commise en partant sans sa permission. Car si à ce propos il a commis une faute, elle me revient entièrement.

Son véritable ami d'âme.

François

133

AU P. GASPARD (BERZE), A GOA
(EX.II, 503-505 ; S.IV, 630-632)

Encore des conseils spirituels et des consignes très impératives pour le recteur du collège de Goa, semblables à celles qu'on a déjà lues (lettres 112-119 ou 124-125).

Sancian, le 25 octobre 1552

+

Jhus

La grâce et l'amour du Christ notre Seigneur soient toujours en notre aide et en notre faveur. Amen.

1. C'est depuis le détroit de Singapour que je vous ai déjà longuement écrit. A présent, ce que je vous recommande instamment, c'est de prendre spécialement soin de vous-même, car si vous faites le contraire, je n'espérerai plus rien de vous.

N'oubliez pas de lire les mémoires que je vous ai laissés et de les accomplir, surtout celui à propos duquel je vous ai recommandé de vous exercer tous les jours. Faites bien attention à ne pas vous négliger vous-même et à examiner ce que Dieu fait par vous et par ceux de la Compagnie.

Veillez bien, car cela me ferait grand plaisir, sur le bien que je

---

3. Ancienne conclusion de la lettre.

désire pour vous et pour tous : prêtez plus attention à ce que Dieu manque de faire par vous tous qu'à ce qu'il accomplit par vous. Par cette première chose, vous serez confondus et humiliés et vous connaîtrez chaque jour davantage vos faiblesses et vos offenses envers Dieu, alors que par la seconde chose vous courez le grand danger de choir dans une opinion trompeuse et fausse de vous-mêmes ; faites donc fond, non pas sur ce qui n'est pas de vous, ni fait par vous, mais uniquement sur ce qui est fait par Dieu. Regardez bien le nombre de ceux à qui cette opinion a fait du mal, et quelle nocive peste c'est pour la Compagnie.

2. Balthazar Gago, Edouard et Pierre d'Alcaçova sont partis pour le Japon ; ils sont partis sur une bonne embarcation. J'ai l'espoir en Dieu notre Seigneur qu'elle les amènera à bon port à Yamanguchi, où se trouvent le P. Cosme de Torres et Jean Fernandez. Je vous recommande instamment d'envoyer là-bas l'année prochaine une personne digne d'une grande confiance et possédant de la science. Si cette année, il n'arrive point de personnes qui puissent aller là-bas, dans ce cas, me semble-t-il, ce sera bien que ce soit Antoine de Heredia qui y aille. C'est pour cela que François Pérez part pour s'installer à Cochin à la place d'Antoine de Heredia ou de n'importe qui d'autre qui se trouverait là-bas : Malacca, en effet, n'offre pas à présent des dispositions telles qu'on puisse y produire autant de fruit qu'à Cochin. Quant à Antoine de Heredia, il n'emmènera avec lui qu'un laïc coadjuteur, et celui-ci devra être très expérimenté et très éprouvé, et possédant des aptitudes pour apprendre la langue.

3. Vous enverrez aux Moluques en compagnie de Jean de Beira des personnes qu'il vous semblera bien d'envoyer, et qui possèdent de la vertu pour faire du fruit. Faites en sorte que Jean de Beira soit content d'être envoyé au pays des Moluques, car il y a présentement de grandes prédispositions pour que s'y accroisse notre sainte Foi. Par conséquent, chaque année, vous prendrez bien soin de fournir le nécessaire au pays des Moluques. Quant aux personnes que vous y enverrez, qu'elles aient toutes été éprouvées et qu'elles possèdent beaucoup d'expérience.

4. C'est en vertu de la sainte obéissance que je vous recommande et que je vous ordonne de renvoyer immédiatement tout laïc coadjuteur ou tout prêtre qui commettrait quelque péché public scandaleux, et de n'admettre dans la Compagnie personne malgré ses supplications à moins que la pénitence et l'aveu de la faute commise soient tels qu'on puisse avoir de la miséricorde pour lui, et par cette voie uniquement, et non pas par une autre : même si le Vice-roi vous le demandait et avec lui, toute l'Inde.

Faites bien attention de ne pas réadmettre par une voie détournée ceux que moi, j'ai congédiés de la Compagnie et que je vous ai envoyés : ne les recevez pas, en vertu de l'obéissance. S'ils font durant de nombreux jours amende et pénitence publiques, dans un tel cas, vous pourrez leur donner une lettre à l'intention du recteur de Coïmbre : en effet, ils ne sont pas nécessaires en ces contrées-ci, alors qu'ils pourront être utiles là-bas.

5. De même, je vous recommande instamment d'admettre très peu de monde dans la Compagnie et que ceux que vous recevrez soient des personnes dont la Compagnie ait besoin. Quant au service de la maison, regardez bien si ce ne serait pas mieux de prendre ou d'acheter quelques nègres pour le service de la maison, plutôt que de se servir de tous ceux qui veulent entrer dans la Compagnie. Cela, je vous le dis d'après ce que j'ai vu là-bas et de ce que j'ai connu de ceux qui sont partis avec moi.

6. Je suis arrivé en ce port de Sancian, qui est situé à trente lieues de la ville de Canton. Jour après jour, j'attends un homme qui doit m'emmener ; je me suis déjà mis d'accord avec celui-ci, qu'il m'emmènerait pour deux cents *cruzados*, et cela, en raison des grandes interdictions et des grandes peines qui frappent en Chine celui qui y introduit une personne étrangère sans le visa du roi. J'ai l'espoir en Dieu notre Seigneur que tout cela va réussir.

7. Je possède la nouvelle certaine que ce roi de Chine a envoyé à l'extérieur de son royaume des personnes dans un pays, afin de savoir comment les gens y sont régis et gouvernés, quelles sont les lois qu'on y observe. C'est pourquoi ces Chinois me disent que le roi de leur pays aura du plaisir à voir une Loi nouvelle chez lui. Quant à ce qui va m'arriver, je vous l'écrirai très longuement. Que Notre Seigneur nous rassemble dans la gloire du Paradis.

Entièrement vôtre dans le Christ.

François

8. Vous me recommanderez beaucoup à tous les Frères et à tous les Pères de la Compagnie, ainsi qu'à tous les dévots et à toutes les dévotes de la maison.

Vous rendrez visite aux moines de saint François et de saint Dominique et vous me recommanderez beaucoup à eux, dans leurs saintes oraisons et dans leurs dévots sacrifices.

Cette lettre a été écrite si vite que je ne sais pas comment elle va partir. Je vous écrirai plus longuement par une autre voie, avant mon départ pour la Chine.

Du P. Maître François

134

AU P. FRANÇOIS PEREZ, A MALACCA
(EX.II, 507 ; S.IV, 636)

L'ordre transmis à François Pérez de partir à Cochin.

Sancian, le 12 novembre 1552

A François Pérez, Père de la Compagnie du Nom de Jésus.

C'est en vertu de la sainte obéissance que je vous ordonne, au vu de cet ordre, de partir vers Cochin, à bord des navires qui partent cette année. Vous emmènerez avec vous Jean Bravo et Bernard, si cela vous paraît bien. Dès votre arrivée à Cochin, vous prendrez possession de la maison. Exercez-vous à des œuvres spirituelles, celles où vous avez toujours été très exercé, comme de prêcher, de confesser et de faire d'autres œuvres pies, conformément à l'ordre que vous suiviez à Malacca et selon la règle que j'ai laissée à Antoine de Heredia à Cochin. Ainsi donc, c'est en vertu de l'obéissance que j'ordonne au P. Antoine de Heredia, ou à n'importe qui d'autre se trouvant là-bas comme principal du collège, de vous remettre immédiatement toute la maison, en sorte que vous soyez tout de suite le principal du collège. Tous ceux qui sont dans ce collège ou qui y viendront vous obéiront. Quant au P. Antoine de Heredia, il partira tout de suite pour Goa, de même que n'importe qui d'autre qui se trouverait à sa place dans ce collège, afin de se tenir prêt à partir pour le Japon ou pour l'endroit où le P. Maître Gaspard, recteur de ce collège, l'enverra. Afin qu'à ce propos il n'y ait point de doute que telle est mon intention, à savoir que vous quittiez Malacca pour Cochin pour y être principal de ce collège, et que vous, Antoine de Heredia, ou n'importe qui d'autre qui se trouverait dans ce collège, vous ne puissiez mettre en doute que cela a été ordonné au nom de l'obéissance, je soussigne ici même.

François

135

AU P. FRANÇOIS PEREZ, A MALACCA
(EX.II, 509-512 ; S.IV, 636-637)

Tout en exprimant encore une fois son espoir de partir enfin à Canton, saint François Xavier donne au P. François Pérez des consignes détaillées qui complètent l'acte de nomination qu'on vient de lire.

Sancian, le 12 novembre 1552

+

Jhus

La grâce et l'amour du Christ notre Seigneur soient toujours en notre aide et en notre faveur. Amen.

1. C'est par le *vankan* [1] de Gaspard Mendes que je vous ai écrit et c'est François Sanches qui a emporté les lettres. Lisez attentivement ce qu'alors j'ai écrit et ce que j'écris maintenant et prenez grand soin de l'accomplir.

Voici huit jours que j'attends le marchand qui doit m'emmener à Canton. Il est très certain que, s'il ne meurt pas, il viendra ici, en raison du grand bénéfice qu'on lui a offert sur le poivre, parce qu'il y gagne plus de trois cent cinquante *cruzados*, à condition qu'il m'amène sain et sauf à Canton. Cela, je le dois à mon bon ami Jacques Pereira. Que Dieu le paie à ma place, parce que moi, je ne le puis pas.

2. Vous le favoriserez en tout ce pour quoi vous pourrez l'aider et le favoriser en Inde, parce que je ne sais pas quand nous tous ensemble nous pourrons lui payer l'expédition qu'il nous offre dans la fin d'accroître notre sainte Foi en ces contrées de la Chine, en sorte que les membres de la Compagnie du Nom de Jésus puissent accomplir leurs désirs d'accroître notre sainte Foi. Il s'est fait, en effet, le moyen très grand grâce auquel moi, j'ai pu aller en Chine, car il a financé toutes les dépenses de mon voyage.

3. Vous tâcherez de savoir de Jacques Pereira s'il va venir l'année prochaine avec l'ambassade à Canton et s'il y a quelque espérance qu'il vienne, parce que moi, je suis assez découragé à ce propos. Plaise à Dieu qu'il se passe le contraire de ce que j'attends et que Dieu pardonne à celui qui a été la cause d'un mal si grand. Je crains que Dieu ne lui inflige bien vite le châtiment et je ne serais pas étonné s'il le lui avait déjà infligé.

---

1. Sorte de petite jonque.

Pour ma part, j'écris à Jacques Pereira que, s'il doit venir en ces contrées-ci, j'ai de mon côté écrit à Maître Gaspard d'envoyer en tout cas un Père qui vienne en sa compagnie, à bord des navires qui quittent en mai l'Inde pour Malacca. Si tel était le cas, que Jacques Pereira doive partir pour Sunda [2] à bord de son navire et qu'il s'en aille directement, sans revenir par Malacca, dans un tel cas, il ne sera pas nécessaire qu'un Père vienne de l'Inde, pour voyager en compagnie de Jacques Pereira, car ils ne peuvent pas se rencontrer. Cela, vous l'aurez déterminé avec Jacques Pereira, avant votre départ pour l'Inde.

4. J'ai renvoyé Ferreira de la Compagnie, étant donné qu'il n'était pas fait pour elle. C'est pourquoi, je vous ordonne, en vertu de l'obéissance, de ne pas l'accueillir à Cochin dans la maison. Dans toute la mesure où vous pourrez l'aider à se faire moine, vous l'aiderez, auprès des moines de saint François et de saint Dominique. C'est cela même que vous écrirez à Maître Gaspard à Goa, de ne le recevoir à la maison sous aucun prétexte, cela en vertu de l'obéissance, et de l'aider dans toute la mesure du possible à se faire moine de saint François ou de saint Dominique, qu'il l'y aide.

5. Si au cours de cette année, par la voie du Coromandel, je parviens à vous donner des nouvelles, — un bateau doit y partir d'ici un mois —, je vous dirai comment j'ai été reçu à Canton et je prendrai grand soin de vous écrire de Canton. S'il plaît à Dieu que le navire de Jacques Pereira joigne à Malacca le navire en partance pour le Coromandel, c'est courant mars que vous pourrez recevoir de mes nouvelles, envoyées de Canton.

Vous laisserez à Vincent Viegas un mémoire lui signifiant de bien prendre soin, lorsque le bateau arrivera là-bas, de recueillir mes lettres et de les acheminer par la voie du Coromandel. De cela aussi vous pourrez en faire la recommandation à Jacques Pereira, afin qu'il fasse parvenir ces lettres à Cochin par terre, au moyen d'un *patamar* [3].

6. Quant à la maison de Notre Dame et quant au collège, vous les remettrez au P. Vincent Viegas, en le priant de bien vouloir s'en charger. Vous lui laisserez la maison avec la copie de la donation faite par le Seigneur Evêque, comme quoi, en ce qui est du ressort de la Compagnie, personne ne puisse chercher noise à la maison. Quant à l'original de la donation, vous l'emporterez avec vous puis vous la ferez parvenir sous bonne commission à Saint-Paul de Goa.

7. Veillez bien à ne rester sous aucun prétexte à Malacca. Je

---

2. Java occidental.
3. Messager terrestre.

regrette que vous y ayez perdu tant de temps, alors que vous auriez pu employer mieux vos efforts en un autre endroit. Si je vous écris ce petit chapitre, c'est pour que ni les prières ni les promesses de quiconque, qui dirait qu'on va s'amender si vous restez, ne puissent en aucune façon vous faire rester.

Si bon vous semble, vous pourrez demeurer en compagnie du P. Vincent Viegas pour apprendre à Bernard à enseigner à lire et à écrire les oraisons aux jeunes enfants. Cela, vous le ferez de la façon qui vous paraîtra bonne, ou bien vous l'emmènerez avec vous.

8. Si vous le pouvez, faites voyager Ferreira à bord d'un autre navire que celui que vous prendrez, ou sinon, qu'il fasse comme il voudra. S'il vous importune afin que vous l'emmeniez avec vous, que ce soit à la condition qu'il se fasse moine et c'est de cette manière que vous l'emmènerez avec vous et que vous userez de charité à son égard, à la condition qu'il soit toujours moine et qu'il vous en donne sa parole.

9. Le *jurubahâsa*[4] au sujet duquel je vous ai écrit qu'il voulait partir avec moi, est resté par peur. C'est avec l'aide de Dieu que nous partons, Antoine, Christophe[5] et moi-même. Priez beaucoup Dieu en notre faveur, car nous courons un très, très grand risque d'être faits prisonniers. Néanmoins, nous nous consolons en pensant qu'il est bien meilleur d'être prisonniers pour le seul amour de Dieu que d'être libres parce qu'on a fui les peines de la Croix.

Et si en raison des graves dangers encourus par celui qui doit nous emmener, le cas se produisait que celui-ci change d'avis ou si, mû par la peur, il s'abstenait de nous emmener à Canton, dans un tel cas, je partirais pour le Siam pour ensuite, l'année prochaine, me rendre à Canton, à bord des navires que le roi du Siam envoie à Canton. Qu'il plaise à Dieu que nous partions cette année même pour Canton.

Vous me recommanderez beaucoup à tous vos dévots et amis, spécialement au P. Vincent Viegas. Que Dieu notre Seigneur nous rassemble dans la gloire du Paradis.

François

---

4. Interprète.
5. Antoine, néophyte chinois, et Christophe, domestique indien de Xavier.

136

A JACQUES PEREIRA, A MALACCA
(EX.II, 514-516 ; S.IV, 637-638)

L'avant-dernière lettre de saint François Xavier est pour son ami Jacques Pereira à qui il exprime, outre sa gratitude, sa résolution de pénétrer en territoire chinois, tout de suite, sinon l'année suivante.

Sancian, le 12 novembre 1552

Seigneur,

1. Je ne sais quoi écrire à Votre Grâce, si ce n'est combien j'ai d'obligations envers elle, en raison de la grande amitié, de toute l'aumône et de toute la charité que j'ai reçues de Votre Grâce et que je reçois jour après jour de son intendant Thomas Iskander, qui me donne avec tant d'amour et de bienveillance ce que je lui demande. Il semble en effet sentir très fort, chez Votre Grâce, la volonté d'éprouver du plaisir à me donner davantage que ce qui est nécessaire.

2. Que Dieu notre Seigneur paie Votre Grâce, car moi, par mes actions, je ne puis rien faire de semblable à la chose à laquelle nous sommes obligés pour être équitables. Je reste donc obligé de prier toute ma vie Dieu notre Seigneur pour Votre Grâce, qu'il la préserve de tout mal, qu'il lui donne sa grâce, la santé et la vie pour son saint service en cette vie-ci, et le Paradis pour son âme, en l'autre.

3. Etant donné qu'à ce propos je ne me considère pas comme capable de pouvoir payer à Votre Grâce ce que je lui dois, je recommande instamment aux Pères du Nom de Jésus de toute l'Inde, de reconnaître et de considérer Votre Grâce comme leur ami particulier et de la recommander continuellement à Dieu notre Seigneur dans leurs oraisons et dans leurs sacrifices. En effet, si la Loi de Notre Seigneur Jésus-Christ se manifeste en Chine, ce sera par Votre Grâce et c'est à elle que reviendra la gloire et la récompense d'une œuvre si sainte, dans cette vie et dans l'autre. Quant à ceux qui s'y feront chrétiens et aux Pères qui partiront là-bas pour y servir Dieu, ils seront toujours obligés à prier Dieu continuellement en faveur de Votre Grâce.

4. Si le cas se présentait que Votre Grâce puisse conduire l'an prochain l'ambassade que le Seigneur Vice-roi lui a confiée, elle en parlerait avec le P. François Pérez (puisqu'il part pour l'Inde cette année), en sorte que de là-bas le P. Maître Gaspard, qui est

recteur du collège de Goa, envoie un Père accompagner Votre Grâce durant son voyage. Quant aux habits ornés que j'ai laissés à Malacca à François Pérez, Votre Grâce les apportera. Je ferai envoyer le calice à bord du navire qui partira avec Thomas Iskander et Votre Grâce apportera le tout si le Père l'accompagne. Votre Grâce montrera ces lignes à François Pérez pour qu'il lui remette les ornements.

5. Au cas où je ne partirais pas en Chine cette année, ce que Dieu ne veuille pas permettre, je m'en irai avec Jacques Vaz de Aragão au Siam pour ensuite, l'année prochaine, pouvoir en repartir en jonque, du Siam pour Canton. Pour ma part, je serais déjà parti pour Malacca à bord de cette jonque, si j'avais été certain que l'année prochaine Votre Grâce venait avec une ambassade. Et si le cas se présentait que Votre Grâce vienne avec une ambassade, nous nous rejoindrions à Quemoy ou à Canton. Si c'est possible, Votre Grâce voudra bien m'écrire de Malacca au Siam sa décision, car sa lettre me fera un immense plaisir. C'est par le Seigneur Emmanuel de Chaves que Votre Grâce recevra des nouvelles d'ici et si je reste ici pour aller à Canton et c'est pour cela que je n'écris pas.

6. Que Votre Grâce recommande au P. François Pérez et au P. Maître Gaspard à Goa tout ce qu'elle voudra leur recommander et qu'elle le leur écrive, afin que là-bas ils fassent avancer les négociations conformément à ce qui sera pour le plus grand service de Dieu et pour le rachat des pauvres captifs qui sont en Chine : parmi eux à présent se trouvent depuis peu prisonniers mon grand ami François Pereira de Miranda ainsi que d'autres Portugais, à la suite d'un grand désastre. J'ai une grande dette à l'égard de celui-ci, en raison des témoignages d'amitié et de charité qu'il m'a prodigués au Japon pendant la période où j'ai séjourné à Firando en sa compagnie [1].

7. J'envoie là-bas à Votre Grâce la lettre que le Seigneur Viceroi avait écrite au roi de Chine, étant donné que je l'avais emportée par distraction.

Je demande à Votre Grâce comme une faveur de faire tout son possible pour m'écrire au Siam, étant donné que si je ne passe pas en Chine, pour rien au monde je ne m'abstiendrai de partir au Siam. Et plaise à Dieu que ce voyage réussisse ainsi que je l'espère, en sorte que ce soit à la cour du roi de Chine que j'attende Votre Grâce. En effet, si je vais en Chine, je vais me trouver dans l'un de ces deux lieux : ou je serai captif dans une geôle à Canton, ou je serai à Pékin où, dit-on, réside le roi.

---

1. En 1550.

8. Je ne sais pas quoi écrire de plus à Votre Grâce, si ce n'est que pour avoir des nouvelles de sa santé et de sa vie je donnerais, si j'étais riche, bien des cadeaux, afin d'avoir des nouvelles de Votre Grâce. J'ai l'espoir en Jésus-Christ que celles-ci vont être telles que je les désire.

Que par sa miséricorde, Dieu notre Seigneur nous rassemble une autre fois en cette vie, pour son saint service, en Chine, et si ce n'est pas en cette vie, que ce soit dans la gloire du Paradis.

Son serviteur et son grand ami d'âme.

François

137

AUX PP. FRANÇOIS PEREZ, A MALACCA
ET GASPARD (BERZE), A GOA
(EX.II, 518-521 ; S.IV, 638-640)

Voici la dernière lettre écrite par saint François Xavier avant sa mort, survenue le 3 décembre 1552. Toujours pas de nouvelles de l'homme qui doit le faire passer à Canton. Outre quelques consignes et quelques conseils spirituels, les deux correspondants se voient pressés de faire avancer la mesure d'excommunication qui frappe l'homme qui a fait obstacle à la grande expédition projetée par Xavier et par Jacques Pereira vers la Chine et vers Pékin : Alvaro de Ataide.

Sancian, le 13 novembre 1552

Jésus

1. Je vous recommande instamment de faire diligence pour que le Seigneur Evêque voie les bulles de la Compagnie, de même que le Vicaire général. En même temps, vous leur montrerez un écrit sur parchemin, qui se trouve à Saint-Paul et dans lequel il est fait mention de moi pour dire que le Pape m'a fait nonce dans ces contrées de l'Inde.

2. Dans la lettre d'édit que le Seigneur Evêque ou le Vicaire général enverra, il rendra publique l'excommunication qu'a encourue Don Alvaro en me barrant par la force le chemin de la Chine, en ne voulant pas tenir compte des lettres de nomination du Seigneur Vice-roi, en ne voulant pas obéir au Capitaine de la forteresse de Malacca qui était alors François Alvares, Intendant du Trésor du

Roi notre Seigneur, comme vous le savez très bien puisque vous avez été présent à tout cela. La lettre d'édit du Seigneur Evêque ou du Vicaire général sera adressée au P. Vicaire de Malacca et le Seigneur Evêque ou le Vicaire général y ordonnera qu'on notifie l'excommunication à l'église, publiquement, car c'est publiquement qu'il l'a encourue.

3. C'est seulement pour deux choses que vous ferez diligence. La première, c'est afin que Don Alvaro connaisse l'offense qu'il a faite à Dieu, l'excommunication qu'il a encourue ; et ensuite, c'est pour qu'une autre fois il ne refasse pas à un autre ce qu'à moi il m'a fait.

4. La seconde, c'est pour que les Frères de la Compagnie qui se rendront à Malacca, aux Moluques, au Japon ou en Chine, ne se heurtent point à un tel obstacle à Malacca, pour que le Capitaine de celle-ci ne mette pas d'entrave à leurs voyages : ce qu'on obtiendra en lui notifiant et en lui déclarant les excommunications et les peines encourues par ceux qui mettent de pareilles entraves. En effet, s'ils n'ont ni la crainte de Dieu, ni l'amour de Dieu, c'est du moins par la honte et par la crainte du monde qu'ils ne feront pas obstacle au service de Dieu.

5. Quant à cette lettre d'édit du Seigneur Evêque ou du Vicaire général, c'est Jean de Beira qui l'apportera, ou bien le Père qui partira au Japon, afin de la remettre au Vicaire de Malacca. Veillez à ne pas être négligents, ce que je vous ordonne de faire en vertu de l'obéissance. Vous demanderez comme une faveur au Seigneur Evêque, ou Vicaire général, d'écrire au Vicaire de Malacca pour lui ordonner, en vertu de l'obéissance et sous peine d'excommunication, de notifier publiquement la lettre d'édit qui va venir de l'Inde, publiquement à l'église.

L'année prochaine, vous m'écrirez pour me dire la diligence que vous avez mise à agir à ce propos.

6. Etant donné que cette traversée depuis ce port jusqu'en Chine est difficile et dangereuse, je ne sais pas ce qui va arriver, quoique j'aie une grande espérance que ça va bien se passer. S'il se produit que je ne puisse pas entrer cette année à Canton, je m'en irai, ainsi que je l'ai dit plus haut, au Siam. Si du Siam, l'année prochaine, je ne partais pas en Chine, j'irais en Inde, quoique j'aie une grande espérance d'aller en Chine.

7. Soyez sûrs d'une chose et n'en doutez point, c'est que le démon éprouve un immense déplaisir à ce que les membres de la Compagnie du Nom de Jésus puissent entrer en Chine. Je vous donne ceci comme une nouvelle sûre, depuis ce port de Sancian et n'en doutez point, car je n'en aurais jamais fini si je voulais vous

décrire les obstacles qu'il a mis contre moi et qu'il met contre moi, jour après jour. Soyez sûrs d'une chose : c'est qu'avec l'aide, la grâce et la faveur de Dieu, Notre Seigneur va confondre le démon dans ce pays-ci, car ce va être une grande gloire de Dieu : que par une chose aussi vile que moi, il confonde la grande arrogance qui est celle du démon.

8. Maître Gaspard, rappelez-vous les mémoires que je vous ai laissés quand je suis parti de là-bas, ainsi que ceux que je vous ai écrits. Ne les oubliez pas et ne vous arrêtez pas de les mettre en application, parce qu'il vous semblerait que je suis déjà mort, ainsi que d'autres l'ont déjà fait, parce que, si Dieu le veut, je ne mourrai pas, quoique le temps est déjà passé où je désirais vivre plus longtemps que maintenant. Je vous fais ce rappel afin que vous ne vous serviez point de votre opinion, ainsi que vous vous en êtes bien servi, si vous vous en souvenez bien. Dieu sait combien vous y avez réussi ! Et si l'année prochaine, je suis là-bas, j'aurai à regretter de trouver des choses qui exigeraient de moi que je vienne y porter remède.

9. Faites bien attention que je vous recommande d'admettre très peu de personnes dans la Compagnie. Quant à ceux qui sont déjà admis, qu'ils soient soumis à de nombreux expériments, car je crains qu'il n'y ait, parmi ceux qui ont été admis, des gens qu'il serait préférable de renvoyer, ainsi que moi, je l'ai fait avec Alvaro Ferreira. Si celui-ci allait là-bas, vous ne le recevriez pas au collège : vous lui parlerez sur le seuil de la grande porte ou à l'église. S'il veut devenir moine, vous l'y aiderez. Quant à la question de l'admettre, c'est en vertu de l'obéissance que je vous ordonne de ne pas l'admettre et de ne pas consentir à ce qu'il soit admis dans une maison de la Compagnie, parce qu'il n'est pas fait pour la Compagnie.

Cette lettre s'adresse au recteur de Saint-Paul, quel qu'il soit, ainsi qu'à François Pérez à Malacca.

François

INDEX DES NOMS DE LIEUX

Dans les Index qui suivent, les chiffres en gras signalent les passages les plus importants.

INDEX DES NOMS DE PERSONNES [1]

---

1. Selon l'usage commun en Espagne et au Portugal, l'orthographe des patronymes a été modernisée. De plus on a généralement omis la particule « de ». L'appartenance nationale a été indiquée, sauf pour les Portugais.

INDEX DES TERMES ÉTRANGERS

INDEX ANALYTIQUE

TABLE DES MATIÈRES

Achevé d'imprimer le 9 octobre 1987
dans les ateliers de Normandie Impression S.A. à Alençon (Orne)
pour le compte des éditions Desclée de Brouwer
N° d'éditeur : 87-47   Dépôt légal : octobre 1987

Imprimé en France